제9판

금융 소비자 보호

FINANCIAL CONSUMER PROTECTION

금융소비자 보호는 금융이 사회적인 역할을 수행하는 데
가장 핵심적인 요소이자 금융회사가 지속가능한 경영을 하기 위한 **정도(正道)**

저자 **안수현, 김민섭, 김진근, 김성현**

한국금융연수원
KOREA BANKING INSTITUTE

발 간 사

Financial Consumer Protection

글로벌 금융위기 이후 전 세계적으로 금융소비자보호의 중요성이 크게 대두되고 있습니다. 2011년 프랑스에서 개최된 G20 정상회의에서도 금융소비자보호 강화가 주요 논제로 다뤄진 것만 보더라도 세계 경제에서 얼마나 중요한 이슈가 되고 있는지를 짐작할 수 있습니다. 이와 더불어 세계 주요국에서는 금융소비자보호 기능을 강화하기 위하여 금융감독체제를 개편하여 소비자보호기구를 설립하는 등 다양한 방안을 마련하고 있습니다.

우리나라에서도 금융소비자보호는 이 분야의 핵심 키워드로 다뤄지고 있습니다. 최근 몇 년간 키코(KIKO)사태, 무분별한 후순위채권 및 펀드 불완전판매 증가, 상호저축은행 사태, 동양증권 사태 등 국가경제에 심대한 영향을 미쳤던 사건들의 발생을 계기로 금융소비자보호에 대한 인식이 높아졌습니다. 그리고 금융소비자보호가 전체 금융시스템의 안정에 필수적이라는 인식하에 이를 강화하기 위한 노력을 경주하고 있습니다.

금융이 사회적인 역할을 수행하는 데 가장 핵심적인 요소가 바로 금융소비자보호라고 할 수 있으며, 금융회사에 있어서도 금융소비자보호가 가장 중요한 당면과제로 부상하고 있습니다. 이에 발맞추어 정부와 국회에서는 금융소비자보호를 위한 각종 입법적, 절차적 개선방안을 적극적으로 모색하고 있습니다. 금융소비자보호가 정책 당국이나 금융시장이 거스를 수 없는 시대적인 과제가 되고 있는 것입니다.

이에 한국금융연수원은 금융회사 임직원들의 금융소비자보호에 관한 실무지침서 로서『금융소비자보호』도서를 발간하게 되었습니다. 이 분야의 권위 있는 집필진이 함께 힘을 모아「금융소비자보호법」제정안 및 모범규준, 감독당국의 소비자보호 정책방향을 비롯하여 세계 주요국의 금융소비자보호 관련 제도 현황과 그간 국내에서 발생한 금융소비자 피해 사례 등을 충실히 담았습니다. 따라서 본서는 금융소비자에게 유용한 자료가 될 뿐만 아니라 일선 금융회사 직원에게도 생생한 참고자료가 될 것으로 확신합니다.

아무쪼록 본서가 금융 현장에서 금융소비자보호와 연관된 실무를 담당하는 분들뿐만 아니라 전 금융인들에게도 함께 활용됨으로써 금융소비자 피해 사례가 재발하지 않도록 하는 예방지침서가 되기를 기대합니다.

끝으로 그동안 바쁘신 업무 중에도 본서의 집필을 위해 헌신적으로 노력해주신 IBK기업은행 민병조 팀장님, 한국인터넷진흥원 김민섭 책임연구원님, 한국스탠다드차타드은행 김진근 부장님, 금융감독원 소비자보호총괄국 김성현 선임조사역님과 분쟁조정국 김수연 선임조사역님 그리고 총괄감수를 맡아주신 금융감독원 소비자 보호총괄국 김용우 국장님께 진심으로 감사의 말씀을 드립니다.

2014년 2월

한국금융연수원 원장 이 장 영

머리말 Financial Consumer Protection

일반적으로 소비자의 경제 환경에서 금융서비스는 상당히 중요한 재산적 거래대상으로, 일반 소비재와 달리 금융상품등은 거래를 통해 소비자 자산의 변화를 가져온다. 현대사회에서는 누구도 금융서비스와 무관하게 살아갈 수 없으며, 금융시장의 환경변화와 더불어 그 비중이 점차적으로 증대된다. 또한 금융업의 겸영화 추세에 따라 다양한 금융상품을 연계·결합한 복합 금융상품이 출현하게 되었으며, 이와 함께 소비자 요구사항도 복잡하고 다양해졌다. 이에 따라 소비자에 대한 금융상품등의 정보제공, 소비자의 권익보호, 선진 금융서비스 제공 등을 통해 금융회사와 소비자가 함께 성장할 수 있는 기틀 마련의 필요성이 점차 커지고 있다.

한편 수년간 글로벌 경제위기가 지속되면서 전 세계적으로 지속가능한 금융산업의 발전을 위해 금융소비자보호를 강화하는 방향으로 금융의 패러다임이 변화하고 있다. 우리나라도 키코사태, 저축은행 부실사태, 펀드 및 회사채 불완전판매 등으로 금융소비자 피해 사례가 증가하자 금융소비자의 권익을 보호하기 위한 사회적 요구가 강해지고 있다. 그러나 현실적으로는 금융회사들이 금융소비자 불만에 수동적이고 일회적으로 대응해왔기에 정형화된 대응 매뉴얼이 미흡한 상황이다. 특히 금융소비자 불만을 사전에 예방하고 문제를 근본적으로 해결하기보다는 당면한 불만을 해결하는 데 치중해왔다고 볼 수 있다.

금융소비자보호는 금융시장에서의 불공정 문제를 해소하고 최적의 자원배분을 통하여 궁극적으로 시장의 효율성을 제고한다. 이러한 측면에서 보면, 동일한 금융상품에 대한 판매규제가 금융업별로 상이하거나 판매행위 규제를 적용받지 아니하는 각종 금융상품이 만들어져 불완전판매행위가 발생하는 것은 기존의 규제체계가 금융소비자보호에 미흡한 점이 있음을 드러낸다. 또한 금융소비자 민원 등의 증가로 불필요한 사회적 비용 역시 갈수록 늘어나고 있다.

이러한 금융소비자 불만을 사전에 예방하고, 피해가 발생하였을 때 신속한 사후구제를 위한 제도적 기반을 마련하는 일이 절실한 당면과제로 부상하였다. 따라서 금융회사의 금융소비자보호 운영지침 등을 마련하고, 금융회사들이 적극 도입·실천하는 것이 이전 어느 때보다 중요해졌다. 이를 통해 금융회사들은 궁극적으로 금융소비자로부터 절대적인 신뢰를 얻고 우호적인 이미지를 형성하여 회사의 가치를 높일 수 있게 된다.

이에 한국금융연수원은 금융소비자보호가 금융 패러다임 변화의 핵심 요소로 부상하고 있음을 깨닫고, 금융회사 임직원들에게 도움이 되고자 금융소비자보호 연수과정을 마련하였다. 본서는 금융소비자보호에 관한 총제적인 참고도서이자 금융회사 금융소비자보호에 관한 이론적 바탕을 제공하는 동시에 체계화된 금융소비자보호의 실무 가이드 역할을 담당하고자 집필되었다.

구체적으로 금융회사에서 금융소비자보호에 관한 업무를 수행할 때 관련 법규의 이해를 돕고 금융소비자보호 관련 부서 및 직원 등에게 금융소비자 교육을 강화하는 계기를 부여하고, 금융산업에 대한 고객의 신뢰도를 향상시키기 위한

머리말 Financial Consumer Protection

금융소비자보호 실무지침서로 활용되기를 기대한다.

본서는 크게 8장으로 구성되었다. 제1장에서는 금융소비자보호의 이해를 돕고자 금융소비자보호 강화 배경, 고객만족에서 금융소비자보호로의 사회적 트렌드 변화 등에 대하여 살펴보았다. 제2장에서는 「금융소비자보호법」 제정(안)을 법 및 시행령, 감독규정을 초안으로 하여 현재 국회에 상정되어 있는 법안 등을 소개하였다. 제3장에서는 「금융소비자보호 모범규준」 및 운용 가이드라인을 알기 쉽게 설명하고, 제4장에서는 금융소비자보호와 내부통제에 있어서 금융소비자보호와 내부통제 간의 상호보완적 관계 등에 대하여 기술하였다. 제5장에서는 금융소비자보호 및 개인정보보호와 관련하여 우수사례 및 위반사례, 개인정보보호의 중요성 등에 대하여 소개하였고, 제6장에서는 금융소비자보호를 위한 제도를 통하여 은행별로 운영하고 있는 차별화된 소비자보호제도를 기술하였다. 제7장에서는 금융감독원에서 추진해온 소비자보호제도에 대하여 설명하였고 마지막 제8장에서는 금융분쟁 조정처리 및 사례를 통하여 분쟁발생 시 당사자 간 자율적 해결을 도모하고 분쟁을 미연에 방지하기 위한 업무지식을 소개하였다.

아무쪼록 본서가 금융소비자보호 이론을 좀 더 체계화, 이론화하여 금융소비자보호 문화가 보다 넓은 영역으로 확산되는 데 기여하기를 기대한다. 또한 각 금융회사별로 금융소비자보호 시스템을 선진화하고, 금융소비자보호 제도가 안정적으로 정착하는 데 도움이 되었으면 한다.

끝으로 본서의 출판을 위해 관심과 배려를 아끼지 않은 금융위원회 금융소비자과 과장님과 사무관님, 한국금융투자협회 파견 직원, 바쁜 일정에도 감수를 맡아주신 금융감독원 금융소비자보호처 김용우 국장님, 한국금융연수원 도서출판부 직원분들께 감사드린다.

2014년 2월

저자 일동

감수자의 글

Financial Consumer Protection

2008년 글로벌 금융위기 이후 대한민국 금융업 분야에서 가장 뜨거운 화두는 무엇이었을까? 이전의 이슈가 글로벌 IB의 육성, 동북아 금융허브 등 금융회사의 대형화를 통한 규모의 경제 실현에 중점이 있었다면, 이후의 핵심 이슈는 금융소비자보호의 강화에 있음을 부인할 수 없을 것이다. 이를 달리 말한다면 이전의 이슈가 대한민국 금융의 선진화라는 지역적인 이슈였던 데 반해 금융소비자보호의 강화는 국내외를 막론한 전 세계적인 이슈라고도 할 수 있다.

금융위기를 거치는 동안 사회적 분위기도 변화하였다. 금융회사들이 서민과 중산층의 고통을 외면하면서 이윤을 극대화하였고, 이로 인해 금융위기가 초래되었다는 분노의 목소리들이 터져 나왔다. 감독당국 및 정치권에서도 이러한 목소리와 사회 분위기에 이전보다 큰 관심을 두고 있다. 최근의 「금융소비자보호법」 제정 논의나 불합리한 금융제도와 관행에 대한 개선 요구 및 금융회사의 수익성 추구 영업전략에 대한 비판이 강해지고 있는 것도 금융 분야에서의 이러한 국내외적 여건변화에 기인한 것으로 생각한다.

글로벌 금융위기 이후 국내외 경기둔화가 장기화되면서 금융회사들은 수익성을 추구하는 영업전략을 강화하고 있으며, 이 과정에서 금융소비자보호가 약화될 수 있다는 우려가 제기되어왔다. 불행히도 최근 발생한 영업정지 저축은행의 후순위채권 투자자나 동양그룹 관련 투자자의 대규모 피해는 이러한 우려가 기우가 아니었음을 보여주었다. 최근 일부 카드사가 개인정보 유출로 곤욕을 겪고 있는바, 이 사건은 금융회사가 금융소비자를 소중하게 생각하지 않고 수익성 위주의 전략을 추구할 때 건실한 성장은 가능하지 않음을 보여주었다.

금융소비자 보호

최근 감독당국은 금융회사에 대한 고객 불만을 감소시킬 수 있도록 조직 및 업무 절차 등 소비자보호 역량을 강화하도록 유도하고 있다. 이처럼 강화되고 있는 금융소비자보호 감독·검사 방향에 맞추어 구체적으로 무엇을 어떻게 해야 할지에 대해 금융회사의 궁금증이 많았지만, 이를 체계적으로 정리한 자료를 구하기 어려웠던 것도 사실이다. 본서는 금융소비자보호 강화 방향을 집약적으로 제시하는 국내 최초의 해설서라는 점에서 소중하다.

본서는 「금융소비자보호법」 제정안, 「금융소비자보호 모범규준」, 금융감독원의 소비자보호 제도에 대한 해설을 통해 소비자보호 관련 규제 방향에 충분히 대비할 수 있도록 하였다. 민원 등 소비자 불만이 발생하기 쉬운 업무와 관련하여 금융회사가 실무적으로 유의해야 하는 내부통제 사항 및 관련 제도와 대표적 분쟁사례를 상세히 수록하였다. 특히 최근 개인정보 유출로 개인정보보호에 대한 관심이 높아졌는데, 그 관련 이슈를 최근 논의 사항까지 빠짐없이 정리하였다. 이로써 본서는 금융소비자보호에 관한 제반 사항을 체계적으로 정리한 최초의 해설서가 되었다.

본서는 각계 전문가들이 현장의 금융 실무자라면 반드시 알아야 할 사항들을 선별하여 쉽게 이해할 수 있도록 집필하였다. 금융소비자보호는 스쳐 지나갈 한때의 유행이 아니라 앞으로 금융회사가 지속가능한 경영을 하기 위한 정도(正道)이며, 이에 대한 사회적 공감대가 형성되고 있다고 본다. 아무쪼록 본서가 지속적으로 개정되면서 금융소비자보호에 관한 상세한 지침서로서 소중하게 활용되기를 기대한다.

2014년 2월

금융감독원 소비자보호총괄국 선임국장 김 용 우

Contents

Contents

Contents

Contents

제1장

Financial Consumer Protection

금융소비자 보호 개관

제1절 금융소비자 보호의 의의

1. 금융소비자의 개념과 의의

금융소비자를 정의하고 법률에서 보호대상으로 지정함으로써 그 보호체계를 어떻게 구성하는가 하는 것은 금융소비자는 물론 금융산업 나아가 국가경제의 발전에 매우 중요한 영향을 미친다.

일반적으로 소비자란 "물품과 용역의 구입자 또는 구입을 고려하고 있는 사람"이라고 정의할 수 있다. 이러한 광의의 소비자 범주에 금융상품과 금융서비스 구매자 내지 구매를 고려하고 있는 사람도 포함된다고 할 수 있다.

그러나 이러한 강학상의 소비자 개념과 법률상의 소비자 개념은 일치하지 않는다. 대표적으로 소비자에 관해 정의하고 있는 「소비자기본법」 제2조제1호에서는 "소비자"를 '소비' 또는 '생산활동'을 위해 '사용'하는 것을 전제로 하고 있어 이른바 최종적인 이용자상에 기초하고 있다. 즉 「소비자기본법」에서 "소비자"라 함은 "사업자가 제공하는 물품 또는 용역(시설물을 포함)을 소비생활을 위하여 사용(이용을 포함)하는 자 또는 생산활동을 위하여 사용하는 자로서 대통령령이 정하는 자를 말한다".

반면, 금융소비자는 일반소비자와 같이 '소비'라는 개념으로는 파악할 수 없다. 또한 금융소비자가 최종적인 이용자인지는 거래별로 차이[1]가 있다. 이러한 점 때문에 금융거래와 관련하여 과거 소비자라는 용어로 접근하는 것이 적절한 것인지 의문이 제기되기도 하였다.

더구나 금융 실무나 개별 금융업법에서는 '거래상대방(counter-party)', '고객(customer, client)', '투자자(investor)', '예금자(depositor)', '보험계약자(insured)', 이용자 등 금융소비자를 다양하게 표현하고 있다. 때문에 국내에서는 종래 '금융소비자'라는 용어는 금융산업과 감독에서 일반적으로 사용되는 강학상 개념에 지나지 않았다. 그렇지만 금융거래에서의 소비자에 대해서는 은행법, 보험업법, 자본시장법 등 개별 금융업법을 통해 보호장치를 제공해 왔다.[2]

갈수록 금융시장에서 유통을 전제로 하지 않는 증권의 발행이 가능해짐으로써 소비자의 개념에 부합하는 금융투자상품들이 빠른 속도로 등장·확대되었다. 금융선진국에서도 금융규제의 주된 목적으로 금융소비자의 보호를 금융규제법에서 명시하는 경향[3]이 강했다.

그러나 금융소비자는 강학상의 개념에서 나아가 「금융소비자 보호에 관한 법률」(이하 '금융소비자보호법')에 공식적으로 개념규정을 두고 있는 법률용어이고 구체적으로 정의되어 있는 점에서 종래와 차이가 있다.

---

1) 예컨대 예금과 보험의 경우 금융소비자는 일반소비자의 개념과 마찬가지로 최종이용자로 볼 수 있다. 반면에 주식을 취득한 투자자는 시장에서 주식을 양도할 수 있어 최종이용자로 보기 어렵다. 즉 증권투자와 같이 금융투자상품 거래에서의 소비자는 구매한 상품을 전매할 수 있어 소비자기본법상의 문언대로 해석할 경우 소비자기본법의 적용대상에서 제외되는 것으로 해석된다.

2) 자세한 소개로 안수현, "(가칭) 자본시장통합법과 소비자보호법의 접점", 「증권법연구」 제7권, 증권법학회, 2006년, 208면 이하. 참고.

3) 전통적으로 시스템 리스크의 방지가 금융규제의 주된 목적이었으나 갈수록 금융소비자 보호가 주된 규제목적이 되는 추세라는 설명은 Helen A. Garten, The Consumerization of Financial Regulation, 77 Wash. U. L. Q. 287 (1999), at 288.

즉 금융소비자보호법에서는 직접판매업자와 금융상품에 관한 계약을 체결하거나, 금융상품에 관한 계약체결의 권유를 받거나 청약을 하는 자를 '금융소비자'로 정의하고 있다. 즉 금융업자와 금융상품 계약을 체결하는 등 금융거래를 하는 상대방으로서 예금자, 투자자, 보험계약자, 대출채무자를 포괄한다.

또한, 금융소비자보호법은 금융소비자의 유형도 구분하여 금융상품에 관한 전문성 또는 소유자산 규모 등에 비추어 금융상품 계약에 따른 위험감수능력이 있는 '전문금융소비자'와 그렇지 아니한 '일반금융소비자'로 구분하고 있다(제2조제8호 내지 제10호). 이러한 금융소비자의 구분은 자본시장법상 전문투자자와 일반투자자의 구분을 차용하여 입법한 것이다(자본시장법 제9조제5항 및 제6항).

다만 금융소비자보호법상의 금융소비자는 금융상품의 '판매프로세스'에 포커스를 두고 규정을 상세하게 마련하고 있는 점, 계역을 체결하거나 계약체결의 권유를 받거나 청약을 하는 자로 제한되어 있는 점에서 그 적용범위가 협소하다. 이러한 점에서 금융소비자보호법상의 정의를 그대로 금융소비자를 일반적으로 정의하는 기준으로 삼기에는 한계가 있다고 지적될 수 있다.[4]

---

4) 참고로 영국의 금융법은 우리와 달리 은행, 증권, 보험 등 금융감독 당국의 감독대상이 되는 업무를 수행하는 자가 제공하는 서비스를 현재 또는 과거, 또는 향후 이용할 계획 등이 있는 자 등 넓게 포함하여 정의하고 있다. 영국 금융서비스 및 시장법(Financial Services and Markets Act 2000)이 대표적인 예이다(https://www.handbook.fca.org.uk/handbook/glossary/G210.html).

<consumer 정의>

(1) (except as specified in this definition) any natural person acting for purposes outside his trade, business or profession. [Note: article 2 of the Distance Marketing Directive, article 2 of the Unfair Terms in Consumer Contracts Directive (93/13/EEC), article 2 of the E-Commerce Directive, article 4 (20) of the Payment Services Directive article 3 of the Consumer Credit Directive and article 4(1) of the MCD]

(2) (as further defined in section 1G of the Act) (in relation to the discharge of the FCA's general functions (sections 1B to 1E of the Act), the application of the regulatory principles by the regulators in section 3B of the Act and references by scheme operators or regulated persons (section 234D of the Act)) a person:

(a) who uses, has used, or may use:

(i) regulated financial services; or

(ii) services that are provided by other than authorised persons but are provided in carrying on regulated activities; or

2. 금융소비자 보호의 필요성

2-1. 복잡·복합 금융상품·서비스의 등장

새로운 금융상품·금융서비스의 등장과 진화로 금융소비자의 선택의 폭은 갈수록 확대되어 왔다. 대표적인 예로 금융투자상품거래에서의 거래상대방인 투자자를 보호하는「자본시장과 금융투자업에 관한 법률」(이하 "자본시장법")은 구 증권거래법

(b) who has relevant rights or interests in relation to any of those services; or
(c) who has invested, or may invest, in financial instruments; or
(ca) who has relevant rights or interests in relation to financial instruments; or
(d) (in relation to the FCA's power to make general rules (section 137A of the Act (The FCA's general rules)) a person within the extended definition of consumer in article 7 of the Financial Services Act 2012 (Transitional Provisions) (Miscellaneous Provisions) Order 2013 (SI 442/2013 Definition of "consumer");
(e) [deleted]
(f) in respect of whom a person carries on the regulated activity of seeking out, referrals and identification of claims or potential claims whether that activity, as carried on by that person, is a regulated activity, or is, by reason of an exclusion provided for under the Regulated Activities Order or the Act, not a regulated activity;

(2A) (as further defined in section 425A of the Act) (in relation to the issue of statements or codes under section 64 of the Act) and general exemptions to consultation by the FCA (section 138L of the Act) in the publication of notices (section 391 of the Act) a person:
(a) who uses, has used, may have used, or has relevant rights or interests in relation to any services provided by:
(i) authorised persons in carrying on regulated activities;
(ii) authorised persons who are investment firms, or credit institutions, in providing relevant ancillary services;
(iii) persons acting as appointed representatives; or
(b) in respect of whom a person carries on the regulated activity of seeking out, referrals and identification of claims or potential claims whether that activity, as carried on by that person, is a regulated activity, or is, by reason of an exclusion provided for under the Regulated Activities Order or the Act, not a regulated activity.
for the purposes of this definition:
(A) if a person is providing a service within (2)(a) or (2A) as a trustee, the persons who are, have been or may be beneficiaries of the trust are to be treated as persons who use, have used or may use the service;
(AA) a person has a "relevant right or interest" in relation to any services within (2)(a) or (2A) if that person has a right or interest:
(i) which is derived from, or is otherwise attributable to, the use of the services by others; or
(ii) which may be adversely affected by the use of the services by persons acting on that person's behalf or in a fiduciary capacity in relation to that person;
(B) a person who deals with another person ("A") in the course of A providing a service within (2)(a) or (2A) is to be treated as using the service;
(C) a person has a "relevant right or interest" in relation to any financial instrument within (2)(ca) if that person has a right or interest:
(i) which is derived from, or is otherwise attributable to, investment in the instrument by others; or
(ii) which may be adversely affected by the investment in the instrument by persons acting on that person's behalf or in a fiduciary capacity in relation to that person;

과 달리 상품 규제와 업자의 영업 규제를 대폭 안화[5]하였는데, 이는 다양한 금융상품과 서비스의 출시를 가능하게 하였다. 그러나 이는 한편으로 신상품과 서비스의 제공이 금융소비자와 금융회사 간에 분쟁을 확대시킬 가능성도 함께 높였다[6].

이러한 규제환경의 변화는 금융소비자에게는 종전의 보호로는 충분하지 않다는 것을 의미한다. 즉 상품과 서비스의 복잡화·복합화는 그에 관한 정보를 충분히 제공한다고 하더라도 상품의 내용과 구조 및 위험도 등을 충분히 이해하지 못하는 것은 물론, 위험을 수용할 수 없는 금융소비자의 존재를 고려하지 않으면 안 되기 때문이다.

더구나 심화되는 인구의 노령화는 금융상품의 수요에도 큰 변화를 야기한다. 인구의 평균수명 증가와 함께 빠른 고령인구의 증가는 향후 금융소득에 의존하는 인구의 비율을 높일 전망이다.

2-2. 정보비대칭 해소 및 제한된 합리성 고려

이러한 환경과 종래에 비해 고위험도의 금융상품이 다수 등장하는 현실에서, 금융소비자가 이러한 상품에 대한 지식을 갖고 합리적으로 판단하여 최적의 금융상품·서비스를 선택하는 중요성이 매우 높아졌다. 이처럼 수요자의 구조와 규제환경이 변화됨에 따라 기존 금융업법에 각각 마련해 둔 금융소비자 보호 장치들 및 정보비대칭을 해소하는 정보제공의 담보만으로는 충분하지 않다는 지적이 제기되었다.[7] 금융소비자는 금융상품을 올바르게 선택할 권리와 의무를 지닌 주체로 인식되고 있

5) 자본시장법에서는 구 증권거래법과 달리 금융투자상품에 대해 추상적으로 정의하면서 투자성 있는 모든 금융상품으로 정의하면서 이러한 정의규정에 부합하는 한 다양한 상품이 출시될 수 있도록 하였다 또한 종래 엄격하게 금지되었던 겸영을 풀어 금융투자에 관한 업무에 대해 겸영을 원칙적으로 허용하고 있다.

6) 대표적으로 우리은행이 판매한 우리파워인컴 파생상품투자신탁 1·2호, 미래에셋자산운용이 제조·판매한 인사이트펀드 판매관련 분쟁을 들 수 있다.

7) 대표적으로 안수현, "금융소비자 보호와 자본시장법의 과제", 「기업법연구」 제22권 제4호, (통권 제35호), 기업법학회, 2008년, 73면 이하.

지만,[8] 현실은 그렇지 못하기 때문이다. 또한 복잡한 금융환경하에서 갈수록 복잡한 금융상품·서비스가 등장하고 있고, 정보의 비대칭과 제한된 합리성으로 인해 금융소비자의 합리적인 판단과 자기책임을 기대하기 어려운 경우가 적지 않기 때문이다.

기본적으로 금융상품·서비스의 거래는 서로 다른 시점 간의 거래(예컨대 지금 자금을 빌리고 장래에 변제하는 것)에서 오는 리스크와 불가분의 관계에 있을 뿐 아니라 거래 당사자 간에 정보의 비대칭이 존재하는 2가지 중요한 특징을 갖고 있다.

'정보비대칭'이란 금융소비자가 금융회사에 비해 정보 면에서 상대적으로 열위에 있음을 말한다. 금융상품은 금융소비자가 구매 이전에 정확한 정보를 입수하기도 어렵고 수집하더라도 관련 비용이 매우 높다. 또한 상품구조가 복잡한 경우 정확히 이해하고 평가하는 것이 매우 어려우며, 금융상품의 효과를 단기에 파악하기 어렵고, 자신에게 어울리지 않는 상품이라는 점을 상당 기간이 경과한 후에 인지할 가능성이 크다.

특히 금융소비자는 금융상품·서비스 제공자(은행, 보험회사, 증권회사 등)와 비교하여 금융에 관한 전문지식이 많지 않고, 계약 시 지점에서 구매하는 경우 금융회사 직원의 설명에 의존하는 경우가 많으며, 특히 분쟁이 발생한 경우 그 해결을 위한 지식이나 정보 등에 격차가 있어 금융소비자는 불리한 측면이 적지 않다. 때문에 규제당국은 금융소비자가 안심하고 거래에 참여할 수 있는 금융소비자보호체계를 충실하게 확립하는 것이 무엇보다 요구된다.

종래 각 업법에서도 금융소비자와 금융회사 간의 정보 격차를 감안하여 금융소비자의 합리적인 판단을 원활하게 하기 위한 장치가 마련되어 있었으나 업법을 통한 보호만으로는 규제의 공백이 나타날 수밖에 없고 동일한 기능을 갖고 있음에도 규

8) 일반소비자 분야에서는 '90년대 이후 규제 완화와 소비자의 자기책임이 강조되면서 소비자의 보호에서 권리로 전환되면서 소비자가 주체적으로 소비자문제를 예방하고 해결하는 것이 요구되었다.

제수준이 달라지는 규제차익의 문제가 발생하는 것을 해소하지 못한다는 비판이 있었다. 이러한 문제를 인식하여 개별 금융업법상의 판매 관련 행위규제를 떼어내서 영업행위 관련 금융소비자 보호를 위한 규정들을 통합하여 종합적으로 규율하는 금융소비자보호법이 제정되었다.

한편, 이러한 금융소비자 보호의 강화 움직임은 비단 우리나라에서만 나타나는 것은 아니다. 국제적으로도 국민경제가 금융시스템에 기대하는 역할이 변화하면서 금융규제도 금융산업의 보호·육성을 통해 대량의 산업자금을 동원하는 것에서 경쟁환경 유지 및 소비자보호가 요청되었다.

특히 글로벌 금융위기 이후 미국 대형은행의 불완전판매가 2008년 금융위기의 촉발과 심화에 결정적 영향을 주었다는데 인식을 같이하고 금융소비자 보호강화에 대한 국제적 공감대가 형성되었다. 2011년 2월 G20 재무장관회의에서 금융서비스에 대한 소비자의 신뢰가 회복되지 않을 경우 세계 경제 회복이 제한적일 수밖에 없다는 데 의견을 모으고, 경제개발협력기구(OECD)에 금융소비자 보호 가이드라인을 책정해줄 것을 요청했고 이에 경제개발협력기구(OECD)는 금융안정위원회(FSB; Financial Stability Board)와 다른 국제기구들과 협의하여 '금융소비자 보호 10대 원칙[9)]'을 마련하였고, 이를 2011년 11월 선진 20개국(G20) 정상회의에서 공동선언문으로 채택하였다.

2012년 6월 세계은행도 금융회사 내 소비자보호체제를 정비하고 적극적으로 금융소비자의 권익을 향상시킬 수 있도록 하는 '금융소비자 보호 모범규준(Good Practices for Financial Consumer Protection)'을 발표하였다. 이후 2017년도에

---

9) OECD에서 권고한 금융소비자 보호 10대 원칙은 ① 법, 규제, 감독체계 마련, ② 감독기구 역할 강화, ③ 공평하고 공정한 금융소비자 취급 ④ 공시와 투명성 강화, ⑤ 금융교육 및 인식 제고, ⑥ 금융회사의 책임영업행위 강화, ⑦ 사기와 남용으로부터 자산의 보호, ⑧ 금융소비자 개인정보 보호 강화, ⑨ 금융소비자 불만족 처리 및 피해구제 ⑩ 경쟁적 환경 조성을 통한 금융소비자 선택권 보장이 해당된다.

개정되었는데, 그 주요내용은 금융소비자 보호는 금융산업의 건전한 발전과 금융포용 및 경제성장에 기여하는 주된 정책으로, 디지털금융서비스의 등장에 따른 위험 증대를 고려할 때 새로운 정책대응이 필요하다는 것이다. 모범규준에서 다루는 영역도 예금·대출상품, 보험, 사적 연금, 증권 등을 다루고 있으며, 각 부분은 법과 감독체제(Legal and supervisory framework), 공시와 투명성(Disclosure and transparency), 공정한 취급과 영업행위(Fair treatment and business conduct), 데이터보호와 프라이버시(Data protection and privacy), 분쟁해결메카니즘(Dispute resolution mechanisms)으로 구성된다. 이러한 모범규준은 각 금융회사가 자율적으로 금융소비자 보호 수준을 체크하는 데 일종의 기준을 제시하는 점에서 참고가 된다.

<표 1-1> 2017년 세계은행의 금융소비자 보호 모범규준 (예: 증권산업)

구분	공통부분	증권산업의 경우
1	법과 감독체제(Legal and supervisory framework)	소비자보호체계/감독·규제체제/감독·집행/행위규제/소비자교육·감독정보 등 제공
2	공시와 투명성(Disclosure and transparency)	형식/광고와 판매자료/용어와 조건/상품위험공시/이해상충공시/집합투자상품 중요사항 보고서/계약서교부/정기보고서제공
3	공정한 취급과 영업행위(Fair treatment and business conduct)	공정한 용어와 계약조건/판매관행과 선관주의의무/상품적합성/고객이전/자금분별관리/자산유용과 남용방지/준법감시책임·행정상의 책임/피해보상·임직원보수와 소비자보호 연계/자료기록
4	데이터보호와 프라이버시(Data protection and privacy)	합법적 수집과 이용/비밀유지·보안/고객정보의 공유/
5	분쟁해결메카니즘(Dispute resolution mechanisms)	내부분쟁해결절차/대체적 분쟁해결절차
6	피해기금·파산	파산 시 소비자보호

*출처: https://openknowledge.worldbank.org/handle/10986/28996

한편, 최근에는 금융소비자 개념 중 '취약소비자'라는 유형을 별도로 마련하여 보호를 상화하는 경향이 있다.[10][11]

10) 자본시장법상 70세 이상인 사람을 상대방으로 일정한 범위의 금융투자상품을 판매하는 경우에는 금융투자업자에게 녹취의무와 녹취파일 제공의무를 부과하고 있다(자본시장법 시행령 제68조제5항제2호의2나목).

11) 이에 대해서 금융소비자의 분류를 세분화하여 고령소비자와 같은 유형을 두는 것이 규제의 실효성 면에서 필요한 것인지에 다소 의문을 제기하는 견해도 있다. 이러한 견해는 시장의 분리에 의한 금융규제의 차등화하는 금융소비자 분류제도의 취지를 달성하기 위해 분류를 가급적 일반화하는 것이 필요하다고 한다. 정순섭, "금융소비자보호법의 구조와 내용", 「BFL」 제102호, 금융법센터, 2020. 7. 11면.

제 2 절 금융소비자 보호 관련 법률

금융소비자를 보호하는 규정은 공법과 사법 영역 전반에 걸쳐 마련되어 있고 금융업법 외에도 다양한 개별 법률에서도 그 근거를 찾을 수 있다.

1. 헌법

헌법에서는 소비자보호운동을 법률에 의하여 보장하고 있다. 즉 헌법 제124조에서 "국가는 건전한 소비행위를 계도하고 생산품의 품질 향상을 촉구하기 위한 소비자보호운동을 법률이 정하는 바에 의하여 보장한다"고 명시하고 있다.

2. 개별 법률

2-1. 소비자기본법과 관련 법령

소비자보호에 관한 기본적인 제도들이 「소비자기본법」과 이를 기초로 한 관련 법령들에 마련되어 있다. 대표적으로 「약관의 규제에 관한 법률」(이하 '약관규제법'), 「독점규제 및 공정거래에 관한 법률」(이하 '공정거래법'), 「표시·광고의 공정화에 관한 법률」(이하 '표시광고법') 등을 들 수 있다.

2-2. 금융업법 및 관련 법령

금융소비자 보호와 관련하여 특히 금융소비자의 정보비대칭 해소, 금융시장에서의 경쟁 촉진, 금융회사의 건전 경영 및 경영 효율성 제고 등을 고려한 규정들은 각 개별 금융업법과 관련 법령에서 마련하고 있다.

대표적으로 「은행법」, 「보험업법」, 「자본시장법」, 「여신전문금융업법」, 「전자금융거래법」, 「예금자보호법」, 「금융산업의 구조개선에 관한 법률」(이하 '금융산업구조개선법'), 「신용정보의 이용 및 보호에 관한 법률」(이하 '신용정보법') 등을 들 수 있다.

<표 1-2> 금융소비자 보호 관련 제도 및 법률

구분	관련제도와 법률	주요내용
정보비대칭 해소	(예금자보호제도) 예금자보호법, 금융위원회의 설치 등에 관한 법률	금융회사 파산 시 1인당 1억원 한도로 보호 (2025.9. 부터) 예금보험공사의 검사 요청 시 금감원 공동 검사
	(약관제도) 약관의 규제에 관한 법률, 독점규제 및 공정거래에 관한 법률, 금융소비자 보호에 관한 법률, 전자금융거래법	불공정약관의 작성·통용방지 및 규제 금융거래 관련 표준약관
	(정보제공·공시제도) 표시·광고의 공정화에 관한 법률, 주식회사의 외부감사에 관한 법률, 은행법, 보험업법, 자본시장법	시장규율 부당한 표시·광고 방지 재무제표, 감사보고서 비치 및 공시의무 예금자·투자자 보호를 위해 경영공시 의무

구분	관련제도와 법률	주요내용
정보비대칭 해소	(공정한 정보 이용) 신용정보의 이용 및 보호에 관한 법률, 개인정보 보호에 관한 법률	- 신용정보의 오·남용 방지 - 개인의 사생활 비밀보호 및 정보수집 제한
	(분쟁조정제도) 소비자기본법, 금융위원회의 설치 등에 관한 법률	- 소비자와 사업자 사이에 발생한 분쟁에 대해 조정위원회에 분쟁조정 신청 - 금융분쟁의 경우 금감원에 분쟁조정 신청
	(교육) 소비자기본법, 금융소비자보호법	- 국가 및 지방자치단체의 소비자교육에 필요한 시책 수립과 실사할 의무 부과
금융시장에서의 경쟁 촉진	(시장구조 개선) 독점규제 및 공정거래에 관한 법률, 금융산업의 구조개선에 관한 법률	- 부당한 공동행위·불공정행위를 규제하여 공정하고 자유로운 경쟁 촉진 - 금융산업의 구조개선 지원 및 금융회사의 경쟁을 촉진하며 금융산업의 균형발전 기여
	(불공정거래 규제) 독점규제 및 공정거래에 관한 법률, 금융위원회의 설치 등에 관한 법률, 자본시장법	- 불공정거래 행위에 대해 시정명령 및 과징금 부과 - 증권·선물시장의 불공정거래 조사 및 규제
금융기관의 경영 효율성 제고	(건전경영 지도) 은행법, 보험업법, 자본시장법	- 자본적정성, 자산건전성, 유동성 등 금융회사의 건전경영 지도 - 자기자본규제 및 자산보유·유용에 대한 제한
	(효율적 정보 이용) 신용정보의 이용 및 보호에 관한 법률	- 신용정보집중기관을 통해 신용정보의 체계적·종합적 관리 - 개인별 신용도에 상응하는 선진 금융거래관행 정착 유도

3. 외국 입법례

3-1. 미국

금융소비자 보호와 관련하여 우리나라의 금융소비자보호법과 같이 포괄적인 법률이 제정된 것은 없지만, 금융소비자 보호를 위한 제도를 포함하는 다수의 특별법과 금융업법을 두고 있다.

전자의 대표적인 예로 2009년 글로벌 금융위기를 계기로 불공정대출, 과도한 수수료 및 이자 부과 등을 감시할 금융소비자 보호기구 등의 설치를 내용으로 하는 「금융감독개혁법」(Rebuilding Financial Supervision and Regulation)이 있으며, 금융감독시스템 개편, 금융회사 규제 개선과 금융소비자 보호장치를 포함하여 2010년 7월 제정된 「도드-프랭크 월스트리트 개혁 및 금융소비자보호법」(Dodd-Frank Wall Street Reform and Consumer Protection Act)이 있다.

후자의 금융업법으로는 투명한 증권시장과 증권투자자보호를 위하여 제정된 1933년 증권법과 1934년 증권거래소법, 1940년 투자자문업법 그리고 상품거래를 규율하는 상품거래소법(Commodity Exchange Act) 등을 들 수 있다.

미국은 연방법과 주법으로 각각 규율권한이 다른 점도 우리와 차이가 있다. 예컨대 소비자신용과 관련해서는 대부분 주법[12]으로 진입 규제, 상한 금리, 대출한도, 채무자구제방법 등을 규율하고 있다. 연방차원에서는 금융소비자 보호국(CFPB; Consumer Financial Protection Bureau)이 금융소비자를 대상으로 하는 연방법[13]

12) 예컨대 뉴욕주 은행법을 들 수 있다.

13) 「소비자리스법」(Consumer Leasing Act of 1976), 「신용기회균등법」(Equal Credit Opportunity Act), 「공정신용청구법」(Fair Credit Billing Act), 「공정신용보고법」(Fair Credit Reporting Act), 「공정채권회수법」(Fair Debt Collection Act), 「대부진실법」(Truth in Lending Act) 등이 해당된다.

에서 금융회사의 금융상품·서비스와 관련하여 금융회사 검사, 제재, 금융교육, 민원관리 등을 맡고 있다(12 USC 5514(a)). 주로 대출을 취급하는 기관이 적용대상이 된다.

3-2. 영국

영국은 「금융서비스시장법」(Financial Services and Market Act)에 금융소비자 보호를 위한 제도를 마련하고 있다. 특히 금융소비자의 사후보호를 위한 제도로 금융서비스보상제도(FSCS; Financial Services Compensation Scheme)와 금융옴부즈만서비스(FOS; Financial Ombudsman Service)제도를 두고 있다.

금융서비스보상제도란 인가받은 금융회사가 채무불이행에 이른 경우 금융소비자에게 일정한 금액까지 보상하게 하는 제도를 말한다. 금융옴부즈만서비스란 금융상품에 대한 고충처리 및 재판외 분쟁해결서비스를 제공하는 제도를 말한다.

3-3. 일본

일본은 소비자보호 강화를 위하여 2001년 「소비자계약법」[14)]과 「금융상품 판매에 관한 법률[15)]」이 제정되었으며, 2004년에는 「소비자기본법」이 시행되었다. 이후 투

---

14) 「소비자계약법」은 금융상품에 한하지 않고 소비자계약 일반에 적용되는 것으로 소비자와 사업자 간의 정보의 양과 질 및 교섭력의 차이를 감안하여 계약체결과정 및 계약조항과 관련하여 소비자가 계약의 전부 또는 일부의 효력을 부정할 수 있는 경우를 정하고 있다(제4조). 예컨대 생명보험계약도 소비자계약법에서 정한 소비자계약에 해당한다.

15) 「금융상품판매에 관한 법률」은 업자와 소비자 간의 정보격차가 있음을 고려하여 민법의 불법행위법의 원칙을 일부 변경하는 것을 내용으로 하고 있다. 구체적으로 금융상품 판매업자에 대하여 일정한 중요사항의 설명의무 부과, 권유방침의 책정 및 공표의무, 그리고 이들 의무의 확실한 이행을 규정하고 있다. 설명을 하지 않은 경우에는 사업자는 이에 의해 발생한 손해를 배상하지 않으면 안 되고, 손해액은 원본결손액으로 추정된다. 이 법이 제정되기 전에는 소비자와 업자 간에 분쟁이 발생하면 업자는 적절한 설명을 하지 않았다는 점과 손해와의 인과관계에 대해 원고(금융소비자)에게 입증책임이 있어 금융소비자가 불리하였다.

자자보호 강화를 위하여 종래 증권거래법을 확대 개편하여 2007년 「금융상품거래법」이 제정되었다.

최근에는 "금융서비스의 이용자 이용편의 향상 및 보호를 위한 금융상품판매 등에 관한 법률 등의 일부 개정 법률"이 제정됨에 따라 복수의 업종(증권, 은행, 보험, 대금) 및 다수의 금융회사들이 제공하는 다종 다양한 상품·서비스가 원스톱으로 제공할 수 있게 되었다. 즉 금융서비스중개업이 허용되면서 '금융상품판매등에 관한 법률'은 '금융서비스의 제공에 관한 법률'로 변경되었다.

제 3 절 금융소비자 보호 감독체제

1. 개관

금융산업은 위험을 수반한 영역이기 때문에 규제와 감독은 불가분의 관계라 할 수 있다. 즉 금융을 규제하는 가장 중요한 목적은 금융시스템의 안전(safety)과 건전성(soundness)의 확보이다. 이러한 목적을 달성하기 위해 통상 금융규제는 금융법제도를 통해 이루어지며, 이에 따라 금융회사의 건전성 규제와 영업행위규제 및 시장안정화 조치(market stability protection)[16)]들이 마련된다.

금융소비자 보호 역시 규제 및 감독의 주된 목적이 된다. 금융소비자는 금융 불안정과 금융회사 파산 등 금융회사의 거시·미시건전성에 의해 영향을 받으며, 금융상품의 구입 이후 불완전판매 또는 분쟁의 발생으로 이어진 경우 신속한 구제가 요구된다. 그러나 이러한 사후적 구제 못지않게 중요한 것이 사전적으로 금융소비자를 보호하는 것이다.

2. 금융감독체제 유형

금융감독체제의 유형은 크게 ① 건전성 규제(시장 안정성)와 ② 소비자보호(영업

16) 주로 지급결제시스템 유지, 자금흐름의 원활한 확보, 위기 시 개입 및 최종대부자로서의 역할 수행 및 금융위기 시 유동성 공급 등이 해당된다. 이들 조치는 건전성규제와 영업행위 규제와는 목적 면에서 큰 차이가 있다. 이들 조치가 요구되는 시기는 정부가 직접 개입하여 금융시장에서 거래의 상대방이 되는 결과를 가져오기 때문이다. 통상 이러한 역할은 중앙은행이 맡으며 다른 역할과 독립하여 수행하는 경우가 많다.

행위 규제) 기능이 동일한 기관에서 수행되는가에 따라 구분한다. 이들 기능을 한 기관에서 하는 경우를 '통합형 감독방식'(Integrated Approach)이라고 부르고, 이와 달리 각각의 기능을 별개의 기관에서 수행하는 경우를 '쌍봉형 방식'(Twinpeaks Approach)라고 한다. 이에 따라 다음과 같이 금융소비자 보호 조직의 형태도 상이하게 나타난다.

<그림 1-1> 금융소비자 보호 조직 유형

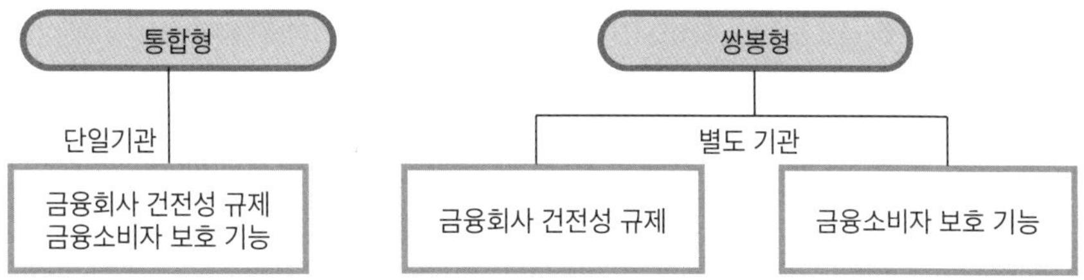

한국, 일본, 독일 등이 대표적인 통합형 감독체제를 채택한 국가들이다. 즉 통합감독기구가 전체 금융업을 수행하는 기관에 대하여 건전성과 영업행위 규제를 총괄하며, 금융소비자 보호 업무도 담당한다.

쌍봉형 감독체제를 채택한 국가로 대표적으로 영국, 호주, 캐나다 등을 들 수 있다. 이들 국가들에서는 건전성 감독기능과 영업행위 규제기능이 각각 별도의 규제기관에 의해 수행된다.

<표 1-3> 해외 쌍봉형 금융감독체계

국가	내용
영국	종래 감독기관인 FSA를 PRA와 FCA로 분리 - PRA(건전성감독원): 영란은행 산하에 설치되어 있고, 미시건전성 감독을 담당 - FCA(금융행위감독원): 소비자보호 업무를 수행, 독립기구 - FPC(금융정책위원회): 영란은행 산하에 설치되어 있고 거시건전성 감독을 감당 - PSR(지급시스템감독원): 지급결제 서비스업자에 대한 규제와 감독권 보유
호주	- APRA(건전성감독청): 금융회사의 재무건전성, 금융시장 안정성·효율성 제고 및 경쟁촉진적 진입·퇴출기준 마련 - ASIC(증권투자위원회): 시장중개기관 및 금융상품을 감독, 불공정영업행위 규제
캐나다	- OFSI(금융감독청): 사적연금과 은행, 연방법 금융회사(보험,신탁대부회사 등)에 대한 감독목적으로 1987년 설립 - 주별 증권감독기구: 주정부 또는 증권위원회가 증권·자본시장 감독. 온타리오증권위원회(OSC)가 가장 규모가 크고, 조직과 운영방식 발달 - FCAC(금융소비자 보호원): 2001년 금융소비자 보호원법(Financial Consumer Agency of Canada Act)에 따라 연방법상의 은행·보험회사에 대하여 영업행위감독을 수행

3. 국내 금융소비자 보호 감독체제

금융감독은 금융회사의 건전성 확보 및 시장질서 확립을 통한 소비자보호를 목표로 한다. 국내에서는 금융감독정책은 금융위원회가 「금융위원회의 설치 등에 관한 법률」에 의해 수행하고 있다. 이러한 감독정책의 집행은 금융감독원에 의해 수행된다.

<표 1-4> 금융위원회와 금융감독원의 업무

금융위원회의 업무[17]	금융감독원의 업무[18]
1. 금융에 관한 정책 및 제도에 관한 사항 2. 금융기관 감독 및 검사·제재에 관한 사항 3. 금융기관의 설립, 합병, 전환, 영업의 양수·양도 및 경영 등의 인가·허가에 관한 사항 4. 자본시장의 관리·감독 및 감시 등에 관한 사항 5. 금융소비자의 보호와 배상 등 피해구제에 관한 사항 6. 금융중심지의 조성 및 발전에 관한 사항 7. 제1호부터 제6호까지의 사항에 관련된 법령 및 규정의 제정·개정 및 폐지에 관한 사항 8. 금융 및 외국환업무 취급기관의 건전성감독에 관한 양자 간 협상, 다자 간 협상 및 국제협력에 관한 사항 9. 외국환업무 취급기관의 건전성감독에 관한 사항 10. 그 밖에 법령으로 금융위원회 소관으로 규정한 사항	1. 검사대상 기관의 업무 및 재산상황에 대한 검사 2. 검사 결과와 관련한 제재 3. 금융위원회와 금융위원회 소속으로 두는 기관에 대한 업무 지원 4. 그 밖에 법령상 금융감독원이 수행하도록 하는 업무

17) 「금융위원회의 설치 등에 관한 법률」 제17조

18) 「금융위원회의 설치 등에 관한 법률」 제37조

제 2 장

Financial Consumer Protection

금융소비자보호법

제1절 금융소비자 보호와 금융소비자보호법 제정의 의의

종래 금융 분야에서 소비자를 보호하기 위한 금융소비자보호법의 제정과 관련하여 학계와 실무에서 논의가 적지 않았다. 특히 금융소비자라는 개념이 필요한지, 그리고 금융소비자를 보호하는 별도의 법이 필요한지와 관련하여 이견이 제기되었다[19].

그러나 무형의 복잡·복합적인 금융상품과 서비스의 특수성을 고려하고 금융소비자 피해의 사회적 문제는 궁극적으로 금융시장 전체의 불안 및 경제시스템 리스크에도 영향을 줄 수 있는 점에서 별도의 기본법으로 제정하는 것이 타당하고 필요하다는데 공감이 많았다[20].

한편, 금융소비자보호법이라고 할 경우 형식적으로는 「금융소비자 보호에 관한 법률」을 지칭한다고 할 것이지만, 광의로는 금융소비자 문제에 대처하기 위한 법제 전반을 금융소비자보호법이라고 칭할 수 있을 것이다. 다만, 현재 금융 분야에서 금융소비자보호법이라고 불리는 용어가 일반화된 것은 금융소비자 보호에 관한 법률의 제정의 효과라고 할 수 있다.

금융소비자보호법의 제정으로 국내에 금융소비자보호법이 처음으로 안착되었다고 할 수 있다. 왜냐하면 금융소비자보호법 제정 전에는 금융소비자의 권리를 직접

19) 일부에서 「소비자기본법」[법률 제1501호]이 존재하는 상황에서 금융소비자 보호에 관한 기본법 제정이 필요한지에 대한 의문이 없지 않았다.

20) 다만 소비자를 위한 정책과 보호라는 점에서 「소비자기본법」의 체계를 참고하여 정합성을 유지할 필요가 없지 않고, 금융관련 법령과의 중복 내지 상충요소를 점검하고 금융상품의 특수성을 반영하여 차별적으로 규정할 필요가 있다.

보호하기보다는 각 업법과 이에 터 잡은 금융회사에 대한 행정규제를 통해 금융회사의 거래상대방으로서의 금융소비자 지위를 고려하는 접근방법을 취했기 때문이다. 즉 소비자는 간접적으로 그 이익이 보호되는 데 불과하였는데 비해 금융소비자보호법은 금융소비자의 이익과 권리에 관해 많은 정비가 시도된 법제라는 접근방법을 취하고 있는 점에서 패러다임의 전환을 가져왔다[21].

21) 다만 금융소비자보호법에서도 개별 금융소비자가 자신이 입은 피해를 회복하기 위하여 단독으로 법적 수단을 강구하는 것이 용이하지 않은 경우 쉽게 금융회사에 대해 행위의 중지 청구 내지 집단손해배상을 청구할 수 있는 제도와 같이 금융소비자가 주체적으로 피해에 대한 구제를 실현하는데 필요한 제도들이 마련되어 있지는 않은 점에서 보완의 여지가 있다.

제 2 절 금융소비자 보호를 위한 단일법 제정의 배경과 연혁

1. 제정배경

1-1. 기술혁신 및 금융상품 복잡·복합 심화에 따른 금융소비자 보호 요청 및 공정성 제고

급변하는 금융환경과 금융상품의 복잡화·복합화 추세 속에서 금융소비자 보호를 위한 제도적 장치를 강화하여야 한다는 지속적 요구가 있었다. 본질적으로 금융소비자와 금융서비스 공급자 간에 능력, 정보 및 자원의 불균형이 존재하여 금융소비자들이 불리한 지위에 있음이 인식되고 있음에도 불구하고 금융소비자의 보호가 충실하지 않다는 비판이 계속 제기되었다.

특히 금융소비자와 금융회사와의 관계에서 공정성의 이슈가 강하게 부각되었고, 금융소비자의 제한된 합리성(Bounded Rationality)[22]을 고려하여 공정성이 새롭게 인식되었다. 즉 기술혁신 및 금융거래의 자유화·복잡화가 심화되는 상황에서 금융상품의 질이나 내재된 위험은 상품제조자가 특히 잘 알 수밖에 없기 때문에 상품에 대한 투명한 정보제공과 질의 담보가 상품제조자에게 기대하기 때문이다.

또한, 제조자가 직접 금융상품을 판매하는 비중은 높지 않고 대부분 다양한 판매

22) 전통경제학은 사람의 판단이 흐려지는 것은 감정에 치우쳐서 나타나며 이성적으로 사고하면 올바른 판단을 할 수 있다고 일반적으로 보고 있지만, 행동경제학에서는 인간의 사고 자체가 과거의 경험이나 임기응변식으로 이루어지기 때문에 잘못된 판단이나 편향(bias)이 일어난다고 본다. 배순영, "행동경제학의 논거가 소비자 정책에 주는 시사점", 소비자정책동향 제4호, 소비자보호원, 2008, 2면.

채널을 통해 판매되는 경향이 있으므로 시장에서 금융상품을 판매·중개하는 자들의 역할 또한 무엇보다 중요하다. 즉 금융상품의 질이나 내재한 위험에 대한 적절한 평가를 하는 금융중개기능의 역할 또한 매우 중요해졌다.

1-2. 금융상품 공급자 중심의 규제에서 금융소비자 중심의 규제 전환

이러한 변화에 상응하는 금융소비자 보호에 대한 요구는 종래 금융상품 공급자 중심의 규제에서 금융소비자 중심의 규제로 금융행정의 기본방향 전환을 요구하였다. 금융소비자가 참여하는 시장의 규모나 기능은 과거에 비해 큰 폭으로 증가되었음을 고려할 때 금융소비자를 보호하는 것은 법상의 의무이기 때문이 아니라 금융시장의 발전과 경제성장 측면에서도 매우 중요하다. 그러나 그간 금융시장의 발전과 경제성장 측면에서 금융행정의 중심은 금융상품의 공급자 중심의 규제라고 해도 과언이 아니다.

그러나 2008년 금융위기 이후, 국내외 공통적으로 다음과 같은 이유에서 금융소비자 중심의 규제로의 전환이 강하게 요구되기 시작하였다.

① 금융상품 다양화·복잡화·복합화에 상응한 금융규제체계의 정비가 요청되고 있기 때문이다. 이러한 상황은 금융상품이 갈수록 복잡한 금융투자상품으로 진화되고 있고, 파생상품과 결합하여 일반금융소비자에게 판매되기 시작하였기 때문이다. 이처럼 상품의 다양화는 금융산업의 발전과 함께 진화되는 반면에 금융소비자는 이러한 발전 속도를 따라가고 있지 못하고 있다. 즉 금융시장에서 정보수집과 이해가 부족한 소비자가 참여하는 비중이 높다.

② 금융상품의 계약기간이 장기화되는 경향이다. 고령화사회의 진입으로 연금 등 장기의 계약기간을 갖는 상품의 등장이 증가하고 있다. 그러나 실제 불이익을 입는 피해가 발생하는 시기는 정작 자금이 필요한 고령기가 될 가능성이 크다.

③ 금융정보의 격차가 크다는 점이다. 금융상품의 다양화·복잡화·복합화에 상응하여 금융소비자의 정보수집, 분석, 이해능력이 증대되지는 않는 실정이다. 금융상품은 무형의 자산으로 금융소비자가 구매 이전에 정확한 정보를 입수하기 어렵고, 더구나 상품이 복잡한 것이 많고, 설령 정보를 획득하였더라도 이를 이해하기가 어렵다. 또한 상품의 효과를 즉시 내지 단기간에 알기도 어렵고 그 부작용 내지 그로 인한 비용은 상당기간이 경과한 후에 아는 경우들이 많다.

1-3. 금융소비자 보호강화는 금융시장의 체계적 위험 완화에 기여

2008년, 전 세계적으로 유발된 금융위기 중의 하나가 금융회사가 금융소비자로 하여금 상대적으로 위험이 높은 금융상품 및 이해하기 어려운 상품들을 거래하도록 유인함으로써 상대적으로 위험이 높은 금융자산으로 과도한 자금흐름이 쏠렸다는 것이다. 그 결과 금융시장의 체계적인 위험 확산과 금융산업이 위축되었다.

그러나 금융소비자 보호제도가 충실히 확립되었다면 이러한 금융시장의 체계적 위험 완화에 기여하였을 것으로 분석되고 있다.

1-4. 기존 법리·제도의 한계 노출

종래 마련된 금융소비자 보호제도만으로는 규제차익과 규제 공백이 완전히 해소되지 않았다는 반성이 있다. 대표적으로 자본시장법의 제정을 통해 설명의무 위반시 손해배상책임을 추정하는 규정의 신설(구법 제48조)과 보험업법상의 설명의무(구법 제95조의2)와 적합성원칙(구법 제95조의3) 등이 마련되었으나 이로는 규제차익과 규제 공백이 해소되지 않는다는 비판이 제기되었다.[23)]

23) 금융위원회, 금융소비자 보호에 관한 법률제정안 주요내용, 보도자료, 2011. 11.17, 6면; 구기성, 금융소비자 보호에 관한 법률안【정부제출】 검토보고서, 2012.9, 55면.

대표적인 규제차익의 문제로 은행이 판매하는 주가연동예금상품은 투자실적에 따라 수익률이 달라지는 상품이지만 원금보장이 되는 예금이라는 이유로 투자위험성에 대한 구체적인 설명의무 규제가 부재하였다. 또한 보험업법상 신용카드사용자가 사망하는 경우 신용카드회사가 신용카드 채무를 면제·이연하는 서비스인 DCDS(Debt Cancellation/Debt Suspension)상품을 부가서비스 형태로 판매하는 행위는 보험업에서 제외되어 설명의무 등 보험업법의 규제가 배제되었다.

그 외 규제 공백의 사례로는 저축은행 등이 후순위채를 직접 판매하는 경우 자본시장법상 적합성원칙, 설명의무 등의 규제가 적용되지 않았다. 무엇보다 금융거래 시 정보개시(예컨대 계약체결단계에서 서면 교부, 중요사실에 대한 부실고지 금지 내지 불고지 금지 등)의무가 모든 금융업자에게 요구되고 있지 않았다.

2. 연혁

2-1. 시행

금융소비자보호법 제정을 위한 정부(금융위원회) 차원의 검토가 이루어진 시기는 대략 2010년으로 추정되며[24], 실제 입법까지 이르는 데 총 11년이 걸렸다.

최초의 제출안은 2011년 11월 금융위원회에 의해 정부안으로 입법예고되었다. 이후 그간의 입법환경 변화 등을 반영하여 20대 국회에서 금융소비자보호법 제정을 재추진하고자 금융위원회가 2017. 5. 23 「금융소비자 보호에 관한 법률」안(의안번호 6989)을 국회에 제출하였고, 그 외 다수의 의원입법안과 함께 대안으로 2020. 3. 5일에 국회 본회의에서 제정안이 통과되었다.

24) 정순섭, “금융소비자보호법의 구조와 내용”, 「BFL」 제102호, 금융법센터, 2020. 7. 6면.

이는 2019년 발생한 DLF(Derivative-Linked Fund) 등 파생결합상품으로 인한 대규모 금융소비자의 손실사태를 계기로 금융소비자 보호에 대한 사회적 공감대가 형성되면서 여야 간 합의로 입법이 완료된 것이다.

<표 2-1> 20대 국회 제안 금융소비자보호법안

의안번호	의안명(대표발의)	제안	의결	의결 결과
2024775	금융소비자 보호에 관한 법률안(대안)(정무위원장)	2020.3.5	2020.3.5	원안가결
2006989	금융소비자 보호에 관한 법률안(정부)	2017.5.23	-	대안반영 폐기
20006653	금융소비자 보호 및 금융상품판매에 관한 법률안(이종걸의원)	2017.4.7	-	-
2006092	금융소비자보호법안(최운열의원)	2017.3.9	-	-
2004647	금융소비자 보호 및 금융상품판매에 관한 법률안(박용진 의원)	2016.12.27	-	-
2002895	금융소비자 보호기본법안(박선숙의원)	2016.10.25	-	-

금융소비자보호법 시행경과

2020. 3. 24	공포
2020. 10. 28	금융소비자보호법 시행령(안) 입법예고
2020. 12. 24	금융소비자보호법 감독규정(안) 규정예고
2021. 3. 16	금융소비자보호법 시행령 국무회의 통과
2021. 3. 25	시행
2021. 9. 25	내부통제기준 마련의무·자문업 시행

<표 2-2> 국회에서 논의된 주된 이슈

주요이슈	논의의 결과
징벌적 손해배상제도 도입	- 징벌적 과징금 도입 - 성과를 보고, 추후 판단
집단소송제 도입	집단소송법 개정 시 논의
손해배상 입증책임 전환	설명의무에 한해 도입
금융상품자문업자 독립성요건	금융상품자문업자에 대한 독립성 요구

2-2. 그간의 개정 논의와 주요내용

금융소비자보호법 제정 이후 2024년 12월 말까지 발의된 개정안은 총 51건이며, 2023년 총 9건, 2024년에는 총 16건이 발의되었다. 금소법 제정 직후인 2020년에는 사후적 구제장치나 영업행위 규제를 보다 강화하는 개정안이 주를 이루었다[25]. 2021년과 2022년에는 코로나 19 상황, 고령화, 고금리 지속, 가계부채 등 금융을 둘러싼 제반 사회·환경변화와 관련하여 금융소비자 보호를 위한 개정안[26]들이 발의되었다. 2023년에는 금융소비자보호와 금융시장 공정성 강화를 위하여 금융접근성과 형평성을 개선하는 방향으로 추진되었으며[27], 2024년에도 금융소비자 보호 및 금융취약계층 지원강화내용이 비중 있게 다루어졌다. 즉 금융상품의 투명성 및 소비자 알권리 확대 및 금융분쟁조정위원회의 독립성 및 권한 강화와 비대면 금융거래 규제 강화, 전반적인 고령자보호 조치, 금융상품 정보공개 강화, 금융회사의 책임 확대 등이 특징이며, 금융소비자의 권리를 강화하고 금융시장의 신뢰성을 높이는 방향으로 추진되는 경향이다.

<표 2-3> 2023년 발의된 금소법 개정안 주요 특징

1. 금융범죄 피해예방 교육 강화
   · 금융위원회에 금융범죄 피해 예방을 위한 교육 시책 수립·시행 의무 부여 (최승재의원안, 제2119010호)[28]

2. 금융소비자 보호 강화
   · 설명의무 대상 확대: 금리인하 요구권 및 개인신용정보 무료열람권의 행사 방법·절차 추가 (양정숙의원안, 제2119368호)[29]

---

25) 양승현, “금융소비자보호법 개정안 발의현황 및 주요내용”, KiRi 보험법리뷰 7호, 보험연구원, 2020.

26) 양승현, “2021년 금융소비자보호법 개정안 발의 현황 및 주요 내용”, KiRi 보험법리뷰 제14호, 보험연구원 2021년; 양승현, “2022년 금융소비자보호법 개정안 발의현황 및 주요내용”, KiRi 보험법리뷰 제20호, 2022년.

27) 그 주요내용은 금융범죄 피해예방 교육 강화, 금융취약소비자보호 강화, 금융소비자보호법의 적용범위 확대, 초과이익 공유제 도입, 비대면 금융상품 판매규제 강화 등이 포함되었다.

28) 제안취지는 보이스피싱, 대출사기 등 금융범죄로 인한 소비자 피해가 증가함에 따라 체계적이고 적극적 교육을 통해 금융소비자보호에 이바지하려는 것이다.

29) 제안취지는 금리인하요구권 및 개인신용정보무료열람권이 금융소비자의 법적 권리임에도 그 행사건수가 저조한 바, 금융상품판매업자로 하여금 의무적으로 이를 설명하게 함으로써 금융소비자보호의 실효성을 제고하기 위한 것이다.

· 금융취약계층 보호 대상 확대: 노인뿐만 아니라 미성년자, 장애인, 외국인까지 포함 (박재호의원안, 제2120428호)[30)]
  - 2022년 홍성국·이상헌·최형두·임종성 의원안과 유사하나 보호대상 확장
  - 금융소비자보호법 차별금지 조항에 연령·국적·재산을 이유로 한 차별 금지 추가

3. 금융소비자보호법 적용 범위 확대
· 농협, 수협, 산림조합, 새마을금고 등 상호금융 기관 포함 (윤상현의원안, 제2120443호, 박덕흠의원안, 제2121468호)

4. 대출상품 및 신용보험 연계 허용
· 금융상품판매업자가 대출상품 계약 시 신용보험(생명·손해) 함께 권유 가능 (최승재의원안, 제2121399호)[31)]

5. 장애인을 위한 금융정보 제공 의무
· 금융상품판매업자가 장애인이 쉽게 인식할 수 있도록 금융상품 정보를 성실·정확하게 제공할 책무 부여 (양정숙의원안, 제2123613호)

6. 초과이익 공유제 도입
· 금융회사가 횡재성 초과수익을 얻을 경우 일정 범위 내에서 상생금융 기여금 부여·징수 가능 (김성주의원안, 제2125396호)[32)]

7. 비대면 금융상품 판매 규제 강화
· 화상권유판매 등 정보통신기술을 활용한 비대면 판매를 방문판매 및 전화권유판매와 동일하게 규제 (전봉민의원안, 제2125622호)[33)]

---

30) 박재호의원안은 보호대상면에서 2022년 홍성국의원안(제2115381호), 이상헌의원안(제2115528호), 최형두의원안(제2116081호) 및 임종성의원안(제2116356호)과 유사한 내용을 담고 있는데, 보호대상을 노인 외에 미성년자, 장애인, 외국인 등으로 확대하고 있는 점에 차이가 있다. 아울러 금융소비자보호법 제15조의 차별금지에 연령, 국적, 재산을 이유로 한 차별도 금지대상에 추가하고 있다.

31) 현행법상 대출계약과 연계하여 신용보험을 판매하는 행위가 금지되고 있는 바, 금융소비자가 대출에 따른 위험관리수단으로 신용보험을 활용할 수 있도록 대출성 상품에 관한 계약체결시 신용보험을 판매하는 행위를 불공정영업행위의 예외로 정하여 허용하는 내용이다.

32) 구체적으로 금리변동 등 특수상황으로 인해 금융회사의 순이자수익이 직전 5년 평균 순이자수익의 120%를 초과하는 경우 해당 금융회사에 초과이익의 40%를 넘지 아니하는 범위에서 상생금융 기여금을 부과·징수하도록 하는 내용이다.

33) 구체적으로 (i)화상통화, 컴퓨터시스템 등 매체를 활용해 상호간에 대면하여 실시간 대화를 통해 계약체결을 권유하거나, 계약의 청약을 받아 계약을 체결하는 경우(화상권유판매) 및 (ii) 기타 정보통신기술을 활용한 비대면 방식(금융위원회 고시로 정함)에 대해 방문·전화권유판매 규제를 적용하는 내용이다.

<표 2-4> 2024년 발의된 금소법 개정안 주요 특징

1. 금융소비자 보호 및 금융취약계층 지원 강화
  · 재난 및 경제변동으로 인한 금융소비자 보호조치 명령권 부여 (민형배의원안, 제2200656호)
    - 금융위원회가 대출원금 상환유예, 이자 상환유예, 보험료 납입유예 등의 보호조치 명령 가능
  · 금융취약계층 보호 및 금융역량 향상 정책 강화 (박상혁의원안, 제2202578호)
    - 금융위원회가 금융취약계층 보호 및 금융교육 정책을 수립하고 금융상품판매업자에게 관련 자료 제출 요구 가능
  · 고령 금융소비자의 금융사기 및 착취 방지
    - 금융상품판매업자가 고령자의 금융피해 의심 사례를 법집행기관 및 금융감독기관에 통보하고 거래지연조치 및 제3자 통보 가능 (김정호의원안, 제2205018호)
    - 금융회사가 고령자의 금융사기가 의심될 경우 계좌거래 지연 및 제3자 통보 가능, 금융회사 직원 교육의무 부과 (김용만의원안, 제2205300호)
    - 60세 이상 금융소비자와 계약 시 대리인 지정 및 금융착취 의심 시 거래지연 및 대리인 통보 의무 (강훈식의원안, 제2206876호)

2. 금융상품의 투명성 및 소비자 알권리 확대
  · 대출계약서류의 이자율 산정방식 및 산정근거 명시 (진선미의원안, 제2202265호)
  · 대출성 상품의 목표이익률 및 가산금리 공시 의무화 (박주민의원안, 제2206694호)
  · 비교공시되는 금융상품의 주요내용에 수익률 포함 (이인영의원안, 제2206243호)
  · 금융상품판매업자의 겸영 원칙적 금지 및 투자형 상품에 대한 손해배상 책임 강화 (전재수의원안, 제2205102호)
    - 손해배상 입증책임 전환, 징벌적 손해배상제도 도입, 판매수수료 고지 의무화, 금융소비자 피해 발생 시 보상계획 제출 의무화
  · 적합성 원칙·적정성 원칙·설명의무 위반 시 입증책임 전환 (박상혁의원안, 제2205328호)

3. 금융분쟁조정위원회의 독립성 및 권한 강화
  · 금융분쟁조정위원회 위원 증원 및 독립성 강화
    - 위원 수 60명으로 증원, 선임방식을 추천·추첨으로 변경, 신분보장 및 의견진술·자료제출 기회 부여 (김현정의원안, 제2203811호)
    - 조정 대상기관 및 금융소비자 대표 위원 포함, 임기 3년 및 신분보장 명시 (박상혁의원안, 제2206616호)

4. 비대면 금융거래 규제 강화
  · 화상권유판매 및 정보통신기술 활용 비대면 판매를 방문·전화권유판매와 동일하게 규제 (백혜련의원안, 제2202609호)

5. 기타 제도 개편 및 금융교육 강화
  · 소비자단체의 금융위원회 표준약관 제·개정 요청 근거 마련 (이정문의원안, 제2201085호)
  · 금융상품직접판매업자 또는 금융상품자문업자 임원 결격사유 변경
    - 파산선고를 받고 복권되지 않은 사람에 대한 임원 결격사유 삭제 (김현정의원안, 제2207059호)
  · 금융교육 확대 및 금융범죄 피해예방
    - 금융위원회가 초·중등학교 금융교육 경비를 지원하도록 법제화 (김소희의원안, 제2207091호)

3. 금융소비자 피해

3-1. 민원

가. 은행권역

2021년 상반기 은행권역에서 제기된 민원건수는 5,875건으로, 민원 유형은 여신, 예·적금, 인터넷·폰뱅킹, 방카·펀드, 신용카드 등이며 이 중 여신의 비중이 가장 높은 것으로 나타나고 있다.

<그림 2-1> 은행권역 민원유형과 비중

• 민원유형별 비중

여신(23.1%) > 예·적금(13.4%) > 인터넷·폰뱅킹(5.6%) > 방카·펀드(4.4%)

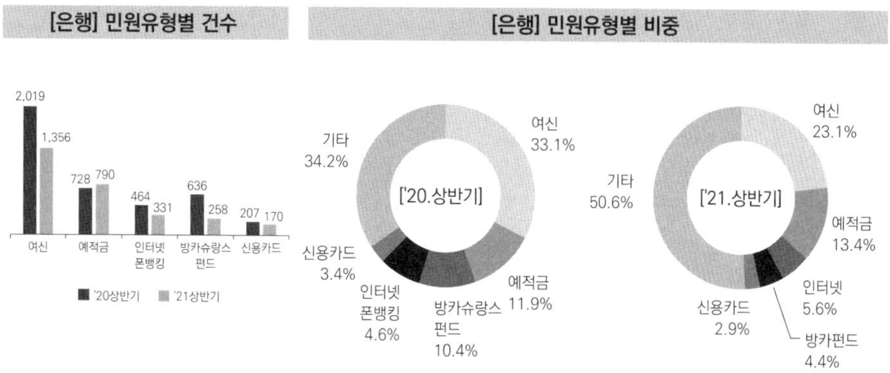

* 금감원, 2021년 상반기 금융민원 동향, 2021.8.19. 보도자료

나. 보험권역

2021년 상반기 보험권역 중 생명보험 관련 민원건수는 9,449건으로, 민원 유형은 보험모집, 보험금 산정·지급, 면책·부책 결정, 계약의 성립 및 해지, 고지의무·통지의무 위반 등이다. 이 중 민원비중이 높은 순은 보험모집이 54.8%로 가장 높고, 보험금산정·지급(16.1%), 면·부책 결정(11.2%) 등으로 나타났다.

<그림 2-2> 생명보험 민원유형과 비중

• 민원유형별 비중

보험모집(54.8%) > 보험금 산정·지급(16.1%) > 기타(12.7%) > 면·부책(11.2%) > 계약의 성립·해지(3.7%) > 고지의무(1.6%)

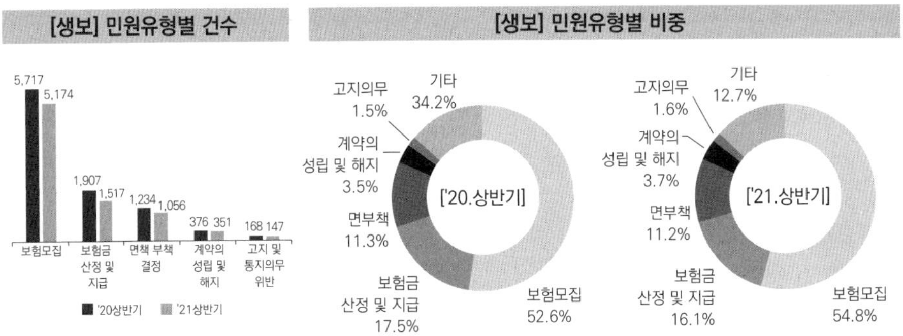

* 금감원, 2021년 상반기 금융민원 동향, 2021.8.19. 보도자료

반면, 2021년 상반기 보험권역 중 손해보험관련 민원건수는 15,689건으로, 민원 유형은 보험모집, 보험금산정 및 지급, 계약의 성립 및 해지, 대출, 고지 및 통지의무 위반, 면책·부채결정 등으로 이 중 민원비중은 보험금산정·지급이 가장 높다.

<그림 2-3> 손해보험 민원유형과 비중

• 민원유형별 비중

보험금산정·지급(45.1%) > 계약성립·해지(11.6%) > 보험모집(7.1%) > 면·부책(6.9%) > 고지의무(4.1%) > 기타(25.2%)

[손보] 민원유형별 건수

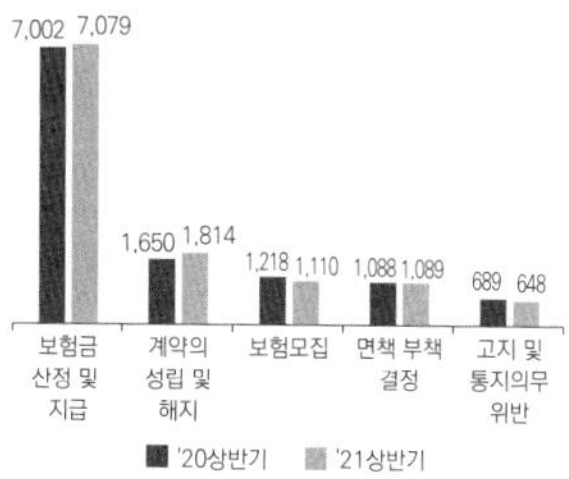

[손보] 민원유형별 비중

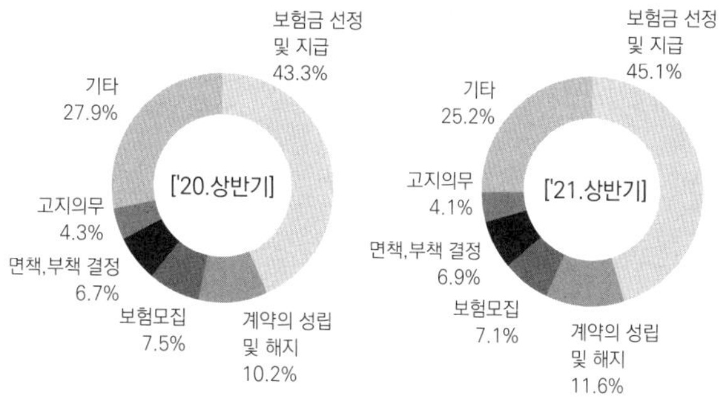

* 금감원, 2021년 상반기 금융민원 동향, 2021.8.19. 보도자료

한편, 2021년 상반기 금융투자권역 민원건수는 4,637건으로, 최근 증권회사, 투자자문회사, 부동산신탁회사에 대한 민원이 증가한 것으로 나타나고 있다.

<표 2-5> 금융투자권역 민원건수

금융투자 업종	민원건수		증 감		구성비
	'20.상반기	'21.상반기	건 수	증감률	
증권회사	2,336	2,815	479	20.5	60.7
투자자문회사	618	1,462	844	136.6	31.5
부동산신탁회사	244	262	18	7.4	5.7
자산운용회사	478	86	△392	△82.0	1.9
선물회사	57	12	△45	△78.9	0.2
계	3,733	4,637	904	24.2	100.0

* 금감원, 2021년 상반기 금융민원 동향, 2021.8.19. 보도자료

증권회사의 경우 2021년 상반기 민원건수는 2,815건으로 HTS·MTS 장애 관련 민원이 증가하여 내부통제·전산장애 유형이 크게 증가한 것으로 나타나고 있다.

<그림 2-4> 증권회사 민원유형과 비중

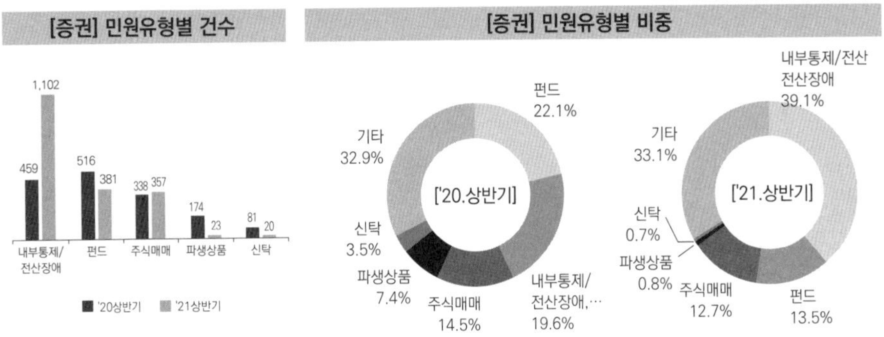

* 금감원, 2021년 상반기 금융민원 동향, 2021.8.19. 보도자료

3-2. 국내 대규모 불완전판매 사례[34)]

가. 우리 파워인컴 펀드(2005년)

2005.11~12월 6년 만기로 이자는 매분기 확정이자를 지급하되 만기상환금이 해외주식에 연동되어 변하는 장외파생상품 펀드를 약 1,500억원 판매하면서 "대한민국 국가 신용등급(A3) 해당상품으로 국고채 금리 + 1.2% 수익추구" 등으로 과대광고 및 불완전판매가 이루어졌다. 금융소비자의 피해에 대해 금융감독원 분쟁조정위원회에서는 은행에 대해 손해금액의 50%를 배상하라고 결정하였다.

34) 금융감독원, 금융소비자 보호에 관한 법률 안내 자료, 2021. 3. 3~4면.

나. 키코(KIKO) (2008년)

2007년~2008년 중 수출대금의 환율 변동 위험을 대비하고자 하는 다수의 중소기업들에게 통화옵션상품(일명 "키코*"(Kock-In Knock-Out))이 판매되었는데, 2008년 초 금융위기로 환율이 급등함으로써 키코 거래를 한 중소기업에 막대한 손실이 발생하였다.

* ❶ Knock-In: 환율이 정한 수준 밑으로 하락(knock-out); 풋옵션 소멸(기업은 달러 매도 권리 상실)
❷ Knock-Out: 환율이 정한 수준 위로 상승(knock-in); 콜옵션 발생(기업은 달러 매도 의무 발생)

이에 대해 2019. 12월 금융감독원 분쟁조정위원회에서는 4개 기업별 손해금액의 15%~41% (평균 23%)를 손해배상할 것을 결정하였다.

다. 저축은행 후순위채 (2009년)

2009년 부산저축은행 등은 투자자에게 후순위채의 위험성을 거의 설명하지 않고 고금리만을 강조하면서 후순위채를 판매하였다. 이에 대해 금융감독원 분쟁조정위원회는 2011. 10월 투자자별 손해금액의 20%~55%(평균 42%)를 배상하라고 결정하였다(약 166억원).

라. 동양 CP·회사채 (2013년)

2013년 동양증권은 동양그룹 계열사 발행의 CP·회사채 등을 판매 시 부적합한 투자자에게 이를 판매하거나 충분한 설명을 하지 않았다. 이에 금융감독원 분쟁조정위원회는 2014. 7월 투자자별로 손해금액의 15%~50%를 배상하라고 결정하였다(약 625억원).

마. 해외금리연계 DLF (2019년)

은행이 초고위험상품인 해외금리연계 DLF*를 판매하면서 부적합한 투자자에게 이를 판매하거나 '손실확률 0%', '안전한 상품' 등을 강조할 뿐 '원금전액 손실가능성' 등 투자위험을 제대로 설명하지 않았다.

* 해외금리연계 DLF: 獨 국채 등 해외금리연계 파생결합증권(DLS)을 편입한 "사모펀드"로서, "은행"에서 주로 1억원 이상 투자 가능한 "개인투자자"를 대상으로 판매

이에 대해 금융감독원 분쟁조정위원회는 2019. 12월 투자자별 손해금액의 40%~80%를 배상하라고 결정하였다.

바. 라임펀드 (2019년)

2018. 11월 이후 판매된 라임 무역금융펀드와 관련하여 펀드판매 시점에 투자원금의 상당 부분(최대 98%)에 달하는 손실이 발생한 상황에서 핵심 정보가 허위·부실 기재된 운용사 작성의 투자제안서를 투자자에게 그대로 제공하거나 설명(①사례) 또는 라임펀드와 관련하여 부적합한 투자자에게 이를 판매하거나 원금전액 손실 위험성을 설명하지 않고 초고위험상품을 안전한 펀드라고 설명(②사례)하면서 판매되었다. 이에 대해 금융감독원 분쟁조정위원회는 2020. 6월 ①사례에 대해 착오에 의한 계약취소를 이유로 판매사의 투자원금 전액 반환을 배상하라고 결정하였고, ②사례에 대해서는 2020. 12월 투자자별 손해금액의 60%~70%를 배상하라고 결정하였다.

사. ELS와 해외부동산 펀드(2023년과 2024년)

금소법이 시행된 이후에도 2023년 말부터 홍콩 H지수를 기초자산으로 하는 ELS 투자와 관련하여 대규모 손실이 발생했다. 투자자들의 손실규모가 급증하자 금융감독원은 2024년 1월 8일부터 3월 8일까지 H지수 ELS 판매규모가 큰 5개 은행과 6개 증권사에 대한 현장검사를 진행했는데, 검사결과 2019년 문제된 DLF 사태에서 발생했던 적합성원칙 위반, 설명의무 위반 등의 불완전판매와 회사차원에서의 무리한 판매 독려 등이 여전히 반복된 것으로 나타났다. 2024년에도 해외부동산 펀드 불완

전판매가 또다시 논란이 되었다[35].

35) 문제된 펀드들은 2017년 글로벌 금융위기 이후 사라졌던 해외 부동산투자가 대체투자처로 부각되어 판매된 건들이 많았다. 과거에는 개발도상국 부동산 개발사업에 투자했던 것과 달리 미국·유럽 등 선진국 핵심지역에 위치한 오피스 건물을 투자대상으로 삼아 상대적으로 안정성을 높였다고 홍보된 것이다. 이러한 해외 부동산 펀드는 가입자들의 투자금으로 해외 상업용 부동산 지분이나 소유권을 확보해 임대료를 배당금으로 분배하고 만기 시에는 부동산을 매각해 수익을 내는 구조로 운영된다. 저금리 시기에는 상대적으로 높은 수익률로 각광받았지만, 코로나19 이후 재택 활성화로 미국·유럽 등의 상업용 부동산 시장이 크게 위축되면서 수익률이 큰 폭으로 떨어졌고 마이너스의 수익을 나타냈다. 코로나 19의 발생은 사전에 예측하기 힘든 사건이기는 하지만 문제는 여전히 판매사가 안전성을 강조하며 투자를 권유하고, 위험의 본질은 제대로 설명하지 않았다는 점이다. 특정 건물의 개별 위험에 과도하게 노출된 투자 구조·갑작스러운 유동성 위기 등이 부동산 펀드의 주요 위험이 됨에도 이를 분산하지 않은 운용사의 문제도 있지만 판매사는 그 위험을 제대로 설명하지 않았다. 해외부동산 공모펀드는 이미 과거에도 해외 부동산의 경우 정보접근성이 떨어져 공실률 관리가 더 어렵고 만기를 앞두고 재매각 여부도 불확실하며, 환손실 위험고지를 제대로 알리지 못하는 문제가 지적된 바 있다.

제3절 총칙

1. 목적

금융소비자보호법 제1조에서 목적을 다음과 같이 정하고 있다. 즉 "금융소비자의 권익 증진과 금융상품판매업 및 금융상품자문업의 건전한 시장질서 구축을 위하여 금융상품판매업자 및 금융상품자문업자의 영업에 관한 준수사항과 금융소비자 권익 보호를 위한 금융소비자정책 및 금융분쟁조정절차 등에 관한 사항을 규정함으로써 금융소비자 보호의 실효성을 높이고 국민경제 발전에 이바지함을 목적으로 한다"고 목적을 밝히고 있다.

이러한 목적 규정은 금융소비자보호법의 해석과 운용을 지배하는 지침인 동시에 금융규제기관에 의한 규제 전반에 대한 책임을 확보하기 위한 기준이라고 할 수 있다.[36]

우선, 제1조에서 구체적인 목적으로 제시된 것은 '금융소비자의 권익 증진[37][38]과 금융상품판매업 및 금융상품자문업의 건전한 시장질서 구축'이다. 이를 위하여 금융

36) 김건식·정순섭, 『새로 쓴 자본시장법』 제3판, 두성사, 44면.

37) 금융소비자보호법 제1조 목적규정에서는 금융소비자의 권리라는 표현 대신 금융소비자의 '권익' 증진이라고만 기술하고 있다. 금융소비자의 권익과 권리 간의 차이와 관련하여 굳이 권리라는 용어를 사용하지 않고 목적조항에서 금융소비자의 '권익'이라고 표현한 것의 배경을 추측해 보면 기본적으로 권리를 전제로 한 것으로 보다 넓게 금융소비자의 이익도 포함하기 위한 것이라고 볼 여지가 있다. 금융상품판매업 및 금융상품자문업의 건전한 시장질서 구축도 비록 직접적으로 금융소비자의 권리보호는 아니지만 이러한 시장질서 운영을 통해 금융소비자의 이익을 담보할 수 있다. 결국 이는 금융소비자 보호의 실효성을 높이는 데에도 기여하게 된다.

38) 한편, 목적조항에 금융소비자의 권리를 명시하지 않고, 목적조항에 이어 동법 제2장제7조에서 금융소비자의 기본적 권리를 규정하면서 연이어 금융소비자의 기본적 권리와 책무 및 이에 대응한 국가와 금융회사의 책무를 규정하고 있다.

소비자보호법은 금융상품판매업자 및 금융상품자문업자의 영업에 관한 준수사항과 금융소비자 권익 보호를 위한 금융소비자정책 및 금융분쟁조정[39]절차 등에 관한 사항을 규정하고, 이를 통해 금융소비자 보호의 실효성을 높이고 국민경제 발전에 이바지하고자 하고 있다. '국민경제발전에 이바지'한다는 표현은 대부분의 경제관련 법률에서 공통적으로 발견되는 것을 감안한다면 금융소비자보호법의 궁극적인 목적은 금융소비자의 권익 증진과 금융상품판매업등의 건전한 시장질서 구축을 통해 금융소비자 보호의 실효성을 높이는 데 있다고 할 수 있다.

2. 다른 금융업법과의 차이

금융소비자보호법은 금융회사 상대방인 금융소비자를 보호하기 위한 기본법으로 은행법, 자본시장법, 보험업법, 여신전문금융업법 등 개별업법에서 규정되어 있던 금융소비자 보호와 관련한 규정 또는 금융회사의 영업행위 관련 규정들을 통합한 법이다.

앞에서도 설명했지만 금융시장이 발전하면서 구조가 복합하고 다양한 금융상품이 증가함에 따라 금융소비자와 금융회사 간 정보의 비대칭이 심화되고, 이러한 금융상품에 대한 판매행위 규제는 개별 금융업법에 분산되어 있어서 동일한 성격의 금융상품에 대해서도 금융업권별로 규제의 내용과 강도 등에 차이와 규제 공백이 있어 금융소비자는 물론 금융회사등 거래 당사자들이 규제의 내용을 정확히 인지하기 어렵고, 금융소비자의 보호에 미흡하였으며 일련의 금융소비자 피해 사건사고들이 끊임없이 발생하였다. 이에 모든 유형의 금융상품 판매에 대해 통합된 규제체계

39) 사후 구제장치와 관련하여 금융소비자법에서는 금융분쟁 '조정'에 포커스를 두어 규정하고 있다. 그런데 대체분쟁해결장치(ADR)에는 조정 외에 중재도 있으며, 무엇보다 피해를 입은 금융소비자의 사후구제장치로 손해배상책임을 쉽게 물을 수 있는 장치 및 피해기금 등의 설치도 유용한 방안이 되는데 이에 관해서는 규정하고 있지 않다.

를 구축하고 금융소비자 피해의 사전적·사후적인 구제수단을 강화하는 금융소비자 보호에 관한 통합법이 제정되었다.

특히 금융소비자보호법은 '동일 기능 - 동일 규제'라는 기능별 규제 원칙[40)]에 따라 적용대상 금융상품과 금융상품판매업의 유형을 분류하고 있다.

3. 금융소비자보호법의 체계·구조

금융소비자보호법은 총 8개의 장과 69개의 조문으로 구성되어 있는데, 체계와 구조면에서 다음과 같은 특징이 있다.

① 우선, 금융소비자보호법은 금융상품판매조직, 금융상품판매규제, 금융소비자 보호체계의 3부분으로 구성되어 있다[41)].

② 또한, 이러한 체계는 3개의 핵심개념을 중추로 하고 있다. 이에는 금융상품과 금융상품판매업자등, 금융소비자 개념이 해당된다.

③ 특히 금융소비자보호법은 업권별 규제 차이 또는 규제 공백을 최소화하기 위하여 "금융상품판매업자등"이라는 포괄개념을 도입하였다. 이를 통해 금융상품과 관련한 모든 영업행위를 통일적으로 규정하면서 동일 기능에 동일 규제를 적용하고 있고, 금융상품판매업자등의 영업행위 준수사항 역시 통합하여 포괄적으로 규정하되 금융회사의 불완전판매로부터 금융소비자를 보호하기 위한 영업행위 규제를 설명의무를 비롯하여 이른바 '6대 판매규제'를 정비하였으며, 대리·중개업자·자문업자의 영업행위준칙 마련과 소비자 자료요구권, 사후구제 내부통제기준 마련 등 금융소비자권익을 강화하였다.

40) 금융업법 중 자본시장법이 최초로 기능별 규제원칙을 채용하여 규제체계를 정비하였다.

41) 최초 논의 당시와 18대 국회에 제출된 법안에는 금융소비자 보호조직을 중심으로 한 금융감독체계 개편에 관한 사항도 포함되어 있다.

④ 또한, 종래 법적 근거가 미비하였던 금융상품자문업과 대출모집인의 등록에 관한 근거를 마련하였다.

⑤ 그 외 금융위원회법에 규정된 금융분쟁조정제도를 금융소비자보호법으로 이관하여 금융소비자 사후구제 강화를 위한 제도도 개선·보관하였다.

⑥ 이와 함께 감독제재가 강화되어 판매제한명령제와 징벌적 과징금제도가 도입되었다.

<표 2-6> 금융소비자보호법의 체계와 구성(총 8장, 69조)

구분	내용
제1장 총칙(§1~§6)	- 금융상품·전문금융소비자의 정의(§2) - 금융상품의 유형(§3) 및 금융회사등의 업종(§4) 구분
제2장 기본 권리·책무(§7~§10)	- 금융소비자의 기본권, 금융소비자·국가·금융상품판매업자등의 책무
제3장 등록요건(§11·12)	- 법상 등록되지 않은 자의 금융상품 판매·자문 금지(§11) - 상품별·업종별 등록요건 (§12, 독립자문업자, 대출·리스·할부금융 중개인 등록요건 법제화)
제4장 영업행위 준수사항(§13~§28)	- 내부통제기준 마련 의무 부과(§15) - 금융상품 유형별 영업행위 준수사항(§17~§23, 소위 6大 판매규제 등) - 업종별 준수사항(§24~§28, 대리중개업자·자문업자 영업행위 준칙, 소비자 자료요구권 등)
제5장 금융소비자 보호(§29~§47)	- 금융교육(§30·31)·금융상품 비교공시·소비자보호실태평가·사후구제 내부통제기준(§32) - 분쟁조정제도(§33~§43, 조정위원회 구성·법원 소송중지·조정이탈금지제도 등) - 손해배상책임(§44·45)·청약철회권(§46)·위법계약해지권(§47)
제6장 감독 및 처분(§48~§64)	- 판매제한명령제 운영에 관한 사항(§49) - 징벌적 과징금(§57~§64) 부과 기준 및 절차
제7장 보칙(§65·66) 제8장벌칙(§67~§69)	- 업무위탁에 관한 사항, 금감원에 대한 지도감독, 과태료, 양벌규정 등

<표 2-7> 금융소비자보호법 제정 전·후 차이

제 도		제정 전	제정 후
[금융소비자]			
신설된 권리	청약철회권	투자자문업, 보험상품만 법에서 보장	원칙적으로 모든 금융상품에 보장
	위법계약해지권	없음	
사후 구제	소액분쟁 시 금융회사의 분쟁조정 이탈 금지	없음	허용
	분쟁조정 중 소 제기 시 법원의 소송 중지		
	분쟁·소송 시 소비자의 금융회사에 대한 자료 요구		
	손해배상 입증책임 전환		설명의무 위반 시 고의·과실 존부 입증에 적용
[2] 금융회사등 금융서비스 공급자			
사전 규제	6대 판매규제	일부 금융업법에서 개별적으로 규정	원칙적으로 모든 금융상품에 적용
	소비자보호 내부통제	법령상 규율 없음	관련기준 마련의무 및 관리책임 부과
사후 제재	금전적 제재	과태료 최대 5천만원	- 징벌적 과징금 도입 - 과태료 최대 1억원
	형벌	3년 이하 징역, 1억원 이하 벌금	5년 이하 징역, 2억원 이하 벌금
[3] 정부			
행정처분	대출모집인 인허가	개별금융협회에서 행정지도 규율	법령에 따라 금융위에 등록
	판매제한명령권	없음	금융위 발동권한 부여(소비자 재산상 현저한 피해발생 우려가 명백한 경우)
인프라	금융상품 비교공시·소비자보호 실태평가 실시 근거	행정지도	법령
	금융교육	없음	금융교육 재정지원 및 추진체계로 금융교육협의회 설치근거 마련

위의 주요 변화를 사전 규제와 사후 규제 측면에서 정리하면 다음과 같다.

< 금융소비자보호법 시행 후 주요 변화 >

<table>
<tr><th colspan="2">제 도</th><th>시행 전</th><th>시행 후</th></tr>
<tr><td rowspan="3">사전 규제</td><td>6大 판매규제*</td><td>일부 금융업법</td><td>원칙적으로 모든 금융상품</td></tr>
<tr><td colspan="3">* 적합성·적정성원칙 및 설명의무 준수, 불공정영업행위·부당권유행위 및 허위·과장광고 금지</td></tr>
<tr><td>소비자보호 내부통제기준</td><td>법령상 규율 없음</td><td>기준 마련 의무 부과</td></tr>
<tr><td rowspan="2">사후 제재</td><td>금전적 제재</td><td>과태료 최대 5천만원</td><td>징벌적 과징금 도입 및 과태료 최대 1억원</td></tr>
<tr><td>형벌</td><td>3년 이하 징역,
1억원 이하 벌금</td><td>5년 이하 징역,
2억원 이하 벌금</td></tr>
<tr><td rowspan="3">신설된 소비자 권리</td><td>청약철회권
(일정기간 내 자유롭게 철회)</td><td>투자자문업, 보험</td><td rowspan="2">원칙적으로 모든 금융상품</td></tr>
<tr><td>위법계약해지권
(위법 소명 시, 해지로 인한 금전 부담 없이 해지 가능)</td><td rowspan="2">없음</td></tr>
<tr><td>자료열람요구권</td><td>소송, 분쟁조정 시 자료 열람 요구 가능</td></tr>
<tr><td rowspan="4">사후 구제</td><td>소액분쟁 시 금융회사의 분쟁조정 이탈 금지</td><td rowspan="4">없음</td><td rowspan="2">허용</td></tr>
<tr><td>분쟁조정 중 소 제기 시 법원의 소송중지 가능</td></tr>
<tr><td>손해배상 입증책임 전환</td><td>설명의무 위반 시 고의·과실 존부 입증에 적용</td></tr>
<tr><td>판매제한명령권</td><td>재산상 현저한 피해 우려가 명백한 경우 발동</td></tr>
</table>

4. 개념

4-1. 의의

금융소비자보호법의 적용범위를 정하는 기준이 되는 핵심 개념은 금융상품, 금융상품판매업등, 금융상품판매업자등, 금융소비자 네 가지이다.

4-2. 금융상품

가. 개념

금융소비자보호법의 핵심개념 중의 하나인 금융상품은 4가지 유형으로 구분되어 있다.

즉 금융소비자보호법상 금융상품은 예금성 상품, 투자성 상품, 보장성 상품, 대출성 상품으로 분류된다(제2조제1호가~바목 및 제3조).

<표 2-8> 금융상품의 유형

구분	금융상품
예금성 상품	1. 은행법상 예금 2. 상호저축은행법상 예금 3. 신협법상 예탁금 4. 중소기업은행법상 예금 5. 한국산업은행법상의 예금 6. 다음의 자가 계약에 따라 금융소비자로부터 금전을 받고 장래에 그 금전과 그에 따른 이자등의 대가를 지급하기로 하는 계약[42] 가. 금산법에 따라 자본시장법상 종합금융회사와 합병한 기관 나. 농협은행 다. 상호저축은행 라.수협은행 마.신용협동조합 바. 은행 사. 증권금융회사 아. 종합금융회사 자. 중소기업은행 차. 산업은행
대출성 상품	1. 은행법상 대출 2. 상호저축은행법상 대출 3. 여신전문금융업법상 신용카드, 시설대여, 연불판매, 할부금융 4. 신협법에 따른 대출 5. 중소기업은행법상 대출, 산업은행법상 대출 6. 소액후불결제 7. 다음의 자가 금융소비자에 어음할인·매출채권매입(각각 금융소비자에 금전의 상환을 청구할 수 있는 계약으로 한정)·대출·지급보증 또는 이와 유사한 것으로서 금전 또는 그 밖의 재산적 가치가 있는 것(이하 '금전등')을 제공하고 장래에 금전등 및 그에 따른 이자등의 대가를 받기로 하는 계약[43] 가. 상기 예금성 상품 6호 가목~차목까지의 자 나. 보험회사 다. 신협중앙회 라. 여신전문회사(신기술사업금융사 제외) 및 겸영여신업자 마. 온라인투자연계금융업자 바. 자본시장법상의 금융투자업자, 단기금융회사, 자금중개회사
투자성 상품	1. 자본시장법상 금융투자상품 2. 연계투자 3. 신탁계약 4. 투자일임계약 5. 자본시장법 제3조제1항에 따른 투자성이 있는 금융상품
보장성 상품	1. 보험업법상의 보험상품 2. 신협법상의 공제 3. 상기 금융상품과 유사한 것으로 금융위원회가 정하여 고시하는 금융상품

42) 다만, 주택법에 따른 입주자저축은 제외한다.

43) 다만, 수출환어음 매입등 수출·수입 대금결제와 관련된 계약을 제외된다.

<표 2-9> 금융상품 유형에 따른 구분 (예시)

구분	보장성 상품	투자성 상품	예금성 상품	대출성 상품
은행 업권		자기발행증권 (예: 은행 발행 사채)	예금, 적금, ELD, 양도성예금증서(CD) 등	주택담보대출, 신용대출 등
금투 업권		주식 및 채권(자기발행증권 포함), 펀드, ELS, 파생상품 등		신용거래 융자, 대차거래 등
보험 업권	[생보] 일반생명보험, 일반연금보험, 변액보험(원본손실위험 없는 경우) 등 [손보] 자동차보험, 일반손해보험, 재보험 등 [제3보험] 상해·질병보험 등	자기발행증권 (예 :보험사 발행 사채) 원본 손실위험이 있는 변액보험		주택담보대출, 신용대출, 보험약관대출 등
여전 업권		자기발행증권 (예: 여전사 발행 사채)		신용카드, 리스, 할부금융, 현금서비스, 카드론 등
기타		자기발행증권 (예: 저축은행 후순위채)	저축은행 예금, 적금 등	저축은행 대출, 선불업자의 소액후불결제(BNPL)

나. 특징

이처럼 규정방식은 구체적으로 열거방식을 취하는 있는 점과, 은행법, 자본시장법, 보험업법, 상호저축은행법, 여신전문금융업법 등 기존 업법상 금융상품 정의를

원용[44]하는 형태로 되어 있는 점에서 특징이 있다.[45]

다만 선불·직불 결제는 금융상품의 유형에 해당하지 않는다.[46] 반면에 신용카드의 부가서비스인 현금서비스·리볼빙은 독립된 별도의 금융상품이라고 보기는 어렵지만 신용카드가 금융상품에 해당하므로 설명의무 등 영업행위 준수대상이 된다.[47]

소액후불결제는 신용카드와 유사하게 신용공여성격을 지닌다는 점에서 대출성 상품으로 규정되었다.

또한, 제2조제1호마목에서 여신전문금융업법상 신용카드, 시설대여, 연불판매, 할부금융은 금융상품으로 열거하고 있으나 동법상의 신기술사업금융은 제외하고 있다.[48] 그 외 금융상품의 범위에서 새마을금고·우체국 등 유사금융은 제외된다.[49]

한편, 개별 금융상품이 복수의 상품 유형의 속성을 가진 경우에는 해당 상품 유형에 각각 속하는 것으로 본다(제3조 단서). 따라서 두 상품 유형에 속하는 경우 이들

44) 예금성 상품과 대출성 상품은 금융소비자보호법에서 열거한 범위로 그 적용범위가 제한된다.

45) 이러한 규율방식을 채택하는 점에서 금융상품 개념은 도구적 개념이다. 이에 대해 시행령을 통한 구체적 열거방식을 채택하는 것은 금융상품의 개념 및 특성을 이해하기 어렵고, 구체적으로 열거되지 않은 금융상품에 대한 판매제한 명령 등 규제가 적용될 수 없다는 비판이 있다. 이에 대해 이러한 입법방식을 채택한 이유는 이미 기존 업법에서 금융상품 정의가 존재하는 상황에서 금융소비자보호법에서 새로운 방식의 포괄적 정의를 하는 것은 오히려 혼란을 초래할 수 있다는 반박이 있다. 정순섭, "금융소비자보호법의 구조와 내용", 「BFL」 제102호, 금융법센터, 2020. 7. 8면.

46) 이른바 비현금 지급상품은 금융소비자보호법에서 규정하고 있지 않다. 입법론적으로 전자금융거래법상 전자지급수단을 포함하여 비현금성 지급결제수단에 대해서도 금융소비자보호법에 포함되어야 할 것이다.

47) 금융위원회 1차 FAQ 답변, 2021. 2. 18

48) 신기술사업금융은 신기술사업자에 대한 투·융자, 경영 및 기술의 지도, 신기술사업투자조합의 설립과 자금의 관리·운용을 포함하는 개념으로(여신전문금융업법 제41조제1항), 신기술사업자에 대한 금융지원을 통한 신기술사업 육성이라는 목적으로도 운용되고 있다. 이러한 목적을 감안할 때 비록 금융상품 간 규제차익이 발생할 우려가 없지 않으나 아직 신기술사업투자조합의 설립과 자금조달이 활발하지 않음을 고려하여 정책적으로 금융소비자법의 적용제외대상으로 한 것으로 이해된다.

49) 현행 「금융위원회의 설치 등에 관한 법률」에 따라 금융당국의 감독·검사대상에서 제외되어 있어 금융소비자법의 적용대상에서도 제외되어 있다. 그러나 금융소비자보호법 적용에 따른 영업행위 규제가 강화될수록 그 격차가 커진다는 점을 감안할 때 새마을금고와 우체국을 포함한 유사금융에도 적용되는 방안이 모색되어야 할 것이다.

유형에 적용되는 규제가 모두 적용된다. 예를 들어 만기에 원금을 보장하지 않는 변액보험은 보장성 상품과 투자성 상품에 모두 해당되며, 퇴직연금 계좌에서 편입하는 보험계약의 경우 그 계약이 원금을 보장하는 경우에 투자성 상품으로 본다.[50)]

그 외에 금융상품은 아니지만, 금융소비자보호법은 금융서비스를 직접 규제대상으로 하고 있다. 즉 금융소비자보호법은 '연계·제휴서비스등' 개념을 마련하여 단순한 금융상품을 넘어서 금융상품과 연계되거나 제휴된 금융상품 또는 서비스(제19조제1항제2호)의 경우 설명의무(제19조제1항제2호)와 불공정영업행위규제(제20조제1항제5호) 등 판매규제대상으로 하고 있다.

다. 고난도 금융상품(complex product)[51)]

고난도 금융상품 개념은 처음 금융위원회가 2019. 11. 14.「고위험 금융상품 투자자보호 강화를 위한 종합개선방안」[52)]에서 제시하였고, 이후 2021년 5월 자본시장법 시행령 및 금융투자업 규정이 개정되면서 시행되었다.

자본시장법 시행령은 구조가 복잡하고 리스크가 큰 금융투자상품을 '고난도 금융투자상품'으로 정의하고, 여기에 투자하는 투자자에 대한 보호를 강화하고 있다.

구체적으로 '고난도 금융투자상품'이란 파생상품, 원금손실가능성 20% 이상을 초과하여 손실이 날 수 있는 파생결합증권, 그리고 투자자가 이해하기 어려운 펀드·투자일임·금전신탁계약이 된다. 다만 거래소, 해외증권·파생상품시장 상장사나 전문투자자만을 대상으로 하는 상품은 제외된다.

---

50) 금융위원회 2차 FAQ, 2021. 3.17.

51) 금융위원회, 고난도 금융투자상품 및 고령투자자에 대한 녹취·숙려제도가 시행됩니다. - '21. 5.10일, 자본시장법 시행령 및 금융투자업규정 개정 시행, 2021.5.7. 보도자료.

52) 2019년 투자자피해를 낳은 해외금리연계 DLF 사태에서 불거진 문제점을 해소하고 유사피해 재발을 방지하기 위해 마련된 것이다.

이들 고난도 금융투자상품 투자자와 고령투자자에 대한 판매과정은 녹취되고, 투자의사를 재차 생각할 수 있는 숙려기간(2영업일 이상)이 부여된다. 숙려기간이 지난 후에 투자자는 서명, 기명날인, 녹취, 전자우편, 우편 ARS 등으로 청약의사를 다시 한 번 표현한 경우에만 청약·계약체결이 확정된다. 숙려기간이 지난 후에도 투자자가 매매의사를 확정하지 않을 경우 청약은 집행되지 않으며, 투자금을 반환받는다. 그 밖에 일반투자자(전문투자자 포함)에 대해서는 상품의 내용과 투자위험 등을 요약한 설명서가 교부된다.

65세 이상 고령투자자(기존 70세에서 조정)와 부적합투자자의 경우 금융소비자보호법에 따른 적정성원칙 적용대상(파생결합증권, 파생상품, 파생결합펀드, 조건부자본증권, 고난도 상품 등) 상품 투자 시 녹취·숙려제도가 적용된다. 그 외 고령투자자가 체결하는 일임·신탁계약의 경우에도 적정성원칙 적용대상 상품을 편입할 때에는 녹취·숙려제도가 적용된다.[53)]

53)

고령자 등 대상 녹취·숙려 적용대상 상품	
① **고난도** 금투상품·일임계약·금전신탁계약 (금소법 시행령 제12조제1항제2호다목)	
② **파생결합증권** (금소법 시행령 제12조제1항제2호가목)	
③ **파생결합증권**에 50% 이상 투자하는 **펀드** (금소법 감독규정 제11조제1항제2호)	
④ **파생상품** (금소법 시행령 제12조제1항제2호가목)	
⑤ **파생상품펀드** (금소법 감독규정 제11조제1항제1호)	
⑥ **조건부자본증권** (금소법 시행령 제12조제1항제2호나목)	
⑦ **파생상품**등에 투자하는 **금전신탁 수익증권** (금소법 감독규정 제11조제1항제3호)	
신탁계약의 경우	①, ②, ③ 중 어느 하나에 운용하는 계약
	④ ~ ⑦ 중 어느 하나에 운용하는 계약
일임계약의 경우	①, ②, ③ 중 어느 하나에 운용하는 계약
	④ ~ ⑦에 운용하는 일임계약

4-3. 금융상품판매업등

가. 의의

금융소비자보호법은 앞서 업권별 규제차이 또는 규제 공백을 최소화하기 위하여 "금융상품판매업자등"이라는 포괄개념을 도입하여 금융상품판매조직을 규율하고 있다.

즉 금융상품판매업과 금융상품자문업으로 나누고, 금융상품판매업은 다시 금융상품직접판매업과 금융상품판매대리·중개업으로 구분된다(제4조). 이들 금융상품판매업과 금융상품자문업을 합쳐 '금융상품판매업등'이라고 하고 이러한 업을 영위하는 것에 대하여 금융소비자보호법상 금융상품판매업 등록을 한 경우 금융상품판매업자가 된다.[54)]

이러한 금융상품판매업등의 업종별로 매칭하면 다음과 같다.

<표 2-10> 금융회사등의 금융상품판매업등의 업종 구분

구분	금융상품판매업자		금융상품자문업자
	직접판매업자	대리·중개업자	
은행	○	○	
투자매매업자	○	○	
투자중개업자	○	○	
투자자문업자			○
신탁업자	○		
종합금융회사	○	○	

54) 금융상품판매업과 자문업은 모두 금융상품의 판매와 관련된 업무(실무에서는 이른바 '판매채널'로 부른다)라는 점에서 공통점이 있다. 즉 금융소비자법상 판매채널을 직접판매업자, 판매대리·중개업자, 자문업자 등 3가지로 분류하고 있다.

구분	금융상품판매업자		금융상품자문업자
	직접판매업자	대리·중개업자	
투자권유대행인		○	
보험회사	○	○	
보험설계사		○	
보험대리점		○	
보험중개사		○	
상호저축은행	○	○	
여신전문금융회사	○	○	
겸영여신업자	○	○	
신용카드모집인		○	
금소법 등록 금융상품 판매대리·중개업자	○	○	
대부업자	○		
대부중개업자		○	
신협중앙회(공제사업부문)	○		
온라인투자연계금융업자	○	○	
집합투자업자	○		
증권금융회사	○		
단기금융회사	○		
자금중개회사	○		

*출처: 홍명종, 「금융법해설」, 지원출판사, 2021년, 75면.

나. 금융상품판매업

금융상품판매업이란 "이익을 얻을 목적으로 계속적 또는 반복적인 방법으로 하는 행위[55]로서 금융상품직접판매업과 금융상품판매대리·중개업"을 말한다. 이에는 금

55) "이익을 얻을 목적으로 계속적이거나 반복적인 방법으로 행하는 행위"란 '영업성'을 말한다. 금융상품판매업의 요건인 영업성은 영리성과 계속성 또는 반복성의 두 가지 요소로 구성되는데, 이때 영리성은 반드시 이익을 추구하는 것에 국한하지 않고 수지균형을 유지하는 것도 포함하는 넓은 의미로 넓게 해석하여야 할 것이다. 이러한 의미의 영리성은 계속성이나 반복성을 통하여 추정할 수 있다.

융상품판매업을 영위하는 자로서 금융관계법률에서 금융상품판매업에 해당하는 업무에 대하여 인허가 또는 등록을 하도록 규정한 경우에 해당 법률에 따른 인허가를 받거나 등록을 한 자와 금융관계법률에서 금융상품판매업에 해당하는 업무에 대하여 해당 법률에 따른 인허가를 받거나 등록을 하지 아니하더라도 그 업무를 영위할 수 있도록 규정한 경우 그 업무를 영위하는 자를 포함한다(제2조제3호).

다만, 해당 행위의 성격 및 금융소비자 보호의 필요성을 고려하여 다음은 금융상품판매업에서 제외한다(제2조 단서).

금융상품판매업에서 제외되는 영업(제2조제2호 단서)

1. 담보부사채신탁법상 신탁업
2. 자본시장법 제7조제6항제1호(거래소의 증권시장·파생상품시장 개설·운영), 제2호(투자매매업자를 상대방으로 또는 투자중개업자를 통하여 금융투자상품 매매) 또는 제4호(시행령 제7조제4항에서 정하는 경우)에 해당하는 영업
3. 저작권법상 저작권 신탁관리업
4. 그 밖에 이에 준하는 다음의 영업

가. 자본시장법상 PEF의 업무집행사원이 지분증권을 사원에게 취득하게 하는 업(업무집행사원이 출자의 이행을 요구하는 때에 출자하기로 약정하게 하는 행위 포함)

나. 자본시장법상 관리형신탁 또는 투자성 없는 신탁계약을 업을 행위하는 것

다. 법령에 따라 행정목적 달성을 위해 국가·지방자치단체의 예산 또는 국가재정법상 기금을 통해 지원하는 대출로서 다음에 해당하는 대출을 취급하는 업

1) 농업·농촌 및 식품기본법상 사업에 해당하는 대출
2) 서민금융법상 서민 금융생활 지원사업에 해당하는 대출
3) 서민의 주거안정을 위해 다음의 자가 국가재정법상 기금을 통해 지원하는 대출
   - 주택도시보증공사, 한국주택금융공사

라. 금융소비자의 기존 대출로 인한 원리금의 상환부담을 서민금융법 제73조의 방법으로 낮춰주기 위해 체결하는 대출에 관한 계약을 업으로 영위하는 것

마. 교통요금을 전자적으로 지급·결제하는 목적으로 발급된 대중교통법상 교통카드에 관한 계약을 업으로 하는 것

바. 신협법 제39조제1항제1호에 따른 신용사업

사. 보험업법에 따른 재보험에 관한 계약의 체결을 영업으로 하는 것

1) 금융상품직접판매업자와 금융상품판매대리·중개업자

'금융상품직접판매업'이란 자신이 직접 계약의 상대방으로서 금융상품에 관한 계약의 체결을 영업으로 하거나 또는 자본시장법 제6조제3항에 따른 투자중개업[56]이 해당된다(제2조제2호가목). 금융상품직접판매업자는 금융상품판매업자 중 금융상품직접판매업을 영위하는 자를 말한다. 은행이 예금을 받거나 대출을 하는 경우 및 증권회사가 증권매매를 중개하는 경우가 해당된다.

'금융상품판매대리·중개업'이란 금융상품에 관한 계약의 체결을 대리하거나 중개하는 것을 영업으로 하는 것을 말한다(제2조제2호나목). 금융상품판매대리·중개업자는 금융상품판매업자 중 금융상품판매대리·중개업을 영위하는 자를 말한다. 금융소비자보호법상 금융상품판매대리·중개업은 종래 감독대상에 포함되지 않은 대출모집인을 감독대상으로 포함하는 의미가 있다. 통상 금융상품직접판매업자인 은행은 금융상품판매대리·중개업자인 대출모집인을 이용하여 대출상품을 판매한다.

한편, 실무에서는 금융상품의 판매·대리와 단순 광고와의 구분이 문제되고 있다. 이와 관련하여 금융상품의 소개(온라인 포함)는 금융상품의 권유 이전에 이루어지고, 금융상품 판매계약체결에 직접적 영향이 있다고 보기 어려운 경우 일반적으로 중개에 해당하지 않는다.[57]

대리·중개에 해당하려면 금융상품의 권유가 있어야 하는데, 이는 특정 소비자로 하여금 특정 금융상품에 대해 청약의사를 표시하도록 유인하는 행위로서, 설명의 정도, 계약체결에 미치는 영향, 실무처리 관여도, 이익발생 여부 등과 같은 계약체결

56) 자본시장법 제6조제3항에 따른 "투자중개업"이란 누구의 명의로 하든지 타인의 계산으로 금융투자상품의 매도·매수, 그 중개나 청약의 권유, 청약, 청약의 승낙 또는 증권의 발행·인수에 대한 청약의 권유, 청약, 청약의 승낙을 영업으로 하는 것을 말한다. 구체적으로 위탁매매업무, 중개업무, 대리업무, 발행주선업무 등이 포함된다.

57) 금융위원회, 1차 FAQ, 2021. 2.18.

관련 제반 사정을 종합하여 판단된다.[58] 실무상 비대면 금융거래에서의 영업행위 유형별 판단기준을 예시하면 다음과 같다.

<표 2-11> 비대면 금융거래상 영업행위 유형별 판단기준

영업행위 (예시)	유형
1. 상품 추천·설명과 함께 금융상품판매업자와 계약체결을 지원하는 경우	중개
2. 불특정다수를 대상으로 금융거래의 유인을 위해 금융상품 관련 정보 게시	광고
3. 금융상품판매업자가 특정인 맞춤형으로 광고를 제공	중개
4. 특정 금융상품 추천·설명이 없는 광고(예: 배너광고) 클릭 시 계약을 체결할 수 있도록 금융상품판매업자에 연결	광고
5. 광고에 더하여 청약서류 작성·제출기능을 지원하는 경우	중개
6. 금융상품판매업자가 아닌 자가 이익을 얻을 목적으로 자문에 응하며 그 소비자로부터 대가를 받고 상품을 추천	자문
7. 금융상품판매업자로부터 특정 금융상품 추천에 대한 대가를 받는 경우	중개
8. 금융상품판매업자가 웹사이트나 전화를 통해 특정 금융상품에 대한 소비자의 문의에 무료로 답변을 제공	안내 또는 권유[59]
9. 신용카드 회원 전체에 전자메일로 새로운 금융상품을 안내	광고

* 출처: 금융위원회, 2차 FAQ 2021. 3.17

그러나 이러한 중개와 광고의 구분기준만으로 실무에서의 금융소비자보호법 준수가 명확하지 않다는 지적이 있다. 대표적으로 플랫폼사업자의 금융업 진출로 보는 금융상품 판매 시 현행법은 업무위탁과 중개의 구분을 전제로 금융판매업의 규제체계를 구성하고 있는데, 플랫폼사업자의 금융상품판매를 금융업으로 규제할 것인지 아니면 업무위탁으로 규제할 것인지의 문제가 있다. 또한 업무수탁자인 플랫폼에서 광고가 이루어지는 경우 광고와 업무위탁[60]의 구분이 가능한지도 의문이 있다.

58) 금융위원회, 1차 FAQ, 2021. 2.18.

59) 문의내용이 자신에게 적합한 금융상품을 추천해달라는 내용인 경우.

60) 현실적으로 계좌개설 및 실명확인업무의 업무위탁과 금융상품 계약의 중개의 구분이 가능한지, 아울러 광고가 있는 경우 광고와 업무위탁의 구분이 가능한지 의문이 제기되고 있다. 정순섭, "금융소비자보호법의 구조와 내용", 「BFL」 제102호, 금융법센터, 2020. 7. 16면.

2) 금융상품자문업자

'금융상품자문업자'란 금융상품자문업을 영위하는 자로서 금융관계법률에서 금융상품자문업에 해당하는 업무에 대하여 인허가 또는 등록을 하도록 규정한 경우에 해당 법률에 따른 인허가를 받거나 등록을 한 자 및 금융상품자문업의 등록을 한 자를 말한다(제2조제5호).

'금융상품자문업'이란 이익을 얻을 목적으로 계속적 또는 반복적인 방법으로 금융상품의 가치 또는 취득과 처분결정[61]에 관한 자문에 응하는 것을 말한다. 금융상품에 금융투자상품 외에 보장성 상품, 예금·대출성 상품이 포함되는 점에서 금융소비자법상 금융상품자문업은 자본시장법상의 투자자문업을 포함한 넓은 개념이 된다. 이처럼 금융소비자보호법은 판매와 자문을 분리하여 자문기능을 강화시키는 차원에서 금융상품자문업을 도입하였다.

다만 (i) 불특정 다수인을 대상으로 발행되거나 송신되고 불특정 다수인이 수시로 구입하거나 수신할 수 있는 간행물·출판물·통신물 또는 방송 등을 통하여 조언을 하는 것[62], (ii) 그 밖에 변호사, 변리사, 세무사가 해당 법률에 따라 자문업무를 수행하는 경우 등 해당 행위의 성격 및 금융소비자 보호의 필요성을 고려하여 금융상품자문업에서 제외할 필요가 있는 다음의 자는 제외된다.

61) 자본시장법은 투자자문업에 대해 규정하고 있고, 투자자문업에 대하여 "금융투자상품 그 밖에 시행령으로 정하는 투자대상자산의 가치 또는 금융투자상품등에 대한 투자판단에 관한 자문에 응하는 것을 영업으로 하는 것"이라고 정의(제6조제6항)하는 반면에 금융소비자법은 금융상품의 가치 또는 취득과 처분결정에 관한 자문에 응하는 것이라고 정의하고 있는 점에서 차이가 있다. 자본시장법상 투자자문업자는 투자판단에 관한 자문이라는 점에서 투자결정만이 아니라 투자시기, 투자방법 등도 포함되는데, 금융소비자보호법은 취득과 처분결정에 관한 자문으로 명시하고 있다. 이는 자본시장법이 금융투자상품을 대상으로 하고 있어 투자시기와 투자방법이 중요하다는 점에서 투자판단에 관한 자문으로 기술한 반면에서 금융소비자보호법의 적용대상인 금융상품의 경우 예금이나 대출, 보험상품과 같은 경우에는 시기나 방법보다는 취득과 처분결정이 주된 것이라는 차이를 고려한 기술이라고 이해된다.

62) 불특정 다수인을 대상으로 발행되거나 송신되고, 불특정 다수인이 수시로 구입하거나 수신할 수 있는 간행물·출판물·통신물 또는 방송 등을 통하여 조언하는 것을 제외한 것은 자본시장법상 유사투자자문업을 투자자문업에서 제외한 것과 같은 취지이다.

금융상품자문에서 제외되는 것(시행령 제2조제4항)

1. 변호사, 변리사 또는 세무사가 변호사법, 변리사법 및 세무사법 등에 따라 수행하는 법 제2조제4호 각목 외의 부분 본문에 따른 금융상품자문
2. 자본시장법상 집합투자기구평가회사, 채권평가회사, 신용평가회사 그 밖에 이에 준하는 자가 해당 법률에 따라 수행하는 금융상품자문
3. 금융상품판매업자가 따로 대가를 받지 않고 금융상품 판매업에 부수하여 수행하는 금융상품자문
4. 감정인, 공인회계사가 해당 법률에 따라 법 제2조제4호 각목 외의 부분 본문에 따라 하는 금유상품 자문

한편, 금융소비자보호법상 금융상품자문업은 원칙적으로 금융상품의 판매를 겸영할 수 없는 '독립자문업'을 의미한다(제12조제1항제6호). 즉 '독립성'을 요건으로 하는데, 금융상품판매업자와 이해관계를 갖지 않는 것으로 다음 요건을 갖추어야 한다.

금융상품자문업자의 독립성 요건

1. 금융상품판매업(자본시장법상 투자일임업 제외)과 그 밖에 자본시장법에 따른 금융투자업, 농협조합법, 산림조합법, 새마을금고법, 수산업협동조합법에 따른 신용사업 또는 공제사업을 겸영하지 아니할 것
2. 금융상품판매업자(자본시장법상 투자일임업 제외)와 독점규제법상의 계열회사 또는 외감법상의 계열회사가 아닐 것
3. 임직원이 금융상품판매업자의 임직원의 직위를 겸직하거나 그로부터 파견받은 자가 아닐 것
4. 그 밖에 금융소비자와의 이해상충 방지를 위하여 시행령으로 정하는 요건을 갖출 것

독립금융상품자문업 외의 금융상품자문업이 허용되는지, 비독립금융상품자문업자의 겸영범위에 대해 논의의 여지가 있지만, 금융소비자보호법상으로는 비독립금융상품자문업자에 대해서는 금융상품판매업으로 규제될 것으로 보인다.

4-4. 금융소비자

가. 개념

금융소비자는 금융소비자보호법의 핵심개념중의 하나로 금융소비자보호법상 “금융상품에 관한 계약의 체결 또는 계약체결의 권유를 하거나 청약을 받는 것에 관한 금융상품판매업자의 거래상대방 또는 금융상품자문업자의 자문업무의 상대방인 전문금융소비자 또는 일반금융소비자”를 말한다.

나. 유형

금융소비자보호법은 금융소비자를 일반금융소비자와 전문금융소비자로 구분하고 있다.

‘전문금융소비자’란 금융상품에 관한 전문성 또는 소유자산규모 등에 비추어 금융상품 계약에 따른 위험감수능력이 있는 금융소비자를 말하며, ‘일반금융소비자’란 전문금융소비자가 아닌 금융소비자를 말한다(제2조제8호, 제9호).

이처럼 금융소비자법상 전문금융소비자와 일반금융소비자의 구분기준은 ‘위험감수능력’이다. 위험감수능력이란 일반적으로 금융상품거래에 따라 발생하는 다양한 위험을 스스로 감수할 수 있는 능력을 말한다. 금융소비자보호법은 이를 판단하는 기준으로 “금융상품에 관한 전문성” 또는 “소유자산 규모”등을 들고 있다(제2조제9호 본문).

<표 2-12> 금융소비자의 유형

<table>
<tr><th>구분</th><th colspan="3">금융소비자</th></tr>
<tr><td rowspan="6">전문금융소비자</td><td colspan="3">국가</td></tr>
<tr><td colspan="3">2. 한국은행</td></tr>
<tr><td colspan="2">3. 금융회사</td><td>법 제2조제6호에 따른 금융회사(겸영금융투자업자 제외)
가. 은행(중소기업은행, 한국산업은행, 신용중앙회 신용사업부문, 농협은행, 수협은행 및 상호저축은행중앙회 포함)
나. 자본시장법상 투자매매업자, 투자중개업자, 투자자문업자, 투자일임업자, 신탁업자 또는 같은법 제336조의 종합금융회사
다. 보험회사(농협생명보험 및 농협손해보험 포함)
라. 상호저축은행
마. 여신전문금융회사
바. 기타 대통령령으로 정하는 다음의 자
1) 금융소비자보호법상 등록을 한 금융상품직접판매업자 및 금융상품자문업자
2) 자본시장법상 겸영금융투자업자</td></tr>
<tr><td colspan="2">4. 주권상장법인</td><td>다만, 장외파생상품등에 관한 계약체결등을 할 때에는 전문금융소비자와 같은 대우를 받겠다는 의사를 금융상품판매업자등에게 서면으로 통지하는 경우만 해당</td></tr>
<tr><td>5. 금융상품별로 다음의 자</td><td>(1) 예금성상품</td><td>가. 금융위원회가 주무기관인 공공기관
나. 금융지주회사
다. 한국수출입은행
라. 한국투자공사
마. 시행령 제2조제6항제3호부터 제6호까지의 어느 하나에 해당하는 자
바. 시행령 제2조제7항제2호나목(국가재정법상 기금관리운용·공공기관) 또는 다목(법률상 공제사업법인·조합·단체)에 해당하는 자
사. 다음에 모두 해당하지 않는 사람
1) 「민법」상 성년이 아닌 사람, 2) 피성년후견인 및 피한정후견인, 3) 만 65세 이상인 사람
아. 기타 가목별로 바목까지의 자에 준하는 다음의 자
1) 법인·조합·단체, 2) 금융감독원, 3) 기술보증기금, 4) 농협·산립조합·새마을금고·수협중앙회, 5) 대부업자, 6) 신용보증기금, 7) 거래소, 8) 펀드, 9) 지방자치단체, 10) 주권상장법인, 11) 법 제22조제1항제1호부터 제6호까지의 자, 12) 주권을 외국 증권시장에 상장한 법인, 13) 다음의 외국인(외국정부, 국제기구, 외국 중앙은행)</td></tr>
</table>

구분	금융소비자		
전문금융소비자	5. 금융상품별로 다음의 자	(2) 대출성 상품	가. 여신전문금융업법상 겸영여신업자 나. 상시근로자가 5인이상인 법인·조합·단체 다. 대출성 상품을 취급하는 금융상품판매대리·중개업자 라. 자산의 취득 또는 자금의 조달등 특정목적을 위해 설립된 법인 마. 상기 예금성 상품의 가목부터 바목까지에 해당하는 자 바. 상기 예금성 상품의 아목의 2)호부터 13)호까지의 자
		(3) 투자성 상품	다음에 해당하는 자. 장외파생상품에 관한 계약체결등을 하는 경우에는 전문투자자와 같은 대우를 받겠다는 의사를 서면으로 알린 경우로 한정 가. 전자증권법상 전자등록기관 나. 자본시장법시행령 제10조제3항제16호에 따른 법인·단체 다. 자본시장법시행령 제10조제3항제17호에 따른 개인 라. 투자성 상품을 취급하는 금융상품판매대리·중개업자 마. 상기 예금성 상품의 가목부터 바목까지에 해당하는 자 바. 상기 예금성 상품의 아목의 2)호부터 13)호까지의 자
		(4) 보장성 상품	가. 보험업법상 보험요율산출기관 나. 보험업법상 보험관계단체 다. 보험업법시행령 제6조의2 제3항제18호에 해당하는 자 라. 보장성 상품을 취급하는 금융상품판매대리·중개업자 마. 상기 예금성 상품의 가목부터 바목까지에 해당하는 자 바. 상기 예금성 상품의 아목의 2)호부터 13)호까지의 자
일반금융소비자	-		전문금융소비자가 아닌 금융소비자

금융소비자보호법은 일반금융소비자와 전문금융소비자로 구분하여 규제를 차별하고 있는 것이 특징이다.

<표 2-13> 소비자 구분에 따른 보호 차이

구분	적합성	적정성	설명의무	불공정영업행위	부당권유	청약 철회	위법계약해지
일반금융소비자	○	○	○	○	○	○	○

구분	적합성	적정성	설명의무	불공정영업행위	부당권유	청약 철회	위법계약해지
전문금융 소비자	×	×	×	○	○	×	○

이러한 규제기법은 자본시장법과 보험업법에서도 사용되고 있고 금융소비자보호법 시행 후에도 자본시장법상 일반투자자와 전문투자자(제9조제5항~제6항), 그리고 보험업법상 일반보험계약자와 전문보험계약자(제2조제19호~제20호)의 구분은 유지된다.

다. 금융소비자의 전환

1) 전환

금융소비자보호법은 전문금융소비자가 일반금융소비자로 대우받을 수 있게 하고 있다(제2조제9호 단서).

반면에 일반금융소비자가 전문금융소비자로 전환하는 것은 원칙적으로 허용하지 않고 있다. 다만 장외파생상품의 경우 일반금융소비자로 취급되는 주권상장법인이나 지방자치단체, 국가재정법 별표 2에 규정된 법률에 따라 설치된 기금 등 관리·운용하는 자등에 대해 전문금융소비자로 전환할 수 있는 기회를 제공하고 있다.

2) 전환 가능한 전문금융소비자

일반금융소비자로 전환이 가능한 전문금융소비자는 금융소비자보호법 시행령에서 다음과 같이 상품의 유형별로 명시하고 있다. 따라서 시행령에서 정한 경우에만 일반금융소비자로 전환이 가능하고 국가, 한국은행, 금융회사, 일정한 범위의 전문금융소비자등은 일반금융소비자로 전환이 불가능하다.

<표 2-14> 일반금융소비자로 전환 가능한 전문금융소비자

상품 유형	일반금융소비자로 전환 가능한 전문금융소비자
대출성 상품	상시근로자 5인 이상 법인·조합·단체
투자성 상품	주권상장법인, 지방자치단체, 국가재정법 별표 2에 규정된 법률에 따라 설치된 기금을 관리·운용하는 자, 개별법률에 따라 공제사업을 영위하는 법인·조합·단체, 주권을 외국증권시장에 상장한 법인, 자본시장과 금융투자업에 관한 법률 시행령 제10조제3항제16호에 해당하는 법인·단체(금융위원회에 증명자료를 제출+자료제출 전날의 금융투자상품잔고가 100억원, 관련자료제출일로부터 2년이 지나지 않을 것), 자본시장과 금융투자업에 관한 법률 시행령 제10조제3항제17호에 해당하는 개인(금융위에 관련자료 제출+자료제출일 전일 기준으로 최근 5년간 금융투자상품을 월말 평균잔고기준으로 5천만원 이상 보유경험 +금융위 고시의 소득액·자산기준 또는 전문성 충족)
보장성 상품	주권상장법인, 지방자치단체, 국가재정법 별표 2에 규정된 법률에 따라 설치된 기금을 관리·운용하는 자, 신용협동중앙회, 온라인투자연계금융업자, 집합투자업자, 증권금융회사, 단기금융회사 및 자금중개회사, 금융지주회사, 그 밖에 준하는 자로서 금융위원회가 정하여 고시하는 자, 보험업법 시행령 제6조의2제3항제18호에 해당하는 자

장외파생상품에 관한 계약을 체결하는 경우[63] 등을 제외하고는 일정한 요건을 갖추어 자발적으로 관련 자료를 제출한 법인과 개인이 전문금융소비자가 될 수 있는 제도는 두고 있지 않다

3) 전환절차

일반금융소비자로 전환하기 위해서는 우선, 전문금융소비자 중 대통령령으로 정하는 자가 일반금융소비자와 같은 대우를 받겠다는 의사를 금융상품판매업자 또는 금융상품자문업자에게 서면으로 통지하여야 한다.

63) 자본시장법에서도 장외파생상품매매의 경우 자발적으로 전문투자자가 되는 길을 열어두고 있다. 즉 법인의 경우 금융위에 전문투자자로서 관련 자료를 제출한 날 전일의 금융투자상품 잔고가 100억원 이상, 개인의 경우 금융위에 전문투자자로서 관련 자료를 제출한 날 전일의 금융투자상품 잔고가 50억원 이상이고, 금융투자업자에 1년 이상 계좌를 갖고 있을 것이 요구된다(자본시장법 시행령 제10조제3항제16호·제17호).

다음으로, 전문금융소비자로부터 전환요청서를 받은 금융상품판매업자등은 정당한 사유가 있는 경우를 제외하고는 이에 동의하여야 한다. 그런데 일반금융소비자와 같은 대우를 받겠다는 전문금융소비자의 요구에 정당한 사유 없이 동의하지 아니하는 행위에 대해 제재규정은 없다.[64]

4) 전환의 효과

금융상품판매업자등이 동의한 경우에는 해당 금융소비자는 일반금융소비자로 본다. 금융소비자보호법에 별도의 규정은 없지만, 전환의 효력은 전환에 동의한 금융상품판매업자등과의 사이에 한정된다고 볼 것이며, 전환 이후에 금융상품판매업자의 사이에서 이루어지는 모든 거래에 대하여 효력이 미친다고 볼 것이다. 다만 금융소비자와 금융상품판매업자등과의 약정으로 그 전환효과를 특정한 금융거래로 한정하는 것도 가능하다.

5. 적용범위 및 다른 법률과의 관계

5-1. 적용범위

금융소비자보호법이 어떠한 경우에 적용되는지는 앞서 기술한 바와 같이 '금융상품'과 '금융상품판매업과 자문업' 그리고 '금융소비자'라는 핵심개념을 중심으로 확정된다. 다만 금융상품이라는 개념이 추상적으로 정의하고 있지 않고 금융업법상의 업무 내지 상품을 열거하고 있어 업법의 개정에 따라 영향을 받을 수 있다.

64) 자본시장법에서는 일반투자자와 같은 대우를 받겠다는 전문투자자의 요구에 정당한 사유 없이 동의하지 아니하는 행위는 불건전 영업행위로서 금지되며(자본시장법 제71조제7호; 시행령 제68조제5항제1호), 이에 위반한 경우에는 5천만원의 과태료가 부과되었다(제449조제1항제29호)

다만, 금융소비자보호법은 자본시장법 제6조제5항제1호에 해당하는 경우(사모펀드)[65]에는 명시적으로 적용하지 아니한다(제5조)고 하여 제외하고 있다. 이는 국내에서 금융위원회 소관이 아닌 다른 정부 부처의 관할에 속하는 특정 법률에 근거하여 운용되는 이른바 '타법펀드'에 의해 설립한 사모가 해당한다.

주로 전문투자자로 구성된 타법펀드의 경우 자본시장법의 적용 제외로 한 것과 마찬가지로 금융소비자보호법에서도 이들 펀드에 대해서는 적용대상에서 명시적으로 제외함으로써 타법펀드의 정책 목적 달성을 우선 고려하고 있다.

5-2. 다른 법률과의 관계

금융소비자보호법은 금융소비자 보호에 관하여 다른 법률에서 특별히 정한 경우를 제외하고는 이 법에서 정하는 바에 따른다고 하고 있다(제6조).

통상 다른 법률과의 관계에 대한 입법방식은 해당 법률을 우선 적용하는 것과 다른 법률을 우선 적용하고 관련 규정이 없을 경우에 한하여 해당 법률을 적용하는 것[66], 그리고 이 두가지 방식을 절충하는 방식[67] 등이 있다. 금융소비자보호법은 두 번째 방식을 취하고 있는데, 이는 개별 업권법에 특별한 규정이 있으면 개별 업권의 특수

---

65) 자본시장법 제6조제5항제1호에서는 대통령으로 정하는 법률에 따라 사모의 방법으로 금전등을 모아 운용·배분하는 것으로서 대통령령으로 정하는 투자자의 총수가 대통령령으로 정하는 수 이하인 경우를 규정하고 있다. 대통령령으로 정하는 법률이란 부동산투자회사법, 선박투자회사법, 문화산업진흥법, 산업발전법, 벤처투자촉진에 관한 법률, 여신전문금융업법 등이 해당되며(자본시장법 시행령 제6조), 대통령령으로 정하는 투자자는 전문투자자에 속하는 자들이 해당되며, 대통령령으로 정하는 투자자의 총수로 정하는 수는 49인으로, 이들 요건들을 모두 충족한 경우에만 해당된다. 이러한 규정 방식은 자본시장법을 모델로 한 것으로, 자본시장법의 규제대상인 집합투자의 정의를 그대로 적용하면 이러한 타법펀드들도 집합투자업에 해당하여 자본시장법의 적용을 받게 될 것을 고려하여 타법펀드들이 각각 특정산업의 육성발전이라는 산업정책적 취지를 감안하여 자본시장법의 적용을 일부 완화시키고자 명시적으로 타법펀드를 자본시장법에서 적용 제외한 것이다.

66) "----- 에 관하여 다른 법률에 특별한 규정이 있는 경우를 제외하고는 이 법에서 정하는 바에 따른다."

67) 대표적으로는 "이 법은 ----- 에 관하여 다른 법률에 우선하여 적용한다. 다만, 다른 법률에 이 법의 ----- 에 관한 ----- 보다 ----- 한 규정이 있으면 그 법률에서 정하는 바에 따른다."

한 상황을 반영하여 마련한 것임을 감안하여 개별법이 우선 적용되는 것이 타당한 경우가 있음을 고려한 것이다,[68] 이처럼 금융소비자법은 '다른 법률'이라고 하고 있어, 예컨대 소비자관련법에 규정이 있으면 그 법이 우선되는 결과를 가져온다.

특히 금융소비자보호법은 금융상품의 판매조직과 판매규제를 핵심내용으로 하는데, 금융상품의 판매조직의 진입규제에 대해서는 개별 금융업법상의 판매조직규제가 우선하여 적용된다[69]. 따라서 자본시장법상 투자권유대행인(제51조), 보험업법상 보험설계사·보험대리점·보험중개사(제84조, 제87조 및 제89조), 여신전문금융업법상 신용카드모집인(제14조의3)은 각 근거법상 진입규제대상이 되므로 금융소비자보호법상의 진입규제(등록)가 적용되지 않는다.

한편, 금융소비자보호법의 규정별로 시행일은 다음과 같다.

<표 2-15> 시행일

주요내용	시행일
금융소비자보호법 시행일 (원칙)	2021. 3. 25
계약 자료의 기록·유지·관리·열람·복사 등	2021. 9. 25
임직원, 대리·중개업자에 대한 관리를 위한 내부통제기준 마련의무	2021. 9. 25
설명의무 입증책임 전환	법 시행 이후 소비자에게 손해를 발생시킨 경우부터 적용
직접판매업자의 대리·중개업자에 대한 관리책임	법 시행 이후 대리·중개업자가 대리·중개업무를 한 경우부터 적용
위법계약 해지권	법 시행 이후 계약을 체결하는 경우부터 적용

68) 기존에 은행법, 자본시장법, 보험업법, 여신전문금융업법 등에 규정되어 있던 금융상품 판매규제와의 적용관계를 정리한 점에서 의의가 있다.

69) 그런데 이러한 입법방식은 금융소비자법이 금융소비자 보호에 관한 기본법 즉 금융소비자 보호를 위한 완결된 법이라는 의미를 갖는 데에 한계를 제공하기도 한다.

<그림 2-5> 금융소비자보호법의 적용관계

상품
- 예금성 / 대출성
- 투자성
- 보장성

판매채널
- 직접판매업자
- 대리·중개업자

금융소비자
- 일반금융소비자
- 전문금융소비자

각 금융상품, 판매채널, 금융소비자 분류에 따른 금융소비자보호법 적용

제4절 금융소비자의 권리와 책무 및 국가·금융상품판매업자의 책무

1. 금융소비자 보호 체계

금융소비자보호법은 금융소비자 보호의 기본원칙으로 금융당국인 금융위원회에 금융소비자의 권익 보호와 금융상품판매업등의 건전한 시장질서 구축을 위하여 금융소비자정책을 수립할 의무(제29조제1항)와 금융소비자의 권익 증진, 건전할 금융생활 지원 및 금융소비자의 금융역량 향상을 위하여 노력할 의무를 규정하고(제29조제2항), 이와 함께 금융소비자 및 국가와 금융상품판매업자등의 책무를 함께 규정하고 있다.

2. 금융소비자의 권리와 책무 및 국가·금융상품판매업자의 책무 규정 명문화의 의미

금융소비자보호법에서는 금융상품으로 인한 재산상의 위해로부터 보호받을 권리 등 금융소비자의 기본적 권리를 규정하고, 이러한 금융소비자의 권리를 실현하기 위한 국가 및 금융회사등의 책무를 정하고 있다. 이는 금융소비자 보호 관련 주체들의 기본적 권리와 책무를 정함으로써 관련 주체들이 자신의 역할을 보다 명확하고 구체적으로 인식할 수 있게 하기 위함이다. 아울러 소비자행정의 전개와 정책의 수행 시 금융소비자의 권리에 관한 이념을 존중하여 금융소비자의 권리가 실현될 수 있도록 국가행정 추진에 반영하여야 함을 시사한다. 다만 이들 규정이 선언적 규정인지 아니면 이를 기초로 구체적인 법적 조치가 가능한지 다툴 수 있는 여지가 있으나 기본적인 권리와 책무에 관한 규정을 통해 정비되어야 할 금융소비자 보호 입법과 금융소비자 정책 등 행정기반의 정비방향을 제시하는 효과가 있다.[70] 또한 이러한 규정들은 금융소비자보호법이 금융소비자 보호에 관한 기본법으로서의 성격을 명확히 하는 의미가 있다.

3. 금융소비자의 기본적 권리와 책무

금융소비자는 다음의 기본적 권리를 가진다(제7조).

금융소비자의 기본적 권리

1. 금융상품판매업자등의 위법한 영업행위로 인한 재산상 손해로부터 보호받을 권리
2. 금융상품을 선택하고 소비하는 과정에서 필요한 지식 및 정보를 제공받을 권리
3. 금융소비생활에 영향을 주는 국가 및 지방자치단체의 정책에 대하여 의견을 반영시킬 권리
4. 금융상품의 소비로 인하여 입은 피해에 대하여 신속·공정한 절차에 따라 적절한 보상을 받을 권리
5. 합리적인 금융소비생활을 위하여 필요한 교육을 받을 권리
6. 금융소비자 스스로의 권익을 증진하기 위하여 단체를 조직하고 이를 통하여 활동할 수 있는 권리

이처럼 금융소비자보호법은 기본법으로서 금융소비자의 기본적 권리에 대하여 명시하고 있다는 데에 의미가 있다. 금융소비자보호법은 주로 판매시점에 초점을 맞추어 규제체계를 설계하고 있으나 금융소비자 보호가 판매단계에서만 일어나는 것은 아니라는 점에서 금융소비자의 기본적 권리에 대하여 명시하고 있음은 일응

70) 금융소비자의 권리와 책무 및 국가와 금융상품판매업자등의 책무에 관한 규정은 과거 금융소비자보호법 정부제출안이 3차례 제출되는 동안 2012. 2. 2.자 법률안(의안번호 14602)와 같은 해 7. 6.자 법률안(의안번호 573)에는 없었고 2017. 5. 23.자 법률안(의안번호 6989)에 처음으로 포함되었다. 내용과 체계를 보면 소비자기본법과 유사한 방식으로 규정하고 있으나 물품이 아닌 금융상품의 특성이 반영되어 있다는 점에서 차이가 있다. 안수현, "「금융소비자 보호에 관한 법률」 내용과 효과 검토-실무에 영향을 미치는 부분을 중심으로", 금융소비자지향적 가치창출을 위한 금융소비자보호법과 금융전문인력 역량 강화 춘계심포지엄, 금융소비자학회, 2020, 8쪽.

금융소비자 보호의 기본방향을 설정해주는 점에서 의의가 크다[71].

아울러 금융소비자는 다음의 책무를 진다(제8조).

금융소비자의 책무

1. 금융소비자는 금융상품판매업자등과 더불어 금융시장을 구성하는 주체임을 인식하여 금융상품을 올바르게 선택하고, 제7조에 따른 금융소비자의 기본적 권리를 정당하게 행사하여야 한다.
2. 금융소비자는 스스로의 권익을 증진하기 위하여 필요한 지식과 정보를 습득하도록 노력하여야 한다.

책무란 소정 사항을 준수하여야 할 책임으로, 권리에 상응하는 개념으로서 "의무"에 비해 강제성이나 구속력이 다소 낮은 경우를 말한다.[72]

금융소비자보호법은 금융소비자의 기본적 권리 외에 책무를 규정함으로써 금융소비자로 하여금 경제적 주체로서 금융시장을 구성하는 주체임을 인식하도록 하고 있다. 금융상품과 관련하여 금융소비자와 금융회사 간의 정보비대칭이 크지만 그럼에도 금융상품의 올바른 선택 및 권리행사 그리고 스스로의 권익을 증진하기 위하여 필요한 지식과 정보를 게을리해서는 안 될 책무가 있음을 명시하고 있다. 즉 금융소비자 스스로 자율적이고 합리적인 선택을 할 수 있도록 역량을 높이기 위해서 노력할 책무가 있다.

71) 다만 금융소비자보호법상 금융소비자의 기본적 권리는 추상적인 권리로서 개별규정으로 구체화하지 않으면 권리행사에 있어서 제약을 받게 된다.

72) 의무는 통상 그것이 이행되지 않는 경우 소송 및 강제집행에 의해 이의 이행이 강제되거나 혹은 그 불이행으로 인한 손해배상책임이 부과된다. 반면에 법에 의하여 일정한 구속이 과해지나 불이행시 위와 같은 효과가 인정되지 않고 단지 법적 불이익을 받거나 유리한 지위를 상실당할 뿐인 때는 의무와 구별하여 "간접의무" 또는 "책무"라고 한다. 한국증권법학회, 자본시장법 주석서 II, 박영사(2015), 869면-870면.

4. 국가의 책무

국가는 금융소비자의 기본적 권리가 실현되도록 다음과 같이 노력할 책무를 진다(제9조).[73)]

국가의 책무

1. 금융소비자 권익 증진을 위하여 필요한 시책의 수립 및 실시
2. 금융소비자 보호 관련 법령의 제정·개정 및 폐지
3. 필요한 행정조직의 정비 및 운영 개선
4. 금융소비자의 건전하고 자주적인 조직활동의 지원·육성

금융소비자보호법에 금융소비자 권익 증진을 위하여 필요한 시책의 수립 및 실시라고 하여 정기적으로 금융소비자정책 기본계획을 마련하라고 명시한 것은 아니지만 향후 기본계획-종합시행계획 등 일관성 있게 예측 가능한 정책이 마련되는 기초가 될 것으로 기대된다. 한편, 국가가 이러한 책무를 이행하지 않는다고 하여 금융소비자가 소송 및 강제집행으로 이행을 강제하거나 그 불이행으로 인한 손해배상책임을 물을 수 있는지는 논의가 필요하다.

5. 금융상품판매업자등의 책무

금융상품판매업자등은 금융소비자의 기본적 권리가 실현되도록 다음과 같이 노력할 책무를 진다(제10조).

73) 소비자기본법에서는 지방자치단체의 책무도 정하고 있다.

금융상품판매업자등의 책무

1. 국가의 금융소비자 권익 증진 시책에 적극 협력할 책무
2. 금융상품을 제공하는 경우에 공정한 금융소비생활 환경을 조성하기 위하여 노력할 책무
3. 금융상품으로 인하여 금융소비자에게 재산에 대한 위해가 발생하지 아니하도록 필요한 조치를 강구할 책무
4. 금융상품을 제공하는 경우에 금융소비자의 합리적인 선택이나 이익을 침해할 우려가 있는 거래조건이나 거래방법을 사용하지 아니할 책무
5. 금융소비자에게 금융상품에 대한 정보를 성실하고 정확하게 제공할 책무
6. 금융소비자의 개인정보가 분실·도난·누출·위조·변조 또는 훼손되지 아니하도록 개인정보를 성실하게 취급할 책무

금융소비자가 금융상품을 합리적으로 선택함에 있어 중요한 전제는 금융소비자의 의사결정을 지원하는 환경의 확보이다. 이러한 환경이 확보 및 정비되어 있는 경우에만 금융소비자의 선택의 권리가 실현되기 때문이다. 아울러 금융소비자의 선택할 권리에서 중요한 것은 알 권리의 확보이다. 금융소비자보호법은 금융회사의 책무중의 하나인 정보제공에 관한 책무 중 금융상품에 대한 정보에 한해서만 규정하고 있다.

제5절 금융상품판매업자등의 등록

1. 등록제도의 취지

금융소비자보호법은 금융상품판매조직을 금융상품판매업과 금융상품자문업으로 구분하고, 금융상품판매업을 다시 '금융상품직접판매업'과 '금융상품판매 대리·중개업'으로 분류한다(제4조). 금융상품판매업과 금융상품자문업을 합쳐 '금융상품판매업등'이라고 한다(제4조).

금융소비자보호법은 금융회사의 금융상품 판매에 관한 기본법으로서 금융상품 판매에 관한 규제체계를 정립하고 이를 통해 금융소비자를 보호하는 것을 목적으로 하므로 금융상품판매업자제도를 통해 이러한 목적을 달성하고 있다. 즉 금융상품을 판매하려는 자는 금융소비자보호법에 따라 등록을 하여야 하며, 무등록자의 경우 금융상품 판매가 금지되며, 금융상품판매대리·중개업자가 아닌 자에게 위탁을 금지(제24조)함으로써 무등록자에 의한 금융상품 판매행위를 통해 금융소비자 보호 및 금융상품체계 규율을 도모하고 있다.

2. 금융상품판매업 무등록자의 영업행위 금지

금융소비자보호법에 따라 등록을 하지 아니한 무등록자는 금융상품판매가 금지된다(제11조). 등록을 하지 않고 금융상품판매업등을 영위한 경우에는 5년 이하의

징역 또는 2억원 이하의 벌금에 처한다(제67조제1호).[74)]

3. 금융상품판매업자등의 등록

3-1. 등록의무 및 예외

금융상품판매업등을 영위하려는 자는 금융상품직접판매업자, 금융상품대리·중개업자 또는 금융상품자문업별로 금융소비자보호법 제3조에 따른 예금성 상품, 대출성 상품, 투자성 상품 및 보장성 상품 중 취급할 상품의 범위를 정하여 금융위원회에 등록하여야 한다.

다만, 다음의 경우에는 등록을 하지 않고 금융상품판매업등을 영위할 수 있다(제12조).

등록의무 예외

1. 금융관계법률에서 금융상품판매업등에 해당하는 업무에 대하여 인허가를 받거나 등록을 하도록 규정한 경우
2. 금융관계법률에서 금융상품판매업등에 해당하는 업무에 대하여 해당 법률에 따른 인허가를 받거나 등록을 하지 아니하여도 업무를 영위할 수 있도록 규정한 경우

74) 무등록자가 금융상품 판매행위를 한 경우 사법적 효과에 대해서는 규정이 없다. 무등록 투자일임업에 대한 판례의 입장(대판 2019.6.13., 2018다258562)에 비추어 그 자체가 사법상의 효력을 부인하지 않으면 안 될 정도로 현저히 반사회성, 반도덕성을 지닌 것이라고 할 수 없을 뿐만 아니라 그 행위의 사법상의 효력을 부인하여야만 비로써 입법 목적을 달성할 수 있다고 볼 수 없고, 오히려 위 규정을 효력규정으로 보아 이를 위반한 행위를 일률적으로 무효라고 할 경우 거래 상대방과 사이에 법적 안정성을 심히 해하게 되는 부당한 결과를 초래하므로 단속규정이라고 보는 것이 타당하다. 김민석·남궁주현·노태석·류혁선·윤민섭, 「금융소비자보호법 해설」, 한국금융소비자 보호재단, 2021년, 49면.

3-2. 등록 요건

금융상품직접판매업자 또는 금융상품자문업자로 등록하려는 자는 다음의 요건을 모두 갖추어야 한다. 다만, 금융상품자문업자의 경우 다음의 표에서 6의 요건을 적용하지 않는다.

즉 금융상품자문업자에 대해서만 다음의 표 6.의 요건인 '금융상품판매업자와 이해관계 없을 것'을 요구하는데, 이는 금융상품자문업자는 금융상품판매업자가 아닌 금융소비자의 이익을 위하여 자문서비스를 제공하여야 하므로 그 업무수행에 있어 금융상품판매업자와 이해관계가 없을 것이 전제가 된다고 보았기 때문이다.

<표 2-16> 금융상품판매업자등의 등록 요건

등록 요건	내 용
1. 인적·물적 요건	■ 인력 가. 업무수행에 필요한 전문성을 갖춘 인력 1명 이상 1) 등록하려는 금융상품 유형의 금융상품판매업에 3년 이상 종사한 경력이 있는 사람인 경우: 다음의 교육을 24시간 이상 받은 사람일 것 가) 대출성 상품: 신용회복위원회가 신용 및 부채 각각의 관리에 관한 개인의 전문성·윤리성을 인증하는 자격의 취득과 관련된 교육 나) 보장성 상품: 생명보험협회와 손해보험협회가 보장성 상품의 취득과 처분결정에 관한 개인의 전문성·윤리성을 인증하는 자격의 취득과 관련된 교육 다) 투자성 상품: 다음의 자격 중 어느 하나의 취득과 관련된 교육 - 자본시장법상 투자권유자문인력 - 자본시장법상 투자운용인력 라) 예금성 상품: 가)부터 다) 중 어느 하나에 해당하는 교육을 받을 것 2) 그 밖의 경우: 다음 각목의 구분에 따른 자격을 취득한 사람일 것 가) 대출성 상품: 상기 1)의 가)에 따른 자격을 취할 것 나) 보장성 상품: 상기 1)의 나)에 따른 자격을 취득할 것 다) 투자성 상품: 상기 1)의 다)에 따른 자격 중 어느 하나를 취득할 것 라) 예금성 상품: 가)부터 다)의 어느 하나에 해당하는 자격을 취득할 것 나. 전산 설비의 운용·유지·관리를 전문적으로 수행할 수 있는 인력 1명 이상 ■ 전산 설비 가. 컴퓨터 등 정보통신설비 나. 전자적 업무처리에 필요한 설비 ■ 그 밖의 물적 설비 가. 고정사업장 나. 사무장비 및 통신 수단 다. 업무관련 자료의 보관 및 손실방지 설비 라. 전산설비 등을 안전하게 보호할 수 있는 보안 설비
2. 자기자본	■ 금융상품직접판매업: 취급하려는 금융상품의 유형 및 수량에 관계없이 5억원 이상의 범위에서 금융위원회가 정하여 고시하는 금액 ■ 금융상품자문업: 다음 구분에 따른 금액. 다만, 다음 금융상품 유형 중 둘 이상을 함께 취급하는 경우에는 각 금융상품(예금성 상품은 제외)에 따른 자기자본금액을 합산한 금액을 갖추어야 한다. 가. 예금성 상품을 취급하는 경우: 1억원 나. 대출성 상품을 취급하는 경우: 1억원 다. 보장성 상품을 취급하는 경우: 1억원 라. 투자성 상품을 취급하는 경우: 2억 5천만원. 다만 자본시장법 시행령 별표 3의 등록업무단위 5-21-1에 해당하는 투자성 상품만을 취급하는 경우에는 1억원으로 한다.

등록 요건	내용
3. 건전한 재무상태·사회적 신용	■ 건전한 재무상태: 자기자본 대비 부채총액 비율이 200% 이하일 것 ■ 사회적 신용: 자본시장법 시행령 제16조제8항제2호에 따른 사회적 신용을 갖출 것. 이 경우 같은 호 가목 중 공정거래법은 공정거래법 제3조의 2, 제19조, 제23조, 제23조의2 또는 제23조의3으로 한다.
4. 임원 결격사유	■ 금융상품직접판매업자 또는 금융상품자문업자의 경우 가. 미성년자, 피성년후견인 또는 피한정후견인 나. 파산선고를 받고 복권되지 아니한 사람 다. 금고 이상의 실형을 선고받고 그 집행이 끝나거나(끝난 것으로 보는 경우 포함) 집행이 면제된 날로부터 5년이 자나지 아니한 사람 라. 금고 이상의 형의 집행유예를 선고받고 그 유예기간 중에 있는 사람 마. 금융소비자보호법, 지배구조법 시행령 제5조의 금융관련법령 또는 외국금융관련 법령에 따라 벌금 이상의 형을 선고받고 그 집행이 끝나거나(집행이 끝난 것으로 보는 경우 포함) 집행이 면제된 날부터 5년이 지나지 않은 사람 바. 금융소비자보호법 또는 지배구조법 시행령 제5조에 따른 금융관련법령에 따라 임직원 제재조치(퇴임·퇴직한 임직원의 경우 해당 조치에 상응하는 통보를 포함)를 받은 사람으로서 그 조치의 종류별로 5년을 초과하지 아니하는 범위에서 지배구조법 시행령 제7조제2항에 따른 기간이 지나지 아니한 사람 사. 금융소비자 보호 및 건전한 거래질서를 해칠 우려가 있는 경우로서 대통령령으로 정하는 사람 ■ 법인인 금융상품판매대리·중개업자의 경우 가. 상기 가목·나목 및 라목 중 어느 하나에 해당하는 사람 나. 금고 이상의 실형을 선고받고 그 집행이 끝나거나(집행이 끝난 것으로 보는 경우 포함) 집행이 면제된 날부터 2년이 지나지 아니한 사람 다. 금융소비자보호법, 지배구조법 시행령 제5조의 금융관련법령 또는 외국 금융관련 법령에 따라 벌금 이상의 형을 선고받고 그 집행이 끝나거나 집행이 면제된 날부터 2년이 지나지 아니한 사람
5. 이해상충방지 체계	■ 전자금융거래법상 전자적 장치를 이용한 자동화 방식을 통해서만 금융상품직접판매업 또는 금융상품자문업을 영위하는 경우: 이해상충행위 방지를 위한 기준이 포함된 소프트웨어를 설치할 것 ■ 그 밖의 경우: 다음 요건을 모두 갖출 것 가. 이해상충행위 방지 기준의 문서화 나. 이해상충행위 방지를 위한 교육·훈련·체계 수립 다. 이해상충행위 방지 기준 위반 시 조치 체계 수립

등록 요건	내 용
6. 금융상품판매업자와 이해관계 없는 자일 것	■ 금융상품판매업(자본시장법 제6조제8항의 투자일임업 제외)과 그 밖에 다음의 금융업을 겸영하지 아니할 것 가. 자본시장법상 금융투자업 나. 농협법, 산림조합법, 새마을금고법 또는 수협법상 신용사업 또는 공제사업 ■ 금융상품판매업자(자본시장법 제8조제6항에 따른 투자일임업 제외)와 독점규제법 제2조제12호 또는 외감법상의 계열회사가 아닐 것 ■ 임직원이 금융상품판매업자의 임직원 직위를 겸하거나 그로부터 파견받은 자가 아닐 것 ■ 그 밖에 금융소비자와의 이해상충 방지를 위하여 대통령령으로 정하는 요건

한편, 금융상품판매대리·중개업자로 등록하려는 자는 다음의 요건을 모두 갖추어야 한다.

금융상품판매대리·중개업자의 등록 요건

1. 취급하려는 금융상품 및 금융소비자 보호 등에 관한 교육을 이수할 것(등록하려는 자가 법인인 경우 법인의 대표 또는 임원이 교육을 이수)

가. 대출성 상품을 취급하는 금융상품직접판매업에 3년 이상 종사한 경력이 있는 사람: 여신전문업협회가 개인이 대출성 상품에 관한 계약의 체결을 대리하거나 중개하는 데 필요한 전문성·윤리성을 갖추었는지를 인증하는 데 필요한 교육을 여신전문금융업협회가 지정하는 기관으로부터 24시간 이상 받을 것

나. 그 밖의 경우: 상기 가.의 교육을 여신전문금융업협회가 지정하는 기관으로부터 48시간 이상 받은 후 그 교육을 충실히 이수하였는지에 대해 여신전문금융업협회로부터 인증을 받을 것

다. 공제를 취급하는 금융상품판매대리·중개업자가 되려는 사람은 다음 중 어느 하나를 이수할 것

1) 보험설계사, 개인인 보험대리점 또는 개인인 보험중개사가 금융위원회에 등록할 경우 같은 법시행령에 따라 이수해야 하는 교육

2) 공제를 취급하는 금융상품판매대리·중개업자가 갖추어야 할 전문성 확대를 위해 신협중앙회가 제1호에 따른 교육에 준하여 실시한 교육

2. 임원 결격사유(법 제12조제4항제2호)에 해당하지 아니할 것

3. 그 밖에 금융소비자 권익 보호 및 건전한 거래질서를 위하여 필요한 다음의 요건을 갖출 것. 다만, 마목 및 바목은 전자금융거래법상 전자적 장치를 이용한 자동화 방식을 통해서만 금융상품판매대리·중개업을 영위하는 경우에만 해당한다.

가. 업무수행기준 마련

나. 다음 각목의 인력 구비

1) 업무수행에 필요한 전문성을 갖춘 인력 1명 이상

가) 대출성 상품: 제1호의 가목 및 나목의 구분에 따른 인력 1명 이상 둘 것

나) 공제: 제1호의 다목의 교육 중 어느 하나를 이수한 인력 1명 이상 둘 것

2) 전산 설비의 운용·유지 및 관리를 전문적으로 수행할 수 있는 인력 1명 이상
다. 다음 각목의 설비 구비
1) 컴퓨터 등 정보통신설비
2) 전자적 업무처리에 필요한 설비
3) 고정사업장
4) 사무장비 및 통신수단
5) 업무관련 자료의 보관 및 손실방지 설비
6) 전산설비 등을 안전하게 보호할 수 있는 보안 설비
라. 자본시장법 제16조제8항제2호에 따른 사회적 신용
마. 금융소비자의 손해배상을 위해 5천만원 이상의 범위에서 보증금을 예탁하거나 이와 유사한 수준 이상의 보장성 상품에의 가입
바. 전자금융거래법상 전자적 정치에 이해상충행위 방지를 위한 기준이 포함된 소프트웨어의 설치

종래 법적 근거 없이 운영하여 온 대출모집인, 리스·할부모집인은 금융소비자보호법 시행에 따라 금융상품판매대리·중개업자로 등록이 필요하다.[75]

75) 금융소비자보호법 제정 전에는 대출모집업무를 위탁한 금융회사를 통해 간접규제를 해왔으며 금융감독원에서 제정한 「대출모집인제도 모범규준(행정지도)」에 따라 운영해 왔다. 보험설계사·카드모집인·투자권유대행인은 각 법률에 따라 등록, 의무 위반 시 직접적인 행정제재 및 벌칙대상이 되는 것과 달리 할부금융, 은행·저축은행, 보험회사 등에서 고용한 대출모집인의 경우 다양한 위법행위가 발생함에도 법적 규정이 없어 제재가 불가능하였다. 금융소비자보호법 시행 후에는 대출모집인도 금융상품판매대리·중개업자로 등록대상이 된다.

대출모집인

- 대출모집인은 금융회사와 대출모집업무 위탁계약을 체결하고 대출(인터넷 등을 통한 온라인 대출 포함)신청 상담, 신청서 접수 및 전달 등 금융회사가 위탁한 업무를 수행하는 대출상담사와 대출모집법인을 말함
- 대출모집인의 수: '16년 말 110여 개 금융회사에서 약 12천여 명 활동(은행: 3,678명, 저축은행: 3,408명, 할부금융: 2,796명)
- 모집규모: 대출규모는 모집인을 활용하는 금융회사 신규 가계대출의 25~30%로 은행권은 담보대출(30.8%)의 모집 비중이 높고, 저축은행(53.5%)과 할부금융사(62.2%)는 신용대출 모집 비중이 높음('16 기준)
- 수수료율: 수수료율은 신용대출(1~5%)이 담보대출(0.2~2.4%)의 2배 이상이며, 은행(평균 0.3%)에 비해 저축은행·할부금융(2~5%)이 높은 수준
- 대출모집인은 금융업협회(전국은행연합회, 상호저축은행중앙회, 여신금융협회, 생명보험협회, 손해보험협회, 농협중앙회, 수산업중앙회, 신용중앙회)에 등록
- 금융업협회에 등록된 대출모집인의 등록정보[등록번호, 성명(상호), 계약금융회사, 등록일 등]을 조회 가능
- 대출모집 수수료 (공시)

구분	담보대출수수료율	신용대출 수수료율	평균 수수료율
은행연합회	0.23	1.30	0.25
수협중앙회	0.49	0	0.49
손해보험협회	0.5	0	0.5
생명보험협회	0.39	0.43	0.39
저축은행중앙회	2.42	2.99	2.72
여신금융협회	1.73	3.07	2.7
농협상호금융	0.32	0	0.32
신협	0.3	0.3	0.3

* 출처:htps://www.loanconsultant.or.kr/loan_viewFee.do 및 금융위원회, '빚 권하는 관행' 개선을 위한 대출모집인 및 대부업 광고 규제 강화방안, 2017. 9 보도자료.

3-3. 등록 절차

등록신청인은 등록신청서에 필요한 서류를 첨부하여 금융위원회에 제출하여야 한다.

등록신청 서류

1. 정관 또는 이에 준하는 업무운영규정
2. 사업계획에 관한 자료
3. 재무현황에 관한 자료
4. 금융소비자보호법 제12조제2항 또는 제3항에 따른 등록요건을 갖추었음을 증명하는 서류

금융위원회는 등록 신청을 받은 날부터 2개월 이내에 등록 여부를 결정하고, 지체없이 그 결과 및 이유를 신청인에게 문서로 알려야 한다. 다만 해당 기간에 등록 여부를 결정하기 어려운 불가피한 사정이 있는 때에는 2개월 범위에서 한 차례만 그 기간을 연장할 수 있다.

금융위원회는 등록요건 확인을 위해 필요하다고 인정되는 경우 실태조사를 실시할 수 있으며, 관계기관·단체 또는 전문가에게 의견 또는 자료의 제출을 요청할 수 있다(제8조제3항, 제4항)

금융상품 대리·중개업자

소속 모집인 100명 이상 대출모집인 및 온라인법인 대출모집인의 등록신청서 접수·심사 통보는 금감원, 그 외는 관련 협회가 함

☞ **참고**

기존에 영업 중이던 대출모집인, 리스·할부 모집인 4만 1,387명이 금융소비자보호법(이하 '금소법')상 대출성 금융상품판매대리·중개업자로 등록을 마쳤다.

2일 금융위원회는 금융감독원 및 금융협회를 통해 기존 영업 중이던 모집인들에 대해 지난해 10월 24일까지 신청을 받아 지난해 12월 31일 등록절차를 완료했다고 밝혔다. 금소법 시행에 따라 대출모집인, 리스·할부모집인은 '금융상품대리·중개업자'로 등록해야 영업이 가능하다. 금감원을 통해 총 27건이 등록됐으며, 협회 등록은 총 4만1,360건이다.

금소법 시행에 따라 대출모집인 감독도 강화됐다. 대출모집인을 규율하는 기준이 금감원 행정지도에서 금소법으로 강화됨에 따라 대출모집인도 관련 법규 위반 시 금융당국의 직접적인 검사 및 제재의 대상이 된다. 대리·중개업자에 대해서도 위법행위에 대한 민원·신고를 기반으로 금감원·협회의 조사·검사가 이루어져 과태료 등 제재가 부과될 수 있다.

· 출처: 아주경제 2022.1.2. 기사

제 6 절 영업행위 일반원칙

1. 영업행위 일반원칙

1-1. 영업행위 준수사항 해석·적용기준

금융소비자보호법은 영업행위 준수와 관련하여 두 개의 해석기준을 제시하고 있다(제13조). 하나는 금융소비자의 권익 우선 고려원칙이며, 다른 하나는 금융상품 또는 계약관계의 특성 등에 따라 금융상품 유형별 또는 금융상품판매업자등의 업종별로 올바르게 해석·적용하는 것이다.

1-2. 신의성실의무 등

가. 신의성실의무

금융상품판매업자등은 금융상품 또는 금융상품 자문에 관한 계약의 체결, 권리의 행사 및 의무의 이행을 신의성실의 원칙에 따라 하여야 한다(제14조제1항).

나. 공정의무

금융상품판매업자등은 금융상품판매업 등을 영위할 때 업무의 내용과 절차를 공정히 하여야 하며, 정당한 사유 없이 금융소비자의 이익을 해치면서 자기가 이익을 얻거나 제3자가 이익을 얻도록 해서는 아니 된다(제14조제2항).

1-3. 고객 차별 금지

금융상품판매업자등은 금융상품 또는 금융상품자문에 관한 계약을 체결하는 경우 정당한 사유 없이 성별·학력·장애·사회적 신분 등을 이유로 계약조건에 관하여 금융소비자를 부당하게 차별하여서는 아니 된다(제15조). 이 경우 제시된 차별요소는 '성별·학력·장애·사회적 신분 등'으로 규정하고 있는데, 이는 예시적 열거로 이해된다.

한편, 규정에서는 계약을 체결하는 경우 계약조건에 관해서만 부당한 차별이 금지되는 것으로 하고 있으나 계약 후에도 차별이 가능한 점에서 (예: 보험금지급 등) 향후 보완의 여지가 있으며, 위반에 대해 제재규정을 두고 있지 않다. 다만 금융소비자보호법 제44조에서 손해배상책임에 관한 규정을 두고 있어 이를 근거로 손해배상책임을 물을 여지가 있다.[76]

1-4. 금융상품판매업자등의 관리책임

가. 취지와 의의

금융소비자보호법은 금융상품판매업자등에게 금융상품판매등의 업무를 실질적으로 수행하는 임직원뿐 아니라 판매행위 등을 위탁한 금융상품판매대리·중개업자에 대해 사용자 또는 위탁자의 지위에서 관리할 책임을 부여하고(제16조제1항) 이를 위하여 사전에 구체적인 기준 및 절차 등 내부통제기준을 마련하도록 의무를 부과하고 있다(제16조제2항).

나. 임직원 및 금융상품판매대리·중개업자에 대한 관리의무

금융상품판매업자등은 임직원 및 금융상품판매대리·중개업자(보험업법 제2조제

76) 김민석·남궁주현·노태석·류혁선·윤민섭, 「금융소비자보호법 해설」, 한국금융소비자 보호재단, 2021년, 68면.

11호에 따른 보험중개사 제외)가 업무를 수행할 때 법령을 준수하고 건전한 거래질서를 해치는 일이 없도록 성실히 관리하여야 한다.

다. 임직원등에 대한 내부통제기준 마련의무

1) 의의

법인인 금융상품판매업자등은 관리업무를 이행하기 위하여 그 임직원 및 금융상품판매대리·중개업자가 직무를 수행할 때 준수하여야 할 내부통제기준을 마련하여야 한다. 내부통제기준은 금융회사지배구조법에서도 규정하고 있는데 금융소비자보호법상 내부통제기준과 내용상 차이가 있다. 전자의 경우 금융회사등의 일반적인 경영건전성 확보를 위한 기준 및 절차를 마련한 것인 데 비해, 후자의 경우 금융상품 판매 및 자문에 대한 관리업무관련 기준 및 절차를 규정하고 있다.

2) 예외

다만, 다음의 경우 내부통제기준 마련의무에서 면제된다(시행령 제10조제1항).

금융소비자보호법상 내부통제기준 마련의무 예외기관

1. 상호저축은행중앙회
2. 온라인소액투자중개업자[77]
3. 대부업자 및 대부중개업자
4. 온라인투자연계금융업자[78]
5. 그 밖에 상기 1호부터 4호까지의 금융상품판매업자등에 준하는 다음의 자

가. 겸영여신업자

나. 자본시장법상 겸영금융투자업자

다. 다음의 구분에 따른 경우에 해당하는 법인

1) 금융상품직접판매업자 및 금융상품자문업자: 상시근로자가 5명 미만인 경우

2) 금융상품판매대리·중개업자: 다음의 어느 하나에 해당하는 경우[79]

가) 하나의 금융상품직접판매업자가 취급하는 금융상품에 관한 계약의 체결인 대리·중개하는 것을 영업으로 하는 경우

나) 소속된 개인 금융상품판매대리·중개업자가 5명 미만인 경우(전자금융거래 방식만으로 금융상품판매업 등을 영위하는 법인은 상시근로자가 3명 미만인 경우)

3) 내부통제기준 포함사항

금융소비자보호법은 내부통제기준과 관련하여(제16조제2항) 종래 금융소비자 보호 모범규준에 있던 주요내용들을 이관하여 금융소비자보호법 시행령 제10조 및 감독규정 제9조, 별표 2에서 세부적인 기준 및 절차 등을 규정하고 있다.

내부통제기준 포함사항

1. 업무의 분장 및 조직구조
2. 임직원이 업무를 수행할 때 준수하여야 하는 기준 및 절차
 가. 금융상품의 개발, 판매 및 사후관리에 관한 절차 수립에 관한 다음의 사항
  1) 민원 또는 금융소비자 의견 등의 반영
  2) 금융상품으로 인한 금융소비자에 발생할 수 있는 잠재적 위험요인에 대한 평가
 나. 광고물 제작 및 광고물 내부 심의에 관한 사항
 다. 권유, 계약체결 등 금융소비자를 대상으로 하는 직무의 수행에 관한 사항
 라. 금융소비자의 이해상충 방지에 관한 사항
 마. 금융소비자 보호관련 교육에 관한 사항
 바. 금융소비자의 신용정보, 개인정보 관리에 관한 사항
 사. 금융상품등에 관한 업무 위탁 및 관련 수수료, 지급에 관한 사항
 아. 금융소비자로부터 받는 보수에 관한 사항(금융상품자문업자만 해당)
3. 내부통제기준의 운영을 위한 조직 및 인력
 가. 금융소비자 보호에 관한 내부통제를 수행하는 데 필요한 의사결정기구('금융소비자 보호 내부통제 위원회')의 설치 및 운영에 관한 사항
1. 조정·의결하는 의제에 관한 사항
 가) 금융소비자 보호에 관한 경영방향
 나) 금융소비자 보호관련 주요 제도 변경 사항
 다) 금융상품의 개발, 영업방식 및 관련 정보공시에 관한 사항
 라) 임원·직원의 성과보상체계에 대한 금융소비자 보호 측면에서의 평가
 마) 법 제16조제2항에 따른 내부통제기준 및 법 제32조제3항에 따른 금융소비자 보호 기준의 적절성·준수실태에 대한 점검·조치결과
 바) 법 제32조제2항에 따른 평가(금융소비자 보호 실태 평가), 감독(법 제48조제1항에 따른 감독) 및 검사(법 제50조에 따른 검사) 결과의 후속조치에 관한 사항

77) 온라인소액투자중개업자는 자본시장법 제44조에 따른 이용자 보호를 위한 내부통제기준을 마련하여야 한다.

78) 온라인투자연계금융업자는 온라인투자연계금융업법 제17조에 따라 이용자 보호를 위한 내부통제기준을 마련하여야 한다.

79) 이러한 경우는 규모상 내부통제기준을 마련하는 것이 실익이 없기 때문이다.

사) 중요 민원·분쟁에 대한 대응결과
2) 대표자, 금융소비자 보호를 담당하는 임원 및 사내 임원(금융회사지배구조법 제2조제2호에 따른 임원)으로 구성할 것
3) 대표자가 주재하는 회의를 매년 반기마다 1회 이상 개최할 것
나. 금융소비자 보호에 관한 내부통제를 금융상품 개발·판매업무로부터 독립하여 수행하는 데 필요한 조직(금융소비자 보호 총괄기관)의 설치 및 운영에 관한 사항
1) 수행하는 업무에 관한 사항
가) 금융소비자 보호에 관한 경영방향 수립
나) 금융소비자 보호 관련 교육의 기획·운영
다) 금융소비자 보호 관련 제도 개선
라) 금융상품의 개발·판매 및 사후관리에 관한 금융소비자 보호 측면에서의 모니터링 및 조치
마) 민원분쟁의 현황 및 조치결과에 대한 관리
바) 임원·직원의 성과보상체계에 대한 금융소비자 보호 측면에서의 평가
사) 금융소비자 보호 내부통제위원회의 운영(가)부터 마)까지의 사항을 금융소비자 보호 내부통제위원회에 보고하는 업무 포함)
2) 대표자 직속으로 설치할 것
3) 업무수행에 필요한 인력을 갖출 것
다. 금융소비자 보호 총괄기관의 업무를 수행하는 임원·직원의 임명·자격요건 및 직무 등에 관한 사항
라. 대표이사, 이사 등 법인의 업무집행에 관한 의사결정 권한을 가진 자의 내부통제기준 운영에 관한 권한 및 책임에 관한 사항
마. 그 밖에 금융소비자 보호 및 건전한 거래질서를 위해 필요한 사항
4. 내부통제기준 준수 여부에 대한 점검·조치 및 평가
5. 개별 금융상품에 대해 권유, 계약체결 등 금융소비자를 대상으로 직무를 수행하는 사람이 갖추어야 할 교육수준 또는 자격에 관한 사항
6. 업무수행에 대한 보상체계 및 책임 확보 방안. 영업행위를 수행하는 담당 임원·직원과 금융소비자 간에 이해상충이 발생하지 않도록 성과·보상체계의 설계·운영에 관한 사항
7. 내부통제기준의 제정·변경절차
8. 고령자 및 장애인의 금융거래 편의성 제고 및 재산상 피해방지에 관한 사항

※ 비고
다음 각목의 어느 하나에 해당하는 자는 제3호 가목을 적용하지 않는다.
가. 지배구조법시행령 제6조제3항 각호의 어느 하나에 해당하는 자
나. 최근 사업연도 및 현재 자산총액이 7천억원 미만인 신용협동조합
다. 자본금 총액이 10억원 미만인 금융상품자문업자
라. 소속된 개인금융상품판매대리·중개업자가 500명 미만인 법인 금융상품판매대리·중개업자
2. 제3호 다목에 따른 임원은 다음 각호의 구분에 따른다.
가. 제1호가목부터 라목까지에 해당하는 자: 준법감시인 또는 이에 준하는 사람
나. 최근 사업연도 말 현재 자산총액이 5조원 미만인 상호저축은행: 준법감시인 또는 이에 준하는 사람
다. 은행법상 인가를 받은 외국은행의 지점 또는 대리점: 준법감시인 또는 이에 준하는 사람
라. 다음의 요건 중 어느 하나에 해당하는 여신전문금융회사: 준법감사인 또는 이에 준하는 사람
1) 개인인 금융소비자를 대상으로 계약을 체결하지 않을 것
2) 개인인 금융소비자를 대상으로 체결한 계약에 따른 자산이 전체 자산의 5%를 초과하지 않을 것
마. 그 밖의 경우 금융소비자 보호 총괄기관을 전담하는 사람

4) 내부통제기준 신설·변경 절차

내부통제기준을 제정·변경하는 경우 이사회의 승인을 받아야 한다. 다만 경미한 사항을 변경하는 경우에는 대표자의 승인으로 갈음할 수 있다.

대표자 승인으로 갈음할 수 있는 사항

경미한 사항(감독규정 제9조제3항)

1. 법령 또는 관련규정의 제정·개정에 연동되어 변경해야 하는 사항
2. 이사회가 의결한 사항에 대한 후속조치
3. 그 밖에 제1호 및 제2호에 준하는 사항

5) 내부통제기준의 공지

금융상품판매업자등은 내부통제기준을 제정·변경한 경우 그 사실을 인터넷 홈페이지에 공지하여야 한다(시행령 제10조제4항 및 감독규정 제9조제4항). 이는 금융소비자의 정보접근성을 강화한 것이다.

6) 내부통제기준의 관리

금융소비자보호법에서는 내부통제기준에 대한 점검 및 관리에 대해 명시적으로 규정을 두고 있지는 않다. 이는 금융회사지배구조법에서 매년 1회 이상 정기적으로 내부통제체제·운영 등을 관리(제11조제4항, 제5항)[80]하도록 한 것과 차이가 있다.

그러나 금융소비자보호법상 내부통제기준의 내용에 내부통제위원회의 조정 및

80) 금융회사 지배구조 감독규정 제11조 ④ 지점장(금융회사가 지정하는 영업부문의 장을 포함한다. 이하 이 조에서 같다)은 소관 영업에 대한 내부통제업무의 적정성을 정기적으로 점검하여 그 결과를 대표이사(대표집행임원을 포함한다. 이하 같다)에 보고하고, 법규위반 행위가 발생한 경우 재발방지대책을 마련하여 시행하여야 한다. 다만, 해당 지점장이 해당 금융회사의 임직원이 아닌 경우에는 해당 지점을 관장하는 관리조직의 장이 동 업무를 수행할 수 있으며, 대표이사는 지점장의 점검결과를 보고받는 업무를 준법감시인에게 위임할 수 있다.
⑤ 대표이사는 매년 1회 이상 정기적으로 내부통제 체계·운영에 대한 실태를 점검하고 그 결과를 이사회에 보고하여야 한다. 다만, 대표이사는 내부통제 체계·운영에 대한 실태점검 및 이사회 보고 업무를 준법감시인에게 위임할 수 있다.

의결사항에 관한 사항으로 내부통제기준 및 법 제32조제3항에 따른 금융소비자 보호기준의 적정성·준수실태에 대한 점검·조치 결과를 포함하고 있고, 내부통제기준 준수 여부에 대한 점검·조치 및 평가를 포함하고 있어 정기적으로 점검하고 관리하여야 할 것으로 본다.

제7절 금융상품 유형별 영업행위 준수사항

1. 6대 판매규제

금융소비자보호법은 적합성원칙, 적정성원칙, 설명의무, 불공정영업행위 금지, 부당권유행위 금지, 광고관련 준수사항 등 이른바 6대 판매규제를 종전 개별업법에 비해 크게 강화하였다.

즉 원칙적으로 모든 유형의 금융상품에 대해 이들 판매규제가 적용되며, 적합성원칙 위반, 적정성원칙 위반, 설명의무 위반, 불공정영업행위, 부당권유행위의 경우 금융소비자는 위법계약의 해지를 요구할 수 있고, 설명의무 위반, 불공정영업행위, 부당권유행위, 광고규제 위반의 경우에는 금융상품판매업자등에 대해 징벌적 과징금이 부과될 수 있다.

2. 적합성원칙

2-1. 의의

적합성원칙은 광의와 협의로 이해할 수 있다. 협의로는 고객의 지식, 경험, 투자목적, 재산상황 등을 고려하여 고객에게 적합하지 아니한 금융상품의 권유를 금지하는 원칙으로 이해되는 반면, 광의로는 고객의 지식, 경험, 투자목적, 재산상황 등을 고려하여 이에 적합한 형태로 권유를 하여야 한다는 적극적 원칙을 포함하는 개념으로 파악할 수 있다.

금융소비자보호법은 이 중 협의의 적합성원칙의 개념을 채택한 것으로 고객의 속성을 감안하여 부적합한 권유를 하는 것을 금지하고 있다.

2-2. 금융소비자 구분 및 확인 의무

금융상품판매업자등은 금융상품계약체결등을 하거나 자문업무를 하는 경우 상대방이 일반금융소비자인지 전문금융소비자인지를 먼저 확인하여야 한다(제17조제1항).

가. 정보파악·제공의무

금융상품판매업자등은 일반금융소비자에게 금융상품 계약체결을 권유[81)]하는 경우 면담·질문 등을 통하여 정보를 파악하고, 일반금융소비자로부터 서명(전자서명 포함), 기명날인, 녹취 각각에 준하여 안정성·신뢰성이 확보될 수 있는 전자적 확인 방식으로 확인을 받아 이를 유지·관리하여야 하며, 확인받은 내용을 일반금융소비자에게 지체 없이 제공하여야 한다(제17조제2항).

따라서 정보파악의무대상은 일반금융소비자로 국한되며, 금융상품 중 예금성 상품은 원칙적으로 정보파악의무의 적용대상이 아니다.

나. 계약체결 권유 시 파악해야 할 정보의 대상·범위

금융상품판매업자등은 일반금융소비자에게 금융상품 계약체결을 권유하기에 앞서 정보파악이 전제가 된다. 이 경우 파악대상 정보와 범위는 금융상품별로 달리 정하고 있는데, 다음의 구분에 따른 정보가 된다(제17조제2항각호, 시행령 제11조제2항각호).

81) 특정 소비자로 하여금 특정 금융상품에 대해 청약의사를 표시하도록 유인하는 행위를 의미한다(금융위원회, 1차 FAQ 20201.2.18). 금융상품자문업자가 자문에 응하는 경우를 포함한다.

<표 2-17> 권유 시 파악해야 하는 정보

적합성원칙 대상 금융상품	계약체결 권유 시 파악해야 하는 정보
1. 다음의 보장성 상품 가. 보험업법상 변액보험 나. 보험료 또는 공제료의 일부를 자본시장법상 금융투자상품의 취득·처분 또는 그 밖의 방법으로 운용할 수 있도록 하는 보험 또는 공제 다. 「보험업법」에 따른 보험상품 중 보험료의 납입과 보험금의 지급이 모두 외국통화로 이루어지는 보험(보험료의 납입과 보험금의 지급이 원화로 환산하여 이루어지는 보험을 포함한다)	1. 일반금융소비자의 연령 2. 재산상황(부채를 포함한 자산 및 소득에 관한 사항) 3. 보장성 상품 계약체결의 목적 4. 금융상품을 취득·처분한 경험 5. 금융상품에 대한 이해도[82] 6. 기대이익 및 기대손실 등을 고려한 위험에 대한 태도
2. 다음을 제외한 투자성 상품 가. 온라인소액투자중개의 대상이 되는 증권 나. 연계투자 다. 그 밖에 가목 및 나목의 금융상품에 준하는 것으로서 그 특성 및 위험 등을 고려하여 금융위원회가 정하여 고시하는 금융상품	1. 일반금융소비자의 해당 금융상품 취득 또는 처분목적 2. 재산상황 3. 취득·처분경험 4. 일반금융소비자의 연령 5. 금융상품에 대한 이해도
3. 대출성 상품	1. 일반금융소비자의 재산상황 2. 신용[83] 및 변제계획 3. 일반금융소비자의 연령 4. 계약체결의 목적(대출만 해당)

2-3. 부적합한 계약체결 권유 금지

가. 의의

금융상품판매업자등은 상기 정보를 고려하여 그 일반금융소비자에게 적합하지 아니하다고 인정되는 계약체결을 권유해서는 아니 된다(제17조제3항 전단).

82) "자신이 충분한 지식을 가지고 있다고 생각하는지?"와 같이 소비자의 주관적 의사에 의존하는 문항은 지양해야 하고, 해당 금융상품에 대한 설명을 이해하는 데 필요한 기초지식이 있는지를 객관적인 문항을 통해 확인할 수 있어야 한다(금융위원회, 2차 FAQ. 2021. 3.17).

83) 신용정보법상 신용정보 또는 자본시장법상 신용등급으로 한정한다(시행령 제11조제4항).

나. 적합성 판단기준 - 금융상품을 권유할 수 없는 경우

적합성 판단기준은 금융상품의 유형별로 특성을 고려하여 다음과 같이 정하고 있다(제17조제3항 후단). 아울러 계약체결권유의 적합성 여부에 대한 평가결과를 평가근거와 함께 문서에 기록하여야 한다(시행령 제11조제3항, 감독규정 제10조제1항).

<표 2-18> 금융상품 유형별 적합성 판단기준

구분	적합성 판단기준	
	판단기준	구체적 준수사항
보장성 상품·투자성 상품	금융위원회가 정하여 고시한 바에 따라 일반금융소비자의 정보를 파악한 결과 손실에 대한 감수능력이 적정한 수준일 것	가. 일반금융소비자의 손실에 대한 감수능력과 관련하여 다음의 사항을 종합 고려하여 평가할 것. 다만 일반금융소비자 보호를 위하여 필요한 경우 다음의 사항 중 어느 하나만으로 해당 금융상품에 적합하지 않다고 평가할 수 있다. 1) 거래 목적 2) 계약기간·기대이익 및 기대손실 등을 고려한 위험에 대한 태도 3) 금융상품에 대한 이해도 4) 재산상황(보유한 자산 중 금융상품 유형별 비중) 5) 투자성 상품을 취득·처분한 경험 6) 연령 나. 가목 1)부터 6)까지를 해당 금융상품의 법 제19조제1항 제1호나목 3)에 따른 위험등급에 관한 정보와 비교하여 평가할 것. 이 경우 해당 금융상품이 다수의 금융상품으로 구성되어 있는 경우에는 각 금융상품의 위험등급을 종합적으로 고려하여 평가할 수 있다. 다. 가목 1)부터 6)까지에 대한 평가결과를 평가근거와 함께 문서에 기록할 것

구분	적합성 판단기준	
	판단기준	구체적 준수사항
대출성 상품	금융위원회가 정하여 고시한 바에 따라 일반금융소비자의 정보를 파악한 결과 상환능력이 적정한 수준일 것	가. 일반금융소비자의 상환능력과 관련하여 다음의 사항을 종합 고려하여 평가할 것. 다만, 해당 금융상품의 특성상 필요한 경우에는 다음의 사항 중 어느 하나만으로 평가할 수 있다. 1) 거래목적 2) 원리금 변제계획 3) 법 제17조제2항제3호나목의 신용 4) 재산상황(소득·부채·자산) 및 고정지출 5) 연령 나. 가목 1)부터 5)까지에 대한 평가결과를 평가근거와 함께 문서에 기록할 것

다. 일반 사모펀드의 집합투자증권에 대한 예외

금융상품판매업자등이 자본시장법 제249조의2(일반 사모펀드의 투자자)에 따른 일반 사모펀드의 집합투자증권을 판매하는 경우에는 적합성원칙은 원칙적으로 배제된다. 즉 금융소비자 구분 및 확인의무, 금융소비자 정보파악·제공의무, 부적합한 계약체결 권유금지 등은 원칙적으로 적용되지 않는다(제17조제5항). 이는 일정한 요건을 갖춘 전문투자자만을 대상으로 사모펀드의 판매가 이루어지는 점을 감안한 것이다.

다만, 이 경우에도 금융상품판매업자등은 적격투자자 중 일반금융소비자에게는 적합성원칙의 적용을 별도로 요청할 수 있음을 서면 교부, 우편 또는 전자우편, 전화 또는 팩스, 휴대전화 문자메시지 또는 이에 준하는 전자적 의사표시 등의 방법으로 사전고지하고(제17조제6항), 적격투자자 중 일반금융소비자가 요청하는 경우에는 적합성원칙을 준수하여야 한다(제17조제5항 단서).

라. 비대면거래의 경우

비대면거래의 경우에도 일반금융소비자가 '권유'를 받겠다는 의사를 표시한 경우 적합성원칙이 적용된다. 다음의 경우에는 소비자가 권유를 받겠다는 의사를 표시한 것으로 볼 수 있다.[84)]

비대면거래 시 소비자가 권유를 받겠다는 의사를 표시한 것으로 볼 수 있는 경우

1. 소비자가 맞춤형 상품 추천에 필요한 정보를 제공하는 경우
2. 소비자가 특정 기준(거래빈도, 수익률, 이자율, 대출한도 등)을 선택하여 그 기준에 부합하는 상품을 찾는 경우. 그러나 소비자가 특정 상품명을 직접 입력하여 검색하는 경우는 권유를 받겠다는 의사표시로 보기 어렵다.

2-4. 위반에 대한 제재

금융소비자보호법에서는 적합성원칙의 위반과 관련하여 별도의 민형사상의 책임에 관한 규정을 두고 있지 않다.[85)] 대신 위반행위에 대해 과태료 부과대상으로 하고 있다.

즉 금융소비자보호법은 금융소비자 정보파악의무를 위반하여 정보를 파악하지 아니하거나 확인을 받지 아니하거나 이를 유지·관리하지 아니하거나 확인받은 내용을 지체 없이 제공하지 아니한 경우 및 부적합 계약체결권유 금지규정을 위반하여 계약체결을 권유한 자에게 3천만원 이하의 과태료를 부과하고 있다(제69조제2항).

84) 금융위원회 1차 FAQ.

85) 법원은 적합성원칙의 위반만으로 불법행위에 기한 손해배상책임이 곧바로 발생하는 것은 아니고, 적합성원칙 위반으로 인하여 고객보호의무를 위반한 경우에 이르러야 손해배상책임이 발생한다고 판시하고 있다. 즉 위험성에 대한 올바른 인식형성을 방해하거나, 고객의 투자 상황에 비추어 과다한 위험성을 수반하는 거래를 적극적으로 권유한 경우에 불법행위책임을 인정하고 있다. 대판 1994. 1.11, 93다26205

3. 적정성원칙

3-1. 의의

권유가 없는 경우라도 금융소비자의 정보를 파악하여 고객의 성향에 비추어 적정하지 않는 경우에는 경고함으로써 위험성을 파악하게 하는 것이 금융소비자 보호에는 바람직하다. 적정성원칙은 바로 이러한 기능을 한다.

이러한 적정성원칙은 자본시장법에 규정이 있었으나 금융소비자보호법은 그 대상을 확대하여 금융상품판매업자에게 적용하는 것으로 하고 있다. 다만, 적합성원칙이 금융상품판매업자등에 적용되는 것과 달리 적정성원칙은 금융상품자문업자에게는 적용되지 않고 금융상품판매업자에게만 적용된다.

3-2. 정보파악의무

금융상품판매업자는 다음의 금융상품에 대하여 일반금융소비자에게 계약체결을 권유하지 아니하고 금융상품 판매계약을 체결하려는 경우에는 미리 면담·질문 등을 통하여 금융상품별로 다음의 구분에 따른 정보를 파악하여야 한다(제18조제1항).

다만, 전문금융소비자인 주권상장법인은 장외파생상품에 대한 계약체결 등을 할 때에는 전문금융소비자와 같은 대우를 받겠다는 의사를 금융상품판매업자등에게 서면으로 통지하는 경우에만 적용대상에서 배제된다. 즉 장외파생상품에 대해서는 주권상장법인은 원칙적으로 일반금융소비자로 본다.

적정성원칙의 대상 금융상품에서 예금성 상품은 원금을 보장하는 상품 속성상 적정성원칙이 적용될 실익이 없어 제외되었으며, 보장성 상품, 투자성 상품, 대출성 상품 등도 금융소비자의 보호가 필요한 경우로 그 적용범위를 한정하여 열거하고 있다.

<표 2-19> 적정성원칙 대상 금융상품과 파악 정보범위(시행령 제12조제1항 각호)

적정성원칙 대상 금융상품	파악대상 정보
1. 다음의 보장성 상품 가. 보험업법상 변액보험 나. 보험료 또는 공제료의 일부를 자본시장법상 금융투자상품의 취득·처분 또는 그 밖의 방법으로 운용할 수 있도록 하는 보험 또는공제 다. 「보험업법」에 따른 보험상품 중 보험료의 납입과 보험금의 지급이 모두 외국통화로 이루어지는 보험(보험료의 납입과 보험금의 지급이 원화로 환산하여 이루어지는 보험을 포함한다)	1. 일반금융소비자의 연령 2. 재산상황 3. 보장성 상품계약체결의 목적 4. 금융상품을 취득·처분한 경험 5. 금융상품 이해도 6. 위험에 대한 태도 7. 기대이익 및 기대손실 등을 고려한 위험에 대한 태도
2. 다음의 투자성 상품 가. 자본시장법상 파생상품·파생결합증권 나. 사채 중 일정한 사유가 발생하는 경우 주식으로 전환되거나 원리금을 상환해야할 의무가 감면될 수 있는 사채 다. 고난도금융투자상품, 고난도투자일임계약 및 고난도금전신탁계약 라. 기타 가목부터 다목까지의 규정에 준하는 다음의 금융상품 1) 자본시장법 제93조제1항에 따른 펀드의 집합투자증권 2) 집합투자재산의 50%를 초과하여 파생결합증권에 운용하는 펀드의 집합투자증권 3) 다음의 금융상품 중 어느 하나를 취득·처분하는 금전신탁계약의 수익증권 가) 1)호의 집합투자증권 나) 파생상품 및 파생결합증권 다) 고난도금융투자상품, 고난도금전신탁계약 및 고난도투자일임계약 라) 사채 중 일정한 사유가 발생하는 경우 주식으로 전환되거나 원리금을 상환해야 할 의무가 감면될 수 있는 사채	1. 일반금융소비자의 해당 금융상품 취득 또는 처분목적 2. 재산상황 3. 취득 또는 처분경험 4. 일반금융소비자의 연령 5. 금융상품에 대한 이해도 6. 기대이익 및 기대손실 등을 고려한 위험에 대한 태도
3. 다음의 대출성 상품 가. 주택법상 주택을 담보로 하는 대출 나. 증권, 지식재산권 또는 금융위원회가 정하여 고시하는 재산을 담보로 계약을 체결하는 대출성 상품 다. 기타 가목 및 나목의 금융상품에 준하는 것으로서 일반금융소비자의 보호를 위하여 금융위원회가 정하여 고시하는 금융상품	1. 일반금융소비자의 재산상황 2. 신용 및 변제계획 3. 일반금융소비자의 연령 4. 계약체결의 목적(대출만 해당)

3-3. 부적정 판단 시 고지 및 확인의무

금융상품판매업자는 상기와 같이 확인한 사항을 고려하여 해당 금융상품이 거래상대방인 일반 금융소비자에게 적정하지 아니하다고 판단되는 경우에는 대통령령으로 정하는 바에 따라 그 사실을 알리고, 그 일반금융소비자로부터 서명, 기명날인, 녹취, 그 밖에 대통령령으로 정하는 방법으로 확인을 받아야 한다(제18조제2항).

3-4. 적정성 판단기준

금융상품의 적정성 판단기준은 금융상품의 유형별로 특성을 고려하여 시행령에서 달리 정하고 있는 판단기준을 준용한다(시행령 제12조제3항 및 제6항).

<표 2-20> 금융상품 유형별 적정성 판단기준

구 분	적정성 판단기준	
	판단기준	준수사항
보장성 상품 투자성 상품	금융위원회가 정하여 고시한 바에 따라 일반 금융소비자의 정보를 파악한 결과 손실에 대한 감수능력이 적정한 수준일 것	가. 일반금융소비자의 손실에 대한 감수능력과 관련하여 다음의 사항을 종합 고려하여 평가할 것. 다만 일반금융소비자 보호를 위하여 필요한 경우 다음의 사항 중 어느 하나만으로 해당 금융상품에 적합하지 않다고 평가할 수 있다. 1) 거래 목적 2) 계약기간·기대이익 및 기대손실 등을 고려한 위험에 대한 태도 3) 금융상품에 대한 이해도 4) 재산상황(보유한 자산 중 금융상품 유형별 비중) 5) 투자성 상품을 취득·처분 경험 6) 연령 나. 가목 1)부터 6)까지를 해당 금융상품의 법 제19조제1항제1호나목 3)에 따른 위험등급에 관한 정보와 비교하여 평가할 것. 이 경우 해당 금융상품이 다수의 금융상품으로 구성되어 있는 경우에는 각 금융상품의 위험등급을 종합적으로 고려하여 평가할 수 있다. 다. 가목 1)부터 6)까지에 대한 평가결과를 평가근거와 함께 문서에 기록할 것

<table>
<tr><th rowspan="2">구 분</th><th colspan="2">적정성 판단기준</th></tr>
<tr><th>판단기준</th><th>준수사항</th></tr>
<tr><td>대출성 상품</td><td>금융위원회가 정하여 고시한 바에 따라 일반금융소비자의 정보를 파악한 결과 상환능력이 적정한 수준일 것</td><td>가. 일반금융소비자의 상환능력과 관련하여 다음의 사항을 종합 고려하여 평가할 것. 다만, 해당 금융상품의 특성상 필요한 경우에는 다음의 사항 중 어느 하나만으로 평가할 수 있다.
1) 거래목적
2) 원리금 변제계획
3) 법 제17조제2항제3호나목의 신용
4) 재산상황(소득·부채·자산) 및 고정지출
5) 연령
나. 가목 1)부터 5)까지에 대한 평가결과를 평가근거와 함께 문서에 기록할 것</td></tr>
</table>

3-5. 일반 사모펀드의 집합투자증권에 대한 예외

금융상품판매업자등이 자본시장법 제249조의2(일반 사모펀드의 투자자)에 따른 일반 사모펀드의 집합투자증권을 판매하는 경우에는 적정성원칙은 원칙적으로 배제된다. 이는 적합성원칙과 마찬가지로 일정한 요건을 갖춘 전문투자자만을 대상으로 사모펀드의 판매가 이루어지는 점을 감안한 것이다.

다만, 이 경우에도 금융상품판매업자등은 적격투자자 중 일반금융소비자 등 대통령령으로 정하는 자에게는 적정성원칙의 적용을 별도로 요청할 수 있음을 서면 교부, 우편 또는 전자우편, 전화 또는 팩스, 휴대전화 문자메시지 또는 이에 준하는 전자적 의사표시 등의 방법으로 사전고지하고, 적격투자자 중 일반금융소비자가 요청하는 경우에는 적정성원칙을 준수하여야 한다(제18조제4항).

3-6. 위반에 대한 제재

적정성원칙 위반과 관련하여 별도의 민형사상의 책임에 관한 규정은 마련되어 있지 않다. 다만 금융소비자 정보파악의무를 위반하여 정보를 파악하지 아니한 자 및 부적정 판단사실의 고지 및 확인의무를 위반하여 해당 금융상품이 적정하지 아니하다는 사실을 알리지 아니하거나 확인을 받지 아니한 자에게는 3천만원 이하의 과태료가 부과된다(제69조제2항).

4. 설명의무

4-1. 의의

금융거래 시 금융소비자에게는 금융상품에 대한 정보비대칭이 존재할 수밖에 없고, 스스로 정보를 수집하고 분석하기는 쉽지 않다. 이러한 점을 감안하여 금융회사의 설명의무는 종래 자본시장법, 보험업법, 은행업감독규정 등에 규정되어 있었다. 금융소비자보호법은 정보비대칭을 해소하여 해당 상품의 내용 및 위험에 대한 올바른 인식하에 금융소비자가 거래를 할 수 있도록 모든 상품 유형에 설명의무를 부과하되 금융상품의 속성별로 설명내용을 달리 규정하고 있다.

4-2. 중요사항 설명의무

금융상품판매업자등은 일반금융소비자에게 계약체결을 권유하는 경우(금융상품자문업자가 자문에 응하는 것 포함) 및 일반금융소비자가 설명을 요청하는 경우 다음의 금융상품에 관한 중요한 사항(일반금융소비자가 특정 사항에 대한 설명을 원하는 경우 해당 사항으로 한정)을 일반금융소비자가 이해할 수 있도록 설명하여야 한다(제19조제1항).

<표 2-21> 금융상품별 설명의무 대상 중요사항

1. 금융상품별 다음의 사항	가. 보장성 상품	1) 보장성 상품의 내용 2) 보험료(공제료 포함) 3) 보험금(공제금 포함), 지급제한사유 및 지급절차 4) 위험보장의 범위 5) 기타 위험보장 기간 등 보장성 상품에 관한 중요한 다음의 사항 가) 위험보장기간 나) 계약의 해지·해제 다) 보험료의 감액 청구 라) 보험금 또는 해약환급금의 손실 발생 가능성 마) 규정 별표 3 제1호 각목의 사항
	나. 투자성 상품	1) 투자성 상품의 내용 2) 투자에 따른 위험 3) 다음의 금융상품을 제외한 투자성 상품의 경우 금융상품 직접판매업자가 정하는 위험등급 가) 연계투자 나) 자본시장법 제103조제1항제2호부터 제7호까지의 규정에 따른 신탁계약 4) 기타 금융소비자가 부담해야 하는 수수료 등 투자성 상품에 관한 중요한 다음의 사항 가) 금융소비자가 부담하여야 하는 수수료 나) 계약의 해지·해제 다) 증권의 환매 및 매매 라) 온라인투자연계금융업법 제2조제1항의 정보 마) 기타 가)부터 라)까지의 사항에 준하는 것으로서 금융위원회가 정하여 고시하는 사항
	다. 예금성 상품	1) 예금성 상품의 내용 2) 기타 이자율, 수익률 등 예금성 상품에 관한 중요한 다음의 사항 가) 이자율(만기 후 적용되는 이자율 포함) 및 산출근거 나) 수익률 및 산출근거 다) 계약의 해지·해제 라) 이자·수익의 지급시기 및 지급제한 사유 마) 규정 별표 3 제2호 각목의 사항

<table>
<tr><td>1. 금융상품별 다음의 사항</td><td>라. 대출성 상품</td><td>1) 금리 및 변동 여부, 중도상환수수료 부과 여부 ·기간 및 수수료율 등 대출성 상품의 내용
2) 상환방법에 따른 상환금액·이자율·시기
3) 저당권 등 담보권 설정에 관한 사항, 담보권 실행사유 및 담보권 실행에 따른 담보목적물의 소유권 상실 등 권리 변동에 관한 사항
4) 대출원리금, 수수료 등 금융소비자가 대출계약을 체결하는 경우 부담하여야 하는 금액의 총액
5) 기타 대출계약의 해지에 관한 사항 등 대출성 상품에 관한 중요한 다음의 사항
가) 계약의 해지·해제
나) 신용에 미치는 영향
다) 원리금 납부연체에 따른 연체이자율 및 기타 불이익
라) 계약기간 및 그 연장에 관한 사항
마) 기타 이에 준하는 다음의 사항
- 이자율의 산출기준
- 신용카드에 관한 다음의 사항
① 신용카드로 결제한 금액중 일정 비율만 지불하고 나머지 금액은 이후에 지불하는 서비스의 위험성 및 관련 예시
② 연회비등 신용카드의 거래조건 및 연회비 반환에 관한 사항</td></tr>
<tr><td rowspan="3">2. 연계·제휴서비스 등이 있는 경우 다음의 사항</td><td colspan="2">가. 연계·제휴서비스의 내용</td></tr>
<tr><td colspan="2">나. 연계·제휴서비스등의 이행책임에 관한 사항</td></tr>
<tr><td>다. 기타 다음의 사항</td><td>1) 연계·제휴서비스등의 제공기간
2) 연계·제휴서비스등의 변경·종료에 대한 사전통지</td></tr>
<tr><td colspan="3">3. 청약 철회의 기한·행상방법·효과에 관한 사항</td></tr>
<tr><td colspan="2">4. 기타 금융소비자 보호를 위한 다음의 사항</td><td>1) 민원처리 및 분쟁조정절차
2) 예금자보호법 등 다른 법률에 따른 보호 여부(대출성 상품 제외)
3) 연계·제휴서비스등을 받을 수 있는 조건</td></tr>
</table>

4-3. 설명방법

금융상품판매업자등은 상기 설명사항을 일반금융소비자가 이해할 수 있도록 설명하여야 한다(제19조제1항). 이 경우 기준은 일반적이고 평균적인 금융소비자가 되는 것이 아니라 권유의 대상이 된 개별 금융소비자의 지식 및 경험 등에 비추어 이해될 수 있도록 설명되어야 한다.[86)]

한편, 금융소비자의 책임이 커진다는 우려를 인식하고 금융위원회는 온라인 판매에 효과적인 금융상품 설명방안을 마련한 바 있다. 금융상품 설명이 합리적으로 이루어질 수 있도록 금융상품 설명화면 구성, 소비자 이해지원 및 이해여부 확인 등 3개 분야, 7개 원칙으로 구성된「온라인 설명의무 가이드라인」이 마련되었다.

<표 2-22> 온라인 설명의무 가이드라인 주요 원칙과 내용

분야	원칙	준수방안
① 화면구성	1. 중요사항 명확하게 제시	- 금소법상 중요사항임을 표기 - 상품유형별 중요사항 우선설명
	2. 불이익사항과 권리사항 강조	- (예) 강조색 사용, 팝업창 활용
	3. 쉽게 이해할 수 있도록 화면 구성	- 설명서 단순게시 지양 - (예) 진행단계 표시, 그림·표 활용
② 이해 지원	4. 상담채널 접근성·편의성 제고	- (예) 설명단계와 연계하여 상담 제공
	5. 정보탐색 도구 제공	- (예) 계산기, 용어사전, 상품가이드 등
③ 이해 여부 확인	6. 설명화면을 충분히 읽을 수 있도록 구성	- (예) 일정 시간후 다음 버튼 활성화
	7. 이해 여부 확인방식의 실효성 제고	- 이해 여부 확인절차를 독립적으로 분리

* 금융위, 온라인 판매에 효과적인 금융상품 설명방안 마련-설명의무 가이드라인 상시개선 협의체는 금융위 옴부즈만 검토(8.10)를 거쳐 온라인 설명의무 가이드라인 마련, 2022.8.11. 보도자료

86) 대법원도 고객에게 어느 정도의 설명을 하여야 하는지는 투자대상인 상품의 특성 및 위험도의 수준, 고객의 투자경험과 능력 및 기관투자자인지 여부 등을 종합적으로 고려하여 판단되어야 한다고 판시한바 있다. 대판 2006. 5.11, 2003다51057

4-4. 설명서 제공 및 확인의무

가. 의의

금융상품판매업자등은 상기 설명에 필요한 설명서를 일반금융소비자에게 제공하여야 하며, 설명한 내용을 일반금융소비자가 이해하였음을 서명, 기명날인, 녹취 또는 그 밖에 대통령령으로 정하는 방법으로 확인을 받아야 한다(제19조제2항). 다만, 금융소비자 보호 및 건전한 거래질서를 해칠 우려가 없는 경우로서 일정한 경우에는 설명서를 제공하지 아니할 수 있다.

나. 설명서 작성

1) 중요사항 포함

설명서에는 금융소비자보호법 제19조제1항의 중요사항이 포함되어야 하며, 그 내용이 일반금융소비자가 쉽게 이해할 수 있도록 작성되어야 한다. 다만 일반금융소비자에게 자본시장법 제123조제1항에 따른 투자설명서 또는 간이투자설명서를 제공하는 경우에는 해당 내용을 제외할 수 있다(시행령 제14조제1항).

2) 설명자의 내용 확인

설명서에는 일반금융소비자에게 설명한 내용과 실제 설명서의 내용이 같다는 사실에 대해 설명을 한 사람의 서명(전자서명법상 전자서명 포함)이 있어야 한다. 다만, 예금성 상품 또는 대출성 상품에 관한 계약 및 전자금융거래법에 다른 전자적 장치를 이용한 자동화 방식을 통해서만 서비스가 제공되는 계약의 경우에는 확인을 요하지 않는다(시행령 제14조제2항 단서).

3) 설명서 제공시기

금융상품판매업자등은 설명을 하기 전에 서면교부, 우편 또는 전자우편, 휴대전화 문자메시지 또는 이에 준하는 전자적 의사표시 등의 방법으로 일반금융소비자에게 설명서를 제공하여야 한다(시행령 제14조제3항).

4) 설명서 작성 시 준수사항

금융상품판매업자등은 설명서의 내용을 작성하는 경우 다음의 사항을 준수하여야 한다(감독규정 제13조제1항).

설명서 작성 시 준수사항

1. 일반금융소비자가 쉽게 이해할 수 있도록 알기 쉬운 용어를 사용하여 작성할 것
2. 계약내용 중 일반금융소비자의 선택에 따라 재산상 이익에 상당한 영향을 미칠 수 있는 사항이 있는 경우에는 일반금융소비자가 선택할 수 있는 사항들을 쉽게 비교할 수 있도록 관련 정보를 제공할 것
3. 중요한 내용은 부호, 색채, 굵고 큰 글자 등으로 명확하게 표시하여 알아보기 쉽게 작성할 것
4. 일반금융소비자가 해당 금융상품에 관한 계약으로 받을 수 있는 혜택이 있는 경우 그 혜택 및 혜택을 받는 데 필요한 조건을 함께 알 수 있도록 할 것
5. 일반금융소비자의 계약체결 여부에 대한 판단이나 권익 보호에 중요한 영향을 줄 수 있는 사항으로서 다음 각목의 사항을 요약하여 설명서의 맨 앞에 둘 것. 다만, 예금성 상품 등 설명서의 내용이 간단하여 요약이 불필요한 금융상품은 제외할 수 있다.

가. 유사한 금융상품과 구별되는 특징

나. 금융상품으로 인해 발생 가능한 불이익에 관한 사항(민원·분쟁 또는 상담요청이 빈번하여 일반금융소비자의 숙지가 필요한 사항 및 다음의 구분에 따른 사항을 반드시 포함해야 한다)

1) 투자성 상품: 위험등급의 의미 및 유의사항

2) 보장성 상품: 해약환급금이 이미 납부한 보험료(공제료를 포함한다. 이하 같다)보다 적거나 없을 수 있다는 사실

3) 대출성 상품: 다음의 구분에 따른 사항

가) 대출: 원리금 연체 시 불이익

나) 신용카드: 다음의 사항

(1) 매월 사용대금 중 일정 비율만 지불하고 나머지 금액은 이후에 지불하는 서비스의 위험성 및 관련 예시

(2) 연회비 등 신용카드의 거래조건 및 연회비 반환에 관한 사항(반환사유, 반환금액 산정방식, 반환금액의 반환기한을 포함한다)

다. 민원을 제기하거나 상담을 요청하려는 경우 이용 가능한 연락처

6. 보험료 및 보험금에 대한 일반금융소비자의 이해를 돕기 위한 내용으로서 별표 4에 해당하는 사항을 기재할 것(보험만 해당)

5) 설명서 제공 예외

금융소비자 보호 및 건전한 거래질서를 해칠 우려가 없는 경우로서 대통령령으로 정하는 경우에는 설명서를 제공하지 아니할 수 있다(제19조제2항 단서)

설명서 제공의 예외

1. 금융상품자문업자가 다음 각목의 내용이 포함된 서류를 일반금융소비자에게 제공한 경우
 가. 해당 금융소비자의 자문에 대한 답변 및 그 근거
 나. 자문의 대상이 된 금융상품의 세부정보 확인 방법
 다. 그 밖에 일반금융소비자의 이해를 위해 필요한 사항으로서 금융위원회가 정하여 고시하는 사항
2. 온라인투자연계금융업자가 일반금융소비자에게 「온라인투자연계금융업 및 이용자 보호에 관한 법률」 제22조제1항 각호의 정보를 모두 제공하거나 같은 법 제24조제1항 각호의 사항을 모두 설명한 경우
3. 대부업자 또는 대부중개업자가 일반금융소비자에게 「대부업 등의 등록 및 금융이용자 보호에 관한 법률」 제6조제1항 각호의 사항을 모두 설명한 경우
4. 기존 계약과 동일한 내용으로 계약을 갱신하는 경우
5. 그 밖에 제1호부터 제4호까지의 경우에 준하는 것으로서 다음의 경우
 가. 기본 계약을 체결하고 그 계약내용에 따라 계속적·반복적으로 거래를 하는 경우
 나. 다음 각목의 어느 하나에 해당하는 계약으로서 동일한 계약을 반복하여 체결하는 경우
  1) 「보험업법 시행령」 제1조의2제3항제2호에 따른 해상보험계약
  2) 「여객자동차 운수사업법」에 따른 여객자동차 운송사업 등 영업을 목적으로 체결하는 「보험업법 시행령」 제1조의2제3항제3호에 따른 자동차보험계약
 다. 다음 각목의 구분에 따른 자에게 설명서를 제공한 경우
  1) 「보험업법 시행령」 제42조의5제1항제2호가목에 따른 계약: 여행자인 일반금융소비자를 위해 해당 계약을 체결한 「관광진흥법」 제4조에 따라 등록한 여행업자
  2) 구성원이 5명 이상인 단체가 그 단체의 구성원을 위해 체결하는 계약: 일반금융소비자가 속한 해당 단체 또는 그 단체의 대표자
 라. 「보험업법 시행령」 제43조제2항에 따른 전화를 이용하여 모집하는 자가 보장성 상품에 관한 계약의 체결을 대리·중개하는 경우
 마. 「방문판매 등에 관한 법률」에 따른 전화권유판매업자가 대출성 상품에 관한 계약의 체결을 대리·중개하는 경우(다음 각목의 요건을 충족하는 경우로 한정)
  1) 전화로 설명한 내용과 설명서가 일치할 것
  2) 전화로 설명한 내용을 녹취할 것
 바. 법 제19조제1항 각호의 보장성 상품에 관한 중요한 사항을 청약서에 반영한 경우(개인 또는 가계의 일상생활에서 발생 가능한 위험을 보장하고 위험보장을 받는 사람이 보험료를 모두 부담하는 보험계약으로서 다음 각목의 어느 하나에 해당하는 보장성 상품만 해당)

1) 보장기간이 1년 초과 3년 이하인 보장성 상품으로서 다음의 어느 하나에 해당하는 보장성 상품(「자동차손해배상 보장법」에 따른 책임보험은 제외한다)
- 월보험료가 5만원 이하인 계약
- 연간보험료가 60만원 이하인 계약
2) 여행 중 발생 가능한 위험을 보장하는 보장성 상품
3) 보장기간이 1년 이하인 계약

6) 자본시장법상 고난도 금융투자상품 특례 - 요약설명서

자본시장법에 따라 개인인 투자자에게 고난도 금융투자상품[87]을 판매하는 경우 상품의 내용, 투자위험, 해당 상품의 특성과 손실위험에 대한 시나리오 분석 결과, 해당 상품 목표시장의 내용 및 설정 근거를 해당 투자자가 쉽게 이해할 수 있도록 요약한 설명서를 제공하여야 한다(자본시장법 시행령 제68조제5항제2의3).[88]

위반 시에는 1억원 이하의 과태료가 부과된다(자본시장법 제449조제1항). 다만, 투자자가 해당 설명서를 받지 않겠다는 의사를 서면, 전신, 전화, 팩스, 전자우편, 또는 그 밖에 금융위원회가 정하여 고시하는 방법으로 표시한 경우, 또는 집합투자증권의 판매 시 간이투자설명서 또는 핵심 상품설명서를 교부한 경우에는 요약설명서 제공의무에서 제외된다.

7) 설명 확인 의무

설명한 내용을 일반금융소비자가 이해하였음을 서명, 기명날인, 녹취 또는 그 밖에 대통령령으로 정하는 방법으로 확인을 받아야 한다(제19조제2항).

87) 고난도 금융상품의 개념은 금융위원회가 2019.11.14 발표한 「고위험 금융상품 투자자보호 강화를 위한 종합 개선방안」에서 제시되었다.

88) 위반 시 자본시장법상 불건전영업행위가 된다.

4-5. 설명 시 금지의무

금융상품판매업자등은 설명을 할 때 상기 설명의무 대상인 중요사항을 거짓으로 또는 왜곡(불확실한 사항에 대하여 단정적 판단을 제공하거나 확실하다고 오인하게 할 소지가 있는 내용을 알리는 행위)하여 설명하거나 빠뜨려서는 아니 된다(제19조제3항).

4-6. 위반에 대한 제재

금융상품판매업자등이 일반금융소비자에게 계약체결을 권유(자문 포함)하거나 일반금융소비자가 설명을 요청하는 경우에 설명의무를 위반하여 중요사항을 설명하지 아니하거나 설명서 제공 및 확인의무를 위반하여 설명서를 제공하지 아니하거나 확인을 받지 아니한 경우에는 1억원 이하의 과태료가 부과된다(제69조제1항제2호).

또한, 금융상품대리·중개업자가 설명의무를 위반하여 중요사항을 설명하지 아니하거나 설명서 제공 및 확인의무를 위반하여 설명서를 제공하지 아니하거나 확인을 받지 아니한 경우에는 그 업무를 대리하거나 중개하게 한 금융상품판매대리·중개업자에게 1억원 이하의 과태료가 부과된다(제69조제1항제6호). 다만 업무를 대리하거나 중개하게 한 금융상품판매대리·중개업자로서 그 위반행위를 방지하기 위하여 해당 업무에 관하여 적절한 주의와 감독을 게을리하지 아니한 자는 제외된다(제69조제1항제6호 단서).

과태료 외에 금융소비자보호법은 설명의무 위반에 대해 과징금을 부과할 수 있도록 하고 있다. 즉 금융위원회는 금융상품직접판매업자 또는 금융상품자문업자가 제19조제1항의 설명의무를 위반하여 중요사항을 설명하지 아니하거나 설명서 제공 및 확인의무를 위반하여 설명서를 제공하지 아니하거나 확인을 받지 아니한 경우, 그 위반행위와 관련된 계약으로 얻은 수입 또는 이에 준하는 금액의 100분의 50 이내에서 과징금을 부과할 수 있다(제57조제1항).

다만 위법행위를 한 자가 그 위반행위와 관련된 계약으로 얻은 수입등이 없거나 수입등의 산정이 곤란한 경우로서 영업실적이 없는 등의 사유로 위반행위와 관련된 계약에 따른 수입등이 없는 경우 및 재해로 인해 수입등을 산정하는 데 필요한 자료가 소멸되거나 훼손되는 등의 이유로 수입등을 산정하기 곤란한 경우에는 10억원을 초과하지 않는 범위에서 과징금을 부과할 수 있다(제57조제1항 단서).

이밖에 금융소비자보호법은 금융상품판매업자등이 설명의무를 위반하여 금융소비자에게 손해를 발생시킨 경우 「민법」상 불법행위책임과는 별도로 손해배상책임을 지우고 있다(제44조제2항).

한편, 금융상품판매업자등이 고의 및 과실 없음을 입증한 경우에는 손해배상책임이 인정되지 않는 것으로 하고 있어 고의·과실에 대한 입증책임을 전환하고 있다(제44조제2항 단서). 이처럼 고의·과실에 대한 입증책임만 전환되므로 설명의무 위반 자체는 손해배상청구소송의 증명책임의 원칙에 따라 금융소비자가 입증해야 한다. 또한 종래 자본시장법과 달리 손해액 또한 추정되지 않는다.

5. 불공정영업행위 금지

5-1. 의의

금융상품의 거래와 관련해서 금융상품판매업자와 금융소비자 간에는 정보의 비대칭이 크고, 금융상품판매업자가 금융소비자에 비해 보다 우월한 지위에 있다. 이러한 점을 감안하여 금융상품판매업자등이 우월한 지위를 이용하여 금융소비자의 권익을 침해하는 것을 방지하기 위하여 금융소비자보호법에서는 불공정영업행위를 금지하고 있다(제20조).

5-2. 적용대상

금융소비자보호법에 따른 불공정영업행위금지규정은 금융상품판매업자등에 적용된다. 즉 금융상품직접판매업자, 금융상품판매대리·중개업자 및 금융상품자문업자 모두 대상이 된다.

금융소비자보호법의 불공정영업행위 규정으로 보호받는 금융소비자는 금융소비자의 유형과 상관없다. 즉 일반금융소비자뿐 아니라 전문금융소비자도 보호받는다.

다만 적용대상인 금융상품과 관련해서 금융상품의 유형에 따라 판매행위가 다르기 때문에 불공정영업행위의 유형도 다르게 나타나는 점을 감안하여 구체적으로 불공정영업행위의 유형을 다음과 같이 열거하고 있다.

금융상품판매업자등의 금지대상 불공정영업행위 유형

1. 대출성 상품, 그 밖에 대통령령으로 정하는 금융상품에 관한 계약체결과 관련하여 금융소비자의 의사에 반하여 다른 금융상품의 계약체결을 강요하는 행위(이른바 '꺾기')
2. 대출성 상품, 그 밖에 대통령령으로 정하는 금융상품에 관한 계약체결과 관련하여 부당하게 담보를 요구하거나 보증을 요구하는 행위
3. 금융상품판매업자등 또는 그 임직원이 업무와 관련하여 편익을 요구하거나 제공받는 행위
4. 대출성 상품의 경우 다음 각목의 어느 하나에 해당하는 행위
 가. 자기 또는 제3자의 이익을 위하여 금융소비자에게 특정 대출 상환방식을 강요하는 행위
 나. 1)부터 3)까지의 경우를 제외하고 수수료, 위약금 또는 그 밖에 어떤 명목이든 중도상환수수료를 부과하는 행위
  1) 대출계약이 성립한 날부터 3년 이내에 상환하는 경우
  2) 다른 법령에 따라 중도상환수수료 부과가 허용되는 경우
  3) 금융소비자가 여신전문금융업법에 따른 시설대여, 연불판매 또는 할부금융에 관한 계약을 해지한 경우로서 다음 각호에 해당하는 않는 경우
   가) 계약에 따른 재화를 인도받지 못한 경우
   나) 인도받은 재화에 하자가 있어 정상적 사용이 어려운 경우
 다. 대출상품의 계약과 관련하여 제3자의 연대보증을 요구하는 경우
  1) 개인인 금융소비자에 대한 대출에 제3자의 연대보증을 요구하는 경우. 다만 다음 각목의 제3자에 대해서는 연대보증을 요구할 수 있다.
   가) 사업자등록증 상 대표자의 지위에서 대출을 받는 경우 해당 사업자등록증에 기재된 다른 대표자
   나) 건축물분양법상 분양대금을 지급하기 위해 대출을 받는 경우 같은 법에 따른 분양사업자 및 해당 건축물의 시공사
  2) 법인인 금융소비자에 대한 대출에 제3자의 연대보증을 요구하는 경우. 다만 다음 각목의 제3자에 대해서는 연대보증을 요구할 수 있다.
   가) 해당 법인의 대표이사 또는 무한책임사원
   나) 해당 법인에서 가장 많은 지분을 보유한 자
   다) 해당 법인의 의결권 있는 발행 주식 총수의 30%(배우자·4촌 이내의 혈족 및 인척이 보유한 의결권 있는 발행주식 합산)를 초과하여 보유한 자
   라) 기타 대출의 목적·성격·대상 등을 고려하여 금융위원회가 고시하는 자
  3) 조합·단체인 금융소비자에 대한 대출에 제3자의 연대보증을 요구하는 경우. 다만 해당 조합·단체의 대표자에 대해서는 연대보증을 요구할 수 있다.
5. 연계·제휴서비스등이 있는 경우 연계·제휴서비스등을 부당하게 축소하거나 변경하는 행위로서 다음의 행위. 다만, 연계·제휴서비스등을 불가피하게 축소하거나 변경하더라도 금융소비자에게 그에 상응하는 다른 연계·제휴서비스등을 제공하는 경우와 금융상품판매업자등의 휴업·파산·경영상의 위기 등에 따른 불가피한 경우는 제외한다.
 가. 연계·제휴서비스등을 축소·변경한다는 사실을 금융위원회가 정하여 고시하는 바에 따라 미리 알리지 않고 축소하거나 변경하는 행위
 나. 연계·제휴서비스를 정당한 이유 없이 금융소비자에게 불리하게 축소하거나 변경하는 행위
6. 그 밖에 금융상품판매업자등이 우월적 지위를 이용하여 금융소비자의 권익을 침해하는 행위

1) 구속적 금융상품 계약체결

상기 표 1.에서와 같이 금융소비자보호법은 대출성 상품에 관한 계약체결과 관련하여 금융소비자의 의사에 반하여 다른 금융상품의 계약체결을 강요하는 행위를 금지하고 있다(제20조제1항제1호).

그런데 동 규정에서는 금융소비자의 의사에 반하여 다른 금융상품 계약체결을 강요하는 것을 요건으로 하고 있어 실제 실무에서 주관적인 의사를 증명하는 것은 매우 어렵다. 이를 감안하여 하위법령인 감독규정에서는 객관적인 행위를 판단기준으로 제시하여 보완하고 있다(감독규정 제14조제4항).

대출성 상품 계약체결 시 금융소비자의 의사에 반하여 다른 금융상품 계약체결을 강요하는 것으로 간주하는 경우

대출성 상품에 관한 계약(이하 이 조에서 "금전제공계약"이라 한다)을 체결하고 계약이 최초로 이행된 날 전·후 각각 1개월 내에 다음 각호의 구분에 따른 계약을 체결하는 행위를 말한다.

1. 보장성 상품 또는 투자성 상품(집합투자증권, 금전에 대한 신탁계약, 「자본시장과 금융투자업에 관한 법률」 제9조제4항에 따른 투자일임계약 및 「온라인투자연계금융업 및 이용자 보호에 관한 법률」에 따른 연계투자에 관한 계약으로 한정한다. 이하 이 항에서 같다)에 관한 계약
 가. 다음의 어느 하나에 해당하는 금융소비자와의 계약
  1) 중소기업 및 그 기업의 대표자
  2) 개인신용평점이 하위 10%에 해당하는 사람
  3) 피성년후견인 또는 피한정후견인
 나. 가목에 해당하지 않는 금융소비자와의 계약: 금융소비자(투자성 상품인 경우 개인인 금융소비자에 한정한다)가 계약에 따라 매월 금융상품직접판매업자에 지급해야 하는 금액(금융감독원장이 정한 바에 따라 산출한 금액으로서 월 단위로 지급하는 방식이 아닌 경우에는 월 단위로 환산한 금액을 말한다. 이하 이 조에서 "월지급액"이라 한다)이 금전제공계약에 따라 금융소비자가 제공받거나 받을 금액의 1000분의 10을 초과하는 경우에 해당하는 계약
2. 예금성 상품(금융소비자가 입금과 출금을 수시로 할 수 있는 금융상품은 제외한다)에 관한 계약: 금융소비자(제1호가목에 해당하는 자에 한정한다)의 월지급액이 금전제공계약에 따라 금융소비자가 제공받거나 받을 금액의 1000분의 10을 초과하는 경우. 다만, 다음 각목의 어느 하나에 해당하는 경우는 제외한다.
 가. 월지급액이 10만원 이하인 경우
 나. 계약에 따라 금융상품직접판매업자에 지급하는 금액이 총 100만원 이하인 경우

다만 다음의 경우에는 구속적 금융상품 계약체결로 간주하지 않는다. 예를 들어 약관대출, 카드론, 증권의 신용매수 등과 같이 대출성 금융상품의 유형상 구속적 금융상품 계약체결을 강요할 수 없는 경우, 법률상 보험 또는 단체보험 등인 경우, 사회통념상 강요로 보기 어려운 경우 등이 이에 해당한다(감독규정 제14조제5항).

2) 부당한 담보 및 보증 요구

부당한 담보 및 보증 요구는 대출성 상품에 관한 계약을 체결하면서 담보·보증이 필요 없음에도 이를 요구하거나, 일반적인 범위보다 많은 담보·보증을 요구한 경우가 이에 해당된다. 금융소비자보호법에서는 대출성 상품 외에도 대통령령으로 정하는 금융상품으로 범위를 확대하고 있으나 현재는 대출성 상품만 해당된다.

3) 편익 요구 및 수령

금융소비자보호법은 금융상품판매업자등과 그 임직원이 우월적 지위를 이용하여 수수료 등 정당한 이익 이외의 이익을 취하는 것을 금지하고 있다. 다만 이 규정은 계약체결과 관련할 것을 요하지 않고, 업무와 관련한 것('업무관련성')을 요건으로 하고 있다.

4) 대출성 상품의 금지행위

금융소비자보호법은 대출성 상품에만 적용되는 불공정영업행위로 3가지를 규정하고 있다. 특정 대출상환 방식 강요행위, 중도상환수수료 부과의 원칙적 금지(예외 허용)[89], 그리고 제3자 연대보증 요구 금지가 그것이다.

89) 예외적으로 허용되는 경우란 1) 대출계약 성립 후 3년 이내에 상환하는 경우 2) 다른 법령에 따라 중도상환수수료 부과가 허용되는 경우 3) 여신전문금융업법상 시설대여(금융리스), 연불판매 또는 할부금융에 관한 계약을 해지한 경우(금융소비자가 재화를 인도받지 못한 경우 또는 인도받은 재화에 하자가 있어 정상적인 사용이 어려운 경우 제외)이다.

5) 연계·제휴 서비스등의 축소 또는 변경

금융상품판매업자등이 금융상품에 대한 계약체결 후 해당 금융상품과 연계 또는 제휴된 서비스가 있는 경우 이를 부당하게 축소하거나 변경하는 행위는 금지된다.

어떠한 경우가 부당하게 축소·변경한 행위인지와 관련하여 금융소비자보호법에서는 (i)절차요건과 (ii)정당성요건을 제시하고 있다.

전자의 경우 금융상품판매업자등이 연계·제휴서비스등을 축소·변경하기 위해서는 서면교부, 우편 또는 전자우편, 전화 또는 팩스, 휴대전화 문자메시지 등 2가지 이상의 방식으로 연계·제휴서비스등을 축소·변경한다는 사실을 축소·변경일 6개월 전부터 매월 고지하여야 하는데 그렇지 않은 경우가 된다(시행령 제15조제3항, 감독규정 제14조제2항) 다만 경영상 문제 또는 연체·제휴서비스등을 제공하는 자에 의한 일방적인 제공 중단 등과 같은 경우에는 해당 사항이 발생한 즉시 고지하여야 한다.

정당성 요건과 관련해서는 연계·제휴서비스등을 정당한 이유 없이 금융소비자에게 불리하게 축소·변경하는 것을 금지하고 있다(시행령 제15조제2항제2호). 다만 예외적으로 연계·제휴서비스등이 3년 이상 제공된 후 그 연계·제휴서비스등으로 인해 해당 금융상품의 수익성이 현저히 낮아진 경우에는 허용된다.

6) 그 밖에 우월적 지위를 이용하여 금융소비자의 권익을 침해하는 행위

법률에서 불공정영업행위의 모든 유형을 규정하는 것은 불가능하기 때문에 시행령에서 그 밖에 우월적 지위를 이용하여 금융소비자의 권익을 침해하는 행위를 금지하고 있다.

5-3. 구체적인 불공정영업행위 유형 또는 기준

불공정영업행위의 구체적인 유형 또는 기준은 다음의 구분에 따른다(시행령 제15조제2항).

<표 2-23> 금융상품판매업자등의 금지대상 불공정영업행위 유형·구분 기준

구분	구분기준
1. 구속성 계약체결 강요	다음 각목의 행위 가. 금융소비자에게 제3자의 명의를 사용하여 다른 금융상품의 계약을 체결할 것을 강요하는 행위 나. 금융소비자에게 다른 금융상품직접판매업자를 통해 다른 금융상품에 관한 계약을 체결할 것을 강요하는 행위 다. 금융소비자가 「중소기업기본법」에 따른 중소기업인 경우 그 대표자 또는 관계인(금융위원회가 정하여 고시하는 자로 한정한다)에게 다른 금융상품의 계약체결을 강요하는 행위 라. 그 밖에 가목부터 다목까지의 행위에 준하는 것으로서 금융위원회가 정하여 고시하는 금융소비자의 의사에 반하여 다른 금융상품의 계약체결을 강요하는 행위
2. 부당 담보·보증 요구	가. 담보 또는 보증이 필요 없음에도 이를 요구하는 행위 나. 해당 계약의 체결에 통상적으로 요구되는 일반적인 담보 또는 보증 범위보다 많은 담보 또는 보증을 요구하는 행위
3. 기타 우월적 지위 남용	가. 금융소비자의 계약의 변경·해지 요구 또는 계약의 변경·해지에 대해 정당한 사유 없이 금전을 요구하거나 그 밖의 불이익을 부과하는 행위 나. 계약 또는 법령에 따른 금융소비자의 이자율·보험료 인하 요구에 대해 정당한 사유 없이 이를 거절하거나 그 처리를 지연하는 행위 다. 법 제17조제2항에 따라 확인한 금융소비자의 정보를 이자율이나 대출 한도 등에 정당한 사유 없이 반영하지 않는 행위 라. 그 밖에 가목부터 다목까지의 행위에 준하는 것으로서 다음의 행위(감독규정 제14조제6항) 1) 금융상품직접판매업자가 계약이 최초로 이행된 날 전·후 각각 1개월 내에 다음 각호의 상품에 관한 계약을 체결하는 행위를 말한다. 이 경우, 가목 및 나목은 금융소비자가 중소기업인 경우로서 금융소비자의 월지급액이 금전제공계약에 따라 금융소비자가 제공받거나 받을 금액의 1000분의 10을 초과하는 경우로 한정한다. 가. 「중소기업협동조합법」 제115조제1항에 따른 공제상품 나. 「중소기업 인력지원 특별법」 제35조의6제1항에 따른 공제상품

구분	구분기준
3. 기타 우월적 지위 남용	다. 상품권(권면금액(券面金額)에 상당하는 물품 또는 용역을 제공받을 수 있는 유가증권). 다만, 「전통시장 및 상점가 육성을 위한 특별법」 제2조제12호에 따른 온누리상품권 및 지방자치단체가 발행한 상품권은 제외한다. 2) 금융상품판매업자가 보장성 상품(「보험업법 시행령」 별표 5 제1호에 따른 신용생명보험은 제외한다)에 관한 계약체결을 위해 금융소비자에 금융상품에 관한 계약체결과 관련하여 이자율 우대 등 특혜를 제공하는 행위 3) 금융상품판매업자 또는 그 임원·직원이 업무와 관련하여 직접적·간접적으로 금융소비자 또는 이해관계자로부터 금전, 물품 또는 편익 등을 부당하게 요구하거나 제공받는 행위 4) 금전제공계약을 체결한 자의 의사에 반하여 보험에 관한 계약조건 등을 변경하는 행위(은행만 해당한다) 5) 금융소비자가 계약 해지를 요구하는 경우에 계약 해지를 막기 위해 재산상 이익의 제공, 다른 금융상품으로의 대체 권유, 또는 해지 시 불이익에 대한 과장된 설명을 하는 행위 6) 금융소비자가 법 제46조제1항에 따라 청약을 철회하였다는 이유로 금융상품에 관한 계약에 불이익을 부과하는 행위. 다만, 같은 금융상품직접판매업자에 같은 유형의 금융상품에 관한 계약에 대하여 1개월 내 2번 이상 청약의 철회 의사를 표시한 경우는 제외한다. 7) 금융소비자가 금융상품에 관한 계약에 따라 예치한 금액을 돌려받으려 하는 경우에 그 금액을 정당한 사유 없이 지급하지 않는 행위 8) 금융소비자 또는 제3자로부터 담보 또는 보증을 취득하는 계약과 관련된 다음 각목의 행위 가. 해당 계약서에 그 담보 또는 보증의 대상이 되는 채무를 특정하지 않는 행위 나. 해당 계약서상의 담보 또는 보증이 장래 다른 채무에도 적용된다는 내용으로 계약을 하는 행위 9) 대출에 관한 계약(이하 이 호에서 "기존 계약"이라 한다)을 체결했던 금융소비자와 기존 계약을 해지하고 그 계약과 사실상 동일한 계약(기존 계약에 따라 금융소비자에 지급된 금전등을 상환받는 계약을 말한다. 이하 이 호에서 "신규 계약"이라 한다)을 체결한 후에 기존 계약의 유지기간과 신규 계약의 유지기간을 합하여 3년이 넘었음에도 법 제20조제1항제4호나목 1)에 해당한다는 이유로 금융소비자의 계약해지에 대해 중도상환수수료를 부과하는 행위 등 계약의 변경·해지를 이유로 금융소비자에 수수료 등 금전의 지급을 부당하게 요구하는 행위 10) 근저당이 설정된 금전제공계약의 금융소비자가 채무를 모두 변제한 경우에 해당 담보를 제공한 자에 근저당 설정을 유지할 것인지를 확인하지 않는 행위 11) 「수표법」에 따른 지급제시기간 내 같은 법에 따라 발행된 자기앞수표에 도난, 분실 등 사고가 발생했다는 신고가 접수되었음에도 불구하고 그날부터 5영업일 이내에 신고를 한 자가 아닌 자기앞수표를 제시한 자에게 해당 금액을 지급하는 행위. 다만, 해당 기간 내 신고한 자가 「민법」 제521조에 따른 공시최고의 절차를 신청하였다는 사실을 입증할 수 있는 서류를 제출하지 않은 경우는 제외한다.

6. 부당권유행위 금지

6-1. 의의

금융소비자보호법은 자본시장법의 규율체계와 마찬가지로 권유[90]와 광고를 구분하여 규율하고 있다. 대부분 실무에서 불완전판매가 이루어지는 단계가 권유단계라는 점에서 금융소비자 보호를 위하여 앞서 설명한 설명의무, 적합성원칙 등의 준수의무 외에 부당한 권유행위를 금지하고 있다.

6-2. 적용대상

부당권유행위 금지규정은 금융상품판매업자등에 적용된다(제21조). 즉 금융상품 직접판매업자, 금융상품판매대리·중개업자 및 금융상품자문업자 모두 대상이 된다.

6-3. 부당권유행위 유형

금융상품판매업자등은 계약체결을 권유하는 경우 다음의 행위를 해서는 아니 된다.

90) 특정 소비자로 하여금 특정 금융상품에 대해 청약의사를 표시하도록 유인하는 행위를 의미한다. (금융위원회, 1차 FAQ 20201.2.18). 금융상품자문업자가 자문에 응하는 경우를 포함한다.

금지되는 부당권유행위

1. 불확실한 사항에 대하여 단정적 판단을 제공하거나 확실하다고 오인하게 할 소지가 있는 내용을 알리는 행위
2. 금융상품의 내용을 사실과 다르게 알리는 행위
3. 금융상품의 가치에 중대한 영향을 미치는 사항을 미리 알고 있으면서 금융소비자에게 알리지 아니하는 행위
4. 금융상품 내용의 일부에 대하여 비교대상 및 기준을 밝히지 아니하거나 객관적인 근거 없이 다른 금융상품과 비교하여 해당 금융상품이 우수하거나 유리하다고 알리는 행위
5. 보장성 상품의 경우 다음 각목의 어느 하나에 해당하는 행위
   가. 금융소비자(이해관계인으로서 대통령령으로 정하는 자를 포함한다. 이하 이 호에서 같다)가 보장성 상품계약의 중요한 사항을 금융상품직접판매업자에게 알리는 것을 방해하거나 알리지 아니할 것을 권유하는 행위
   나. 금융소비자가 보장성 상품계약의 중요한 사항에 대하여 부실하게 금융상품직접판매업자에게 알릴 것을 권유하는 행위
6. 투자성 상품의 경우 다음 각목의 어느 하나에 해당하는 행위
   가. 금융소비자로부터 계약의 체결권유를 해줄 것을 요청받지 아니하고 방문·전화 등 실시간 대화의 방법을 이용하는 행위
   나. 계약의 체결권유를 받은 금융소비자가 이를 거부하는 취지의 의사를 표시하였는데도 계약의 체결권유를 계속하는 행위
7. 그 밖에 금융소비자 보호 또는 건전한 거래질서를 해칠 우려가 있는 행위로서 다음의 행위(시행령 제16조제3항)
   가. 내부통제기준에 따른 직무수행 교육을 받지 않은 자로 하여금 계약체결 권유와 관련된 업무를 하게 하는 행위
   나. 법 제17조제2항에 따른 일반금융소비자의 정보를 조작하여 권유하는 행위
   다. 투자성 상품에 관한 계약의 체결을 권유하면서 일반금융소비자가 요청하지 않은 다른 대출성 상품을 안내하거나 관련 정보를 제공하는 행위
   라. 그 밖에 제1호부터 제3호까지의 행위에 준하는 것으로서 금융상품에 대한 금융소비자의 합리적 판단을 저해하는 다음의 행위(감독규정 제15조제4항)
   1) 투자성 상품의 가치에 중대한 영향을 미치는 사항을 알면서 그 사실을 금융소비자에 알리지 않고 그 금융상품의 매수 또는 매도를 권유하는 행위
   2) 자기 또는 제3자가 소유한 투자성 상품의 가치를 높이기 위해 금융소비자에게 해당 투자성 상품의 취득을 권유하는 행위
   3) 금융소비자가 「자본시장과 금융투자업에 관한 법률」 제174조, 제176조 또는 제178조에 위반되는 매매, 그 밖의 거래를 하고자 한다는 사실을 알고 그 매매, 그 밖의 거래를 권유하는 행위
   4) 금융소비자(이하 "신용카드 회원"이라 한다)의 사전 동의 없이 신용카드를 사용하도록 유도하거나 다른 대출성 상품을 권유하는 행위
   5) 법 제17조를 적용받지 않고 권유하기 위해 일반금융소비자로부터 계약체결의 권유를 원하지 않는다는 의사를 서면 등으로 받는 행위

다만, 금융소비자 보호 및 건전한 거래질서를 해칠 우려가 없는 행위로서 다음의 행위는 제외된다(제21조 단서, 시행령 제16조제1항).

부당권유 금지의 예외

1. 다음 각 목의 구분에 따른 투자성 상품에 대한 법 제21조제6호가목에 따른 행위(금융상품판매업자등이 계약의 체결권유를 하기 전에 금융소비자의 연락처 등 개인정보의 취득경로, 권유하려는 금융상품의 종류 · 내용 등 금융위원회가 정하여 고시하는 사항을 금융소비자에게 미리 안내하고 해당 금융소비자가 계약의 체결권유를 받을 의사를 표시한 경우로 한정한다)
   가. 전문금융소비자의 경우: 장외파생상품 및 연계투자를 제외한 투자성 상품
   나. 일반금융소비자의 경우: 다음의 금융상품을 제외한 투자성 상품
      1) 장외파생상품 및 연계투자
      2) 「자본시장과 금융투자업에 관한 법률」에 따른 장내파생상품
      3) 「자본시장과 금융투자업에 관한 법률」에 따른 일반 사모집합투자기구의 집합투자증권
      4) 「자본시장과 금융투자업에 관한 법률 시행령」에 따른 고난도금융투자상품, 고난도투자일임계약 및 고난도금전신탁계약
2. 금융위원회가 정하여 고시하는 다른 금융상품에 대한 법 제21조제6호나목에 따른 행위
3. 투자성 상품에 대한 계약의 체결권유를 받은 금융소비자가 이를 거부하는 취지의 의사를 표시한 후 금융위원회가 정하여 고시하는 기간이 지난 경우에 해당 상품에 대한 법 제21조제6호나목에 따른 행위

7. 광고 규제

7-1. 의의

금융소비자가 금융상품을 선택하고 거래하는데 광고가 상당한 영향을 준다. 그러나 광고의 특성상 금융상품의 장점만 부각되는 경향이 있어 금융소비자가 오인할 가능성이 없지 않고, 합리적인 판단을 하는데 지장을 줄 수 있다. 이러한 점을 감안하여 금융소비자보호법에서는 금융상품등에 광고를 규율하고 있다.

특히 금융소비자보호법은 금융상품등에 관한 광고를 금융상품판매업자등의 업무에 관한 광고, 금융상품에 관한 광고로 구분하고, 이에 대해 광고의 원칙, 주체, 내용 및 절차 등에 관하여 규율하고 있다.

7-2. 광고 금지대상

금융상품판매업자등이 아닌 자 및 다음의 금융상품판매업자등은 금융상품판매업자등의 업무에 관한 광고 또는 금융상품에 관한 광고를 해서는 아니된다(제22조제1항).

<표 2-24> 광고금지대상

금융상품판매업자등	금지되는 광고
투자성 상품을 취급하는 금융상품판매대리·중개업자	업무에 대한 광고
금융상품판매업대리·중개업자	금융상품에 관한 광고 다만 금융상품직접판매업자가 허용한 경우(투자성 상품 제외)는 제외됨. 이 경우 광고 허용 전에 금융상품직접판매업자는 광고가 법령에 위배되는지를 확인해야 함
금융상품자문업자	금융상품 광고

7-3. 광고원칙

금융소비자보호법은 금융상품판매업자등이 금융상품등에 관한 광고를 하는 경우 금융소비자가 금융상품의 내용을 오해하지 아니하도록 명확하고 공정하게 전달할 것을 광고의 원칙으로 규정하고 있다(제22조제2항).

7-4. 광고 포함사항

가. 필수 포함 내용

금융소비자보호법은 금융상품 등의 광고내용에 반드시 포함되어야 할 내용에 대해 규정하고 있다. 금융상품등에 관한 광고에 포함되어야 할 내용은 모든 유형의 금융상품에 적용되는 공통의 내용과 유형별로 포함되어야 할 내용으로 구분된다. 다만 일반 사모펀드에 관한 광고에는 적용되지 않는다(제22조제3항).

금융상품과 업무의 광고에 필수적으로 포함되어야 할 사항은 다음과 같다.

광고 필수 포함사항

1. 금융상품에 관한 계약을 체결하기 전에 금융상품 설명서 및 약관을 읽어 볼 것을 권유하는 내용
2. 금융상품판매업자등의 명칭, 금융상품의 다음의 내용(시행령 제18조제1항)

가. 금융상품의 명칭

나. 이자율(「대부업 등의 등록 및 금융이용자 보호에 관한 법률」 제9조제1항에 따른 대부이자율 및 연체이자율을 포함한다)

다. 수수료

라. 그 밖에 가목부터 다목까지의 사항에 준하는 것으로서 일반금융소비자가 해당 금융상품을 이해하는 데 필요한 다음의 사항(감독규정 제17조제1항라목)

1) 보장성 상품

가) 보험금 지급제한 사유

나) 이자율의 범위 및 산출기준(피보험자가 생존 시 금융상품직접판매업자가 지급하는 보험금의 합계액이 일반금융소비자가 이미 납입한 보험료를 초과하는 보장성 상품으로서 일반금융소비자가 적용받을 수 있는 이자율이 고정되지 않는 계약에 한정한다)

2) 투자성 상품: 다음 각목의 구분에 따른 사항

가) 연계투자계약: 「온라인투자연계금융업 및 이용자 보호에 관한 법률」 제19조제4항에 따른 연계투자 상품의 내용

나) 그 밖의 경우: 이자·수익의 지급시기 및 지급제한 사유

3) 예금성 상품

가) 이자율·수익률 각각의 범위 및 산출기준

나) 이자·수익의 지급시기 및 지급제한 사유

4) 대출성 상품: 다음 각목의 구분에 따른 사항

가) 신용카드
- 연회비
- 연체율

나) 시설대여·연불판매·할부금융
- 연체율
- 수수료
- 금융소비자가 계약기간 중 금전·재화를 상환하는 경우 적용받는 조건

다) 그 밖의 대출성 상품
- 이자율(연체이자율을 포함한다)의 범위 및 산출기준
- 이자 부과시기
- 금융소비자가 계약기간 중 금전·재화를 상환하는 경우 적용받는 조건

3. 다음 각목의 구분에 따른 내용

가. 보장성 상품의 경우: 기존에 체결했던 계약을 해지하고 다른 계약을 체결하는 경우에는 계약체결의 거부 또는 보험료 등 금융소비자의 지급비용("보험료등"이라 한다)이 인상되거나 보장내용이 변경될 수 있다는 사항

나. 투자성 상품의 경우
1) 투자에 따른 위험 (시행령 제18조제1항)
가) 원금 손실 발생가능성
나) 원금 손실에 대한 소비자책임
2) 과거 운용실적을 포함하여 광고를 하는 경우에는 그 운용실적이 미래의 수익률을 보장하는 것이 아니라는 사항

다. 예금성 상품의 경우: 만기지급금 등을 예시하여 광고하는 경우에는 해당 예시된 지급금 등이 미래의 수익을 보장하는 것이 아니라는 사항(만기 시 지급금이 변동하는 예금성 상품으로서 대통령령으로 정하는 금융상품의 경우에 한정한다)

라. 대출성 상품의 경우: 대출조건(시행령 제18조제1항)
1) 갖춰야 할 신용수준에 관한 사항
2) 원리금 상환방법

4. 그 밖에 금융소비자 보호를 위해 대통령령으로 정하는 사항
1) 법 제19조제1항에 따른 설명을 받을 수 있는 권리
2) 법령 및 내부통제기준에 따른 광고 관련 절차의 준수에 관한 사항
3) 「예금자보호법」 등 다른 법률에 따른 금융소비자의 보호내용(대출성 상품은 제외한다)
4) 법 제26조제1항제1호부터 제3호까지의 규정에 따른 사항(금융상품판매대리·중개업자의 광고만 해당한다)
5) 법 제27조제3항제1호부터 제4호까지의 규정에 따른 사항(금융상품자문업자의 광고만 해당한다)
6) 별표 5의 사항(감독규정 제17조제2항)

나. 광고 일부내용 제외

한편, 금융소비자보호법은 광고의 목적, 광고매체의 특성, 광고시간의 제약 등으로 인해 금융상품판매업자등의 영업행위를 과도하게 제한할 가능성이 있는 경우 금융상품등에 관한 광고 시 다음의 기준을 준수하는 경우 일부내용을 제외하는 것을 예외로 허용하고 있다(시행령 제18조제4항).

금융상품등의 광고 일부내용 제외 시 준수해야 할 기준(감독규정 제17조제3항)

1. 보장성 상품에 관한 광고
가. 다음의 사항 전부 또는 일부만을 개괄적으로 알릴 것
1) 금융상품의 편익
2) 금융상품에 적합한 금융소비자의 특성 또는 가입요건
3) 금융상품의 특성
4) 판매채널의 특징 및 상담 연락처
나. 영상 또는 음성을 활용하는 광고인 경우에는 광고 시간이 2분 이내일 것
2. 그 밖의 금융상품에 관한 광고: 광고에 영 제18조제3항 각호의 내용 중 일부를 제외함으로 인해 금융소비자의 합리적 의사결정이 저해되거나 건전한 시장질서가 훼손될 우려가 없을 것

7-5. 광고 금지행위

금융상품판매업자등이 금융상품등에 관한 광고를 하는 경우 다음의 구분에 따른 행위를 하는 것은 금지된다(제22조제4항).

<표 2-25> 광고 금지행위

구분	광고 금지행위
1. 보장성 상품	가. 보장한도, 보장 제한 조건, 면책사항 또는 감액지급 사항 등을 빠뜨리거나 충분히 고지하지 아니하여 제한 없이 보장을 받을 수 있는 것으로 오인하게 하는 행위 나. 보험금이 큰 특정 내용만을 강조하거나 고액 보장 사례 등을 소개하여 보장내용이 큰 것으로 오인하게 하는 행위 다. 보험료를 일(日) 단위로 표시하거나 보험료의 산출기준을 불충분하게 설명하는 등 보험료 등이 저렴한 것으로 오인하게 하는 행위 라. 만기 시 자동갱신되는 보장성 상품의 경우 갱신 시 보험료 등이 인상될 수 있음을 금융소비자가 인지할 수 있도록 충분히 고지하지 아니하는 행위 마. 금리 및 투자실적에 따라 만기환급금이 변동될 수 있는 보장성 상품의 경우 만기환급금이 보장성 상품의 만기일에 확정적으로 지급되는 것으로 오인하게 하는 행위 등 다음의 행위(시행령 제20조제1항) 1) 이자율 및 투자실적에 따라 만기환급금이 변동될 수 있는 보장성 상품의 경우 만기환급금이 보장성 상품의 만기일에 확정적으로 지급되는 것으로 오인하게 하는 행위 2) 보험료를 일(日) 단위로 표시하는 등 금융소비자의 경제적 부담이 작아 보이도록 하거나 계약체결에 따른 이익을 크게 인지하도록 하여 금융상품을 오인하게끔 표현하는 행위 3) 비교대상 및 기준을 분명하게 밝히지 않거나 객관적인 근거 없이 다른 금융상품등과 비교하는 행위 4) 불확실한 사항에 대해 단정적 판단을 제공하거나 확실하다고 오인하게 할 소지가 있는 내용을 알리는 행위 5) 계약체결 여부나 금융소비자의 권리·의무에 중대한 영향을 미치는 사항을 사실과 다르게 알리거나 분명하지 않게 표현하는 행위 6) 그 밖에 제1호부터 제5호까지의 행위에 준하는 것으로서 금융소비자의 합리적 의사결정을 저해하거나 건전한 시장질서를 훼손할 우려가 있는 다음 행위(감독규정 제19조제1항) 가) 금융소비자에 따라 달라질 수 있는 거래조건을 누구에게나 적용될 수 있는 것처럼 오인하게 만드는 행위 나) 보험금 지급사유나 지급시점이 다름에도 불구하고 각각의 보험금이 한꺼번에 지급되는 것처럼 오인하게 만드는 행위 다) 금융상품에 관한 광고에 연계하여 「보험업법 시행령」 제46조에서 정한 금액을 초과하는 금품을 금융소비자에 제공하는 행위 라) 제17조제3항제1호 각목의 기준을 충족하는 광고로서 다음 각목의 어느 하나에 해당하는 행위 ① 광고 시 다음의 사항을 안내하는 방법(음성 또는 자막 등을 말한다)이 동일하지 않은 경우 - 보장성 상품의 가격, 보장내용 및 만기에 지급받는 환급금 등의 특징 - 보장성 상품의 가격, 보장내용 및 만기에 지급받는 환급금 등의 특징 이행조건 ② 광고 시 금융상품의 주요 특징을 유사한 단어로 3회 이상 연속 또는 반복하여 음성으로 안내하는 경우 마) 광고에서 금융상품과 관련하여 해당 광고매체 또는 금융상품판매대리·중개업자의 상호를 부각시키는 등 금융소비자가 금융상품직접판매업자를 올바르게 인지하는 것을 방해하는 행위

구분	광고 금지행위
2. 투자성 상품	가. 손실보전(損失補塡) 또는 이익보장이 되는 것으로 오인하게 하는 행위. 다만, 금융소비자를 오인하게 할 우려가 없는 경우로서 대통령령으로 정하는 경우는 제외한다. 나. 대통령령으로 정하는 투자성 상품에 대하여 해당 투자성 상품의 특성을 고려하여 다음 사항 외의 사항을 광고에 사용하는 행위 1) 집합투자증권을 발행한 자의 명칭, 소재지 및 연락처 2) 집합투자증권을 발행한 자의 조직 및 집합투자재산 운용 인력 3) 집합투자재산 운용 실적 4) 집합투자증권의 환매 5) 그 밖에 제1호부터 제4호까지의 행위에 준하는 것으로서 집합투자증권의 특성 등을 고려하여 금융위원회가 정하여 고시하는 사항(감독규정 제19조제2항) 가) 법 제19조제1항 각호의 사항 나) 집합투자재산(「자본시장과 금융투자업에 관한 법률」 제9조제20항에 따른 "집합투자재산"을 말한다. 이하 같다)은 신탁업자(같은 법 제8조제7항에 따른 "신탁업자"를 말한다. 이하 같다)의 고유재산과 분리하여 안전하게 보관·관리된다는 사실 다) 「금융회사의 지배구조에 관한 법률」에 따른 준법감시인 및 「주식회사 등의 외부감사에 관한 법률」에 따른 감사인이 집합투자재산이 적법하게 운용되는지를 감시한다는 사실 라) 집합투자기구의 투자목적에 적합한 금융소비자에 관한 사항 마) 집합투자기구의 수익구조 바) 「자본시장과 금융투자업에 관한 법률」에 따른 집합투자기구평가회사 등의 평가결과 사) 일반적인 경제상황에 대한 정보 아) 투자금의 한도 및 적립방법 자) 비교하는 방식의 광고를 하는 경우에는 그 비교의 대상이 되는 다른 집합투자업자 및 집합투자기구의 유형, 운용기간, 운용실적 및 그 밖에 비교의 기준일자 등에 관한 사항 차) 광고의 특성상 필요한 표제·부제 다. 수익률이나 운용실적을 표시하는 경우 수익률이나 운용실적이 좋은 기간의 수익률이나 운용실적만을 표시하는 행위 등 다음의 행위(시행령 제20조제4항) 1) 상기 보장성 상품 마목의 제2호부터 제5호까지의 규정에 따른 행위 2) 투자성 상품 또는 예금성 상품의 수익률이나 운용실적을 표시하는 경우 수익률이나 운용실적이 좋은 기간의 수익률이나 운용실적만을 표시하는 행위 3. 그 밖에 제1호 및 제2호의 행위에 준하는 것으로서 금융소비자의 합리적 의사결정을 방해하거나 건전한 시장질서를 훼손할 우려가 있다고 금융위원회가 정하여 고시하는 다음의 행위(감독규정 제19조제2항) ① 금융소비자에 따라 달라질 수 있는 거래조건을 누구에게나 적용될 수 있는 것처럼 오인하게 만드는 행위 ② 「자본시장과 금융투자업에 관한 법률」 제31조제3항에 따른 경영실태 및 위험에 대한 평가의 결과(관련 세부내용을 포함한다)를 다른 금융상품직접판매업자와 비교하여 광고하는 행위

구분	광고 금지행위
3. 예금성 상품	가. 이자율의 범위·산정방법, 이자의 지급·부과 시기 및 부수적 혜택·비용을 명확히 표시하지 아니하여 금융소비자가 오인하게 하는 행위 나. 수익률이나 운용실적을 표시하는 경우 수익률이나 운용실적이 좋은 기간의 것만을 표시하는 행위 등 다음의 행위(시행령 제20조제4항) 1) 상기 보장성 상품 마목의 제2호부터 제5호까지의 규정에 따른 행위 2) 투자성 상품 또는 예금성 상품의 수익률이나 운용실적을 표시하는 경우 수익률이나 운용실적이 좋은 기간의 수익률이나 운용실적만을 표시하는 행위 3) 그 밖에 제1호 및 제2호의 행위에 준하는 것으로서 금융소비자의 합리적 의사결정을 방해하거나 건전한 시장질서를 훼손할 우려가 있다고 금융위원회가 정하여 고시하는 다음의 행위(감독규정 제19조제2항) ① 금융소비자에 따라 달라질 수 있는 거래조건을 누구에게나 적용될 수 있는 것처럼 오인하게 만드는 행위 ②「자본시장과 금융투자업에 관한 법률」제31조제3항에 따른 경영실태 및 위험에 대한 평가의 결과(관련 세부내용을 포함한다)를 다른 금융상품직접판매업자와 비교하여 광고하는 행위
4. 대출성 상품	가. 대출이자율의 범위·산정방법, 대출이자의 지급·부과 시기 및 부수적 혜택·비용을 명확히 표시하지 아니하여 금융소비자가 오인하게 하는 행위 나. 대출이자를 일 단위로 표시하여 대출이자가 저렴한 것으로 오인하게 하는 다음의 행위(시행령 제20조제4항) 1) 상기 보장성 상품 마목의 제2호부터 제5호까지의 규정에 따른 행위 2) 투자성 상품 또는 예금성 상품의 수익률이나 운용실적을 표시하는 경우 수익률이나 운용실적이 좋은 기간의 수익률이나 운용실적만을 표시하는 행위 3) 그 밖에 제1호 및 제2호의 행위에 준하는 것으로서 금융소비자의 의사결정을 방해하거나 건전한 시장질서를 훼손할 우려가 있다고 금융위원회가 정하여 고시하는 다음의 행위(감독규정 제19조제2항) ① 금융소비자에 따라 달라질 수 있는 거래조건을 누구에게나 적용될 수 있는 것처럼 오인하게 만드는 행위 ②「자본시장과 금융투자업에 관한 법률」제31조제3항에 따른 경영실태 및 위험에 대한 평가의 결과(관련 세부내용을 포함한다)를 다른 금융상품직접판매업자와 비교하여 광고하는 행위

7-6. 광고의 방법 및 절차

광고는 불특정 다수를 상대로 이루어지므로 오인가능성이 있는 광고가 이루어질 경우 그로 인한 금융소비자 피해는 단시간에 매우 클 수 있다. 이러한 점을 감안하여 금융소비자보호법은 광고의 방법과 절차를 명시하고 있다.

가. 광고방법

금융상품판매업자등이 금융상품등에 관한 광고를 하는 경우에는 금융소비자가 광고의 내용을 쉽게 이해할 수 있도록 광고의 글자, 영상 및 음성 등 전달방법에 관하여 금융위원회가 정하여 고시하는 기준(감독규정 제18조)을 준수하여야 한다. 즉 광고에서 글자의 색깔·크기 또는 음성의 속도·크기 등이 해당 금융상품으로 인해 금융소비자가 받을 수 있는 혜택과 불이익을 균형 있게 전달하여야 한다.

나. 광고절차

금융상품판매업자등이 금융상품등에 대하여 광고를 하는 경우 사전에 자체적으로 심사절차를 거치도록 하고 있으며, 이와 함께 관련 협회로 하여금 이에 대한 확인 및 심의하도록 하고 있다.

즉, 금융상품판매업자등은 금융상품등에 관한 광고를 하는 경우 준법감사인의 심의를 받아야 하며, 준법감시인이 없는 경우 상임감사의 심의를 거쳐야 한다(시행령 제19조). 상임감사가 없는 경우에는 금융소비자 총괄기관의 책임자 또는 대표이사가 광고심의업무를 수행할 수 있다[91].

이와 함께 협회 등은 소속 회원사인 금융상품판매업자등의 금융상품등의 광고와 관련하여 법령 및 광고기준(시행령 제21조제1항, 감독규정 제20조제1항)을 준수하는지를 확인하고 그 결과에 대한 의견을 해당 금융상품판매업자등에게 통보할 수 있다(제22조제6항). 통보 시에는 문서로 해야 하며, 금융상품판매업자등의 법 위반 사실이 있는 때에는 그 사실을 금융위원회에 알릴 수 있다(시행령 제21조제3항).

법령에서 명시하고 있는 여신전문금융협회 및 한국금융투자협회의 광고심의대상은 다음과 같다(감독규정 제20조제1항).

91) 금융위원회,「금융광고규제 가이드라인」, 2021. 6.8.

<표 2-26> 협회 광고심의대상

구 분	광고심의대상
여신전문금융업협회	여신전문금융회사(겸영여신업자 포함) 및 여신전문금융회사가 취급하는 대출성 상품에 관한 금융상품판매대리·중개업을 영위하는 자의 광고
한국금융투자협회	금융투자업자(겸영금융투자업자를 포함)의 광고

협회가 광고심의를 하는 경우 다음의 절차를 준수하여야 한다(감독규정 제20조제3항). 그 밖의 광고심의에 관한 기준 및 절차는 협회 등이 정할 수 있다.

협회가 광고심의 시 준수해야 할 절차

1. 광고가 이루어지기 전에 확인할 것. 다만, 광고가 생방송으로 이루어지는 경우에는 협회 등이 달리 정할 수 있다.
2. 광고심의가 종료된 후에 그 결과(광고에 수정이 필요한 경우에 구체적인 사유를 포함한다. 이하 같다)를 지체 없이 해당 금융상품판매업자(금융상품판매대리·중개업자가 하나의 금융상품직접판매업자가 취급하는 금융상품에 관한 계약의 체결만 대리·중개하는 것을 영업으로 하는 경우에는 해당 금융상품직접판매업자를 말한다)에 통보할 것
3. 광고심의 결과에 대한 이의신청 절차를 마련할 것

7-7. 표시광고법의 적용

금융상품등에 관한 광고를 하는 경우에는 표시광고법 제4조제1항에 따른 표시광고사항이 있는 경우 이에 따른다(법 제22조제5항).

8. 계약서류 제공의무

8-1. 취지

금융상품은 무형·무취의 무형상품으로 실제 금융소비자가 금융거래를 하는 경우 정보비대칭으로 인해 내용과 조건, 권리의무 등에 관하여 자신이 체결한 금융상품 계약의 내용에 대해 잘 모르는 경우가 적지 않다. 이러한 점을 감안하여 금융소비자보호법은 금융상품판매업자등에 계약서류를 지체 없이 제공하도록 하고 있다(제23조).

8-2. 계약서류 제공의무

가. 제공대상 계약서류

금융상품직접판매업자 및 금융상품자문업자는 금융소비자와 금융상품 또는 금융상품 자문에 관한 계약을 체결하는 경우 금융상품의 유형별로 계약서류를 지체 없이 제공하여야 한다(제23조제1항).

계약서류 종류(시행령 제22조제1항)

1. 금융상품 계약서
2. 금융상품 약관
3. 금융상품 설명서(금융상품판매업자만 해당)
4. 상법 제640조의 보험증권(보장성 상품 중 보험만 해당)

계약서류의 제공 사실에 관하여 금융소비자와 다툼이 있는 경우에는 금융상품직접판매업자 및 금융상품자문업자가 이를 증명하여야 한다(제23조제2항).

한편, 계약내용 등이 금융소비자 보호를 해칠 우려가 없는 경우로서 다음의 경우에는 계약서류를 제공하지 아니할 수 있다(제23조제1항 단서, 시행령 제22조제2항).

계약서류 제공의무의 예외(시행령 제22조제2항)

1. 다음 각목의 법률에 따라 계약서류가 제공된 경우
가. 「대부업 등의 등록 및 금융이용자 보호에 관한 법률」
나. 「자본시장과 금융투자업에 관한 법률」(온라인소액투자중개업자만 해당)
다. 「온라인투자연계금융업 및 이용자 보호에 관한 법률」
2. 그 밖에 계약 내용이나 금융상품의 특성 등을 고려할 때 계약서류를 제공하지 않아도 금융소비자 보호가 저해될 우려가 없는 경우로서 다음의 경우(감독규정 제21조제2항)
가. 기본 계약을 체결하고 그 계약내용에 따라 계속적·반복적으로 거래를 하는 경우
나. 기존 계약과 동일한 내용으로 계약을 갱신하는 경우
다. 법인인 전문금융소비자와 계약을 체결하는 경우(시행령 제22조제1항제3호에 따른 설명서만 해당)

나. 제공방법 및 절차

금융상품직접판매업자 및 금융상품자문업자가 계약서류를 제공하는 때에는 서면교부, 우편 또는 전자우편, 휴대전화 문자메시지 또는 이에 준하는 전자적 의사표시 등의 3가지 방법 중 하나를 선택하여 제공하여야 한다. 다만 금융소비자가 이 중 특정 방법으로 계약서류를 제공해 줄 것을 요청하는 경우에는 그 방법으로 제공하여야 한다(제23조제3항, 시행령 제22조제3항).

금융상품직접판매업자 및 금융상품자문업자가 계약서류를 제공하는 경우 다음의 사항을 준수하여야 한다(시행령 제22조제4항).

계약서류 제공 시 준수사항

1. 해당 계약서류가 법령 및 내부통제기준에 따른 절차를 거쳐 제공된다는 사실을 해당 계약서류에 적을 것
2. 계약서류를 전자우편 또는 휴대전화 메시지 또는 이에 준하는 전자적 의사표시로 제공하는 경우에는 해당 계약서류가 위조·변조되지 않도록 기술적 조치를 취할 것

9. 자료의 기록 및 유지·관리 등

9-1. 취지

금융소비자보호법은 금융상품판매업등의 업무와 관련된 자료에 대한 기록 및 유지·관리의무를 금융상품판매업등에게 부과하고 있다(제28조제1항). 이는 금융상품판매업자등으로 하여금 그 업무와 관련된 자료의 기록 및 유지·관리의무를 부과함으로써 금융소비자보호법의 준수 여부에 대한 확인 및 향후 발생할 수 있는 민원이나 분쟁·소송 등에 대비하여 그에 대한 증거자료로써 활용되도록 하기 위해서이다.[92]

이와 함께 금융소비자보호법은 금융소비자의 금융상품판매업자등에 대한 자료접근권을 보장하기 위하여 금융소비자 권리구제의 목적으로 금융상품판매업자등이 보관하고 있는 자료에 대해 열람(청취 포함) 요구 시 특별한 사유가 없는 한 이를 허용하도록 의무화하고 있다(제28조제3항).

9-2. 자료의 기록 및 유지·관리의무

금융상품판매업자등은 금융상품판매업등의 업무와 관련한 자료를 기록하여야 하며, 자료의 종류별로 일정한 기간 동안 유지·관리하여야 한다. 기록 및 유지 관리해야 하는 서류는 다음과 같다(제28조제1항).

92) 금융감독원, 금융소비자 보호 관련 법률 설명자료, 2021. 3. 45면.

기록·유지의무 대상 자료

1. 계약체결에 관한 자료
2. 계약의 이행에 관한 자료
3. 금융상품등에 관한 광고 자료
4. 금융소비자의 권리행사에 관한 다음 각목의 자료
   1) 법 제28조제4항 후단 및 제5항에 따른 금융소비자의 자료 열람 연기·제한 및 거절에 관한 자료
   2) 법 제46조에 따른 청약의 철회에 관한 자료
   3) 법 제47조에 따른 위법계약의 해지에 관한 자료
5. 내부통제기준의 제정 및 운영 등에 관한 자료
6. 업무 위탁에 관한 자료
7. 제1호부터 제6호까지의 자료에 준하는 것으로서 금융위원회가 정하여 고시하는 자료

자료는 10년 동안 유지·관리하여야 한다(시행령 제26조제2항). 다만, 다음의 자료는 구분에 따라 해당 기간으로 한다(시행령 제2항 단서).

<표 2-27> 자료 유지·관리기간

구분	기간
1. 계약체결에 관한 자료 및 계약의 이행에 관한 자료(보장기간이 10년을 초과하는 보장성 상품)	해당 보장성 상품의 보장기간
2. 내부통제기준의 제정 및 운영 등에 관한 자료	5년
3. 금융위원회가 정하여 고시하는 자료	10년 이내의 범위에서 금융위원회가 정하여 고시하는 기간

그외 자료 유지·관리하는 방법에 대해서는 금융소비자보호법에 별도의 규정은 두고 있지 않다[93].

93) 참고로 자본시장법과 관련하여 동일한 문제에 대하여 원본을 폐기하고 스캔파일 형태로 문서를 보관할 수 있는지 여부와 관련한 금융위원회 유권해석이 있다(법령해석회신문 200072). 유권해석에서는 서면, 전산자료, 마이크로필름 형태로 기록·유지할 수 있다고 회신한바 있다.

9-3. 금융소비자의 자료열람·사본 요구권

금융소비자는 금융소비자보호법에 따른 분쟁조정 또는 소송의 수행 등 권리구제를 위한 목적으로 금융상품판매업자등이 기록 및 유지·관리하는 자료의 열람(사본의 제공 또는 청취를 포함)을 요구할 수 있다(제28조제3항).

절차적으로 금융소비자가 자료의 열람을 요구하려는 경우에는 열람요구서를 금융상품판매업자등에게 제출하여야 한다. 이 경우 열람요구서에는 열람의 목적(법 제36조에 따른 분쟁조정 신청내역 또는 소송제기 내역), 범위(열람하고자 하는 자료의 내용 및 해당 자료와 열람목적 간의 관계) 및 방법 등에 관한 사항이 포함되어야 한다(시행령 제25조제3항, 감독규정 제25조제2항).

금융상품판매업자등은 열람을 요구받았을 때에는 해당 자료의 유형에 따라 요구받은 날부터 8일 내에 금융소비자가 해당 자료를 열람할 수 있도록 하여야 한다. 이 경우 해당 기간 내에 열람할 수 없는 정당한 사유가 있을 때에는 금융소비자에게 그 사유를 알리고 열람을 연기할 수 있으며, 그 사유가 소멸하면 지체 없이 열람하게 하여야 한다(제28조제4항).

아울러 이러한 열람, 열람의 연기·제한·거절을 알리는 경우 문서로 하여야 한다. 해당 문서에 기재할 사항은 다음과 같다(감독규정 제25조제3항).

<표 2-28> 열람관련 문서기재사항

구분	문서기재사항
1. 열람이 가능한 경우	가. 열람이 가능한 자료의 목록 나. 열람이 가능한 날짜 및 시간 다. 열람 방법
2. 열람을 요구한 자료중 일부만 열람이 가능한 경우	가. 상기 1.의 가목부터 다목까지의 사항 나. 열람을 요구한 자료 중 일부만 열람이 가능한 이유 다. 이의제기 방법
3. 열람이 불가한 경우	가. 열람이 불가한 사유 나. 이의제기 방법

금융상품판매업자등은 금융소비자가 열람을 요구하는 경우 수수료와 우송료를 청구할 수 있으며(시행령 제26조제7항), 금융상품판매업자등은 다음의 경우에 금융소비자에게 그 사유를 알리고 열람을 제한하거나 거절할 수 있다(제28조제5항).

열람·연기·제한·거절사유

1. 법령에 따라 열람을 제한하거나 거절할 수 있는 경우
2. 다른 사람의 생명·신체를 해칠 우려가 있거나 다른 사람의 재산과 그 밖의 이익을 부당하게 침해할 우려가 있는 경우
3. 그 밖에 열람으로 인하여 해당 금융회사의 영업비밀(「부정경쟁방지 및 영업비밀보호에 관한 법률」 제2조제2호에 따른 영업비밀을 말한다)이 현저히 침해되는 등 열람하기 부적절한 경우로서 다음의 경우(시행령 제26조제6항)

1) 「부정경쟁방지 및 영업비밀보호에 관한 법률」 제2조제2호에 따른 영업비밀을 현저히 침해할 우려가 있는 경우
2) 개인정보의 공개로 인해 사생활의 비밀 또는 자유를 부당하게 침해할 우려가 있는 경우
3) 열람하려는 자료가 열람목적과 관련이 없다는 사실이 명백한 경우

제8절 금융상품판매업자등의 업종별 영업행위 준수사항

1. 의의

금융소비자보호법에서는 금융상품판매업자가 금융상품대리·중개업자로 등록된 자가 아닌 자를 판매채널로 사용하는 것을 금지함으로써 불완전판매 및 시장질서 규율을 기하고 있다. 이는 자격을 갖춘 자를 통해 금융상품의 판매가 이루어지게 함과 동시에 금융상품판매업자가 그 업무를 금융상품판매대리·중개업자에게 위탁한 경우에는 금융상품판매업자가 그에 따른 관리책임을 부담하게 하는 규제체계를 통해(제16조) 금융소비자를 보호하기 위함이다.

2. 금융상품판매대리·중개업자의 영업행위 준수사항

2-1. 무자격자의 금융상품판매대리·중개 행위 금지

금융상품판매업자는 금융상품판매대리·중개업자가 아닌 자에게 금융상품 계약체결 등을 대리하거나 중개하게 해서는 아니 된다(제24조).

2-2. 금융상품판매대리·중개업자의 영업행위 준수사항

가. 금지행위

금융상품판매대리·중개업은 다음의 행위가 금지된다(제25조제1항). 이는 건전한 거래질서의 유지 및 금융소비자 보호를 위해 금융상품직접판매업자로부터 위임 내지 위탁을 받아 금융상품판매에 관한 업무에 대하여 행위규제를 하고 있는 것이다.

금융상품판매대리·중개업자의 금지행위

1. 금융소비자로부터 투자금, 보험료 등 계약의 이행으로서 급부를 받는 행위. 다만, 금융상품직접판매업자로부터 급부 수령에 관한 권한을 부여받은 경우로서 보장성 상품에 관한 계약과 관련하여 보험료 또는 공제료를 수령하는 행위는 제외한다(시행령 제23조제1항).
2. 금융상품판매대리·중개업자가 대리·중개하는 업무를 제3자에게 하게 하거나 그러한 행위에 관하여 수수료·보수나 그 밖의 대가를 지급하는 행위. 다만, 금융상품직접판매업자의 이익과 상충되지 아니하고 금융소비자 보호를 해치지 아니하는 경우로서 다음 행위는 제외(시행령 제23조제2항).
 1) 다음의 위탁계약을 체결한 경우 수탁자로 하여금 보장성 상품에 관한 계약의 체결을 대리·중개하는 업무를 하게 하거나 그러한 행위에 관하여 위탁자가 수수료·보수나 그 밖의 대가를 지급하는 행위

  가. 보험설계사가 같은 보험회사·보험대리점 또는 보험중개사에 소속된 다른 보험설계사와 위탁계약을 체결한 경우
  나. 보험대리점이 소속 보험설계사 또는 같은 보험회사의 다른 보험대리점과 위탁계약을 체결한 경우. 다만, 같은 보험회사의 다른 보험대리점과 위탁계약을 체결하는 경우에는 금융상품직접판매업자로부터 그 계약의 내용에 대해 사전동의를 받아야 한다.
  다. 보험중개사가 소속 보험설계사 또는 다른 보험중개사와 위탁계약을 체결한 경우
 2) 법인인 금융상품판매대리·중개업자가 개인인 금융상품판매대리·중개업자에게 예금성 상품 또는 대출성 상품에 관한 계약의 체결을 대리·중개하는 업무를 하게 하거나 그러한 행위에 관하여 수수료·보수나 그 밖의 대가를 지급하는 행위
3. 기타 금융소비자 보호 또는 건전한 거래질서를 해칠 우려가 있는 다음의 행위(시행령 제23조제3항)
 1) 금융상품직접판매업자를 대신하여 계약을 체결하는 행위. 다만, 「상법」 제646조의2에 따라 보험대리점이 해당 금융상품직접판매업자로부터 계약에 관한 의사표시를 할 수 있는 권한을 받은 경우는 제외한다.
 2) 금융소비자를 대신하여 계약을 체결하는 행위
 3) 금융소비자로 하여금 금융상품직접판매업자 또는 금융상품자문업자로 오인할 수 있는 상호를 광고나 영업에 사용하는 행위
 4) 금융상품직접판매업자에게 자신에게만 대리·중개 업무를 위탁하거나 다른 금융상품판매대리·중개업자에게 위탁하지 않도록 강요하는 행위
 5) 다른 금융상품판매대리·중개업자의 명의를 사용하거나 다른 금융상품판매대리·중개업자가 자신의 명의를 사용하도록 하는 행위
 6) 그 밖에 제1호부터 제5호까지의 행위에 준하는 것으로서 다음의 행위(감독규정 제22조)
  가. 같은 상품 유형의 금융상품에 대하여 둘 이상의 금융상품직접판매업자를 위해 금융상품에 관한 계약의 체결을 대리·중개하는 행위(동일인이 다수의 금융상품판매대리·중개업자에 각각 사실상 영향력을 행사하는 경우에 해당 법인들은 모두 하나의 금융상품판매대리·중개업자로 본다). 다만, 다음 각목의 행위는 제외한다.

① 보장성 상품을 취급하는 금융상품판매대리·중개업자가 둘 이상의 금융상품직접판매업자를 위해 보장성 상품에 관한 계약의 체결을 대리·중개하는 행위
② 대출성 상품을 취급하는 금융상품직접판매업자가 다른 금융상품직접판매업자의 대출성 상품에 관한 계약의 체결을 대리·중개하는 행위
③ 신용카드, 시설대여, 연불판매 또는 할부계약에 관한 계약의 체결을 대리·중개하는 자가 다른 하나의 금융상품직접판매업자를 위해 대출 계약의 체결을 대리·중개하는 행위
④ 시설대여, 연불판매 또는 할부계약에 관한 계약의 체결을 대리·중개하는 자가 다른 하나의 금융상품직접판매업자를 위해 신용카드에 관한 계약의 체결을 대리·중개하는 행위
⑤ 다음의 자가 둘 이상의 금융상품직접판매업자를 위해 대출성 상품에 관한 계약의 체결을 대리·중개하는 행위
- 대부중개업자
- 대출성 상품에 관한 금융상품판매대리·중개업을 전자금융거래 방식으로만 영위하는 법인
- 신용협동조합이 취급하는 대출성 상품에 관한 계약의 체결만 대리·중개하는 금융상품판매대리·중개업자
⑥ 시설대여·연불판매·할부금융 또는 이와 유사한 금융상품에 관한 계약의 체결을 대리·중개하는 행위
⑦ 「방문판매 등에 관한 법률」에 따른 전화권유판매로만 대출성 상품에 관한 계약의 체결을 대리·중개하는 행위

나. 대출성 상품에 관한 계약의 체결을 대리하거나 중개하는 자가 다음 각목의 업을 영위하는 행위(①은 대부업자 및 대부중개업자에 적용하지 않는다)
① 「대부업 등의 등록 및 금융이용자 보호에 관한 법률」에 따른 대부업·대부중개업. 다만, 대출성 상품에 관한 금융상품판매대리·중개업을 전자금융거래 방식으로만 영위하는 법인이 「대부업등 감독규정」에 따른 서민금융 우수 대부업자의 대출성 상품을 판매대리·중개하는 경우는 제외한다.
② 「방문판매 등에 관한 법률」에 따른 다단계판매업
③ 「사행산업통합감독위원회법」에 따른 사행산업
④ 「식품위생법 시행령」에 따른 단란주점영업 및 유흥주점영업

다. 투자성 상품에 관한 계약의 체결을 대리하거나 중개하는 행위로서 다음 각목의 어느 하나에 해당하는 행위
① 「자본시장과 금융투자업에 관한 법률」에 따른 투자일임재산이나 같은 법에 따른 신탁재산을 각각의 금융소비자별 또는 재산별로 운용하지 않고 모아서 운용하는 것처럼 투자일임계약이나 신탁계약의 계약체결등(계약의 체결 또는 계약체결의 권유를 하거나 청약을 받는 것을 말한다)을 대리·중개하거나 광고하는 행위
② 금융소비자로부터 금융투자상품을 매매할 수 있는 권한을 위임받는 행위
③ 투자성 상품에 관한 계약의 체결과 관련하여 제3자가 금융소비자에 금전을 대여하도록 대리·중개하는 행위
④ 「보험업법」에 따른 보험설계사가 위탁계약을 체결하지 않은 같은 법에 따른 보험회사의 투자성 상품에 관한 계약의 체결을 대리·중개하는 행위

라. 업무수행 과정에서 알게 된 금융소비자의 정보를 자기 또는 제3자의 이익을 위해 이용하는 행위

마. 위탁 계약을 체결한 금융상품직접판매업자가 발행한 주식의 매수 또는 매도를 권유하는 행위

바. 「방송법」 제9조제5항 단서에 따라 상품소개와 판매에 관한 전문편성을 행하는 방송채널사용사업을 승인받은 금융상품판매대리·중개업자(보장성 상품을 취급하는 자에 한정한다)가 보장성 상품에 관한 금융상품판매대리·중개업을 영위할 수 없는 개인으로 하여금 같은 법 제2조제1호에 따른 방송

통해 그 금융상품을 설명하게 하는 행위

사. 보장성 상품을 취급하는 금융상품대리·중개업자(「보험업법 시행령」 제43조제2항에 따른 전화를 이용하여 모집하는 자 및 같은 조제4항에 따른 사이버몰을 이용하여 모집하는 자는 제외한다)가 일반금융소비자와 만나지 않고 법 제19조에 따른 설명을 하는 행위.
다만, 다음 각목의 요건에 모두 해당하는 경우는 제외
① 「보험업감독규정」 제4-36조제6항에 따른 표준상품설명대본에 따라 설명할 것
② 해당 금융상품을 취급하는 금융상품직접판매업자가 가목에 따른 설명내용이 녹취된 전자파일을 통해 해당 설명내용이 「보험업감독규정」 제4-36조제6항에 따른 표준상품설명대본과 일치하는 지를 확인하고 그 전자파일을 보관할 것

나. 수수료 외의 금품, 기타 재산상 이익의 요구·수취 금지

금융상품판매 대리·중개업자는 금융상품판매 대리·중개업무를 수행할 때 금유상품직접판매업자로부터 정해진 수수료 외의 금품, 그 밖의 재산상 이익을 요구하거나 받아서는 아니 된다(제25조제2항).

이 경우 재산상 이익은 다음의 사항을 말한다(시행령 제23조제4항).

재산상 이익

1. 금전등의 지급 또는 대여
2. 금융상품판매대리·중개업 수행 시 발생하는 비용 또는 손해의 보전
3. 금융상품직접판매업자가 취급하는 금융상품에 대한 계약체결 시 우대 혜택
4. 그 밖에 제1호부터 제3호까지의 이익에 준하는 것으로서 금융위원회가 정하여 고시하는 재산상 이익

다. 고지의무

금융상품판매대리·중개업자는 금융상품판매대리·중개업무를 수행할 때 금융소비자에게 다음의 사항을 모두 미리 알려야 한다(제26조).

고지의무사항

1. 금융상품판매대리·중개업자가 대리·중개하는 금융상품직접판매업자의 명칭 및 업무내용
2. 하나의 금융상품직접판매업자만을 대리하거나 중개하는 금융상품판매대리·중개업자인지 여부
3. 금융상품직접판매업자로부터 금융상품 계약체결권을 부여받지 아니한 금융상품판매대리·중개업자의 경우 자신이 금융상품계약을 체결할 권한이 없다는 사실
4. 금융소비자보호법 제44조(금융상품판매업자등의 손해배상책임)와 제45조(금융상품직접판매업자의 손해배상책임)에 따른 손해배상책임에 관한 사항
5. 그 밖에 금융소비자 보호 또는 건전한 거래질서를 위하여 다음의 사항(시행령 제23조제1항)
 1) 법 제25조제1항제1호 본문에 따라 급부를 받을 수 있는지 여부
 2) 제23조제2항제1호 각목에 따른 위탁계약을 체결한 경우 그 업무를 위탁한 금융상품판매대리·중개업자의 명의와 위탁받은 업무내용
 3) 금융소비자가 제공한 신용정보 또는 개인정보 등은 금융상품직접판매업자가 보유·관리한다는 사실(「보험업법」에 따른 보험중개사의 경우는 제외한다)
 4) 그 밖에 1)부터 30까지의 사항에 준하는 것으로서 다음의 사항(감독규정 제23조제1항)
  가. 투자성 상품: 금융소비자의 금융상품 매매를 대신할 수 없다는 사실
  나. 보장성 상품 중 보험: 다음 각목의 사항을 전자적 장치로 확인할 수 있다는 사실 및 확인방법
   ① 「보험업법」에 따른 보험설계사의 이력(위탁계약을 체결했던 법인 및 그 법인과의 계약기간을 포함한다)
   ② 다음의 조치를 받은 경우 그 이력
   - 「보험업법」에 따른 영업정지, 등록취소 또는 과태료 처분
   - 「보험사기방지 특별법」 제2조제1호에 따른 보험사기행위에 대한 3개월 이상의 업무정지
   ③ 「보험업감독규정」 제9-4조의2제7호에 따른 불완전판매비율 및 계약 유지율

특히 금융소비자보호법은 금융상품판매대리·중개업자로 하여금 금융상품판매대리·중개업무를 수행할 때 미리 알려할 내용 중 전속 여부를 사전에 금융소비자에게 고지하도록 하고 있고(제25조제1항제2호), 이러한 고지의무 위반 시 그 업무를 대리하거나 중개하게 한 금융상품직접판매업자에 대하여 최고 1억원 이하의 과태료를 부과하고 있다(제69조제1항제8호). 그 외 금융상품판매대리·중개업자가 고지하여야 할 의무사항을 알리지 않은 경우에는 3천만원 이하의 과태료가 부과된다(제26조제1항, 제69조제2항제7호).

라. 표지 게시 등

금융상품판매대리·중개업자는 금융상품판매 대리·중개업무를 수행할 때 자신이 금융상품판매대리·중개업자라는 사실을 나타내는 표지를 게시하거나 증표를 금융소비자에게 보여주어야 한다(제26조제2항). 위반 시에는 3천만원의 과태료가 부과된다(제69조제2항제7호).

3. 금융상품자문업자의 영업행위 준수사항

3-1. 취지

금융소비자보호법은 금융상품자문업자를 금융상품판매업자가 아닌 금융소비자의 이익을 위하여 자문업무를 수행하도록 독립성 요건을 갖춘 자문업자만 허용하고 이들의 행위규제를 규정하여 금융소비자의 신뢰를 담보하고 있다.

3-2. 금융상품자문업자의 영업행위준칙

금융상품자문업자는 금융소비자에 대하여 선량한 관리자의 주의[94]로 자문에 응하여야 한다. 아울러 금융소비자의 이익을 보호하기 위하여 자문업무를 충실하게 수행[95]하여야 한다(제27조제1항, 제2항).

94) 선관주의의무는 통상 일반적·객관적으로 요구되는 정도의 주의를 의미하는 것으로 금융상품자문계약이 「민법」상 위임계약이므로 민법의 규정(제681조)에 따라 금융상품자문업자는 선관주의를 부담하는 것으로 이해되지만, 금융소비자보호법은 이를 특히 주의적 차원에서 명시적으로 규정하고 있다.
정무위원회, 법안심사 제1소위원회 심사자료, 금융소비자 보호를 위한 법률 제정, 2019. 3. 61면.

95) 이는 당초 "금융소비자가 최선의 선택을 할 수 있도록 하여야 한다"라는 최선의 선택의무로 규정되었다. 그러나 이러한 최선의 선택은 사후적으로만 확인이 가능하므로 의무로 규정하기에 부적절하다는 의견에 따라 그 대안으로 자본시장법상 투자자문업자의 충실의무 규정으로 명기되었다.
정무위원회, 법안심사 제1소위원회 심사자료, 금융소비자 보호를 위한 법률 제정, 2019. 3. 61면.

3-3. 고지의무

금융상품자문업자는 자문업무를 수행하는 과정에서 다음의 사항을 금융소비자에게 알려야 하며, 자신이 금융상품자문업자라는 사실을 나타내는 표지를 게시하거나 증표를 금융소비자에게 내보여야 한다(제27조제3항).

금융자문업자가 금융소비자에게 고지하여야 할 사항

1. 제12조제2항제6호 각목의 요건을 갖춘 자 "독립금융상품자문업자")인지 여부
2. 금융상품판매업자로부터 자문과 관련한 재산상 이익을 제공받는 경우 그 재산상 이익의 종류 및 규모. 다만, 20만원 이내의 범위에서 금융위원회가 정하여 고시하는 재산상 이익을 제공받은 경우 제외
3. 금융상품판매업을 겸영하는 경우 자신과 금융상품계약체결등 업무의 위탁관계에 있는 금융상품판매업자의 명칭 및 위탁 내용
4. 자문업무를 제공하는 금융상품의 범위
5. 자문업무의 제공 절차
6. 그 밖에 금융소비자 권익 보호 또는 건전한 거래질서를 위한 다음의 사항
   1) 자문업무에 따른 보수 및 그 결정 기준
   2) 1)에 따른 보수 외에 추가로 금전등을 요구하지 않는다는 사실
   3) 금융소비자의 금융상품 취득·처분에 따른 손실에 대해 책임을 지지 않는다는 사실

3-4. 독립금융상품자문업자의 금지행위

독립금융상품자문업자가 아닌 자는 "독립"이라는 문자 또는 이와 같은 의미를 가지고 있는 외국어 문자로서 영어·프랑스어·스페인어·일본어·중국어 또는 금융위원회가 정하여 고시하는 외국어로 쓰여진 문자(독립문자)를 명칭이나 광고에 사용할 수 없다.

또한 독립금융상품자문업자는 다음의 행위가 금지된다(제27조).

독립금융상품자문업자의 금지행위

1. 금융소비자의 자문에 대한 응답과 관련하여 금융상품판매업자(임직원을 포함한다)로부터 재산상 이익을 받는 행위. 다만, 금융상품판매업자의 자문에 응하여 그 대가를 받는 경우 등 대통령령으로 정하는 경우는 제외한다.
2. 그 밖에 금융소비자와의 이해상충이 발생할 수 있는 다음의 행위
 1) 특정 금융상품직접판매업자의 금융상품으로 한정하여 자문에 응하는 행위
 2) 금융소비자의 개인정보 및 신용정보 등을 자신 또는 제3자의 이익을 위해 사용하는 행위
 3) 특정 금융상품판매업자 또는 특정 금융상품을 광고하는 행위
 4) 자문업무에 관한 계약을 체결한 이후에 그 금융소비자의 동의 없이 자문업무를 제3자에게 위탁하는 행위
 5) 그 밖에 1)부터 4)까지의 행위에 준하는 것으로서 다음의 행위(감독규정 제24조)
  가. 임원·직원이 「자본시장과 금융투자업에 관한 법률」 제63조제1항 각호의 방법을 준수하지 않고 자기의 계산으로 「자본시장과 금융투자업에 관한 법률 시행령」 제64조제2항 각호의 어느 하나에 해당하는 금융상품을 매매하는 행위
  나. 분기별로 임원·직원의 투자성 상품을 매매한 내역을 확인하는 경우에 「자본시장과 금융투자업에 관한 법률」 제63조제2항에 따른 기준 및 절차를 준수하지 않는 행위
  다. 「자본시장과 금융투자업에 관한 법률」 제98조제1항제5호에 해당하는 행위
  라. 「자본시장과 금융투자업에 관한 법률」 제98조의2제1항에 해당하는 행위

제 9 절 손해배상책임 등

1. 의의: 금융소비자의 사후적 권익 구제

금융소비자보호법은 금융분쟁의 조정, 금융상품판매업자등의 손해배상책임 및 금융상품직접판매업자의 사용자 책임, 청약철회권 및 위법계약해지권 등 금융소비자의 사후적 구제를 위한 제도들을 편제상 제5장(금융소비자의 보호) 제3절에서 마련하고 있다.

이외에 금융소비자의 자료열람요구권도 금융소비자의 사후적 권익 구제장치의 하나이지만, 이것은 금융소비자보호법의 편제상 '금융상품판매업자등의 영업행위 준수사항'에서 규정하고 있고, 또 다른 사후적 권익 구제장치인 금융상품의 판매과정에서 금융소비자 피해가 가시화되거나 확대되는 것을 방지하기 위해 필요한 경우 금융위원회가 금융상품의 판매제한을 명령할 수 있는 판매제한명령권도 금융위원회의 감독 및 처분에 관한 부분(제6장)에서 마련하고 있다.

2. 금융상품판매업자등의 손해배상책임

2-1. 취지

금융상품의 불완전판매 등으로 손해를 입은 금융소비자의 구제를 위해 가장 중요한 것은 신속하게 금전적 보상을 받을 수 있도록 하는 것이다. 이를 위해 금융소비자보호법은 금융상품판매업자등이 고의 또는 과실로 금융소비자보호법을 위반하여 금융소비자에게 손해를 발생시킨 경우에는 그 손해를 배상할 책임을 지우고 있다(제44조제1항).

물론 「민법」상 금융소비자는 불완전판매책임이 있는 금융상품판매업자등에게 불법행위에 대한 책임을 물을 수 있다(민법 제750조). 그러나 「민법」상 불법행위책임은 손해를 주장하는 자가 위법행위의 존재, 고의·과실 등 귀책사유, 손해 및 손해액, 위법행위와 손해 간의 인과관계를 모두 입증해야 하기 때문에 금융회사에 비해 전문지식과 경제력, 금융상품 판매 관련 정보 등이 부족한 금융소비자가 이를 모두 입증하기에 부담이 있고, 승소하더라도 직접 책임이 있는 금융상품판매대리·중개업자가 변제 자력이 부족한 경우에는 실제 배상을 받기 어렵다.

금융소비자보호법은 이러한 상황을 반영하여 금융상품판매업자등의 손해배상책임을 규정하고 있다. 즉 금융상품판매업자등이 설명의무를 위반하여 금융소비자에게 손해를 발생시킨 경우에는 금융소비자의 증명부담을 완화시켰다. 다만 이러한 증명책임 전환은 남소의 우려 등을 고려하여 금융상품판매업자등이 설명의무를 위반한 경우에 한하여 인정되었다.

2-2. 설명의무 위반을 제외한 금융소비자보호법 위반에 따른 손해배상책임

금융상품판매업자등이 고의 또는 과실로 금융소비자보호법을 위반하여 금융소비자에게 손해를 발생시킨 경우에는 그 손해를 배상할 책임이 있다(제44조제1항).

이러한 규정은 특히 불완전판매에 직접 책임 있는 금융상품직접판매업자·금융상품대리·중개업자, 금융상품자문업자가 금융소비자에게 금전적 손해를 배상하여야 한다는 내용으로 금융소비자보호법 제45조에 규정한 금융상품직접판매업자의 사용자책임에 비해 금융상품판매대리·중개업자의 직접적인 책임을 규정한 점에서 의의가 있다.

한편, 이러한 손해배상책임은 「민법」상의 불법행위책임과는 별도로 물을 수 있다. 즉 선택적으로 행사할 수 있다.

이 경우 금융소비자보호법에 의거하여 금융소비자가 금융상품판매업자등에게 손해배상책임(설명의무 위반의 경우는 제외)을 묻기 위해서는, 금융상품판매업자등의 위법행위, 금융소비자의 손해 발생, 위법행위와 손해 사이의 인과관계, 금융소비자가 금융상품판매업자등의 고의 또는 과실, 손해액 등을 주장·증명하여야 한다.

이 경우, 이하에서 설명하듯이 금융소비자보호법상 설명의무 위반에 한하여 손해배상책임의 성립요건 중 금융상품판매업자등의 고의 및 과실의 존재에 대한 입증책임을 금융소비자에게서 금융상품판매업자등으로 전환하였다.

2-3. 설명의무 위반에 따른 손해배상책임

금융상품판매업자등이 설명의무를 위반하여 금융소비자에게 손해를 발생시킨 경우에는 금융상품판매업자등은 금융소비자에게 그 손해를 배상할 책임을 부담한다. 다만 그 금융상품판매업자등이 고의 및 과실 없음을 증명한 경우에는 그러하지 아니한다(제44조제2항).

설명의무 위반이란 중요사항에 관한 설명의무(제19조제1항, 제3항)와 설명확인의무(제19조제2항)을 말한다.[96)]

---

96) 금융상품판매업자등은 설명의무 이행에 필요한 설명서를 일반금융소비자에게 제공하여야 하고, 설명한 내용을 일반금융소비자가 이해하였음을 서명, 기명날인, 녹취 또는 일정한 방법으로 확인을 받아야 한다. 이러한 의무를 위반한 경우 금융소비자보호법 제44조제2항이 적용된다. 이 점에서 자본시장법 제48조제1항과 차이가 있다. 자본시장법은 설명확인의무에 대해서는 손해배상책임의 원인으로 정하고 있지 않다.

> **자본시장법 제48조(손해배상책임)**
> ① 금융투자업자는 「금융소비자 보호에 관한 법률」 제19조제1항 또는 제3항을 위반한 경우 이로 인하여 발생한 일반투자자의 손해를 배상할 책임이 있다. <개정 2020. 3. 24.>
> ② 금융투자상품의 취득으로 인하여 일반투자자가 지급하였거나 지급하여야 할 금전등의 총액에서 그 금융투자상품의 처분, 그 밖의 방법으로 그 일반투자자가 회수하였거나 회수할 수 있는 금전등의 총액을 뺀 금액은 제1항에 따른 손해액으로 추정한다. <개정 2017. 10. 31.>

금융소비자보호법은 이처럼 금융상품판매업자등에게 증명책임을 지우고 있는데, 이는 일반금융소비자로서는 금융상품의 내용과 위험에 대해 알기 어렵고 금융회사가 그러한 내용에 대해 설명을 다하였는지 아니면 그러한 설명 미이행이 고의인지 입증하기가 성격상 어렵다는 점을 감안하여 손해의 공평·타당한 부담이라는 손해배상제도의 취지에 부합하도록 증명책임을 전환하였다.

이에 따라 금융상품판매업자등은 설명의무 위반과 관련하여 고의 및 과실이 없음을 증명한 경우에는 손해배상책임을 면하게 된다(제44조제2항 단서). 다만, 금융소비자는 설명의무 위반에 따른 손해배상책임을 묻기 위해서는 금융상품판매업자등의 설명의무 위반행위, 금융소비자의 손해 발생, 설명의무 위반행위와 손해 사이의 인과관계의 존재 등은 주장·증명하여야 한다.

또한 금융소비자보호법은 금융상품판매업자등이 금융소비자에게 손해배상책임을 부담하는 경우 손해배상액의 추정규정은 별도로 두고 있지 않다. 즉 금융소비자가 그 손해액을 주장·증명하여야 한다.

한편, 자본시장법상 금융투자업자가 금융소비자보호법 제19조제1항 또는 제3항을 위반한 때에는, 이로 인하여 발생한 일반투자자의 손해를 배상할 책임이 있다(자본시장법 제48조제1항). 이와 함께 투자자의 손해배상액 추정규정을 두고 있다. 즉 자본시장법에서는 금융투자상품의 취득으로 인하여 일반투자자가 지급하였거나 지급하여야 할 금전등의 총액에서 그 금융투자상품의 처분, 그 밖의 방법으로 그 일반투자자가 회수하였거나 회수할 수 있는 금전등의 총액을 뺀 금액을 손해액으로 추정하고 있다(자본시장법 제48조제2항).

3. 금융상품직접판매업자의 금융상품대리·중개업자 및 임직원의 위법행위에 대한 배상책임

금융상품직접판매업자는 금융상품계약체결등의 업무를 대리·중개한 판매대리·중개업자 등이 대리·중개 등을 할 때 금융소비자에게 손해를 발생시킨 경우 그 손해를 배상할 책임이 있다(제45조제1항). 이는 사용자책임의 법리에 따라 금융상품직접판매업자에게 손해배상책임을 부담시키는 것이다. 즉 업무를 위탁한 금융상품판매대리·중개업자 등에 대해서만 적용되고, 위탁관계 없이 독립적 지위에서 업무를 수행하는 금융상품판매대리·중개업자 등(예: 보험중개사)에 대해서는 적용되지 않는다.

금융상품직접판매업자에게 이러한 책임을 지우는 것은 금융상품의 판매·대리를 통해 이익을 누리기 때문에 그 과정에서 금융소비자에게 발생한 손해를 배상하는 것이 공평의 원리에 부합하며[97], 변제자력이 충분한 직접판매업자로부터 보상을 받는 것이 금융소비자의 구제에 보다 유리하다고 보았기 때문이다.[98]

다만, 금융상품직접판매업자가 판매대리·중개업자 등의 선임과 그 업무 감독에 대하여 적절한 주의를 하였고 손해를 방지하기 위하여 노력한 경우에는 그러하지 아니한다(제45조제2항).

이러한 금융상품직접판매업자의 손해배상책임은 불완전판매에 책임이 있는 금융상품판매대리·중개업자 등에 대한 금융상품직접판매업자의 구상권 행사를 방해하지 않는다(제45조제2항).

---

97) 이와 관련하여 입법단계에서 금융기관보험대리점 내지 대형 법인보험대리점에 대하여 일률적으로 보험회사에 관리책임을 부여하는 것이 타당하지 않다는 지적이 있었다. 금융기관보험대리점이나 여러 보험회사와 위탁계약을 체결하고 있는 대형법인보험대리점은 보험회사와 지휘감독관계도 없고, 보험회사와 대등하거나 우월한 지위에 있어 보험회사가 이들을 현실적으로 관리·감독하는 관계에 있지 않다는 이유에서이다. 관련하여 21대 국회에서 대형 법인보험대리점에게 소속 보험설계사의 모집관련 금융소비자 손해에 대한 1차적 손해배상책임을 부여하고, 변제 자력을 확보하기 위해 손해배상책임보험 가입을 의무화하는 금융소비자보호법 일부개정안이 발의되어 있다[윤창현의원안, 의안번호 제2102551호].

98) 양승현, 보험소비자 권리와 사후적 구제체계 연구: 금융소비자보호법 중심으로, 이슈보고서, 2021-22, 보험연구원, 2021.12, 38면.

한편, 금융소비자보호법은 금융상품직접판매업자가 금융소비자에게 손해배상책임을 부담하는 경우 손해배상액의 추정규정을 별도로 두고 있지 않으므로, 금융소비자가 그 손해액을 주장·증명하여야 한다.

4. 청약 철회제도

4-1. 취지 및 의의

일반금융소비자는 금융상품계약을 체결함에 있어 무형의 금융상품을 제대로 이해하기가 쉽지 않다. 이러한 점을 감안하여 종래 개별 금융업법에서도 일부 청약 철회제도가 인정되어 있었으나 금융소비자보호법은 청약 철회제도의 적용대상을 보다 확대한 점에서 금융소비자의 선택권을 강화하였다(제46조).

4-2. 청약철회권자 및 대상

가. 청약철회권자

청약철회권을 행사할 수 있는 자는 금융상품판매업자등과 금융상품 또는 금융상품자문에 관한 계약의 청약을 한 일반금융소비자로 전문금융소비자는 청약철회권을 행사할 수 없다.

나. 청약 철회대상

다음의 보장성 상품, 투자성 상품, 대출성 상품 또는 금융상품자문에 관한 계약이 된다(제46조제1항).

<표 2-29> 청약 철회대상 및 철회가능기간

청약 철회대상 금융상품(시행령 제37조제1항)	청약 철회기간(법 제46조제1항)
1. 보장성 상품: 다음 각목의 것을 제외한 금융상품 가. 「보험업법」에 따른 보증보험 중 청약의 철회를 위해 제3자의 동의가 필요한 보증보험 나. 「자동차손해배상 보장법」에 따른 책임보험. 다만, 일반금융소비자가 동종의 다른 책임보험에 가입한 경우는 제외 다. 해당 금융상품에 대한 보장기간이 90일 이내인 금융상품 라. 그 밖에 청약의 철회가 건전한 시장질서를 해칠 우려가 높은 다음의 보장성 상품 1) 법률에 따라 가입의무가 부과되고 그 해제·해지도 해당 법률에 따라 가능한 보장성 상품. 다만, 일반금융소비자가 동종의 다른 보험에 가입한 경우는 제외한다. 2) 금융상품판매업자가 계약을 체결하기 전에 일반금융소비자의 건강상태 진단을 지원하는 보장성 상품	일반금융소비자가 「상법」 제640조에 따른 보험증권을 받은 날부터 15일과 청약을 한 날부터 30일 중 먼저 도래하는 기간
2. 투자성 상품: 다음의 금융상품. 다만, 일반금융소비자가 법 제46조제1항제2호에 따른 청약 철회의 기간 이내에 예탁한 금전등을 운용하는 데 동의한 경우는 제외한다. 가. 「자본시장과 금융투자업에 관한 법률 시행령」에 따른 고난도금융투자상품(일정 기간에만 금융소비자를 모집하고 그 기간이 종료된 후에 금융소비자가 지급한 금전등으로 「자본시장과 금융투자업에 관한 법률」에 따른 집합투자를 실시하는 것만 해당한다) 나. 「자본시장과 금융투자업에 관한 법률 시행령」에 따른 고난도투자일임계약 다. 신탁계약(「자본시장과 금융투자업에 관한 법률」에 따른 금전신탁은 제외한다) 라. 「자본시장과 금융투자업에 관한 법률 시행령」에 따른 고난도금전신탁계약	투자성 상품, 금융상품자문: 다음 각목의 어느 하나에 해당하는 날부터 7일[99] 가. 제23조제1항 본문에 따라 계약서류를 제공받은 날 나. 제23조제1항 단서에 따른 경우 계약체결일

99) 청약철회권과 자본시장법상 '투자숙려제도'가 모두 적용되는 경우(예: 고령자에 고난도 금융투자상품을 권유하는 경우)에 소비자는 청약 후 최대 9일까지 청약철회권 행사가 가능하다. 계약체결 전에는 자본시장법에 따라 청약일 다음 날부터 최대 2일까지 청약 여부를 확정할 수 있는 숙려기간이 보장되며, 계약체결 후에는 금융소비자보호법에 따라 최대 7일까지 계약을 철회할 수 있다(금융위원회, 제2차 FAQ, 2021. 3.17).

청약 철회대상 금융상품(시행령 제37조제1항)	청약 철회기간(법 제46조제1항)
3. 대출성 상품: 다음 각목의 것을 제외한 금융상품 가. 「여신전문금융업법」에 따른 시설대여·할부금융·연불판매(법 제46조제1항제3호에 따른 청약 철회의 기간 이내에 해당 계약에 따른 재화를 제공받은 경우만 해당한다) 나. 「온라인투자연계금융업 및 이용자 보호에 관한 법률」에 따른 연계대출 다. 「자본시장과 금융투자업에 관한 법률」 제72조제1항에 따른 신용의 공여(법 제46조제1항제3호에 따른 청약 철회의 기간 이내에 담보로 제공된 증권을 처분한 경우만 해당한다) 라. 그 밖에 청약의 철회가 건전한 시장질서를 해칠 우려가 높은 다음의 대출성 상품(감독규정 제30조제3항) 1) 지급보증 2) 신용카드	다음 각목의 어느 하나에 해당하는 날[다음 각목의 어느 하나에 해당하는 날보다 계약에 따른 금전·재화·용역(이하 이 조에서 "금전·재화등"이라 한다)의 지급이 늦게 이루어진 경우에는 그 지급일]부터 14일 가. 제23조제1항 본문에 따라 계약서류를 제공받은 날 나. 제23조제1항 단서에 따른 경우 계약체결일

다. 청약 철회의 효력발생시기

청약 철회는 다음에서 정한 시기에 발생한다(제46조제2항).

<표 2-30> 청약 철회 효력발생시기

구분	청약 철회의 효력발생시기
1. 보장성 상품, 투자성 상품 금융상품 자문	일반금융소비자가 청약의 철회의사를 표시하기 위하여 서면, 전자우편·휴대전화 문자메시지 등을 발송한 때
2. 대출성 상품	일반금융소비자가 청약의 철회의사를 표시하기 위하여 서면 등을 발송하고, 다음 각목의 금전·재화등(이미 제공된 용역은 제외하며, 일정한 시설을 이용하거나 용역을 제공받을 수 있는 권리를 포함한다. 이하 이 항에서 같다)을 반환한 때 가. 이미 공급받은 금전·재화등 나. 이미 공급받은 금전과 관련하여 대통령령으로 정하는 이자 다. 해당 계약과 관련하여 금융상품판매업자등이 제3자에게 이미 지급한 수수료 등 다음의 비용(시행령 제37조제5항) 1) 인지세 등 제세공과금 2) 저당권 설정 등에 따른 등기 비용 3) 그 밖에 제1호 및 제2호의 비용에 준하는 것으로서 금융위원회가 정하여 고시하는 비용

라. 청약 철회의 효과

1) 금전·재화등의 반환

청약이 철회된 경우 금융상품판매업자등이 일반금융소비자로부터 받은 금전·재화등을 청약 철회를 접수한 날부터 3영업일 이내에 금전·재화등을 반환하고(제46조제3항), 금전·재화 등의 반환이 늦어진 기간에 대하여는 해당 금융상품의 계약에서 정해진 연체이자율을 금전·재화등의 대금에 곱한 금액을 일 단위로 계산하여 지급하여야 하며, 이때 일반금융소비자가 지정하는 계좌로 입금하여야 한다(시행령 제37조).

<표 2-31> 청약 철회 시 금전·재화 반환방법

구 분	반환방법
1. 보장성 상품	금융상품판매업자등은 청약의 철회를 접수한 날부터 3영업일 이내에 이미 받은 금전·재화등을 반환하고, 금전·재화등의 반환이 늦어진 기간에 대하여는 해당 금융상품의 계약에서 정해진 연체이자율을 금전·재화·용역의 대금에 곱한 금액을 일 단위로 계산하여 지급(시행령 제37조제7항)
2. 투자성 상품, 금융상품 자문	금융상품판매업자등은 청약의 철회를 접수한 날부터 3영업일 이내에 이미 받은 금전·재화등을 반환하고, 금전·재화등의 반환이 늦어진 기간에 대해서는 해당 금융상품의 계약에서 정해진 연체이자율을 금전·재화·용역의 대금에 곱한 금액을 일 단위로 계산하여 지급. 다만, 대통령령으로 정하는 금액 이내인 경우에는 반환하지 아니할 수 있다.
3. 대출성 상품	금융상품판매업자등은 일반금융소비자로부터 제2항제2호에 따른 금전·재화등, 이자 및 수수료를 반환받은 날부터 3영업일 이내에 일반금융소비자에게 대통령령으로 정하는 바에 따라 해당 대출과 관련하여 일반금융소비자로부터 받은 수수료를 포함하여 이미 받은 금전·재화등을 반환하고, 금전·재화등의 반환이 늦어진 기간에 대해서는 해당 금융상품의 계약에서 정해진 연체이자율을 금전·재화·용역의 대금에 곱한 금액을 일 단위로 계산하여 지급

2) 청약 철회 불이익 금지 : 손해배상 또는 위약금 등 금전의 지급 청구 금지

청약이 철회된 경우 금융상품판매업자등은 일반금융소비자에 대하여 청약의 철회에 따른 손해배상 또는 위약금 등 금전의 지급을 청구할 수 없다(제46조제4항). 이는 금융소비자의 청약철회권의 행사를 이유로 손해배상 또는 위약금의 청구를 금융상품판매업자등에게 허용하면 청약철회권 행사의 실익이 없기 때문이다.

3) 보장성 상품의 특례: 청약 철회 효력발생의 제한

보장성 상품의 경우 청약이 철회된 당시 이미 보험금의 지급사유가 발생한 경우 청약 철회의 효력은 발생하지 아니한다(제46조제5항). 금융소비자가 보험금 지급사유가 발생한 사실을 알지 못하고 청약철회권을 행사하면 보상을 받지 못하는 불이익이 발생하기 때문이다. 다만 일반금융소비자가 보험금의 지급사유가 발생했음을 알면서 청약을 철회한 경우에는 그러하지 아니하다(제46조제5항 단서).

4) 청약 철회 무력화 방지

금융소비자보호법상 청약 철회 규정에 반하는 특약으로서 일반금융소비자에게 불리한 것은 무효이다(제46조제6항). 일반금융소비자의 권익 보호를 위해 금융소비자보호법에서 특히 마련한 권리이기 때문이다.

5. 위법계약 해지권

5-1. 취지

금융소비자가 불완전판매를 이유로 종래 펀드나 ELS를 중도해지하려고 하는 경우 금융회사가 이를 허용하지 않는 경우도 많고, 중도해지가 가능하더라도 중도해지수수료의 부담과 불완전판매의 입증 등의 부담으로 계약을 종료하기가 어려웠다.

이러한 사정을 감안하여 금융소비자보호법은 금융상품판매업자등이 금융소비자보호법의 주요 규정을 위반하여 금융상품에 관한 계약을 체결한 경우 일정한 기간 내에 서면 등으로 해당 계약의 해지를 요구할 수 있도록 하였다(제47조제1항). 즉 해지권이기 때문에 금융상품등에 관한 계약의 효력을 장래에 발생하지 않게 하는 것이다.

5-2. 위법계약 해지권

가. 해지의 원인 - 금융소비자보호법 위반

위법계약의 해지를 요구할 수 있는 경우는 금융소비자보호법의 부적합 권유 금지(제17조제3항), 부적정 고지 확인(제18조제2항), 중요사항 설명(제19조제1항)·허위설명금지(제19조제3항), 불공정영업행위(제20조제1항), 부당권유행위 금지(제21조)를 위반하여 금융상품에 관한 계약을 체결한 경우이다.

나. 대상 금융상품

금융소비자와 금융상품직접판매업자 또는 금융상품자문업자 간 계속적 거래가 이루어지고 금융소비자가 해지 시 재산상 불이익이 발생하는 금융상품 중 다음의 금융상품을 제외한 금융상품이 대상이 된다(시행령 제38조제1항; 감독규정 제31조제1항).

언제든지 계약해지가 가능한 금융상품등의 경우에는 위법계약 해지권이 인정되지 않는다.

위법계약 해지 대상에서 제외되는 금융상품(감독규정 제31조제1항)

1. 「온라인투자연계금융업 및 이용자 보호에 관한 법률」에 따른 온라인투자연계금융업자와 체결하는 계약
2. 「자본시장과 금융투자업에 관한 법률」에 따른 원화로 표시된 양도성 예금증서
3. 「자본시장과 금융투자업에 관한 법률 시행령」에 따른 표지어음
4. 그 밖에 제1호부터 제3호까지의 규정과 유사한 금융상품

폐쇄형 사모펀드의 경우에도 위법계약해지권의 행사가 가능하다. 이 경우 금융소비자가 위법계약해지권을 행사하면 금융상품직접판매업자가 고유재산으로 해당 집합투자증권을 매입한다.[100)]

다. 해지를 요구할 수 있는 기간

금융소비자는 계약체결에 대한 위반사항을 안 날부터 1년 이내의 기간에 해지권을 행사할 수 있다. 이 경우 해당기간은 계약체결일부터 5년 이내의 범위에 있어야 한다(시행령 제38조제2항).

라. 해지요구서

금융소비자가 계약의 해지를 요구하려는 경우 금융위원회가 정하여 고시하는 해지요구서에 위반사항을 증명하는 서류를 첨부하여 금융상품직접판매업자 또는 금융상품자문업자에게 제출하여야 한다. 이는 금융상품등의 계약당사자가 금융상품직접판매업자 또는 금융상품자문업자이기 때문이다.

마. 금융상품판매업자등의 의무

금융상품판매업자등은 해지를 요구받은 날부터 10일 이내에 금융소비자에게 수락 여부를 통지하여야 하며, 거절할 때에는 거절사유를 함께 통지하여야 한다(제47조제1항).

100) 이는 자본시장법상 손실보전행위 및 불건전행위에 해당되지 않는다(금융위원회, 2차 FAQ, 2021.3 .17).

계약이 해지된 경우 금융상품판매업자등은 수수료, 위약금 등 계약의 해지와 관련된 비용을 요구할 수 없다(제47조제3항).[101] 위법계약해지권은 금융상품판매업자등의 법 위반사실을 원인으로 하는 것으로 수수료, 위약금 등 계약의 해지와 관련된 비용을 금융소비자의 부담으로 하는 경우 위법계약해지권의 행사가 제한될 우려가 있기 때문이다.

바. 계약해지와 정당한 사유

금융소비자는 금융상품판매업자등이 정당한 사유 없이 요구를 따르지 않는 경우 해당 계약을 해지할 수 있다(제47조). 정당한 사유의 범위는 다음과 같다.

계약해지 불허사유

1. 위반사실에 대한 근거를 제시하지 않거나 거짓으로 제시한 경우
2. 계약체결 당시에는 위반사항이 없었으나 금융소비자가 계약체결 이후의 사정변경에 따라 위반사항을 주장하는 경우
3. 금융소비자의 동의를 받아 위반사항을 시정한 경우
4. 그 밖에 제1호부터 제3호까지의 경우에 준하는 것으로서 다음의 경우(감독규정 제31조제4항)

1) 금융상품판매업자등이 계약의 해지 요구를 받은 날부터 10일 이내에 법 위반사실이 없음을 확인하는 데 필요한 객관적·합리적인 근거자료를 금융소비자에 제시한 경우. 다만, 10일 이내에 금융소비자에 제시하기 어려운 경우에는 다음 각목의 구분에 따른다.
 가. 계약의 해지를 요구한 금융소비자의 연락처나 소재지를 확인할 수 없거나 이와 유사한 사유로 법 제47조제1항 후단에 따른 통지기간 내 연락이 곤란한 경우: 해당 사유가 해소된 후 지체 없이 알릴 것
 나. 법 위반사실 관련 자료 확인을 이유로 금융소비자의 동의를 받아 법 제47조제1항 후단에 따른 통지기한을 연장한 경우: 연장된 기한까지 알릴 것
2) 금융소비자가 금융상품판매업자등의 행위에 법 위반사실이 있다는 사실을 계약을 체결하기 전에 알았다고 볼 수 있는 명백한 사유가 있는 경우

101) 위법계약 해지의 효과는 장래를 향해 발생하기 때문에 해당 계약은 해지 시점부터 무효가 된다. 따라서 계약체결 후 해지시점까지 계약에 따른 서비스 제공 과정에서 발생한 비용 등(예: 대출 이자, 카드 연회비, 펀드 수수료·보수, 투자손실, 위험보험료 등)은 원칙적으로 계약 해지 후 소비자에게 지급해야 할 금전의 범위에 포함되지 않는다(금융위원회 1차 FAQ 2021. 2.18).

제10절 금융분쟁조정

1. 재판 외 대체분쟁해결제도(ADR; Alternatative Dispute Resolution)

금융거래와 관련하여 분쟁이 발생한 경우 국내에서는 금융감독원 내에 설치된 금융분쟁위원회 외에 소비자원 분쟁조정위원회를 이용할 수 있고, 그 외 거래소 거래와 관련한 분쟁인 경우에는 한국거래소의 시장감시위원회의 분쟁조정, 그 외 불완전판매와 관련한 경우에는 금융투자협회가 운영하는 자율조정을 이용할 수 있다. 다만 대체로 금융감독원 내 설치된 금융분쟁조정위원회에 조정신청을 하는 경향이 있다.

이러한 실무를 감안하여 금융소비자보호법은 종래 금융위원회법에 근거규정을 둔 것을 이관하여 금융소비자의 사후적 피해구제수단인 분쟁조정의 법적 근거 및 내용·절차 등을 마련하고 종래 분쟁조정의 한계라고 지적되는 부분들을 보완하였다.

2. 금융분쟁조정위원회

금융분쟁조정위원회는 금융위원회법 제38조 각호의 기관(분쟁조정기관), 금융소비자 및 그 밖의 이해관계인 사이에 발생하는 금융관련 분쟁의 조정에 관한 사항을 심의·의결하기 위하여 금융감독원 내에 설치된 분쟁조정기구를 말한다(제33조).

<표 2-32> 금융분쟁조정위원회 구성 및 조정신청방법 등

구분	내용
설치	금융감독원 내
구성	위원장 1명 포함 35명 이내의 위원 - 위원장: 금융감독원 부원장(원장이 지명) - 위원: 금융감독원 부원장보 (원장이 지명) 및 외부 위원(원장이 위촉, 임기 2년) · 외부위원은 법률전문가, 전문의 등 자격을 갖추거나, 소비자단체 임직원, 금융업권 소속 등으로 15년 이상 경력 보유자이여야 하고, 관련 전문가단체로부터 2배수 이상을 추천받아 위촉 · 특정 사유 발생 시 위원의 지명 철회·위촉 해제 가능 * 심신장애, 직무관련 비위, 직무태만, 품위손상, 제척사유에 해당함에도 회피하지 않은 경우, 스스로 직무수행의 어려움을 밝힌 경우
기능	- 금융 관련 분쟁을 조정 - 위원회에서 성립한 조정은 재판상 화해와 동일한 효력이 있음
신청자	금융회사, 금융소비자 및 그 밖의 이해관계인
신청방법	분쟁조정신청서에 다음의 서류를 첨부해서 신청 1. 분쟁조정신청의 원인 및 사실을 증명하는 서류 2. 대리인이 신청하는 경우 그 위임장 3. 그 밖에 분쟁조정에 필요한 증거서류 또는 자료
조정기간	- 조정신청을 받은 날부터 30일 이내에 합의권고가 이루어지지 아니할 때 지체 없이 분쟁조정원회에 회부하여야 함 - 조정기간은 분쟁조정신청을 받은 날부터 60일 이내임
조정결정	- 분쟁당사자가 금융분쟁조정위원회가 작성한 조정안을 수락하는 경우 조정이 성립 - 단, 조정안을 받은 날부터 20일 이내에 조정수락의사를 알려야 하며, 미고지 시 조정안을 수락하지 않은 것으로 간주

3. 분쟁조정절차

3-1. 분쟁조정의 신청

조정대상기관, 금융소비자 및 그 밖의 이해관계인은 금융과 관련하여 분쟁이 있을 때에는 금융감독원장에게 분쟁조정을 신청할 수 있다(제36조제1항).

다수의 신청인이 공동으로 분쟁조정을 신청하는 경우에 신청인 중 3명 이내의 대표자를 선정할 수 있다. 신청인이 대표자를 신청하지 않은 경우에 금융감독원장은 신청인에게 대표자를 선정할 것을 권고할 수 있다. 이러한 분쟁조정의 신청은 시효중단의 효력이 있다(제40조제3항). 다만, 금융감독원장이 합의권고를 하지 아니하거나 분쟁조정위원회에 회부하지 아니할 때에는 그러하지 아니하다(제40조제1항).[102)]

3-2. 분쟁조정 신청 후 절차

금융감독원장은 분쟁조정 신청을 받았을 때부터 관계당사자에게 그 내용을 통지하고 합의를 권고할 수 있다. 다만 분쟁조정의 신청내용이 다음에 해당하는 경우 합의를 권고하지 않거나 분쟁조정위원회 회부를 하지 아니할 수 있다.

102) 이 경우 1개월 이내에 재판상의 청구, 파산절차참가, 압류 또는 가압류, 가처분을 한 때에는 시효는 최초의 분쟁조정의 신청으로 인하여 중단된 것으로 본다(제40조제2항).

합의권고·조정절차 예외사유

1. 신청한 내용이 분쟁조정대상으로서 적합하지 아니하다고 금융감독원장이 인정하는 경우
2. 신청한 내용이 관련 법령 또는 객관적인 증명자료 등에 따라 합의권고절차 또는 조정절차를 진행할 실익이 없는 경우
3. 그 밖에 제1호나 제2호에 준하는 사유로서 다음의 경우(시행령 제32조제1항)
   가. 조정위원회에 회부되기 전에 소가 제기된 경우
   나. 신청내용의 보완을 2회 이상 요구하였으나 이에 응하지 않은 경우
   다. 신청내용이 신청인과 직접적인 이해관계가 없는 경우

<그림 2-6> 분쟁조정위원회의 분쟁처리절차

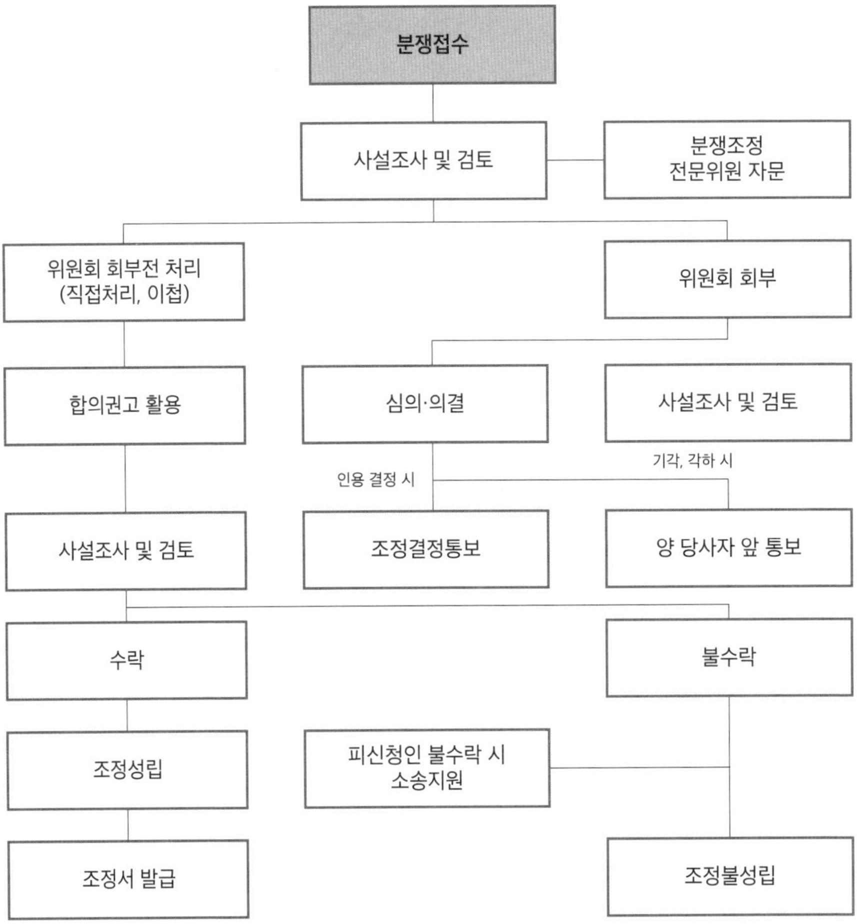

금융감독원장은 합의권고를 하지 않거나 조정위원회에 회부하지 아니할 때에는 그 사실을 관계당사자에게 서면으로 통지하여야 하며(제36조제3항), 이 경우 합의권고를 하지 않거나 조정위원회에 회부하지 않은 사유를 통지하여야 한다(시행령 제33조제4항).

3-3. 조정위원회 회부 및 조정안 작성

금융감독원장은 분쟁조정 신청을 받은 날부터 30일 이내에 합의가 이루어지지 아니할 때에는 지체 없이 조정위원회에 회부하여야 한다. 조정위원회는 조정을 회부받았을 때에는 이를 심의하여 조정안을 60일 이내에 작성하여야 한다. 금융감독원장은 조정위원회가 조정안을 작성하였을 때에는 신청인과 관계 당사자에게 제시하고 수락을 권고할 수 있다. 신청인과 관계 당사자가 조정안을 제시받은 날부터 20일 이내에 조정안을 수락하지 아니한 경우에는 조정안을 수락하지 아니한 것으로 본다(제36조제3항~제7항).

4. 분쟁조정위원회 효력

양 당사자가 조정안을 수락한 경우 재판상 화해와 동일한 효력을 갖는다(제39조).

5. 소송절차와 분쟁조정절차의 관계

5-1. 의의

기존 분쟁조정절차는 강제성 및 조정결과에 대한 법적 구속력 부재 등으로 분쟁을 효과적으로 해결하는 데 한계가 있었다. 또한 조정신청 전 또는 조정과정 중 어느 일방이 소송을 제기하는 경우 분쟁조정절차가 중단되었다. 즉 금융회사는 불리한 조정결정이 내려질 것으로 예상되는 경우 금융소비자의 조정신청 전 또는 조정결과가 통보되기 전에 채무부존재확인소송을 제기하여 분쟁조정제도의 실효성을 약화시키는 경우가 적지 않았다. 이처럼 금융회사들이 분쟁해결을 위해 소송제기를 남용하는 경우 금융소비자는 금융감독원이나 한국소비자원에 피해구제를 신청할 수 없고, 이미 접수되어 처리 중인 사건도 중단되었다. 이로 인해 금융소비자는 비용, 시간 등 부담이 큰 소송절차로 더욱 피해를 보는 결과를 야기하였다. 이러한 점을 감안하여 금융소비자보호법은 조정절차의 중지와 소액분쟁사건의 경우 특례를 인정하여 금융소비자의 사후구제를 강화·실효성 제고를 기하고 있다.

5-2. 소제기 사실의 통지

당사자는 분쟁조정위원회에 회부되기 전에 소가 제기된 경우 지체 없이 그 사실을 금융감독원장에게 알려야 한다(시행령 제35조제1항).

5-3. 소송절차의 중지

조정이 신청된 사건에 대하여 신청 전 또는 신청 후 소가 제기되어 소송이 진행 중일 때에는 수소법원은 조정이 있을 때까지 소송절차를 중지할 수 있다(제41조제1항). 당사자는 금융소비자보호법 제41조제1항에 따라 수소법원이 소송절차를 중지한 경우 지체 없이 그 사실을 금융감독원장에게 알려야 한다.

5-4. 조정절차의 중지

분쟁조정위원회는 소송절차가 중지되지 아니하는 경우에는 해당 사건의 조정절차를 중지하여야 한다(제41조). 또한 조정이 신청된 사건과 동일한 원인으로 다수인이 관련되는 동종·유사 사건에 대한 소송이 진행 중인 경우에는 분쟁조정위원회의 결정으로 조정절차를 중지할 수 있다(제41조제3항). 금융감독원장은 조정위원회가 조정절차를 중지한 경우 지체 없이 그 사실을 당사자에게 알려야 한다.

6. 소액분쟁사건의 특례 : 분쟁조정결과 실효성 제고

분쟁조정기관은 일반금융소비자가 신청한 사건이고, 조정을 통해서 주장하는 권리나 이익의 가액이 2천만원 이하인 소액분쟁사건에 대하여 조정절차가 개시된 경우에는 조정안을 제시받기 전에는 소를 제기할 수 없다. 이 규정은 금융소비자가 아닌 분쟁조정기관, 즉 금융회사에 대해서만 구속력이 있는 점에서 '편면적 구속력'이 있다. 다만, 금융소비자보호법 제36조제3항에 따라 서면통지를 받거나 조정안을 회부받고 60일 이내에 조정안을 제시받지 못한 경우에는 그러하지 아니하다(제42조).

제11절 감독과 제재

1. 금융소비자 보호정책

1-1. 의의

'금융소비자정책'이란 대체로 금융소비자 문제를 해소 내지 경감하기 위하여 정부가 시장에 개입하는 것이고,[103] 이 경우 정부가 개입하는 대표적인 방법이 법과 제도이다. 즉 "금융소비자정책"이란 금융소비자를 보호하기 위하여 법과 제도 등을 통하여 시장과 금융산업에 직·간접적으로 개입하는 행정기관의 활동과 내용을 총칭한다고 정의할 수 있다.[104]

이러한 금융소비자정책의 목적은 금융상품의 공급자 측면에서 사업자의 공정한 경쟁을 촉진하고, 수요자 측면에서는 합리적인 소비자행동을 유도함과 동시에 소비자의 피해구제를 효율적으로 도모하는 것이라고 할 수 있다.

그간 정부는 금융산업을 규제산업으로 보고 해당 산업별로 별개의 법률로 진입규제, 재무규제, 지배구조규제, 업무 및 행위규제 등을 하여 왔지만, 금융소비자의 보

103) 소비자정책을 정의하는 입장에 따라 (i) 소비자이익 증대를 위한 여러 가지 수단을 의미하며 궁극적으로 소비자만족 기회를 늘리는 것을 목표로 한다는 입장과 (ii) 소비자의 권익 증진이라는 목표 달성을 위해 정부가 공식적 내지 강제적으로 정한 기본방침이라고 접근하는 입장 내지 (iii) 소비자보호라는 기본 명제하에 소비자법률, 소비자행정, 소비자상담 등 다양한 분야를 아우르는 개념으로 소비자문제를 해결하기 위해 정부가 법과 제도 등을 통해 직간접적으로 개입하는 과정이라고 보는 등 다양하다.

104) 한편, 금융소비자를 보호하는 근본적 원인을 협의로 볼 것인지 아니면 광의로 볼 것인지에 따라 금융소비자 정책의 범위와 대상도 차이가 난다. 협의로 본다면 금융소비자정책은 정보비대칭으로 인하여 발생하는 문제로 국한되는 반면, 광의로 볼 경우 공정을 담보하는 일체의 방안 및 시장실패로 인한 문제까지 포함된다.

호는 이러한 산업규제의 부수적 효과로서만 확보되어 왔다[105). 이러한 점에서 금융소비자 스스로 자신의 권리를 행사할 수 있는 기반이 취약한 점을 고려할 때 행정차원의 금융소비자정책의 역할과 의미는 의미가 있다.

종래 「금융위원회의 설치 등에 관한 법률」(이하, 금융위원회법이라 한다) 제17조에 금융위원회의 사무로서 금융에 관한 정책 및 제도에 관한 사항 그리고 금융소비자의 보호와 배상 등 피해구제에 관한 사항 등을 규정하고 있었으나 금융소비자기본법으로 제정된 금융소비자보호법으로 이관하면서 금융소비자정책의 수립과 실행을 금융위원회가 수립해야 한다고 명시적으로 규정하고 있다.

1-2. 금융소비자보호정책 수립

금융위원회는 금융소비자의 권익 보호와 금융상품판매업의 건전한 시장질서 구축을 위하여 금융소비자 보호정책을 수립하여야 한다(제29조제1항). 이러한 정책 수립 시 금융위원회는 금융소비자의 권익 증진, 건전한 금융생활 지원 및 금융소비자의 금융역량 향상을 위하여 노력하여야 한다(제29조제2항).

1-3. 금융교육 강화

금융소비자의 금융역량을 향상하는 데 중요한 것 중의 하나가 금융교육이다.

금융소비자보호법은 금융위원회로 하여금 금융교육을 통하여 금융소비자가 금융에 관한 높은 이해력을 바탕으로 합리적인 의사결정을 내리고 이를 기반으로 하여

105) 그간 금융행정에서 금융소비자 보호를 위하여 금융소비자정책이나 금융소비자관련법의 형태로 나타나지는 않았고, 업권별로 각 개별법 하에서 금융회사의 거래상대방 보호차원에서 입법이 일부 이루어지는 형태로 취해 왔다. 특히 2012년 금융위기 전까지는 금융소비자정책이 부재하였고, 입법도 부재한 상태였다. 이러한 점은 금융소비자정책보다 금융산업정책이 우선시되고 있다는 비판에 직면하는 요인이 되었다.

장기적으로 금융복지를 누릴 수 있도록 노력하여야 하며, 예산의 범위에서 이에 필요한 지원을 할 수 있다고 하고 있다. 아울러 금융위원회는 금융환경 변화에 따라 금융소비자의 금융역량 향상을 위한 교육프로그램을 개발하여야 하며, 금융교육과 학교교육·평생교육을 연계하여 금융교육의 효과를 높이기 위한 시책을 수립·시행하도록 하고 있다.

이와 함께 금융위원회는 3년마다 금융소비자의 금융역량조사를 하고, 그 결과를 금융교육에 관한 정책 수립에 반영하여야 한다. 금융교육에 관한 업무는 금융감독원(금융위원회법에 따른 금융감독원을 말한다)의 장 또는 금융교육 관련 기관·단체에 위탁할 수 있다(제30조).

1-4. 금융상품 비교공시 및 금융소비자 보호실태 평가

가. 금융상품 비교공시

금융위원회는 금융소비자가 금융상품의 주요내용을 알기 쉽게 비교할 수 있도록 다음의 금융상품의 유형별로 금융상품의 주요내용을 비교하여 공시할 수 있다(제32조제1항).

비교공시 대상 금융상품(시행령 제29조제1항)

1. 예금성 상품 중 예금
2. 대출성 상품 중 대출
3. 투자성 상품 중 집합투자증권
4. 보장성 상품 중 보험
5. 기타 일반금융소비자가 보편적으로 취득·처분할 수 있는 다음의 금융상품(감독규정 제27조제1항)
   가. 예금성 상품 중 적금
   나. 「소득세법 시행령」상 연금저축계좌
   다. 「근로자퇴직급여보장법」상 퇴직연금제도

비교공시에는 다음의 사항이 포함되어야 한다(시행령 제29조제2항).

비교공시 포함사항

1. 이자율
2. 보험료
3. 수수료
4. 그 밖에 금융소비자가 금융상품의 계약체결 여부를 판단하는 데 필요한 정보로서 다음의 사항(감독규정 제27조제2항)
 1) 중도상환수수료율, 위험등급 등 금융소비자가 유의해야 할 사항
 2) 법 제32조제1항에 따라 공시(이하 이 조에서 "비교공시"라 한다)된 정보에 관한 다음 각목의 사항
가. 해당 정보를 제공한 금융상품직접판매업자의 담당부서 및 연락처
나. 비교공시 시점
3. 그 밖에 금융소비자 보호를 위해 비교공시가 필요한 사항으로서 금융감독원장이 정하는 사항

아울러 비교공시의 내용은 다음의 사항을 갖추어야 한다(감독규정 제27조제3항).

비교공시내용이 갖추어야 할 것

1. 금융소비자가 필요로 하는 정보를 간단명료하게 전달할 것
2. 보통의 주의력을 가진 일반적인 금융소비자가 알기 쉽도록 할 것
3. 내용의 정확성·중립성·적시성을 유지할 것
4. 일관되고 통일된 기준에 따라 산출된 정보일 것
5. 협회등의 공시 내용과 차이가 없을 것

금융위원회는 협회등에 비교공시에 필요한 자료를 주기적으로 제출할 것을 요청할 수 있으며, 다음의 사항에 대해 협회등과 사전에 협의해야 한다(감독규정 제27조제4항).

비교공시 관련 협회등 협의사항

1. 비교공시를 위해 협회등이 금융감독원장에 제출할 필요가 있는 자료
2. 자료의 제출 시기 및 제출방법
3. 자료의 작성방법
4. 자료가 제3항 각호의 사항을 갖추도록 하는 데 협회등 또는 금융상품직접판매업자의 협조가 필요한 사항

또한 금융감독원장은 매년 다음의 전산처리시스템이 제공하는 공시정보에 대한 일반금융소비자의 만족도를 조사해야 한다(감독규정 제27조제5항).

1. 금융감독원장이 운영하는 비교공시 전산처리시스템
2. 협회등이 시행령 제29조제1항 각호의 금융상품에 대한 정보를 공시하기 위해 운영하는 전산처리시스템

만족도 조사 결과에 따라 금융감독원장은 금융소비자의 편익을 제고하기 위해 개선이 필요한 사항은 지체 없이 조치해야 한다. 이 경우, 그 조사결과와 관련하여 협회등의 조치결과도 확인해야 한다. 이후 금융감독원장은 이들 조사의 결과 및 조치의 결과(확인한 협회등의 조치결과를 포함)를 홈페이지에 게시해야 한다(감독규정 제27조제7항).

나. 금융소비자 보호실태 평가

금융감독원장은 다음의 사항을 고려하여 매년 지정하는 금융상품판매업자등의 금융소비자 보호실태를 평가하고 그 결과를 공표할 수 있다.

금융상품판매업자 지정 시 고려사항(시행령 제30조제1항)

1. 영업의 규모 및 시장점유율
2. 취급하는 금융상품의 종류 및 성격
3. 법 제48조에 따른 감독 및 법 제50조에 따른 검사결과
4. 해당 금융상품에 대한 민원 또는 분쟁 현황
5. 그 밖에 제1호부터 제4호까지의 사항에 준하는 것으로서 금융소비자 보호를 위한 사항
    1) 자율진단 결과
    2) 실태평가 결과에 따른 금융상품판매업자등의 개선계획 또는 조치내용
    3) 그 밖에 실태평가 대상을 선별하는 데 고려해야 할 중요한 사항으로서 금융감독원장이 정하는 사항

금융소비자 보호실태의 내용은 내부통제기준 및 금융소비자 보호기준의 운영에 관한 사항을 말한다(시행령 제30조제2항). 금융감독원장은 매년 금융소비자 보호실태를 평가·공표해야 한다. 다만, 금융소비자 보호 및 건전한 거래질서를 위해 필요하다고 인정하는 경우에는 수시로 평가·공표할 수 있다.

금융소비자 보호실태를 평가하는 경우 금융감독원장은 다음의 사항을 준수하여야 한다(시행령 제30조제4항).

금융소비자 보호실태 평가 시 준수사항

1. 신뢰성과 타당성이 있는 평가지표를 사용할 것
2. 금융상품의 유형별 특성을 반영할 것
3. 평가결과에 대한 객관적인 근거를 확보할 것
4. 평가 대상자의 의견을 확인할 것

또한 금융감독원장은 실태평가의 실효성 확보를 위하여 다음의 사항을 이행하여야 한다(감독규정 제28조제3항).

실태평가 실효성 확보조치

1. 실태평가 종료 후 2개월 이내에 실태평가 결과에 따른 해당 금융상품판매업자등의 개선계획을 확인할 것
2. 제1호에 따른 개선계획을 확인한 후 1년 이내에 해당 금융상품판매업자등의 개선계획에 따른 조치 결과를 확인할 것

다. 금융소비자 보호기준 마련

금융상품판매업자등은 금융소비자 불만 예방 및 신속한 사후구제를 위한 절차 및 기준, 즉 금융소비자 보호기준을 제정하여야 한다(제32조). 금융소비자보호법은 내부통제기준을 마련해야 하는 금융상품판매업자등에 대하여 금융소비자 보호기준도 제정하도록 하고 있다(제16조제2항).[106] 이를 통해 금융소비자 보호기준에 대한 이사회 관심 제고와 CEO 책임성 제고를 기대하고 있다. 이러한 금융소비자 보호기준의 운영 및 이행의 충실도는 금융소비자 보호실태 평가에 반영된다(시행령 제30조제2항제2호).

금융소비자 보호기준 제정 면제자

1. 「상호저축은행법」에 따른 상호저축은행중앙회
2. 「자본시장과 금융투자업에 관한 법률」에 따른 온라인소액투자중개업자(이하 "온라인소액투자중개업자"라 한다)
3. 대부업자 및 대부중개업자
4. 온라인투자연계금융업자
5. 그 밖에 제1호부터 제4호까지의 금융상품판매업자등에 준하는 자로서 다음의 자(감독규정 제9조제1항)
   1) 「여신전문금융업법」에 따른 겸영여신업자
   2) 「자본시장과 금융투자업에 관한 법률」에 따른 겸영금융투자업자
   3) 다음 각목의 구분에 따른 경우에 해당하는 법인
      가. 금융상품직접판매업자 및 금융상품자문업자: 상시근로자가 5명 미만인 경우
      나. 금융상품판매대리·중개업자: 다음의 어느 하나에 해당하는 경우

106) 이는 종래 행정지도로 해왔던 금융소비자 보호 모범규준상의 (일부) 주요내용을 법제화한 것이다. 행정지도인 금융소비자 보호 모범규준은 금융행정의 목적을 달성하기 위하여 금융회사에 자발적인 협조를 요청해왔다. 다만 금융감독원의 금융소비자 보호실태 평가를 통해 실무에서는 대부분 준수하는 경향이었다.

- 하나의 금융상품직접판매업자가 취급하는 금융상품에 관한 계약의 체결만 대리·중개하는 것을 영업으로 하는 경우
- 소속된 개인 금융상품판매대리·중개업자가 5명 미만(직전 분기의 일평균을 기준으로 한다)인 경우(전자금융거래 방식만으로 금융상품판매업등을 영위하는 법인은 상시근로자가 3명 미만인 경우를 말한다)

이러한 금융소비자 보호기준에는 다음의 사항이 포함되어야 한다(제32조제2항, 시행령 제31조제2항).

금융소비자 보호기준 필수포함사항

1. 금융소비자의 권리
2. 민원·분쟁 발생 시 업무처리 절차
3. 금융소비자 보호기준의 운영을 위한 조직·인력
4. 금융소비자 보호기준 준수 여부에 대한 점검·조치 및 평가
5. 민원·분쟁 대응 관련 교육·훈련
6. 금융소비자 보호기준의 제정·변경 절차
7. 그 밖에 제1호부터 제6호까지의 사항에 준하는 것으로서 다음의 사항(감독규정 제29조)
   1) 다음 각목의 사항을 효율적·체계적으로 관리하기 위한 전산처리시스템의 구축
      가. 금융소비자의 민원 상황 및 처리결과
      나. 금융소비자와의 분쟁조정·소송 진행상황 및 결과
   2) 법 제28조제3항에 따른 금융소비자의 자료열람 요구에 대한 대응
   3) 법 제46조제1항에 따른 일반금융소비자의 청약 철회에 대한 대응
   4) 법 제47조제1항에 따른 계약의 해지 요구에 대한 대응
   5) 법령 및 약관상 금융소비자의 권리를 안내하는 방법
   6) 계약체결 후 금융소비자 보호를 위해 필요한 사항 점검 및 관련 제도 개선에 관한 사항

금융소비자 보호기준을 신설 또는 변경하는 경우에는 내부통제기준의 제정 및 변경과 동일하게 이사회의 승인을 거쳐야 한다(제32조제4항, 시행령 제31조제3항). 다만, 금융위원회가 정하여 고시하는 경미한 사항을 변경하는 경우에는 대표자의 승인으로 갈음할 수 있다(시행령 제10조).

금융회사들은 종래 민원과 사후구제 관련하여 '민원사무처리지침'으로 두고 있으

나 금융소비자보호법은 이러한 내용이 포함된 금융소비자 보호기준에 대해 이사회 결의를 요건으로 하고 있어 민원사무처리지침 형태로 개별화되어 있는 경우 금융소비자 보호기준으로 통합하거나 개별 지침의 개정을 안건으로 이사회 승인 절차를 거쳐야 한다.

아울러 금융소비자 보호기준의 신설 또는 변경한 경우에는 그 사실을 인터넷 홈페이지를 통해 공지하여야 한다(제31조제3항).

2. 감독과 제재

2-1. 감독

가. 금융상품판매업자등에 대한 감독

금융위원회는 금융소비자의 권익을 보호하고 건전한 거래질서를 위하여 금융상품판매업자등이 이 법 또는 이 법에 따른 명령이나 처분을 적절히 준수하는지를 감독하여야 한다(제48조제1항). 즉 금융상품판매업자등의 포괄적인 감독권은 금융위원회에 있다.

이외에 은행법, 자본시장법, 보험업법, 상호저축은행법, 여신전문금융업법 등 개별업법에서도 금융위원회의 감독권에 대해 규정하고 있다. 이처럼 각 금융업법에 이미 금융감독에 관한 사항을 규정하고 있는 점을 감안할 때 금융소비자보호법상 금융상품판매업자등에 대한 감독에 관한 규정은 이들 법령에 산재되어 있는 금융상품에 대한 감독체계를 금융소비자 관점에서 통합하여 금융소비자의 권익을 증진하고 금융소비자 보호의 실효성을 제고하는 효과를 기대하게 한다.

나. 금융상품자문업자의 업무보고서

금융상품자문업자는 매 사업연도 개시일부터 3개월간·6개월간·9개월간 및 12개월간의 업무보고서를 작성하여 각각의 기간 경과 후 45일 내에 업무보고서를 금융위원회에 제출하여야 한다(제48조제2항). 금융소비자보호법 제12조에 따른 요건을 갖추어 등록한 금융상품판매업자등은 금융소비자보호법 제12조제2항부터 제4항까지의 등록요건이 변동된 경우 1개월 이내에 그 변동사항을 금융위원회에 보고하여야 한다(제48조제3항).

금융상품자문업자의 업무보고서 기재사항(시행령 제39조)

1. 명칭 및 소재지
2. 인력 및 재무현황
3. 자문대상 금융상품의 범위
4. 자문업무의 제공 절차
5. 내부통제기준 및 금융소비자 보호기준
6. 보수 및 그 결정기준
7. 법 제12조제4항제1호 각목의 해당 여부에 관한 사항
8. 그 밖에 제1호부터 제7호까지의 사항에 준하는 것으로서 다음의 사항
   1) 금융상품판매업자로부터 자문과 관련하여 대가 등 재산상 이익을 제공받은 경우 그 재산상 이익의 종류 및 규모
   2) 업무 위탁·제휴 관계에 있는 금융상품판매업자의 명칭 및 위탁·제휴 내용
   3) 「금융회사의 지배구조에 관한 법률 시행령」 제5조에 따른 법령, 「독점규제 및 공정거래에 관한 법률」 또는 「조세범 처벌법」을 위반하여 제재 또는 형벌을 받은 경우 그 사실
   4) 자문대상 금융상품 중 대주주·특수관계인이 발행하거나 취급하는 금융상품에 관한 사항
   5) 겸영하는 업무에 관한 사항(다른 업무를 겸영하는 경우에 한정한다)
   6) 영업 관련 계약 및 수수료 수입 내역

금융상품자문업자는 금융감독원장이 정하는 서식, 작성방법 및 첨부서류 등을 참고하여 업무보고서를 작성할 수 있다(감독규정 제32조제2항).

이처럼 금융소비자보호법에서 금융상품판매업자 중 업무보고서 제출대상을 금융상품자문업자로 한정하여 규정하고 있는 것은 금융상품판매업자 중 금융상품직접판매업자는 금융회사로서 개별 금융관련 법령에서 업무보고서 제출의무가 있음을 감안한 것이다.

2-2. 명령권

가. 시정·중지 등 조치명령

금융위원회는 금융소비자의 권익 보호 및 건전한 거래질서를 위하여 필요하다고 인정하는 경우에는 금융상품판매업자등에게 다음의 사항에 관하여 시정·중지 등 필요한 조치를 명할 수 있다(제49조제1항). 즉 매우 포괄적으로 명령권을 행사할 수 있다.[107)]

금융위원회의 명령권 대상

1. 금융상품판매업자등의 경영 및 업무개선에 관한 사항
2. 영업의 질서유지에 관한 사항
3. 영업방법에 관한 사항
4. 금융상품에 대하여 투자금 등 금융소비자가 부담하는 급부의 최소 또는 최대한도 설정에 관한 사항
5. 그 밖에 금융소비자의 권익 보호 또는 건전한 거래질서를 위하여 필요한 다음의 사항(시행령 제40조)
 1) 내부통제기준 및 금융소비자 보호기준
 2) 수수료 및 보수

최근 금융위원회가 조치명령권을 발동한 대표적인 사례로 옵티머스 자산운용에 대한 영업 전부정지, 임원의 직무집행 정지 및 관리인(금감원·예보) 선임 등의 조치명령사례가 있다.[108)]

107) 이에 대해 침익적 성격을 갖는 금융위원회의 조치명령권 발동요건이 포괄적으로 규정된 경우 법률유보의 원칙에 반할 소지가 있다고 보고 행사요건과 행사수단에 대한 세부기준을 두는 입법개정안이 발의된 바 있다. 이용우의원 대표발의 「자본시장과 금융투자업에 관한 법률」일부개정안 [의안번호 2107536, 2021.1.21. 발의]

108) 자본시장법상 집합투자업(부동산), 전문사모집합투자업, 겸영업무, 부수업무 등 모든 업무를 정지하였으나 (2020.6.30.~2020.12.29.), 펀드재산 보호를 위한 권리행사 등 투자자 보호상 필요한 일부업무(펀드재산 보호를 위한 권리행사, 펀드재산의 투자자에 대한 배분, 고객의 권리행사를 위한 사무업무, 회사의 권리행사 관련 사무업무 등) 등은 영위가 허용되었다. 금융위원회, 옵티머스 자산운용(주)에 대한 영업전부 정지 등 조치명령, 2020. 6.30. 보도자료.

나. 판매제한·금지명령[109)]

금융위원회는 투자성 상품, 보장성 상품 또는 대출성 상품에 관한 계약체결 및 그 이행으로 인해 금융소비자의 재산상 현저한 피해가 발생할 우려가 있다고 명백히 인정되는 경우 그 금융상품을 판매하는 금융상품판매업자에 대하여 해당 금융상품 계약체결의 권유 금지 또는 계약체결의 제한·금지를 명할 수 있다(제49조제2항).

판매제한·금지명령을 하기 전에 다음의 사항을 포함한 절차를 지켜야 한다(감독규정 제33조제1항). 다만 금융소비자 피해 확산 방지를 위해 긴급하게 조치를 해야 하는 경우로서 다음 각호의 절차를 이행할 여유가 없을 때에는 필요한 범위 내에서 제1호 또는 제2호에 따른 사항을 생략하거나 그 기간을 단축할 수 있다.

판매제한·금지명령의 절차

1. 판매제한·금지명령 대상자에 다음 각목의 사항을 알릴 것
 가. 판매제한·금지명령의 필요성 및 판단근거
 나. 판매제한·금지명령 절차 및 예상시기
 다. 의견제출 방법
2. 판매제한·금지명령 대상자가 해당 조치에 대한 의견(근거자료를 포함한다)을 제출할 수 있는 충분한 기간을 보장할 것. 이 경우, 다음 각목의 사항을 고려해야 한다.
 가. 판매제한·금지명령의 시급성
 나. 판매제한·금지명령 대상자가 해당 조치로 입는 경영상 불이익
 다. 그 밖에 판매제한·금지명령 대상자가 의견제출과 관련하여 자료 수집·분석 등을 하는 데 불가피하게 소요되는 기간

또한 금융위원회는 판매제한·금지명령을 한 경우에 지체 없이 다음의 사항을 홈페이지에 게시해야 한다(감독규정 제33조제2항).

---

109) 판매제한명령제도의 입법례 등 상세내용은 안수현, "금융소비자의 집단피해 예방을 위한 금융상품개입조치권", 「경제법연구」, Vol 15, no.1, 2016. 한국경제법학회, 205~239면 참고.

판매제한·금지 명령 시 홈페이지 게시사항

1. 해당 금융상품 및 그 금융상품의 과거 판매기간
2. 관련 금융상품판매업자의 명칭
3. 판매제한·금지명령의 내용·유효기간 및 사유. 이 경우, 그 명령이 해당 금융상품판매업자의 금융 관련 법령 위반과 관계없는 경우에는 그 사실을 알려야 한다.
4. 판매제한·금지명령이 그 발동시점 이전에 체결된 해당 금융상품에 관한 계약의 효력에 영향을 미치지 않는다는 사실
5. 판매제한·금지명령 이후 그 조치의 이행현황을 주기적으로 확인한다는 사실
6. 그 밖에 다음 각목의 사항을 고려하여 공시가 필요하다고 금융위원회가 인정한 사항

가. 금융소비자 보호

나. 공시로 인해 판매제한·금지명령 대상자가 입을 수 있는 불이익(금융소비자 보호와 관계 없는 경우에 한정한다)

금융위원회는 다음에 해당하는 경우에 판매제한·금지명령을 중단할 수 있다. 이 경우, 그 사실을 지체 없이 판매제한·금지명령 대상자에 알리고 그 사실을 홈페이지에 게시해야 한다(감독규정 제33조제3항).

판매제한·금지명령 중단사유

1. 판매제한·금지명령을 받은 자가 판매제한·금지명령 대상인 금융상품과 관련하여 금융소비자의 재산상 현저한 피해가 발생할 우려를 없애거나 그 금융상품에 관한 계약체결을 중단한 경우
2. 그 밖에 다음 각호의 사항을 고려하여 판매제한·금지명령을 중단해야할 필요성을 금융위원회가 인정한 경우

가. 제1항제1호 가목에 관한 사항

나. 판매제한·금지명령 대상자가 해당 조치로 입는 경영상 불이익

이러한 명령권 및 판매제한·금지명령 발동사실은 그 내용을 기록하고 유지·관리되어야 한다(제56조제1항). 또한 금융상품판매업자등 또는 그 임직원(임직원이었던 사람을 포함한다)은 금융위원회, 금융감독원 또는 금융상품판매업자등에게 자기에 대한 처분 또는 조치 여부 및 그 내용의 조회를 요청할 수 있고(제56조제3항), 정당한 사유가 없으면 처분 또는 조치 여부 및 그 내용을 그 조회 요청자에게 통보하여야 한다(제56조제4항).

2-3. 검사

금융상품판매업자등은 그 업무와 재산상황에 관하여 금융감독원장의 검사를 받아야 한다(제50조제1항).[110]

금융감독원장은 검사를 할 때 필요하다고 인정하는 경우에는 금융상품판매업자등에게 업무 또는 재산에 관한 보고, 자료의 제출, 관계인의 출석 및 의견 진술을 요구하거나 금융감독원 소속 직원으로 하여금 금융상품판매업자등의 사무소나 사업장에 출입하여 업무상황이나 장부·서류·시설 또는 그 밖에 필요한 물건을 검사하게 할 수 있으며, 검사를 하는 사람은 그 권한을 표시하는 증표를 지니고 관계인에게 보여 주어야 한다.

110) 「금융위원회의 설치 등에 관한 법률」에서 금융회사 검사사항은 다음과 같이 금융위원회 소관사무로 정하고 있다.

제17조(금융위원회의 소관 사무) 금융위원회의 소관 사무는 다음 각호와 같다. <개정 2014. 5. 28.> 1. 금융에 관한 정책 및 제도에 관한 사항 2. 금융기관 감독 및 검사·제재(制裁)에 관한 사항 3. 금융기관의 설립, 합병, 전환, 영업의 양수·양도 및 경영 등의 인가·허가에 관한 사항 4. 자본시장의 관리·감독 및 감시 등에 관한 사항 5. 금융소비자의 보호와 배상 등 피해구제에 관한 사항 6. 금융중심지의 조성 및 발전에 관한 사항 7. 제1호부터 제6호까지의 사항에 관련된 법령 및 규정의 제정·개정 및 폐지에 관한 사항 8. 금융 및 외국환업무 취급기관의 건전성 감독에 관한 양자 간 협상, 다자 간 협상 및 국제협력에 관한 사항 9. 외국환업무 취급기관의 건전성 감독에 관한 사항 10. 그 밖에 다른 법령에서 금융위원회의 소관으로 규정한 사항

아울러 금융감독원은 「금융위원회의 설치 등에 관한 법률」 또는 다른 법령에 따라 금융회사의 업무 및 재산상황에 대한 검사를 수행한다(금융위원회법 제37조). 즉 금융위원회가 정하는 방법·절차 등(금융기관 검사 및 제재에 관한 규정 및 시행세칙)에 따라 검사업무를 수행한다.

제37조(업무) 금융감독원은 이 법 또는 다른 법령에 따라 다음 각호의 업무를 수행한다. 1. 제38조 각호의 기관의 업무 및 재산상황에 대한 검사 2. 제1호의 검사 결과와 관련하여 이 법과 또는 다른 법령에 따른 제재 3. 금융위원회와 이 법 또는 다른 법령에 따라 금융위원회 소속으로 두는 기관에 대한 업무지원 4. 그 밖에 이 법 또는 다른 법령에서 금융감독원이 수행하도록 하는 업무

금융감독원장은 검사를 한 경우 그 결과를 금융위원회에 보고하여야 하며, 이 법 또는 이 법에 따른 명령이나 처분을 위반한 사실이 있을 때에는 그 처리에 관한 의견서를 첨부하여야 한다(제50조제4항). 그 밖에 금융감독원장은 「주식회사 등의 외부감사에 관한 법률」에 따라 금융상품판매업자등이 선임한 외부감사인에게 해당 금융상품판매업자등을 감사한 결과 알게 된 정보, 그 밖에 영업행위와 관련되는 자료의 제출을 사용목적에 필요한 최소한의 범위에서 서면으로 요구할 수 있다(제50조제5항).

2-4. 제재

가. 의의

금융당국은 검사 등을 통해 감독대상인 금융회사의 위법행위가 발견되는 경우 이에 대한 제재를 할 수 있다. 이러한 제재는 법집행으로서 처분에 해당하며, 대상자에게는 위법행위에 대한 징계인 동시에 감독당국으로서는 감독수단이 된다.

이러한 제재조치는 침해적 행정작용으로 법률유보원칙에 의하여 법률에 근거를 두고 있어야 한다. 이러한 점을 감안하여 금융소비자보호법은 제51조부터 제64조까지 위법행위에 대한 구체적인 처분에 대한 근거규정 및 절차규정을 마련하고 있다. 아울러 금융상품판매업자등에 대하여 행정처분을 하는 경우, 피조치자의 권익을 보장하기 위한 사전통지 및 의견청취 등의 절차를 거치도록 하고 있다(제54조).

나. 행정처분

1) 금융상품판매업자등에 대한 처분

금융상품판매업자등에 대한 금융위원회의 처분사유 및 처분의 종류는 다음과 같다(제51조).

<표 2-33> 금융위원회의 처분사유·종류

<table>
<tr><th>행정처분사유</th><th colspan="2">금융위원회의 처분권</th></tr>
<tr><td>1. 거짓이나 그 밖의 부정한 방법으로 제12조의 등록을 한 경우</td><td>등록취소</td><td>취소 필수</td></tr>
<tr><td>2. 제12조제2항 또는 제3항에서 정한 등록 요건을 유지하지 아니하는 경우. 다만, 일시적으로 등록요건을 유지하지 못한 경우로서 대통령령으로 정하는 경우는 제외한다.</td><td rowspan="4">등록취소</td><td rowspan="4">취소 임의</td></tr>
<tr><td>3. 업무의 정지기간 중에 업무를 한 경우</td></tr>
<tr><td>4. 금융위원회의 시정명령 또는 중지명령을 받고 금융위원회가 정한 기간 내에 시정하거나 중지하지 아니한 경우</td></tr>
<tr><td>5. 그 밖에 금융소비자의 이익을 현저히 해칠 우려가 있거나 해당 금융상품판매업등을 영위하기 곤란하다고 인정되는 경우로서 다음의 경우
1) 법 제49조제2항에 따른 명령에 따르지 않은 경우
2) 1년 이상 계속하여 정당한 사유 없이 영업을 하지 않는 경우
3) 업무와 관련하여 제3자로부터 부정한 방법으로 금전등을 받거나 금융소비자에게 지급해야 할 금전등을 받는 경우
4) 법 제51조제2항 각호에 따른 조치를 받은 날부터 3년 이내에 3회 이상 동일한 위반행위를 반복한 경우</td></tr>
<tr><td>금융상품판매업자등이 상기 2.부터 5.의 어느 하나에 해당하거나 이 법 또는 이 법에 따른 명령을 위반하여 건전한 금융상품판매업등을 영위하지 못할 우려가 있다고 인정되는 경우로서 시행령 별표 1에 해당하는 경우(제51조제2항)</td><td colspan="2">1. 6개월 이내의 업무의 전부 또는 일부의 정지
2. 위법행위에 대한 시정명령
3. 위법행위에 대한 중지명령
4. 위법행위로 인하여 조치를 받았다는 사실의 공표명령 또는 게시명령
5. 기관경고
6. 기관주의
7. 그 밖에 위법행위를 시정하거나 방지하기 위하여 필요한 조치로서 다음의 조치
1) 영업소의 전부 또는 일부 폐쇄
2) 수사기관에의 통보
3) 다른 행정기관에의 행정처분 요구
4) 경영이나 업무에 대한 개선 요구</td></tr>
</table>

등록 취소 등의 조치가 이루어진 경우 그 처분의 내용을 구체적으로 사전에 통지하여, 상당한 기간을 정하여 구술 또는 서면에 의한 의견진술기회를 주어야 한다(금융기관 검사 및 제재에 관한 규정 제35조). 또한 별도의 청문절차를 거쳐야 한다(제54조).

한편, 금융상품판매업자등에 대한 조치권자는 금융회사별로 차이가 있다(제51조제2항).

<표 2-34> 금융상품판매업자등에 대한 조치권자

금융상품판매업자	조치권자	
	금융위원회	금융감독원장으로 하여금 조치
은행	금융감독원장의 건의에 따라 2. 위법행위 시정명령 4. 위법행위 조치사실 공표명령·개시명령 7. 기타 조치	3. 위법행위 중지명령 5. 기관경고 6. 기관주의
보험회사, 여신전문금융회사, 보험대리점, 보험중개사, 겸영여신업자	금융감독원장의 건의에 따라 2. 위법행위 시정명령 3. 위법행위 중지명령 4. 위법행위 조치사실 공표명령·개시명령 5. 기관경고 6. 기관주의 7. 기타 조치	5. 기관경고 6. 기관주의

2) 임직원에 대한 처분

금융위원회는 금융상품판매업자등의 임직원이 법령을 위반하여 건전한 금융상품판매업등을 영위하지 못할 우려가 있는 경우 다음의 조치를 할 수 있다(제52조제1항).

<표 2-35> 임직원 조치 사유·유형

구분	사유	처분
임원	법 또는 법상 명령을 위반하여 건전한 금융상품판매업등을 영위하지 못할 우려가 있다고 인정되는 경우로서 별표 1에 해당하는 경우	해임요구 6개월 이내의 직무정지 문책경고 주의적 경고 주의
직원	법 또는 법상 명령을 위반하여 건전한 금융상품판매업등을 영위하지 못할 우려가 있다고 인정되는 경우로서 별표 1에 해당하는 경우	면직 6개월 이내의 정직 감봉 4. 견책 5. 주의

이 경우 임직원에 대한 조치권자는 다음과 같다(제52조제3항).

<table>
<tr><th rowspan="3">금융상품판매업자</th><th colspan="4">조치권자</th></tr>
<tr><th colspan="2">임원</th><th colspan="2">직원</th></tr>
<tr><th>금융위원회</th><th>금융감독원장으로 하여금 조치</th><th>금융위원회</th><th>금융감독원장</th></tr>
<tr><td>은행</td><td>금융감독원장 건의에 따라
해임요구
6개월내 직무정지</td><td>3. 문책경고
4. 주의적 경고
5. 주의</td><td></td><td>다음 조치 요구
면직
6개월내 정직
감봉
견책
주의</td></tr>
<tr><td>보험회사, 여전자, 보험대리점, 보험중개사, 겸영여신업자</td><td>금융감독원장 건의에 따라
해임요구
6개월 내 직무정지
문책경고
주의적 경고
주의</td><td>3. 문책경고
4. 주의적 경고
5. 주의</td><td>금융감독원장 건의에 따라 다음 조치 요구
면직
6개월 내 정직
감봉
견책
주의</td><td>또는 금융감독원장으로 하여금 요구하게 할 수 있음</td></tr>
</table>

아울러 금융위원회 또는 금융감독원장은 금융상품판매업자등의 임직원에 대하여 조치를 하거나 금융상품판매업자등에게 조치를 요구하는 경우 그 임직원에 대해서 관리·감독의 책임이 있는 임직원에 대한 조치를 같이하거나 이를 요구할 수 있다. 다만, 관리·감독의 책임이 있는 사람이 그 임직원의 관리·감독에 적절한 주의를 다한 경우에는 조치를 감경하거나 면제할 수 있다(제52조제5항). 이러한 감독자에 대한 조치는 행위자에 대한 조치 시 관리감독의 책임 있는 자를 연대하여 처분함으로써 제재의 실효성을 높이기 위함이다.

또한 퇴임한 임직원등에 대해서도 재임 또는 재직 중이었더라면 조치를 받았을 것으로 인정되는 경우에는 그 받았을 것으로 인정되는 조치의 내용을 해당 금융상품판매업자등의 장에게 통보할 수 있다. 이 경우 통보를 받은 금융상품판매업자등은 그 내용을 해당 임원 또는 직원에게 통보하여야 한다(제53조). 아울러 이러한 조치내용을 통보받은 금융상품판매업자등은 퇴임한 임직원에 대한 조치의 내용을 기록하고 유지·관리하여야 한다(제56조제2항).

금융상품판매업자등 또는 그 임직원(임직원이었던 사람을 포함한다)은 금융위원회, 금융감독원 또는 금융상품판매업자등에게 자신에 대한 따른 처분 또는 조치 여부 및 그 내용의 조회를 요청할 수 있으며 조회를 요청받은 경우 정당한 사유가 없으면 처분 또는 조치 여부 및 그 내용을 그 조회 요청자에게 통보하여야 한다(제56조제2항, 제3항).

3) 청문 및 이의신청

청문이란 행정청이 어떠한 처분을 하기에 앞서 당사자등의 의견을 직접 듣고 증거를 조사하는 절차로서 의견청취의 일종이다(행정절차법 제2조제5호). 이는 당사자에게 소명과 유리한 자료를 제출할 기회를 제공함으로서 제재절차의 정당성을 기하고자 하기 위함이다.

금융소비자보호법은 금융위원회로 하여금 다음의 처분 또는 조치를 하려면 청문을 하도록 하고 있다(제54조).

청문을 요하는 감독조치

1. 금융상품판매업자등에 대한 등록의 취소
2. 임원의 해임요구 또는 직원의 면직 요구

금융소비자보호법 제51조 및 제52조에 따른 처분 또는 조치(등록의 취소, 해임요구 또는 면직 요구는 제외)에 불복하는 자는 처분 또는 조치를 고지받은 날부터 30일 이내에 불복 사유를 갖추어 이의를 신청할 수 있고(제55조). 이 경우 금융위원회는 60일 이내에 결정을 하여야 한다. 다만, 부득이한 사정으로 그 기간 내에 결정을 할 수 없을 경우에는 30일의 범위에서 그 기간을 연장할 수 있다(제55조제2항).

다. 과태료·과징금 등

과징금은 행정상의 의무 위반 또는 불이행에 대하여 부과하는 행정적 제재금으로서, 주로 행정규제 위반행위로 얻은 불법적 이익을 전적으로 박탈함으로서 간접적으로 의무 이행을 강제하는 효과를 거두기 위한 취지에서 부과된다. 이러한 면에서 제재적 요소와 부당이득 환수적 요소 모두 가진 금전적 제재조치라 할 수 있다.

반면, 과태료는 행정법상 질서벌적 성격을 가지며 일반적으로 질서위반행위에 대한 제재로서 가벼운 의무위반행위에 대해 과해지는 금전벌이다.

금융소비자보호법은 특히 징벌적 과징금제도를 도입하여 위법행위로 인한 경제적 이득이 위법행위자에게 귀속되는 것을 방지하는 한편, 금전적 제재를 통해 위법행위의 발생을 억지하고자 하고 있다.

1) 과태료

과태료가 부과되는 사유는 다음과 같다(제69조).

<표 2-36> 과태료 제재대상·금액

구 분	부과대상
과태료 1억원 이하	• 판매·중개업자에 대한 판매업자등의 관리업무를 위한 내부통제기준을 마련하지 아니한 자 • 중요한 내용 미설명·설명서 미제공 및 미확인 • 불공정영업행위를 한 자 • 부당권유행위를 한 자 • 금융상품등에 관한 광고 관련 준수사항을 위반하여 금융상품등 광고를 한 자 • 금융상품계약체결등의 업무 대리·중개하게 한 금융상품판매대리·중개업자가 중요한 내용 미설명·설명서 미제공 및 미확인한 경우, 불공정영업행위를 한 경우, 부당권유행위를 한 경우, 광고관련 준수사항을 위반한 경우 • 금융소비자에게 계약서류를 제공하지 아니한 자 • 금융상품판매대리·중개업무를 제3자에게 위탁하거나 그 행위로 대가를 지급하는 행위를 한 경우 그 업무를 대리·중개하게 한 금융상품직접판매업자 • 자문업자라는 사실 및 증표를 금융소비자에게 알리지 아니한 자 또는 표지를 게시하지 아니하거나 증표를 내보이지 아니한 자 • 독립금융상품자문업자가 아닌 자가 독립문자를 명칭에 사용하거나 광고에 사용한 자 • 독립금융상품자문업자의 금지행위를 한 자 • 금융상품판매업등의 업무와 관련된 자료를 기록하지 아니하거나 자료의 종류별로 유지·관리하지 아니한 자 • 금융상품판매업자등에 대한 검사를 정당한 사유 없이 거부·방해 또는 기피한 자
과태료 3천만원 이하	• 적합성원칙을 위반하여 정보를 파악하지 아니하거나 확인을 받지 아니하거나 이를 유지·관리하지 않거나 확인받은 내용을 지체 없이 제공하지 아니한 자 • 적합성원칙을 위반하여 계약체결을 권유한 자 • 적정성원칙을 위반하여 정보를 파악하지 아니한 자 • 적정성원칙을 위반하여 해당 금융상품이 적정하지 아니하다는 사실을 알리지 아니하거나 확인을 받지 아니한 자 • 금융상품판매대리·중개업자의 금지행위를 한 자 • 금융상품판매대리·중개업자의 금지행위를 위반하여 수수료 외의 금품, 그 밖의 재산상 이익을 요구하거나 받은 자 • 금융상품판매대리·중개업자의 고지사항을 미리 금융소비자에게 알리지 아니한 자 또는 표지를 게시하지 아니하거나 증표를 보여주지 아니한 자
과태료 1천만원 이하	• 등록요건을 갖추어 등록한 금융상품판매업자가 등록요건에 대한 변동사항을 보고하지 아니한 자

2) 과징금(제57조)

가) 징벌적 과징금

금융위원회는 금융상품직접판매업자 또는 금융상품자문업자가 다음에 해당하는 경우 그 위반행위와 관련된 계약으로 얻은 수입 또는 이에 준하는 금액("수입등")의 50% 이내에서 과징금을 부과할 수 있다(제57조제1항).

징벌적 과징금의 대상

1. 제19조(설명의무) 제1항을 위반하여 중요한 사항을 설명하지 아니하거나 같은 조 제2항을 위반하여 설명서를 제공하지 아니하거나 확인을 받지 아니한 경우
2. 제20조(불공정영업행위의 금지) 제1항 각호의 어느 하나에 해당하는 행위를 한 경우
3. 제21조(부당권유행위 금지) 각호의 어느 하나에 해당하는 행위를 한 경우
4. 제22조 (금융상품등에 관한 광고관련 준수사항) 제3항 또는 제4항(광고필수사항)을 위반하여 금융상품등에 관한 광고를 한 경우

다만, 위반행위를 한 자가 그 위반행위와 관련된 계약으로 얻은 수입등이 없거나 수입등의 산정이 곤란한 경우로서 다음의 경우에는 10억원을 초과하지 아니하는 범위에서 과징금을 부과할 수 있다(제57조제1항 단서).

10억원 이하의 과징금 대상

1. 영업실적이 없는 등의 사유로 위반행위와 관련된 계약에 따른 수입등이 없는 경우
2. 재해로 인해 수입등을 산정하는 데 필요한 자료가 소멸되거나 훼손되는 등의 이유로 수입등을 산정하기가 곤란한 경우

한편, 금융상품직접판매업자가 금융상품계약체결등을 대리하거나 중개하게 한 금융상품판매대리·중개업자(이 법 또는 다른 금융 관련 법령에 따라 하나의 금융상품직접판매업자만을 대리하는 금융상품판매대리·중개업자로 한정) 또는 금융상품직

접판매업자의 소속 임직원이 제1항 각호의 어느 하나에 해당하는 행위를 한 경우에는 그 금융상품직접판매업자에 대하여 그 위반행위와 관련된 계약으로 얻은 수입등의 100분의 50 이내에서 과징금을 부과할 수 있다(제57조제2항). 이때 수입등을 산정할 때에는 그 명칭 여하를 불문하고 계약체결 및 그 이행으로 인해 금융소비자로부터 얻는 모든 형태의 금전등을 대상으로 한다. 다만 시행령 제37조(청약의 철회) 제5항에 따른 비용[111]은 제외한다(시행령 제43조제1항).

이는 직접판매업자에게 보다 과중한 제재를 부과해 판매대리·중개업자의 판매대리행위를 관리·감독하게 하기 위함이다. 다만, 금융상품직접판매업자가 그 위반행위를 방지하기 위하여 해당 업무에 관하여 적절한 주의와 감독을 게을리하지 아니한 경우에는 그 금액을 감경하거나 면제할 수 있다(제57조제2항 단서).

징벌적 과징금을 부과하는 경우에는 금융위원회는 다음의 사항을 고려하여야 한다.

징벌적 과징금 부과 시 고려사항

1. 위반행위의 내용 및 정도
2. 위반행위의 기간 및 위반횟수
3. 위반행위로 인하여 취득한 이익의 규모
4. 업무정지기간(제57조제3항에 따라 과징금을 부과하는 경우만 해당한다)

나) 업무정지처분에 갈음하는 과징금 부과

그 밖에 금융위원회는 금융상품판매업자등에 대하여 업무정지를 명할 수 있는 경우로서 업무정지가 금융소비자 등 이해관계인에게 중대한 영향을 미치거나 공익을

111) 금융소비자보호법 시행령 제37조제5항, 법 제46조제2항제2호다목에서 "수수료 등 대통령령으로 정하는 비용"이란 해당 금융상품계약을 위해 금융상품판매업자등이 제3자에게 이미 지급한 다음 각호의 비용을 말한다.
1. 인지세 등 제세공과금
2. 저당권 설정 등에 따른 등기 비용
3. 그 밖에 제1호 및 제2호의 비용에 준하는 것으로서 금융위원회가 정하여 고시하는 비용

침해할 우려가 있는 경우에는 업무정지처분을 갈음하여 업무정지기간 동안 얻을 이익의 범위에서 과징금을 부과할 수 있다(제57조제3항).

3) 형사처벌

형사처벌이 부과되는 위반사유는 다음과 같다(제67조). 위반 시 5년 이하의 징역 또는 2억원 이하의 벌금에 처하는데, 이는 종래 개별업법에서의 형사처벌수위가 보다 강화되었다.

벌칙부과대상

1. 제12조(금융상품업자등의 등록)를 위반하여 금융상품판매업등의 등록을 하지 아니하고 금융상품판매업등을 영위한 자
2. 거짓이나 그 밖의 부정한 방법으로 제12조에 따른 등록을 한 자
3. 제24조(미등록자를 통한 금융상품판매대리·중개 금지)를 위반하여 금융상품판매대리·중개업자가 아닌 자에게 금융상품계약체결등을 대리하거나 중개하게 한 자

또한 양벌규정을 두고 있어 법인(단체를 포함)의 대표자나 법인 또는 개인의 대리인, 사용인, 그 밖의 종업원이 그 법인 또는 개인의 업무에 관하여 금융소비자보호법 제67조의 위반행위를 하면 그 행위자를 벌하는 외에 그 법인 또는 개인에게도 해당 조문의 벌금형이 부과된다(제68조). 다만, 법인 또는 개인이 그 위반행위를 방지하기 위하여 해당 업무에 관하여 적절한 주의와 감독을 게을리하지 아니한 경우에는 그러하지 아니하다(제68조 단서).

제3장

Financial Consumer Protection

금융회사의 내부통제와 금융소비자 보호

제 1 절 내부통제의 의의와 목적 및 운영 등

1. 내부통제의 의의

내부통제(internal control)이란 "자산의 건전운영, 재무 및 경영정보의 신뢰성 확보, 경영정책 및 법규의 준수 등이 지속적으로 수행될 수 있도록 하는 제반 절차 및 과정"을 의미한다.

즉 내부통제는 최종 목표를 달성하기 위한 과정 내지 수단으로서, 회사 내 모든 구성원에 의해 수행되는 일련의 통제 활동이다.

효과적인 내부통제는 금융회사 경영관리의 필수적인 요소로서 금융회사를 안전하고 건전하게 운영하는 데 기초가 된다. 금융회사는 내부통제제도의 운영을 통해 회사 자산의 보전, 법규 준수 등을 효과적으로 이루면서 회사의 목표를 달성하고, 영업활동과 관련한 중요한 오류 및 위법행위의 가능성을 감소시킨다.

한편, 내부통제는 법적 위험뿐만 아니라 금융회사의 경영활동 전반에 걸친 다양한 위험에 대한 통제를 목적으로 하는 점에서 주로 법적 위험의 관리를 목적으로 하는 준법감시와 구별된다. 즉 준법감시는 내부통제의 한 분야(즉 '준법통제')를 구성한다.

이외에 내부통제는 위험관리와도 구분된다. 즉 금융회사가 직면하는 위험을 재무·비재무위험, 환율위험, 환경위험, 법률위험 및 기타 위험으로 구분하여 볼 때 이들 위험을 포괄적으로 관리하는 것은 위험관리의 영역이 된다. 다만 법률위험은 준법감시와 같은 준법통제영역으로 분리하여 전문적으로 관리되는 경향이 있다. 이처럼 내부통제는 준법감시, 감사 및 위험관리와 개념상 구분된다.

<그림 3-1> 내부통제 체계

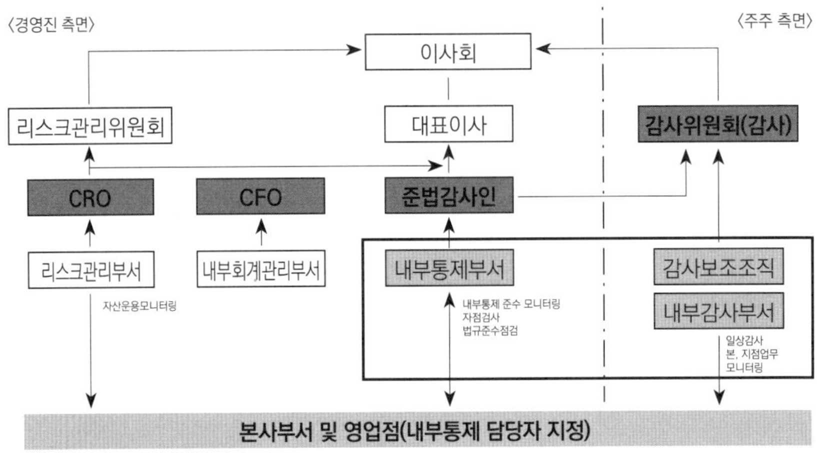

2. 내부통제의 목적

내부통제의 목적은 다음의 세 가지로 구분하는 경향이 있다.[112)]

2-1. 성과목적: 영업활동의 효율성

내부통제는 금융회사의 자산과 자원을 효율적으로 사용하고 금융회사를 손실발생으로부터 보호하는 등 영업활동과 관련하여 효율성을 달성하는 것이 목적이다.

112) 대표적으로 내부통제의 프레임워크를 제시한 COSO보고서를 들 수 있다. Committee of Sponsoring Organizations(COSO) of the Treadway Commission.11 Internal Control—Integrated Framework. 참고.

2-2. 정보목적: 재무 및 경영정보의 신뢰성, 완전성, 적시성 유지

금융회사가 내부통제를 통해 경영의사결정을 위한 시의적절하고, 신뢰성 있고, 합목적적인 각종 보고서를 준비하고 주주·감독당국·기타 외부 이해관계자에게 신뢰성 있는 재무제표 및 기타 재무관련 사항을 공시하는 것이 목적이다. 따라서 경영진, 감독당국, 기타 이해관계자 등의 정보이용자에게 전달된 정보는 이들이 의사결정에 유용하게 이용할 수 있도록 정확하고 투명하여야 한다.

2-3. 준법목적: 관련 법·규정 및 정책의 준수

내부통제는 금융회사의 모든 활동이 관련 법규, 감독기준, 당해 금융회사의 제반 정책 및 절차를 준수하면서 이루어지도록 하는 것이 목적이므로 금융회사의 영업권과 명망을 보호할 수 있어야 한다.

금융회사지배구조법상의 내부통제 목적 정의

제24조

금융회사는 "법령을 준수하고, 경영을 건전하게 하며, 주주 및 이해관계자 등을 보호하기 위하여" 금융회사의 임직원이 직무를 수행할 때 준수하여야 할 기준 및 절차(이하 "내부통제기준"이라 한다)를 마련하여야 한다.

3. 내부통제의 운영

3-1. 운영주체

내부통제제도는 이사회, 경영진, 감사(위원회) 및 중간관리자와 일반 직원에 이르기까지 조직 내의 모든 구성원에 의해 운영된다.

3-2. 내부통제 및 역할

가. 이사회

이사회는 금융회사 경영의 최고의사결정 기구로서 내부통제에 관한 기본방향을 정한다.

나. 금융회사의 장

금융회사의 장은 리스크 관리, 법규 준수 등 내부통제의 효율적인 운영을 위하여 내부통제에 대한 정책을 수립한다.

다. 감사기구

감사기구(감사·감사위원회)는 내부통제에 대한 조사·점검 및 평가를 실시한다.

라. 내부통제 관련부서

① 검사부서: 내부통제시스템 구축·운영에 대한 평가, 개선조치의 권고, 사고예방 대책업무 총괄

② 준법감시부서: 법규준수를 위한 내부체계를 구축하고, 법규준수 여부의 점검 및 지도, 지점 준법감사업무를 총괄

③ 리스크 관리부서: 리스크 인식·측정·모니터링 등 리스크 관리 업무 총괄

④ 내부회계관리부서: 재무정보의 정확성을 유지하기 위한 내부회계관리업무 총괄

⑤ 금융소비자 보호부서: 금융소비자 보호에 관한 정책, 민원 총괄

<표 3-1> 내부감사기능과 준법감시기능의 주요 역할 비교

내부감사기능	준법감시기능
내부통제시스템의 적정성과 경영성과의 평가 및 개선안 제시	임직원 내부통제기준 준수 여부 점검 및 위반사항 발견 시 조사하여 감사위원회에 보고

<표 3-2> 내부감사기능과 준법감시기능의 주된 업무 비교

내부감사기능	준법감시기능
1. 재무감사, 업무감사, 준법감사, 경영감사, IT감사 2. 전반적인 내부통제시스템에 대한 평가 및 개선방안 제시 3. 내부감사부서장과 감사의 직무수행상 필요한 직원의 임면에 대한 동의 4. 외부감사인의 선임 5. 외부감사인의 감사활동에 대한 평가 6. 감사결과 지적사항에 대한 조치 7. 준법감사인의 보고사항에 대한 조치 8. 기타 관련법령, 정관에서 정한 사항과 이사회가 위임한 사항 처리	1. 내부통제기준 준수 여부에 대한 점검 및 조사 2. 내부통제기준 준수매뉴얼 작성·배포 3. 준법감시프로그램 수립·시행 4. 이사회, 경영진, 유관부서에 대한 지원 및 자문 5. 주요업무에 대한 법규준수 측면의 사전 검토 6. 임직원 교육 7. 임직원 윤리강령의 제정·운영 8. 감독당국 및 검사조직의 협조 9. 내부통제기준 준수 점검결과의 기록 유지 및 보고

마. 임직원

임직원은 직무를 수행함에 있어 법령, 내규 및 윤리규정 등 내부통제기준을 충실히 이행·준수한다.

4. 내부통제의 효과

효과적인 내부통제제도가 되기 위해서는 다음의 사항을 효과적으로 달성할 수 있도록 설계·운영되어야 한다. 이에는 ① 영업활동의 효율적인 운영, ② 거래기록의 정확성 유지, ③ 재무보고의 신뢰성 유지, ④ 리스크 관리시스템의 효율적 운영, ⑤ 관련 법규, 내부통제 및 절차의 준수가 해당된다.

효과적인 내부통제제도는 경영진이 영업성과를 측정하고, 경영의사결정을 수행하게 하며, 효과적으로 업무프로세스를 평가하며, 리스크를 관리하는 데 기여한다. 또한 사기행위 등 위법행위와 내부통제정책 및 절차의 고의적인 위반은 물론, 개인적인 부주의 태만, 판단상의 착오 또는 불분명한 지시에 의해 야기된 문제들을 신속히 노출시킬 수 있어 금융회사가 적절한 대응조치를 할 수 있게 한다.

제2절 준법통제(Compliance)

1. 의의

'준법통제 내지 준법감시(compliance)'란 일반적으로 고객재산의 선량한 관리자로서 금융회사의 임직원 모두가 제반 법규를 준수하도록 사전적 또는 상시적으로 통제·감독하는 것을 의미한다. 준법통제라고도 일컫는데, 이러한 준법감시기능은 금융회사 임직원이 직무를 수행함에 있어 법규를 준수하도록 준법감시체계를 마련하고 이를 운영·점검하는 활동을 말한다.

준법감시인은 내부통제기준의 준수 여부를 점검하고 내부통제기준을 위반하는 경우 이를 조사하여 감사 또는 감사위원회에 보고하여야 한다. 이처럼 감사기구는 이사의 직무수행을 감사하는 반면, 준법감시인은 임직원의 내부통제기준 준수 여부를 점검하여 감사기구에 보고하는 자로 그 역할이 다르다.

2. 준법감시의 대상

준법감시의 대상은 강제성이 부여된 법규정에 한정되지는 않는다. 기업윤리 등 사회적 요구되는 기업윤리뿐 아니라 회사 자체적으로 정립한 사내 규범까지 포함한다.

이러한 점에서 준법감시 또는 준법통제란 다음의 세 가지 영역을 모두 포함한다고 할 수 있다.

준법감시·준법통제의 영역

1. 법령(법, 시행령, 시행규칙, 감독규정, 모범규준 등)의 준수
2. 기업규범(금융회사의 내부통제기준 및 운영기준 등)의 준수
3. 사회규범(기업윤리, 사회문화)의 준수

3. 준법감시의 필요성

가. 내부통제 강화

금융회사에 대한 감독은 외부통제와 내부통제로 크게 구분할 수 있다. 외부통제가 감독기관의 검사와 감독에 의한 것이라면, 내부통제는 금융회사 스스로 통제하는 것을 말한다.

이러한 금융회사의 내부통제를 통해 효과적인 감독이 가능하다. 금융산업은 금융소비자의 자산을 위탁받아 운용·관리하는 것이 주요 업무이므로 그 속성상 고객의 자산을 유용하거나 고객이익을 침해할 가능성이 크다. 때문에 금융회사 및 임직원으로 하여금 금융소비자 보호를 위해 법규 준수의 중요성이 매우 크며 내부통제의 강화가 필요하다.

나. 사전 예방적 점검기능 강화

특히 내부통제는 사전 예방적 점검기능을 수행한다. 즉 준법감시인은 내부통제기준의 준수 여부를 점검하여 감사기구에 보고하는 역할을 하는데, 이는 경영진 스스로 사전 예방 및 자기검토를 하도록 함으로서 효율적인 내부통제기능을 수행하도록 기능한다.

4. 준법감시의 궁극적 목표

준법감시는 회사 내 위법행위의 발생을 방지하고 발생가능성이 있는 위법행위를 사전에 예방하기 활동이다. 이를 통해 법률리스크를 최소화하여 회사이익의 극대화를 추구하며, 금융소비자를 보호하고자 한다.

이러한 측면에서 준법감시의 궁극적 목표는 다음과 같다.

준법감시의 궁극적 목표

1. 위법행위의 방지·탐지
2. 법규 준수 감시
3. 직원 교육
4. 내부신고제도 운영
5. 불법행위에 대한 제재
6. 윤리규정의 제정·시행
7. 주주 및 이해관계자 보호

5. 준법감시인의 역할과 권한, 의무

5-1. 준법감시인의 의의와 역할

금융회사[113]는 금융회사지배구조법에 따라 내부통제기준의 준수 여부를 점검하고 내부통제기준을 위반하는 경우 이를 조사하는 등 내부통제 관련 업무를 총괄하는 사람, 즉 준법감시인을 1명 이상 두어야 하며, 준법감시인은 필요하다고 판단하는

113) 투자자문업이나 투자일임업 외의 다른 금융투자업을 겸영하지 아니하는 자로서 최근 사업연도 말 현재 운용하는 투자일임재산의 합계액이 5천억원 미만인 자는 준법감시인 설치가 면제된다.

경우 조사결과를 감사위원회 또는 감사에게 보고할 수 있다(금융회사지배구조법 제25조).

이러한 준법감시인은 사내이사 또는 업무집행책임자 중에서 선임하여야 한다(금융회사지배구조법 제25조제2항). 다만, 자산규모, 영위하는 금융업무 등을 고려하여 일정한[114] 금융회사 또는 외국금융회사의 국내지점은 사내이사 또는 업무집행책임자가 아닌 직원 중에서 준법감시인을 선임할 수 있다. 금융회사(외국금융회사의 국내지점은 제외)가 준법감시인을 임면하려는 경우에는 이사회의 의결을 거쳐야 하며, 해임할 경우에는 이사 총수의 3분의 2 이상의 찬성으로 의결한다(금융회사지배구조법 제25조제3항).

이러한 준법감시인의 핵심역할은 “금융회사가 법규를 준수하고 자산운용을 건전하게 하며, 금융소비자를 보호할 수 있는 절차와 체제(system)을 갖추도록 경영진을 지원하며, 이러한 절차 및 체제를 운영하고 유지, 개선해나가는 것”이라고 할 수 있다.

5-2. 준법감시인의 권한

효과적인 준법감시체계의 수립과 운영을 위해 준법감시인에게는 적정한 권한이 필요하다. 금융회사지배구조법에서는 준법감시인에게 일정한 권한을 부여하고 있다.

---

114) 다음에 해당하는 자를 말한다. 다만, 해당 금융회사가 주권상장법인으로서 최근 사업연도 말 현재 자산총액이 2조원 이상인 자는 제외한다.
1. 최근 사업연도 말 현재 자산총액이 7천억원 미만인 상호저축은행
2. 최근 사업연도 말 현재 자산총액이 5조원 미만인 금융투자업자. 다만, 최근 사업연도 말 현재 운용하는 집합투자재산, 투자일임재산 및 신탁재산의 전체 합계액이 20조원 이상인 금융투자업자는 제외한다.
3. 최근 사업연도 말 현재 자산총액이 5조원 미만인 보험회사
4. 최근 사업연도 말 현재 자산총액이 5조원 미만인 여신전문금융회사
5. 그 밖에 자산규모, 영위하는 금융업무 등을 고려하여 금융위원회가 정하여 고시하는 자

가. 내부통제기준 준수 여부의 점검 및 감사(위원회) 앞 보고권한

준법감시인은 기본적으로 준법감시를 위한 내부통제기준 준수 여부를 점검하며, 위반사항에 대해서는 감사(위원회)에 보고하는 권한이 있다(금융회사지배구조법 제25조제1항). 이는 준법감시인에게 주어진 권한이면서 동시에 기본적인 의무사항이라고 할 수 있다.

나. 자료 및 정보제출 요구권

준법감시를 위해 점검이나 조사를 위해서는 필요한 자료와 정보에 대한 접근이 제한 없어야 한다. 준법감시인은 준법감시 직무수행을 위해 임직원에게 자료와 정보의 제출을 요구할 수 있으며, 임직원은 이에 성실하게 응할 의무가 있다. 금융회사지배구조법에서는 이러한 권한을 법률에 명시하여 준법감시인으로 하여금 강력한 권한을 가지고 직무를 수행할 수 있도록 하고 있다(제30조제3항).

다. 독립적 수행 담보

준법감시를 위해서는 준법감시인이 직무를 독립적으로 수행할 수 있어야 한다. 금융회사지배구조법에서는 금융회사로 하여금 준법감시인이 그 직무를 독립적으로 수행할 수 있도록 하고 있으며, 준법감시인을 임면하였을 경우 그 사실을 금융위원회에 보고하도록 하고 있다. 또한 준법감시인이었던 사람에 대하여 그 직무수행과 관련된 사유로 부당한 인사상의 불이익을 주는 것을 금지하고 있다(금융회사지배구조법 제30조제1항, 제2항, 제4항).

5-3. 준법감시인의 의무

가. 선량한 관리자의 주의의무

준법감시인은 선량한 관리자의 주의의무로 그 직무를 수행할 의무가 있다(금융회사지배구조법 제29조제1항). 이러한 의무 부과는 개별 금융회사의 상황과 특성을 고려하여 합리적이고 효과적인 준법감시체계를 수립 및 운영할 것을 의미한다. 또한 준법감시와 관련한 문제에 대하여 최선의 해결책을 모색하고 경영진과 유관 부서장에게 이를 적극적으로 시정하도록 촉구하는 책임도 게을리 하지 말아야 한다.

나. 이해상충 예방 및 독립성 확보의무

준법감시인은 이해상충 예방 및 독립성 확보를 위해 다음의 직무를 담당하여서는 아니 된다(금융회사지배구조법 제29조).

준법감시인의 이해상충 예방 및 독립성 확보의무 내용

1. 자산운용에 관한 업무
2. 해당 금융회사의 본질적 업무(해당 금융회사가 인가를 받거나 등록을 한 업무와 직접적으로 관련된 필수업무로서 대통령령으로 정하는 업무를 말한다) 및 그 부수업무
3. 해당 금융회사의 겸영(兼營)업무
4. 금융지주회사의 경우에는 자회사등의 업무(금융지주회사의 위험관리책임자가 그 소속 자회사등의 위험관리업무를 담당하는 경우는 제외한다)
5. 그 밖에 이해가 상충할 우려가 있거나 내부통제 및 위험관리업무에 전념하기 어려운 경우로서 다음의 업무
- 법 제28조제1항에 따른 위험관리책임자의 위험 점검·관리업무(다만, 자산총액 7천억원 미만인 국내지점[「자본시장과 금융투자업에 관한 법률」 제3조제2항제2호에 따른 파생상품을 대상으로 하는 투자매매업을 겸영하지 아니하는 경우 한정)의 경우에는 겸직 가능]

6. 준법감시조직 및 직무

준법감시조직별로 다음과 같은 직무를 수행한다.

가. 이사회 및 경영진

법규준수업무에 대한 정책 수립 및 이에 필요한 주요 의사결정을 담당한다.

나. 사업본부장 및 지점장

소관 사업본부 및 본부부서, 영업점의 법규 준수업무를 통할한다.

다. 준법감시부서

당해 금융회사의 준법감시업무에 대한 기획·통할을 담당하며, 주요 직무는 다음과 같다.

준법감시부서의 주요 직무

1. 내부통제규정 및 법규준수 관련 내규의 제·개정
2. 준법감시프로그램의 마련·실행
3. 일상 업무에 대한 준법 측면에서의 사전 검토
4. 준법 관련 지도 및 자문
5. 지점 검사 및 지도
6. 임직원 준법교육
7. 임직원 법규 위반사항의 조사 및 보고
8. 임직원 위반행위에 대한 제재
9. 내부통제업무 관련부서 간 협조체제 유지
10. 기타

라. 준법담당자

준법감시업무에 필요한 업무지식과 도덕성을 겸비하여 준법감시업무 수행에 적합하다고 인정되는 책임자급 직원 중 준법감시인 또는 지점장이 사무분장명령에 의거하여 준법감시담당자 또는 준법담당자를 임명한다.

준법담당자는 매월 정기적으로 지점 준법교육을 실시하고, 법규 위반을 강요받거나 그러한 위험을 인식한 직원에 대한 상담과 구체적인 행동요령을 지도한다. 대외기간 앞 제출되는 보고서를 사전 검토하며, 직원의 법규위반사항을 발견한 경우 준법감시부서에 이를 보고한다. 또한 준법감시업무 수행 현황 및 결과를 준법감시부서 앞으로 매월(매분기) 보고하는 등의 업무를 수행한다.

7. 임직원의 법규준수의무

모든 임직원은 담당직무를 수행할 때 제반 법규를 준수하여야 한다. 그중에서도 특히 다음의 의무를 철저히 준수하여야 한다.

7-1. 선관주의의무

임직원은 선량한 관리자의 주의로써 금융회사의 내부통제기준이 정하는 바에 따라 그 직무를 성실히 수행해야 한다.

7-2. 법규 위반사실 은폐 금지

임직원은 본인 또는 다른 임직원이 업무처리를 함에 있어 법령 및 내규를 위반한 사실을 알았을 경우에는 이를 은폐하여서는 아니 된다.

7-3. 금융거래 비밀보장

임직원은 관계 법령 등에서 정하거나 고객의 서면상 동의를 받은 경우를 제외하고는 금융거래의 내용에 대한 정보 또는 자료를 타인에게 누설하거나 제공하여서는 아니 된다.

임직원은 고객의 신용정보가 최신 상태로 유지되도록 관리하여야 하며, 법령 등에서 정하는 바에 의하지 아니하고는 이를 부당하게 이용해서는 아니 된다.

7-4. 불공정거래행위 금지

금융회사 업무와 관련하여 일반인에게 공개되지 아니한 중요한 정보를 직무와 관련하여 알게 된 임직원과 이들로부터 정보를 제공받은 임직원은 유가증권의 매매 및 기타 거래와 관련하여 그 정보를 이용하거나 타인으로 하여금 이용하게 하여서는 아니 된다.

또한 임직원은 여신취급과 관련하여 건전한 금융질서를 문란하게 할 우려가 있는 행위를 하여서는 아니 된다. 그 외 임직원은 금융회사 이용자 및 이해관계에 있는 자와의 각종 거래와 관련하여 그 우월적 지위를 남용하거나 허위·과장된 표시 및 광고 등에 의한 불건전 영업행위를 하여서는 아니 된다.

7-5. 비밀유지 등의 의무

금융회사 임직원은 회사의 고유정보, 고객과 관련하여 비밀을 요하는 정보를 법령 및 내규에 따라 유지·관리하여야 한다. 아울러 임직원은 메모, 서류, 전자파일 등 그 기록형태 및 기록 유무 등을 불문하고 자기업무와 관련이 없는 중요정보를 타인에게 요구하여서는 아니 된다. 또한 중요정보를 관리하는 임직원은 그 업무수행에 있어 외부의 부당한 간섭을 거절하여야 하며, 중요정보는 일반정보와 구분·관리하여야 한다.

8. 준법리스크 관리

8-1. 금융회사가 직면하는 리스크 유형

금융회사가 직면하는 대표적인 리스크 유형은 다음과 같다.

가. 시장리스크(market risk)

시장리스크란 금리, 환율, 주가지수, 상품가격 등 시장가격의 불리한 변동으로 인한 리스크를 말한다.

나. 신용리스크(credit risk)

신용리스크란 채무자의 부도, 거래상대방의 계약불이행 등 채무불이행으로 인하여 발생하는 리스크를 말한다. 잔여리스크, 유동화 리스크, 국경 간(crossborder) 리스크 등이 대표적으로 해당된다.

이외에 거래상대방 신용리스크란 신용리스크의 하나로 거래의 최종결제 전 거래상대방의 부도로 인하여 발생하는 리스크를 말한다. 여신거래가 많은 금융회사에서 주로 관리해야 할 위험유형이 된다.

다. 운영리스크(operational risk)

운영리스크란 부적절하거나 잘못된 내부의 절차, 인력 및 시스템 또는 외부의 사건으로부터 초래되는 리스크를 말한다. 이는 사람 또는 기술적 요인에 의해 기업 내부적으로 발생하는 위험과 법률소송 등 외부위험으로 구분된다. 전산시스템의 중단과 같은 IT 위험과 임직원 비리에 의한 내부위험이 대표적인 운영리스크가 된다. 최근 금융회사의 불완전판매에 따른 대규모 피해사례들은 운영리스크의 대표적인 예가 된다.[115]

115) <고위험상품과 복합·복잡상품 관련 국내 피해사례>

■ **금융투자상품**

- 2008년 키코사태, 2011년 저축은행의 후순위채, 2013년 동양증권 CP 판매, 2019년 DLF 판매 등. 은행에서 복합·복잡상품의 판매에 따른 피해사례가 지속되는 경향(자산유동화기업어음(ABCP) 특정금전신탁, DLF 피해사고 등)

■ **보험상품**

- 무해지·저해지 환급상품의 종신보험, 연금전환특약부 종신보험의 불완전판매비율 최고(2019 생보협 공시)
- 설명의무 위반사례 지속

< 고령자에 대한 불완전판례 사례>

■ **고위험상품 판매비중 ↑**

(예) 2019. 10. 금융감독이 발표한 '주요 해외금리 연계 DLF 중간검사결과'에 따르면 해외금리연계 파생결합펀드(DLF)의 개인투자자 48% 정도가 60세 이상 투자성향을 허위로 기재, 안정적 성향의 투자자가 고위험상품투자에 적합하다고 투자성향을 허위로 기재, 고령투자자 보호절차 미준수. 스마트폰으로 거래 유도(예: 파생결합증권을 판매하는 과정에서 녹취가 번거롭다며 내점 고령투자자에게 스마트폰으로 청약 유도)

■ **파생결합증권을 판매한 은행의 65% 이상이 금감원 미스터리쇼핑검사에서 미흡 (고령자항목 35.7점)**

라. 유동성리스크(liquidity risk)

유동성리스크란 지급능력에는 문제가 없지만 유동성 부족으로 부채의 만기 도래 시 원리금을 상환할 재무자원이 없거나, 비정상적인 비용재무자원이 조달 가능한 경우 발생하는 리스크를 말한다. 즉 영업으로 인한 손실 여부와 관계없이 자금계획상의 차질에 따른 유동자금 부족으로 인하여 채무를 지급할 수 없게 되는 위험을 말한다.

마. 평판리스크 (reputational risk)

평판리스크란 경영부진, 금융사고, 사회적 물의 야기 등으로 고객, 주주 등 외부의 여론이 악화됨에 따라 금융회사에 경제적 손실을 발생시키는 리스크를 말한다.

8-2. 위법·위규 등 효과

준법리스크는 준법감시부서만 주의를 기울여야 하는 것은 아니고, 모든 부서와 임직원이 준수하여야 한다. 그러나 준법을 하지 않은 경우 감독기관의 감독·제재 등의 리스크는 물론 금융사고가 발생한 경우 평판리스크가 발생한다. 무엇보다 감독기관으로부터 징벌적 과징금 부과 내지 집단·단체 소송에 이르는 경우 막대한 재무적 손실이 발생하고 심한 경우 회사의 존립자체가 위협을 받을 수 있다.

8-3. 리스크 관리의 중요

리스크를 관리하기 위해서는 금융회사는 자사의 경영전략에 맞게 리스크 수용정도(risk appetitie) 또는 감내수준(risk tolerance)을 정하여야 한다. 또한, 각종 업무에서 발생하는 리스크를 정확히 인식·측정할 수 있어야 하며, 이를 리스크 수용 정도 또는 감내수준 범위에서 유지할 수 있도록 감시·통제 관리하는 관리시스템을 구축하여야 한다. 이 경우 금융회사는 리스크를 인식·평가·관리하기 위한 체제의 적정성과 유효성 등을 점검하여야 한다.

특히 금융회사 임직원등이 관련 법규나 기준 등을 위반할 경우 법률상·감독상 제재나 재무적인 손실뿐 아니라 금융회사의 기반인 신뢰 및 평판을 크게 훼손할 수 있다.

또한 영업활동 수행 시 고객 및 시장에 미칠 영향을 고려하지 않을 경우 비록 법규의 위반은 없더라도 금융회사 평판이 손상될 가능성이 있다. 평판의 훼손은 수익성 악화, 손실 확대를 통해 그 영향이 장기적으로 영업에 영향을 미친다. 따라서 평판리스크는 금융회사가 직면한 중요한 리스크이므로 금융회사는 이에 대해서도 리스크 관리정책과 절차를 마련하고 이를 성실히 이행해야 한다. 아울러 경영진은 각 영업라인 전략에 내재된 평판리스크를 고려하여 관리절차를 적정하게 마련하여야 한다. 또한 모든 임직원이 평판리스크 관리의 중요성과 업무과정에서 자신의 역할을 이해하고 평판리스크 관리에 적극 참여하는 준법문화(compliance culture) 형성을 위해 노력하여야 한다.

제3절 윤리경영

1. 윤리경영의 의의

윤리경영은 기업의 법적 책임은 물론 사회적 통념으로 기대되는 윤리적 책임까지 기본적 의무로 인정하고 충실히 수행함으로서 기업이 궁극적으로 사회적 책임을 다하는 경영을 의미한다고 할 수 있다. 이를 위해 금융회사가 추구하는 핵심적인 가치를 설정하고 이를 실현하기 위한 행동방침을 정하고 이행할 것을 기대한다. 즉 법적 책임이 없는 경우라도 사회통념에 어긋나면 사회가 요구하는 윤리기준을 선택하는 경영방식으로, 회사경영 및 기업활동의 가치기준을 윤리규범에 두고 투명하고 공정하며 합리적으로 업무를 수행하는 것이다. 조직은 존재가능성을 높이기 위해 정당성을 중시해야 하는데, 이는 윤리경영에 의해 기능한다.

이러한 윤리경영은 앞에서 설명한 것처럼 넓은 의미의 준법감시영역에 속한다.

2. 윤리경영의 필요성

가. 사회공헌 등 CSR(사회적 책임)·ESG 요구 증대

국내에서 금융회사는 영리를 목적으로 설립되는 주식회사 형태를 취하고 있지만 한편에서는 공공성이 요구된다. 이는 금융회사로 하여금 주주와 함께 근로자·소비자·지역사회, 환경 등 회사를 둘러싼 이해관계자의 이익을 고려하여 경영하고 운영될 것을 포괄한다.

최근 국내·외에서 기업의 ESG(Environtal, Social and Governance)에 대한 관심이 높아지는 것도 ESG가 기업과 사회의 지속가능성에 영향을 주는 주요요소로 부상하고 있기 때문이고, 금융활동 역시 이를 지원함으로서 각 경제주체와 금융산업의 지속가능성을 도모할 것을 기대하고 있기 때문이다. 즉 금융회사의 경영방침과 성과가 수많은 경제주체 및 국가경제 전체에 영향을 미침으로서 이해관계자 관점에서도 ESG의 요구가 심화되는 경향이다.

나. 가치를 추구하는 주주 및 소비자 증대

주주와 소비자들의 기업을 평가하는 관점이 재무적 성과 위주에서 윤리성, 기업의 지속가능성, 사회적 책임 이행 여부로 전환됨으로서 윤리경영이 더욱 중요해졌다.

다. 국제적인 윤리경영 노력 강화 등

UN, OECD와 같은 국제기구에서는 조직의 건전한 경쟁력에 의한 공정하고 투명한 경쟁과 영업 영위를 요구하고 있다. 따라서 뚜렷한 윤리경영 정책 등이 없는 경우에는 글로벌 기업으로 성장하기가 어렵다.

라. 기업의 경쟁력 향상

기업은 비윤리적 행위를 예방하고 윤리적 경영을 유지하기 위해 조직 구성원의 도덕적 인격을 강화하고, 윤리적 경영문화를 정착시켜야 한다. 이것이 내부 구성원의 근무태도에 영향을 미쳐 생산성 향상 및 고객의 신뢰 향상을 가능하게 하여 궁극적으로 경쟁력이 향상된다.

마. 이익 극대화

회사와 관련된 정책 및 법률 등을 준수함으로써 잠재적 위험이 제거되어 수익기반이 다양해지며, 업무가 질적으로 향상되어 이익이 극대화된다.

바. 회사 평판 및 평가 향상 등

윤리경영 실천으로 외부에서 투명한 기업으로 인정됨은 물론, 우수인재 영입 및 이직방지에도 효과가 있어 기업가치가 증대된다.

3. 윤리경영의 기본 정신

가. 고객만족 추구

항상 고객의 입장에서 생각하고 행동하며, 고객에게 최상의 상품과 서비스를 제공함으로써 고객의 이익과 만족을 위해 최선을 다한다는 정신을 말한다.

나. 주주가치 추구

경영목표를 설정하고 실천할 경우 합리적 투자와 효율적 경영으로 주주가치 극대화를 위해 최선을 다한다는 정신을 말한다.

다. 직원 만족 추구

개개인의 존엄성과 가치를 존중하며, 공평한 인사의 실시와 균등한 기회 제공으로 삶의 질 향상을 위해 노력하는 것을 말한다.

라. 사회적 책임 준수

올바른 사회적 가치관을 존중하고 관련 법규를 준수하며 건전한 금융질서 확립에 솔선 수범하여 국가 경제와 사회발전에 기여하는 것을 말한다.

4. 고객에 대한 윤리

가. 고객 만족

고객과의 약속은 반드시 지키는 등 고객만족을 위하여 최선을 다하며, 고객의 의견과 제안을 항상 경청·존중해야 한다.

나. 최고의 상품 및 서비스 제공

고객의 요구와 기대를 궁극적인 판단 기준으로 삼아, 고객에게 도움이 되고 최고의 상품과 서비스를 제공하여 고객의 불만을 겸허하게 수용하고, 고객의 의견과 제안을 존중하며 최고의 상품과 서비스를 제공하여야 한다.

다. 고객의 알 권리 보호

고객에게 거래와 관련된 상품 및 서비스에 대하여 충실하고 정확하게 알리며, 허위·과장광고를 하지 아니한다.

라. 고객의 비밀보장

고객의 금융거래정보, 신용정보 등 고객에 관한 비밀을 고객의 동의 또는 법이 정한 경우를 제외하고는 누구에게도 제공하지 않아야 한다. 또한 고객정보도 고객의 자금이나 유형자산과 동일한 주의의무로써 관리하며 금융회사의 신용 및 신뢰성을 구축하여야 한다.

특히 임직원은 관계 법령 등에서 정하는 경우를 제외하고는 고객의 서면상 요구나 동의를 받지 아니하고 금융거래의 내용에 대한 정보 또는 자료를 타인에게 누설하거나 제공하여서는 아니 된다.

또한 임직원은 고객의 신용정보가 정확하고 최신상태가 유지되도록 적절히 관리하여야 하며, 관계 법령 등에서 정하는 바에 의하지 아니하고는 부당히 이용 또는 활용하여서는 아니 된다.

마. 고객의 재산 보호

고객의 재산을 선량한 관리자의 주의로써 소중하게 보호하며, 정당한 이유 없이 고객의 이익을 침해하지 아니하여야 한다.

바. 내부자 거래 행위 금지

직무수행과정에서 취득한 미공개정보를 이용하여 관련회사의 유가증권을 거래하여 사적인 이익을 추구하는 것을 금지한다. 즉, 금융업무와 관련하여 일반인에게 공개되지 아니한 중요한 정보를 직무와 관련하여 알게 된 임직원은 유가증권의 매매 및 기타 거래와 관련하여 그 정보를 이용하거나 타인으로 하여금 이를 이용하게 하여서는 아니 된다.

사. 불공정행위 금지

고객의 의사를 명백히 확인하여 계약을 체결하며, 금융거래와 관련하여 고객과 불공정한 거래행위를 하지 아니한다.

아. 공정한 업무수행

관련법규를 철저히 준수하여 투명하고 객관적인 기준에 따라 공정하게 업무를 수행하여야 한다.

5. 주주에 대한 윤리

가. 건전 경영

경영의 건전성을 유지하고, 원가 절감과 생산성 향상 등을 통하여 장기적·안정적으로 주주의 이익을 보호한다.

나. 정보의 적시 제공

법령 및 내규에서 정하는 바에 따라 주주에게 필요한 정보를 적시에 충분하고 공평하게 제공하며, 공시되지 않은 정보를 특정 주주에게 한정하여 제공하지 아니한다.

다. 주주의 권익 보호

법에서 정한 주주의 권익 보호는 물론, 적극적인 기업 홍보, IR 등을 통하여 주가에 기업가치가 정당하게 반영되도록 노력하며 주주의 정당한 권리 행사를 적극 보장한다.

6. 직원에 대한 윤리

가. 직원의 존엄성 존중

직원 개개인을 존엄한 인격체로서 대하고, 정당한 방법으로 직무를 수행할 수 있도록 제도를 확립하며, 직원이 직무를 통하여 긍지와 보람을 성취할 수 있도록 최선을 다하여야 한다.

나. 공정 인사

개인의 능력과 성과에 따른 공정한 평가를 통하여 직원에게 균등한 기회를 부여하고 직원의 업무 성취동기를 유발하며, 고용과 승진 등 인사관리에서 성별·학력·나이·종교·신체·장애 등을 사유로 차별하지 아니한다.

다. 인재의 육성

직원을 전문적이고 창의적인 인재로 육성하기 위한 연수제도를 개발하고, 원활한 의사소통 채널을 확보하며 모든 직원이 창의력을 발휘할 수 있도록 적극 지원한다.

라. 삶의 질 향상

직원이 쾌적하고 안전하게 근무할 수 있는 근무환경을 조성하며, 직원과 가족의 건강·교육·복지후생 등 삶의 질을 향상시킬 수 있는 프로그램을 적극적으로 개발하여 실행한다.

7. 사회에 대한 윤리

가. 사회적 책임

금융회사는 적법한 정당한 기업활동을 함으로써 다른 기업의 귀감이 되고, 조세의 성실한 납부로 국가 발전에 이바지하며, 봉사활동 등을 통하여 지역사회를 풍요롭게 하는 역할을 수행한다.

나. 공정거래

금융회사는 영업활동을 영위함에 있어 자율경쟁원칙을 존중하며, 모든 불공정거래행위를 배격한다.

다. 법규 준수

금융회사는 기업으로서의 올바른 사회적 가치관을 존중하고, 국가 및 지역사회의 각종 법규를 준수한다.

라. 정치개입 금지

금융회사는 임직원에게 특정 정당이나 후보를 지지하거나 지원토록 요청하지 아니한다.

8. 임직원의 복무 윤리

가. 명예·품위 유지

임직원은 명예와 품위를 유지하고, 도덕성과 정직성을 바탕으로 업무를 성실히 수행한다.

나. 업무상 과오의 신고

업무와 관련된 사고가 발생하거나 발생 가능한 경우 소정의 절차에 따라 즉시 보고하고 문제해결을 위해 최선의 노력을 다하여야 하며, 잘못된 일을 숨겨서는 아니 된다.

다. 부당지시 금지

상사는 부하직원에게 부당한 지시를 하지 않고, 부하직원은 상사의 부당한 지시에 따르지 아니한다.

라. 회사재산의 사적 사용 금지

회사의 자산과 경비를 임직원 개인의 이익추구를 위한 목적으로 사용하지 아니한다.

마. 청렴의무

업무와 관련하여 고객이나 이해관계인으로부터 일체의 금전이나 향응을 수수하지 아니하며, 대고객 또는 직원 상호간 사적인 금전대차와 채무보증행위를 하지 아니한다.

바. 비밀 누설 금지

업무상 취득한 비공개된 정보를 이용하여, 사적인 이익을 추구하거나 사회적인 물의를 일으키지 아니한다.

사. 직원 상호존중 및 성희롱 금지

직원 상호간에 인격을 존중하고 예의를 지키며, 지연·학연·혈연·성별 등을 이유로 차별적 행위를 하지 아니한다. 또한 성적 수치심을 유발하는 언어나 행동 등을 하지 아니한다.

9. 윤리경영 세부 실천사항

9-1. 이해상충행위의 금지

가. 내용

이해상충이란 개인의 사적인 이해가 업무수행과정에서 있어서 객관성을 유지하지 못하도록 영향을 미치는 경우를 말하며, 금융회사 임직원은 업무수행 시 개인의 이익보다 회사의 이익을 우선해야 한다. 또한 고객 또는 회사와 이해상충의 관계에 있거나 야기될 수 있는 상황에서 업무를 수행하여야 할 경우 책임질 수 있는 상급자와 협의하여야 한다.

나. 준수사항

구체적으로 다음의 사항을 준수하여야 한다.

① 고객과 공모하는 등 부도덕한 행위

② 근무시간 중 개인의 이익을 추구하는 영리행위 금지

③ 중요정보의 의도적 누락, 은폐·독점 금지

9-2. 중요정보의 철저한 관리

가. 중요정보의 정의

중요정보에는 다음과 같은 정보가 포함된다.

① 경영이나 전략에 중대한 영향을 미치는 정보

② 미공개된 신상품 및 업무개발 등에 관한 정보

③ 미공개된 영업전망 및 재무상태에 관한 정보

④ 업무수행 중에 지득한 고객정보

⑤ 고객 및 회사와 업무상 관계를 맺고 있는 거래상대방에 관한 정보 등

나. 준수사항

중요정보를 취급함에 있어 다음의 사항을 준수하여야 한다.

① 중요정보는 정당한 권리와 책임 있는 임직원만 공유한다.

② 중요정보가 포함된 서류나 USB 등은 보안조치를 갖추어 관리한다.

③ 고객정보는 고객의 서면상 요구나 동의 또는 감독기관에 제공하는 등 법규에서 정한 경우를 제외하고는 제3자에게 제공하여서는 아니 된다.

④ 회사의 경영 또는 영업과 관련한 중요정보는 해당 부서에서 공식적으로 외부에 공표하기 전에는 비밀을 유지한다.

⑤ 업무수행상 금융회사등 외부에 알려주어야 할 경우 정보제공승인신청에 의해 소속부서장의 사전 승인을 얻어야 한다.

다. 회사업무 관련 부당행위 금지

임직원은 회사 업무와 관련하여 다음과 같은 일체의 부당행위를 하여서는 아니 된다.

① 부당지시 금지

② 알선·청탁 등 금지

③ 이권 개입 등 금지

④ 회사재산의 사적 사용 금지

⑤ 자금세탁 관여 금지

라. 금품·향응·편의수수 등 금지

① 임직원은 직무 관련자로부터 금품 등을 직·간접적으로 받거나 이를 조장·묵인하여서는 아니 된다.

② 회사 내 규정된 청렴의무, 금융소비자보호법 제20조(불공정영업행위의 금지), 「특정경제범죄가중처벌 등에 관한 법률」 제5조(수재 등의 죄)의 사항을 준수하여야 한다.

③ 금전 및 향응을 포함한 과도한 선물을 받거나 또는 주어서도 아니 된다. 다만, 청탁금지법 등에서 인정될 수 있는 범위의 간단한 선물이나 식사, 음료 또는 경조금 및 불특정 다수에게 제공되는 홍보용품, 방문기념품 등을 주고받는 것은 예외로 한다.

④ 대고객 또는 직원 상호 간 사적인 금전대차를 금지하며 채무보증행위도 금품수수를 수반하는 행위가 될 가능성이 높고, 향후 채무변제의무를 부담하게 될 수 있으므로 이를 금지한다. 특히 금융회사 임직원이 사적으로 금전의 대부, 채무의 보증 또는 인수를 하거나 이를 알선할 경우 특경법 위반행위가 될 수 있음에 유의한다.

⑤ 임직원은 받아서는 아니 될 금품등을 수령한 경우에는 조속히 반환하고, 이를 윤리담당자에게 금품 등 수수신고서에 의해 신고하여야 한다.

마. 부당한 유가증권 투자 금지

임직원은 업무상의 지위 또는 내부정보를 이용하여 주식 등의 유가증권·파생상품 등에 투자하거나, 제3자에게 내부정보를 제공하여 투자를 돕는 행위를 하여서는 아니 된다.

임직원은 자본시장법 등 관련법규에서 정하는 내부자의 미공개정보 이용, 시세조종 등 불공정거래행위를 하여서는 아니 된다.

바. 건전한 사생활 유지

① 직장 내 성희롱 금지

업무와 관련하여 다른 직원에게 성적인 언어나 행동을 하거나, 이를 조건으로 고용상의 불이익을 주거나 성적 굴욕감을 유발하여 고용환경을 악화시키는 것을 금지한다.

② 대고객 또는 직원 상호 간 사적 금전대차 금지

사. 불합리한 차별행위 금지

다음의 차별행위는 금지된다.

① 금융소비자에 대한 신용 평가 시 합리적 이유가 없는 차별행위

② 금융상품등에 대한 권유 시 합리적 이유 없는 차별행위

③ 금융상품등의 제공에 대한 계약체결 및 유지에서 합리적 이유 없는 차별행위

④ 금융상품등의 제공에 대한 수수료, 금리, 대출한도 등 거래 조건에서 합리적 이유 없는 차별행위

아. 불건전한 영업행위 방지

금융소비자보호법에 명시적으로 불건전한 영업행위를 금지하고 있다. 그 외에도 다음의 불건전한 영업행위는 금지된다.

① 부당권유행위

② 과도한 실적 부풀리기

- 예·적금, 집합투자증권, 보험 등 금융회사가 금융상품을 판매·취급하면서 고객의 의사에 반하여 고객에게 거래의 분할을 권유하거나 임의로 거래를 분할하는 행위
- 본인 또는 타인의 명의를 이용하여 거래계약의 체결 및 해지를 반복하게 하는 행위
- 예금 유치, 대출 취급 및 외환거래 등을 통해 계약체결의 실질적인 효과 없이 명목상의 규모·실적 등을 증가시키는 행위 등

③ 불건전한 고객 유지 활동 금지

- 고객으로 하여금 금리우대 조건 등을 통해 과도하게 가족, 지인 등을 금융상품에 가입하도록 하는 행위로서 사회상규에 위배되는 행위
- 명칭에 관계없이 거래계약체결과 직접 또는 간접적으로 연계하여 출연금, 기부금, 리베이트, 과도한 금리 우대 또는 부가서비스 등의 이익을 제공하는 행위로서 이익의 제공을 통해 역마진이 발생하거나 사회상규에 위배되는 행위
- 고객의 의사에 반하여 타 금융회사와 거래계약체결 중인 고객에게 부당하게 해당 거래계약을 해지하도록 강권하는 행위
- 고객의 금융상품 해지의사 표시에도 불구하고 정당한 사유 없이 이를 거부하는 행위
- 영업활동에 활용하기 위해 고객에게 과도한 정보제공을 요구하는 행위
- 그 밖에 사회상규에 위배되는 불건전한 고객 유치 행위 등

④ 손실 보전 또는 이익보장의 약속 금지

- 거래상대방이 입을 손실의 전부 또는 일부를 보전하여 줄 것을 사전에 약속하는 행위
- 거래상대방이 입은 손실의 전부 또는 일부를 사후에 보전하여 주는 행위
- 거래상대방에게 일정한 이익을 보장할 것으로 사전에 약속하는 행위
- 거래상대방에게 일정한 이익을 사후에 제공하는 행위 등

제 4 절 금융소비자 보호에 관한 내부통제

1. 내부통제기준의 의의 및 법령상의 정의

금융회사가 내부통제를 효과적으로 구축·운영하는 데 있어 전제가 되는 것이 임직원이 준수해야 할 내부통제기준을 마련하는 것이다.

금융법령에서는 이러한 내부통제기준의 마련을 의무화하고 있다. 다만 내부통제기준의 의미가 개별 법령마다 다르게 정의되어 있어 그 목적에 다소 차이가 있다.

<표 3-3> 내부통제기준의 정의 (예시)

법률	내용
금융소비자보호법 제16조제2항	임직원 및 금융상품판매대리·중개업자가 직무를 수행할 때 준수하여야 할 기준 및 절차
금융회사지배구조법 제24조제1항	법령을 준수하고, 경영을 건전하게 하며, 주주 및 이해관계자 등을 보호하기 위하여 금융회사의 임직원이 직무를 수행할 때 준수하여야 할 기준 및 절차
온라인투자연계금융업 및 이용자보호에 관한 법률 제17조제1항	법령을 준수하고, 경영을 건전하게 하며, 이용자를 보호하기 위하여 온라인투자연계금융업자의 임직원이 직무를 수행할 때 준수하여야 할 기준 및 절차

2. 금융소비자 보호 내부통제기준·소비자보호기준 마련의무

금융소비자보호법은 내부통제의 일부로서, 특히 금융소비자 보호를 위한 내부통제를 강화하고 있다.

특히 금융소비자보호법은 금융회사로 하여금 임직원 및 금융상품판매대리·중개업자가 직무를 수행할 때 준수하여야 할 기준 및 절차(내부통제기준)를 마련할 의무를 부과하고 있다(제16조제2항). 아울러 금융소비자보호법은 금융회사에 대하여 금융소비자 불만 예방 및 신속한 사후구제를 통하여 금융소비자를 보호하기 위하여 그 임직원이 직무를 수행할 때 준수하여야 할 기본적인 절차와 기준(금융소비자 보호기준)을 제정하도록 하고 있다(제32조). 금융소비자 보호기준에는 금융상품판매 이후 민원처리와 새로운 권리행사에 대한 대응 및 제도개선시스템구축 등을 마련하도록 하고 있는 것이 특징이다.

다만, 금융소비자보호법상의 내부통제기준은 금융판매업자등이 제정하고 임직원 및 금융상품판매대리·중개업자가 직무를 수행할 때 준수하는 의무가 있는 데 비해 금융소비자보호기준은 법인인 금융상품판매업자등이 제정하고 임직원이 직무를 수행할 때 준수하여야 한다(제32조제3항). 금융소비자보호기준도 임직원 및 금융상품판매대리·중개업자가 직무를 수행할 때 준수하여야 할 기준 및 절차라는 점에서 큰 범위의 내부통제기준에 포함된다.

종래 이러한 내부통제기준에 있는 내용들은 금융감독원이 제정한 「금융소비자 보호 모범규준」(행정지도)에 담겨 있던 것으로 그 주요내용이 금융소비자보호법이 제정되면서 내부통제기준·소비자보호기준에 이관된 것이다. 즉 금융소비자 보호 모범규준에 마련해둔 금융소비자 보호 전담조직(협의회·총괄책임자·총괄주서)의 설치, 금융상품 판매 전 소비자영향 평가 실시, 판매 후 수시 정보제공 및 모니터링, 판매담당자 평가·보상체계가 소비자보호 측면에서 적정한지에 대한 검토 등이 포함되어 있다(시행령 별표 3, 감독규정 별표 1).

이에 따라 금융회사들은 법령에서 명시적으로 제외한 경우 외에는 내부통제기준과 소비자보호 기준을 제정하고 이를 준수하는 내부통제시스템을 효과적으로 구축·운영하여야 한다.

3. 금융회사지배구조법상의 내부통제기준과의 차이

한편, 금융회사는 금융회사지배구조법에서 요구하는 내부통제기준을 마련할 의무가 있다. 따라서 금융소비자보호법상의 내부통제기준 외에 금융회사지배구조법상 내부통제기준도 마련하여야 한다.

양자의 차이는 금융회사지배구조에 관한 법률은 '금융회사 업무 전반'에 대한 내부통제기준 마련의무를 부과하고 있는데 비해 금융소비자보호법에서는 금융상품판매업자등에게 소비자보호 관련 내부통제기준 마련의무를 부과하고 임직원 및 금융상품판매대리·중개업자에 대한 관리책임을 부과하고 있는 점이다.

실무에서는 별도 체계를 구축하거나 아니면 금융회사지배구조법에서 운용되던 기존 내부통제기준에 항목을 추가하는 방식으로 운용하기도 한다.

<표 3-4> 금융회사지배구조법과 금융소비자보호법상의 내부통제 비교

구분	금융회사지배구조법	금융소비자보호법
적용대상	금융회사(직접판매업자)	직접판매업자, 대리·중개업자, 자문업자
규율범위	임직원	임직원 및 대리·중개업자
규율사항	위험관리 등 경영 전반	금융상품 판매·자문관련

금융회사지배구조법상 내부통제기준에 포함해야 하는 사항

1. 업무의 분장 및 조직구조
2. 임직원이 업무를 수행할 때 준수하여야 하는 절차
3. 내부통제와 관련하여 이사회, 임원 및 준법감시인이 수행하여야 하는 역할
4. 내부통제와 관련하여 이를 수행하는 전문성을 갖춘 인력과 지원조직
5. 경영의사결정에 필요한 정보가 효율적으로 전달될 수 있는 체제의 구축
6. 임직원의 내부통제기준 준수 여부를 확인하는 절차·방법과 내부통제기준을 위반한 임직원의 처리
7. 임직원의 금융관계법령 위반행위 등을 방지하기 위한 절차나 기준(임직원의 금융투자상품 거래내용의 보고 등 불공정행위를 방지하기 위한 절차나 기준을 포함한다)
8. 내부통제기준의 제정 또는 변경절차
9. 준법감시인의 임면절차
10. 이해상충을 관리하는 방법 및 절차 등(금융회사가 금융지주회사인 경우는 예외로 한다)
11. 상품 또는 서비스에 대한 광고의 제작 및 내용과 관련한 준수사항(금융지주회사만 해당한다)
12. 법 제11조제1항에 따른 임직원 겸직이 제11조제4항제4호 각목의 요건을 충족하는지에 대한 평가·관리
13. 그 밖에 내부통제기준에서 정하여야 할 세부적인 사항으로서 다음의 사항(감독규정 제11조제2항)

1) 내부고발자 제도의 운영에 관한 다음 각목의 사항
 가. 내부고발자에 대한 비밀보장
 나. 내부고발자에 대한 불이익 금지 등 보호조치
 다. 회사에 중대한 영향을 미칠 수 있는 위법·부당한 행위를 인지하고도 회사에 제보하지 않는 사람에 대한 불이익 부과
2) 위법·부당한 행위를 사전에 방지하기 위하여 명령휴가제도 도입 및 그 적용대상, 실시주기, 명령휴가 기간, 적용 예외 등 명령휴가제도 시행에 필요한 사항
3) 사고발생 우려가 높은 단일거래에 대해 복수의 인력 또는 부서가 참여하도록 하는 직무분리기준에 대한 사항
4) 새로운 금융상품 개발 및 금융상품 판매과정에서 금융소비자 보호 및 시장질서 유지 등을 위하여 준수하여야 할 업무절차에 대한 사항(금융지주회사만 해당한다) <개정 2021. 3. 25.>
5) 영업점 자체점검의 방법·확인사항·실시 주기 등에 대한 사항
6) 「특정 금융거래정보의 보고 및 이용 등에 관한 법률」 제2조제4호에 따른 자금세탁행위 및 같은 조 제5호에 따른 공중협박자금조달행위(이하 "자금세탁행위등"이라 한다)를 방지하기 위한 다음 각목의 사항(법 제2조제1호나목의 금융투자업자 중 투자자문업자는 제외한다)
 가. 「특정 금융거래정보의 보고 및 이용 등에 관한 법률」 제2조제2호에 따른 금융거래에 내재된 자금세탁행위 등의 위험을 식별, 분석, 평가하여 위험도에 따라 관리 수준을 차등화하는 자금세탁 위험평가체계의 구축 및 운영
 나. 자금세탁행위등의 방지 업무를 수행하는 부서로부터 독립된 부서 또는 외부전문가가 그 업무수행의 적절성, 효과성을 검토·평가하고 이에 따른 문제점을 개선하기 위한 독립적 감사체계의 마련 및 운영
 다. 소속 임직원이 자금세탁행위등에 가담하거나 이용되지 않도록 하기 위한 임직원의 신원사항 확인 및 교육·연수

그외 별표 3의 기준에 따른 사항

4. 자율규제기관의 「금융소비자 보호 표준 내부통제기준」의 제정 의의

상기와 같이 법령에서 정한 바에 따라 금융소비자 보호를 위한 내부통제기준 제정과 실행을 의무화하고 있지만, 이들 사항만으로 개별 금융회사의 상황을 모두 고려할 수 없다.

또한 작은 규모의 금융회사가 자체적으로 금융소비자 보호를 위한 내부통제기준을 마련하는 것이 부담이 되는 측면이 있고 업권의 표준화된 대응체제의 마련을 통해 전체적인 내부통제수준을 높이는 것이 바람직하다.

이러한 취지에서 종래 금융감독원은 「금융소비자 보호 운용가이드라인」을 마련[116)] 하여 이를 참고하여 각 금융회사가 내부통제기준 및 금융소비자보호기준 등에 반영하거나 별도 기준을 제정하여 운용될 수 있게 하였으나 행정지도인 점에서 비록 구속력은 없으나 회사의 자율적인 기준 마련을 제약하는 단점도 없지 않았다.

또한 종래의 금융소비자 보호 운용가이드라인의 주요내용이 금융소비자보호법에 이관되면서 금융소비자보호법의 발효 후에는 협회가 「금융소비자 보호 표준 내부통제기준」을 제정하여 업권 내 개별 금융회사가 반영하여 제정하도록 하고 있다.

---

116) 2006년 9월 최초로 금융소비자 보호 모범규준이 제정되었고, 2013년에는 모범규준을 개정하여 금융회사로 하여금 금융소비자 보호 강화를 위한 금융소비자보호 총괄책임자(CCO; Chief Consumer Officer)를 지정하고, 전담부서를 마련토록 하여 금융소비자 보호업무의 독립성과 전문성을 강화하도록 하였다. 또한 금융상품 개발·판매단계의 금융소비자 보호 절차 강화 등의 내용을 추가하였다. 즉 상품개발·판매·사후관리에 걸친 금융거래 전 과정에서 내부통제 강화를 통해 소비자불만을 사전에 예방하고 금융피해를 신속히 구제하도록 하여 궁극적으로 금융소비자의 불만사항의 근원적 해소를 통해 금융회사의 신뢰도 및 경쟁력을 높이도록 하였다.
또한 2014.3.31 개정에서는 적합성원칙을 강화하여 정보파악내용에 금융상품 구매목적, 구매경험을 추가하였으며, 취약한 금융소비자(65세 이상 고령층, 은퇴자, 주부, 학생 등)인 경우에는 계약체결 권유에 관한 사항을 판매준칙에 별도로 정하도록 하였다. 또한 금융상품 계약체결 권유 및 정보제공의 원칙에 취약한 금융소비자에 대한 불이익사항을 다른 정보보다 우선적으로 설명하고 반드시 그 이해 여부를 확인하도록 하였다. 2020년 개정에서는 CEO가 주도하는 전사적 차원의 소비자보호를 강화하였다.

제 5 절 협회 금융소비자 보호 내부통제기준의 활용

1. 활용의 의의

각 협회가 제정한 「금융소비자 보호 표준 내부통제기준」은 금융소비자보호법상의 내부통제기준 마련 의무와 관련하여 구체적으로 적용할 수 있는 세부사항을 담고 있으며, 이를 참고하여 각 금융회사가 자체적으로 자사 상황에 부합하는 금융소비자 보호 내부통제기준을 제·개정하여 효율적으로 시스템구축에 활용할 수 있다.

이하에서는 활용에 참고가 되는 주요내용을 소개한다.

2. 금융소비자 보호 조직

2-1. 금융소비자 중심 경영

금융소비자 보호는 금융상품의 공급자와 수요자 사이에 존재하는 정보의 비대칭성을 해소하고 공정한 금융거래를 위한 교섭력의 균형을 도모함으로써 금융소비자 권익을 보호하고 금융시장을 통한 자원배분의 최적화를 달성하는 것을 목적으로 한다.

이를 달성하기 위해 금융회사는 금융소비자 보호에 관한 기본 경영방침을 수립하고, 이를 내부통제기준과 금융소비자보호규정 등에 반영하여야 한다. 아울러 금융회사는 금융소비자 보호와 관련된 경영방침을 정하고 이를 문서로 표명할 필요가 있다.

> **기본방침의 포함사항**
>
> 1. 금융소비자의 권익 증진, 건전한 금융거래 지원 등 금융소비자 보호를 위하여 노력
> 2. 금융소비자의 불만 예방 및 신속한 사후구제를 통하여 금융소비자를 보호하기 위하여 그 임직원이 직무를 수행할 때 준수하여야 할 기본적인 절차와 기준("금융소비자 보호기준")을 마련
> 3. 금융소비자 보호가 효과적으로 이루어지도록 이에 필요한 인적·물적 자원을 적극적으로 확보

금융회사의 최고경영자는 금융소비자 보호가 금융회사의 생존에 불가결한 요소일 뿐 아니라 궁극적으로 금융회사 및 금융산업의 경쟁력 향상에 도움이 된다는 사실을 인식하여야 한다. 이를 바탕으로 금융소비자 보호에 대한 관심과 실천의지를 확고히 하며, 금융소비자의 가치를 최우선으로 삼아 최상의 상품과 서비스를 제공하도록 하여야 한다.

이를 위해 최고경영자는 금융소비자 중심의 경영철학, 비전 등이 임직원에게 명확하게 전달되도록 노력하여야 한다. 또한 임직원은 회사의 고객만족 비전을 성취하는 데 도움을 주는 활동을 하여야 하고, 금융소비자 보호에 대한 임직원의 인식 전환과 가치 공유가 이루어지도록 노력하여야 한다.

2-2. 금융소비자 보호 조직 체계

가. 업무의 분장 및 조직구조

금융회사는 금융소비자 보호업무에 관한 임직원의 역할과 책임을 명확히 하고, 업무의 종류 및 성격, 이해상충의 정도 등을 감안하여 업무의 효율성 및 직무 간 상호 견제와 균형이 이루어질 수 있도록 업무분장 및 조직구조를 수립하여야 한다.

금융회사의 금융소비자 보호에 관한 내부통제조직은 이사회, 대표이사, 금융소비자 보호 내부통제위원회, 준법감시인, 금융소비자보호 총괄기관 등으로 구성된다.

1) 이사회

이사회는 내부통제에 대한 최종적인 책임을 지며, 금융소비자 보호에 관한 내부통제체계의 구축 및 운영에 관한 기본방침을 정한다. 이사회는 내부통제에 영향을 미치는 경영전략 및 정책을 승인하고 내부통제기준, 내부통제체계 등 내부통제와 관련된 주요사항을 심의·의결한다.

아울러 이사회는 은행의 내부통제 취약부분에 대한 개선계획 등의 제출을 대표이사에게 요구할 수 있으며, 내부통제기준을 위반하거나 내부통제 취약부분에 대해 책임 있는 임직원에 대한 징계조치를 대표이사에게 요구할 수 있다.

2) 대표이사

대표이사는 이사회가 정한 내부통제체계의 구축 및 운영에 관한 기본방침에 따라 금융소비자 보호와 관련한 내부통제체계를 구축·운영하여야 한다. 또한 대표이사는 회사의 금융소비자 보호 내부통제체계가 적절히 구축·운영되도록 내부통제환경을 조성하고, 관련법규의 변경, 영업환경 변화 등에도 금융소비자 보호 내부통제체계의 유효성이 유지될 수 있도록 관리하여야 한다.

아울러 대표이사는 내부통제체계 구축·운영 등과 관련하여 다음의 권한 및 의무가 있다. 다만, 대표이사는 업무의 전부 또는 일부를 금융소비자보호 총괄책임자에게 위임할 수 있으며, 업무를 위임하는 경우 위임하는 업무의 범위를 구체적으로 명시하여야 한다.

대표이사의 내부통제 구축·운영등과 관련한 권한·의무

1. 내부통제기준 위반 방지를 위한 예방대책 마련
2. 내부통제기준 준수 여부에 대한 점검
3. 내부통제기준 위반내용에 상응하는 조치방안 및 기준 마련
4. 1.부터~3.에 필요한 인적, 물적 자원의 지원
5. 준법감시인과 금융소비자보호 총괄책임자의 업무 분장 및 조정

대표이사는 업무를 금융소비자보호 총괄책임자에게 위임하는 경우에 금융소비자보호 총괄책임자로 하여금 매년 1회 이상 위임업무의 이행사항을 내부통제위원회(내부통제위원회가 없는 경우 대표이사)에 보고하게 하는 등 위임한 업무에 대한 주기적 관리·감독절차를 마련하여야 한다. 아울러 대표이사는 내부통제체계·운영에 대한 실태 점검결과를 매년 1회 이상 정기적으로 이사회에 보고하여야 한다.

3) 임직원 및 조직

금융회사의 각 부서는 담당업무와 관련된 금융소비자 보호 내부통제에 대한 1차적인 책임이 있다. 회사의 모든 임직원은 자신의 담당직무 수행 시 금융소비자 보호를 위한 책임자로서 자신의 역할을 이해하고 금융소비자보호법령 및 이 기준을 숙지한 후 이를 충실히 준수하여야 한다. 회사는 내부통제기준을 효과적으로 준수하기 위해 금융소비자보호 총괄기관과 금융상품의 개발·판매·사후관리 부서 간의 역할과 책임을 명확히 하고 상호 협력과 견제가 이루어질 수 있도록 조직을 구성하여야 한다. 회사의 각 부서는 금융소비자 보호 내부통제 관련 내부규정 등을 수립하거나 변경할 경우에 금융소비자보호 총괄기관과 협의하여야 한다.

나. 금융소비자 보호 내부통제기준의 운영을 위한 조직 및 인력

1) 금융소비자 보호 내부통제위원회의 설치 및 운영

금융회사는 금융소비자 보호에 관한 내부통제를 수행하기 위하여 필요한 의사결

정기구로서 “내부통제위원회”를 설치하여야 한다. 다만, 금융소비자보호법령에 따라 내부통제위원회 설치에 대한 예외가 인정되는 경우에는 설치하지 아니할 수 있다.

내부통제위원회는 대표이사, 금융소비자보호 총괄기관의 업무를 수행하는 임원, 사내임원(「금융회사의 지배구조에 관한 법률」 제2조제2호에 따른 임원을 말한다), 준법감시인 및 위험관리책임자로 구성한다(단, 준법감시인과 위험관리책임자의 경우 이를 별도로 두고 있는 경우로 한정한다). 다만, 준법감시인 또는 위험관리책임자는 준법감시인 또는 위험관리책임자의 고유 업무와 관계없는 안건에 대하여는 회의에 참석하지 않을 수 있다.

내부통제위원회는 다음의 사항을 조정·의결한다. 다만, 다음 표의 5. 및 7.의 경우에는 담당부서로부터 해당 내용을 보고받고 필요한 조치를 취할 수 있다.

내부통제위원회의 조정·의결사항

1. 금융소비자 보호에 관한 경영방향
2. 금융소비자 보호 관련 주요 제도 변경사항
3. 임직원의 성과보상체계에 대한 금융소비자 보호 측면에서의 평가
4. 금융상품의 개발, 영업방식 및 관련 정보공시에 관한 사항
5. 내부통제기준 및 금융소비자보호법 제32조제3항에 따른 금융소비자 보호기준의 적정성·준수실태에 대한 점검 · 조치 결과
6. 금융소비자보호법 제32조제2항에 따른 평가(“금융소비자보호 실태평가”), 감독(금융소비자보호법 제48조제1항에 따른 “감독”을 말함) 및 검사(금융소비자보호법 제50조에 따른 “검사”를 말함) 결과의 후속조치에 관한 사항
7. 중요 민원·분쟁에 대한 대응 결과
8. 광고물 제작 및 광고물 내부 심의에 대한 내부규정(단, 준법감시인이 별도로 내부규정 마련 시 제외할 수 있다)
9. 금융소비자보호 총괄기관과 금융상품 개발·판매·사후관리 등 관련부서 간 협의 필요사항
10. 임직원의 윤리의식·준법의식 제고 노력 등
11. 기타 금융소비자보호 총괄기관 또는 기타 관련부서가 내부통제위원회에 보고한 사항의 처리에 관한 사항

대표이사가 주재하는 회의를 매 반기마다 1회 이상 개최하여야 하며, 내부통제위원회는 회의결과를 이사회에 보고하고, 논의사항은 서면·녹취 등의 방식으로 최소 5년간 기록·유지하여야 한다.

2) 금융소비자보호 총괄기관의 설치 및 운영

금융회사는 책임과 권한을 가지고 금융소비자 보호에 관한 내부통제 업무를 수행하기 위하여 필요한 조직으로서 금융소비자보호 총괄기관을 설치한다. 금융소비자보호 총괄기관은 소비자보호와 영업부서 업무 간의 이해상충 방지 및 회사의 소비자보호 업무역량 제고를 위하여 금융상품 개발·판매 업무로부터 독립하여 업무를 수행하여야 하고, 대표이사 직속 기관으로 한다.

금융회사는 금융소비자 보호업무를 원활하게 수행할 수 있도록 고객 수, 민원 건수, 상품개발·판매 등 관련 타 부서와 사전협의 수요 등을 고려하여 금융소비자보호 총괄기관의 업무수행에 필요한 인력을 갖춰야 하며, 금융소비자 보호업무를 원활히 수행할 수 있는 직원을 금융소비자 보호 업무담당자로 선발·운영하여야 한다.

다만, 금융회사는 조직·인력 등을 감안하여 금융소비자 보호업무를 준법감시부서가 수행하도록 할 수 있다. 단, 금융소비자보호 총괄기관을 준법감시부서 등과 별도로 두는 경우에는 양 부서 간의 권한 및 책임을 문서화된 별도의 내부규정으로 명확히 정하여야 한다.

금융소비자보호 총괄기관의 권한

1. 금융소비자 보호에 관한 경영방향 수립
2. 금융소비자 보호 관련 교육의 기획·운영
3. 금융소비자 보호 관련 제도 개선
4. 금융상품의 개발, 판매 및 사후관리에 관한 금융소비자 보호 측면에서의 점검 및 조치
5. 민원·분쟁의 현황 및 조치결과에 대한 관리
6. 임직원의 성과보상체계에 대한 금융소비자 보호 측면에서의 평가
7. 담당부서가 요청하는 사항에 대한 사전협의
8. 내부통제위원회의 운영(내부통제위원회에 보고하는 업무를 포함)
9. 내부통제 관련 내부규정 등 수립에 관한 협의

금융소비자보호 총괄기관은 금융소비자 보호 및 민원예방 등을 위해 다음 사항을 포함하는 제도개선을 관련부서에 요구할 수 있다. 이 경우 제도개선 요구를 받은 부서는 제도개선 업무를 조속히 수행하여야 한다. 다만, 부득이한 사유로 제도개선 업무의 수행이 불가능할 경우 그 사유를 내부통제위원회(내부통제위원회가 없는 경우 대표이사)에 소명해야 한다.

금융소비자보호 총괄기관의 관련부서에 대한 제도개선 요구사항

1. 업무개선 제도운영 및 방법의 명확화
2. 개선(안) 및 결과 내역관리
3. 제도개선 운영성과의 평가
4. 민원분석 및 소비자만족도 분석 결과 등을 토대로 현장 영업절차 실태 분석 및 개선안 도출

금융소비자보호 총괄기관은 금융소비자의 권리를 존중하고 민원을 예방하기 위하여 금융소비자 보호를 위한 민원예방, 금융소비자 보호와 관련된 임직원 교육 및 평가, 대내외 홍보, 유사민원의 재발방지를 위한 교육 프로그램 및 제도개선 방안 등을 포함한 절차를 개발 및 운영하여야 한다.

금융소비자보호 총괄기관은 금융소비자 보호제도와 관련하여 임직원등에 대한 교육 및 특정한 조치가 필요하다고 판단되는 경우 관련부서에 협조를 요청할 수 있으며, 협조 요청을 받은 관련부서는 특별한 사정이 없는 한 이에 협조하여야 한다.

3) 금융소비자보호 총괄책임자(CCO)의 지정

금융회사는 금융소비자 보호업무를 담당하는 임원으로 하여금 금융소비자보호 총괄기관의 장을 맡도록 하고, 해당 임원을 "금융소비자보호 총괄책임자"로 지정하여야 한다. 다만 자산규모, 영위하는 금융업무의 성질상 준법감시인으로 하여금 금융소비자보호 총괄책임자의 직무를 수행하게 할 수 있다.

CCO는 금융소비자 보호라는 업무상 독립성을 보장하기 위해 최고경영자 직속으로 하는 것이 바람직하며, 금융과 금융소비자 보호에 대한 경험과 지식을 갖춘 자로서 금융회사의 공익성, 건전경영과 신용질서를 해칠 우려가 없는 자이어야 한다.

이러한 금융소비자보호 총괄책임자는 준법감시인에 준하는 독립적 지위를 보장받으며, 적법한 직무수행과 관련하여 부당한 인사상의 불이익을 받지 않아야 한다. 아울러 금융소비자 보호업무는 공정성과 투명성이 요구되는 만큼 최근 5년간 금융관계법령을 위반하여 금융위원회 또는 금융감독원의 원장으로부터 문책경고 또는 감봉요구 이상에 해당하는 조치를 받은 사실이 없어야 한다.

금융소비자보호 총괄책임자가 당해 금융회사의 금융소비자 보호 관련 제도의 기획, 교육, 평가, 보상 및 점검 등을 위해서는 금융소비자 보호 총괄부서를 총괄하는 권한을 부여받아야 하며 독립적으로 그 직무를 수행할 수 있어야 한다.

금융소비자보호 총괄책임자의 직무

1. 금융소비자보호 총괄기관의 업무 통할
2. 상품설명서, 금융상품 계약서류 등 사전 심의(단, 준법감시인 수행 시 제외)
3. 금융소비자 보호 관련 제도 기획 및 개선, 기타 필요한 절차 및 기준의 수립
4. 금융상품 각 단계별(개발, 판매, 사후관리) 소비자보호 체계에 관한 관리·감독 및 검토 업무
5. 민원접수 및 처리에 관한 관리·감독 업무
6. 금융소비자 보호 관련부서 간 업무협조 및 업무조정 등 업무 총괄
7. 대내외 금융소비자 보호 관련 교육 프로그램 개발 및 운영 업무 총괄
8. 민원발생과 연계한 관련부서·직원 평가 기준의 수립 및 평가 총괄
9. 내부통제기준 준수 여부에 대한 점검·조치·평가 업무 총괄
10. 대표이사로부터 위임받은 업무
11. 금융소비자 보호 관련하여 이사회, 대표이사, 내부통제위원회로부터 이행을 지시·요청받은 업무
12. 기타 금융소비자의 권익증진을 위해 필요하다고 판단되는 업무

또한, 금융소비자보호 총괄책임자는 금융소비자의 권익이 침해되거나 침해될 현저한 우려가 발생한 경우 지체 없이 대표이사에게 보고하여야 하며, 대표이사는 보고받은 사항을 확인하여 신속히 필요한 제반사항을 수행·지원하여야 한다.

한편, 금융소비자보호 총괄책임자 및 금융소비자 보호 업무담당자에 대하여 회사의 재무적 경영성과에 연동하지 아니하는 별도의 공정한 업무평가기준 및 급여지급기준을 마련하여 운영하여야 하며, 근무평가 시 징계 등 특별한 경우를 제외하고는 타 업무담당자 등 타 직군 등에 비해 직군 차별, 승진 누락 등 인사평가의 불이익이 발생하지 않도록 하여야 한다. 이는 CCO가 회사의 재무적 경영성과와 관련하여 평가를 받게 될 때 금융소비자 보호 본래의 업무를 충실히 수행하기 곤란한 경우를 방지하기 위함이다.

또한 금융회사의 민원발생건수 및 금융소비자보호 실태평가 결과 등을 금융소비자보호 총괄책임자 및 금융소비자 보호 업무담당자의 급여 등 보상에 연계하지 아니하여야 하고, 민원발생 및 민원처리과정의 부적정 등의 원인을 직접 제공한 부서 및 담당자의 급여 등 보상에 반영하여야 한다.

4) 금융소비자 보호 업무담당자의 지정 및 직무

금융회사는 회사별 특성을 고려하여 민원예방 및 처리, 제도개선, 민원평가, 전산시스템 운영, 금융소비자 보호 교육, 홍보, 민원 감사업무 등을 원활히 수행할 수 있는 적정규모 이상의 금융소비자 보호 업무담당자를 선발, 운영하여야 한다.

업무수행의 전문성 및 신뢰도 제고를 위하여 금융소비자 보호 업무담당자는 입사 3년 이상 경력자로서 상품개발·지원, 영업·서비스기획, 법무, 시스템, 통계, 감사 등 분야의 2년 이상 근무한 자로 한다. 다만, 다음에 해당되는 경우에는 예외로 할 수 있다.

금융소비자 보호 업무전담자 자격배제 사유

1. 동일한 수준의 전문성과 업무경력을 갖추었다고 금융소비자보호 총괄책임자가 승인하는 경우
2. 설립 후 10년이 지나지 않은 회사로서 금융소비자보호 총괄책임자가 별도로 정한 내부규정에 따르는 경우

금융소비자 보호 업무담당자는 특별한 경우를 제외하고 3년 이상 금융소비자 보호업무를 수행하도록 하여야 한다. 다만, 회사의 조직과 인력 등을 감안하여 감축조정이 필요하거나 승진전보 및 금융소비자보호 총괄책임자의 승인 시에는 예외로 할 수 있다.

아울러 회사는 금융소비자 보호 업무담당자에 대한 근무평가 시, 징계 등 특별한 경우를 제외하고는 금융소비자 보호 관련 실적이 우수한 업무담당자에게 인사상 가점을 부여하여야 한다.

또한, 회사는 금융소비자 보호 업무담당자에 대하여 대내외 소비자보호 관련 교육 참여 기회를 제공하고 금융소비자 보호 전문역량 개발을 위한 자격증 취득 기회를 적극 제공하는 등 직무향상을 위한 제도적 장치를 마련·실시하여야 하며, 금융소비자 보호 우수 직원 등에 대한 포상(표창, 특별휴가 등) 제도를 시행하여야 한다.

이와 함께 금융회사는 금융소비자 보호 업무담당자에 대하여 회사의 재무적 경영성과에 연동하지 아니하는 별도의 공정한 업무평가기준 및 급여지급기준을 마련하여 운영하여야 하며, 근무평가 시 징계 등 특별한 경우를 제외하고는 타 업무담당자 등 타 직군 등에 비해 직군 차별, 승진 누락 등 인사평가의 불이익이 발생하지 않도록 하여야 한다. 아울러 민원발생건수 및 금융소비자보호 실태평가 결과 등을 금융소비자 보호 업무담당자의 급여 등 보상에 연계하지 아니하여야 하고, 민원발생 및 민원처리과정의 부적정 등의 원인을 직접 제공한 부서 및 담당자의 급여 등 보상에 반영하여야 한다. 아울러 금융소비자보호 업무담당자는 금융소비자 관점에서 판매담당 직원 등에 적용되는 평가 및 보상구조가 적절히 설계되어 있는지 정기적으로 검토하여야 한다.

한편, 금융소비자보호 총괄기관은 금융상품의 개발, 판매 및 사후관리 과정에서 판매되는 금융상품에 영향을 미치는 중요사항을 점검하고 분석하여야 한다. 점검과정에서 고객의 피해 발생이 우려되거나 피해가 발생한 경우 등 중대한 사안이 발생하는 경우 대표이사에게 보고하고 내부통제위원회를 통해 논의하는 등 필요한 조치를 취하여야 한다.

3. 금융상품 기획·개발·판매과정 시 금융소비자 보호

3-1. 상품기획·개발과정의 금융소비자 보호 체계구축

금융회사의 금융소비자 보호가 제대로 이행되기 위해서는 금융상품 개발 시부터 금융소비자 관점과 권익이 반영되는 프로세스가 구축되어야 한다. 이를 위해 금융회사는 금융소비자 불만을 조기에 발견하고 신속히 개선하기 위한 내부시스템을 구축하고, 신제품 출시나 새로운 제도 시행 시 사전에 검토할 수 있는 다음과 같은 절차를 마련하여야 한다.

가. 총괄부서와의 사전 협의

금융회사는 임직원등이 금융상품에 관한 계약의 체결 또는 계약체결의 권유 등 금융소비자를 대상으로 직무를 수행할 때 회사별 특성, 취급상품의 종류, 판매채널의 현황 등을 고려하여 금융소비자를 보호하기 위한 절차와 기준을 마련할 수 있다. 금융상품에 관한 계약의 체결 또는 계약체결의 권유 등을 담당하는 부서는 담당업무와 관련하여 이러한 절차 또는 기준을 제정 또는 변경을 추진하는 경우 금융소비자보호 총괄기관과 사전에 협의하여야 한다.

또한, 금융소비자보호 총괄기관은 금융상품 개발, 마케팅 및 판매절차 등에 관한 정책 수립 시 금융소비자 보호 측면에서 금융소비자 내부통제기준 및 금융소비자 보호법령에 부합하는지 여부를 점검하여야 하며, 점검결과 확인된 문제점을 시정할 수 있도록 부서 간 사전협의절차와 정보공유체계를 구축, 운영하여야 한다.

금융상품 개발, 마케팅 등에 관한 정책 수립 시 담당 부서는 다음의 사항을 포함하여 금융소비자보호 총괄기관과 사전에 협의하여야 한다.

개발·마케팅 등 정책 수립 시 담당부서가 사전에 협의해야 할 사항

1. 금융상품 개발·변경·판매중단
2. 상품설명서 및 상품판매 관련 약관의 제·개정
3. 판매절차의 개발·변경
4. 고객 관련 판매촉진(이벤트, 프로모션 등), 영업점 성과평가 기준 등 주요 마케팅 정책 수립 및 변경 등
5. 기타 소비자 보호를 위하여 금융소비자보호 총괄기관이 정하는 사항

이 경우 금융소비자보호 총괄기관은 담당부서와 사전 협의 시 다음의 사항을 고려하여야 한다.

금융소비자보호 총괄기관이 담당부서와 사전 협의 시 고려사항

1. 금융상품의 위험도·복잡성
2. 금융소비자의 특성
3. 금융상품 발행인의 재무적 건전성, 금융상품 운용 및 리스크 관리능력

금융소비자보호 총괄기관은 금융상품 개발, 마케팅 및 판매절차 관련 정책, 약관 등에 금융소비자 보호상의 문제가 있다고 판단되는 경우 관련부서에 금융상품 출시 및 마케팅 중단, 개선방안 제출 등을 요구할 수 있다. 담당부서가 사전협의를 누락한 경우에 금융소비자보호 총괄기관은 성과평가 또는 민원평가 등에 반영할 수 있다.

나. 금융상품 개발 관련 체크리스트 및 자체 내부기준 수립

금융소비자보호 총괄기관은 신규 금융상품을 개발하는 경우 금융소비자에게 불리한 점은 없는지 등을 진단하기 위한 체크리스트를 마련하여야 하며, 상품개발부서에게 이를 제공하여야 한다.

체크리스트에 포함되어야 하는 내용

1. 관련법령, 감독규정, 감독당국의 지도내용과 관련한 위반사항 여부 등 점검
2. 금융소비자의 권익 침해요소 점검: 유사상품에 대한 민원사례 확인 여부, 수수료의 적정성, 서비스 제공 시 소비자의 권익 침해 여부 등
3. 금융소비자 의견 반영 여부 점검: 금융소비자의 상품 제안에 대한 의견 반영 여부 등
4. 합리적 선택을 위한 정보내용의 적정성(상품설명서 등의 내용): 상품설명서의 내용이 소비자가 알기 쉽도록 명료하게 작성되었는지 여부, 금융소비자의 불이익 사항 등이 쉽게 확인하도록 기재되어 있는지 여부 등
5. 계약내용 및 약관내용의 불공정성 등 점검: 약관의 내용 등이 금융감독원의 지도사항 또는 공정거래위원회의 심결례 사항 등에 비추어 금융소비자에게 불이익하게 적용될 우려가 없는 지 여부, 약관의 내용이 모호하게 규정되어 있거나 금융소비자에게 불리하게 해석될 우려는 없는 지 여부 등
6. 금융소비자 관점의 정보 제공: 그림, 기호 등 시각적인 요소를 활용하여 소비자의 이해도를 제고하고 있는 지 여부 등
7. 금융소비자 불만 예방: 고객에 대한 합리적 이유 없는 불합리한 차별행위는 없는 지 여부, 상품설명

서 등에 대한 상품과 관련하여 금융소비자에게 발생한 피해를 구제하기 위한 제도 등에 대하여 정보가 제공되고 있는지 등

8. 불완전판매 예방: 판매단계에서 임직원이 소비자에게 상품내용을 충분히 전달하기 위한 교육자료가 마련되어 있는지 여부 등
9. 소비자보호문화 정착: 상품 출시와 관련하여 임직원이 소비자보호 관련 내용을 숙지하도록 교육자료가 마련되어 있는지 등
10. 금융회사의 소비자보호에 대한 책임성 강화: 금융상품 개발자의 이름, 연락처가 상품 설명자료에 명기되었는지 여부 등

이처럼 금융회사는 금융관련 법규 등에서 정한 바에 따른 금융상품 개발과정에서 금융상품 개발부서명 및 연락처를 상품설명 자료에 명기하는 등 책임성 강화, 금융상품 개발부서의 금융상품 판매자에 대한 충분한 정보 공유 책임 강화(판매회사, 부서, 담당직원뿐 아니라 판매회사가 금융상품 판매를 재위탁한 경우 위탁회사의 직원까지 포함한다) 등을 포함한 내부기준을 수립하여 운영하여야 한다. 아울러 상품 개발부서는 새로운 상품을 출시하거나 상품의 중요내용을 변경하는 경우, 점검항목에 따라 해당 상품이 적정한지 여부를 점검하여야 한다.

<금융소비자보호 총괄부서가 확인해야 할 체크리스트 내용(예시)>

상품개발 관련 체크리스트

(점검일자 : 20 . . .)

개발부서	부서명	
	금융소비자 보호담당자	직: 성명: (인)

[작성대상] 자체 개발한 금융상품

[작성시기] 금융상품 개발 단계

[상품개요]

상품명	상품특성	개발자

[의견]

예) 상품설명서상에 수수료에 대한 부분이 명확하게 설명되어 있지 않고 다소 불충분하게 기재되어 있어 추후 관련 민원 발생이 예상되므로 상세하게 보완할 필요
- 기존 유사상품의 경우에도 같은 내용이 상품설명서에 기재되어 있었는데 이에 대하여 다수의 민원이 접수된 바 있음

[체크리스트]

구분	점검항목 및 내용	점검결과
관련 법규 위반 여부	**① 관련 법령 등 위반사항 여부 점검**	
	• 관련 법령(은행법, 보험업법, 자본시장법 등)에 위반되는 사항은 없습니까?	양호 / 보통 / 미흡
	• 감독규정 및 내부규정 등에 위반되는 사항은 없습니까?	양호 / 보통 / 미흡
	• 금융감독원 등의 지도사항에 위반되는 사항은 없습니까?	양호 / 보통 / 미흡
	• 상품 및 서비스의 내용이 관련 판례 혹은 금융분쟁조정위원회의 결정에 위반되는 사항은 없습니까?	양호 / 보통 / 미흡

소비자 권익 보호	**② 금융소비자의 권익 침해요소 점검**	
	• 기존 유사상품과 비교하여 민원발생의 소지는 없습니까? (유사상품에 대한 민원사례 확인 여부)	양호 / 보통 / 미흡
	• 금리 체계가 합리적이며 회사와 소비자의 입장을 균형 있게 고려하고 있습니까?	양호 / 보통 / 미흡
	• 수수료는 적정하며 회사와 소비자의 입장을 균형 있게 고려하고 있습니까?	양호 / 보통 / 미흡
	• 서비스 제공방법(대면, 비대면)은 은행과 소비자의 입장을 균형 있게 고려하고 있습니까?	양호 / 보통 / 미흡
	③ 금융소비자 의견 반영	
	• 민원자료 활용을 통한 금융소비자의 의견이 반영되었습니까?	양호 / 보통 / 미흡
	• 금융소비자의 상품 제안을 통한 금융소비자의 의견이 반영되었습니까?	양호 / 보통 / 미흡
소비자 알 권리 등	**④ 합리적 선택을 위한 정보내용의 적정성(상품설명서 등의 내용)**	
	• 상품설명서의 내용이 금융소비자가 알기 쉽도록 명료하게 작성되었습니까?	양호 / 보통 / 미흡
	• 상품 및 서비스 내용이 객관적인 사실에 근거하여 작성되었습니까?	양호 / 보통 / 미흡
	• 상품 및 서비스 내용에 대해 소비자가 오해할 소지는 없습니까?	양호 / 보통 / 미흡
	• 금융소비자의 불이익 사항이 상품설명서에 제대로 반영되어 있습니까? - 불이익 사항이 소비자가 쉽게 확인하도록 기재되어 있습니까?	양호 / 보통 / 미흡
	• 소비자에게 다양한 정보를 제공하여 소비자가 상품위험과 기회요인을 이해하고 합리적인 선택이 가능하도록 하였습니까?	양호 / 보통 / 미흡
	⑤ 계약내용 및 약관 내용의 불공정성 등 점검	
	• 약관의 내용 등이 금융소비자가 알기 쉽도록 명료하게 작성되었습니까?	양호 / 보통 / 미흡
	• 약관의 내용 등이 금융감독원의 지도사항 혹은 공정거래위원회의 심결례 사항 등에 비추어 금융소비자에게 불이익하게 적용될 우려는 없습니까?	양호 / 보통 / 미흡
	• 약관의 내용 등이 모호하게 규정되어 있거나 금융소비자에게 불이익하게 해석될 우려는 없습니까?	양호 / 보통 / 미흡

구분	점검항목	평가
	⑥ 금융소비자 관점의 정보제공	
	• 금융소비자에 대한 적절한 정보제공 방법을 명시하였습니까?	양호 / 보통 / 미흡
	• 그림, 기호 등 시각적인 요소를 활용하여 소비자의 이해도를 제고하고 있습니까?	양호 / 보통 / 미흡
	• 신상품 정보를 고객이 확인할 수 있도록 홈페이지 등을 통하여 게시하고 있습니까?	양호 / 보통 / 미흡
소비자 피해예방	**⑦ 금융소비자 불만예방**	
	• 고객에 대한 합리적 이유 없는 불합리한 차별행위는 없습니까? (고려사항: 성별, 종교, 장애, 나이, 출신지역, 출신국가, 용모 등 신체조건, 혼인 여부, 사상, 성적(性的) 지향, 학력)	양호 / 보통 / 미흡
	• 상품설명서 등에 상품과 관련하여 금융소비자에게 발생한 피해를 구제하기 위한 제도 등에 대한 정보가 제공되고 있습니까?	양호 / 보통 / 미흡
	⑧ 불완전판매 예방	
	• 상품 개발 및 판매 전후의 모든 프로세스에서 완전판매가 이루어지도록 설계되었습니까?	양호 / 보통 / 미흡
	• 판매단계에서 임· 직원이 소비자에게 상품내용을 충분히 전달하기 위한 교육자료가 마련되어 있습니까?	양호 / 보통 / 미흡
소비자 보호문화	**⑨ 소비자보호문화 정착**	
	• 상품출시 3영업일 전에 고지되어 은행직원들이 관련 내용을 숙지하는데 도움을 주고 있습니까?	양호 / 보통 / 미흡
금융회사 책임성 강화	**⑩ 금융회사의 소비자보호에 대한 책임성 강화**	
	• 금융상품 개발자의 이름· 연락처가 상품 설명 자료에 명기되어 있습니까?	양호 / 보통 / 미흡
	• 상품개발부서에서는 해당 상품 판매자에 대한 충분한 금융상품 정보를 제공하고 있습니까?	양호 / 보통 / 미흡

※ 점검결과 모든 항목이 적정할 경우에 한해 해당상품 판매가 가능함
단, 보통항목은 상품출시 전까지 보완 후 판매 가능함

다. 상품기획·개발과정의 금융소비자의 보호채널 구축 : 의견청취·외부전문가·고객참여 등

금융회사는 금융상품 개발초기 단계에서부터 금융소비자의 불만예방 및 피해의 신속한 구제를 위해 이전에 발생된 민원, 소비자만족도 등 금융소비자 의견이 적극 반영될 수 있도록 업무절차를 마련해 운영하여야 한다. 이 경우 금융소비자 보호를 강화하기 위해 금융상품의 기획·개발단계에서 외부전문가의 의견이나 금융소비자들의 요구를 회사경영에 반영할 수 있는 고객참여제도(CS패널, 사이버동호회 등) 등의 채널을 마련해 활용하며, 소비자 제안에 대한 활용실적 분석 등을 주기적으로 실시한다.

또한, 회사는 금융소비자 보호를 실천하고 금융소비자 불만 및 불편사항 해결을 위하여 금융상품 판매 및 마케팅 이후 소비자 만족도 및 민원사항을 분석하고 금융소비자의 의견이나 요청을 듣는 등 점검 과정을 실시하며, 점검결과는 금융상품 개발, 업무개선 및 민원감축 등에 활용한다. 아울러 점검결과, 제도 개선이 필요한 사안은 즉시 관련부서에 통보하여 적시에 반영될 수 있도록 하여야 한다.

이를 위해서는 다음의 사항이 실행될 필요가 있다.

1. 상품 관련 발생민원 모니터링 기준 마련 및 운영
2. 신상품 또는 서비스 등의 출시 후 금융소비자 만족도 및 민원발생사항 등의 모니터링 의무화
3. 모니터링 결과 제도개선이 필요한 사안은 즉시 관련부서에 통보하여 적시에 반영될 수 있도록 피드백시스템 구축·운영

3-2. 금융상품 판매과정의 금융소비자 보호

가. 금융상품 판매과정의 소비자보호체계 구축

금융회사는 금융상품 판매과정에서 이 기준 및 금융소비자보호법령을 준수하고

불완전판매가 발생하지 않도록 금융상품 판매 및 마케팅 담당 부서를 대상으로 금융소비자 보호 관점에서 판매절차를 구축하고, 이를 매뉴얼화하여야 한다.

1) 판매준칙의 준수

금융회사를 보호하기 위하여 판매담당직원이 직무를 수행할 때 준수하여야 할 기본적인 절차와 기준을 마련하여야 한다. 판매담당직원이 직무를 수행할 때에는 관련 법령에 위반하는 행위를 하여서는 안 될 뿐만 아니라. 금융소비자 보호에 반할 우려가 있는 일체의 행위를 하여서도 아니 된다.

판매담당직원이 직무 수행 시에 준수하여야할 판매원칙에 대하여 금융회사는 자율적으로 또는 협회 표준기준을 바탕으로 상품판매권유기준 등 자체 내부기준을 마련할 수 있다. 자체 내부기준에는 판매원칙으로 신의성실의 원칙, 적합성원칙, 정보보호의 원칙, 권한 남용금지, 설명의무, 고령금융소비자 보호방안, 장애인의 금융접근성 제고, 판매관련 평가 및 보상체계 등이 포함된다.

2) 금융상품 판매 전 절차

금융소비자 보호 총괄부서는 금융상품 판매과정에서 불완전판매가 발생하지 않도록 상품 판매 및 마케팅 담당 부서를 대상으로 금융소비자 보호 관점에서 판매프로세스를 구축하고 이를 매뉴얼화하여야 한다.

금융상품 판매 전 프로세스

1. 금융상품 판매자에 대해 금융상품별 교육체계를 갖추고, 금융상품별 판매자격기준을 마련하여 운영
2. 문자메시지, 전자우편 등을 활용한 판매과정별 관리절차(반드시 지켜야 할 사항에 대한 점검항목 제공 및 이행 여부를 포함한다) 등을 구축·운영
3. 금융소비자가 금융상품 선택과정에서 반드시 알아야 할 사항 및 금융상품의 주요 위험요인 등에 대한 금융소비자의 확인절차를 마련

3) 금융상품 판매 후 절차

금융소비자 보호 총괄부서는 금융상품 판매 후에도 불완전판매가 있는지 여부를 확인하여 미연에 민원 및 분쟁을 예방하여야 한다.

금융상품 판매 후 프로세스

1. 금융소비자의 구매내용 및 금융거래에 대한 이해의 정확성 등 불완전판매 여부를 확인
2. 불완전판매 및 불완전판매 개연성이 높은 상품에 대해서는 해당 금융상품의 유형을 고려하여 재설명 및 청약 철회, 위법계약해지 등의 금융소비자 보호 절차를 마련
3. 문자메시지, 전자우편 등을 활용한 투자성 상품 매매내역 통지, 신탁 또는 일임의 운용내역 통지 등 소비자에 대한 통지 체계 마련·운영

4) 그 밖의 관리

(i) 금융사고의 예방

금융회사의 대표이사는 금융사고 예방대책을 마련하여야 하며, 임직원은 금융사고 예방대책을 준수하여야 한다.

(ii) 금융소비자 신용정보, 개인정보 관리

금융회사는 금융소비자의 개인(신용)정보의 관리·보호 정책을 수립하고 실행할 수 있는 내부규정을 마련하는 등 신용정보 및 개인정보의 관리 및 보호에 필요한 체계를 구축·운영하여야 한다. 또한 금융회사는 금융상품 판매와 관련하여 금융소비자의 개인(신용)정보의 수집 및 활용이 필요할 경우 명확한 동의절차를 밟아서 그 목적에 부합하는 최소한의 정보만 수집·활용하여야 하고, 당해 정보를 선량한 관리자의 주의로서 관리하며, 당해 목적 이외에는 사용하지 아니하여야 한다. 이를 위하여 회사는 수집된 개인정보를 관리하는 개인정보 관리책임자를 선임하여야 한다.

(iii) 자금세탁 위험평가구축 및 운영

금융회사는 「특정 금융거래정보 보고 및 감독규정」에 따른 보고책임자는 「특정 금융거래정보의 보고 및 이용 등에 관한 법률」 제2조제2호에 따른 금융거래에 내재된 자금세탁행위 등의 위험을 식별, 분석, 평가하여 위험도에 따라 관리수준을 차등화하는 자금세탁 위험평가체계를 구축 및 운영하여야 한다. 보고책임자는 자금세탁행위 등의 방지 업무를 수행하는 부서로부터 독립된 부서 또는 외부전문가가 그 업무수행의 적절성, 효과성을 검토·평가하고 이에 따른 문제점을 개선하기 위한 독립적 감사체계를 마련 및 운영하여야 한다. 이 경우 보고책임자는 임직원이 자금세탁행위 등에 가담하거나 이용되지 않도록 임직원의 신원사항 확인, 임직원의 교육 및 연수를 수행한다.

(iv) 이해상충 관리

「자본시장과 금융투자업에 관한 법률 시행령」에 따라 정보교류 차단 업무를 독립적으로 총괄하는 임원("정보교류차단총괄임원등")은 업무수행 시 회사와 이용자 간, 특정 이용자와 다른 이용자 간의 이해상충을 방지하기 위하여, 이해상충 발생 우려가 있는 업무 간에는 이해상충이 발생할 가능성에 대하여 인식·평가하고 정보교류를 차단하는 등 공정하게 관리하여야 한다. 이와 관련하여 정보교류차단총괄임원등은 이해상충을 관리하는 방법 및 절차 등에 관한 세부기준을 마련하고 효율적인 관리체계를 구축하여야 한다.

(v) 광고

금융회사는 회사가 취급하는 상품에 관하여 광고를 하는 경우 관련 법령에서 정한 바에 따라 금융소비자의 합리적 의사결정을 위하여 금융소비자보호법에 따른 필수사항 등을 비롯하여 중요내용을 명확히 표시하여 금융소비자가 오해하지 않도록 하여야 한다. 아울러 금융상품 광고의 제작 및 내용에 관하여 지켜야 할 세부기준 및 절차를 마련하여 운영하여야 한다.

(vi) 대리·중개업자에 대한 업무위탁 및 수수료

금융회사는 금융상품에 관한 계약의 체결을 대리·중개하는 업무를 대리·중개업자에게 위탁하는 계약을 체결하는 경우, 개별 금융상품별로 금융관련 법령에서 정한 사항을 준수하여야 한다. 금융회사가 대리·중개업자와 위탁계약을 체결하는 경우 다음의 내용을 포함하여야 한다.

대리·중개업자와 위탁계약체결 시 포함사항

1.모집대상 상품의 종류 및 업무위탁의 범위
2.계약기간 및 갱신, 계약 해지사유
3. 사고방지대책 및 교육에 관한 사항
4. 수수료 및 지급방법에 관한 사항
5. 회사의 구상권 행사에 관한 사항
6. 대리·중개업자의 금지행위
7. 재판관할 등 기타 필요사항

회사는 대리·중개업자에 대한 체계적 관리 및 금융소비자 보호 또는 건전한 거래질서를 위하여 다음의 사항을 포함하는 관리기준을 마련하고, 금융소비자와의 이해상충 및 금융소비자 개인(신용)정보의 분실·도난·유출·변조·훼손이 발생하지 않도록 대리·중개업자의 위탁계약 이행상황을 관리·감독하여야 한다.

대리·중개업자 관리기준 포함사항

1. 대리·중개업자와의 위탁계약체결 및 계약해지 절차
2. 대리·중개업자 영업행위 점검절차 및 보고체계
3. 금융소비자 개인정보 보호(정보접근 제한, 정보유출 방지대책) 대책 및 관련법규의 준수에 관한 사항
4. 위탁계약서 주요 기재사항(업무 범위, 위탁자의 감사 권한, 업무 위·수탁에 대한 수수료 등, 고객정보의 보호, 감독기관 검사수용의무 등)
5. 대리·중개업자 실적 등에 대한 기록관리
6. 수수료 산정 및 지급기준
7. 교육프로그램, 교육주기, 교육방법 등에 관한 사항
8. 회사 감사인의 자료접근권 보장

금융회사는 대리·중개업자가 관련법령을 위반하는 경우, 해당 대리·중개업자에 대한 수수료 감액, 벌점 부과, 계약해지 등 불이익에 관한 사항을 정하여 업무위탁 계약서에 반영하여야 한다.

3-3. 금융상품 판매 이후의 금융소비자 보호

금융회사는 금융상품 개발, 판매 및 사후관리에 관한 정책 수립 시 그동안 발생된 민원 또는 금융소비자의 의견 등이 적극 반영될 수 있도록 판매절차를 포함한 업무절차를 구축·운영하여야 한다. 금융소비자보호 총괄기관은 구축된 업무절차가 원활히 운영될 수 있도록 적정성을 점검하여야 한다.

종래 민원관리 프로세스가 효율적으로 실행되도록 명확한 행동기준을 제시하고 민원을 적극적으로 처리하려는 회사방침과 시행내용을 전달하기 위하여 민원사무처리 지침 표준안이 제정된바 있다. 이에 따라 금융회사들은 민원업무처리 규정 및 매뉴얼을 작성하여 운영해 왔다. 금융소비자보호법 시행 후에도 법에 정하여진 사항과 함께 종래 민원업무처리규정 및 매뉴얼에 포함된 사항을 활용할 수 있을 것이다.

금융회사는 민원 및 분쟁의 효율적 처리를 위해 다음의 사항이 포함된 매뉴얼을 만들어야 한다.

민원·분쟁매뉴얼 포함사항

1. 주요 소비자권리
2. 민원 및 분쟁의 진행절차와 소요기간
3. 민원·분쟁사례 및 관련 판례
4. 민원·분쟁사례별 응대요령
5. 민원 및 분쟁 예방 체크리스트
6. 업무자료집 접속방법
7. 주요업무 Q&A
8. 업무담당자 문의연락처

금융소비자보호 총괄기관은 민원 및 분쟁에 대하여 평가하여야 한다. 즉 민원평가를 실시하여 민원발생에 책임이 있는 부서, 업무절차 및 담당자 등을 규명하고 관련부서에 피드백하여 개선방안을 강구하여야 한다.

이 경우 다음의 사항을 분석하고 민원예방 및 해소방안을 수립하여 정기적으로 경영진에게 보고하여야 한다. 특히 금융소비자보호법에 신설된 권리들, 금융소비자의 민원제기, 자료열람 요구, 청약 철회권 또는 위법계약해지권의 행사 등이 자주 발생하는 경우 주요 원인을 파악하고 분석하여야 한다.

1. 민원발생 및 처리 현황, 민원처리 소요시간
2. 주요 빈발민원에 대한 원인 및 대책
3. 민원평가 결과, 민원관련 경영성과지표
4. 제도개선 실적, 교육훈련 실시 결과 등

그 외에 금융소비자보호 총괄기관은 상품 및 서비스와 관련한 금융소비자의 불만이 빈발하는 경우 금융소비자의 불만내용과 피해에 대한 면밀한 분석을 통하여 금융소비자불만의 주요원인을 파악하고 이를 관련부서와 협의하여 개선되도록 하여야 한다. 즉 민원제도개선시스템을 구축하여야 한다. 즉 금융소비자보호 총괄기관은 민원 관련부서에 실시간으로 민원 접수내용을 제공하고, 제도개선 시스템을 구축하여 소비자불만을 근본적으로 해소하고자 노력하여야 한다.

금융소비자보호 총괄기관은 민원처리 관련 민원유형에 대한 심층분석 결과에 따라 제도개선사항을 도출하여 일정한 절차에 의거 관련부서에 제도개선을 요구하여야 한다. 제도개선을 요구받은 관련부서는 특별한 사정이 없으면 신속하게 개선계획 및 결과를 금융소비자보호 총괄기관에 보고하여야 하며, 금융소비자보호 총괄기관은 진행사항 및 결과를 대표이사 및 내부통제위원회에 보고하고 관리하여야 한다. 아울러 금융소비자보호 총괄기관은 금융소비자, 내부직원 등으로부터 제도 개선사안 발굴을 위한 다양한 접수채널을 개발하고, 이를 활성화하기 위한 제도를 구축, 운영하여야 한다.

한편, 금융회사는 신의성실의 원칙에 따라 금융상품 판매 이후에도 상품내용 변경(거래조건, 권리행사, 상품만기, 원금손실조건 충족, 위험성 등) 또는 금융소비자의 대규모 분쟁발생 우려 시 관련사항을 신속하게 안내하여야 한다. 또한 금융소비자가 법령 및 계약상 권리를 청구하는 경우 신속하고 공정하게 처리될 수 있도록 관련 절차와 기준을 마련하여야 한다. 즉 법령에 마련된 금융소비자의 권리행사에 대응한 대응체계로, 금융소비자의 자료열람 요구에 관한 기준 및 절차와 일반금융소비자의 계약청약 철회에 관한 기준과 절차, 그리고 금융소비자의 위법계약해지요구에 관한 기준과 절차를 마련하여야 한다. 그 외에 휴면 및 장기 미청구 금융재산 발생예방을 위해 다음의 관리방안을 마련하여야 한다.

휴면 및 장기 미청구 예방을 위한 관리방안

1. 회사는 금융소비자에게 최선의 이익이 될 수 있도록 휴면 및 장기 미청구 금융재산 발생예방 및 감축 등을 위해 필요한 절차와 기준을 마련
2. 상품의 신규가입·유지 단계에서 금융상품 만기 시 처리방법(재예치·입금계좌 설정 등) 및 만기통보 방법 지정 등에 대해 금융소비자에게 안내하는 한편, 금융소비자가 자신에게 유리한 방법을 선택할 수 있도록 하여야 함

아울러 금융회사는 금융상품의 판매과정에서 회사 또는 임직원등의 귀책사유로 금융소비자에게 피해가 발생하는 경우에는 신속한 피해구제를 위하여 최선의 노력을 다하여야 한다.

4. 정보제공 강화를 통한 금융소비자 보호

4-1. 정보제공의 기본원칙

가. 정보 전달의 적정성 확보

정보제공과 관련하여 금융상품 안내장, 약관, 광고, 홈페이지 등 금융소비자에게 정보를 제공하는 수단에 대하여 부정확한 광고나 과대광고로 금융소비자가 피해를 입지 않도록 글자크기, 글자색, 배치 등에 관한 기준을 마련 운영할 수 있다.

금융소비자에게 제공하는 정보는 다음의 유의사항을 참조하여 제작함으로써 금융소비자의 이해도를 제고할 수 있다.

정보 제공 시 유의사항

1. 금융소비자가 알기 쉽도록 간단·명료하게 작성하여야 한다.
2. 객관적인 사실에 근거하여 작성하고, 금융소비자가 오해할 우려가 있는 정보를 작성하여서는 아니 된다.
3. 금융회사 상호 간 공정경쟁을 해치거나 사실을 왜곡하는 내용을 포함하여서는 아니 된다.
4. 신문, 방송 등 언론매체를 통해 상품 및 서비스를 홍보하는 경우, 그 내용에 대한 책임을 명확하게 함과 동시에 금융소비자가 오인하지 않도록 내용을 쉽게 구성하여 전달하여야 한다.
5. 공시내용에 대한 담당부서, 담당자를 지정 및 표시하여야 한다.

금융소비자 보호 총괄부서는 금융소비자에게 제공된 정보 전달의 적정성 여부, 이해가능성 등을 모니터링하고 접근의 용이성 등에 대해 관련부서와 협의하여 이를 개선·관리하여야 한다.

나. 정보의 시의성 확보

금융소비자에 대한 정보 제공은 제공시기 및 내용을 금융소비자의 관점에서 고려하고 정보제공이 시의적절하게 이루어질 수 있도록 내부지침을 마련하여 운영할 수 있다. 또한 공시자료 내용에 변경이 생긴 경우 특별한 사유가 없는 한 지체 없이 자료를 수정함으로써 금융소비자에게 정확한 정보를 제공한다.

다. 정보제공의 정기화

금융회사는 금리인하요구권, 수수료, 금융상품 만기 전·후 안내 등 소비자의 권리에 관한 정보와 계좌의 거래 중지, 보험 실효, 지점 폐쇄 등 소비자에게 불이익이 되는 정보에 대해 해당 정보의 성격에 따라 수시 또는 정기적으로 금융소비자에게 고지하여야 한다.

고지대상 정보의 범위 또는 방법에 대해서는 금융소비자보호 총괄책임자가 내부통제위원회를 통해 정할 수 있다.

라. 금융상품 설명의 충실성 확보

금융회사는 민원 유발 요인을 사전에 점검하여 상품별 주요사항 및 필수 안내사항을 선정하고 이를 상품설명서 등에 반영하여야 하고, 선정된 금융상품의 주요사항 및 필수안내사항에 관한 정보가 상품 권유 시 제공되도록 하여야 한다. 즉 금융소비자에게 금융상품에 관한 계약체결을 권유하거나 금융소비자와 금융상품에 관한 계약을 체결하는 경우 금융소비자의 유형에 따라 다음의 중요한 사항을 이해할 수 있도록 설명하여야 한다.

금융소비자의 권리 안내

1. 자료열람요구권의 행사에 관한 사항
2. 청약 철회의 기한·행사방법·효과에 관한 사항
3. 금융소비자가 제공받는 서비스별 수수료 등 부대비용
4. 위법계약해지권의 행사에 관한 사항
5. 민원처리 및 분쟁조정 절차에 관한 사항
6. 「예금자보호법」 제24조에 따른 예금보험기금 등 법률상 기금에 따라 보호되는지에 관한 사항
7. 그 밖에 금융소비자의 합리적 의사결정 지원 또는 권익 보호를 위해 필요한 정보에 관한 사항

금융회사는 금융소비자가 요청하는 경우, 금융소비자의 권리, 금융소비자보호법령·약관상 권리 및 기타 금융소비자에게 부담되는 정보에 대해 전화, 서면 또는 전자적 방법 등 금융소비자가 선택하는 수단으로 금융소비자에게 안내할 수 있는 방안을 마련하여야 하고, 금융소비자 보호 및 시의성 등을 고려하여 안내 시기·내용에 대한 매뉴얼을 정할 수 있다.

아울러 금융소비자 보호 총괄부서는 금융회사 또는 직원의 금융상품 계약체결권유 시 당해 금융상품 설명의 충실성을 확보하기 위하여 제공되는 정보에 대하여 관리한다.

4-2. 정보제공 확대

가. 금융회사 보관자료에 대한 접근권

금융소비자보호법에 따라 금융소비자는 분쟁조정 또는 소송의 수행 등 권리구제를 위한 목적으로 금융회사에게 기록 및 유지·관리하는 자료의 열람(사본의 제공 또는 청취를 포함)을 요구할 수 있다(제28조제3항). 열람을 요구받은 금융회사는 해당 자료의 유형에 따라 요구받은 날부터 8일 이내 금융소비자가 해당 자료를 열람할 수 있도록 하여야 한다. 이 경우 해당 기간 내에 열람할 수 없는 정당한 사유가 있을 때에는 금융소비자에게 그 사유를 알리고 열람을 연기할 수 있으며, 그 사유가 소멸하면 지체 없이 열람하게 하여야 한다. 다만 금융소비자보호법에 따른 일정한 사유에 해당하는 경우에는 금융소비자에게 그 사유를 알리고 열람을 제한하거나 거절할 수 있다(제28조제5항제1호~3호).

나. 금융소비자보호 실태평가

금융회사는 금융감독원이 주관하는 「금융소비자보호 실태평가제도」를 통해 금융소비자 보호 수준을 종합적으로 평가받아야 하며, 금융감독원이 직접 평가를 실시하지 않는 경우에는 금융회사가 자율적으로 평가를 실시하여야 하며, 이러한 실태평가결과를 이사회 또는 대표이사를 포함한 의사결정기구에 즉시 보고하여야 한다. 아울러 금융회사는 금융소비자보호 실태평가 항목별 평가결과를 홈페이지에 게시하고 각 금융협회 홈페이지 공시화면에 연동될 수 있도록 구축하여야 한다.

다. 금융소비자 중심 경영인증 및 만족도 평가

금융소비자 실태평가 직접 평가대상 금융회사는 실태평가 결과에 따른 경영인증을 금융감독원에 신청할 수 있고, 금융소비자 보호 실태평가를 자율적으로 실시하는 금융회사는 금융감독원에 금융소비자 중심 경영인증 부여를 신청할 수 있다.

이러한 소비자 중심 경영인증제도는 2019년 금융위원회가 '금융소비자 보호 종합방안'을 발표하고 실태평가제도를 개편하면서 도입한 것이다. 한국소비자원이 매년 소비자 관점에서 경영하는 회사들을 대상으로 부여하는 소비자중심경영인증(CCM)과 유사한 취지이다.

아울러 금융위원회는 금융소비자를 대상으로 금융회사의 소비자보호실태와 정부 등의 금융소비자 보호 관련 정책·제도 전반에 대한 인식과 만족도를 평가할 수 있다.

라. 금융회사 및 금융협회의 소비자정보 공시

금융회사는 전자민원 신청메뉴, 민원건수, 금융소비자보호 실태평가 결과 및 소비자 정보를 하나의 화면에 집중한 소비자정보 포탈을 구축하고 소비자정보 포털에 게시되는 정보의 적정성 및 접근성을 수시로 점검하는 프로세스를 마련하여 운영하고 있다.

금융회사들은 현재 제도개선, 업무프로세스 개선 등을 통해 민원발생 감축효과가 가시적으로 있거나 모범적인 사례 또는 혁신 우수사례 등을 홈페이지 등에 게시함으로써 다른 금융회사에서도 소비자보호업무를 함에 참고할 수 있게 하고 있다.

한편, 금융회사는 최고경영자의 금융소비자 보호에 대한 의지가 포함된 내용(행동강령, 헌장 등)과 금융회사의 금융소비자 보호전략에 대한 내용(행동강령, 헌장 등)을 공시하여야 하며, 금융소비자보호체계에 다음의 사항을 포함하여 공시하여야 한다.

금융소비자 보호전략 공시하는 경우 포함항목

1. 금융상품 구매 시 투자성향 진단 및 적합성 보고서 제공 등 금융회사 조력을 받을 수 있음을 안내
2. 금융상품 판매와 관련한 분쟁 및 소비자 피해 발생 시 분쟁조정 및 피해구제를 받을 수 있는 절차 안내
3. 금융회사의 상품 개발·판매행위준칙에 관한 요약정보
4. 금융상품 판매 시 업무처리와 관련한 소비자의 불만 및 상품에 대한 불만 등 의견제시 방법 안내

그 외에도 금융회사가 소비자에게 공시하여야 하는 정보로 다음과 같은 것이 있다.

금융소비자에게 유익한 정보사항

1. 금융상품정보(판매중 및 판매중단된 상품정보)
2. 금융판례 및 분쟁사례
3. 비교공시 사이트 및 감독원의 금융소비자 정보포털 등의 소비자에게 유익한 사이트 안내와 링크 등
4. 기타 소비자에게 유익한 정보

금융회사는 자체에서 발생·처리한 민원건수와 금융감독원, 한국소비자원 등에서 이첩된 민원 또는 사실 조회를 요청한 민원 건수를 주요 금융상품 및 민원의 유형별로 분류하여 분기별로 경영공시에 반영하여야 한다.

소비자정보 공시와 관련하여 특히 금융회사는 민원 상황 및 처리결과, 금융소비자와의 분쟁조정, 소송 등 각종 권리구제절차의 진행상황 및 처리결과를 효율적·체계적으로 관리하기 위하여 전자정보처리시스템을 구축·운영하여야 한다. 금융회사는 전자정보처리시스템을 통하여 민원처리시 접수사실 및 사실관계 조사현황 등을 정기적으로 금융소비자에게 고지하여야 하며, 민원인의 의견을 회사 경영에 반영하여 민원예방에 노력하여야 한다. 금융회사는 민원처리 결과를 금융소비자가 수긍할 수 있도록 관련 법령, 사실관계 조사결과 등 명시적인 근거를 제시하고 금융소비자가

이해하기 쉬운 용어를 사용하여야 하며, 민원처리 후에는 처리결과를 문서, 팩스, 전자우편, 문자메시지, 전화 등의 방법으로 금융소비자에게 통지하여야 한다.

이러한 전자정보처리시스템은 진행 단계별로 구분되어야 하고, 각 단계별 소요기간, 업무담당자를 명시하여야 하며, 민원·분쟁 진행 상황 및 처리결과의 주요내용을 금융소비자가 요청하는 방법으로 금융소비자에게 안내 및 통지할 수 있도록 금융회사가 노력하여야 한다.

마. 결산공시자료 및 상품정보 제공

금융회사는 정기공시 자료 중 결산공시자료 및 상품정보를 금융소비자가 쉽게 열람할 수 있도록 당해 금융회사 홈페이지 초기화면에 배치하고, 금융회사의 본점, 지역 본부 및 지점객장의 지정장소에 비치하여야 한다.

5. 금융소비자 보호 내부통제기준 준수 모니터링·조치·평가

금융소비자보호 총괄기관은 임직원등의 금융상품 판매 관련 업무가 내부통제기준 및 금융소비자보호법령을 충실히 준수하고 있는지 여부를 업무의 중요도 및 위험도 등을 감안하여 주기적으로 점검하여야 한다. 금융소비자보호 총괄기관은 각 조직단위의 장으로 하여금 금융소비자보호 총괄기관이 정한 방법에 따라 담당조직 및 담당업무에 대한 내부통제기준 및 금융소비자보호법령 위반 여부를 점검하게 할 수 있다. 점검을 실시한 경우 각 조직단위의 장은 점검결과를 금융소비자보호 총괄책임자에게 보고하여야 한다.

금융소비자보호 총괄기관은 내부통제기준 및 금융소비자보호법령의 준수 여부를 점검하는 과정에서 위법·위규행위를 발견하였거나 중대한 금융소비자 피해 우려가 있는 경우 등에는 임직원등 및 관련부서장에게 자료제출 요구, 임직원등에 대한 출석요청, 현장조사 (필요시 준법지원·감사 부서 등에 의뢰 가능) 등의 조치를 취할 수 있으며, 조치를 받은 자 또는 해당 부서는 이에 성실히 응하여야 한다. 금융소비자보호 총괄기관은 점검의 방법, 위법·위규 행위 사실 확인 시 조치사항 등이 포함된 세부절차를 마련하여 시행하여야 하며 금융소비자보호 총괄책임자는 점검사항을 평가하고 그 결과를 내부통제위원회(내부통제위원회가 없는 경우 대표이사)에 보고하여야 한다.

임직원등의 법령, 규정 위반이 있는 경우 금융소비자보호 총괄기관은 해당 임직원등이 이 기준 및 금융소비자보호법령을 위반하였다고 판단하는 경우, 위반행위의 정도, 위반횟수, 위반행위의 동기와 그 결과 등을 감안하여 관련부서(준법지원·감사부서 등)에 해당 사실을 통보하여야 하며, 이를 통보받은 부서의 장은 조사 등을 통해 사실관계를 확인하고 그에 따라 필요한 조치를 취하여야 한다. 또한 금융소비자보호와 관련된 위법·위규행위를 발견한 경우에 이를 대표이사에 보고하여야 하며, 이 경우 대표이사는 적절한 조치를 취하여야 한다. 위법·위규행위가 중대하다고 판단될 경우에 이를 감사위원회 또는 상근감사위원(감사위원회를 두지 않는 회사는 상근감사를 의미한다)에게 보고할 수 있다.

6. 금융소비자 보호에 관한 임직원 교육

금융회사는 임직원등의 내부통제기준 및 금융소비자보호법령 위반을 예방하고, 임직원등이 기준을 준수할 수 있도록 금융소비자를 대상으로 직무를 수행하기 위해 필요한 매뉴얼을 작성·배포하고, 임직원 등에 대한 연수 실시 등에 필요한 교육프로그램(윤리역량 강화교육을 포함한다)을 제공하여야 한다. 금융회사는 금융상품 판매 업무에 종사하는 모든 임직원등에게 금융소비자 보호 관련 교육을 연 1회 이상

정기적으로 실시하고, 주요법령 및 제도 변경, 불완전판매 빈발사례 등은 필요시 실시하며 그 결과를 내부통제위원회(내부통제위원회가 없는 경우 대표이사)에 보고하여야 한다.

아울러 금융회사는 개별 금융상품에 대해 권유, 계약체결 등 금융소비자를 대상으로 금융상품 판매 관련 업무를 수행하는 임직원등("판매임직원등")에 대하여 내부통제기준 및 금융소비자보호법령 등 준수와 관련한 교육을 정기적으로 실시하여야 한다. 금융회사는 금융소비자보호법령에 따라 관련교육을 받은 판매임직원등이 계약체결을 권유할 수 있도록 하여야 하며, 이를 위해 판매임직원등이 상품의 위험도, 복잡성 등 금융상품의 내용 및 특성을 충분히 습득하고 윤리역량을 강화할 수 있도록 외부교육기관을 이용하거나 자체 교육과정을 마련하여 판매임직원등에 대한 교육을 정기적으로 실시하여야 한다. 금융소비자보호 총괄기관은 교육 관련 기획·운영을 총괄하고, 해당 금융상품의 판매를 담당하는 부서가 개별 금융상품에 대한 교육을 실시할 수 있도록 지원하여야 한다. 금융소비자보호 총괄기관은 과거 민원이력, 금융감독원 검사 및 현장점검 사례 등을 감안하여 판매임직원등 중에서 불완전판매 유발 임직원등을 지정·관리할 수 있으며, 동 임직원등에 대해서는 불완전판매 예방 교육을 별도로 직접 실시하거나 관련부서에 실시를 요청하여야 한다. 이와 함께 금융회사는 판매임직원등에 대하여 대내외 소비자보호 관련 교육 참여 기회를 제공하고, 금융소비자 보호 우수 직원 등에 대한 포상 제도를 시행하여야 한다.

금융상품 판매임직원등은 관련법규가 정하는 자격요건을 갖추어야 하며, 법규에서 정하는 자격요건이 없는 경우에는 회사가 정한 기준에 따른 교육을 이수하여야 한다.

임직원이 금융상품을 판매할 수 없는 경우

1. 자격요건을 갖추지 못하였거나 관련교육을 이수하지 않은 판매임직원등일 경우
2. 취급하는 금융상품에 대하여 회사가 정한 기준에 따른 평가결과 전문성과 숙련도가 낮은 판매임직원등일 경우
3. 기타 불완전판매 관련 민원이 회사가 정한 기준을 이상으로 발생하여 회사가 개별적으로 판매를 제한하는 판매임직원등일 경우

금융회사는 판매임직원등이 적합한 요건을 갖추었는지 주기적으로 확인하고, 적절한 보수교육 및 재취득 절차를 마련하여야 한다. 아울러 회사는 판매임직원등에게 금융소비자 보호 전문역량 개발을 위한 자격증 취득 기회를 제공하는 등 판매임직원등이 금융상품 판매업무를 적법하게 수행할 수 있도록 적극 지원하여야 한다.

아울러 금융소비자의 민원·분쟁에 대한 교육 및 훈련을 수행하여야 한다. 금융회사는 금융소비자의 권리를 존중하고 발생된 민원·분쟁의 적시 대응과 예방을 위하여 다음의 사항을 포함한 교육 및 훈련을 수행하여야 한다.

민원·분쟁에 대한 임직원 교육내용

1. 금융소비자 보호를 위한 민원 및 분쟁 예방 프로그램의 개발 및 시행
2. 금융소비자 보호와 관련된 임직원 교육 및 평가, 대내외 홍보
3. 민원사례, 상담화법, 응대요령 등 유사 민원·분쟁의 재발방지를 위한 임직원 훈련 및 제도개선 방안의 개발, 활용 방안
4. 금융소비자의 민원 및 분쟁의 처리를 위한 업무처리 매뉴얼 및 전자정보처리시스템 활용에 대한 임직원 교육 과정 진행 및 정기·수시 보수교육 실시

금융소비자보호 총괄기관은 과거 민원 이력, 금융감독원 검사 및 현장점검 사례 등을 감안하여 직원 중(모집인 등 판매조직을 포함한다) 불완전판매 유발 직원을 지정·관리할 수 있으며, 동 직원에 대해서는 불완전판매 예방 교육을 직접 실시하거나 관련부서에 실시를 요청하여야 한다.

7. 업무수행에 대한 보상체계 및 책임 확보

금융회사는 판매임직원등과 금융소비자 간에 이해상충이 발생하지 않도록 소비자만족도 및 내부통제 항목을 반영하여 성과평가 및 보상체계("평가보상체계")를 설계·운영하여야 한다.

이처럼 금융회사는 금융상품 판매와 관련하여 성과평가 시 불완전판매건수, 고객수익률, 소비자만족도 조사결과, 계약관련 서류의 충실성, 판매절차 점검결과(부당권유, 적합성·적정성 원칙 위반, 설명의무 위반에 관한 점검결과를 포함하며 이에 한정하지 않는다) 등을 반영하여 금융소비자 보호 관점에서 실질적으로 차별화가 되도록 성과평가지표(KPI)를 운영하여야 한다.

회사가 이러한 성과평가지표(KPI) 운영 시 특정 상품의 판매실적을 성과평가지표(KPI)에 반영하여서는 아니되며, 금융상품 판매와 관련된 내부통제기준 준수 여부에 대한 점검결과와 금융소비자 보호를 위한 항목들을 성과평가지표(KPI)에 반영하여야 한다.

한편, 금융소비자들이 판매임직원등에게 귀책사유가 있는 불건전영업행위, 불완전판매 등으로 금융거래를 철회·해지하는 경우 회사는 성과평가에 따라 판매임직원등에게 이미 제공된 금전적 보상을 환수할 수 있으며, 이를 위해 보상의 일정부분은 소비자에게 상품 및 서비스가 제공되는 기간에 걸쳐 분할 또는 연기하여 제공할 수 있다.

이러한 평가를 위해서는 금융소비자보호 총괄기관은 민원의 발생 또는 예방을 포함하여 각 부서 및 임직원이 업무를 수행함에 있어 소비자보호에 충실하였는지를 조직 및 개인성과 평가에 반영하는 평가방법 등을 마련하여야 하며, 금융소비자보호 총괄책임자는 이를 점검 및 실제 평가를 총괄한다. 성과보상체계를 설정하는 부서는 매년 금융상품 판매 관련 업무를 수행하는 임직원에 대한 성과보상체계를 수립하기 전에 금융소비자보호 총괄기관의 의견을 확인하여야 한다. 금융소비자보호 총괄기관은 요청받은 의견 확인 시 금융소비자 보호 관점에서 판매 관련 임직원등에게 적용되는 평가 및 보상 구조가 적절히 설계되어 있는지 여부 등을 검토하여야 하며, 검토결과를 내부통제위원회(내부통제위원회가 없는 경우 대표이사)에게 보고하여야 한다.

금융소비자보호 총괄기관은 성과보상체계 설정 부서, 성과평가 부서, 상품 개발·영업 관련부서, 준법감시부서 등과 불완전판매 등 관련 정보를 수집·공유하고 정기적으로 협의하며, 금융소비자 보호 관점에서 판매임직원등에 적용되는 평가 및 보상구조가 적절히 설계되어 있는지를 정기적으로 검토하여야 하며, 검토결과를 내부통제위원회(내부통제위원회가 없는 경우 대표이사)에게 보고하여야 한다. 금융소비자보호 총괄책임자는 보고 시 필요한 경우 판매임직원등에 대한 성과평가지표(KPI) 조정을 포함한 평가·보상체계의 개선을 건의할 수 있다. 이와 함께 회사는 검토결과 등 관련 기록을 금융소비자보호 총괄기관에 보관하도록 하고, 이를 감사·준법감시부서 등에 공유하여 참고토록 하여야 한다.

8. 고령자 및 장애인의 금융거래 편의성 제고 및 재산상 피해 방지

8-1. 고령자 보호

금융회사는 고령금융소비자가 금융상품을 정확히 이해하고 적절한 금융거래를 할 수 있도록 하여야 한다. 고령금융소비자는 65세 이상 금융소비자를 원칙으로 하나, 회사는 해당 금융상품별 특성 및 소비자의 금융상품 이해정도, 금융거래 경험, 재산 및 소득상황 등을 감안하여 자체적으로 고령금융소비자 분류기준을 마련할 수 있다.

무엇보다 회사는 금융상품의 개발, 판매, 사후관리 등 모든 금융거래 과정에서 투자권유준칙에 따라 고령금융소비자를 보호하고 관련 내부통제를 강화하기 위해 노력하여야 하며, 고령자가 금융상품을 정확히 이해하고 적절한 금융거래를 할 수 있도록 고령자가 지니는 위험요인을 점검하고, 강화된 판매절차를 적용함으로써 재산상 피해를 방지하여야 한다. 이를 위하여 고령금융소비자의 금융접근성을 제고하고 재산상 피해를 방지하기 위한 세부사항을 별도의 내부규정으로 정할 수 있다.

8-2. 장애인의 금융거래 편의성 제고 및 재산상 피해 방지

금융회사는 장애인의 금융거래 편의성 제고를 위하여 장애유형에 부합하도록 서비스를 제공하여야 하며 일선창구에서 준수할 장애 유형별 세부 고객응대 지침을 마련하고 관련 상담·거래·민원접수 및 안내 등을 위한 체계를 구축하여야 한다.

금융회사가 비대면으로 금융상품을 판매하는 경우, 장애인이 원활하게 이용할 수 있도록 전자금융 이용편의성을 제고하여야 한다. 회사는 장애인이 금융상품을 정확히 이해하고 적절한 금융거래를 할 수 있도록 장애인이 지니는 위험요인을 점검하고, 강화된 판매절차를 적용함으로써 재산상 피해를 방지하여야 한다. 이를 위하여 회사는 장애인의 금융접근성을 제고하고 재산상 피해를 방지하기 위한 세부사항을 별도의 내부규정으로 정할 수 있다.

제4장

Financial Consumer Protection

금융소비자보호와 개인정보보호

- 제1절 개인정보의 중요성과 개념
- 제2절 개인정보보호의 기본원칙
- 제3절 개인(신용)정보 처리 단계별 원칙
- 제4절 금융분야 개인정보 침해 사례

제1절 개인정보의 중요성과 개념

1. 개인정보의 중요성

1-1. 금융 분야와 개인정보보호

일반적으로 '개인정보'란 한 개인의 정체성을 나타내거나 또는 다른 사람과 구분하여 그 개인을 식별할 수 있도록 하는 정보를 말한다. 개인정보는 인간이 자의식을 가지고 다른 동물과 구분되는 삶을 살기 시작한 때부터 있어왔고, 비록 세부적인 유형이나 항목은 다소 다를지라도 언제 어느 시대에서나 개인정보가 존재해 왔음은 주지의 사실이다. 그러나 오늘날 정보화가 급격히 진행된 현대사회에서는 '개인정보'는 더 이상 한 개인의 정체성을 나타내거나 타인과의 구별 및 식별을 가능하게 하는 정보에만 그치지 않는다. 개인정보는 사실상 거의 모든 경제 및 사회 활동을 실현 가능하게 하는 가장 기초적인 매개체로서 자리잡고 있으며, 민간과 공공의 영역을 불문하고 각종 재화나 서비스의 제공·유통 과정에서 개인정보의 수집과 이용이 폭넓게 이루어지고 있다. 특히 여러 경제 및 산업 영역 중에서도 금융 분야는 그 특성상 개인정보가 유용하게 수집·활용되는 빈도가 가장 높은 편이며 금융서비스의 발전과 개인정보의 활용은 상호연관성이 매우 크다. 따라서 금융 분야에서 어디까지 개인정보를 활용하고 보호할 것인지의 문제는 금융 분야에서 핵심적 쟁점으로 논의되어야 할 것이다.

금융 소비자란 개인 또는 법인을 불문하고 금융회사와 직접 또는 간접적으로 금융서비스 또는 금융상품 계약 체결 등의 거래를 하는 상대방으로 정의할 수 있으며, 여기에는 은행의 예금자, 금융투자회사의 투자자, 보험회사의 보험계약자, 신용카드사의 신용카드이용자 등 금융회사와 거래하고 있는 당사자 뿐만 아니라 잠재적으로 금융회사의 상품이나 서비스를 이용하고자 하는 자도 포함될 것이다. 따라서 금융소비자 보호란 금융시장의 공급자인 금융상품의 제조자와 판매자에 비해 교섭력과 정보력이 부족한 수요자인 금융소비자의 입지를 보완하기 위하여 불공정하고 불평등한 제도와 관행을 바로 잡는 일련의 업무로 정의할 수 있다(금융소비자 보호백서, 2011). 앞에서 본 바와 같이 금융거래는 본질적으로 개인정보의 수집·활용을 전제로 하고 있으며, 따라서 금융거래의 직·간접적인 상대방으로서의 '금융소비자'는 한편으로는 개인정보의 주체에도 해당한다. 이러한 시각에서 볼 때, 금융소비자 보호 이슈를 다루고자 할 경우에는 금융소비자(정보주체)의 개인정보 보호와 관련한 제반 이슈가 당연히 포함되어 논의되어야 한다.

1-2. 개인정보보호를 위한 금융 분야의 제도와 입법

금융 분야에서 개인정보는 개인 신용도의 조사와 판단, 금융거래 계약 체결, 추심활동 등 일련의 금융거래 과정에서 필수 불가결하게 수집되어 활용되고 있다. 그런데 어떤 개인정보를 어느 정도로 활용할 것인가의 문제는 계약과 거래에 수반되는 문제이기도 하지만 그 이전에 정보주체의 헌법 상의 기본권, 즉 개인정보 자기결정권 등을 제약하는 문제이기도 하다. 헌법재판소 2005. 5. 26. 99헌마513 결정은 "개인정보자기결정권의 보호대상이 되는 개인정보는 개인의 신체, 신념, 사회적 지위, 신분 등과 같이 개인의 인격주체성을 특징짓는 사항으로서 그 개인의 동일성을 식별할 수 있게 하는 일체의 정보라고 할 수 있고, 반드시 개인의 내밀한 영역이나 사사(私事)의 영역에 속하는 정보에 국한되지 않고 공적 생활에서 형성되었거나 이미 공개된 개인정보까지 포함한다. 또한 그러한 개인정보를 대상으로 한 조사·수집·보관·처리·이용 등의 행위는 모두 원칙적으로 개인정보자기결정권에 대한 제한에 해당한다."고 판시하였다. 이는 민간 기업이나 공공기관 등에서 서비스 제공이나 업무 등을 위해 개인정보를 수집·이용하는 행위는 원칙적으로 모두 정보주체의 기본권

(개인정보자기결정권)을 제한하는 것에 해당하고, 다만 그 제한이 합리적인 이유가 있어 정당화될 수 있는 것이냐 아니면 정당화될 수 없는 것이냐를 개별적으로 판단해야 한다는 것을 의미한다. 특히 우리나라의 금융 분야에서는 건전한 금융질서 확립, 거래의 안전 확보, 범죄행위 예방 등을 위하여 금융실명거래 제도, 신용정보 집중관리 제도, 특정 금융거래정보 보고 제도 등 금융 거래 내역이나 과정을 상세히 추적, 파악하는 특유한 제도들이 시행되고 있으며 이는 다른 산업분야에서는 쉽게 찾아볼 수 없는 것들이다. 그리고 이러한 금융 제도들의 내용을 자세히 살펴보면 개인정보의 수집과 집적 및 활용을 전제로 하여 시행되고 있음을 알 수 있다. 따라서 국가는 금융회사의 개인정보 수집과 활용을 적절한 선에서 규율하고 정보주체의 권리를 보호하기 위해서 법령의 형식으로서 일정한 기준을 제시하게 된다.

우리나라의 금융 분야는 다른 산업분야와 비교해봐도 상당히 일찍부터 개인정보 보호의 필요성을 인지해 오고 있었으며 그 결과 「신용정보의 이용 및 보호에 관한 법률」(1995), 「금융실명거래 및 비밀보장에 관한 법률」(1997), 「전자금융거래법」(2007) 등 금융 관계 법령을 제정하였다. 또한 2011년에는 정치권 및 행정부, 시민사회의 오랜 논의와 합의의 결과로서 국가 사회 전반의 개인정보보호 원칙을 규율하는 일반법으로서 「개인정보보호법」이 제정되었다. 「개인정보보호법」은 원칙적으로 사회 전 분야에 적용되는 일반법이므로 금융 분야에도 당연히 적용되는 부분이 존재한다. 그리고 2020년 2월에는 데이터 경제 활성화와 빅데이터 등 신기술 활용에 대응하기 위하여 「개인정보보호법」, 「신용정보의 이용 및 보호에 관한 법률」, 「정보통신망 이용촉진 및 정보보호 등에 관한 법률」 등 일명 '데이터 3법'이 개정되기에 이르렀다. 또한 2023년 3월에는 「개인정보보호법」이 2011년 제정된 이후 정부가 학계, 법조계, 산업계 등과 2년여의 협의 과정을 거쳐 세계적인 디지털 대전환 추세에 부합할 수 있도록 개인정보전송요구권의 신설, 이동형 영상정보처리기기의 기준 마련, 온오프라인으로 이원화된 규제체계를 정비하여 동일행위에 대한 동일규제 적용 등 전면적인 개정이 이루어졌다.

개인정보보호와 관련한 법제는 정보처리 기술의 발전, 금융 분야를 비롯한 각종 서비스와 산업의 고도화와 맞물려 비교적 자주 개정 보완되는 추세이므로, 금융 신용 분야 종사자들은 국회와 정부의 법령 개정 추이에 대해 관심을 가지고 지켜볼 필요가 있겠다.

1-3. 금융소비자의 인권 의식 향상과 개인정보보호

국민들의 인권 의식 향상과 정보화 수준 증가에 힘입어 개인정보를 처리하는 기업이나 공공기관, 국민들의 개인정보 보호에 대한 인식도 높아지고 있다. 개인정보 보호위원회의 2021년 조사에 따르면, 조사대상 정보주체의 88.0%는 개인정보보호가 중요하다고 응답하였으며(중요하다 35.3%, 매우 중요하다 52.7%), 보다 구체적으로는 개인정보보호를 위하여 '출처가 불분명한 자료는 다운로드하지 않기'(49.5%), '개인정보를 주의해서 관리하고 타인에게 알려주지 않기'(44.2%), '공용 PC 사용 시에는 금융서비스 등을 이용하지 않기'(37.0%) 등 적극적이고 구체적인 노력을 기울이고 있는 것으로 나타났다. 공공기관의 경우 무려 97.9%가 전체 직원을 대상으로 개인정보보호 교육을 실시하였고, 민간기업들도 66.1%가 전체 직원을 대상으로 교육을 실시하는 등 개인정보보호의 중요성을 인식하고 다양한 대응조치를 적용하고 있는 것으로 나타났다(개인정보 보호 연차보고서, 2021).

금융 분야는 거래 내역의 입증, 거래의 안전확보나 신용도 평가 등을 위해서 다른 산업분야에 비해 다양하고 상세한 개인정보를 수집하여 활용할 수밖에 없다. 거기다 만약 금융 분야에서 개인정보 유출·침해 사고가 발생한다면 그에 따른 2차적 피해는 다른 업종과는 달리 단순한 명의도용 등에 그치는 것이 아니라 실제로 고객이나 금융회사에 금전적 손실을 유발할 수도 있다. 따라서 일반 국민들은 다른 산업 분야에 비해 금융 분야에서의 개인정보 침해 문제에 대해 더욱 민감하고 엄격한 반응을 보일 수밖에 없는 점을 금융회사에서 실무에 종사하시는 분들이 이해하여야 한다. 이러한 사회적 환경 변화에 따라서 금융 분야에서 금융소비자의 개인정보보호를 더욱 엄격히 규율할 것을 요구하는 사회 각계의 목소리가 높아지고 있고, 실제 이를 반영한 법령의 입법이나 정부의 종합대책 발표 등도 잇따르고 있다. 따라서 금융회사 관계자들은 이러한 제반 상황과 사회적 변화를 받아들이면서 금융소비자의 개인정보보호를 위한 노력을 경주할 필요가 있다.

본 제4장에서는 금융소비자 보호의 일환으로서 금융 분야의 개인정보보호에 대해 설명한다. 「개인정보보호법」 및 「신용정보의 이용 및 보호에 관한 법률」(이하 "신용정보법") 등 금융 분야 법률의 내용을 기초로 하여 금융회사가 유의하여야 할 개인정보 보호 원칙과 사례를 살펴본다. 또한 2020. 2. 개정된 「신용정보법」 등 일명 '데이터 3법'의 내용도 상세히 살펴보고, 2022. 1. 부터 전면 시행된 금융분야 마이데이터 서비스에 대한 내용도 개략적으로 알아본다. 2023. 3. 개정되어 2024. 3.부터 시행된 「개인정보보호법」에 대해서도 핵심적인 개정 사항을 짚어보기로 한다. 금융회사에서는 본 장의 내용을 통하여 금융소비자의 개인정보보호를 위한 제반 기준을 이해함은 물론이고 실제 금융거래 현장에서 실무적 대응방안에 대한 시사점을 얻으실 수 있으리라 기대한다.

2. 개인정보의 개념

2-1. 개인정보의 법적 정의

가. 개인정보 정의의 중요성

개인정보는 일반적으로는 '본인의 의사에 반하거나 본인이 알지 못하는 상태에서 이용될 경우 당사자인 정보주체의 안녕과 이해관계에 영향을 미칠 수 있는 개인 관련 정보, 즉 생존하는 자연인의 내면적 사실, 신체나 재산상의 특질, 사회적 지위나 속성에 관하여 식별되거나 또는 식별할 수 있는 정보의 총체를 일컫는 것'으로 이해할 수 있다. 개인정보의 개념과 범위에 대하여 유엔, EU, OECD 등 국제기구 및 독일, 미국, 영국, 프랑스, 일본 등 주요 선진국의 입법례를 살펴보면 대체적으로 '개인에 관한 정보(Personal Data)'라든지 '식별되었거나 식별 가능한(an identified or identificable) 개인에 관한 정보' 등으로 정의하고 있는 것을 볼 수 있다.

우리나라에서도 「개인정보보호법」, 「신용정보법」 등의 법률에서 개인정보에 대한 정의 규정을 두고 있다. 그러나 실제적으로 '개인정보'가 과연 무엇을 의미하는지에 대해서는 학술적·실무적으로 다소의 논란이 존재한다. 어떤 정보가 개인정보인지 아닌지의 문제는 심지어는 민·형사상이나 행정상의 책임을 물을 수 있을지 없을지를 결정하는 기준이 되기도 하므로, 개인정보의 개념을 정확히 확정하고 이해하는 것이 개인정보의 보호 및 이용과 관련한 제반 문제를 해결하는 출발점이다.

나. 「개인정보보호법」에 따른 개인정보의 정의

「개인정보보호법」은 개인정보를 '살아 있는 개인에 관한 정보'로서 다음의 어느 하나에 해당하는 정보를 말한다고 규정한다(제2조 제1호).

가. 성명, 주민등록번호 및 영상 등을 통하여 개인을 알아볼 수 있는 정보

나. 해당 정보만으로는 특정 개인을 알아볼 수 없더라도 다른 정보와 쉽게 결합하여 알아볼 수 있는 정보(이 경우 쉽게 결합할 수 있는지 여부는 다른 정보의 입

수 가능성 등 개인을 알아보는 데 소요되는 시간, 비용, 기술 등을 합리적으로 고려하여야 함)

다. 가목 또는 나목을 가명처리함으로써 원래의 상태로 복원하기 위한 추가 정보의 사용·결합 없이는 특정 개인을 알아볼 수 없는 정보

이러한 규정으로 살펴볼 때, 어떠한 정보가 개인정보에 해당하기 위해서는 1) 생존하고 있는 개인(생존성) 2) 개인 관련성 3) 임의성 4) 식별성 5) 결합가능성 6) 가명정보의 6가지 요건이 요구된다고 볼 수 있다.

<표 4-1> 「개인정보보호법」에 따른 개인정보

구분	내용
① 살아 있는 개인 (생존성)	현재 '생존(生存)하고 있는 자연인(自然人)'에 관한 정보일 것 ※ 사자(死者)에 관한 정보는 원칙적으로 개인정보에 해당하지 않는다. 실종선고 등 관계 법령에 의해 사망한 것으로 간주되는 자에 관한 정보도 마찬가지로 개인정보로 볼 수 없다. ※ 다만 사망자의 정보라 하더라도 유족과의 관계를 알 수 있는 정보는 유족의 개인정보에 해당한다.
② 개인에 관한 정보 (관련성)	특정 개인에 대한 관련성을 지닌 정보일 것 ※ 법인이나 단체에 관한 정보(예를 들어 법인 또는 단체의 이름, 소재지 주소, 대표 연락처 등)는 개인정보에 해당하지 않는다. 그러나 대표자를 포함한 임원진과 업무담당자의 이름, 주소, 개인연락처, 사진 등 그 자체로 개인을 식별할 수 있는 정보는 개별 상황에 따라 법인 정보에 그치지 않고 개인정보로 취급될 수 있다. ※ 사람이 아닌 사물에 관한 정보는 원칙적으로 개인정보에 해당하지 않는다. 그러나 해당 사물 등의 제조자나 소유자 등을 나타내는 정보는 개인정보에 해당할 수 있다.(특정 건물, 아파트 소유자가 자연인인 경우, 그 건물이나 아파트 주소가 소유자를 알아보는데 이용된다면 개인정보에 해당) ※ '개인에 관한 정보'는 반드시 특정 1인만에 관한 정보이어야 한다는 의미가 아니며, 직·간접적으로 2인 이상에 관한 정보는 각자의 정보에 해당한다. SNS에 단체 사진을 올린다면 사진의 영상정보는 사진에 있는 인물 모두의 개인정보에 해당하며, 의사가 특정 아동의 심리치료를 위해 진료 기록을 작성하면서 아동의 부모 행태 등을 포함하였다면 그 진료기록은 아동과 부모 모두의 개인정보에 해당한다.

구분	내용
③ 임의성	정보의 종류, 형태, 성격, 형식 등과 관계없이 어떠한 정보라도 개인정보가 될 수 있음 ※ 해당 정보주체에 대한 객관적 사실(키, 나이, 몸무게 등)이나 주관적 평가(그 정보주체에 대한 제3자의 의견 등) 모두 개인정보가 될 수 있다.
④ 식별성	특정한 개인을 다른 사람과 구분·구별하여 알아볼 수 있는 정보일 것 ※ '생년월일'의 경우 같은 날 태어난 사람이 여러 명일 수 있으므로 다른 정보 없이 생년월일 정보만 있다면 그 자체만으로는 개인을 알아볼 수 있다고 볼 수 없지만, 생년월일이 포함된 '주민등록번호'는 해당 정보만으로 정보주체 개인을 알아볼 수 있는 정보이다.
⑤ 다른 정보와의 결합을 통한 식별(결합가능성)	해당 정보만으로 특정 개인을 식별할 수 없어도, 다른 정보와 쉽게 결합하여 식별 가능하다면 개인정보에 해당됨 ※ '다른 정보의 입수 가능성'은 두 개 이상의 정보를 결합하기 위해 그 결합에 필요한 다른 정보에 합법적으로 접근하여 이에 대한 지배력을 확보할 수 있는 경우를 말한다(예를 들어 이미 합법적으로 공개되어 있는 다른 개인정보 데이터베이스와 결합한다든지, 해당 기업이 이미 보유하고 있는 고객들의 다른 개인정보 데이터베이스와 결합하는 경우 등이 이에 해당한다. 해킹·절취(切取) 등 불법적인 방법으로 취득한 정보와 결합하는 것은 이에 해당하지 않는다. ※ 다른 정보와 쉽게 결합할 수 있는지 여부는 현재의 기술수준이나 충분히 예견될 수 있는 기술 발전 등을 고려하여 시간, 비용, 노력이 비합리적으로 과다하게 수반되지 않아야 한다.
⑥ 가명정보	가명정보, 즉 개인정보를 가명처리함으로써 원래의 상태로 복원하기 위한 추가 정보의 사용·결합 없이는 특정 개인을 알아볼 수 없는 정보도 개인정보의 범주에 포함(2020. 2.「개인정보보호법」 개정) ※ 익명정보(시간, 비용, 기술 등을 합리적으로 고려할 때 다른 정보를 사용하여도 더 이상 개인을 알아볼 수 없는 정보, 제58조의2)는 개인정보에 해당하지 않는다.

위의 표에서 보는 바와 같이, 2020. 2.「개인정보보호법」 개정을 통해서 '개인정보'의 정의에 중요한 변화가 생겼다. 즉 '원래의 상태로 복원하기 위한 추가 정보의 사용·결합 없이는 특정 개인을 알아볼 수 없는 정보, 즉 가명정보도「개인정보보호법」이 규율하는 개인정보의 범주에 원칙적으로 포함되게 된 것이다. 현대 사회에서는 통계작성이나 과학적 연구, 공익적 기록보존을 위해 개인정보를 가명처리하여 이용하는 경우가 많지만, 이 경우에 개인정보에 해당하는지, 다른 정보와 결합하여

식별 가능성이 있는지, 그렇다면 이러한 목적으로 가명정보를 처리하는 경우에는 동의를 받아야 하는지 등이 많은 논란이 되어 왔다. 이에 「개인정보보호법」은 가명정보도 원칙적으로는 개인정보의 범주에 포함하고, 통계작성이나 과학적 연구, 공익적 기록보존 등을 위해 가명정보를 처리하는 경우에는 정보주체의 동의 없이 가명처리가 가능하도록 하는 특례조항(제28조의2)을 신설함으로써 개인정보보호의 목적도 달성하면서 다양한 목적의 개인정보 활용 또한 가능하도록 시도하고 있다. 반면 시간, 비용, 기술 등을 합리적으로 고려할 때 다른 정보를 사용하여도 더 이상 개인을 알아볼 수 없는 정보, 즉 익명정보는 개인정보에 해당하지 않는다고 규정하고 있다. 이에 대해서는 아래의 제3절 개인(신용정보 처리 단계별 원칙) - 7. 가명정보 및 익명정보의 처리에서 자세히 살펴보도록 한다.

다. 「신용정보법」에 따른 개인신용정보의 정의

「신용정보법」은 「개인정보보호법」과는 약간 다른 형태의 개념 정의를 취하고 있다. 「신용정보법」은 '신용정보' 및 '개인신용정보'를 구분하여 정의규정을 두고 있다.

'신용정보'는 금융거래 등 상거래에서 거래 상대방의 신용을 판단할 때 필요한 정보로서, 가. 특정 신용정보주체를 식별할 수 있는 정보(나~라 까지의 어느 하나에 해당하는 정보와 결합되는 경우만 신용정보에 해당), 나. 신용정보주체의 거래내용을 판단할 수 있는 정보, 다. 신용정보주체의 신용도를 판단할 수 있는 정보, 라. 신용정보주체의 신용거래능력을 판단할 수 있는 정보를 말한다.

'개인신용정보'란 기업 및 법인에 관한 정보를 제외한 살아 있는 개인에 관한 '신용정보'로서, 가. 해당 정보의 성명, 주민등록번호 및 영상 등을 통하여 특정 개인을 알아볼 수 있는 정보, 나. 해당 정보만으로는 특정 개인을 알아볼 수 없더라도 다른 정보와 쉽게 결합하여 특정 개인을 알아볼 수 있는 정보를 말한다. 즉 간단히 말하자면, 신용정보 중에서 '살아있는 개인에 관한 정보'가 개인신용정보라 할 것이다.

<표 4-2> 「신용정보법」에 따른 개인신용정보(기업 및 법인 관련 정보 제외)

구분	내용
1) 특정 신용정보주체를 식별할 수 있는 정보	가. 성명, 주소, 전화번호 및 그 밖에 이와 유사한 정보 나. 법령에 따라 특정 개인을 고유하게 식별할 수 있도록 부여된 정보(개인식별번호) 다. 개인의 신체 일부의 특징을 컴퓨터 등 정보처리장치에서 처리할 수 있도록 변환한 문자, 번호, 기호 또는 그 밖에 이와 유사한 정보로서 특정 개인을 식별할 수 있는 정보 라. 위와 유사한 정보로서 대통령령으로 정하는 정보
2) 신용정보주체의 거래내용을 판단할 수 있는 정보	가. 신용정보제공·이용자에게 신용위험이 따르는 거래로서 「은행법」상 신용공여, 「여신전문금융업법」에 따른 신용카드, 시설대여 및 할부금융거래, 「자본시장과 금융투자업에 관한 법률」에 따른 신용공여, 이와 유사한 거래로서 대통령령으로 정하는 거래 나. 「금융실명거래 및 비밀보장에 관한 법률」에 따른 금융거래의 종류, 기간, 금액, 금리 등에 관한 정보 다. 「보험업법」에 따른 보험계약, 보험금의 청구 및 지급에 관한 정보 라. 「자본시장과 금융투자업에 관한 법률」에 따른 금융투자상품의 종류, 발행·매매 명세, 수수료·보수 등에 관한 정보 마. 「상법」 제46조에 따른 상행위에 따른 상거래의 종류, 기간, 내용, 조건 등에 관한 정보 바. 위와 유사한 정보로서 대통령령으로 정하는 정보
3) 신용정보주체의 신용도를 판단할 수 있는 정보	가. 금융거래 등 상거래와 관련하여 발생한 채무의 불이행, 대위변제, 기타 약정사항 불이행 관련 정보 나. 금융거래 등 상거래와 관련하여 신용질서를 문란하게 하는 행위와 관련된 정보(다른 사람의 명의도용 정보, 보험사기·전기통신금융사기 등 정보, 금융거래 등 상거래의 상대방에게 위조·변조하거나 허위 자료를 제출한 사실 정보, 대출금 유용(流用) 등 정보, 기타 이와 유사한 정보로서 대통령령으로 정하는 정보) 다. 위와 유사한 정보로서 대통령령으로 정하는 정보
4) 신용정보주체의 신용거래능력을 판단할 수 있는 정보	가. 개인의 직업·재산·채무·소득의 총액 및 납세실적 나. 위와 유사한 정보로서 대통령령으로 정하는 정보

구분	내용
5) 기타 '신용정보주체의 신용을 판단할 때 필요한 정보'	가. 신용정보주체가 받은 법원의 재판, 행정처분 등과 관련된 정보 나. 신용정보주체의 조세, 국가채권 등과 관련된 정보 다. 신용정보주체의 채무조정에 관한 정보 라. 개인의 신용상태를 평가하기 위하여 정보를 처리함으로써 새로이 만들어지는 정보로서 기호, 숫자 등을 사용하여 점수나 등급 등으로 나타낸 정보(개인신용평점) 마. 기술에 관한 정보 바. 위와 유사한 정보로서 대통령령으로 정하는 정보

「신용정보법」도 「개인정보보호법」과 마찬가지로 2020. 2. 개정에서 가명정보 및 익명정보의 개념을 신설하였다. 「신용정보법」 제2조 제15호는 '가명처리'란 추가정보를 사용하지 아니하고는 특정 개인인 신용정보주체를 알아볼 수 없도록 개인신용정보를 처리하는 것을 말한다고 규정하고 같은 조 제16호는 '가명정보'란 가명처리한 개인신용정보를 말한다고 규정한다. 그리고 같은 조 제17호는 '익명처리'란 더 이상 특정 개인인 신용정보주체를 알아볼 수 없도록 개인신용정보를 처리하는 것을 말한다고 규정한다.

「신용정보법」 상 개인정보, 가명정보, 익명정보의 개념을 표로 정리해보면 아래와 같다(금융위원회, 2020. 1. 9. 보도참고자료 참조).

<표 4-3> 「신용정보법」에 따른 개인정보, 가명정보, 익명정보 구분

구분	개념
개인정보	특정 개인에 관한 정보, 개인을 알아볼 수 있게 하는 정보
가명정보	추가정보의 사용없이는 특정 개인을 알아볼 수 없게 조치한 정보
익명정보	더 이상 개인을 알아볼 수 없게 (복원 불가능할 정도로) 조치한 정보

라. 금융 분야에 있어 개인정보의 개념 이해

「개인정보보호법」은 국가 사회 전반의 개인정보 보호와 관련된 일반적 원칙과 기준을 규정하고 있다. 「개인정보보호법」 제6조는 다른 법률과의 관계에 대해, 개인정보보호에 관하여 다른 법률에 특별한 규정이 있는 경우를 제외하고는 이 법에서 정하는 바에 따른다고 규정하고 있다. 그런데 「신용정보법」에서 금융거래 등에 있어서 '개인의 신용도와 신용거래능력 등을 판단하기 위한 개인신용정보'에 대해 규율하는 것은 「개인정보보호법」이 말하는 '다른 법률에 특별한 규정이 있는 경우'로 보아야 할 것이고, 따라서 이에 대해서는 「신용정보법」이 「개인정보보호법」보다 우선하여 적용된다고 해석하는 것이 타당하다 판단된다. 「전자금융거래법」, 「금융실명거래 및 비밀보장에 관한 법률」 등 금융 분야의 개별 법률에서 특별히 정하는 사항에 대해서도 마찬가지의 기준이 적용되는 것으로 보아야 할 것이다.

개인신용정보를 제외한 개인정보에 대해서도(예를 들어 금융거래와 직접 연관이 없는 '금융회사의 임직원의 개인정보'등이 이에 해당한다) 해당되는 개별 법률에서 특별히 정하는 사항을 우선 적용하되, 해당되는 개별 법률이 없는 경우에는 일반법으로서 「개인정보보호법」이 적용되게 된다. 이상의 개인정보의 개념을 구분하여 그림으로 나타내면 다음과 같다(개정 금융 분야 개인정보보호 가이드라인, 2016). 이하에서 일반적인 개인정보보호 원칙과 기준을 설명하면서 '개인신용정보'와 '그 밖의 개인정보'를 통틀어 지칭할 때는 '개인(신용)정보'라고 쓰기로 한다.

<그림 4-1> 개인정보, 신용정보, 개인신용정보의 구분

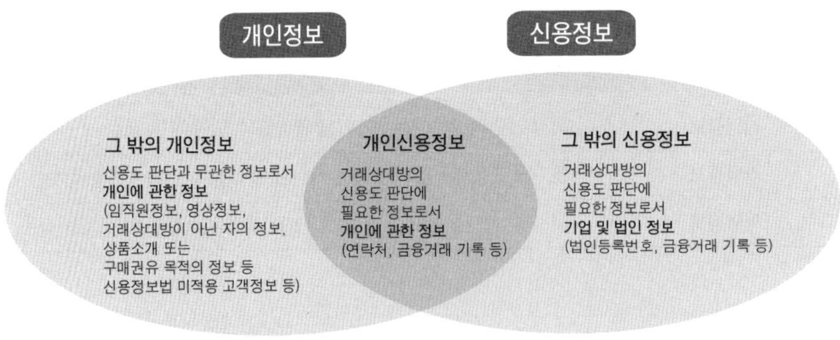

※〈개인신용정보〉와 〈그 밖의 개인 정보〉를 포함하여 이하 "개인(신용)정보"라 함.

※ 위 그림은 개인정보보호법과 신용정보법에 따른 정보의 개념을 도식화한 것으로서 기타 금융 관계 법령(전자금융거래법, 금융실명법 등)에서 별도로 규정하는 사항은 포함되지 않았음

참고로 2020. 2. 개정된 「신용정보법」은 신용정보의 이용 및 보호에 관하여 다른 법률에 특별한 규정이 있는 경우를 제외하고는 「신용정보법」에서 정하는 바에 따르고, 개인정보의 보호에 관하여 「신용정보법」에 특별한 규정이 있는 경우를 제외하고는 「개인정보 보호법」에서 정하는 바에 따른다고 하는 기준을 제시하고 있다. 다만 이에 대해 학계와 시민사회 일각에서는, 개인정보보호의 일반법인 「개인정보보호법」이 존재함에도 「신용정보법」에서 또다시 상세한 법적 기준을 별도로 두고 있고 일부 기준은 「개인정보보호법」과 상이한 점도 있으므로, 결과적으로는 양 법률간의 우선 적용관계가 명확히 않으며 이를 정비할 필요성이 있다는 지적이 제기되고 있음도 유념할 필요가 있겠다.

2-2. 개인정보의 개념 및 범위의 불확실성 문제

2020. 2 개정되기 이전의 「개인정보보호법」 및 「신용정보법」은 1) 생존성, 2) 개인 관련성, 3) 임의성, 4) 식별성, 5) 결합가능성을 개인정보에 해당될 수 있는 요건으로서 제시하고 있었다. 그런데 이러한 정의 방식에 따를 경우에는 법적인 규율 대상으로서의 개인정보의 개념 및 범위가 모호해질 수 있다는 비판이 있었으며, 특히 '결합가능성' 요건에서 개인정보의 불확실성 문제가 나오는 것으로 지적되었다. '결합가능성'은 당장은 그 정보를 통해 특정 개인을 식별할 수 없더라도, 추후에 정보의 결합이나 조합을 통해 특정 개인을 식별할 수 있게 된다면 개인정보에 포함될 수 있다는 의미이다. 그런데 이를 문언 그대로 해석한다면 현재로서는 해당 정보만으로 특정 개인을 전혀 알아볼 수 없는 단순 정보라 하더라도, 다른 정보와 결합하여 식별할 수 있는 '가능성'을 가지고 있기만 한다면 결국 개인정보에 해당한다는 결론에 도달하게 된다.

최근 국내외적으로 '인공지능'(AI; Artificial Intelligence), '빅데이터'(Big Data), '클라우드 컴퓨팅'(Cloud Computing), '사물인터넷'(Internet of Things : IoT) 등과 같은 새로운 유형의 첨단 정보처리기술이 각광을 받고 있다. 이들은 다양하고 방대한 정보를 수집·집적하고 다시 이를 분석함으로써 새로운 가치를 창출한다는 공통점을 가지고 있는데, 만약 위에서 본 바와 같이 '결합가능성'에 의해 개인정보의 범위가 확대된다면 '빅데이터' 등의 신규 기술은 예기치 못한 위험을 겪을 수도 있게 된다. 그 정보를 수집·활용하기 시작한 시점에서는 분명 개인정보가 아니었으나, '결합가능성'이나 '식별가능성'의 요건에 따라 언젠가는 개인정보에 해당할 가능성이 열려있으며, 이 경우 이러한 개인정보 처리 행위가 결과적으로는 개인정보의 동의 없는 수집, 제3자 제공 등의 행위가 되어 현행 개인정보보호 관련 법령을 자기도 모르게 위반할 가능성에 직면하기 때문이다.

개인정보의 개념 및 범위에 대한 우리나라의 법원의 판례는 그다지 많지는 않으나, 최근의 판결은 개인정보의 '결합가능성'을 보다 넓게 해석하면서 개인정보의 범위를 확장하는 추세를 보이고 있다. 우선 개인정보의 일반적 개념과 관련하여, 비교적 최근의 판례인 대법원 2016. 3. 10. 선고 2012다105482 판결은 "개인정보자기결정권의 보호대상이 되는 개인정보는 개인의 신체, 신념, 사회적 지위, 신분 등과 같이 인격주체성을 특징짓는 사항으로서 개인의 동일성을 식별할 수 있게 하는 일체의 정보를 의미하며, 반드시 개인의 내밀한 영역에 속하는 정보에 국한되지 않고 공적 생활에서 형성되었거나 이미 공개된 개인정보까지도 포함한다"는 개념 원칙을 재확인하고 있다. 더 나아가 개인정보의 구체적 개념에 대한 각급 법원의 판례를 확인하여 보면, 예를 들어 서울중앙지법 2006가합33062, 2006가합53332 (병합) 판결은 이메일 주소가 개인정보인지 여부에 대해 "이메일 주소는 당해 정보만으로는 특정 개인을 알아볼 수 없을지라도 다른 정보와 용이하게 결합할 경우 당해 개인을 알아볼 수 있는 정보라 할 것이므로 '개인정보'에 해당한다"라고 판시하였다. 역시 서울중앙지법 2010고단5343 판결은 휴대폰의 IMEI 정보나 USIM 정보가 개인정보에 해당하는지 여부에 대해 "IMEI나 USIM 일련번호는 기기나 특정 카드에 부여된 고유번호로서 그 자체로는 당해 개인을 알아볼 수 있는 정보라 보기는 어렵다 하더라도 (중략) 휴대폰 가입신청서 등 가입자정보에 나타난 다른 정보와 어려움 없이 쉽게 결합됨으로써 개인을 특정할 수 있게 되는 이상 이들을 개인정보라 봄이 상당하다"고 판시하고 있다. 이 외에 휴대전화번호 뒤 4자리 숫자가 개인정보인지 여부를 판단한 대전지법논산지원 2013고단17 판결도 "휴대전화번호 뒷자리 4자만으로도 그 전화번호 사용자가 누구인지를 식별할 수 있는 경우가 있고 (중략) 적어도 다른 정보와 쉽게 결합해 피해자임을 알아볼 수 있는 정보이므로 개인정보에 해당한다"고 판시하는 등, 법원은 실제의 사례에서 개인정보의 결합가능성이나 식별가능성을 상당히 넓게 해석하고 있음을 알 수 있다. 최근에는 '암호화된 정보'가 개인정보인지 여부에 대해 중요한 판결이 선고되었다. 某 재단법인이 '약국에서 처리하는 처방 관련 정보'를 제3자에게 제공한 사안에 대한 형사 및 민사 소송에서, 대법원 2024. 7. 11. 선고 2022도415 판결(형사) 및 대법원 2024. 7. 11. 선고 2019다242045 판결(민사)은 개인정보는 해당 정보를 처리하는 자의 입장에서 합리적으로 활용될 가능성이 있는 수단을 고려하여 특정 개인을 식별할 수 있는 정보이므로, 개인정보에 암호화 등 적절한 비식별화 조치를 취함으로써 특정 개인을 식별할 수 없는 상태에 이른다면 이는 식별성을 요건으로 하는 개인정보에 해당한다고 볼 수 없고, 따라서 정보주체의 동의 없이 통계작성 등의 용도로 이용되거나 제3자에게 제공되더라도 「개인정보보호법」을 위반한 것이라고 볼 수 없다고 하면서도, 다만 비식별화 조치가 이루어졌다고 하더라도 재식별 가능성이 합리적으로 존재한다면 적절한 비식별화 조치가 이루어지지 않은 것이므로 여전히 「개인정보보호법」이 적용되는 개인정보에 해당한다고 판시했다. 참고로 해당 형사 사건의 피고인 某 재단법인은 총 3차례에 걸쳐 개인정보 암호화 방식을 바꾸어 제3자 제공하였는데, 그 중에서 특히 첫 번째 암호화 방식은 13자리의 주민등록번호 중 홀수와 짝수 자리를 비교적 단순한 규칙에 따라 영문 알파벳으로 치환(substitution)하고 여기에다 역시 단순한 잡음(salt)을 추가하는 방식으로, 대법원은 이러한 암호화 방식은 다양한 추론을 통해 쉽게 복호화할 수 있어 개인이 식별될 우려가 크다는 점에서 개인정보에 해당한다고 판시하였다(두 번째 암호화 방식은 SHA-512를 적용한 주민등록번호 일방향 암호화, 세 번째 암호화 방식은 주민등록번호를 제외하고 성명, 생년월일, 성별 정보를 SHA-512 적용한 일방향 암호화였음). 다만 대법원은 해당 민·형사 사건에 대해, 그러한 개인정보를 처리함으로 인하여 위법한 행위를 하였다고 평가하기 위해서는 처리의 대상이 '개인정보'에 해당하는지 여부 뿐만 아니라, 그와 같이 '개인정보'를 처리한다는 인식 및 이를 용인하려는 의사가 있어야 하고, 구체적으로는 어떤 정보가 식별가능한 개인정보에 해당한다는 것과 행위자(피고, 이 사건에서 某 재단법인)가 그 정보를 식별가능한 개인정보로 인식하였는지 여부는 별개로 살펴보아야 한다고 보았다. 그런데 이 사건에서는 피고의 용인 의사가 증명되지 않았다고 판단하였고 이를 이유로 피고의 무죄를 선고하였으며 민사소송에서도 배상책임을 인정하지 않았다.

오로지 개인정보 보호만을 강조하는 입장은 바람직하지도 않을뿐더러 금융 분야를 비롯하여 개인정보 활용을 전제로 하는 수많은 경제·사회 활동의 현실에 비추어 볼 때 불가능한 일이다. 개인정보 보호는 헌법 상의 다른 기본권과 균형을 이룰 수 있도록 조화로운 해석과 적용이 반드시 필요한데, 개인정보의 결합가능성을 폭넓게 인정하는 해석론에 따른다면 결과적으로 개인정보의 범위가 지나치게 확장되고 따라서 기업의 영업 등 다른 정당한 권리 행사를 제약하게 된다는 우려도 충분히 일리가 있다. 예를 들어 앞서 언급한 인공지능(AI)이나 빅데이터(Big Data)의 경우에는 얼마나 다양하고 많은 정보를 처리할 수 있느냐에 따라 기술의 성패가 가름된다. 인공지능 기술 중에서 특히 학습기반 인공지능(머신러닝)은 주지하다시피 학습할 수 있는 데이터의 양에 따라 그 판단의 정확성이 차원을 달리한다. 그러나 현재의 개인정보 범위에 대한 해석에 따르면 식별성이 없는 정보라도 향후의 결합여부에 따라서는 개인정보에 해당될 수 있으므로 결국 인공지능이나 빅데이터를 도입한 기업으로서는 법적 규제와 처벌의 위험을 안고서까지 개인정보를 처리하려고 하지는 않을 것이며, 이는 결국 해당 산업이나 서비스에 대한 외면과 침체로 귀결될 것이다.

2020. 2.「개인정보보호법」과「신용정보법」 개정은 바로 이러한 사회적 논의와 우려를 반영한 것이라 할 수 있다. 이미 앞에서도 살펴보았지만,「개인정보보호법」은 개인정보의 정의 요건 중에서 '개인정보의 결합가능성'에 대해서는 "쉽게 결합할 수 있는지 여부는 다른 정보의 입수 가능성 등 개인을 알아보는 데 소요되는 시간, 비용, 기술 등을 합리적으로 고려하여야 한다"고 하여 '결합'의 상세한 기준을 새로 마

련하였다. 또한 '식별성'을 일부 제거한 '가명정보'의 개념을 신설하고 정보주체의 동의를 별도로 필요로 하지 않는 가명정보 처리의 특례를 마련함으로써 인공지능, 빅데이터와 같은 신기술에 기반한 데이터 경제에서 개인정보가 활용되기 위한 법적 뒷받침을 마련하였다.

따라서 금융소비자의 개인정보를 처리하는 금융회사 등은 이러한 개인정보의 개념에 대한 특성을 이해하고 향후의 확장 가능성, 관련 법률의 개정 방향까지를 포함하여 보호 대책을 수립·시행할 필요가 있다. 한가지 다행인 것은 금융 분야에서는 「신용정보법」에서 '개인신용정보'의 범위에 대해 기본 식별정보 및 거래내용, 신용도 판단, 신용거래능력 판단의 결합을 전제로 하여 다양한 식별자를 제시하고 있어 타 산업 분야에 비해서는 비교적 개인정보의 범위 확정이 용이한 편이라 할 수 있다 (<표 4-2> '신용정보법에 따른 개인신용정보' 참조).

제2절 개인정보보호의 기본원칙

1. 개인정보 자기결정권

일반적으로 프라이버시권(right to privacy)이란 타인으로부터 사적 생활에 대한 간섭, 침해, 방해 등을 받지 않을 권리를 의미하였으며, 이는 '홀로 있을 수 있는 권리'를 의미하기도 한다. 그런데 20세기 말에 들어서 전산적 처리기술 및 장비의 발전에 따라 개인의 다양하고 방대한 정보를 컴퓨터를 통해 저장하고 처리할 수 있게 되었으며, 이에 힘입어 공공분야 및 여러 민간분야에서는 개인에 관한 정보를 집적하여 업무에 활용하는 것이 당연시되었다. 이에 따라 프라이버시권은 종래와 같이 단순히 소극적으로 남의 방해를 받지 않고 홀로 있을 권리의 개념에서 벗어나서, 자신에 관한 사적인 정보(개인정보)의 흐름을 적극적으로 통제할 수 있는 권리로 확대되었다. 이를 특히 금융회사의 시각에서 바라보면, 고객의 개인정보는 기본적으로 금융거래계약의 체결과 이행을 비롯하여 매우 다양한 유무형의 가치를 창출할 수 있게 하는 금융회사의 자산(asset)으로서 기능한다. 그러나 반면에 고객(정보주체)은 당연히 자기 자신을 표상하는 사적인 정보이자 개인의 기본적 권리 그 자체이기 때문에 그 개인정보의 처리에 대한 통제권을 주장할 수 있게 되는 것이다.

우리나라에서 개인정보 자기결정권이 구체적으로 어떠한 법적 성질을 지니는지, 어떠한 한계와 제한을 가지는지에 대해서는 많은 논의가 있어 왔다.

대법원 판례(1998.7.24. 선고 96다42789)에서는 「헌법」 제10조의 일반적 인격권 및 제17조의 사생활의 비밀과 자유를 근거로 하여, "이들 헌법 규정은 개인의 사생활 활동이 타인으로부터 침해되거나 함부로 공개되지 아니할 소극적인 권리는 물론 오늘날 고도로 정보화된 현대사회에서 자신에 대한 정보를 자율적으로 통제할 수 있는 적극적인 권리까지 보장하려는 취지가 있는 것"으로 바라보면서 '개인정보자기결정권'을 인정하는 태도를 취하고 있다.

헌법재판소 결정(2005.5.26., 99헌마513)에서는 "개인정보자기 결정권은 자신에 관한 정보가 언제 누구에게 어느 범위까지 알려지고 또 이용되도록 할 것인지를 그 정보주체가 스스로 결정할 수 있는 권리 즉 정보주체가 개인정보의 공개와 이용에 관하여 스스로 결정할 권리를 말한다"라고 정의하면서, 이는「헌법」제17조, 제10조 1문 등을 이념적 기초로 하는 '독자적 기본권'으로서「헌법」에 명시되지 아니한 기본권이라는 입장을 취하고 있다. 따라서 개인정보를 대상으로 하는 조사, 수집, 보관, 처리, 이용 등의 행위는 원칙적으로는「헌법」상의 기본권인 개인정보자기결정권의 제한에 해당하며, 그러한 개인정보 처리 행위(제도)가 법률적 근거가 있는지 및 그 개인정보 처리 제도가 기본권 제한에 대한 과잉금지 원칙(헌법 제37조제2항)을 위반하여 개인정보자기결정권을 침해하는지 여부를 판단해야 한다고 보고 있다.

이러한 시각을 금융회사의 개인정보 처리업무에 대해 적용해본다면, 금융회사가 고객(금융소비자)의 개인정보를 수집하여 거래계약 체결에 이용하고 보관·관리하는 일련의 행위는 일차적으로는 헌법상 기본권인 개인정보자기결정권을 제한하는 것에 해당한다. 다만 그 개인정보 처리행위가 헌법 제37조제2항에 의한 기본권 제한의 정당한 범위 내에 있을 경우에는 그러한 일련의 업무가 적법하게 허용되는 것이다. 물론 이 경우에도 개인정보자기결정권의 본질적 내용은 침해할 수 없다는 결론이 도출된다. 개인정보자기결정권의 한계와 제한에 대한 명확한 기준을 법률로 구체화한 것이 바로「개인정보보호법」이라 할 수 있으며, 아래에서 설명하는 개인정보 보호원칙 등이 상세 기준이라 할 수 있다.

2. 개인정보 보호 원칙

2-1. 개인정보 보호 원칙의 제정

개인정보보호법은 개인정보 처리 전체 과정에서 기준이 되는 '개인정보 보호 원칙'을 규정하고 있다(동법 제3조). 이는 1980년 제정된 「OECD 프라이버시 가이드라인」과 EU 회원국의 입법 기준이 되는 1995년의 「EU 개인정보보호지침」을 참고하여 만들어진 것이다. 또한 주요 선진국의 개인정보보호 법령도 적극 반영하였고, 최근의 개정에는 EU의 2018년 「일반 개인정보 보호법」(GDPR)도 참고하였다(개인정보보호법령 및 지침·고시 해설, 2020). 개인정보 보호원칙의 구체적인 내용 및 이를 OECD 프라이버시 8원칙과 비교하면 다음과 같다.

<표 4-4> 개인정보 보호원칙 주요 내용

OECD 프라이버시 8원칙	GDPR 제5조	개인정보 보호 원칙
수집제한의 원칙(1원칙)	데이터 최소화 (1.c항)	• 목적에 필요한 최소정보의 수집(제1항) • 사생활 침해를 최소화하는 방법으로 처리(제6항) • 익명처리의 원칙(제7항)
정보 정확성의 원칙(2원칙)	정확성(1.d항)	• 처리목적 내에서 정확성·완전성·최신성 보장(제3항)
목적 명확화의 원칙(3원칙)	목적 제한(1.b항)	• 처리목적의 명확화(제1항)
이용제한의 원칙(4원칙)	저장기간 제한 (1.e항)	• 목적 범위 내에서 적법하게 처리, 목적 외 활용금지 (제2항)
안전성 확보의 원칙(5원칙)	무결성과 기밀성 (1.f항)	• 권리침해 가능성 등을 고려하여 안전하게 관리 (제4항)
처리방침 공개의 원칙(6원칙)	적법성, 공정성, 투명성(1.a항)	• 개인정보 처리방침 등 공개(제5항)
정보주체 참여의 원칙(7원칙)	-	• 열람청구권 등 정보주체의 권리보장(제5항)
책임의 원칙(8원칙)	책임성(2항)	• 개인정보처리자의 책임준수·신뢰확보 노력(제8항)

2-2. 실체적 규범으로서의 개인정보 보호 원칙

개인정보 보호 원칙은 개인정보처리자에게는 행동의 지침을 제시해 주고, 정책담당자에게는 정책 수립 및 법 집행의 기준을 제시해 주며, 사법부에 대해서는 법 해석의 이론적 기초를 제시해 줌과 동시에 입법적 공백을 막아주는 기능을 한다. 더 나아가 대법원은 「개인정보보호법」 제3조에 따른 개인정보 보호 원칙을 개인정보처리자 행위의 위법성을 판단하기 위한 고려사항으로 열거하기도 하였다(대법원 2017. 4. 7. 선고 2016도13263 판결) (개인정보 보호법령 및 지침·고시 해설, 2020).

이러한 점을 고려할 때, 금융회사 등은 개인정보 보호원칙을 단순한 선언적 규범으로만 이해해서는 안 된다. 개인정보 보호원칙을 규정한 「개인정보보호법」 제3조는 금융회사 등 개인정보처리자가 금융소비자의 개인정보를 다룸에 있어서 가장 기본이 되고 실제 준수해야 하는 행동의 지침으로 받아들여야 할 것이다. 무엇보다도, 법 제3조의 내용들은 「개인정보보호법」이나 「신용정보법」 내에서 실체적 규제조치 및 위반시 제재조치(과태료 또는 형사벌)로 구체화되어 있기 때문에 결국은 선언적 규범이 아닌 실체적 규범으로 이해하는 것이 타당하고 또한 그렇게 하여야 한다. 「개인정보보호법」상의 개인정보 보호원칙은 단순히 동 법 내에서만 적용되는 원칙이 아니라 금융 분야를 포함하여 우리나라의 민간 및 공공 분야의 모든 개인정보 처리 과정에서 반영되어야 할 기본 원칙으로 받아들여져야 한다.

2-3. 개인정보주체의 6대 권리

「개인정보보호법」은 국제적 규범 및 우리나라의 대법원·헌법재판소가 인정하고 있는 '개인정보자기결정권'을 반영하여 정보주체의 6대 권리를 규정하고 있다(법 제4조). 그 내용을 보면

① 개인정보의 처리에 관한 정보를 제공받을 권리

② 개인정보의 처리에 관한 동의 여부, 동의 범위 등을 선택하고 결정할 권리

③ 개인정보의 처리 여부를 확인하고 개인정보에 대하여 열람(사본 발급 포함) 및 전송을 요구할 권리

④ 개인정보의 처리 정지, 정정·삭제 및 파기를 요구할 권리

⑤ 개인정보 피해를 신속하고 공정한 절차에 따라 구제받을 권리

⑥ 완전히 자동화된 개인정보 처리에 따른 결정을 거부하거나 그에 대한 설명 등을 요구할 권리

정보주체의 권리 규정도 앞서 살펴본 개인정보 보호원칙과 마찬가지로 단순한 선언적 규범으로만 받아들여져서는 안되며 정보주체(금융소비자)에게 보장되는 실체적 권리로 이해되어야 할 것이다.

제3절 개인(신용)정보 처리 단계별 원칙

1. 개인정보 처리단계의 이해

개인정보를 기반으로 하여 업무를 처리하는 민간기업 및 공공기관 등은 대부분 유사한 단계를 거쳐 개인정보를 처리하고 있다. 즉 최초에 금융거래계약 체결 등과 같이 정보주체(고객 등)와 관계를 맺는 시점에서 정보주체의 개인정보를 '수집'하고 그 개인정보를 '이용'하여 업무를 처리하게 된다. 그리고 상당수의 경우는 제3자에게 개인정보를 '제공·공유'하는 단계가 뒤따른다. 예를 들어 금융 분야에서 신용정보 집중관리를 위해 신용정보집중기관에 개인신용정보를 제공하는 경우가 그것이다. 그리고 수집·이용 및 제공되는 개인정보는 내외부로부터의 분실·도난·유출·변조·훼손에 대응하기 위하여 안전성 확보를 위한 보호조치가 적용되어야 한다. 여기에는 관리적 보호조치, 기술적(또는 전산적, 논리적) 보호조치, 물리적 보호조치가 포함된다. 마지막으로 더 이상 이용·보관할 필요성이 없어진 개인정보에 대해서는 '파기' 조치가 뒤따른다. 이렇듯 업종이나 분야와 관계없이 개인정보 그 자체의 특성에 기인하여 일정한 처리단계를 거치게 되는 것을 일반적으로 '개인정보 처리단계', 혹은 '개인정보 생명주기'(Life Cycle)라고 부른다.

개인정보 처리단계에는 그 각각의 단계에서 여러 가지 형태의 침해요인과 침해방법이 존재할 수 있으며 그에 대한 대응이 필요하다. 각각의 법률에 따라 약간의 차이는 있으나, 대부분의 개인정보보호 관련 법령들은 개인정보 처리단계를 고려하여 조문의 순서가 반영되어 있다. 본 절에서는 크게 수집 → 이용 → 제공 / 위탁 / 영업양도·양수 → 관리 → 파기의 개인정보 처리단계를 기준으로 하여, 각 단계별로 금융 분야에서 지켜야 할 원칙 및 조치사항을 살펴보도록 한다. 한편 「개인정보보호법」은 개인영상정보 및 영상정보처리기기(CCTV)에 대한 규정을 두고 있는데, 금융분야는 CCTV의 설치·이용이 매우 활발한 분야이며 당연히 「개인정보보호법」 상의 영상정보 처리규정(제25조)의 적용을 받으므로 이에 대해서도 원칙 및 주의사항을 살펴보도록 한다.

2. 개인(신용)정보의 수집 단계

개인(신용)정보를 수집하는 경우 「신용정보법」 제15조, 그리고 「개인정보보호법」 제15조에 따라 처리하여야 한다.

2-1. 개인(신용)정보 수집 원칙

금융회사는 개인신용정보를 수집하는 때에는 원칙적으로 해당 신용정보주체의 동의를 받아야 한다(「신용정보법」 제15조 제2항). 「개인정보보호법」도 제15조 제1항 제1호에서 이와 마찬가지로 정보주체의 동의에 의한 개인정보 수집을 규정하고 있다. 즉 정보주체의 동의는 개인신용정보 수집에 대한 가장 기본적인 대원칙이라 할 수 있다.

다만 「신용정보법」은 「개인정보보호법」 제15조 제1항에 따라 정보주체의 동의 없이 수집이 가능하도록 한 경우(예를 들면 법률에 특별한 규정이 있거나 법령상 의무를 준수하기 위하여 불가피한 경우로서 정보주체의 동의 없이 수집하는 경우 등을 말함), 법령에 따라 공시(公示)되거나 공개된 정보를 수집하는 경우, 출판물이나 방송매체 또는 공공기관의 인터넷 홈페이지 등의 매체를 통하여 공시 또는 공개된 정보를 수집하는 경우, 신용정보주체가 스스로 사회관계망서비스(SNS) 등에 직접 또는 제3자를 통하여 공개한 정보를 수집하는 경우(해당 신용정보주체의 동의가 있었다고 객관적으로 인정되는 범위 내로 한정됨)에는 신용정보주체의 동의 없이 개인신용정보를 수집할 수 있다고 규정한다.

「개인정보보호법」에서 정보주체의 동의 없이 개인정보 수집이 가능하도록 한 경우는 구체적으로 1) 법률에 특별한 규정이 있거나 법령상 의무를 준수하기 위하여 불가피한 경우 2) 공공기관이 법령 등에서 정하는 소관 업무의 수행을 위하여 불가피한 경우 3) 정보주체와 체결한 계약을 이행하거나 계약을 체결하는 과정에서 정보주체의 요청에 따른 조치를 이행하기 위하여 필요한 경우 4) 명백히 정보주체 또는 제3자의 급박한 생명, 신체, 재산의 이익을 위하여 필요하다고 인정되는 경우 5) 개인정보처리자의 정당한 이익을 달성하기 위하여 필요한 경우로서 명백하게 정보주체의 권리보다 우선하는 경우(개인정보처리자의 정당한 이익과 상당한 관련이 있고 합리적인 범위를 초과하지 아니하는 경우에 한함) 6) 공중위생 등 공공의 안전과 안녕을 위하여 긴급히 필요한 경우를 말한다.

「개인정보보호법」에 따른 '동의 없는 개인정보의 수집'의 구체적인 예시는 다음과 같은 것들이 있다(개정 개인정보 보호법령 및 지침·고시 해설, 2020).

<표 4-5> 동의없는 개인정보 수집 사유의 구체적 예시

구분	예시
1) 법률에 특별한 규정이 있거나 법령상 의무를 준수하기 위하여 불가피한 경우	• 보험요율산출기관이 순보험요율의 산출, 보험회사의 보험금 지급업무에 필요한 경우 교통법규 위반 또는 운전면허 효력에 관한 개인정보를 보유하고 있는 기관, 질병에 관한 통계를 보유하고 있는 기관으로부터 그 정보를 제공받아 이용할 수 있음(「보험업법」 제176조 제10항, 제11항) • 보험회사 등은 의료기관으로부터 자동차보험진료수가를 청구받으면 그 의료기관에 대하여 관계진료기록의 열람을 청구할 수 있고, 보험금 지급 청구를 받은 경우 경찰청 등 교통사고 조사기관에 대하여 교통사고 관련 조사기록의 열람을 청구할 수 있음(자동차손해배상 보장법 제14조) • 지방병무청장은 병역판정검사와 관련하여 의료기관, 국민건강보험공단, 학교장 등에 대해 자료 제출을 요구할 수 있음(「병역법」 제11조의2) • 청소년유해매체물 판매, 대여, 배포 시 상대방의 나이 및 본인 여부를 확인할 의무가 있음(「청소년보호법」 제16조)

구분	예시
2) 공공기관이 법령 등에서 정하는 소관 업무의 수행을 위하여 불가피한 경우	인사혁신처가 「정부조직법」 등에 따라 공무원 인사, 윤리, 복무, 연금 등 관리를 위해 공무원인사 관련 개인정보파일을 수집·이용하거나 데이터베이스시스템을 구축·운영하는 경우
3) 정보주체와 체결한 계약을 이행하거나 계약을 체결하는 과정에서 정보주체의 요청에 따른 조치를 이행하기 위하여 필요한 경우	• 보험회사가 계약체결을 위해 청약자의 자동차사고이력, 다른 유사보험의 가입여부에 등에 관한 정보를 수집하는 경우 • 회사가 취업지원자와 근로계약 체결을 위해 이력서, 졸업증명서 등 정보를 수집하는 경우
4) 명백히 정보주체 또는 제3자의 급박한 생명, 신체, 재산의 이익을 위하여 필요하다고 인정되는 경우	정신미약, 교통사고, 수술(의사표시를 하기 어려운 의료행위 포함) 등으로 정보주체가 자신의 의사표시를 할 수 없는 경우
5) 개인정보처리자의 정당한 이익을 달성하기 위하여 필요한 경우로서 명백하게 정보주체의 권리보다 우선하는 경우	사업자가 요금정산, 채권추심 등을 위하여 고객의 서비스 이용내역, 과금내역 등의 개인정보를 생성, 관리하는 경우

2023년 3월 「개인정보보호법」 개정에 따라 개인(신용)정보의 수집 원칙 중에서 중요한 변화가 발생하였다. 이전에는 계약의 체결 및 이행에서의 개인정보 수집·이용과 관련하여 「개인정보보호법」 제15조 제1항 제4호는 “정보주체와의 계약의 체결 및 이행을 위하여 불가피하게 필요한 경우”에만 정보주체의 동의 없이 개인정보를 수집 이용할 수 있도록 하고 있었다. 이러한 원칙은 1999년에 「정보통신망법」이 개정되면서 처음으로 반영된 것인데, 이로 인해 온라인 사업자들이 이용자들과 필수적인 서비스 이용계약을 체결할 때에도 반드시 동의를 받아야 하는 관행이 생겨났고, 이후 2011년 「개인정보보호법」이 제정된 이후 공공부문과 민간 오프라인 부분에서도 계약 체결 및 이행을 위해 ‘불가피한 경우’ 외에는 필수적으로 정보주체의 동의를 받는 관행의 근거가 되었다. ‘불가피한 경우’라는 문언은 사업자들이 그 불가피성을 입증하지 못하는 이상은 실무적으로는 적용되기 어렵기 때문에, 결국 많은 기업들은 고객들과 필수적인 서비스 계약(예를 들어 인터넷 서비스의 기본적인

회원 가입 등)을 체결할 때에도 사실상 무조건적으로 동의 절차를 거치는 관행이 유지되어 왔던 것이다. 이러한 관행으로 인해, 기업 등은 서비스 제공계약에 필요하더라도 일단 정보주체의 동의를 형식적으로라도 받아야만 하는 문제가 나타났고, 이와 함께 '동의만 받으면' 개인정보 수집·이용에 대한 제반 책임이 사실상 고객(정보주체)에게 넘어가는 문제도 나타났다. 이러한 문제의식에 따라 2023년 3월 「개인정보보호법」 제15조 제1항 제4호를 개정하여, '불가피하게'라는 문언을 삭제하고 계약 이행 등에 필요한 경우에는 동의 없이 개인정보를 수집·이용할 수 있도록 하였다. 이는 당사자 간 계약에 수반되는 개인정보에 대한 형식적인 필수동의는 없애는 대신, 진짜로 동의가 필요한 영역에서는 정보주체가 명확하게 이를 인지하고 동의하는 문화를 정착시킴으로써, 정보주체와 기업 모두에게 도움이 될 수 있는 개인정보보호 환경을 유도해나가기 위한 것이다(개인정보보호위원회 보도자료, "개인정보 필수동의 관행 개선한다", 2024. 9. 12. 참조).

<표 4-6> 계약 체결·이행에서 개인정보 처리요건 개정 전후 비교

개정 前 : 필수동의	→	개정 後 : 적법처리 원칙(신뢰 기반)
• (온라인 특혜) 필수동의 • (공공·오프라인) 계약 요건 엄격 ※ 계약 이행 등에 필요한 경우에도 **"불가피하게"** 필요한 때에만 수집·이용 가능	→	• (온라인 특혜) 필수동의 폐지 • (공공·오프라인) 계약 요건에서 "불가피하게" 삭제 → 계약 이행 등에 필요한 경우 동의 없이 개인정보 수집·이용 가능

2-2. 필요 최소한의 개인(신용)정보 수집 원칙

금융회사는 개인신용정보의 수집 및 처리의 목적을 명확히 하여야 하며, 그 목적 달성에 필요한 최소한의 범위에서 합리적이고 공정한 수단을 사용하여 신용정보를 수집 및 처리하여야 한다(「신용정보법」 제15조 제1항). 이러한 기준을 '필요 최소한의 수집 원칙'이라 부르는데, 「개인정보보호법」에서도 개인정보처리자는 개인정보를 수집하는 경우에는 그 목적에 필요한 최소한의 개인정보를 수집하여야 한다고 규정하고 있다(「개인정보보호법」 제16조 제1항). 어찌 보면 필요 최소한이라는 기준은 모든 개인정보 처리에 있어서 기본 중의 기본이 되는 원칙이라 할 수 있다. 이 때 주의할 점은 필요 최소한의 정보인지 아닌지의 여부에 대해서는 금융회사가 이를 입증해야 한다. 예를 들어 어떤 금융상품의 가입신청서에 명시된 개인정보 항목이 그 금융상품의 판매, 계약체결 등에 필요 최소한의 정보인지 아닌지에 대해 금융소비자와의 관계에서 분쟁이 발생하였거나 감독기관의 확인 요청이 있을 때에는 금융회사가 이를 입증해야 한다는 의미이다. 어떠한 개인정보 항목이 필요 최소한의 정보(필수정보)인지 선택정보인지 여부는 법률적으로 명확히 정해진 것은 없다. 따라서 필요 최소한의 범위에 대해서는 해당 계약의 구체적 목적과 내용에 따라 각각의 금융회사 등이 개별적으로 판단하여야 한다. 일반적인 사례를 들어보면, 쇼핑업체가 고객에게 상품을 배송하기 위해 수집한 이름, 주소, 전화번호(자택 및 휴대전화번호) 등은 필요 최소한의 개인정보라고 할 수 있지만, 직업이나 생년월일 등 배송과 직접적으로 관련이 없는 개인정보를 요구하는 것은 필요 최소한의 범위를 벗어난 것이라고 할 수 있겠다.

다만 필요 최소한의 개인신용정보의 범위에 대해서는 금융당국이 실무적으로 제시한 기준이 있으므로 이를 참고하여 볼 수 있다. 과거 2014년도에 금융분야에서 대량의 개인정보 유출사고가 발생한 것을 계기로, 그간 금융회사 등이 영업에 필수적이지 않은 정보까지 과도하게 수집하여 보유하고 있으며 이로 인해 개인정보 유출사고시 피해가 커질 수 있다는 지적이 사회적으로 제기되었다. 이에 금융위원회는 금융회사가 수집하는 개인정보를 '필수항목'과 '선택항목'으로 구분하여 수집을 최소화하는 방안을 제시하였다. 특히 '공통 필수정보'는 성명, 고유식별정보(주민번호 등), 주소, 연락처, 직업군, 국적 등 6가지로 한정하고, 그 외에 금융업권·상품별 필수정보를 구분하도록 하였다. 그리고 이러한 업권이나 상품별 특수성에 따른 필수정보는 해당 상품을 이용하는 고객에 대해서만 별도로 수집하도록 하였다. 예를 들어 재형저축·펀드 상품 가입이라면 해당 금융소비자의 '연소득 정보'를 수집하는 경우, 질병보험 가입이라면 '병력사항'을 수집하는 경우 등이 그것이다(금융분야 개인정보 유출 재발방지 종합대책, 2014). 따라서 금융회사에서는 이러한 기준과 같이 실제의 금융상품 구성에 있어 필요 최소한의 정보가 무엇인지를 구체적으로 설정, 구분하는 과정이 반드시 선행될 필요가 있다. 정리하자면, 필요 최소한의 개인신용정보를 수집해야 한다는 원칙은 무조건 '정보를 적게' 수집해야 한다는 의미는 아니다. 오히려 그 반대로, 금융·신용 분야의 서비스 유형과 특징에 따라 꼭 수집해야 하는 개인정보들이 있을 수 있으므로, 만약 그 필요성을 객관적으로 입증할수만 있다면 해당 개인정보를 수집·이용할 수 있다는 의미로 받아들일 수도 있을 것이다.

2-3. 동의를 받는 방법

신용정보주체의 동의를 받아 개인신용정보를 수집하는 경우에는 반드시 해당 정보주체에게 1) 수집·이용의 목적, 2) 수집 정보 항목, 3) 보유 및 이용기간, 4) 동의 거부권이 있다는 사실 및 동의 거부 시의 불이익에 대한 내용 등 4개 항목의 고지사항을 모두 알리고 동의를 받아야 한다(개인정보보호법 제15조제2항). 개인신용정보 이외의 개인정보 수집에 대해서도 마찬가지 원칙이 적용된다.

「개인정보보호법」은 수집 동의 및 뒤에 서술할 제3자 제공에 대한 동의, 민감정보·고유식별정보 동의 등에 대해서 '동의를 받는 방법'을 명시하고 있다(「개인정보보호법」 제22조, 시행령 제17조). 각각의 방법을 살펴보면 1) 동의 내용이 적힌 서면을 정보주체에게 직접 발급하거나 우편 또는 팩스 등의 방법으로 전달하고, 정보주체가 서명하거나 날인한 동의서를 받는 방법, 2) 전화를 통하여 동의 내용을 정보주체에게 알리고 동의의 의사표시를 확인하는 방법, 3) 전화를 통하여 동의 내용을 정보주체에게 알리고 정보주체에게 인터넷주소 등을 통하여 동의 사항을 확인하도록 한 후 다시 전화를 통하여 그 동의 사항에 대한 동의의 의사표시를 확인하는 방법, 4) 인터넷 홈페이지 등에 동의 내용을 게재하고 정보주체가 동의 여부를 표시하도록 하는 방법, 5) 동의 내용이 적힌 전자우편을 발송하여 정보주체로부터 동의의

의사표시가 적힌 전자우편을 받는 방법, 6) 그 밖에 제1호부터 제5호까지의 규정에 따른 방법에 준하는 방법으로 동의 내용을 알리고 동의의 의사표시를 확인하는 방법이 있다. 여기서 주의할 점은 정보주체의 동의를 받아 개인(신용)정보를 수집하는 경우에는 묵시적·암묵적인 동의가 인정되지 않는다는 것이다. 즉 반드시 명시적인 수단, 즉 동의에 대한 고지사항이 나타나 있고 금융소비자의 동의 의사표시가 확인될 수 있는 방법으로 동의를 받아야 한다.

또한 수집, 제공, 마케팅 이용 등 각각의 동의 사항을 구분하여 정보주체가 이를 명확하게 인지할 수 있도록 알리고 각각 동의를 받아야 하며, 정보주체의 동의 없이 처리할 수 있는 개인정보와 정보주체의 동의가 필요한 개인정보를 구분하여야 한다는 점도 유의하여야 한다. 특히 금융상품·서비스 등의 홍보나 판매를 권유하기 위하여 동의를 받으려는 때에는 정보주체가 이를 명확하게 인지할 수 있도록 알리고 동의를 받아야 한다. 「개인정보보호법」은 "개인정보처리자는 개인정보의 처리에 대하여 정보주체의 동의를 받을 때에는 정보주체와의 계약 체결 등을 위하여 정보주체의 동의 없이 처리할 수 있는 개인정보와 정보주체의 동의가 필요한 개인정보를 구분하여야 하고, 정보주체에게 재화나 서비스를 홍보하거나 판매를 권유하기 위하여 개인정보의 처리에 대한 동의를 받으려는 때에는 정보주체가 이를 명확하게 인지할 수 있도록 알리고 동의를 받아야 한다"라고 하여 개인정보 수집, 이용에 대한 동의를 받을 때의 유의사항을 명확히 강조하고 있다(「개인정보보호법」 제22조 제3항 및 제4항). 만약 금융회사 등이 정보주체(금융소비자)가 선택적으로 동의할 수 있는 사항에 대해 동의를 하지 않았다는 이유로 그 정보주체에게 기본적인 서비스의 제공을 거부하여서는 아니된다. 예를 들어 최초에 금융거래계약 체결시에 별도의 금융상품·서비스에 대한 홍보 권유까지 하기 위해서는 별도 동의가 필요한데, 금융소비자가 이에 동의하지 않았다는 이유로 금융거래계약의 체결 자체를 거부해서는 아니된다는 의미이다.

금융 당국은 2014년에 발표한 종합대책에서 이러한 점을 일찍이 강조하고 있는데, 이른바 '선택항목 개인정보'에 대해서는 수집하는 목적 등을 설명하고 고객의 동의 하에 수집하도록 하며, 선택항목에 대한 동의는 "계약 체결에 필수적이지 않음"을 충분히 고지하고 선택항목의 동의 거부에 따른 불이익이 없도록 할 것을 제시하고 있다(금융분야 개인정보 유출 재발방지 종합대책, 2014).

2-4. 동의 없는 추가적인 개인정보 수집·이용 허용

앞서 본 것처럼 「개인정보보호법」은 개인정보 보호의 주요 원칙으로서 개인정보 처리 목적을 명확하게 하고, 그 목적에 필요한 범위 내에서 개인정보를 수집하며, 그 목적 외로 활용하지 않아야 한다는 점을 선언하고 있다. 그런데 지나치게 경직적으로 수집 목적 내에서만 이용하도록 하고, 정보주체의 명시적인 동의에 의해서만 개인정보가 이용될 수 있도록 한다면, 오히려 정보주체의 개인정보자기결정권 보호에는 기여하지 못하면서 사회적 비용이나 비효율만을 초래하는 결과가 발생할 수 있다. 이러한 문제점을 해소하기 위하여 2020년 「개인정보보호법」 개정에서는 이른바 '동의 없는 개인정보의 추가적인 이용'을 허용하는 조항이 신설되었다(「개인정보보호법」 제15조 제3항).

그 내용을 살펴보면, 개인정보처리자는 당초 수집 목적과 합리적으로 관련된 범위에서 정보주체에게 불이익이 발생하는지 여부, 암호화 등 안전성 확보에 필요한 조치를 하였는지 여부 등을 고려하여 대통령령으로 정하는 바에 따라 정보주체의 동의 없이 개인정보를 이용할 수 있고(법 제15조 제3항), 역시 정보주체의 동의 없이 개인정보를 제공할 수 있다(법 제17조 제4항). 여기서 '합리적 관련성'이 있다는 것은 당초 수집 목적과 추가적 이용·제공의 목적이 서로 그 성질이나 경향 등에 있어서 연관이 있다는 것을 의미한다. 즉 개인정보의 추가적인 이용이 수집 정황이나 처리 관행에 비추어 합리적으로 예측 가능한지 고려하여야 한다. 여기서 정황은 개인정보의 수집 목적·내용, 추가적 처리를 하는 개인정보처리자와 정보주체 간의 관계, 현재의 기술 수준과 그 기술의 발전 속도 등 비교적 구체적 사정을 의미하고, 관행은 개인정보 처리가 비교적 오랜 기간 정립된 일반적 사정을 의미한다. 이와 같은 구체적 사정이나 일반적 사정을 고려할 때 개인정보의 추가적인 이용 가능성 예측 여부를 고려하여야 한다. 그리고 무엇보다도 정보주체의 이익을 부당하게 침해할 가능성이 있는지를 면밀히 검토해야 한다. 정보주체가 다소 불편함을 느낄 수 있다고 하여 언제나 부당한 침해라고 단정할 수 없다. 반면에 해당 침해 내용이 사회통념상 허용되기 어려운 정도라면 이는 당연히 부당한 침해로 보아야 한다. 그리고 동의 없는 개인정보 이용에 따른 개인정보 침해 우려를 최소화하기 위하여, 가명처리 또는 암호화 등 안전성 확보에 필요한 조치를 하여야 한다.

아직 우리나라에는 이러한 개인정보의 동의 없는 추가 이용에 대한 판단기준이 많이 축적되어 있지는 않은데, 참고로 유럽연합의 판단 사례를 보면 약국에서 다른 고객의 의약품을 잘못 가져간 경우에 약국이 고객에게 이러한 사실을 알리기 위하여 처방 병원으로부터 휴대전화번호를 제공받아 고객에게 전화하는 것은 합리적으로 관련된 범주 안의 개인정보 이용 제공이라고 하였다(개인정보 보호법령 및 지침·고시 해설, 2020).

2-5. 동의에 의한 개인(신용)정보 수집 방식에 대한 비판

개인정보의 수집 등 각각의 처리단계에서 정보주체의 동의를 반드시 요구하고 이의 위반시 제재를 가하는 법률 체계에 대해서는 학계, 법조계 등을 중심으로 동의의 실효성을 우려하는 의견이 존재해 왔다.

정보주체의 '동의'란 사법적 계약관계에서 요구되는 의사의 합치나 합의, 형사적·민사적 불법행위의 위법성을 조각하는 사유의 하나로서 피해자의 승낙 등으로 설명할 수 있다. 그런데 개인정보 수집 과정에서 정보주체의 동의를 '원칙'으로 삼는 현행 법제는 결과적으로 개인정보의 수집 과정에서 정보주체의 동의를 외견상으로 받기만 한다면 그 동의가 정보수집과 이용의 적법성과 정당성의 근거로 작용할 위험이 생긴다. 즉 불필요하거나 과다한 정보를 마구 수집해도 어쨌든 동의를 받았으므로 '적법하고 정당하게' 된다는 위험이 발생할 우려가 있다. 또한 금융 서비스에 필수 불가결한 개인정보는 만약 그에 대한 동의가 없을 경우 서비스 이용계약 체결 자체가 불가능하여야 한다. 그러나 그동안 금융거래 현장에서는 필수 불가결한 정보에 대해서까지 일방적으로 동의를 강요하고 있는 것이 현실이다. 이처럼 금융 서비스 이용계약 체결(즉 서비스 제공에 대한 기업과 소비자의 의사 합치)과 구분하여 개인정보 수집 등에 대한 동의를 별도로 표시하도록 하는 것은 법리적으로 무의미하게 될 가능성이 있다.

개인정보의 보호 특히 개인정보 수집 단계에서는 정보주체의 동의에 의존하여서만 해결할 수 있는 문제가 아니며, 금융 회사가 정보주체(금융소비자)에게 개인정보 수집과 이용에 대해 얼마나 효과적으로 설명하도록 하느냐에 중점을 두어야 한다. 즉 금융거래 계약 체결에 필수적인 정보는 그 필요성을 인정하여 수집을 허용하고, 반면 선택항목 정보에 대해서는 그에 관한 혜택과 불이익을 명확히 설명하고 고객의 동의를 받아 수집하도록 하는 것이 가장 합리적인 수집 절차라 생각된다. 또한 고객이 선택항목에 동의하지 않는다 하더라도 그에 대한 불이익이 없도록 하는 것도 중요한 문제이다. 예를 들어 선택항목에 동의하지 않았다는 이유로 계약체결 자체를 거부하는 것은 적절하지 않다.

그간 우리나라의 대다수 금융회사는 금융상품의 판매 등 기본적인 금융거래계약 체결을 하는 경우에 거의 예외 없이 개인(신용)정보 수집·이용 에 대한 동의서를 징구하고 있다. 앞서 본 바와 같이 금융회사의 경우 개인(신용)정보 중에서 정보주체와의 계약 체결 및 이행에 불가피한 정보, 거래 상대방의 신용도와 신용거래능력 등을 판단할 때 필요한 정보를 수집하는 경우에는 정보주체의 동의가 필요 없으나, 거래 현실에서는 일률적인 동의서 징구가 관행으로 정착된 것으로 보인다. 금융회사의 경우에는 우선 '필요 최소한의 개인정보를 수집'할 수 있도록 각각의 상품이나 서비스에서의 필요 최소한의 개인정보 분류·평가가 필수적으로 이루어져야 할 것으로 보인다(2014년 종합대책에서 제시된 공통 필수정보 6가지가 가장 기본적인 필요 최소한의 개인정보의 훌륭한 예시라 생각된다). 기본적인 금융상품의 판매 등 본질적인 계약 체결·이행에 필요한 개인정보 이외에 마케팅 목적 등의 수집에 대한 별도 동의가 거래 현장에서 강요되는 일이 없도록 내부통제를 강화하는 것도 필요하다.

더 나아가, 개인신용정보의 수집에 대한 동의란 그 정보주체가 개인정보 수집과 이용 목적에 대해 정확히 인지하고, 자유롭고 완전한 의사에 기해 동의의 의사표시를 한다는 것으로 받아들여져야 한다. 즉 '형식적으로 동의했으니 합법적인 개인정보 수집이다'라는 인식은 금융 실무에서 반드시 지양되어야 한다. 데이터 경제의 활성화 등 개인정보의 상업적 활용이 다방면에서 확대되는 추세에 있기는 하지만, 그러한 개인정보의 활용 확대가 과연 정보주체의 자율적이고 온전한 의사에 의하여 이루어진 것인지에 대해서는 심도깊은 고민이 필요하다.

유럽연합이 2016년 제정하여 2018년부터 시행하고 있는 「일반 개인정보 보호법」(GDPR; General Data Protection Regulation)은 유럽 역내의 국가와 시민들에게 적용되는 것은 물론이고 유럽과 거래하는 다른 국가, 기업등에게도 적용되어 사실상 개인정보보호의 표준적인 국제 규범으로 받아들여지고 있다. 유럽연합 「일반 개인정보 보호법」 해설전문 제42항은 "정보주체가 진정으로 또는 자유 선택으로 동의하지 않았거나, 또는 불이익 없이 동의를 거절하거나 철회할 수 없는 경우에는 해당 동의는 자유롭게 제공된 것이라고 간주되지 않는다"라고 하여, 정보주체의 동의가 어떤 의미인지를 명확히 선언하고 있다. 이에 대해서는 우리나라의 국가인권위원회에서도 비슷한 취지의 명확한 기준을 제시하고 있다. 국가인권위원회 2021. 4. 12. 「데이터기본법안」에 대한 의견표명 결정 등에서는 '정보주체의 동의는 자신의 개인정보를 수집 또는 이용하는 것에 대한 진정어린 찬성의 의사표시가 이루어진 경우를 말하며, 그러한 개인정보를 수집하는 목적이 무엇인지, 반드시 그 수집에 동의해야 하는지, 수집을 거부하면 어떠한 피해를 입거나 불편을 겪어야 하는지 등에 대한 충분한 설명이 요구된다'고 하여 역시 자유로운 동의의 의사가 핵심임을 명확히 밝히고 있다.

다행히도, 앞서 '2-1. 개인(신용)정보 수집 원칙' 및 '2-4. 동의 없는 추가적인 개인정보 수집·이용 허용' 문단에서 상세히 설명한 바와 같이, 2023년 3월 「개인정보보호법」 개정에 따라서 기본적인 계약 체결과 이행을 위한 경우, 당초 수집 목적과 합리적으로 관련된 범위인 경우에는 정보주체의 동의가 없더라도 개인정보 수집·이용이 가능하게끔 개정이 이루어졌다. 이는 본서 초판 발간 당시부터 저자가 일관되게 주장해 오던 것으로, 뒤늦게나마 이러한 취지에 따라 법률 개정이 이루어지고 우리나라의 금융 분야를 비롯하여 개인정보 처리 환경이 실효적으로 개선될 수 있게끔 된 것을 다행으로 여긴다.

3. 개인(신용)정보의 이용 단계

개인신용정보는 신용정보법 제32조, 제33조, 제34조에 따라 이용할 수 있으며, 그 밖의 개인정보는 개인정보보호법 제15조, 제17조 및 제18조에 따라 이용 가능하다.

3-1. 개인신용정보의 이용 및 제한

개인신용정보는 해당 신용정보주체가 신청한 금융거래 등 상거래관계의 설정 및 유지 여부 등을 판단하기 위한 목적으로 이용하는 경우, 다른 목적으로 이용하는 것에 대하여 신용정보주체로부터 동의를 받은 경우, 개인이 직접 제공한 개인신용정보를 제공받은 목적으로 이용하는 경우, 신용정보주체가 동의하지 않고도 개인신용정보의 제공·활용을 할 수 있는 경우(「신용정보법 제32조 제6항 각 호) 등에 한해 이용해야 한다. 신용정보주체가 동의하지 않고도 개인신용정보를 제공·활용할 수 있는 경우는 구체적으로 다음의 표와 같다.

<표 4-7> 신용정보주체의 동의 없이 개인신용정보 제공·활용을 할 수 있는 경우

1. 신용정보회사 및 채권추심회사가 다른 신용정보회사 및 채권추심회사 또는 신용정보집중기관과 서로 집중관리·활용하기 위하여 제공하는 경우
2. 신용정보법 제17조제2항에 따라 신용정보의 처리를 위탁하기 위하여 제공하는 경우
3. 영업양도·분할·합병 등의 이유로 권리·의무의 전부 또는 일부를 이전하면서 그와 관련된 개인신용정보를 제공하는 경우
4. 채권추심(추심채권을 추심하는 경우만 해당), 인가·허가의 목적, 기업의 신용도 판단, 유가증권의 양수 등 대통령령으로 정하는 목적으로 사용하는 자에게 제공하는 경우
5. 법원의 제출명령 또는 법관이 발부한 영장에 따라 제공하는 경우
6. 범죄 때문에 피해자의 생명이나 신체에 심각한 위험 발생이 예상되는 등 긴급한 상황에서 제5호에 따른 법관의 영장을 발부받을 시간적 여유가 없는 경우로서 검사 또는 사법경찰관의 요구에 따라 제공하는 경우(이 경우 개인신용정보를 제공받은 검사는 지체 없이 법관에게 영장을 청구하여야 하고, 사법경찰관은 검사에게 신청하여 검사의 청구로 영장을 청구하여야 하며, 개인신용정보를 제공받은 때부터 36시간 이내에 영장을 발부받지 못하면 지체 없이 제공받은 개인신용정보를 폐기하여야 함)
7. 조세에 관한 법률에 따른 질문·검사 또는 조사를 위하여 관할 관서의 장이 서면으로 요구하거나 조세에 관한 법률에 따라 제출의무가 있는 과세자료의 제공을 요구함에 따라 제공하는 경우
8. 국제협약 등에 따라 외국의 금융감독기구에 금융회사가 가지고 있는 개인신용정보를 제공하는 경우
9. 제2조제1호의4 나목(신용질서를 문란하게 하는 행위와 관련된 정보) 및 다목(실제 법인의 경영에 참여하여 법인을 사실상 지배하는 자에 관한 정보)의 정보를 개인신용평가회사, 개인사업자신용평가회사, 기업신용등급제공업무·기술신용평가업무를 하는 기업신용조회회사 및 신용정보집중기관에 제공하거나 그로부터 제공받는 경우
10. 통계작성, 연구, 공익적 기록보존 등을 위하여 가명정보를 제공하는 경우(이 경우 통계작성에는 시장조사 등 상업적 목적의 통계작성을 포함하며, 연구에는 산업적 연구를 포함함)
11. 신용정보법 제17조의2제1항에 따른 정보집합물의 결합 목적으로 데이터전문기관에 개인신용정보를 제공하는 경우
12. 다음 각 목의 요소를 고려하여 당초 수집한 목적과 상충되지 아니하는 목적으로 개인신용정보를 제공하는 경우
    가. 양 목적 간의 관련성
    나. 신용정보회사등이 신용정보주체로부터 개인신용정보를 수집한 경위
    다. 해당 개인신용정보의 제공이 신용정보주체에게 미치는 영향
    라. 해당 개인신용정보에 대하여 가명처리를 하는 등 신용정보의 보안대책을 적절히 시행하였는지 여부
13. 이 법 및 다른 법률에 따라 제공하는 경우
14. 1~13까지의 규정에 준하는 경우로서 대통령령으로 정하는 경우

「신용정보법 시행령」 제28조 제11항
1. 장외파생상품 거래의 매매에 따른 위험 관리 및 투자자보호를 위해 장외파생상품 거래와 관련된 정보를 금융위원회, 금융감독원 및 한국은행에 제공하는 경우
2. 「상법」 제719조에 따른 책임보험계약의 제3자에 대한 정보를 보험사기 조사·방지를 위해 신용정보집중기관에 제공하거나 그로부터 제공받는 경우
3. 「상법」 제726조의2에 따른 자동차보험계약의 제3자의 정보를 보험사기 조사·방지를 위해 신용정보집중기관에 제공하거나 그로부터 제공받는 경우

특히 2020. 2. 「신용정보법」 개정에서는 신용정보주체의 동의 없이 개인신용정보를 이용할 수 있는 범주에 '통계작성(시장조사 등 상업적 목적의 통계작성 포함), 연구(산업적 연구 포함), 공익적 기록보존 등을 위하여 가명정보를 제공하는 경우'를 포함시키고 있다. 이는 앞서도 살펴본 것처럼 데이터 경제 활성화를 위하여 가명정보의 활용범위를 일정부분 확대하는 취지로 볼 수 있다. 「신용정보법」을 포함하여 일명 '데이터 3법' 개정을 추진하던 당시에는 가명정보를 동의 없이 활용할 수 있는 '연구'의 범위에 대해 논란이 있었다. 개인정보의 과도한 상업적, 산업적 활용을 경계하는 측에서는 공익적 연구 목적으로 제한하여야 한다는 주장도 제기되었다. 다만 '데이터 3법'이 개정된 이후, 개인정보 보호의 총괄적 기구인 개인정보 보호위원회는 「개인정보보호법」에서 말하는 '과학적 연구'란 새로운 기술, 제품, 서비스 개발 등 산업적 목적을 위한 연구도 포함된다고 설명하였고(개정 개인정보 보호법령 및 지침·고시 해설, 2020), 「신용정보법」은 '산업적 연구'를 포함한다고 법률에 명시함으로써 해석상으로는 일단락이 된 것으로 여겨진다.

3-2. 그 밖의 개인정보의 이용 및 제한

개인정보를 이용하는 경우에는 당초 수집 목적 범위 내에서 이용이 가능하다. 당초 수집 목적 외로 이용하는 경우에는 정보주체의 별도 동의를 받아야 하며, 다만 다른 법률에 특별한 규정이 있는 경우 등은 별도 동의가 없어도 이용 가능하다(개인정보보호법 제18조). 특히 개인정보보호법은 당초의 목적 외로 개인정보를 이용한 경

우는 정보주체(금융소비자)의 권익 침해 및 개인정보 활용 체계의 법적 안전성을 해친 것으로 보아 형사벌을 부과하고 있다(5년 이하의 징역 또는 5천만원 이하의 벌금, 개인정보보호법 제71조). 따라서 금융회사의 경우에는 당초 수집한 목적 외로 개인정보를 이용하는 일이 없도록 전사적 통제를 강화할 필요가 있고, 만약 목적 외의 개인정보 이용 필요가 발생한 경우에는 정보주체의 별도 동의를 받는 등 적법한 절차를 반드시 거치도록 하여야 한다.

4. 개인(신용)정보의 제공 단계

자신의 개인정보가 나도 모르는 곳에서 수집·이용하고 있다는 사실을 알게되면 누구나 놀라거나 기분이 나쁜 것이 당연하다. 즉 금융소비자 등 정보주체의 입장에서는 자신이 개인정보 수집을 허용한 곳이 아니라 전혀 다른 곳에서 특별한 허용 사유 없이 자신의 개인정보를 제공받아 보유하고 있다면 개인정보 자기결정권의 중대한 침해로 인식할 수 밖에 없는 것이다.

이러한 취지에서 「개인정보보호법」, 「신용정보법」 등 거의 모든 개인정보보호 관계 법령은 정보주체의 개인정보를 처음 수집한 자가 다른 곳(제3자)으로 개인정보를 제공·이전하는 것에 대해 엄격한 규제를 가하고 있다. 국외의 입법례를 살펴보다라도 거의 공통적으로 개인정보 제3자 제공을 엄격히 제한하고 있다.

개인신용정보는 신용정보법 제32조 및 제34조에 따라 제공할 수 있으며, 그 밖의 개인정보는 개인정보보호법 제17조, 제18조에 따라 제공이 가능하다. 크게 나누어보면 동의에 따라 제공하는 경우와, 동의를 요하지 않고 제공하는 경우가 있다.

4-1. 동의에 따른 개인신용정보의 제공

신용정보제공·이용자가 개인신용정보를 타인에게 제공하려는 경우에는 미리 해당 정보주체(금융소비자)로부터 동의를 받아야 하는 것이 원칙이다. 그런데 최근의 금융분야 개인정보 유출사고와 관련하여, 기존의 「신용정보법」등에 따른 제3자 제공 원칙을 보완해야 한다는 의견이 다수 제기되고 있다. 예를 들어 기존에 금융회사에서 금융소비자와 계좌 개설 등의 계약을 체결하는 경우에는 목적도 불분명한 이른바 '포괄적 동의' 등으로 인해 사실상 동의가 강요되는 불합리한 관행이 있어왔으며, 이로 인해서 금융소비자(정보주체) 본인도 잘 모르는 다수의 제휴사 등에 개인정보가 제공되어 다양한 2차적 피해나 불편을 받는 경우가 많으며 만약 유출사고가 발생한 경우에는 피해규모를 예상하는 것도 어렵다는 지적이 제기되어 왔다(금융분야 개인정보 유출 재발방지 종합대책, 2014).

「신용정보법」에서는 개인신용정보의 제공과 활용에 대해 상세한 기준을 반영하고 있다. 금융회사 등의 신용정보제공·이용자가 개인신용정보를 타인에게 제공하는 경우에는 해당 신용정보주체로부터 개인신용정보를 제공할 때마다 미리 개별적으로 동의를 받아야 한다(동법 제32조제1항본문). 즉 개인신용정보 제공·활용에 대한 동의는 반드시 그 제공이 있기 이전에 이루어져야 하며, 또한 제공·활용 목적이 다른 별개의 제공에 대해서는 각각 개별적으로 동의가 있어야 한다. 다만 모든 개인신용정보 제공 행위에 대해 개별 동의를 징구하는 것은 무리가 있으므로, "기존에 동의한 목적 또는 이용범위에서 개인신용정보의 정확성·최신성을 유지하기 위한 경우"에는 동의를 요하지 않는다. 예를 들어 금융소비자(정보주체)의 주소지나 연락처 정보 등이 새롭게 변경된 경우에 그 정보의 정확성과 최신성 유지를 위해 제공되는 경우가 이에 해당될 것이다.

「신용정보법」은 개인신용정보 제공·활용에 대한 동의에 대해서 그 동의 방법을 명시적으로 규정하고 있다. 동의를 얻는 방법은 1) 서면, 2) 「전자서명법」에 따른 공인전자서명이 있는 전자문서, 3) 개인신용정보의 제공 내용 및 제공 목적 등을 고려하여 정보 제공 동의의 안정성과 신뢰성이 확보될 수 있는 유무선 통신으로 개인비밀번호를 입력하는 방식, 4) 유무선 통신으로 동의 내용을 해당 개인에게 알리고 동의를 받는 방법(본인 여부 및 동의 내용, 그에 대한 해당 개인의 답변을 음성녹음하는 등 증거자료를 확보·유지하여야 함) 등이다. 전화, 이메일, 스마트폰 등 유무선 통신기기를 활용하는 방식도 포함된다.

또한 개정 「신용정보법」은 앞서도 간략히 언급한 이른바 '포괄적 정보제공 동의'를 방지하기 위한 규정을 새롭게 신설하였다. 포괄적 정보제공 동의란 선택적인 제공 사항을 한꺼번에 제시하고 부가서비스를 하나라도 이용하려는 경우 모든 개인정보를 모든 제3자에게 제공 동의하도록 사실상 강제하는 방식을 말하며, 이는 개인정보보호 취지에 부합하지 않으므로 엄격히 제한될 필요성이 있다. 개정 「신용정보법」에서는 개인신용정보의 제공 및 활용과 관련하여 필수적 동의사항과 선택적 동의사항에 대한 내용을 명문화하였다. 즉, 신용정보회사등은 개인신용정보의 제공 및 활용과 관련하여 동의를 받을 때에는 대통령령으로 정하는 바에 따라 서비스 제공을 위하여 필수적 동의사항과 그 밖의 선택적 동의사항을 구분하여 설명한 후 각각 동의를 받도록 하고, 이 경우 필수적 동의사항은 서비스 제공과의 관련성을 (신용정보회사등이) 설명하여야 하고, 선택적 동의사항은 정보제공에 동의하지 아니할 수 있다는 사실을 고지하도록 하고 있다(동법 제32조제4항). 그리고 신용정보주체가 선택적 동의사항에 동의하지 아니한다는 이유로 신용정보주체에게 서비스 제공을 거부할 수 없도록 하고 있다(동법 제32조제5항). 이를 위반한 경우에는 개정 「신용정보법」 제52조에 따라 5천만원 이하의 과태료가 부과될 수 있으므로, 각 금융회사는 특히 개인신용정보의 제공과 활용 동의에 있어서 필수적 동의사항과 선택적 동의사항을 명확히 구분할 수 있도록 실무적으로 각별한 주의를 기울일 필요가 있다.

4-2. 동의가 필요하지 않은 개인신용정보의 제공

신용정보 집중관리 등 금융거래의 본질적 특성에 따른 제공, 채권추심 등 법령이 허용한 범위에서 금융거래 안전과 질서유지 목적을 위한 제공, 기타 공익적 목적 달성을 위한 개인신용정보의 제공은 신용정보주체의 동의 없이 가능하다. 개인신용정보의 제3자 제공 사유로서 동의 및 고지가 필요하지 않은 각각의 경우는 다음과 같다(신용정보법 제32조제4항, 개정 신용정보법 제32조제6항).

1) 신용정보회사 및 채권추심회사가 다른 신용정보회사 및 채권추심회사 또는 신용정보집중기관과 서로 집중관리·활용하기 위하여 제공하는 경우
2) 신용정보의 처리를 위탁하기 위하여 제공하는 경우 (개정 신용정보법 제17조제2항)
3) 영업양도·분할·합병 등의 이유로 권리·의무의 전부 또는 일부를 이전하면서 그와 관련된 개인신용정보를 제공하는 경우
4) 채권추심(추심채권 추심만 해당), 인가·허가의 목적, 기업의 신용도 판단, 유가증권의 양수 등 목적으로 사용하는 자에게 제공하는 경우
5) 법원의 제출명령 또는 법관이 발부한 영장에 따라 제공하는 경우
6) 범죄 때문에 피해자의 생명이나 신체에 심각한 위험 발생이 예상되는 등 긴급한 상황에서 법관의 영장을 발부받을 시간적 여유가 없는 경우로서 검사 또는 사법경찰관의 요구에 따라 제공하는 경우

※ 이 경우 개인신용정보를 제공받은 검사는 지체 없이 법관에게 영장 청구, 사법경찰관은 검사에게 신청하여 검사의 청구로 영장 청구, 만약 개인신용정보를 제공받은 때부터 36시간 이내에 영장 미발부시 지체 없이 개인신용정보 폐기 조치

7) 조세에 관한 법률에 따른 질문·검사 또는 조사를 위하여 관할 관서의 장이 서면으로 요구하거나 조세에 관한 법률에 따라 제출의무가 있는 과세자료의 제공을 요구함에 따라 제공하는 경우

(예)「국세기본법」 제85조에 따른 과세자료 제출 및 제76조에 따른 조세심판관의 질문검사,「지방세기본법」 제136조에 따른 세무공무원의 질문검사권 등

8) 국제협약 등에 따라 외국의 금융감독기구에 금융회사가 가지고 있는 개인신용정보를 제공하는 경우
9) 신용질서를 문란하게 하는 행위 관련 정보를 개인신용평가회사, 개인사업자신용평가회사, 기업신용등급제공업무·기술신용평가업무를 하는 기업신용

조회회사 및 신용정보집중기관에 제공하거나 그로부터 제공받는 경우

10) 통계작성(시장조사 등 상업적 목적의 통계작성을 포함), 연구(산업적 연구를 포함), 공익적 기록보존 등을 위하여 가명정보를 제공하는 경우

11) 가명정보 집합물의 결합 목적으로 데이터전문기관에 개인신용정보를 제공하는 경우

12) 당초 수집한 목적과 상충되지 아니하는 목적으로 개인신용정보를 제공하는 경우. 이 경우 양 목적 간의 관련성, 신용정보회사등이 신용정보주체로부터 개인신용정보를 수집한 경위, 해당 개인신용정보의 제공이 신용정보주체에게 미치는 영향, 해당 개인신용정보에 대하여 가명처리를 하는 등 신용정보의 보안대책을 적절히 시행하였는지 여부를 고려해야 함

13) 기타 신용정보법 및 다른 법률에 따라 제공하는 경우

(예) 「특정 금융거래정보의 보고 및 이용 등에 관한 법률」에 따른 보고, 자료제공 요청, 감독·검사 등

14) 위에 준하는 경우로서 대통령령으로 정하는 경우

(예) 장외파생상품 거래의 매매에 따른 위험 관리 및 투자자보호를 위해 장외파생상품 거래와 관련된 정보를 금융위원회, 금융감독원 및 한국은행에 제공하는 경우, 「상법」 제719조에 따른 책임보험계약의 제3자에 대한 정보를 보험사기 조사·방지를 위해 신용정보집중기관에 제공하거나 그로부터 제공받는 경우, 「상법」 제726조의2에 따른 자동차보험계약의 제3자의 정보를 보험사기 조사·방지를 위해 신용정보집중기관에 제공하거나 그로부터 제공받는 경우

개인신용정보를 타인에게 제공하려는 자 또는 제공받은 자는 개인신용정보의 제공 사실 및 이유 등을 사전에 해당 신용정보주체에게 알리거나 공시해야 한다. '알리는 시기와 방법'은 「신용정보법 시행령」 별표2의2에서 상세히 정하고 있으니 참고하면 된다. 다만 불가피한 사유가 있는 경우에는 인터넷 홈페이지 게재 또는 그 밖에

유사한 방법을 통하여 사후에 알리거나 공시할 수 있다.

한편, 개인정보의 제공에 있어서도 앞에서 '동의 없는 추가적인 개인정보 수집·이용 허용'의 취지와 마찬가지로, 2020년 「개인정보보호법」 개정을 통해 '동의없는 추가적인 개인정보 제공'을 허용하는 조항도 신설되었다(「개인정보보호법」 제17조 제4항). 이에 대한 내용은 앞서 살펴본 내용에서 '이용'을 '제공'으로 하여 준용할 수 있다.

4-3. 그 밖의 개인정보의 제공

금융회사 등이 개인신용정보가 아닌 그 밖의 개인정보를 제3자에게 제공하는 경우가 있을 수 있다. 예를 들어 금융회사 및 타 기업간의 제휴 마케팅, 이벤트 개최 등을 위해 개인정보를 제3자간 제공하거나 공유하는 경우를 들 수 있다. 금융회사가 개인신용정보 제공이 아닌 일반 개인정보를 제3자 제공하는 경우에는 「신용정보법」에서 별도의 규정을 두고 있지는 않으므로 「개인정보보호법」 제17조 및 제18조의 규정에 따라 처리하여야 한다.

이러한 개인정보 제공의 경우에 있어서도 원칙적으로 정보주체의 동의를 받아 제공하여야 한다. 다만 법률의 특별한 규정이나 법령에서 정하는 의무 준수를 위해 불가피한 경우, 정보주체 또는 제3자의 급박한 생명·신체·재산 상 이익 보호를 위해 필요한 경우 등은 정보주체의 동의 없이도 제3자 제공이 가능하다. 여기서 해석상 주의할 점은 개인정보의 수집 단계에서는 정보주체와의 계약의 체결 및 이행을 위하여 불가피하게 필요한 경우 및 개인정보처리자의 정당한 이익을 달성하기 위하여 필요한 경우 정보주체 동의 없이 수집이 가능하나, 해당 정보를 제3자에게 제공하기 위해서는 정보주체의 동의를 필요로 한다는 것이다(개인정보보호법 제17조).

한편, 개인정보를 당초의 수집 목적 범위를 초과하여 제3자에게 제공하는 경우는 원칙적으로 금지되며, 다만 정보주체의 별도 동의를 받았거나 아래의 사유에 해당하는 경우에는 목적 외로 제3자 제공이 가능하다(개인정보보호법 제18조). 동의를 요하지 않는 목적외 제3자 제공 사유는 다음과 같다.

1) 다른 법률에 특별한 규정이 있는 경우

※ '법률'임을 유의하여야 함, 즉 법률에서 직접적으로 위임규정을 두지 않은 시행령·시행규칙을 통한 제3자 제공이나 행정규칙, 조례 등을 통한 제3자 제공은 원칙적으로 허용되지 않음. 다만 법률에 위임근거가 있고 이에 따라 시행령·시행규칙에 제공 관련 규정이 있는 경우는 허용됨.

2) 명백히 정보주체 또는 제3자의 급박한 생명, 신체, 재산의 이익을 위하여 필요하다고 인정되는 경우

(이하 3) ~ 7)은 공공기관인 금융기관에서 개인정보를 목적 외로 제3자 제공하는 경우에만 적용됨)

3) 개인정보를 목적 외의 용도로 이용하거나 이를 제3자에게 제공하지 아니하면 다른 법률에서 정하는 소관 업무를 수행할 수 없는 경우로서 개인정보 보호위원회의 심의·의결을 거친 경우

4) 조약, 그 밖의 국제협정의 이행을 위하여 외국정부 또는 국제기구에 제공하기 위하여 필요한 경우

5) 범죄의 수사와 공소의 제기 및 유지를 위하여 필요한 경우

6) 법원의 재판업무 수행을 위하여 필요한 경우

7) 형(刑) 및 감호, 보호처분의 집행을 위하여 필요한 경우

8) 공중위생 등 공공의 안전과 안녕을 위하여 긴급히 필요한 경우

한편 이 경우에도 정보주체 또는 제3자의 이익을 부당하게 침해할 우려가 없는 범주 내에서 제3자 제공이 가능하다. 다만 '정보주체(금융소비자) 또는 제3자의 이익을 부당하게 침해할 우려'가 어느 정도를 말하는지에 대해서는 사실상 객관적인 기준은 없으며 결국 개개 금융기관의 거래 현장에서 개별적 판단이 필요할 수밖에 없는 상황임을 유의할 필요가 있다.

5. 고유식별정보 및 민감정보 처리 단계

개인정보는 그것이 어떻게 처리되느냐에 따라 개인의 사생활 및 더 나아가서 개인의 생명, 신체, 재산상의 안전에도 영향을 미치므로 그 개인의 명확한 의사(동의) 또는 법률 등에 근거한 신중한 처리가 필요하다. 그 중에서도 특히 개인의 사생활을 침해할 우려가 크거나 사회적 차별을 야기할 우려가 있는 개인정보는 보다 엄격히 보호될 필요가 있다.

이러한 취지에서 「개인정보보호법」은 '고유식별정보'(주민등록번호, 여권번호, 운전면허번호, 외국인등록번호) 및 '민감정보'에 대한 별도의 보호 규정을 두고 있다. 금융 분야는 그 업무 특성에 비추어 볼 때 고유식별정보 및 민감정보를 처리하는 경우가 다른 산업 분야에 비하여 더 많으므로 이와 관련한 기준을 잘 숙지하여야 한다.

5-1. 고유식별정보 처리 기준

고유식별정보의 처리에 대해서는 신용정보법 제15조 및 개인정보보호법 제24조가 적용된다.

'고유식별정보'란 법령에 따라 개인을 고유하게 구별하기 위하여 부여된 식별정보로서, 주민등록번호, 외국인등록번호, 여권번호, 운전면허번호를 말한다(개인정보보호법 제24조제1항). 이 중에서 주민등록번호에 대해서는 2014년 8월 7일 「개인정보보호법」 개정 시행에 따라 동법 제24조의2가 별도 적용되게 되므로, 본 항목은 외국인등록번호, 여권번호, 운전면허번호에 대해서만 적용됨을 유의해야 한다.

금융회사 등이 고유식별정보를 수집·이용하는 경우에는 원칙적으로 다른 개인정보 처리와 별도로 동의를 받아야 한다. 다만 다른 법령에서 구체적으로 고유식별정보의 처리를 요구하거나 허용하는 경우에는 동의 없이 수집·이용 할 수 있다(개인정보보호법 제24조). 예를 들어 「특정 금융거래정보의 보고 및 이용에 관한 법률」에서는 불법재산 등으로 의심되는 거래에 대해서 금융회사 등이 지체 없이 금융정보분석원장에게 보고하도록 하고 있고 금융회사등은 보고 관련 자료를 5년간 보존하여야 하는데, 여기에는 금융거래 상대방의 실지명의를 확인할 수 있는 자료(즉 고유식별정보)가 포함된다. 따라서 이러한 법률에 따른 업무 수행을 위한 고유식별정보의 처리는 정보주체의 별도 동의를 요하지 않는다.

「신용정보법」에 따라 개인식별정보를 제공·이용하는 경우에는 동법 제32조 및 제33조가 준용 적용된다(개정 「신용정보법」제34조). 즉 원칙적으로는 해당 신용정보주체의 개별적 동의를 받아야 하며, 다만 신용정보의 집중관리·활용, 채권추심, 법원의 제출명령 또는 법관이 발부한 영장에 의한 제공 등 개정 「신용정보법」 제32조 제6항이 정하는 사유에 해당하는 경우에는 동의 없이 제공·이용이 가능하다.

5-2. 민감정보 처리 기준

민감정보의 처리에 대해서는 「개인정보보호법」 제23조가 적용된다.

'민감정보'는 일반적으로 정보주체의 사생활을 현저히 침해할 우려가 있거나 부당한 차별을 받을 우려가 있는 개인정보를 의미한다. 「개인정보보호법」에 따른 '민감정보'는 1) 사상·신념, 2) 노동조합이나 정당의 가입·탈퇴, 3) 정치적 견해, 4) 건강 및 성생활에 관한 정보, 5) 유전자검사 등의 결과로 얻어진 유전정보, 6) 범죄경력자료에 해당하는 정보, 7) 개인의 신체적, 생리적, 행동적 특징에 관한 정보로서 특정 개인을 알아볼 목적으로 일정한 기술적 수단을 통해 생성한 정보(예를 들어 얼굴, 지문, 홍채, 필적 등에 관한 정보를 본인 확인이나 인증 등을 위해 다른 사람과 구별되는 특징을 추출하는 기술로 가공한 정보를 말함. 사진이나 안면영상 등은 그 자체로는 민감정보가 아님), 8) 인종이나 민족에 관한 정보를 말한다(개인정보보호법 제23조, 동법 시행령 제18조). 즉 민감정보는 개인의 인격이나 사생활에 보다 밀접하게 연관되어 있는 중요한 개인정보를 말하며, 단순히 개인의 신분이나 연락처를 나타내는 개인정보 항목보다는 보다 엄격하게 보호할 필요성이 크다. 이에 관해 헌법재판소는 "인간의 존엄성이나 인격의 내적 핵심, 내밀한 사적 영역에 근접하는 민감한 개인정보들에 대하여는 그 제한의 허용성은 엄격히 검증되어야 할 것"이라고 하면서, 반면 성명, 직명(職名)과 같이 인간이 공동체에서 어울려 살아가는 한 다른 사람들과의 사이에서 식별되고 전달되는 것이 필요한 기초정보들은 그 자체만으로는 엄격한 보호의 대상이 되기 어렵다는 기준을 제시하고 있다(헌법재판소 2005. 7. 21. 2003헌마282·425(병합) 결정).

금융회사 등이 민감정보를 수집·이용하는 경우에는 원칙적으로 다른 개인정보 처리와 별도로 동의를 받아야 한다. 다만 다른 법령에서 구체적으로 민감정보의 처리를 요구하거나 허용하는 경우에는 동의 없이 수집·이용할 수 있다(개인정보보호법 제23조). 예를 들어 「자동차손해배장보장법」에서는 보험회사 등이 의료기관으로부터 자동차보험 진료수가를 청구받은 경우에는 그 의료기관에 대해 관계 '진료기록'의 열람을 청구할 수 있으며(즉 진료기록 제공요청) 의료기관은 정당한 사유가 없는 한 이에 응하도록 규정하고 있다. 따라서 이에 따른 민감정보(병력정보) 제공은 법률에 구체적인 근거가 있으므로 정보주체의 동의 없이도 처리 가능하다.

개인의 사생활 침해 우려가 큰 정보라 하더라도 「개인정보보호법」 및 동법 시행령에서 열거하고 있는 상기 정보 항목 이외에는 법적 의미의 '민감정보'에 해당하지는 않는다. 다만 법적 의미의 민감정보에 직접 해당하지는 않더라도 기타 사생활 침해 소지가 있는 개인신용정보는 신중을 기해 처리하는 것이 바람직하다. 예를 들어 금융위원회는 사생활 침해 소지가 있는 결혼기념일, 종교, 배우자 및 가족정보 등의 개인정보는 원칙적으로 수집을 금지할 것을 제시한 바 있다(금융분야 개인정보 유출 재발방지 종합대책, 2014). 국가인권위원회는 금융거래 관련 정보는 비록 인간의 존엄성이나 인격의 내적 핵심과 관련한 민감한 개인정보에 이르지는 않으나, 다양한 사회생활의 영역에서 금전적 거래 내역의 파악을 통해 개인의 사적 자치 영역에서 이루어지는 사회생활의 상세한 활동까지 추론할 수 있는 중요한 개인정보에 해당한다면서, 현대사회에서 금융거래정보의 중요성은 「개인정보 보호법」 제23조 제1항이 정하는 '정보주체의 사생활을 현저히 침해할 우려가 있는' 민감정보와 비교해보아도 그 중요성이 덜하지 않다는 기준을 제시한 바 있다(국가인권위원회 2020. 2. 20. 「금융실명거래 및 비밀보장에 관한 법률 일부개정법률안」에 대한 의견표명 결정).

6. 주민등록번호 처리 단계

6-1. 정책적 배경

주민등록번호는 우리나라에서 국민 개개인의 식별을 위해 만들어진 제도로서, 현재 행정, 금융, 의료, 복지 등 사회 전 분야에서 개인 식별을 위한 기초자료로 널리 활용되고 있다. 2013년의 조사에 따르면 공공 분야의 경우 약 88.1%, 민간 분야의 경우 약 61.5%가 주민번호를 수집하여 활용하고 있는 것으로 알려졌다(개인정보보호 실태조사, 2013). 다만 우리나라에서는 주민등록번호 수집이 반드시 필요하지 않음에도 불구하고 관행적으로 과다 수집·이용하는 빈도가 매우 높다는 것이 문제로 지적되고 있다. 과거 국회 입법조사처에 따르면 주민등록 번호를 수집·이용하는 국내 웹사이트(약 32만개) 중 92.5%(약 29.6만개)가 불필요한 주민등록번호 수집으로 평가되고 있다(2013년 국회 입법조사처 검토보고서). 주민등록번호의 유출이나 오남용에 따르는 위험성 및 사회적 비용 등을 고려할 때, 불필요한 주민등록번호 요구 관행을 시급히 개선할 필요에 대해서는 절대적인 사회적인 공감대가 형성되어 있다고 판단된다.

이에 따라서 국회 및 정부에서는 고유식별정보 중에서 특히 주민등록번호에 대해서는 그 처리를 엄격히 제한하는 정책을 지속적으로 시행해 왔다. 대표적으로 2012년 4월에는 범정부 합동으로 '주민등록번호 수집이용 최소화 종합대책'을 발표하였으며, 2012년 8월에는 온라인 분야를 대상으로 정보통신서비스제공자등의 온라인상 주민등록번호 수집 금지 정책을 시행하였다(방송통신위원회). 이어서 2013년 8월에는 주민등록번호 수집의 원칙적 금지와 주민등록번호 유출시 과징금 부과 등을 주요 골자로 하는 「개인정보보호법」 개정이 이루어진 바 있다. 또한 2014년 3월에도 「개인정보보호법」 개정이 이루어져 주민등록번호에 대한 의무적 암호화 기준이 신설되었다. 이러한 일련의 정책들은 궁극적으로는 사회 전 분야의 주민등록번호 미수집 환경을 구축하는 것을 목표로 하고 있다(주민등록번호 수집 금지 제도 가이드라인, 2013). 주민등록번호 처리금지 정책은 원칙적으로는 금융 분야에도 동일하게 적용되나, 금융 분야의 특성을 고려한 예외적인 부분도 분명히 존재한다. 이에 따라 2014년 발표된 금융분야 종합대책에서도 주민등록번호에 대해 별도의 기준을 명시하고 있다. 따라서 각 금융회사는 다음에 서술하는 내용을 상세히 숙지하여야 하겠다.

6-2. 주민등록번호 처리금지 원칙

금융회사 등을 비롯하여 모든 개인정보처리자는 원칙적으로는 주민등록번호의 수집·이용·제공·보관 등 모든 처리행위가 금지된다(개인정보보호법 제24조의2). 다만 1) 법률·대통령령·국회규칙·대법원규칙·헌법재판소규칙·중앙선거관리위원회규칙 및 감사원규칙에서 구체적으로 주민등록번호의 처리를 요구하거나 허용한 경우, 2) 정보주체 또는 제3자의 급박한 생명, 신체, 재산의 이익을 위하여 명백히 주민등록번호의 처리가 필요하다고 인정되는 경우, 3) 이에 준하여 주민등록번호 처리가 불가피한 경우로서 개인정보보호위원회가 고시로 정하는 경우에는 주민등록번호 처리가 허용된다(다만 이와 관련한 개인정보보호위원회 고시는 2025년 현재 제정되어 있지 않음).

그런데 금융 분야에는 그 업무상, 제도상 필요에 의하여 주민등록번호를 수집하도록 하는 법률이 다수 존재한다. 금융 분야에서 주민등록번호를 수집하도록 하는 대표적인 법령을 발췌하여 보면 다음의 표와 같다.

<표 4-8> 금융 분야 주민등록번호 처리 근거 법령(예시)

법률	수집주체 (법 적용 대상)	사유	관련 조문
금융실명거래 및 비밀보장에 관한 법률	금융회사 등 (은행, 보험회사 및 카드회사 등)	- 금융거래 시 거래자의 성명·주민등록번호로 실지명의 확인	<법률> 제3조(금융실명거래) ① 금융회사등은 거래자의 실지명의(이하 "실명"이라 한다)로 금융거래를 하여야 한다. <시행령> 제3조(실지명의) 법 제2조제4호의 규정에 의한 실지명의는 다음 각호의 구분에 따른 명의로 한다. 1. 개인의 경우 주민등록표에 기재된 성명 및 주민등록번호. 다만, 재외국민의 경우에는 여권에 기재된 성명 및 여권번호(여권이 발급되지 아니한 재외국민은 「재외국민등록법」에 의한 등록부에 기재된 성명 및 등록번호)
전자금융 거래법	금융기관 또는 전자금융업자	- 5만 원 이상의 전자화폐를 사용하고자 할 경우 실지명의와 연결하여 관리	<법률> 제16조(전자화폐의 발행과 사용 및 환금) ① 전자화폐를 발행하는 금융회사 또는 전자금융업자(이하 “전자화폐발행자”라 한다)는 전자화폐를 발행할 경우 접근매체에 식별번호를 부여하고 그 식별번호와 「금융실명거래 및 비밀보장에 관한 법률」 제2조제4호에서 규정한 이용자의 실지명의(이하 "실지명의"라 한다) 또는 예금계좌를 연결하여 관리하여야 한다. 다만, 발행권면 최고한도가 대통령령이 정하는 금액 이하인 전자화폐의 경우에는 그러하지 아니하다. <시행령> 제31조(민감정보 및 고유식별정보의 처리) ③ 금융회사 또는 전자금융업자는 다음 각 호의 사무를 수행하기 위하여 불가피한 경우 「개인정보 보호법 시행령」 제19조제1호, 제2호 또는 제4호에 따른 주민등록번호, 여권번호 또는 외국인등록번호가 포함된 자료를 처리할 수 있다. 1. 법 제6조제2항에 따른 접근매체의 발급에 관한 사무 2. 법 제28조제2항제2호에 따른 직불전자지급수단의 발행에 관한 사무 3. 법 제28조제2항제3호에 따른 선불전자지급수단의 발행에 관한 사무 4. 법 제35조의2제1항에 따른 소액후불결제업무에 관한 사무

법률	수집주체 (법 적용 대상)	사유	관련 조문
보험업법	금융위원회, 금융감독원, 위 기관의 업무 수탁자, 보험요율 산출기관, 보험협회, 보험회사	- 각 호에서 정하는 업무 수행에 불가피한 경우	<시행령> 제102조(민감정보 및 고유식별정보의 처리) ① 금융위원회(법 제194조 및 이 영 제100조에 따라 금융위원회의 업무를 위탁받은 자를 포함한다) 또는 금융감독원장(법 제194조 및 이 영 제101조에 따라 금융감독원장의 업무를 위탁받은 자를 포함한다)은 다음 각 호의 사무를 수행하기 위해 불가피한 경우 「개인정보 보호법 시행령」 제19조에 따른 주민등록번호, 여권번호, 운전면허의 면허번호 또는 외국인등록번호가 포함된 자료를 처리할 수 있다. 1. ~ 16. (생 략) ② 금융위원회(법 제194조 및 이 영 제100조에 따라 금융위원회의 업무를 위탁받은 자를 포함한다) 또는 금융감독원장(법 제194조 및 이 영 제101조에 따라 금융감독원장의 업무를 위탁받은 자를 포함한다)은 다음 각 호의 사무를 수행하기 위해 불가피한 경우 「개인정보 보호법」 제23조에 따른 건강에 관한 정보, 같은 법 시행령 제18조제2호에 따른 범죄경력자료에 해당하는 정보, 같은 영 제19조에 따른 주민등록번호, 여권번호, 운전면허의 면허번호 또는 외국인등록번호가 포함된 자료를 처리할 수 있다. 1. ~ 11. (생 략) ③ 보험요율 산출기관은 법 제176조제3항제1호·제2호 및 이 영 제86조제2호에 따른 사무를 수행하기 위하여 불가피한 경우 제2항 각 호 외의 부분에 따른 개인정보가 포함된 자료를 처리할 수 있다. ④ 보험협회의 장은 다음 각 호의 사무를 수행하기 위하여 불가피한 경우 「개인정보 보호법」 제23조에 따른 건강에 관한 정보, 같은 법 시행령 제19조에 따른 주민등록번호, 여권번호, 운전면허의 면허번호 또는 외국인등록번호가 포함된 자료를 처리할 수 있다. 1. ~ 5. (생략) ⑤ 보험회사는 다음 각 호의 사무를 수행하기 위하여 필요한 범위로 한정하여 해당 각 호의 구분에 따라 「개인정보 보호법」 제23조에 따른 민감정보 중 건강에 관한 정보나 같은 법 시행령 제19조에 따른 주민등록번호, 여권번호, 운전면허의 면허번호 또는 외국인등록번호가 포함된 자료를 처리할 수 있다.

법률	수집주체 (법 적용 대상)	사유	관련 조문
전자서명법	공인인증기관	- 공인인증서 발급 시 발급자의 성명·주민등록번호 등으로 신원확인	<시행규칙> 제5조(실지명의 기준의 신원확인 방법) ① 운영기준 준수사실의 인정을 받은 전자서명인증사업자(「정보통신망 이용촉진 및 정보보호 등에 관한 법률」 제23조의3제1항에 따른 본인확인기관인 경우만 해당한다)는 영 제9조제1항제1호 본문에 따라 전자서명인증서비스에 가입하려는 자의 신원을 확인할 때에는 그 자(법인이나 단체의 경우에는 해당 법인 또는 단체의 대표자를 말한다)를 직접 대면(운영기준에 적합한 것으로 인정받은 직접 대면에 준하는 비대면 방법을 포함한다)하여 「금융실명거래 및 비밀보장에 관한 법률 시행령」 제4조의2제1항 각 호의 구분에 따른 증표·서류를 통해 확인한다.

만약 금융회사 등의 개인정보처리자가 처리하는 주민등록번호가 분실, 도난, 유출, 변조, 훼손된 경우에는 최대 5억원 이하의 과징금을 부과·징수할 수 있다.(개인정보보호법 제34조의2). 다만 주민등록번호가 분실, 도난, 유출, 변조, 훼손되지 않도록 안전성 확보조치를 다한 경우에는 과징금 부과가 면제될 수 있도록 하고 있다. 따라서 각 금융회사 등에서는 금융소비자의 보호 및 기업의 신뢰성 제고 등을 위해 과징금 부과 사유에 대비하여 사전적·선제적인 조치를 반드시 이행할 것이 요구된다.

6-3. 금융회사 등의 주민등록번호 처리금지 조치사항

금융회사를 비롯한 모든 개인정보처리자는 주민등록번호 신규 수집 금지 및 기존 주민등록번호의 파기 등에 대한 상시적인 관리를 수행하여야 한다. 주민등록번호 처리 금지는 금융회사의 모든 업무에 전부 적용되는 원칙이므로, 은행, 증권, 보험 등 모든 금융회사는 자사의 전 업무에 대해 주민등록번호의 처리여부 확인 및 처리금지 원칙의 적용 여부를 검토하여야 한다. 주민등록번호 처리금지에 대한 금융회사의 기본적 대응 원칙은 다음과 같다(주민등록번호 수집 금지 제도 가이드라인, 2013).

1) 법령상 구체적 근거가 있는 경우에는 현행 유지

2) 법령상 근거는 없으나 주민등록번호 수집이 불가피한 경우 법령 근거 마련

▶ (금융회사 등 민간사업자/협회) 해당 업종 소관 부처에 법령 근거 마련 지원을 요청

▶ (소관 부처) 타당성 검토 후 불가피한 경우에 한하여 법령 근거 마련

3) 위 1) 및 2)에 해당하지 않는 경우 주민등록번호를 수집하지 않도록 전환

모든 금융회사는 아래의 단계별 판단 기준에 따라서 주민등록번호 수집 금지 필요성을 검토하고 그에 따른 조치사항을 이행해야 한다.

<표 4-9> 주민등록번호 처리 금지 판단기준

<기준 1> 주민번호 처리 법령 근거 유무

- 법령(법률, 시행령 등)상 주민번호 수집을 구체적으로 허용하는 경우에는 현행 유지
  (예시) 법령 조문에서 주민번호 수집을 요구·허용하는 경우, 법령 조문 또는 서식상 주민번호가 포함된 서류(주민등록등·초본 등)를 수집할 수 있도록 허용 하는 경우 등을 말함
- 법령상 근거가 없는 경우 아래 <기준 2>검토에 따른 조치사항 이행

<기준 2> 불가피성 유무(주민번호 대체 불가능성)

- 법령상 근거는 없으나 반드시 주민번호를 수집하여야 할 필요가 있는 경우 해당 업무 소관부처를 통해 법령근거 마련
- 주민번호 수집 필요성이 없거나 대체 가능한 경우에는 전화번호 등 다른 식별 수단으로 대체하고, 기보유 주민번호는 파기
  (예시) 단순 본인확인을 위한 경우, 회원DB 관리를 위한 Key 값으로 활용하는 경우 등은 주민번호 수집 필요성이 낮으므로 '불가피성'이 인정되지 않는 경우에 해당함, 따라서 다른 대체수단을 적용하는 것을 검토해야 함

<그림 4-2> 주민등록번호 처리금지 판단기준

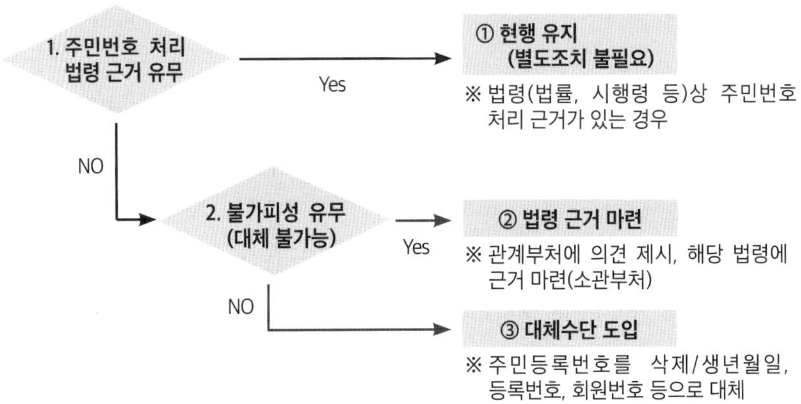

① ① (기준 1→ Yes) 법령상 구체적 주민번호 처리 근거가 있는 경우

▶ 현행 법령에서 정한 바*에 따라 주민번호 처리(별도 조치 불필요)

※ 예) 「금융실명거래법」에 따른 금융기관의 실명거래 등은 법령상 주민번호 처리 근거가 있는 경우에 해당

② (기준 1→No, 기준 2→ Yes) 법령상 근거는 없으나 주민번호를 수집하지 않을 경우 근본적으로 해당 업무 수행이 불가능한 경우

▶ 해당 업무 소관부처에 법령 근거 마련을 요청

③ (기준 1→No, 기준 2→ No) 법령상 근거가 없으며 주민번호를 반드시 수집하여야 할 필요성도 없는 경우

▶ 주민번호를 수집하지 않거나 전화번호, 생년월일 등 다른 수단으로 대체(관련 업무규정 및 절차, 서식 개선 등 병행), 기 보유 주민번호는 파기

※ 급박한 재해, 재난 상황 등 '정보주체 또는 제3자의 급박한 생명·신체·재산의 이익을 위하여 명백히 필요하다고 인정되는 경우'에는 개인정보보호법 제24조의2제1항제2호에 따라 별도의 법령 근거 없이 주민번호 처리 가능

정부에서는 금융회사 등의 개인정보처리자가 자사의 주민등록번호 미수집 전환 필요성을 자체 점검할 수 있는 기준을 제시하고 있다. 각 금융회사 등에서는 아래의 기준을 기본으로 하여 자사의 주민등록번호 관련 업무에 대해 개별적으로 검토를 시행해야 한다.

<표 4-10> 주민등록번호 수집 금지 및 미수집 전환 체크리스트

<table>
<tr><th colspan="3" rowspan="2">점검사항</th><th colspan="2">점검결과</th></tr>
<tr><th>예</th><th>아니오</th></tr>
<tr><td rowspan="2">점검
단계</td><td>1. 주민번호 수집 법령근거 유무</td><td>현재 주민번호를 수집하고 있는 업무가 법령에 근거를 두고 있는가?
* ‘법령’은 법률, 시행령 등을 의미함
* 행정규칙(고시, 훈령) 및 지방자치단체의 조례 등은 개인정보보호법 제24조의2에 따른 ‘법령’에 해당하지 않음
* ‘처리’란 수집·이용, 기록, 저장 등 제반 행위를 의미</td><td></td><td></td></tr>
<tr><td>2. 불가피성 유무 (대체가능성)</td><td>해당 업무수행을 위해서는 주민번호 수집이 불가피한가?
* ‘불가피성’이란 주민번호를 수집하지 않으면 그 해당업무의 수행이 근본적으로 불가능한 경우를 의미
* 전화번호, 생년월일 등 대체수단을 적용하거나 다른 개인정보 항목(예컨대 성명+생년월일 등)으로 대체하여도 업무에 지장이 없다면 ‘불가피성‘이 없는 것임</td><td></td><td></td></tr>
<tr><td colspan="2">조치사항</td><td><table>
<tr><th>구분</th><th>법령 근거</th><th>불가피성</th><th>조치사항</th></tr>
<tr><td>①</td><td>있음</td><td></td><td>별도 조치 불필요
(현행 유지)</td></tr>
<tr><td>②</td><td>없음</td><td>있음</td><td>법령 근거 마련</td></tr>
<tr><td>③</td><td>없음</td><td>없음</td><td>주민번호 삭제,
생년월일 등으로 전환
등 대체수단 도입</td></tr>
</table></td><td></td><td></td></tr>
</table>

6-4. 금융분야 개인정보 유출 재발방지 종합대책 상의 주민번호 처리 기준

앞의 표 4-4에서 보는 바와 같이, 금융 분야는 다른 산업분야와 비교해 보더라도 거래상대방(금융소비자 등)의 신원 확인, 안전한 거래 등을 위하여 주민등록번호가 불가결하게 수집·이용되는 측면이 분명히 존재한다. 무엇보다도 「금융실명거래 및 비밀보장에 관한 법률」은 “금융회사등은 거래자의 실지명의(실명)로 금융거래를 하여야 한다”는 금융실명거래의 기본원칙을 제시하고 있고, 같은 법 시행령은 ‘실명’

이란 예를 들어 주민등록번호를 포함한 주민등록표 초본과 신분을 증명할 수 있는 증표에 의하여 확인하는 방법 등을 기준으로 하고 있다. 금융위원회는 바로 이러한 점을 감안하여, “최근 정보유출로 주민번호 사용에 대한 우려가 있으나 현재로서는 금융회사의 주민번호 수집·이용이 불가피”하다는 것을 확인하고 있다. 그리고 그 근거로서 주민번호는 금융부문에서 신용도 조회 등을 위해 정보를 집중하거나, 과세기반 확보(금융소득종합과세 등)를 위해 공공부문과 연계시 유일한 식별값이라는 점 등을 들고 있다. (금융분야 개인정보 유출 재발방지 종합대책, 2014). 이에 따라 동 대책은 “금융회사의 주민번호 수집은 불가피하지만 그 수집 방식이나 보관을 엄격히 제한하고, 주민번호 유출시 엄정한 제재를 부과하는 것”을 기본 정책방향으로 삼고 있다.

보다 상세한 내용을 살펴보면, 먼저 수집 단계에서는 거래 최초에만 주민번호를 수집하고, 그 이후에는 주민번호의 기입 없이 신원확인절차만 거치도록 하여 노출을 최소화할 것을 제시하고 있다. 구체적 방법으로는 전자단말기에 직접 입력토록 하거나 콜센터 활용 등을 통해 가급적 주민번호의 노출을 최소화하는 방식으로 주민번호를 수집하도록 하고 있다.

다만 법령상의 규정 준수, 단체계약 체결, 보험금 지급 등을 위해서 어쩔 수 없이 주민번호를 수집하는 경우도 분명 존재한다. 따라서 이때에는 예외적으로 서식상 기입을 통해 주민번호를 수집 가능하도록 허용하고 있다. 그리고 이후 거래에서는 주민번호의 기입 없이 신분증이나 인증 시스템 등을 통해 신원을 확인하도록 하는 방식이 제시되고 있다. 그리고 주민번호를 불법 활용하거나 유출한 경우에는 일반 개인정보 유출시보다 과태료 및 과징금을 부과할 때 가중하도록 하는 방안도 추진중이다.

사회 전반에 걸쳐 주민번호의 안전한 관리를 요구하는 목소리는 계속 높아질 것으로 예상되므로, 특히 타 산업분야에 비해 주민번호를 다량 처리하고 있는 금융 분야는 이에 대해 선제적으로 엄격히 대응할 것이 요구된다 하겠다.

7. 가명정보 및 익명정보의 처리

7-1. 배경

2020. 2.「개인정보보호법」 및「신용정보법」 개정에 따라 가명정보 및 익명정보의 개념이 법률에 신설되었다. 종래에는 개인정보의 개념 범위 및 활용 여부를 놓고 자주 논란이 벌어졌으며, 일각에서는 관련 법률의 경직성으로 인하여 개인정보의 활용이 곤란함에 따라 인공지능, 빅데이터와 같은 첨단 정보기술과 데이터 경제 환경에서 뒤처지게 된다는 우려를 표하는 경우도 있었다. 그러나 상기 법률 개정에 따라 가명정보나 익명정보를 법률에 근거하여 안전하게 활용할 수 있는 길이 열렸으며, 더 나아가 은행·카드·보험·금융투자 등 금융업권 별로 체계적으로 관리되는 정형데이터와 통신정보·위치정보·보건의료정보 등 다른 산업분야에서 관리되고 있는 다양한 형태의 데이터를 서로 융합하여 금융분야의 혁신성장을 이끌 수 있을 것으로 기대되고 있다.(금융위원회, 금융분야 가명처리·익명처리 안내서)

7-2. 가명정보 및 익명정보의 개념과 처리 기준

「신용정보법」에 따른 '가명처리'란 추가정보를 사용하지 아니하고는 특정 개인인 신용정보주체를 알아볼 수 없도록 개인신용정보를 처리하는 것을 말하며, '가명정보'는 가명처리한 개인신용정보를 말한다. 한편 '익명처리'란 더 이상 특정 개인인 신용정보주체를 알아볼 수 없도록 개인신용정보를 처리하는 것을 말하며, 이렇게 처리한 정보를 '익명정보'라고 지칭한다. 개인정보와 가명정보, 익명정보를 표로 구분해보면 다음과 같다.

<표 4-11> 「신용정보법」에 따른 개인정보, 가명정보, 익명정보의 구분

구분	개념	활용가능 범위
개인정보	특정 개인에 관한 정보, 개인을 알아볼 수 있게 하는 정보	정보주체로부터 사전에 구체적인 동의를 받은 범위 등의 내에서 활용 가능
가명정보	추가정보의 사용 없이는 특정 개인을 알아볼 수 없게 조치한 정보	다음 목적으로는 동의 없이 활용 가능 ❶ 통계작성(상업적 목적 포함) ❷ 연구(산업적 연구 포함) ❸ 공익적 기록보존 목적 등
익명정보	더 이상 개인을 알아볼 수 없게 (복원 불가능할 정도로) 조치한 정보	개인정보가 아니기 때문에 제한 없이 자유롭게 활용

가명정보는 통계작성(상업적 목적을 포함), 연구(산업적 연구를 포함), 공익적 기록보존 등을 위하여 가명정보를 제공하는 경우에는 개인인 신용정보주체의 동의 없이 가명정보를 활용할 수 있다(「신용정보법」 제32조제6항제9호의2). 이 경우 통계작성에는 시장조사 등 상업적 목적으로 수행하는 통계작성을 포함하며, 연구에는 대학, 연구소 등 연구기관 뿐 아니라 기업 등이 수행하는 산업적 연구를 포함한다. 신용정보회사등은 가명처리에 사용한 추가정보를 대통령령으로 정하는 방법으로 분리하여 보관하거나 삭제하여야 하며(동법 제40조의2제1항), 가명처리한 개인신용정보에 대하여 제3자의 불법적인 접근, 입력된 정보의 변경·훼손 및 파괴, 그 밖의 위험으로부터 가명정보를 보호하기 위하여 내부관리계획을 수립하고 접속기록을 보관하는 등 대통령령으로 정하는 바에 따라 기술적·물리적·관리적 보안대책을 수립·시행하여야 한다(동법 제40조의2제2항). 또한 신용정보회사등은 영리 또는 부정한 목적으로 특정 개인을 알아볼 수 있게 가명정보를 처리하여서는 아니 되며(동법 제42조의2제6항), 신용정보회사등이 영리 또는 부정한 목적으로 특정 개인을 알아볼 수 있게 가명정보를 처리한 경우, 금융위원회는 관련 매출액이 아닌 '전체 매출액'의 100분의 3 이하에 해당하는 금액을 과징금으로 부과할 수 있다(동법 제42조의2제1항제1호의4). 그리고 영리 또는 부정한 목적으로 특정 개인을 알아볼 수 있게

가명정보를 처리한 자는 5년 이하의 징역 또는 5천만원 이하의 벌금에 처해질 수 있다(동법 제50조제2항 제7호의2).

한편 익명정보는 위에서 본 바와 같이 특정 개인인 신용정보주체를 더 이상 알아볼 수 없도록 개인신용정보를 처리한 것으로, 개인을 알아볼 수 없는 정보임을 전제(동법 제2조제17호)로, 별도의 제한 없이 사용할 수 있다. 신용정보회사등은 개인신용정보에 대한 익명처리가 적정하게 이루어졌는지 여부에 대하여 금융위원회에 그 심사를 요청할 수 있고(동법 제40조의2제3항) 금융위원회가 위 요청에 따라 심사하여 적정하게 익명처리가 이루어졌다고 인정한 경우 더 이상 해당 개인인 신용정보주체를 알아볼 수 없는 정보로 추정한다(동법 제40조의2제4항).

※ 가명처리 및 익명처리에 대한 상세한 내용과 절차, 기술적 수단에 대해서는 금융위원회, 2022. 1.「금융분야 가명·익명처리 안내서」를 참조

7-3. 개인신용정보의 전송요구권 및 본인신용정보관리업(일명 마이데이터)

2020. 2. 개정된「신용정보법」은 '개인신용정보의 전송요구권'을 신설하였다. 신용정보주체 개인은 신용정보제공·이용자등에 대하여 그가 보유하고 있는 본인에 관한 개인신용정보를 1) 해당 신용정보주체 본인 2) 본인신용정보관리회사 3) 대통령령으로 정하는 신용정보제공·이용자 4) 개인신용평가회사 등에 전송하여 줄 것을 요구할 수 있다. 여기서 본인신용정보관리회사(마이데이터)란 개인인 신용정보주체의 신용관리를 지원하기 위하여 신용정보를 대통령령으로 정하는 방식으로 통합하여 그 신용정보주체에게 제공하는 행위를 영업으로 하는 업에 대해 금융위원회로부터 허가를 받은 자를 말한다. 그리고 본인으로부터 개인신용정보의 전송요구를 받은 신용정보제공·이용자등은「신용정보법」및「개인정보보호법」등에 따른 제3자 제공 기준에도 불구하고 지체 없이 본인에 관한 개인신용정보를 컴퓨터 등 정보처리장치로 처리가 가능한 형태로 전송하여야 한다.(「신용정보법」제33조의2)

이러한 개인신용정보의 전송요구권은 유럽연합에서 도입된 일명 '데이터 이동권'(Right to Data Portability)이 국내 실정에 맞게 반영된 것으로 볼 수 있다. 유럽연합에서는 개인정보를 대량으로 수집·활용하는 글로벌 IT 기업과 서비스(특히 미국 소재 기업)가 출현하는 반면 유럽 역내 정보주체 개개인의 권리는 점점 미약해지고 있다는 인식에서 출발하여, 정보주체의 개인정보에 대한 통제권을 보다 실질적으로 보장함과 동시에 IT 산업의 경쟁도을 촉진한다는 명목으로 '데이터 이동권' 도입을 논의하였다. 그 결과 유럽연합 GDPR 제20조는 정보주체는 원칙적으로 컨트롤러(개인정보처리자)에게 제공한 본인에 관련된 개인정보를 체계적이고, 통상적으로 사용되며 기계 판독이 가능한 형식으로 수령할 권리가 있으며, 개인정보를 제공받은 컨트롤러로부터 방해 받지 않고 다른 컨트롤러에게 해당 개인정보를 이전할 권리를 가진다고 규정하기에 이르렀다. 그리고 이러한 새로운 정보주체의 권리가 '데이터 3법' 개정 논의 당시에 「신용정보법」에도 반영되었다. 다만 이에 대해서는 유럽연합에서 데이터 이동권이 정보주체의 실질적 권리 보호에 중점을 둔 반면, 우리나라에서는 단지 개인정보의 상업적 활용 목적에 더 치우쳐있다는 비판도 제기된 바 있다.

2023년 3월 「개인정보보호법」 개정에서는 제35조의2가 신설되어 '개인정보 전송요구권'이 「개인정보보호법」에도 반영됨으로써 그동안에는 금융 분야 등 일부에서만 제한적으로 가능하였던 마이데이터 서비스가 의료, 유통 등 모든 영역에서 보편적으로 이루어질 수 있는 법제도적 기반이 마련되었다. 그 내용을 간략히 살펴보면 정보주체는 개인정보 처리 능력 등을 고려하여 대통령령으로 정하는 기준에 해당하는 개인정보처리자에 대하여 개인정보를 자신에게로 전송할 것을 요구할 수 있고(제1항, 본인전송요구), 매출액, 개인정보의 보유 규모, 개인정보 처리 능력, 산업별 특성 등을 고려하여 대통령령으로 정하는 기준에 해당하는 개인정보처리자에 대하여 전송 요구 대상인 개인정보를 기술적으로 허용되는 합리적인 범위에서 개인정보관리 전문기관이나 제29조에 따른 안전조치의무를 이행하고 대통령령으로 정하는 시설 및 기술 기준을 충족하는 자에게 전송할 것을 요구할 수도 있다(제2항, 제3자 전송요구).

2025년 2월에는 「개인정보보호법 시행령」이 개정되어, 제42조의2부터 제42조의16까지 개인정보 전송요구권에 관한 내용들이 새롭게 반영되었다. 해당 개인정보 전송요구권 규정들은 금융 신용 분야와도 연관될 수 있으므로 이해를 위하여 개략적으로 설명하여 보면, 우선 「개인정보보호법」 상 개인정보전송요구권의 대상이 되는 개인정보처리자는 1) 보건의료정보전송자(질병관리청, 국민건강보험공단, 건강보험심사평가원, 상급종합병원 등), 2) 통신정보전송자, 3) 에너지정보전송자(전기판매업자 등)가 이에 해당한다(시행령 제42조의2). 전송 요구 대상 정보는 보건의료정보전송자의 경우 「의료법」에 따른 진료기록 등 진료와 관련하여 생성된 정보, 「약사법」에 따른 조제기록 등 조제와 관련하여 생성된 정보, 「의료기기법」에 따른 의료기기를 통하여 생성 수집된 정보 등이 포함되고, 통신정보전송자의 경우 기간통신역무를 제공함에 따라 생성된 이용자의 가입정보, 이용정보, 이용요금의 청구정보 및 납부정보 등이 해당한다. 에너지정보전송자의 경우 「전기사업법」에 따른 전기공급에 따라 생성된 에너지 사용량 정보, 전기요금의 청구정보 및 납부정보 등의 정보, 「도시가스사업법」에 따른 도시가스 공급에 따라 생성된 에너지 사용량 정보, 도시가스 요금의 청구정보 및 납부정보 등의 정보 등이 해당한다(시행령 제42조의4) . 개인정보보호위원회는 2025년 5월 「전 분야 마이데이터 개인정보 전송요구권 제도 안내서」를 발간하고 정보주체의 개인정보 전송요구권 실질 보장을 위한 구체적인 방법 및 절차를 안내하고 있으므로 참고가 될 수 있다.

금융회사의 경우에는 특히 개인신용정보의 전송요구권을 처리하는 데 있어서, 정보주체가 자신의 개인신용정보 전송과 이동에 대해 명확히 인지하고 적절한 동의(요구)를 하는지 여부에 대해 각별한 주의를 기울여야 한다. 만약 적절한 동의를 하지 못한 경우나 더 나아가 금융회사 등의 서비스 제공을 빌미로 한 암묵적 강요 등에 의해 데이터 이동에 대한 동의(요구)를 한 경우에는 민감한 개인정보까지도 제3자에게 아무런 제약 없이 전송되고 경제적·산업적 가치 창출을 빌미로 오·남용될 가능성이 있음을 유의해야 한다.

금융분야의 마이데이터 사업은 2022. 1. 5. 부터 전면 시행에 들어갔다. 스크래핑

(자동화된 도구를 이용한 광범위한 정보수집 제한)이 금지되고 소비자가 원하는 정보만 선택하여 전송요구하도록 하는 등 정보보안에 유의하여 실시되고 있다. 금융소비자의 측면에서는 안전한 금융정보 통합조회와 관리가 가능해지고, 효과적인 자산·재무관리 등의 서비스가 활성화될 것으로 기대되고 있다.

8. 개인(신용)정보 처리 업무 위탁 단계

8-1. 배경

오늘날은 민간 기업이나 공공기관 등을 막론하고 자체적으로 모든 업무를 직접 처리하는 경우는 찾아보기 어려우며 대부분은 인력 및 비용의 절감, 업무 효율화 달성, 전문성 활용 등을 이유로 상당수의 업무를 외부의 제3자에게 위탁하여 처리하고 있다. 업무위탁은 현대사회의 전문화 및 분업화에 따라 자연스럽게 나타난 경영 기법 중의 하나이나, 특히 고객 관련 업무를 외부에 위탁하는 경우에는 거의 대부분 고객의 개인정보를 함께 이전하여 처리하게 되므로 개인정보가 전전 유통되거나 남용될 위험성이 존재한다.

특히 금융회사의 경우 본질적인 금융업무 이외에 고객관리 및 정보제공을 위한 서비스 업무를 비롯해 각종 상담 및 만족도 조사 등 마케팅적 차원에서 매우 다양한 업무를 수행하고 있다. 이를 위해 고객의 개인정보를 다수의 협력회사나 타 금융회사에 위탁 이전하여 처리하고 있다. 다양한 위탁업무들은 금융회사가 자체적으로 수행하기에는 비용 구조상 비효율적이기 때문에 금융회사로서는 위탁업무 수행은 불가피한 선택의 측면이 있다. 금융회사들이 금융관련 수탁사업자에게 위탁하는 업무의 내용은 매우 다양하다. 예를 들어 고객만족 조사, 상담업무, 감정평가, 담보물건 조사, 연체관리, 채권추심, 여신미납 및 만기안내, 우편이나 경품 발송, SMS 및 이메일 발송, 포인트몰 관리 등의 업무가 그것이다. 하지만 업무 위탁시에 개인정보와 같은 민감성 있는 정보가 제공됨으로써 정보유출의 위험에 노출된다는 것은 금융회사가 가지고 있는 딜레마이다. 최근에 발생한 금융 분야의 대량 개인정보 유출사고들이 주로 개인정보 처리 위탁사를 통해 발생하였다는 것이 이를 반증하고 있다. 한편 수탁사업자에 대한 관리와 감독을 위해서 금융회사가 고려해야 할 사항은 다소 복잡하다. 수탁사업자들은 금융회사와 달리 통신, 유통, 서비스, 제조, 전문 아웃소싱업 등 다양한 업종에 속하기 때문이며, 소규모 업체에서 대기업에까지 사업자의 규모 또한 다양하다. 따라서 금융회사의 수탁사업자에 대한 관리·감독에는 다양한 사항들이 면밀히 고려되어야 한다.

개인신용정보 처리 업무 위탁은 신용정보법 제17조가 적용되며, 그 밖의 개인정보 처리 업무 위탁은 개인정보보호법 제26조가 적용된다.

8-2. 개인정보 처리업무 위탁과 제3자 제공의 구분

개인정보 처리업무 위탁은 개인정보를 제3자에게 이전하여 업무를 처리하도록 하는 점에서 '개인정보의 제3자 제공'과 혼동을 불러 일으키는 경우가 자주 있다. 양자는 금융회사 등이 보유하고 있는 개인정보를 '제3자'에게 이전한다는 면에서는 동일하다(개인정보보호법 제26조는 "개인정보처리자가 '제3자'에게 개인정보의 처리 업무를 위탁하는 경우"로 규정하고 있음). 그러나 '개인정보의 처리업무 위탁'과 '개인정보의 제3자 제공'은 그 내용이나 법률 효과가 전혀 다른 것으로서 근본적인 차이가 있다. 금융회사 등은 자신들이 처리하고 있는 업무 형태가 '제3자 제공'인지 '위탁'인지를 명확하게 구분할 수 있어야 한다.

대법원 판결(2017. 4. 7. 선고 2016도13263)에서도 개인정보 제3자 제공과 처리업무 위탁에 대한 판단기준을 재차 명확하게 밝힌 바 있다. 이에 따르면 "개인정보 처리위탁에 있어 수탁자는 위탁자로부터 위탁사무 처리에 따른 대가를 지급받는 것 외에는 개인정보 처리에 관하여 독자적인 이익을 가지지 않고, 정보제공자의 관리·감독 아래 위탁받은 범위 내에서만 개인정보를 처리하게 되므로, 「개인정보 보호법」

제17조에 정한 '제3자'에 해당하지 않는다. 한편 어떠한 행위가 개인정보의 제공인지 아니면 처리위탁인지는 개인정보의 취득 목적과 방법, 대가 수수 여부, 수탁자에 대한 실질적인 관리·감독 여부, 정보주체 또는 이용자의 개인정보 보호 필요성에 미치는 영향 및 이러한 개인정보를 이용할 필요가 있는 자가 실질적으로 누구인지 등을 종합하여 판단하여야 한다"라고 하고 있다.

<표 4-12> 개인정보 처리업무 위탁과 개인정보 제3자 제공의 구분

구분	개인정보 처리업무 위탁	개인정보 제3자 제공
내용	금융회사 자신의 목적이나 이익을 위해 개인정보를 제3자(수탁자)에 제공하여 업무처리	개인정보를 제공받는 자의 목적이나 이익을 위해 개인정보를 제3자에게 제공
관리감독 책임 소재	금융회사(위탁자)가 관리감독 책임 부담	개인정보를 제공받은 제3자가 제공받은 시점 이후부터 관리감독 책임 부담
예측가능성	정보주체가 사전 예측 가능 (정보주체의 신뢰 범위 내)	정보주체가 사전 예측 곤란 (정보주체의 신뢰 범위 밖)
근거조항	개인정보보호법 제26조 신용정보법 제17조	개인정보보호법 제17조 및 제18조 신용정보법 제32조, 제34조
예시	금융회사의 고객관리 및 응대, T/M(텔레마케팅), 전산관리, A/S 업무 등의 위탁	금융회사 및 타 기업간의 업무제휴, 공동이벤트 개최, 제휴 금융상품 발매 등

8-3. 개인신용정보 수집·조사 위탁 기준

금융회사 등은 제3자에게 신용정보의 처리 업무를 위탁할 수 있다. 이 경우 개인신용정보의 처리 위탁에 대해서는 「개인정보 보호법」 제26조제1항부터 제3항까지의 규정을 준용하도록 하고 있다. 그리고 「신용정보법」 자체에서 위탁시의 보호조치와 수탁자 교육 등에 대해 추가로 규정하고 있다. 개인신용정보의 처리 위탁에서 반드시 준수되어야 하는 주요 기준을 살펴보면 다음과 같다.

1) 위탁자(금융회사)와 수탁자 간에 개인정보 처리업무를 위수탁하는 경우에는 반드시 '문서'에 의하여 해야 한다.

<표 4-13> 개인정보 처리업무 위탁시 문서 포함 사항

1. 위탁업무 수행 목적 외 개인정보의 처리 금지에 관한 사항
2. 개인정보의 기술적·관리적 보호조치에 관한 사항
3. 그 밖에 개인정보의 안전한 관리를 위하여 대통령령으로 정한 사항

문서의 방법은 위탁자와 수탁자 간에 개인정보 처리위탁에 관한 사항이 포함된 별도 문서를 작성하거나 아니면 위탁업무 계약서에 해당 사항을 포함시키는 방법 등이 모두 가능하다. 금융감독원에 따르면, 금융회사의 개인정보보호 실태에 대한 점검 결과 '개인정보 처리 위탁계약서에 필수 기재사항'이 누락되는 경우를 주요 위반사항으로 들고 있다. 따라서 각 금융회사에서는 개인정보 처리업무 위탁시 법 위반사항이 발생하지 않도록 각별한 주의를 기울여야 한다.

2) 위탁자(금융회사)는 위탁하는 업무의 내용과 개인정보 처리 업무를 위탁받아 처리하는 자(수탁자)를 정보주체가 언제든지 쉽게 확인할 수 있도록 대통령령으로 정하는 방법에 따라 공개하여야 한다.

<표 4-14> 개인정보 처리업무 위탁시 공개 사항

1. 위탁업무의 목적 및 범위
2. 재위탁 제한에 관한 사항
3. 개인정보에 대한 접근 제한 등 안전성 확보 조치에 관한 사항
4. 위탁업무와 관련하여 보유하고 있는 개인정보의 관리 현황 점검 등 감독에 관한 사항
5. 법 제26조제2항에 따른 수탁자(이하 "수탁자"라 한다)가 준수하여야 할 의무를 위반한 경우의 손해배상 등 책임에 관한 사항

이러한 공개사항은 포괄적, 대략적으로 기재해서는 안되며 가능한 상세하고 구체적으로 표시되어야 한다. 공개 방법은 원칙적으로 금융회사(위탁자)의 인터넷 홈페이지에 지속적으로 공개하는 방법을 이용할 수 있으며, 다만 예외적으로 인터넷 홈페이지에 공개할 수 없을 때에는 금융회사의 사업장의 보기 쉬운 장소에 게시하는 등의 방법을 이용할 수 있다.

3) 위탁자가 '재화 또는 서비스를 홍보하거나 판매를 권유하는 업무'를 위탁하는 경우에는 대통령령으로 정하는 방법에 따라 위탁하는 업무의 내용과 수탁자를 정보주체에게 알려야 한다. 위탁하는 업무의 내용이나 수탁자가 변경된 경우에도 또한 같다.

4) 금융회사등은 제2항에 따라 신용정보의 처리를 위탁하기 위하여 수탁자에게 개인신용정보를 제공하는 경우 특정 신용정보주체를 식별할 수 있는 정보는 암호화 등의 보호 조치를 하여야 한다. 암호화 등의 보호조치의 구체적인 방법은, 정보통신망이나 보조저장매체를 통하여 제공하는 경우에는 보안서버의 구축 또는 암호화 등을 적용해야 하고, 그 외의 경우(문서 전달 등)에는 봉함(封緘) 등의 보호조치를 적용해야 한다.

5) 금융회사등은 수탁자에게 신용정보를 제공한 경우 신용정보를 분실·도난·유출·위조·변조 또는 훼손당하지 아니하도록 수탁자를 교육하여야 하고 수탁자의 안전한 신용정보 처리에 관한 사항을 위탁계약에 반영하여야 한다.

업무의 위수탁과 관련하여, 실무적으로는 수탁자가 위탁받은 업무를 다시 재위탁하는 경우가 종종 있다. 그러나 「신용정보법」은 재위탁의 금지에 대한 명문 규정을 두고 있으므로 주의해야 한다. 즉 수탁자는 위탁받은 업무를 제3자에게 재위탁하여서는 아니 되며, 다만 예외적으로 신용정보의 보호 및 안전한 처리를 저해하지 아니하는 범위에서 금융위원회가 인정하는 경우에만 재위탁이 허용된다(제17조제7항).

수탁업체가 위탁받은 업무를 처리하는 과정에서 개인정보보호법을 위반하여 발생하는 '손해배상 책임'에 대해서는 수탁업체를 위탁자(금융회사)의 소속 직원으로 간주한다. 이는 만일 수탁업체에서 개인정보 침해사고가 발생한 경우에는 그에 대한 법적 책임을 1차적으로 위탁자(금융회사 본사)가 지며, 정보주체(고객)들도 수탁업체가 아니라 금융회사 본사에 직접 피해구제 등을 요구할 수 있다는 의미이다. 사실 정보주체(금융소비자)로서는 금융회사의 수탁자에서 개인정보 유출피해 등이 발생하였다 하더라도 이를 금융회사 자체의 문제로 받아들이는 것이 일반적인 법 감정이고, 피해구제 또한 정보주체(금융소비자)가 개별적으로 수탁자에 책임을 묻기보다는 금융회사에 직접 책임을 물을 수 있도록 하는 것이 보다 권익보호에 유리하다는 정책적 판단에서 이러한 원칙이 반영된 것이다. 그러나 이 규정은 수탁업체가 책임을 전혀 지지 않는다는 의미는 아님을 주의해야 한다. 위탁자(금융회사)와 수탁업체 간에는 손해배상에 대해 내부적으로 구상할 수 있다(개정 개인정보 보호법령 및 지침·고시 해설, 2020). 따라서 수탁업체의 경우에는 위탁자(금융회사)와 협력하여 개인정보를 철저히 보호하는 것만이 가장 바람직한 예방 방법이 될 것이다.

8-4. 금융 모집업무수탁자에 대한 개인정보 처리 감독기준

금융분야의 경우에는 대출모집인, 대부중개업자, 보험설계사, 카드모집인 등이 금융회사와 전속계약을 맺고 고객을 모집하는 영업 형태가 널리 활용되고 있다. 그런데 이들 금융 모집인이 무차별적 모집이나 권유 영업을 하는 과정에서 불법적으로 유출·수집된 개인정보의 수요처로 작용하고 있다는 지적이 최근 제기되고 있다. 또한 금융회사도 이러한 금융 모집인을 활용하여 고객 모집이라는 편익을 받으면서도 이들에 대한 관리책임은 부족하다는 지적 또한 나오고 있다.

「신용정보법」의 내용을 보면, 금융회사 등은 본인의 영업을 영위할 목적으로 모집업무(영업과 관련한 계약체결을 대리하거나 중개하는 업무를 말함)를 제3자 즉 모집업무수탁자에게 위탁하는 경우에는 1) 거짓 기타 부정한 수단·방법으로 취득하거나 제공받은 신용정보(불법취득신용정보)를 모집업무에 이용하였는지 여부, 2) 모집업무에 이용한 개인신용정보 등을 취득한 경로, 3) 모집업무에 이용한 개인신용정보를 안전하게 보관하고 있지 아니한지 여부, 4) 그 이용 목적을 달성하였거나 이용기간이 종료되었음에도 불구하고 아직 그 정보를 파기하지 아니하였는지 여부를 확인하여야 한다(신용정보법 제41조의2제1항). 그리고 만약 모집업무수탁자가 불법취득 신용정보를 모집업무에 이용한 사실을 확인한 경우에는 그 모집업무수탁자와의 위탁계약을 해지하도록 하고 있다(개정 신용정보법 제41조의2제2항).

9. 개인(신용)정보의 안전한 관리 단계

9-1. 안전한 관리조치 기준

개인정보는 한번 유출, 변조, 훼손되면 원래 상태로의 복구나 2차적인 피해의 예방이 상당히 곤란한 특성을 지니고 있다. 따라서 개인정보 보호의 기본 원리는 유출 등의 피해에 대한 사후적 구제도 중요하지만 사전적으로 개인정보가 유출, 침해되지 않도록 예방적 조치를 취하는 것이 가장 중요하다. 즉 개인정보에 대한 안전성 확보조치를 실행하는 것은 개인정보보호의 가장 기본적이고도 핵심적인 활동이다.

개인신용정보의 안전성 확보 조치에 대해서는 「신용정보법」 제18조, 「전자금융거래법」 제21조에 따라야 하며, 그 밖의 개인정보 안전성 확보조치에 대해서는 「개인정보보호법」 제29조에 따른다. 다만 후술하는 바와 같이 고유식별정보의 암호화 조치는 「개인정보보호법」이 특별히 정하는 의무조치 사항이므로 금융회사도 개인정보보호법에 따라 조치를 취해야 한다.

다만, 금융 분야의 경우에는 개인신용정보와 그 밖의 개인정보가 사실상 구분 없이 하나의 전산시스템을 통해 통합 관리되는 경우가 많고 신용도 판단, 마케팅, 전자금융거래 등 다양한 용도로 이용되고 있어 각각의 정보를 구분하여 법률을 적용하는 것이 어려우므로 이러한 경우에는 원칙적으로 개인정보보호법, 신용정보법, 전자금융거래법에서 규정하는 안전성 확보 조치를 모두 준수할 것이 요구된다. 금융실무상 개인신용정보와 그 밖의 개인정보를 하나의 전산시스템을 통해 통합 관리하면서 신용도 판단, 마케팅, 전자금융거래 등 다양한 용도로 이용하는 경우 등에는 각 정보를 구분하여 법률을 적용하는 것은 현실적으로 어려우므로 「신용정보법」, 「개인정보보호법」, 「전자금융거래법」에서 규정하는 안전성 확보조치를 모두 준수하는 것이 바람직하다. 다만 각 법률에서 규정하는 안전성 확보 조치 중 제정 취지나 내용이 사실상 일치하는 규정의 경우에는 하나의 법률에서 정하는 사항을 준수하여도 각 법률의 규정을 모두 준수한 것으로 간주될 수 있다. 예를 들면 금융회사가 「신용정보법」에 따른 내부관리규정을 작성하는 경우에는 「개인정보보호법」에서 규정하는 '내부관리계획'에 상응하는 내용을 포함해 작성한 후 수정 이력을 관리한다면, 「신용정보법」 상의 내부관리규정 작성을 준수하는 것으로 보는 것이다. (금융분야 개인정보보호 가이드라인, 2016). 아래는 개인정보보호법과 신용정보법, 전자금융거래법 상의 안전성 확보조치를 비교하고 상호 일치여부를 나타낸 것이다.

<표 4-15> 개인정보보호법, 신용정보법, 전자금융거래법 상 안전성 확보조치 사항 비교

구분	개인정보보호법	신용정보법	전자금융거래법	비고
내부관리계획	내부관리계획 수립	내부관리규정 마련	안전성 확보 등 계획	사실상 일치
접근권한	필요최소범위로 차등 관리	필요최소 부여	업무별 통제	사실상 일치
비밀번호	비밀번호 작성규칙 관리	비밀번호 작성규칙 관리	비밀번호 작성규칙 관리	사실상 일치
접근통제	접근통제시스템	• 침입차단시스템 • 침입탐지시스템	• 침입차단시스템 • 침입탐지시스템	사실상 일치
암호화	• 송수신 암호화 • 비밀번호는 일방향 암호화 • 고유식별정보 암호화	• 송수신 암호화 • 비밀번호는 일방향 암호화	• 전자금융거래 암호화 • 비밀번호 암호화	일부 상이 (고유식별정보 암호화에 대해서는 개인정보보호법 준수)
접속기록	접속기록 보관관리	접속기록 저장확인	접속기록 보존	사실상 일치

구분	개인정보보호법	신용정보법	전자금융거래법	비고
보안프로그램	보안프로그램 설치	백신S/W 설치	악성코드 방지대책	사실상 일치
물리적 보호	• 출입통제 • 잠금장치 보관	출입자관리통제	출입통제 보안대책	사실상 일치

※ 본 표는 개정 금융분야 개인정보보호 가이드라인, 40-44의 표를 요약 발췌한 것이며 상세한 내용은 동 가이드라인 참조

2022년 7월 개정된 「신용정보법감독규정」의 별표 3 기술적·물리적·관리적 보안대책 마련 기준은 신용정보의 보안대책에 대한 구체적인 기준을 제시하고 있다. 금융 신용분야 종사자들은 해당 감독규정을 우선으로 하고, 이 외에 「개인정보의 안전성 확보조치 기준 고시」를 참고하여 안전성 확보조치를 이행하여야 할 것이다.

「신용정보업감독규정」에서 정하는 보안대책의 구체적 내용을 살펴보면, 먼저 '기술적·물리적 보안대책'으로는 접근통제, 접속기록의 위·변조 방지, 암호화, 컴퓨터 바이러스 방지, 출력·복사시 보호조치를 들 수 있다.

1) 접근통제

- 개인신용정보처리시스템에 대한 접근권한을 서비스 제공에 필요한 최소한의 인원에게만 부여할 것, 전보 또는 퇴직 등 인사이동 시 지체 없이 개인신용정보처리시스템의 접근권한을 변경 또는 말소할 것, 권한 부여, 변경, 말소에 대한 내역을 기록하고 최소 3년간 보관할 것, 개인신용정보처리시스템에 침입차단시스템과 침입탐지시스템을 설치 보호할 것, 비밀번호 작성규칙을 수립 이행할 것, 개인신용정보가 인터넷 홈페이지 등을 통해 열람 권한이 없는 자에게 공개되지 않도록 개인신용정보처리시스템 및 PC를 설정할 것, 제휴·위탁·외부주문에 의한 개인신용정보처리시스템 등의 개발업무에 사용되는 업무장소 및 전산설비는 내부 업무용과 분리하여 설치·운영할 것 등

  ※ 침입차단시스템 - 시스템에 대한 접속 권한을 인터넷 프로토콜(IP) 주소, 포트

(port), MAC(Media Access Control) 주소 등으로 제한하여 인가받지 않은 접근을 제한하도록 하는 시스템

침입탐지시스템 - 시스템에 접속한 인터넷 프로토콜(IP) 주소, 포트, MAC 주소 등을 분석하여 불법적인 개인정보 유출 시도를 탐지하고 접근 제한·차단 등 적절한 대응 조치를 하는 시스템 (이상 용어설명은 개인정보보호위원회, 「개인정보의 안전성 확보조치 기준 안내서」(2024. 10.) 참조.)

2) 접속기록의 위·변조 방지

- 개인신용정보취급자가 개인신용정보처리시스템에 접속하여 개인신용정보를 처리한 경우 처리일시, 처리내역 등 접속기록을 저장하고 이를 월 1회 이상 정기적으로 확인·감독할 것, 개인신용정보처리시스템의 접속기록을 1년 이상 저장하고, 위·변조되지 않도록 별도 저장장치에 백업 보관할 것

3) 개인신용정보의 암호화

① (인증정보 저장 시 암호화) 비밀번호, 생체인식정보 등 본인임을 인증하는 정보는 암호화하여 저장, 조회할 수 없도록 하여야 함. 다만, 조회가 불가피하다고 인정되는 경우에는 그 조회사유·내용 등을 기록·관리하여야 함.

② (개인신용정보 및 인증정보 송수신 시 암호화) 정보통신망을 통해 개인신용정보 및 인증정보를 송·수신할 때에는 보안서버 구축 등의 조치를 통해 이를 암호화해야 함.

③ (PC 저장 암호화) 개인신용정보를 PC에 저장할 때에는 이를 암호화해야 함.

④ (개인식별정보 암호화) 다음 기준에 따라 개인식별정보의 암호화 등의 조치를 취하여야 함.

- 정보통신망을 통하여 송수신하거나 보조저장매체를 통하여 전달하는 경우에는 암호화하여야 함.
- 인터넷 구간 및 인터넷 구간과 내부망의 중간 지점(DMZ : Demilitarized

Zone)에 저장할 때에는 암호화하여야 함.

- 내부망에 개인식별정보를 저장하는 경우에는 암호화하여야 함.
- 업무용 컴퓨터 또는 모바일 기기에 저장하여 관리하는 경우에는 상용 암호화 소프트웨어 또는 안전한 알고리즘을 사용하여 암호화하여야 함.

⑤ 신용정보집중기관과 개인신용평가회사, 개인사업자신용평가회사, 기업신용조회회사(기업정보조회업무만 하는 기업신용조회회사는 제외한다)가 서로 개인식별번호를 제공하는 경우에는 상용 암호화 소프트웨어 또는 안전한 알고리즘을 사용하여 암호화하여야 함.

⑥ 신용정보회사등이 개인신용정보의 처리를 위탁하는 경우 개인식별번호를 암호화하여 수탁자에게 제공하여야 함.

※ 암호화 등 안전성 확보조치에는 인터넷 구간, DMZ(Demilitarized Zone) 영역, 내부망이라는 용어가 자주 등장한다. 각각의 용어의 구체적 의미는 아래 표와 같다.

<표 4-16> 인터넷 구간, DMZ 영역, 내부망의 구분

용 어	정 의
인터넷 구간	• 개인정보처리시스템과 인터넷이 직접 연결되어 있는 구간을 의미한다.
DMZ 영역	• 인터넷망 구간과 내부망 사이에 위치한 중간 지점 또는 인터넷망 구간 사이에 위치한 중간 지점으로서 인터넷망 구간에서 직접 접근이 가능한 영역을 말한다. (침입차단시스템 등으로 접근 제한 등을 수행하는 경우에도 해당)
내부망	• 인터넷망 차단, 접근 통제시스템 등에 의해 인터넷 구간에서의 접근이 통제 또는 차단되는 구간을 말한다.

※「신용정보업감독규정」에서는 '안전한 암호 알고리즘'을 구체적으로 제시하고 있지는 않으나, 개인정보보호위원회에서 발간한「개인정보의 안전성 확보조치 기준 안내서」(2024. 10.)는 아래의 표와 같이 '사용이 권장되는 안전한 암호 알고리즘'을 제시하고 있으므로 이를 참고할 수 있다.

<표 4-17> 사용이 권장되는 안전한 암호 알고리즘(2024년 기준)

구분	미국(NIST)	일본(CRYPTREC)	유럽(ECRYPT)	국내
일방향 암호 알고리즘	SHA-224/256/384/512	SHA-256/384/512	SHA-224/256/384/512 Whirlpool	SHA-224/256 /384/512
대칭키 암호 알고리즘	AES-128/192/256	AES-128/192/256 Camellia-128/192/256	AES-128/192/256 Camellia-128/192/256 Serpent-128/192/256	SEED, HIGHT ARIA-128/192/256 LEA-128/192/256
공개키 암호 알고리즘(메시지 암·복호화)	RSA (사용 권고하는 키길이 확인 필요)	RSAES-OAEP	RSAES-OAEP	RSAES
		(키 길이 2048bits 이상)		

▶국내외 암호 연구 관련 기관에서 대표적으로 다루어지는 권고 암호 알고리즘만 표시
※ TDEA(TDES), MD5, SHA-1 등 보안강도가 낮은 것으로 판명된 암호 알고리즘을 사용하여서는 안 됨
▶처리속도 등 기술발전에 따라 사용 권고 암호 알고리즘은 달라질 수 있으므로, 암호화 적용 시 국내외 암호 관련 연구기관에서 제시하는 최신 정보 확인 필요

4) 컴퓨터바이러스 방지

- 개인신용정보처리시스템 및 개인신용정보취급자가 개인신용정보 처리에 이용하는 정보처리기기에 컴퓨터바이러스, 스파이웨어 등 악성프로그램의 침투 여부를 항시 점검·치료할 수 있도록 백신 소프트웨어를 설치해야 함.
- 백신 소프트웨어는 월 1회 이상 주기적으로 갱신·점검하고, 바이러스 경보가 발령된 경우 및 백신 소프트웨어 제작 업체에서 업데이트 공지를 한 경우에는 즉시 최신 소프트웨어로 갱신·점검해야 함.

5) 출력·복사시 보호조치

- 개인신용정보처리시스템에서 개인신용정보의 출력시(인쇄, 화면표시, 파일생성 등) 용도를 특정하여야 하며, 용도에 따라 출력 항목을 최소화해야 함.
- 신용정보회사등은 개인신용정보를 조회(활용)하는 경우 조회자의 신원, 조회일시, 대상정보, 목적, 용도 등의 기록을 관리하여야 하며, 개인신용정보취급자가

개인신용정보를 보조저장매체에 저장하거나 이메일 등의 방법으로 외부에 전송하는 경우에는 관리책임자의 사전 승인을 받아야 함.

- 개인신용정보취급자는 제1항 및 제2항의 준수에 필요한 내부시스템을 구축하여야 하며 사전 승인시 승인신청자에게 관련 법령을 준수하여야 한다는 사실을 주지시켜야 함.

다음으로 관리적 보안대책으로 1) 신용정보관리·보호인의 업무, 2) 개인신용정보의 조회권한 구분, 3) 개인신용정보의 이용제한, 4) 개인신용정보 오남용에 대한 자체 제재기준 마련 등이 있다.

10. 개인(신용)정보의 파기 단계

개인(신용)정보의 파기에 대해서는 「신용정보법」 제18조제2항, 「개인정보보호법」 제21조에 따라야 한다.

금융회사등은 원칙적으로 신용정보의 정확성과 최신성이 유지될 수 있도록 신용정보의 등록·변경 및 관리 등을 하여야 한다. 금융회사등은 신용정보주체에게 불이익을 줄 수 있는 신용정보를 그 불이익을 초래하게 된 사유가 해소된 날부터 최장 5년 이내에 등록·관리 대상에서 삭제하여야 한다. 다만, 1) 종합신용정보집중기관이 신용정보주체에게 채권자변동정보를 교부, 열람하게 하는 업무를 수행하기 위한 경우 2) 종합신용정보집중기관이 업무를 수행하기 위한 경우 3) 금융회사등이 종합신용정보집중기관에 소멸시효 완성, 채무 면제 등 거래 종료 사유를 등록하기 위한 경우에는 삭제하지 않는다(「신용정보법」 제18조 제1항, 제2항).

삭제하여야 하는 개인신용정보는 연체, 부도, 대위변제 및 대지급과 관련된 정보, 신용질서 문란행위와 관련된 정보, 법원의 파산선고·면책·복권 결정 및 회생·간이회생·개인회생의 결정과 관련된 정보, 체납 관련 정보 등이다.

「신용정보법」이 금융기록의 보존, 신용정보 집중관리 등의 측면에서 개인신용정보 파기 기준을 정하고 있다면, 「개인정보보호법」에서는 좀더 일반적인 개인정보의 파기에 대해 정하고 있다.

「개인정보보호법」은 원칙적으로 개인(신용)정보는 보유기간의 경과, 개인정보 처리목적 달성 등으로 그 개인정보가 불필요하게 되었을 때는 지체 없이 파기하여야 한다.

- (법령상 보존기한이 명시된 경우) 해당 법령에 따라 파기
- (법령상 보존기한이 불분명한 경우) 정보주체의 동의에 따라 파기
- (법령상 보존기한이 불분명하거나 정보주체의 동의가 없는 경우) 그 개인정보의 처리목적이 완전히 달성된 시점에 파기

1) 법령상 보존기한이 명시된 경우

금융 관계법령이 정하는 보존기한이 경과된 후에는 해당 개인(신용)정보를 지체 없이 파기하여야 한다. 다만 계약 완료 등으로 인하여 개인(신용)정보가 불필요하게 되었으나 법령상 잔여 보유기간이 있는 경우에는 다른 개인정보와 분리하여 저장·관리할 필요가 있다.

2) 법령상 보존기한이 불분명하고 정보주체의 동의가 있는 경우

금융 관계법령상 보존기한이 명확히 규정되어 있지 않으나 개인정보의 보유기간에 대하여 정보주체의 명시적인 동의를 받은 경우에는 당초 정보주체가 동의한 보유기간이 경과된 후 지체없이 파기하여야 한다.

3) 법령상 보존기한이 불분명하고 정보주체의 동의가 없는 경우

이러한 경우에는 당초 개인정보를 수집한 목적이 완전히 달성된 때에 지체 없이 파기하여야 한다. 다만, 수집한 목적이 달성되었으나 향후의 분쟁 대응이나 금융소비자 보호, 금융감독 당국의 검사·감독 수감을 위해 개인(신용)정보의 지속적인 보존이 불가피한 경우에는 이러한 정보를 다른 개인(신용)정보와 별도로 분리하여 보관하여야 한다.

11. 영상정보처리기기(CCTV)의 설치·운영·관리

폐쇄회로 텔레비전(CCTV)으로 대표되는 영상정보처리기기는 매우 적은 비용과 인력으로 특정 공간이나 시설을 손쉽게 모니터링할 수 있어 매우 폭넓게 활용되고 있다. 우리나라의 경우에도 공공 및 민간을 불문하고 방범이나 보안 목적으로 CCTV가 널리 보급되어 있으며 특히 금융 분야에서는 창구나 ATM기 등에 거의 대부분 설치·운영되고 있어 대표적인 활용 분야로 손꼽히고 있다.

그러나 이러한 영상정보처리기기는 특정 개인의 얼굴, 동작, 행태를 고스란히 영상화된 정보로 생성·보관 할 수 있다는 점에서 일반적인 개인정보와는 비교할 수 없을 정도로 사생활 침해 우려가 높다는 지적이 늘 있어왔다. 국가인권위원회의 2010년도 조사에 따르면 한 사람이 하루 평균 83차례에 걸쳐 CCTV에 촬영되는 것으로 나타나는 등 정보주체가 인지하지 못하는 사이에 다량 촬영됨으로써 사생활 침해 우려가 높은 것으로 알려졌고 2025년 현재에는 이보다 훨씬 많은 빈도로 CCTV 촬영이 이루어 질 것으로 손쉽게 예측할 수 있다. 따라서 금융회사에서는 안전한 금융거래를 위해 CCTV를 효율적으로 활용하면서 한편으로는 고객(금융소비자)의 사생활 침해 우려가 없도록 현행 법률에 따른 CCTV 설치·운영 기준을 철저히 숙지하고 준수할 필요가 있다.

영상정보처리기기(CCTV)를 통한 개인영상정보의 처리에 대해서는 「개인정보보호법」 제25조가 적용된다. 신용정보법에서는 CCTV에 대한 별도 규정을 두고 있지 않으며, 전자금융감독규정(금융위원회 고시) 제11조 제3호에서는 전산실 등에 관한 관리조치의 일환으로 무인감시카메라 등의 설치를 규정하고 있다. 따라서 금융회사의 객장, 창구, ATM기 등 공개된 장소에 설치 운영되고 있는 CCTV에 대해서는 「개인정보보호법」이 가장 우선적인 기준이 된다.

11-1. 영상정보처리기기의 정의

'영상정보처리기기'란 일정한 공간에 지속적으로 설치되어 사람 또는 사물의 영상 등을 촬영하거나 이를 유·무선망을 통하여 전송하는 장치를 말한다(개인정보보호법 제2조제7호, 동법 시행령 제3조) 여기에는 구체적으로 1) 폐쇄회로 텔레비전(CCTV), 2) 네트워크 카메라가 포함된다. '폐쇄회로'란 외부와 연결되지 않은 폐쇄망을 의미하고, '네트워크 카메라'는 외부와 연결된 개방망, 대표적으로 인터넷을 이용해 영상정보를 전송하는 장치를 말한다.

「개인정보보호법」에 따른 '영상정보처리기기'에 해당하기 위해서는 그 기기가 일정한 공간에 고정적, 상시적, 지속적으로 설치되어 있어야 하고, 그 촬영범위도 일정한 공간이나 구역에 한정되어 있어야 한다.

2023년 3월 「개인정보보호법」 개정에서는 기존의 영상정보처리기기를 '고정형 영상정보처리기기'로 규정하고, '이동형 영상정보처리기기'의 정의규정을 신설하였다. 이동형 영상정보처리기기란 사람이 신체에 착용 또는 휴대하거나 이동 가능한 물체에 부착 또는 거치(据置)하여 사람 또는 사물의 영상 등을 촬영하거나 이를 유·무선망을 통하여 전송하는 장치로서 대통령령으로 정하는 장치를 말하는 것으로 정의하였다(개정 「개인정보보호법」 제2조 제7의2). 2025년 2월 개정된 「개인정보보호법 시행령」 제3조 제2항은 이동형 영상정보처리기기의 구체적 분류로, 다음의 세 가지를 제시하고 있다.

- 착용형 장치 : 안경 또는 시계 등 사람의 신체 또는 의복에 착용하여 영상 등을 촬영하거나 촬영한 영상정보를 수집·저장 또는 전송하는 장치
- 휴대형 장치 : 이동통신단말장치 또는 디지털 카메라 등 사람이 휴대하면서 영상 등을 촬영하거나 촬영한 영상정보를 수집·저장 또는 전송하는 장치
- 부착·거치형 장치 : 차량이나 드론 등 이동 가능한 물체에 부착 또는 거치(据置)하여 영상 등을 촬영하거나 촬영한 영상정보를 수집·저장 또는 전송하는 장치

11-2. 영상정보처리기기 설치·운영 원칙

「개인정보보호법」에 따른 영상정보처리기기 원칙은 '공개된 장소'에 영상정보처리기기를 설치·운영 하는 경우에 대해서만 적용된다(개인정보보호법 제25조제1항). 일반적으로 '공개된 장소'란 도로, 공원, 지하철역 등과 같이 불특정 다수가 출입하거나 이용하는데 제약이 없는 장소를 의미한다. 반면 특정인 또는 특정한 용건이 있거나 출입 권한을 부여받은 사람만 출입할 수 있는 장소, 출입이 엄격히 통제되는 장소 등은 '공개된 장소'에 해당되지 아니하며 이러한 비공개 장소에 설치·운영되는 영상정보처리기기에 대해서는 「개인정보보호법」 제25조가 적용되지 않는다.

금융회사에서 CCTV를 설치·운영 하는 경우에는 어디까지가 공개된 장소인지를 명확히 구분하는 것이 쉽지는 않겠으나, 위의 기준에 따를 경우 고객(금융소비자)이 촬영되는 지점 창구, 객장 등은 공개된 장소로 판단할 수 있을 것이며, 반면 고객의 출입이 원칙적으로 통제되는 금융회사 내부 업무공간이나 전산실 등은 비공개장소로 볼 수 있다. 이러한 영상정보처리기기의 장소 적용기준을 표로 정리하면 다음과 같다.

<표 4-18> 영상정보처리기기(CCTV) 장소 적용 기준

구 분		적용 기준
① '공개된 장소'에 설치·운영하는 경우		개인정보보호법 제25조에 따름
비공개장소	② 다른 법령에 '비공개 장소에서의 영상정보처리기기 설치·운영'에 대한 별도 규정이 있는 경우	해당 법령의 규정에 따름 (예) 「전자금융거래법」 및 「전자금융감독규정」(금융위 고시) 제11조(전산실에 무인감시카메라 조치 등)
	③ 비공개 장소의 영상정보처리기기 설치·운영자가 '개인정보처리자'이고, 다른 법령에 별도 규정이 없는 경우	개인정보보호법 제15조에 따른 '개인정보 수집·이용' 기준에 따름 ※ 정보주체 동의, 법률 규정 또는 법령상 의무준수 등에 의한 수집
	④ 비공개 장소의 영상정보처리기기 설치·운영자가 '개인정보처리자'가 아닌 경우	개인정보 보호법 적용대상 아님

※「민간분야 영상정보처리기기 설치·운영 가이드라인」(행정안전부, 2016)에서는 비공개장소에 CCTV를 설치하는 경우에도 공개된 장소에 설치된 영상정보처리규정을 준용하는 것을 권장하고 있음 (안내판 설치 등)

누구든지 공개된 장소에 영상정보처리기기를 설치·운영하는 것은 원칙적으로 제한되며, 다만 1) 법령에서 구체적으로 허용하고 있는 경우, 2) 범죄의 예방 및 수사를 위하여 필요한 경우, 3) 시설안전 및 화재 예방을 위하여 필요한 경우, 4) 교통단속을 위하여 필요한 경우 5) 교통정보의 수집·분석 및 제공을 위하여 필요한 경우, 6) 촬영된 영상정보를 저장하지 아니하는 경우로서 대통령령으로 정하는 경우(출입자 수, 성별, 연령대 등 통계값 또는 통계적 특성값 산출을 위해 촬영된 영상정보를 일시적으로 처리하는 경우, 그 밖에 이에 준하는 경우로서 개인정보 보호위원회의 심의·의결을 거친 경우) 등 총 여섯가지 사유에 해당되는 경우에만 영상정보처리기기(CCTV)를 설치·운영할 수 있다.

금융회사가 지점의 창구, 객장, ATM기 등에 CCTV를 설치하는 경우는 범죄의 예방·수사(방범)와 시설안전·화재예방이 주된 목적이 될 수 있을 것으로 보인다. 여러 개별 법령에서 영상정보처리기기의 설치·운영을 규정하는 경우도 많은데, 예를 들어 금융회사 등이 주차대수 30대를 초과하는 자주식 노외주차장을 운영하는 경우에는 「주차장법」 시행규칙 제6조제1항제11호에 의거 CCTV를 설치하여야 한다.

주의할 점으로는, 불특정 다수가 이용하는 목욕실, 화장실, 발한실(發汗室), 탈의실 등 개인의 사생활을 현저히 침해할 우려가 있는 장소의 내부를 볼 수 있는 영상정보처리기기는 설치·운영이 엄격히 금지된다(개인정보보호법 제25조제2항). 만약 이를 위반하였을 경우에는 5천만원 이하의 과태료가 부과될 수 있으므로, 금융회사는 자사가 관리하는 상기 목욕실이나 화장실 등의 장소에 CCTV가 설치·운영되는 일이 없도록 각별히 주의를 기울여야 한다.

그리고 금융회사 등은 영상정보처리기기의 설치 목적과 다른 목적으로 임의 조작하거나 다른 곳을 비출 수 없고, 어떠한 경우에도 녹음 기능은 사용할 수 없다(개인정보보호법 제25조제5항). 다만 임의조작 금지규정에는 약간의 설명이 필요하다. 종종 금융회사 실무에서는 이 조항이 CCTV의 회전 기능이나 줌 기능 자체를 원천 금지하는 것으로 여기는 경우가 있는데, 이 조항은 무조건적으로 CCTV의 임의 조작 및 회전기능 등의 사용을 금지하는 것이 아니라 '본래의 설치목적과 다른 목적'으로 임의 조작하거나 다른 곳을 비추는 행위를 금지하는 취지이다. 다만 금융회사의 ATM기에서 고객의 계좌번호, 비밀번호 등을 CCTV로 필요 이상 폭넓게 촬영하는 것은 불필요한 개인영상정보 촬영으로 간주되고 있으므로, 만약 혹시라도 이러한 촬영을 하고 있는 금융회사는 해당 CCTV의 촬영 금지나 각도 조절 등의 개선 조치를 즉시 취할 필요가 있다.

11-3. 안내판 설치 등 CCTV 운영 공개

금융회사 등의 영상정보처리기기 운영자는 정보주체가 영상정보처리기기의 설치·운영 사실을 쉽게 인식할 수 있도록 안내판을 설치해야 한다(개인정보보호법 시행령 제24조제1항). 안내판에는 1) 설치목적 및 장소, 2) 촬영범위 및 시간, 3) 관리책임자의 성명(직책) 및 연락처, 4) 만일 영상정보처리기기 설치·운영을 외부에 위탁한 경우에는 그 위탁받는 자(수탁자)의 명칭 및 연락처를 기재해야 한다. 종종 'CCTV 촬영중' 등의 간단한 문구만 기재된 안내판이 설치된 것을 볼 수 있는데, 이러한 단순 안내판은 개인정보보호법에 따른 안내판의 요건을 충족한 것이 아님을 유의해야 한다.

금융회사의 경우에는 건물이나 업무공간 내에 여러 개의 CCTV를 운영하는 경우가 많다. 이러한 때에는 출입구 등 잘 보이는 곳에 '해당 시설 또는 장소 전체'가 영상정보처리기기 설치지역임을 표시하는 안내판을 설치하여도 무방하다. 안내판의 위치나 크기 등은 따로 정해져 있는 것은 아니다. 다만 촬영범위 내에서 정보주체가 알아보기 쉬운 장소에 용이하게 판독할 수 있게 설치되어야 하며, 이 범위 내에서는 안내판의 크기·설치위치 등을 자율적으로 정할 수 있다.

<그림 4-3> 영상정보처리기기 안내판 게재사항(예시)

CCTV 설치 안내

◈ 설치목적 : 범죄 예방, 시설안전, 화재예방
◈ 설치장소 : 출입구, 객장, ATM기
◈ 촬영범위 : 출입구, 객장, ATM기 부근
◈ 촬영시간 : 24시간 연속 촬영
◈ 관리책임자 : OOO과 홍길동 (02-OOO-OOOO)
(설치·운영을 외부 위탁한 경우)
◈ 위탁관리자 : OOO업체 박길동 (02-OOO-OOOO)

11-4. 영상정보처리기기 안전성 확보조치 등

금융회사 등의 영상정보처리기기운영자는 개인정보가 분실, 도난, 유출, 변조, 훼손되지 않도록 안전성 확보조치를 취해야 하며, 특히 수집한 CCTV 영상정보에 대해서는 접근권한을 통제하는 등 안전한 운영이 필요하다.

개인영상정보는 당연히 수집 목적을 넘어 이용하거나 제3자에게 제공할 수 없으며, 다만 예외적으로 1) 정보주체의 별도 동의를 얻은 경우, 2) 다른 법률에 특별한 규정이 있는 경우, 3) 정보주체나 제3자의 급박한 생명, 신체, 재산상 이익을 위해 필요하다고 인정되는 경우 등에는 개인영상정보를 목적외로 이용하거나 제3자에게 제공하는 것이 허용된다.

이와 관련하여, 금융회사의 경우에는 특히 수사기관에서 수사목적으로 CCTV 촬영 자료를 제공 요청하는 경우에 이를 제공할 수 있는지가 종종 논란이 되고 있다. 수사기관에서 다른 법률이 정한 절차(법관의 영장, 법원 제출명령 등)를 거쳐 CCTV 영상의 열람 또는 제공을 요청하는 경우 또는 명백히 정보주체 또는 제3자의 급박한 생명, 신체, 재산의 이익을 위하여 필요하다고 인정되는 경우 등 「개인정보보호법」 제18조제1항제1호부터 제3호의 어느 하나에 해당하는 경우에 한하여 CCTV 영상을 제3자에게 제공할 수 있다고 보인다(개인정보보호위원회, 「민간분야 고정형 영상정보처리기기 설치·운영 가이드라인」(2024. 1.) 참조). 여기서 '급박한 필요성'은 예를 들어 범죄(분실 지갑의 무단 취득은 「형법」 제360조에 따른 점유이탈물횡령죄에 해당) 발생 상황에서 현행범을 긴급하게 확인·검거하기 위한 경우 또는 보이스피싱 발생 상황에서 수거책을 긴급하게 확인·검거하거나 피해자를 확인하기 위한 경우 등이 해당될 수 있다. 다만 이 경우에도 금융회사는 수사에 필요한 최소한의 범위에서 제한적으로 제공해야 한다. 예를 들어 ATM기에서 금융 범죄가 발생하였다고 추정되는 특정 시간대의 영상자료만 발췌하여 제공하는 등의 조치가 그것이다. 자료를 요청하는 수사기관에서도 관련 법령 및 요청 목적 등을 명확하게 하고 최소한의 범위 내에서 자료 제공을 요청할 필요가 있음을 유의해야 한다.

11-5. 이동형 영상정보처리기기의 운영 제한

2023년 3월 「개인정보보호법」 개정에서는 이동형 영상정보처리기기의 운영 제한에 대한 기준을 신설하였다. 업무를 목적으로 이동형 영상정보처리기기를 운영하려는 자는 원칙적으로 공개된 장소에서 이동형 영상정보처리기기로 사람 또는 그 사람과 관련된 사물의 영상을 촬영하여서는 아니되며, 다만 「개인정보보호법」 제15조 제1항의 어느 하나에 해당하는 경우 즉 개인정보의 합법적인 수집·이용의 근거에 해당하는 경우, 촬영 사실을 명확히 표시하여 정보주체가 촬영 사실을 알 수 있도록 하였음에도 불구하고 촬영 거부 의사를 밝히지 아니한 경우(정보주체의 권리를 부당하게 침해할 우려가 없고 합리적인 범위를 초과하지 아니하는 경우로 한정함), 그 밖에 대통령령으로 정하는 경우에는 사람 또는 그 사람과 관련된 사물의 영상을 촬영할 수 있다고 규정하였다(「개인정보보호법」 제25조의2 제1항). 그리고 이동형 영상정보처리기기로 사람 또는 그 사람과 관련된 사물의 영상을 촬영하는 경우에는 불빛, 소리, 안내판 등 대통령령으로 정하는 바에 따라 촬영 사실을 표시하고 알려야 한다고 규정하였다(「개인정보보호법」 제25조의2 제3항). 즉 고정형 영상정보처리기기에 적용되는 안내판과 유사하게 이동형 영상정보처리기기에 대해서도 안내사실의 고지 의무가 적용되었다.

이동형 영상정보처리기기의 활용과 보호에 대해서는 개인정보보호위원회가 발간한 「이동형 영상정보처리기기를 위한 개인영상정보 보호·활용 안내서」(2024. 9.)가 참고가 될 수 있다.

12. 개인정보 유출시 조치 방법

개인정보가 만에 하나 외부로 유출된 경우에는 그 자체로도 문제가 되겠지만 무엇보다도 가장 큰 문제점은 그 개인정보가 계속해서 불법적으로 복사·유통·거래되면서 정보주체(금융소비자)의 추가적인 2차 피해를 야기한다는 점이다. 따라서 만일 개인정보 유출 사고가 발생한 경우에는 금융회사의 자체적인 수습 이외에도 정보주체에게 이 사실을 신속하게 알리고 대응하도록 하는 조치가 반드시 필요하다.

이러한 취지에서 개인정보보호법은 개인정보가 유출된 경우 정보주체에게 통지 및 관련 기관에 신고하도록 의무를 부과하고 있다. 개인정보의 유출시의 통지·신고에 대해서는 「개인정보보호법」 제34조가 적용된다. 한편 2015년 9월 12일부터 시행되고 있는 개정 「신용정보법」에서도 신용정보 누설통지에 대한 규정이 새롭게 신설되었다.

12-1. 개인정보 유출시 통지 조치

개인정보의 '유출'이란 정보주체(금융소비자)의 개인정보에 대해 개인정보처리자(금융회사)가 통제를 상실하거나 또는 권한 없는 자의 접근을 허용한 것으로서 법령이나 개인정보처리자의 자유로운 의사에 의하지 않고 위의 상황이 발생한 경우를 의미한다. 구체적으로는 다음의 경우가 '개인정보 유출'에 해당하게 된다.

① 개인정보가 포함된 서면, 이동식 저장장치, 휴대용 컴퓨터 등을 분실, 도난당한 경우

② 개인정보가 저장된 데이터베이스 등 개인정보처리시스템에 정상적인 권한이 없는 자가 접근한 경우

③ 개인정보처리자의 고의 또는 과실로 인해 개인정보가 포함된 파일 또는 종이 문서, 기타 저장매체가 권한이 없는 자에게 잘못 전달된 경우

④ 기타 권한이 없는 자에게 개인정보가 전달되거나 개인정보처리시스템 등에 접근 가능하게 된 경우

개인(신용)정보가 유출된 경우에는 원칙적으로 5일 이내에 정보주체에게 그 내용을 통지해야 한다. 이 때 통지해야 하는 내용은 1) 유출 개인정보 항목, 2) 유출 시점 및 경위, 3) 피해 최소화를 위해 정보주체가 할 수 있는 방법, 4) 개인정보처리자(금융회사)의 대응조치 및 피해구제절차, 5) 정보주체에게 피해가 발생한 경우 신고를 접수할 수 있는 담당부서와 연락처이다(개인정보보호법 제34조). 통지 방법은 서면, 전자우편, 팩스, 전화, 문자전송 등을 이용할 수 있다.

경우에 따라서는 유출 통지에 앞서 긴급한 조치가 필요한 경우도 있을 수 있다. 예를 들어 유출된 개인정보 확산 및 추가 유출 방지를 위해서 접속경로의 차단, 취약점 점검·보완, 유출된 개인정보의 삭제 등의 조치를 하는 경우가 그것인데, 이 때에는 금융회사가 먼저 긴급한 조치를 하고 그 이후에 지체 없이 정보주체에게 통지할 수 있다.

12-2. 일정규모 이상 개인정보 유출시 신고 및 공개 조치

금융회사 등의 개인정보처리자에서 '1만건 이상'의 개인정보가 유출된 경우에는 상기의 정보주체 통지 조치 이외에도, 5일 이내에 개인정보보호위원회 또는 한국인터넷진흥원(전화 : 국번없이 118)에 유출 사실을 신고하여야 한다. 신고 내용은 1) 정보주체에 대한 통지 내용, 2) 개인정보 유출에 대한 피해 최소화 대책 및 필요한 조치 시행결과이다. 이 경우에 관련 사실을 금융감독원 개인정보보호 담당부서에도 함께 알리도록 하고 있다.

또한 개별 통지, 신고와 함께 해당 금융회사의 인터넷 홈페이지에도 유출 통지 내용을 7일 이상 게재하여야 하며, 당해 유출사고가 「금융기관검사및제재에관한규정」, 「전자금융감독규정」에 해당하는 경우에는 금융위원회 또는 금융감독원에 보고를 병행하여야 한다.

개인정보 유출에 대한 통지, 신고, 공개 조치사항을 이해하기 쉽도록 표로 정리하면 다음과 같다.

<표 4-19> 개인정보 유출 통지, 신고, 공개 조치사항

기 준	조치사항
1만건 미만 유출시	정보주체에 통지 (필수, 5일 이내) ※ 유출규모 등이 명확치 않을 때에는 신고 및 인터넷 홈페이지에 공개를 병행함이 바람직
1만건 이상 유출시	• 정보주체에 통지 (필수, 5일 이내) • 개인정보보호위원회 또는 한국인터넷진흥원에 신고 (필수, 5일 이내) • 금융감독원 개인정보보호 담당부서에도 같이 통지 • 인터넷 홈페이지 또는 사업장 등에 공개 (필수, 7일 이상)

특히 금융 신용 업종에서는 만약 내·외부 공격 등으로 인한 개인(신용)정보의 유출 사실을 인지했을 때에는 법정 기한 내에 가급적 신속하게 유출 사실을 신고하는 것이 중요하다. 2025년 4월 발생한 某 이동통신사의 유심(USIM) 정보 유출 사태와 관련하여, 해당 기업은 유심 관련 정보 유출 정황을 인지하였으면서도 한국인터넷진흥원에 침해사실을 신고하지 않았다는 의혹을 받고 있고, 이로 인하여 관계 기관으로부터 행정조사 및 민사 집단소송 제기 등 난관을 겪는 것으로 보도되었다.

제 4 절 금융분야 개인정보 침해 사례

금융분야는 금융거래, 중개, 투자 등을 처리하는 특성상 그 어떤 분야보다도 개인정보 보호의 중요성이 강조되어야 하나, 최근 몇 년간 은행, 카드, 보험 등의 분야에서 다량의 개인정보 유출 및 침해 사고가 종종 발생하여 왔다. 특히 금융분야에서 만약 개인(신용)정보가 유출되는 경우에는 타 경제산업 분야에 비해 2차 피해에 악용될 가능성이 훨씬 크다는 점에서 금융회사는 향후 유사한 개인정보 침해 사고가 발생하지 않도록 예방 조치에 만전을 기할 필요가 있다.

개인정보 유출 및 침해사고의 원인과 경로는 대략적으로 아래의 4가지로 구분하여 볼 수 있으며, 그 원인에 따라 각각의 사전 예방조치를 강구할 것이 요구된다.

<표 4-20> 개인정보 유출

유 형	내 용	대표적 조치사항
1) 외부 공격	외부 공격자가 권한 탈취 등을 통해 금융회사 내부에 보관된 개인정보 유출 ※ 외부 공격은 대부분 유출 개인정보의 불법 거래·유통을 목표로 함	안전성 확보조치 강화
2) 내부자 고의	내부자가 고의로 금융회사 내부에 보관된 개인정보를 외부에 유출	- 직원 교육 등 인식제고 - 안전성 확보조치 강화
3) 내부자 과실	내부자의 과실(실수)로 개인정보 유출, 분실 등	- 안전성 확보조치 강화 (내부자 과실로 인한 유출 발생시에도 2차적 피해가 발생하지 않도록 개인정보 암호화 등) - 직원 교육 등 인식제고
4) 위·수탁 관계	금융회사의 수탁자에서 개인정보 유출, 분실 등	- 개인정보 처리위탁 관리강화 - 안전성 확보조치 강화

아래에서는 최근 몇 년간 금융분야에서 발생한 주요 유출 사례의 원인과 대응방안을 살펴본다.

1. A 캐피털 개인정보 유출 사례 (2011년)

필리핀에 거주하던 한국인 해커가 다른 지인의 의뢰를 받고 A 금융회사 서버에 웹셸(webshell)을 설치한 후 이를 통해 개인정보 175만여건을 불법 다운로드하고, 이를 이용해 A 금융회사를 협박하다 수사기관에 검거, 구속되었다(조선일보 '12.12.27 보도 등). 동 해커는 1심 재판에서 실형(징역형)이 선고되었다.

동 사건은 앞에서 살펴본 개인정보 유출 경로 분류 중에서 '1) 외부 공격'의 전형적인 사례로 들 수 있다. 동 사건은 개인(신용)정보에 대한 안전성 확보조치 이행 미비가 1차적인 원인으로 지적될 수 있겠으며 특히 개인정보처리시스템에 대한 접근통제, 접속기록 점검 등의 조치가 미비했던 것이 아닌가 하는 지적이 존재한다.

다만 이러한 외부 공격으로 인한 개인정보 유출의 경우에는 과연 해당 개인정보처리자가 어디까지 법령에 따른 조치를 이행하여야 민/형사상의 책임으로부터 면책될 수 있는지에 대해 견해가 대립하고 있다. 예를 들어 특정 운영체제나 시스템에 대한 보안 취약점이 공표되기 전에 이를 이용하는 이른바 '제로데이 공격(Zero day attack)'이 발생한 경우, 해당 기업으로서는 제로데이 공격을 막기 위해 과연 어디까지 안전성 확보조치를 취했어야 면책이 되는지, 개인정보보호법이나 신용정보법에 따른 보안조치를 법령상의 문구대로 이행하였으면 면책이 되는지 등에 대해서는 아직 명확하게 견해가 확립되었다고 보기 어렵기 때문이다.

참고로 2011년 모 인터넷 포털업체에 대해 외부 공격자에 의한 개인정보 유출 사건이 발생하여 약 3천만건이 넘는 개인정보가 유출됨에 따라, 피해자들이 동 인터넷 포털업체를 상대로 민사 손해배상 소송을 진행한 바 있다. 그런데 1심 판결에서 甲 지방법원은 원고 패소 판결(손해배상 불인정), 乙 지방법원은 원고 승소 판결

(손해배상 인정, 1인당 20만원)을 내려 동일 사건에 대해 상반된 입장을 취한 예가 존재한다. 1심에서 쟁점이 된 사항을 간략히 살펴보면, 예를 들어 접근통제조치에 대해 甲 지법은 동 인터넷 포털업체가 법령에 따른 침입차단/탐지시스템을 운영하고 있었고 해킹 방지 기술의 한계 등을 고려할 때 본 사건의 대량 유출징후 탐지 실패는 법 위반으로 보기 어렵다고 한 반면, 乙 지법은 침입탐지시스템의 이상징후 경고발생 기준이 지나치게 완화되어 설정되어 있었다고 보면서(판결에 따르면, 10Gb 이상의 text file이 새벽 시간에 FTP 원격접속으로 외부 전송되는 상황을 DLP 시스템이 탐지하지 못하였음) 이는 접근통제 보호조치를 제대로 이행하지 못한 것이라고 판단하였다. 개인정보 암호화 조치에 대해서도 견해가 나뉘는데, 甲 지법은 동 인터넷 포털업체가 개인정보보호법에 따른 비밀번호의 일방향 암호화조치를 이행했다고 본 반면(암호화 알고리즘 등은 판단하지 않음), 乙 지법은 비밀번호 일방향 암호화 조치를 취하기는 했으나 그에 사용된 암호화 알고리즘이 최근 보안강도가 낮아 사용이 권고되지 않는 MD5를 사용했다는 이유 등으로 암호화 조치 또한 제대로 이행되지 못했다고 판단한 것이다.

이러한 판례 등으로 미루어 볼 때 현 시점에서 어느 정도가 개인정보의 안전성 확보조치를 모두 이행한 것인가에 대해서는 구체적·개별적 사례에 따라 판단할 수밖에 없다. 결국 현재로서는 금융회사가 개인정보보호법, 전자금융거래법 등 현행 법령이 요구하는 개인정보 안전성 확보조치를 그 세부 이행 기준까지 모두 포함하여 준수하는 것이 필요하다고 판단된다(엄격한 탐지기준 설정, 주기적 점검, 권고되는 암호화 알고리즘 사용 등).

2. B 신용카드사 직원에 의한 개인정보 유출 (2011년)

B 신용카드사의 가맹점 관리 등의 업무를 담당하는 직원이 약 80만건의 개인정보를 입수하고 그 중 일부를 지인들에게 유출하였다가 경찰에 적발되어 기소되었다. 법원은 비록 가맹점 관리 등의 업무를 위해 획득한 정보라 하더라도 개인정보를 외부 유출한 것은 죄질이 무거우며, 다만 유출된 개인정보가 다른 곳에 사용되어 2차 피해가 발생하지 않은 점 등을 고려하여 유출 직원에 대해 징역 2년에 집행유예 3년을 선고하였다(세계일보 2012.4.24 보도 등).

동 사건은 앞에서 살펴본 개인정보 유출 경로 분류 중에서 '내부자 고의'에 의한 유출 사례로 볼 수 있다. 사실 기업의 내부 직원이 고의를 지니고 개인정보를 유출하는 것을 완전히 방지하기란 매우 어렵다. 개인정보를 통제, 관리하고 접근권한을 가진 주체가 유출하는 것이기 때문이다. 그러나 한편으로는 내부자 고의에 의한 개인정보 유출은 그 금융회사 자체의 도덕성과 직결되어 가장 많은 비난을 받을 수 있으므로, 이에 대해서도 철저한 사전 대응이 요구된다.

내부자 고의에 의한 유출 방지는 크게 2가지 방법을 생각해볼 수 있다. 첫 번째는 내부 직원에 대한 지속적인 교육 등의 인식제고 활동이다. 이를 통해서 개인정보 보호의 중요성, 유출의 위험성, 법 위반시 제재 가능성을 인지시킴으로써 유출 범죄의 사전 예방효과를 기대하는 것이다. 그러나 개인정보 유출을 직원 개개인의 인식 향상과 도덕성만으로 방지하는 것은 현실적으로 불가능하다. 두 번째는 내부 직원에 대해서도 업무별·직책별 접근권한 분리와 차등부여를 실시하고 네트워크와 보조저장매체, 출력물 등에 대한 단계별 접근 통제를 구현함으로써 내부자에 의한 유출 억제를 기대할 수 있다.

내부직원에 대한 접근권한 관리에 관한 유사한 사례로서 2007년도에 某 공단에서 발생한 개인정보 침해 사례를 들 수 있다. 언론 보도에 따르면 당시 동 공단에서는 고객서비스, 자격심사, 급여 등 다양한 업무에 대한 개인정보 열람권한을 단지 하나의 계정으로 공동 처리하도록 하였으며, 이에 공단 직원들은 호기심에서 대선 후

보나 연예인 등 유명인사의 개인정보를 흥미삼아 무단 조회하다가 감사에 적발된 사례가 있다. 이후 동 공단은 업무별 접근권한 차등 관리 등의 개선조치를 시행하였다. 즉 직원들에 대한 인식제고 활동과는 별도로, 개인정보를 무단 조회할 수 있는 권한 자체를 부여하지 않는 것이 내부자에 의한 침해를 사전 방지할 수 있는 좋은 방법이었던 것이다.

3. C 손해보험 개인정보 유출 (2012년), D 은행 개인정보 유출 (2013년)

C 손해보험의 관리자 웹페이지를 알아낸 후, 이를 통해 피보험자 성명, 전화번호, 차량번호 등의 개인정보 약 15만건을 다운로드한 사람이 검찰에 구속, 기소되었다(경향신문 2012.9.21 보도 등). 언론 보도에 따르면 본 유출사고는 특별한 해킹 기술이 사용된 것이 아니라 단순히 인터넷 검색엔진을 이용하여 별도의 관리자 인증절차 없이 바로 우회 접속이 가능한 관리자 웹페이지를 알아내어 개인정보를 유출한 사례로서, 범인은 C 손해보험 이외에도 단순히 검색엔진을 사용하는 방법만으로 여러 웹사이트에서 총 800만건이 넘는 개인정보를 획득한 것으로 알려졌다. 이는 앞에서 살펴본 개인정보 유출 경로 분류 중에서 외부 공격보다는 오히려 '내부자 과실'의 유형으로 분류되는 것이 정확하다고 보인다.

권한 인증 없이 우회할 수 있는 URL 등이 존재하고 이를 단순히 인터넷 검색엔진을 통해 알아내어 개인정보를 유출하는 사례는 금융분야 외의 타 분야에서도 종종 발생하고 있으며, 이를 방지하기 위해서는 권한 없는 자의 접근통제 제한 등이 철저히 이루어져야 한다. 한국인터넷진흥원은 보안설정 과실이나 홈페이지 설계 실수 등으로 개인정보가 노출되는 사례를 방지할 수 있도록 「홈페이지 개인정보 노출방지 가이드라인」을 제시하고 있으므로 각 금융회사는 이를 참고하여 자사의 시스템 및 홈페이지 등에서 우회경로 등이 존재하지 않는지를 수시로 점검, 조치하는 것이 반드시 필요하다.

D 은행의 개인정보 유출 사례도 내부자 과실에 의한 경우로 분류할 수 있다. 언론보도에 따르면 D 은행 모 지점은 고객 개인정보 1만여건이 담긴 고객 전표, 신용카드 발급신청서 등의 서류를 전문 파쇄업체가 아닌 단순 고물상에 넘겼다가 적발되었다(연합뉴스 2013.6.26 보도 등). D 은행의 경우 개인정보 서류에 대한 내부적 파쇄 절차가 분명히 존재함에도 단순히 비용을 절감하려는 과정에서 발생한 일이어서 결국 개인정보 파기 등에 대한 담당자의 과실로 볼 수 있다.

4. 주요 신용카드사 개인정보 유출 (2014년)

3개 주요 신용카드사에 파견되어 '위변조 방지시스템' 개발 용역을 수행하던 신용정보조회회사 직원이 해당 신용카드사의 개인정보를 대량 유출하였다가 검찰 수사를 통해 적발되어 기소되었다. 금융감독원의 확인 결과 유출 건수는 3개사 합계 약 8,500만건 수준이며, 검찰 발표에 따르면 불법 수집자 및 최초 유포자가 검거되어 개인정보의 추가 유통은 발생하지 않았다고 하였다. 이에 따라 금융위원회 등 5개 부처 주관으로 '금융회사 고객정보 유출 재발방지대책'이 발표되고(2014.1.22) 해당 3개 신용카드사는 3개월의 영업정치 처분을 받는 등(2014.2.3) 사회적으로 매우 큰 파장을 불러 일으킨 바 있다.

동 사건은 앞에서 살펴본 개인정보 유출 경로 분류 중에서 '위수탁 관계에 의한 유출'로 정리할 수 있다. 해당 신용카드사가 수탁업체 직원에 대한 관리 및 접근권한 부여 등의 안전성 확보조치를 기본적으로 이행하였더라도 충분히 예방이 가능한 사건으로 평가되고 있다. 해당 신용카드사는 외부 수탁업체 직원의 USB 메모리 사용 차단, 고객 개인정보 암호화 등을 제대로 이행하지 않은 것으로 확인되었으며, 반면 동일 직원이 파견되어 업무를 수행했던 다른 신용카드사는 이러한 안전성 확보조치를 적절히 이행함으로써 정보 유출 사고가 발생하지 않은 것으로 나타났다(금융회사 고객정보 유출 재발방지 대책, 2014). 앞에서 이미 살펴보았지만 개인정보 처리

위탁에 대한 1차적 책임은 위탁자(금융회사)에 있음을 유의하여 수탁자에 대한 철저한 관리 및 보호대책을 수립·시행하는 것이 반드시 필요하다 하겠다.

5. 신용카드사 가맹점 대표자 개인정보 유출 (2024년)

2024년 1월부터 약 넉달 간 某 신용카드사에서 가맹점 대표자 개인(신용)정보 약 7만 5천여 건이 카드모집인에게 불법적으로 유출된 것으로 언론에 보도되었다. 유출 정보는 가맹점 대표자의 성명, 전화번호, 해당 신용카드 가입 여부 등이며, 이를 받은 카드 모집인은 이를 해당 신용카드 신규 모집 목적에 이용한 것으로 파악되었다. 해당 사건은 신용카드사의 자체 내부통제 채널을 통해 인지되어 내부 감사를 통해 확인되었고, 이를 가맹점 대표자 등 피해자들에게도 통지한 것으로 알려졌다. 금융분야는 다른 업종에 비해 상대적으로 대량의 개인(신용)정보를 보유하고 있고 그에 따라 정보보호 시스템도 잘 갖추어져 있는 것으로 평가되지만, 바로 이 사고사례처럼 내부 인적통제가 부실할 경우 일거에 그러한 정보보호 체계가 무너질 수 있다는 것을 유의하고 대응할 필요가 있겠다.

제5장

Financial Consumer Protection

금융소비자 보호를 위한 제도

- 제1절 약관제도 규제
- 제2절 보증 및 담보제도의 규제
- 제3절 전자금융사고에 대한 규제
- 제4절 기타 금융거래의 규제

제 1 절 약관제도 규제

1. 약관의 개념

1-1. 약관의 의의

약관이란 그 명칭이나 형태 또는 범위를 불문하고 계약의 일방 당사자(금융회사)가 다수의 상대방(고객)과 계약을 체결하기 위하여 일정한 형식에 의하여 미리 마련한 계약의 내용이 되는 것으로 「약관규제법」의 대상이 되는 것을 말한다(법 제2조).

따라서 약정서·추가약정서·계약서 등 명칭을 불문하고, 형태도 계약서 가운데 포함되어 계약서와 함께 인쇄되거나 별도로 인쇄되거나 영업소나 출입구에 게시되거나 상관없으며, 약관이 소위 유일조항인지 다수의 조항으로 이루어졌는지를 묻지 아니한다. 다만 계약 당사자 사이에 개별적인 교섭을 거쳐서 고객이 자신의 이익을 반영할 수 있는 이익조정의 기회를 가졌다면, 이러한 경우에 계약의 내용으로 된 약관조항은 「약관규제법」의 규율대상이 아니다. 교섭을 거친 조항은 개별약정이 되는 것으로 보아야 한다.

개별적인 교섭의 존재 여부에 대한 구체적인 판단기준

일방 당사자와 상대방 사이에 교섭이 이루어져 계약의 내용으로 된 조항은 약관이 아니다(대법원 2008.2.1. 판결 2005다74863). 교섭이 있었다고 하기 위하여는 계약 당사자에게 당해 조항에 대하여 충분한 검토와 고려를 하고 상대방에게 영향력을 행사하여 그 내용을 변경할 수 있는 가능성이 있어야 한다. 단지 약관상에 교섭하였다는 확인조항을 두었더라도 교섭의 존재가 인정되는 것은 아니다. 그리고 부동문자로 인쇄된 경우처럼 일정한 형식을 갖추었으면 개별 교섭이 있었음은 사업자 측에서 입증책임을 부담한다. 그러므로 개별적인 교섭을 거쳤다고 볼 수 있는 자료가 없다면 약관이라고 볼 수밖에 없다(대법원 1997.2.28. 판결 96다483120).

1-2. 약관성 여부에 대한 분쟁

개별약정에 대하여는 「약관규제법」상의 불공정성 판단조항이 적용되지 않고, 「민법」의 일반원칙(법 제103조, 104조 등)에 따라 효력이 결정된다. 따라서 금융회사의 분쟁에서 계약의 내용이 약관인가 또는 개별합의인가 여부가 쟁점으로 되는 경우가 많으며, 그중 가장 대표적인 것이 근저당권설정비 반환소송과 키코소송에서의 약관성 및 불공정성 여부에 대한 분쟁이다.

근저당권설정비 반환소송에서 피고인 금융회사들은 설정비 비용부담주체에 대한 개별적 합의가 존재하므로(교섭 가능성이 있고 흥정된 계약조건이므로) 약관이 아니고, 설혹 약관이라 하더라도 불공정하지 않다고 주장한다. 이에 대하여 원고인 고객들은 고객에게 비용부담에 대한 실질적 선택권이 주어져 있지 않으므로 개별약정이 아닌 약관에 해당하며, 약관의 내용 또한 일방적으로 고객에게 불리하여 신의성실의 원칙에 위배된다는 주장을 하는 것이다. 결국 근저당권설정비 반환소송에서 하급심 재판부는 각각 의견을 달리하는 판결을 하였으나, 대법원은 최종적으로 약관성을 인정하면서도 불공정성을 불인정하는 판결을 함으로써 약관성 여부 판단에 있어서 실질적 선택권도 그 중요한 기준이 된다는 결론을 도출하였다.

한편 키코소송에서 키코통화옵션계약 구조의 약관성 여부에 대해 대법원은 “통화옵션거래 약정서 등에서 미리 포괄적으로 정하고 있는 일반적인 조항은 대체로 당사자 사이에 개별적인 교섭이나 선택의 여지가 없는 부분이어서 약관에 해당할 가능성이 클 것이나, 이 사건 각 통화옵션계약의 구조, 즉 녹인과 녹아웃 조건, 레버리지 구조, 은행이 취득하는 콜옵션의 이론가를 기업이 취득하는 풋옵션의 이론가보다 크게 하여 그 차액을 수수료로서 수취하고 별도로 이를 지급받지 아니하는 구조 등은 다른 장외파생상품들의 경우와 마찬가지로 피고들이 고객의 필요에 따라 그 구조나 조건을 적절히 변경하여 사용하기 편하도록 표준화하여 미리 마련해 놓은 것으로서, 그 구조만으로는 거래당사자 사이에서 아무런 권리의무가 발생하지 아니하고 거기에 계약금액, 행사환율, 녹인·녹아웃 환율, 레버리지, 계약기간 등의 구체적 계약조건들이 결부됨으로써 비로소 전체 계약의 내용으로 완결되는 것이므로,

그 구조 자체만을 따로 약관에 해당한다고 볼 수는 없다고 할 것이다"라고 하여 약관성을 부인하고 있다(대법원 2013.9.26. 판결 2011다53683).

근저당권설정비 반환소송에서의 약관성 여부 판결내용 요약

① 약관성 부인의 판결
설정비 부담주체를 정한 조문은 약관이 아닌 개별약정에 해당하고, 가산금리 부과는 대출금리에 대한 합의로서 부당이득이라고 하기에는 그 증거가 없다. 가사 설정비 부담주체를 정한 조문이 약관이라 하더라도 표준약관의 불공정성(「약관법」 제19조의2)과 개별약관의 불공정성(「약관법」 제6조)은 그 판단기준이 다른바, 설정비 부담주체에 대한 약관의 내용은 신의성실의 원칙에 반한다고 할 수 없으므로, 「약관법」 제6조에 의한 불공정약관이 아니다.

② 약관성 인정의 판결
계약서의 근저당 설정비 부담주체 표시란에 수기가 없으므로 개별약정이 있었다고 볼 수 없으므로 약관에 해당된다. 그리고 실질적 선택권을 부여하지 아니한 약관은 불공정하여 무효이고, 무효로 인해 별도의 약정이 없는 경우 담보권자(금융회사)가 부담하는 것이 원칙이다.

③ 약관성 인정 및 불공정성 불인정의 판결(최종적으로 대법원 판례가 취한 입장)
선택조항은 금융기관이 일방적으로 마련한 것이고, 고객이 비용부담 주체를 선택할 수 있도록 되어 있기는 하나 고객의 선택에 따라 달라지는 조건(가산금리, 중도상환수수료율)이 미리 정해져 있다는 점에서 약관이다. 다만 불공정성 여부와 관련하여 심사청구 권고대상인지를 판단하는 기준(법 제19조의2 제3항)과 무효로 법률 원인 없이 이익을 얻어 부당이득 반환대상인지를 판단하는 기준(법 제6조)은 다르다. 따라서 구 약관에 비해 고객의 이익이 보호될 수 있는 방향으로 개선된 점, 공정거래위원회의 사전심사 및 승인을 거쳐 시행된 점, 당시 소비자를 보호하는 공정한 약관으로 평가된 점, 부담주체 약정이 없는 경우 비용부담에 대한 명확한 법령이나 확립된 판례가 없었다는 점 등을 고려할 때 신의성실에 반하여 공정을 잃은 약관조항(무효)에는 해당되지 않는다.

2. 약관규제의 필요성

금융거래에 있어서 약관의 사용이 보편화되었다. 금융회사는 수많은 고객과 일일이 흥정하여 개별적인 내용의 계약을 체결한다는 것이 사실상 불가능하기 때문에 미리 부동문자로 인쇄된 정형화된 계약서, 즉 약관을 만들어 비치하여 둔다. 그리고 고객은 단지 그 계약서를 수락할 것인가 아니면 거절할 것인가를 결정하여 계약을 체결함으로써 계약체결에 드는 많은 비용과 시간을 절약하게 된다.

그러나 이와 같이 약관을 이용하여 계약을 체결하는 과정에서 금융회사는 우월한 지위를 이용하여 자기에게 일방적으로 유리하고 고객에게 불리한 조항, 특히 위험전가·면책 등의 조항을 삽입하게 된다. 그러나 고객은 이러한 조항을 간과하기 쉽고 설혹 알았다 하더라도 개별적으로 수정하기가 쉽지 않다. 따라서 금융회사가 약관을 무제한적으로 사용하는 것을 규제하여 금융소비자를 보호할 필요가 있는 것이다.

3. 약관규제의 방법

약관을 규제하는 방법은 첫째 규제주체에 따라 행정적 규제·사법적 규제·입법적 규제로, 둘째 약관사용의 전후에 따라 사전규제와 사후규제로 구분할 수 있다.

행정적 규제는 행정관청에 의한 약관의 인가와 공정거래위원회·금융위원회 등에 의한 약관심사가 이에 해당한다. 사법적 규제는 약관에 관한 분쟁이 발생하여 사건화된 경우 법원이 약관의 효력유무에 관하여 약관에 관한 특별법 등을 적용하여 판결을 내리는 것을 말한다. 그리고 입법적 규제는 국회가 약관규제에 관한 법을 제정하는 것을 말하며, 입법의 방법으로는 약관 전체에 대하여 규제하는 포괄적 입법(「약관의 규제에 관한 법률」 등)과 금융거래 등 개개의 거래 분야별로 규제하는 개별적 입법(「은행법」, 「보험업법」, 「여신전문금융업법」, 「자본시장법」, 「전자금융거래법」 등)이 있다.

4. 「약관규제법」에 따른 약관의 내용통제

「약관규제법」상 약관에 대한 내용통제의 형태로는 편입통제, 해석통제 및 불공정성통제가 있다.

편입통제란 첫 번째 단계의 통제로서 약관이 금융회사와 고객 사이에 체결한 계약에 편입되었는지의 여부를 심사하는 것이고, 명시의무·교부의무·설명의무 등이 적용된다.

약관이 계약에 편입된 것으로 인정되면 두 번째 단계의 통제인 해석통제를 거친다. 이는 약관조항을 여러 해석원칙에 따라 해석하고 당해 계약에 적용하여 당사자의 권리의무를 정하는 것이다. 여기에는 개별약정우선의 원칙, 객관적(통일적) 해석의 원칙, 작성자불이익의 원칙, 엄격해석의 원칙 등이 적용된다.

약관이 계약에 편입되고 해석상 문제가 없다면, 마지막 세 번째로 불공정성통제를 거친다. 이는 약관조항의 내용이 고객에게 부당한 불이익을 주고 있는가를 심사하여 그 조항의 효력유무를 결정하는 것이다. 여기에는 신의성실의 원칙, 비례의 원칙 등이 적용된다.

<표 5-1> 공정거래위원회에 의한 약관의 추상적 내용통제

구분	통제의 내용
편입통제	① 명시의무, ②설명의무, ③사본교부의무
해석통제	①작성자불이익의 원칙, ②통일해석의 원칙, ③객관적 해석의 원칙, ④개별약정우선의 원칙
불공정성통제	①신의성실원칙에 반하는 약관, ②고객에게 부당하게 불리한 약관, ③계약상의 권리의 본질적 내용을 침해하는 약관 등은 불공정약관으로 무효

4-1. 약관의 명시의무와 사본교부의무

금융회사는 계약체결에 있어서 고객에게 약관의 내용을 계약의 종류에 따라 일반적으로 예상되는 방법으로 명시할 의무, 즉 명시의무가 있다. 명시의무는 약관의 내용을 고객이 인식할 수 있는 기회를 제공할 의무이다.

구체적으로 명시의무를 어떻게 보장할 것인가와 관련하여 「약관규제법」은 약관 열람을 위한 비치 이외에도, 고객이 요구할 때 금융회사는 약관의 사본을 고객에게 교부하도록 요구하고 있다. 이를 사본교부의무라 부른다(법 제3조). 한편 금융소비자보호법은 금융회사는 금융상품에 관한 계약을 체결하는 경우 금융상품 계약서,

금융상품의 약관, 금융상품 설명서 및 보험증권(보장성 상품 중 보험만 해당)을 금융소비자에게 지체없이 제공하여야 한다고 특칙을 규정하고 있다(법 제23조). 그리고 보험업법은 보험계약을 체결할 때에 보험계약자에게 보험약관을 교부하여야 하고, 이를 위반한 경우에는 보험계약이 성립한 날부터 3개월 이내에 그 계약을 취소할 수 있다는 특칙을 두고 있다(법 제638조의3).

4-2. 약관의 설명의무

금융회사는 고객이 약관의 내용을 쉽게 알 수 있도록 한글로 작성하고, 표준화·체계화된 용어를 사용하며, 약관의 중요한 내용을 부호·색채·굵고 큰 문자 등으로 명확하게 표시하여 알아보기 쉽게 작성하여야 한다. 그리고 금융회사는 이러한 약관에 정하여져 있는 중요한 내용을 고객이 이해할 수 있도록 설명하여야 한다. 이를 설명의무라 한다(법 제3조). 다만, 예외적으로 계약의 성질상 설명하는 것이 현저하게 곤란한 경우에는 설명의무의 적용이 배제될 수 있다.

한편 설명의무의 범위는 약관에 정하여져 있는 중요한 내용이다. 중요한 내용이 무엇인가는 개별 약관을 검토하여 구체적으로 판단할 수밖에 없으며, 결국 법원의 판례나 해석에 의하여 결정될 것이다. 참고적으로 여신거래 시 설명되어야 할 중요한 내용으로는 차입금액, 보증책임 또는 담보책임의 종류와 한도액, 기한이익상실 사유, 한도거래 시의 감액·일시정지·해지의 사유, 이자율의 형태 및 변경 등이 될 것이다.

한편 금융회사가 약관에 대하여 설명할 때에는, 그 중요한 내용에 대하여 구체적이고 상세한 설명을 해주어야 한다. 단순히 약관을 읽어준 것만으로는 설명을 한 것으로 되지 않는다. 또한 안내문 또는 중요한 내용을 요약 해설한 설명서를 교부한 것만으로도 설명의무를 다한 것으로 되지 아니하며, 반드시 구두로 설명해주어야 한다. 그러나 상대방이 이해를 마칠 때까지 설명해주어야 한다는 의미는 아니다. 인지할 수 있는 상태에 이르면 된다.

또한 금융회사가 약관에 따른 계약을 함에 있어서 거래상대방에 대하여 인식 가능성을 부여하였다는 입증책임은 그 의무를 부담하는 금융회사에 있다. 그리하여 현재 은행의 표준약관 등은 사본을 수령하였다는 사실을 거래상대방으로 하여금 서명 확인토록 하고 있다. 그러나 이러한 서면상의 확인행위에 의하여 곧바로 인지 가능성이 부여되었다고 인정되는 것은 아니다.

법의 취지는 상대방이 알 수 있도록 구체적이고 상세한 설명을 해주는 것이다. 따라서 실제로 사본을 교부하지 아니하거나 중요한 내용을 설명해주지 않았으면서, 형식상 고객이 사본을 수령하였음을 확인날인하고 설명받았음을 자서하더라도 이것만으로 은행이 입증책임을 면하게 되는 것은 아님에 유의하여야 한다.

설명의무의 대상인 중요한 내용에 대한 판단기준

① 거래상 일반적이고 공통된 것이어서 고객이 별도의 설명 없이도 충분히 예상할 수 있었던 사항이거나, 이미 법령에 의하여 정하여진 것을 되풀이하거나 부연하는 정도에 불과한 사항은 설명의무의 대상이 아니다(대법원 2000.7.4. 판결 98다62909).

② 어떤 보험계약에서 무엇을 보험사고로 할 것인지는 보험금 지급의무의 존부와 직결되는 보험계약의 핵심적 사항이므로, 보험사고의 구체적인 내용이나 그 범위를 정한 보험약관은 원칙적으로 보험자의 명시·설명의무의 대상이 되는 보험약관의 중요한 내용으로 보아야 할 것이지만, 이러한 명시·설명의무가 인정되는 것은 어디까지나, 보험계약자가 알지 못하는 가운데 약관의 중요한 사항이 계약 내용으로 되어 보험계약자가 예측하지 못한 불이익을 받게 되는 것을 피하고자 하는 것 등에 그 근거가 있으므로, 만약 어떤 보험계약의 당사자 사이에서 이러한 명시·설명의무가 제대로 이행되었더라도 그러한 사정이 그 보험계약의 체결 여부에 영향을 미치지 아니하였다고 볼 만한 특별한 사정이 인정된다면 비록 보험사고의 내용이나 범위를 정한 보험약관이라고 하더라도 이러한 명시·설명의무의 대상이 되는 보험계약의 중요한 내용으로 볼 수 없다(대법원 2005.10.7. 판결 2005다28808).

4-3. 약관의 명시·설명의무 위반 시 효과

「약관규제법」이 금융회사에 명시의무, 교부의무, 설명의무를 부과한 궁극적인 목적은 고객에게 계약의 구성부분이 되는 약관의 내용을 알 수 있는 기회를 부여하여 고객의 이익을 보호하기 위한 것이다. 따라서 금융회사가 명시·설명의무를 위반하여 계약을 체결한 때에는 당해 약관을 계약의 내용으로 주장할 수 없다(법 제3조 제3항).

명시·설명의무를 위반하더라도 고객이 아무런 이의를 제기하지 않았다면 모르되, 고객 측에서 위반사실을 주장하는 때에는 금융회사가 의무이행을 입증하지 않는 한 약관은 계약에 편입되지 못한다. 그리고 금융회사가 명시·설명의무를 이행하지 않아 약관의 전부 또는 일부가 약관의 내용이 되지 못한 경우에는 우선 약관의 불편입에도 불구하고 계약의 나머지 부분만으로 유효하게 존속한다. 다만 그로 인하여 계약의 목적달성이 불가능하거나 일방 당사자에게 부당하게 불리하게 된 때에는 예외적으로 당해 계약이 무효로 된다(법 제16조).

4-4. 개별약정 우선의 원칙

당사자 사이에 약관의 내용과 다르게 합의한 사항이 있을 때 그 합의사항은 약관에 우선한다(법 제4조). 이를 개별약정 우선의 원칙이라 하며, 개별약정을 우선적으로 계약의 내용으로 하고 약관은 이에 상반되지 않는 부분에 한해서 적용된다는 것을 뜻한다.

한편 개별약정이 구두에 의한 경우에는 많은 문제점을 야기한다. 특히 금융회사가 고객에게 약관의 내용과는 다른 설명을 해주고 고객이 그것을 믿고 계약한 경우에는 그로 인한 설명도 개별약정이 되어 원칙적으로 당사자를 구속한다고 보아야 한다.

약관해석에 대한 판례의 기본적 태도

① 보통거래약관의 내용은 개개 계약체결자의 의사나 구체적인 사정을 고려함이 없이 평균적 고객의 이해 가능성을 -기준으로 하여 객관적·획일적으로 해석하여야 하고, 고객보호의 측면에서 약관 내용이 명백하지 못하거나 의심스러운 때에는 고객에게 유리하게, 약관작성자에게 불리하게 제한해석하여야 한다(대법원 2007.9.6. 판결 2006다55005).

② 금융기관의 여신거래기본약관에서 금융사정의 변화 등을 이유로 사업자에게 일방적 이율 변경권을 부여하는 규정을 두고 있으나, 개별약정서에 약정 당시 정해진 이율은 당해 거래기간 동안 일방 당사자가 임의로 변경하지 않는다는 조항이 있는 경우, 위 약관조항과 약정서의 내용은 서로 상충된다 할 것이고, 약관의 규제에 관한 법률 제4조의 개별약정 우선의 원칙 및 위 약정서에서 정한 개별약정 우선적용 조항에 따라 개별약정은 약관조항에 우선하므로 대출 이후 당해 거래기간이 지나기 전에 금융기관이 한 일방적 이율 인상은 그 효력이 없다(대법원 2001.3.9. 판결 2000다67235).

5. 「은행법」상 은행약관에 대한 규제

5-1. 약관의 제정 또는 변경에 대한 보고

「은행법」 제52조는 은행 이용자의 권익을 보호하기 위하여, 은행이 금융거래와 관련된 약관을 제정하거나 변경하는 경우에는, 원칙적으로 약관의 제정 또는 변경 후 10일 이내에 금융위원회에 보고하여야 한다고 규정하고 있다(원칙적 사후보고). 다만, 이용자의 권리나 의무에 중대한 영향을 미칠 우려가 있는 경우로서 대통령령으로 정하는 경우에는 약관의 제정 또는 변경 전에 미리 금융위원회에 신고하여야 한다(예외적 사전신고).

그리고 금융위원회는 관련 규정을 통해 은행거래 약관의 보고·접수·심사 및 변경조치권한을 금융감독원장에게 위임하고 있다. 이러한 위임에 따라 「은행업감독규정」은 구체적으로 은행이 약관의 제정 또는 변경 후 10일 이내에 해당 약관 및 약관 내용을 이해하는데 필요한 관련서류를 감독원장에게 제출하여야 한다고 규정하고 있다. 다만 다음의 경우에는 약관이 제정 또는 변경 시행예정일부터 10영업일 전까지 제출하여야 한다(「은행법 시행령」 제24조의 4).

① 금융거래와 관련된 약관의 제정으로서 기존 금융서비스의 제공 내용·방식·형태 등과 차별성이 있는 내용을 포함하는 경우
② 은행이용자의 권리를 축소하거나 의무를 확대하기 위한 약관의 변경으로서, 변경 전 약관을 적용받는 기존 이용자에게 변경된 약관을 적용하는 경우 또는 기존 금융서비스의 제공 내용·방식·형태 등과 차별성이 있는 내용을 포함하는 경우
③ 그 밖에 은행이용자 보호 등을 위하여 금융위원회가 정하여 고시하는 경우

다만 위 사전신고 사항에 해당한다 하더라도 ⅰ) 금융위에 신고·보고된 약관의 내용과 동일· 유사한 약관의 제·개정, ⅱ) 법령의 제·개정에 따른 약관의 제·개정, ⅲ) 금융위의 명령 또는 변경권고에 따른 약관의 제·개정, ⅳ) 표준약관의 제정 또는 변경에 따르는 약관의 제·개정인 경우 등에는 사후보고를 할 수 있다.

또한 감독원장은 제출받은 약관을 심사하고 건전한 금융거래질서의 유지를 위하여 약관내용의 변경이 필요하다고 인정하는 경우 해당 은행에 대하여 해당 약관의 변경을 권고할 수 있다. 은행은 은행이용자가 약관 또는 약관의 변경내용을 쉽게 찾아 이용할 수 있도록 인터넷 홈페이지 등에 공시하여야 한다.

<그림 5-1> 은행 약관의 보고단계별 체계

[1] 약관 사후보고 (원칙)

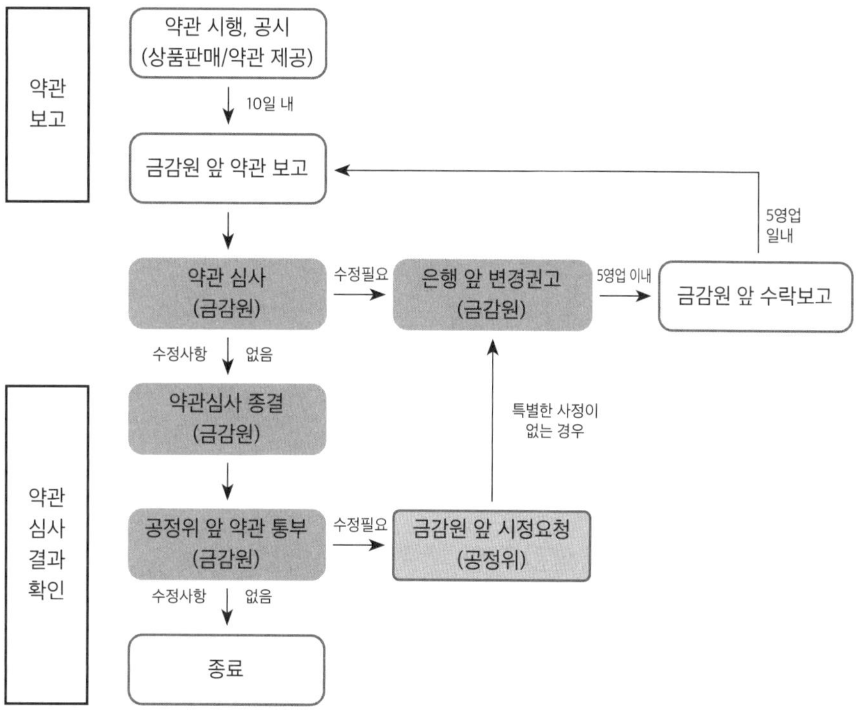

[2] 약관 사전신고 (예외 : 사전 신고 대상인 경우에만 적용)

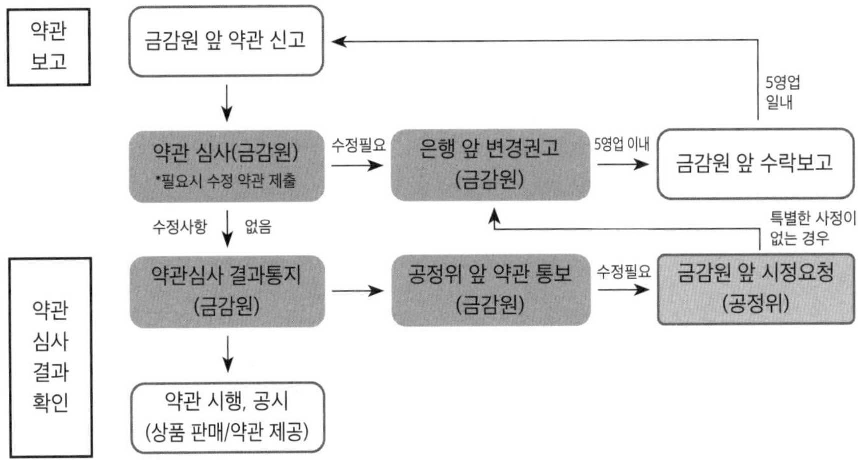

5-2. 은행의 구체적인 약관 작성 및 운용기준

은행이 약관을 작성·운영할 때에는 다음 기준을 따라야 한다(「은행업감독규정」 제86조). 우선 신의성실의 원칙에 따라 공정하게 작성하여야 하고, 은행 이용자의 권익을 최대한 보호하여야 하며, 건전한 금융거래질서가 유지될 수 있도록 하여야 한다. 그 다음으로 「약관규제법」 등 관계 법령에 위배되지 아니하여야 하고, 약관의 제정 및 변경 절차, 약관의 관리방법, 약관의 공시 및 임직원 교육 등 약관의 작성·운영에 관한 기본적인 기준을 정하여야 한다.

그리고 약관을 제정하거나 변경하는 경우 약관내용의 관련 법규 위반 여부, 은행 이용자의 권익 침해 및 분쟁발생 소지 등에 대하여 준법감시인의 심의를 거쳐야 한다.

그리고 약관의 작성, 해석 또는 운용과 관련하여 구체적인 준수사항은 다음과 같다.

① 약관에서 정하고 있는 사항에 관하여 은행과 이용자간에 약관의 내용과 다르게 합의한 사항이 있을 때에는 당해 합의사항을 약관에 우선하여 적용하여야 한다.

② 약관은 신의성실의 원칙에 따라 공정하게 해석하고 이용자에 따라 다르게 해석하여서는 아니된다.

③ 약관의 뜻이 명백하지 아니한 경우에는 이용자에게 유리하게 해석하여야 한다.

④ 약관내용은 가능한 한 쉬운 표현을 사용하고 이용자의 권리의무에 중대한 영향을 미치는 내용은 큰 글자나 두드러지게 표시하여 이용자가 인지할 수 있도록 하여야 한다.

⑤ 계약체결시 약관내용을 이용자가 충분히 이해할 수 있도록 설명하여야 하며, 이용자가 은행과 대등한 입장에서 계약을 체결하도록 하여야 한다.

6. 「전자금융거래법」상 약관에 대한 규제

6-1. 약관의 명시의무 및 설명의무

전자금융거래란 금융회사가 전자적 장치를 통하여 금융상품 및 서비스를 제공(전자금융업무)하고, 이용자가 금융회사의 종사자와 직접 대면하거나 의사소통을 하지 아니하고 자동화된 방식으로 이를 이용하는 거래를 말한다.

한편 금융회사는 이용자와 전자금융거래의 계약을 체결함에 있어서 약관을 명시하여야 하고, 이용자의 요청이 있는 경우에는 전자문서의 전송(전자우편을 이용한 전송 포함), 모사전송, 우편 또는 직접 교부의 방식으로 전자금융거래 약관의 사본을 이용자에게 교부하여야 한다. 그리고 금융회사는 이용자와 전자금융거래의 계약을 체결함에 있어 이용자가 약관의 내용에 대한 설명을 요청하는 경우 약관의 중요내용을 이용자에게 직접 설명하거나, 약관의 중요내용에 대한 설명을 전자적 장치를 통하여 이용자가 알기 쉽게 표시하고 이용자로부터 해당 내용을 충분히 인지하였다는 의사표시를 전자적 장치를 통하여 수령하는 어느 하나의 방법으로 이용자에게 약관의 중요내용을 설명하여야 한다. 만약 금융회사가 위 규정을 위반하여 계약을 체결한 때에는, 금융회사는 당해 약관의 내용을 계약의 내용으로 주장할 수 없다.

6-2. 약관 제정 또는 변경

금융회사가 전자금융거래에 관한 약관을 제정하거나 변경하고자 하는 경우에는 미리 금융위원회에 보고하여야 한다. 다만, 이용자의 권익이나 의무에 불리한 영향이 없는 경우로서, ⅰ) 이용자의 권익을 확대하거나 의무를 축소하기 위한 약관의 변경, ⅱ) 금융감독원장에게 보고된 약관의 내용과 동일하거나 유사한 약관의 제정 또는 변경, ⅲ) 법령의 개정 또는 금융위원회의 명령에 따른 약관의 변경, ⅳ) 이용자의 권익이나 의무사항을 제외한 사항으로서 단순히 업무편의를 위한 약관의 변경, ⅴ) 사업자단체의 표준약관을 원용하는 약관의 제정 또는 변경 등의 경우에는 약관의 제정 또는 변경 후 10일 이내에 금융위원회에 보고할 수 있다.

그리고 금융회사는 약관을 변경하는 때에는 변경되는 약관의 시행일 1월 전에 변경되는 약관을 해당 전자금융거래를 수행하는 전자적 장치에 게시하고 이용자에게 통지하여야 한다.

<표 5-2> 「은행법」 및 「전자금융거래법」상 약관의 보고 절차와 시기 비교

구분	사전		사후	
	보고	신고	보고	신고
은행법	-	시행예정일 10영업일 전	시행후 10일	-
전자금융거래법	시행예정일 45일 전	-	시행후 10일	-

7. 표준약관제도

「약관규제법」에서는 건전한 거래질서를 확립하고 불공정한 내용의 약관이 통용되는 것을 막기 위하여 1992년에 표준약관제도를 도입하였다. 일반적으로 표준약관은 특정한 산업 분야의 경제적 조건과 구성원의 다양한 이해관계를 반영하여 그 거래 분야에서 표준이 될 약관을 제시함으로써 건전한 거래질서를 확립하고 불공정한 내용의 약관이 통용되는 것을 막기 위하여 개발된 제도이다.

공정거래위원회는 표준약관을 공시하고 사업자 또는 사업자단체에 대하여 그 사용을 권장할 수 있다. 금융회사의 경우에도 공정거래위원회의 표준약관 사용 권장을 받아들여 많은 표준약관을 사용하고 있다. 금융회사들은 일반적으로 약관을 표준약관, 보통약관 및 특별약관으로 분류하여 운용하고 있다. 표준약관은 상품 개발 시 준용토록 의무화된 약관이고, 보통약관은 모든 계약자에게 동일하게 적용할 목적으로 마련한 약관으로서 표준약관을 준용하여 제정한다. 그리고 특별약관은 보통약관에서 정하지 않은 당사자 간의 계약사항을 포함하게 된다.

은행거래와 관련하여 공정거래위원회에서 마련한 표준약관

① 여신거래 관련 표준약관: 은행여신거래기본약관, 여신거래약정서, 대출거래약정서, 추가약정서(한도증액용), 지급보증거래약정서, 근저당권설정계약서, 근보증서 등
② 예금거래 관련 표준약관: 은행예금거래기본약관, 입출금이 자유로운 예금약관, 적립식 예금약관, 거치식 예금약관 등

공정거래위원회의 표준약관 사용 권장 처분의 예

① 과거 은행표준약관(대출거래약정서, 근저당권설정계약서 등): 인지세, 근저당권설정비용 등을 누가 부담할 것인지를 은행과 채무자 간에 협의하여 선택
② 공정위 및 소비자단체의 개선요구: 실제 계약체결 과정에서는 은행이 부담할 경우 그 비용에 상당하는 가산 금리를 고객이 부담하도록 정하고 있어 결과적으로 대부분 고객이 비용을 부담하고 있는 상황
③ 공정위의 표준약관 개정 및 사용 권장 처분(2008.1.30.): 비용 성격에 따라 은행 또는 고객이 부담토록 명확하게 하는 방향
- 인지세 부담: 은행과 고객이 각 50%씩 부담하도록 명시
- 근저당권 설정·말소 비용 부담: 근저당권 설정 비용은 은행이, 말소 비용은 채무자 또는 설정자가 부담하는 것으로 명시

④ 은행권의 공정위 표준약관 사용 권장 처분에 대한 불복의 소제기
- 서울고법: 공정위의 개정표준약관 사용 권장 행위는 위법(2008.11.20.)
- 대법원: 공정위 패소부분을 파기하여 서울고등법원에 환송(대법원 2010.10.14. 선고 2008두 23184 판결)

⑤ 은행권 대법원 판결을 바탕으로 표준약관 사용 권장 처분 수용: 2011.7.1. 개정 표준약관 시행

<표 5-3> 개정 전후 표준약관 비교

구분	개정 전 표준약관	개정 후 표준약관
인지세 부담 조항	본인, 은행, 또는 본인과 은행이 각 50%씩 부담하는 방법 중 협의하여 선택하도록 규정	은행과 고객이 각 50%씩 부담하도록 명시
근저당권 설정·말소 비용 부담 조항	본인, 은행, 설정자 중 협의하여 선택하도록 규정	근저당권 설정 비용은 은행이, 말소 비용은 채무자 또는 설정자가 부담하는 것으로 명시

8. 불공정약관조항의 무효

「약관규제법」의 불공정성 통제는 신의성실의 원칙에 반하여 공정을 잃은 약관조항은 무효임을 밝힌 후, 일정한 내용을 가진 약관조항은 공정을 잃은 것으로 추정하고 있다(법 제6조). 즉 추상적인 기준으로서 일반원칙인 신의성실의 원칙을 규정한 후 이를 구체화하여 고객에게 부당하게 불리한 조항, 고객이 계약의 거래형태 등 관

련된 모든 사정에 비추어 예상하기 어려운 조항, 계약의 목적을 달성할 수 없을 정도로 계약에 따르는 본질적 권리를 제한하는 조항 등 세 가지 예시를 불공정한 것으로 추정하고 있다.

한편 「약관규제법」 제7조 이하에서는 개별적·구체적인 무효조항에 관한 규정을 두고 있는바 그 내용으로는 면책금지 조항, 손해배상액의 예정 조항, 계약의 해제·해지 조항, 채무이행 조항, 고객의 이익보호 조항, 의사표시의 의제 조항, 대리인의 책임가중 조항 등이 있다.

감독당국의 약관의 불공정성 여부 심사에 관한 기준

① 은행의 고의 또는 중대한 과실로 인한 법률상의 책임을 배제하는 조항
② 상당한 이유없이 은행의 손해배상범위를 제한하거나 은행이 부담하여야 할 위험을 이용자에게 이전시키는 조항
③ 이용자에 대하여 부당하게 과중한 지연배상금 등의 손해배상의무를 부담시키는 조항
④ 법률의 규정에 의한 이용자의 해제권 또는 해지권을 배제하거나 그 행사를 제한하는 조항
⑤ 은행에게 법률에서 규정하고 있지 아니하는 해제권·해지권을 부여하거나 법률의 규정에 의한 해제권·해지권의 행사요건을 완화하여 이용자에 대하여 부당하게 불이익을 줄 우려가 있는 조항
⑥ 상당한 이유없이 은행이 이행하여야 할 급부나 이용자의 채무내용 등을 은행이 일방적으로 결정·변경할 수 있도록 권한을 부여하는 조항
⑦ 법률의 규정에 의한 이용자의 항변권, 상계권 및 대위권 등의 권리를 상당한 이유없이 배제 또는 제한하는 조항
⑧ 이용자에게 부여된 기한의 이익을 상당한 이유없이 상실케하는 조항
⑨ 이용자의 제3자와의 계약체결을 부당하게 제한하는 조항
⑩ 은행과 이용자의 의사표시와 관련한 부당한 의제를 통하여 이용자에게 부당하게 불이익을 주는 조항
⑪ 보증인 또는 담보제공인에게 과도하게 책임을 부담시키거나 책임한계를 모호하게 함으로써 보증인 또는 담보제공인에게 부당하게 불이익을 주는 조항
⑫ 기타 「약관의 규제에 관한 법률」 등 관계법령에서 정한 사항에 위배되는 조항

8-1. 면책조항

가. 불공정한 면책조항의 무효

「약관규제법」 제7조는 계약 당사자의 책임에 관하여 정하고 있는 약관 중 다음의 조항은 무효로 한다고 규정하고 있다.

① 금융회사 또는 금융회사 임직원의 고의 또는 중대한 과실로 인한 법률상의 책임을 배제하는 조항
② 상당한 이유 없이 금융회사의 손해배상 범위를 제한하거나 금융회사가 부담하여야 할 위험을 고객에게 떠넘기는 조항
③ 상당한 이유 없이 금융회사의 담보책임을 배제 또는 제한하거나 그 담보책임에 따르는 고객의 권리행사 요건을 가중하는 조항
④ 상당한 이유 없이 상품에 표시된 보장내용에 대해 보장된 내용에 대한 책임을 배제 또는 제한하는 조항

법률상 규정된 금융회사의 책임을 배제·제한하는 이러한 면책조항은 약관에 의한 폐해가 가장 두드러지게 나타나는 부분이다. 따라서 공정거래위원회에서도 금융회사 약관 중 “모든”, “일체의”, “어떠한” 등의 극단적 표현을 사용하여 금융회사의 면책사유를 광범위하게 규정하거나 상당한 이유 없이 금융회사의 면책사유를 규정한 조항 및 “모든”, “여하한”, “어떠한” 등의 극단적 표현을 사용하여 고객의 귀책사유가 아닌 손해까지 고객에게 책임을 부담하지 않도록 하고 고객에게 의무를 부과한 조항 등에 대하여 시정권고를 하고 있는 것이다.

나. 금융회사 약관상 면책조항의 운용

금융회사는 예금지급, 사고신고, 전자금융거래 및 실명확인 등의 업무에 대하여 면책조항을 규정하고 있다.

즉 「예금거래 기본약관(표준약관)」 제16조는 은행이 예금지급청구서, 증권 또는 신고서 등에 찍힌 인영(또는 서명)을 신고한 인감(또는 서명감)과 육안으로 주의 깊게 비교·대조하여 틀림없다고 여기고, 예금지급청구서 등에 적힌 비밀번호나 PIN-Pad기를 이용하여 입력된 비밀번호가 신고 또는 등록한 것과 같아서 예금을 지급하였거나 기타 거래처가 요구하는 업무를 처리하였을 때에는 인감이나 서명의 위조·변조 또는 도용이나 그 밖의 다른 사고로 인하여 거래처에 손해가 생겨도 그 책임을 지지 않는다고 규정하고 있다(은행이 거래처의 인감이나 서명의 위조·변조 또는 도

용 사실을 알았거나 알 수 있었을 경우에는 제외).

그리고 전산통신기기 등을 이용하거나 거래정보 등의 제공 및 금융거래명세 등의 통보와 관련하여 은행이 책임질 수 없는 사유로 계좌번호, 비밀번호 등의 금융정보가 새어나가 거래처에 손해가 생겨도 은행은 그 책임을 지지 않는다. 또한 은행이 거래처의 실명확인증표 등으로 주의 깊게 본인확인하여 예금을 지급하였거나 기타 거래처가 요구하는 업무를 처리하였을 때에는 위조·변조 또는 도용이나 그 밖의 다른 사고로 인하여 거래처에 손해가 생겨도 그 책임을 지지 않는다(다만, 은행의 고의 또는 과실로 인한 귀책사유가 있는 경우 은행은 그 책임의 일부 또는 전부를 부담함). 그 외에도 은행이 주민등록증 등 실명확인증표로 주의 깊게 실명확인하거나 실명전환한 계좌는 거래처가 실명확인증표 또는 서류의 위조·변조·도용 등을 한 경우, 이로 인하여 거래처에 손해가 생겨도 은행은 그 책임을 지지 않음을 함께 규정하고 있다.

8-2. 고객의 권익 제한·배제조항

가. 고객의 권익 제한·배제조항의 무효

「약관규제법」 제11조는 고객의 권익을 정하고 있는 약관의 내용 중 다음의 조항을 무효로 규정하고 있다.

① 법률의 규정에 의한 고객의 항변권, 상계권 등의 권리를 상당한 이유 없이 배제 또는 제한하는 조항

② 고객에게 부여된 기한의 이익을 상당한 이유 없이 박탈하는 조항

③ 고객이 제3자와 계약을 체결하는 것을 부당하게 제한하는 조항

④ 금융회사가 업무상 알게 된 고객의 비밀을 정당한 이유 없이 누설하는 것을 허용하는 조항

나. 금융회사 약관상 기한이익 상실사유 조항의 운용

법률이 정하고 있는 법정 기한이익 상실사유로는 채무자가 담보를 손상·감소 또는 멸실하게 한 때, 채무자가 담보제공의 의무를 이행하지 아니한 때, 파산선고 시 등을 들 수 있다. 이러한 기한이익 상실사유만으로는 은행의 채권회수에 많은 장애가 생기게 되므로 은행은 「은행여신거래기본약관(가계용)(표준약관)」에서 약정 기한이익 상실사유를 규정하게 된다. 은행이 정한 약정 기한이익 상실사유로는 다음과 같은 것이 있다.

① 채무자가 은행의 통지절차에 의해 은행에 대한 모든 채무를 갚아야 하는 사유로서, 은행에 대한 예치금 등 각종 채권에 대하여 압류명령이나 체납처분 압류통지가 도달하거나 또는 기타의 방법에 의한 강제집행 개시나 체납처분 착수가 있는 때 등(5가지 사유).

② 채무자가 은행의 통지절차에 의해 은행에 대한 해당 채무를 갚아야 하는 사유로서, 이자를 지급하여야 할 때부터 1개월(주택담보대출의 경우 2개월)간 지체한 때 또는 분할상환금 또는 분할상환원리금의 지급을 2회(주택담보대출의 경우 3회)이상 연속하여 지체한 때(2가지 사유).

③ 채무자가 은행의 독촉절차에 의해 은행에 대한 모든 채무를 갚아야 하는 사유로서, 은행에 대한 수 개의 채무 중 하나라도 기한에 변제하지 아니한 때, 자금용도약정 등을 위반하여 건전한 계속거래 유지가 어렵다고 인정된 때, 어음교환소의 거래정지처분 이외의 사유로 금융기관의 신용불량거래처로 규제된 때 등(5가지 사유).

④ 채무자가 은행의 독촉절차에 의해 은행에 대한 해당 채무를 갚아야 하는 사유로서, 담보물에 대한 화재보험 가입의무를 이행하지 아니한 때, 은행의 정당한 보증인교체 요구에도 불구하고 상당한 기간 내에 보증인을 교체하지 아니한 때 등(3가지 사유).

한편 금융소비자보호 측면에서 금융감독당국 및 공정거래위원회는 기한이익 상실사유 조항에 대한 약관개선을 꾸준히 추진하고 있다. 그 대표적인 예로 금융위원회가 2014년 4월 1일부터 시행한 사전통지 기간과 상실되는 기간의 연장 추진이 있고, 공정거래위원회가 2016년 10월 7일 개정한 기한이익상실 사유, 조건 및 시기에 관한 약관의 변경 등이 있다.

정지조건부 기한이익 상실의 특약과 형성권적 기한이익 상실의 특약

기한이익 상실의 특약은 그 내용에 의하여 일정한 사유가 발생하면 채권자의 청구 등을 요함이 없이 당연히 기한의 이익이 상실되어 이행기가 도래하는 것으로 하는 정지조건부 기한이익 상실의 특약과 일정한 사유가 발생한 후 채권자의 통지나 청구 등 채권자의 의사행위를 기다려 비로소 이행기가 도래하는 것으로 하는 형성권적 기한이익 상실의 특약의 두 가지로 대별할 수 있고, 기한이익 상실의 특약이 위 양자 중 어느 것에 해당하느냐는 당사자의 의사해석의 문제이지만 일반적으로 기한이익 상실의 특약이 채권자를 위하여 둔 것인 점에 비추어 명백히 정지조건부 기한이익 상실의 특약이라고 볼 만한 특별한 사정이 없는 이상 형성권적 기한이익 상실의 특약으로 추정하는 것이 타당하다(대법원 2002.9.4. 판결 2002다28340).

금융위원회의 기한이익 상실사유 약관개선 추진 예시(2014.4.1. 시행)

① 사전에 기한의 이익이 상실된다는 사실을 통지하는 기간 연장

기한의 이익이 상실된다는 사실을 통지하는 기간이 지나치게 짧아 대출고객이 기한의 이익 상실에 충분히 대응하는 데 어려움이 있음

- 현행: 기한의 이익 상실 前 통지를 기한이익 상실일 前 3영업일까지 도달하도록 함
- 개선: 기한의 이익 상실 前 통지를 기한이익 상실일 前 7영업일까지 도달하도록 함

② 연체 후 기한의 이익이 상실되는 기간을 연장

연체 후 기한의 이익이 상실되는 기간이 짧아, 대출고객이 연체 시 충분히 대응할 시간적 여유가 없어 지연배상금 부담 증가

- 현행: 이자·분할상환금을 약정일에 지급하지 않은 경우 약정일로부터 통상 1개월이 경과하면 기한의 이익 상실
  - 일시상환대출: 이자를 지급하여야 할 때로부터 1개월 지체한 때 기한의 이익 상실
  - 분할상환대출: 분할상환(원리)금의 지급을 2회 연속 지체한 때 기한의 이익 상실
- 개선: 이자·분할상환금을 약정일에 지급하지 않은 경우 약정일로부터 통상 2개월이 경과하면 기한의 이익 상실(가계 주택담보대출)
  - 일시상환대출: 이자를 지급하여야 할 때로부터 2개월 지체한 때 기한의 이익 상실
  - 분할상환대출: 분할상환(원리)금의 지급을 3회 연속 지체한 때 기한의 이익 상실

공정거래위원회의 기한이익상실 관련 약관개선 추진 예시(2016.10.7.)

① 기한이익상실 사유 : 예금계좌 등의 가압류를 대출계좌의 기한이익상실 사유에서 삭제함.
② 기한이익상실 조건 : 기한이익상실 사유가 발생하더라도 은행이 대출계좌의 기한이익을 상실시키려면 소비자에게 별도의 통지 등을 해야함.
③ 기한이익상실 시기 : 기한이익상실 시기는 법원의 압류명령 등이 은행에 도달한 이후 시점으로 함.

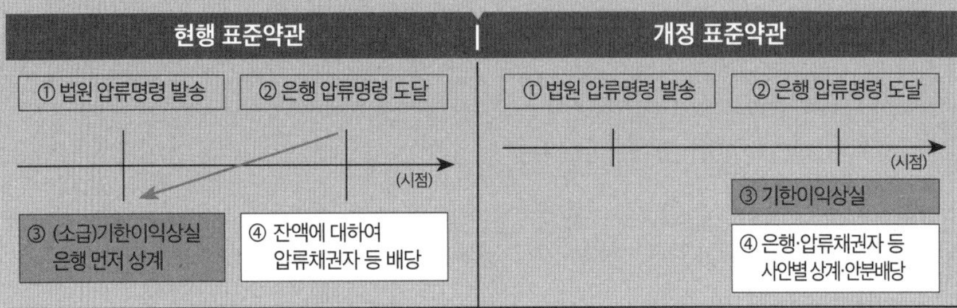

8-3. 의사표시의 의제조항

가. 불공정한 의사표시 의제조항의 무효

「약관규제법」 제12조는 의사표시에 관하여 정하고 있는 약관의 내용 중 다음의 조항을 무효로 규정하고 있다.

① 일정한 작위(作爲) 또는 부작위(不作爲)가 있을 경우 고객의 의사표시가 표명되거나 표명되지 아니한 것으로 보는 조항
② 고객의 의사표시 형식이나 요건에 대하여 부당하게 엄격한 제한을 두는 조항
③ 고객의 이익에 중대한 영향을 미치는 은행의 의사표시가 상당한 이유 없이 고객에게 도달된 것으로 보는 조항
④ 고객의 이익에 중대한 영향을 미치는 은행의 의사표시 기한을 부당하게 길게 정하거나 불확정하게 정하는 조항 등

다만, 고객에게 상당한 기한 내에 의사표시를 하지 아니하면 의사표시가 표명되거나 표명되지 아니한 것으로 본다는 뜻을 명확하게 따로 고지한 경우이거나 부득이

한 사유로 그러한 고지를 할 수 없는 경우에는 불공정한 것으로 보지 아니한다.

나. 금융회사 약관상 통지효력 조항의 운용

일반적으로 상대방 있는 법률행위에 있어서 의사표시는 그 통지가 상대방에게 도달한 때부터 그 효력이 생기고, 법률효과를 주장하려는 자는 통지도달을 입증하여야 한다(「민법」 제111조). 그러나 이러한 법률 원칙을 적용한다면, 은행업무상 많은 장애를 초래하므로 「은행여신거래기본약관(가계용)」 제17조는 이에 관한 특약으로 우편발송의 도달추정, 간주도달 및 발송의 추정에 관한 규정을 두고 있다.

즉 은행이 채무자가 신고한 최종 주소로 서면통지 또는 기타 서류 등을 발송한 경우, 보통의 우송기간이 경과한 때에 도달한 것으로 추정한다(도달추정). 그리고 채무자가 주소의 변경신고를 게을리함으로 말미암아 발송한 서면통지 또는 기타서류가 채무자에게 연착하거나 도달하지 아니한 때에는 보통의 우송기간이 경과한 때에 도달한 것으로 본다(도달간주). 다만, 상계통지나 기한 전의 채무변제 청구 등 중요한 의사표시인 경우에는 배달증명부 내용증명에 의한 경우에 한하여 도달한 것으로 보게 된다. 또한 은행이 채무자에 대한 통지 등의 사본을 보존하고 또 그 발신의 사실 및 연월일을 장부 등에 명백히 기재한 때에는 발송한 것으로 추정한다(발송추정).

한편 도달간주특약은 우편물이 배달 불능으로 은행에 반송된 경우에는 채무자에게 그 통지가 도달된 것으로 보지 않지만, 그 우편물의 반송이 채무자에게 책임 있는 사유(채무자가 변경신고를 게을리한 경우만)에 기인하는 경우에 이를 도달한 것으로 보자고 특약을 한 것이며, 이는 「약관규제법」상 유효한 것으로 인정된다. 다만 실무상으로는 이러한 도달간주특약이 계약당사자 사이에만 유효하고, 계약당사자 아닌 제3자에 대한 대외적 효력은 없는 것으로 보아야 한다.

따라서 간주도달특약의 유효성 여부와는 별도로 제3자와의 이해관계가 밀접하고 은행채권보전에 심각하게 영향을 주는 경우에 등기우편 등이 반송되는 때에는, 경우에 따라서 공시송달의 방법에 의하는 것도 실무상 고려할 수 있을 것이다.

제2절 보증 및 담보제도의 규제

1. 보증의 의의와 운용형태

보증이란 주된 채무자가 그의 채무를 이행하지 않는 경우에 이를 이행해야 하는 채무를 말한다(「민법」 제428조). 보증은 그 부담하는 채무의 내용 등에 따라 여러 종류로 나누어 볼 수 있는데, 그중 금융회사가 운용하고 있는 보증의 형태는 연대보증과 근보증이다.

연대보증이란 보증인이 주채무자와 연대하여 채무를 부담함으로써 주채무의 이행을 담보하는 보증채무를 말한다. 그리고 근보증이란 채권자와 채무자 사이의 계속적 거래관계로부터 발생하는 현재 및 장래의 불특정 채무를 주채무로 하는 보증을 말한다. 금융회사는 피보증채무의 범위를 어떻게 정하는가에 따라 근보증을 특정근보증, 한정근보증 및 포괄근보증으로 분류하여 근보증제도를 운용하고 있다.

금융회사 근보증의 3가지 유형과 책임범위

① 특정 근보증 : 특정된 거래계약(예 : 년 월 일자 여신거래약정서)으로부터 계속적으로 발생하는 채무를 보증하며, 그 채무가 기한 연기된 때에도 보증하나, 재취급 또는 다른 여신으로 대환된 때에는 보증하지 않음.

② 한정 근보증 : 특정한 종류의 거래(예 : 당좌대출거래)에 대하여 이미 맺어져 있거나 앞으로 맺게 될 거래 계약으로부터 현재 발생되어 있거나 앞으로 발생하게 될 채무를 모두 보증하며, 그 채무의 연기나 재취급은 물론 같은 종류로 대환된 때에도 보증하나, 다른 종류의 여신으로 대환된 때에는 보증하지 않음

③ 포괄 근보증 : 채무자가 은행에 부담하는 현재 및 장래의 모든 채무(여신거래로 인한 채무 뿐만 아니라 기타 다른 형태의 채무를 포함한다)를 보증하여 그 책임범위가 아주 광범위함.

2. 보증제도 규제의 필요성

우리나라에서는 보증이 특유한 인정주의(人情主義)에 따라 특별한 대가를 받지 아니하고 경제적 부담에 대한 합리적 고려 없이 호의로 이루어지는 경우가 많다. 그런데 이와 같이 이루어진 보증이 보증인에게 예측하지 못한 경제적·정신적 피해를 주게 됨으로써 그 폐해가 심각하다고 할 수 있다. 특히 금융회사가 포괄근보증 남용 등 잘못된 근보증제도를 운용하는 데 대해 금융거래와 관련된 보증제도를 규제하고자 하는 논의가 활발하게 진행되었다.

이러한 논의 과정에서 금융감독 당국은 1998년부터 제3자 담보제공자의 연대보증 입보 금지, 포괄근보증의 원칙적 금지, 기업고용임원의 연대보증 금지 등 보증제도 개선방안을 지도하여왔다. 하지만 이러한 지도사항의 준수는 금융기간의 자율적인 시행을 전제로 하기에 한계가 있었다. 즉 법률에 의해 강제되는 것이 아니어서 이를 위반하였다고 해도 당사자 사이의 사법적인 효력 유무에는 영향이 없었고, 일정 정도 당사자의 의사표시를 해석하는 데 참작될 뿐이었다. 이러한 관점에서 보증인 보호를 위해 법적 접근방법에 의한 보증제도의 규제 필요성이 생기게 된 것이다.

3. 금융권의 자율적 연대보증제도 개선

법규와 금융감독당국의 보증제도 개선 요구사항을 반영하여 은행권에서는 2008년 7월 11일부터 금융권 자율결의에 의하여 은행 가계대출에 대한 개인 연대보증제도를 폐지하였다. 나아가 2012년 5월 2일부터는 기업여신에 대한 개인의 연대보증제도 개선을 위해 개인사업자에게는 원칙적으로 연대보증을 폐지하고(다만, 법적 대표자 이외에 실제 경영자가 따로 있는 경우 실제 경영자가 연대보증을 하는 것은 허용됨), 법인의 경우에는 실제 경영자만 연대보증이 가능하도록 하고 있다(다만 조합·기타 법인격 없는 단체에 대한 여신취급 시 조합원을 연대보증인으로 세우는 경우 등 예외적인 경우에 한하여 연대보증이 가능함). 또한 2013년 7월 1일부터는 저축은행, 상호금융, 여전사, 보험사 등 제2금융권에서도 연대보증 폐지 등 연대보증 관행을 개선하였다.

그러나 위와 같은 각 금융회사들의 연대보증제도 개선 운용은 어디까지나 금융회사 자체의 내부적인 결의에 지나지 않으므로 이를 위반하였다고 하여 보증계약 자체가 무효로 되는 것은 아니다.

금융회사들의 연대보증제도 개선을 위한 노력

- 금융권 자율결의를 통한 은행 가계대출에 대한 개인 연대보증제도 폐지(2008년 7월)
- 기업여신에 대한 개인의 연대보증제도 개선(2009년 5월)
- 기업여신에 변경된 연대보증기준 적용(2012년 5월)
  - 개인사업자의 경우 : 원칙적으로 연대보증 폐지
  - 법인의 경우 : 실제 경영자만 연대보증 가능
  - 조합·법인격 없는 단체의 경우 : 대표조합원 등 예외적인 경우에 한하여 연대보증 가능
- 제2금융권(저축은행, 상호금융, 여전사, 보험사) 연대보증 폐지(2013년 7월)
- 대부업권 자발적 연대보증 관행 폐지(2013년 7월)

4. 법률에 의한 보증제도의 규제

4-1. 「보증인 보호를 위한 특별법」상의 규제

2008년 9월 22일부터 시행된 「보증인 보호를 위한 특별법」은 보증에 관하여 「민법」에 대한 특례를 규정함으로써 아무런 대가 없이 호의로 이루어진 보증으로 인한 보증인의 경제적·정신적 피해를 방지하고, 금전채무에 대한 합리적인 보증계약 관행을 확립함으로써 신용사회 정착에 이바지함을 그 목적으로 한다.

그 구체적인 보증제도 규제내용은 다음과 같다.

① 적용제외 대상: 기업의 대표자, 이사, 과점주주 등

② 구체적인 내용

- 보증의 방식: 보증인의 기명날인 또는 서명이 있는 서면(효력발생요건)
- 보증채무 최고액의 특정: 서면특정(보증기간 갱신 시도 동일)
- 채권자의 채무자 채무불이행 시 통지의무: 3개월 또는 1개월(금융기관의 경우) 이상 채무 미이행 시 보증인에게 통지(지체 없이), 위반 시 보증인은 통지의무 미이행으로 인하여 손해를 입은 한도에서 채무 면함
- 근보증: 채무의 최고액을 서면으로 특정(미특정 시 보증계약 효력 없음)
- 보증기간: 약정 없을 시 3년
- 채무자에 대한 변제기 연장 시 보증인에 대한 통지의무
- 금융기관 보증계약의 특칙: 채무자의 채무 관련 신용정보를 보증인에게 제시(보증인의 기명날인 또는 서명을 받아야 함)

4-2. 개정 「민법」상의 규제

2016.2.4. 시행된 개정 「민법」은 보증제도 개선을 위한 여러 가지 조치들을 마련하고 있다. 우선 보증의 방식과 관련하여 보증은 그 의사가 보증인의 기명날인 또는 서명이 있는 서면으로 표시되어야 효력이 발생하고, 보증의 의사가 전자적 형태로 표시된 경우에는 효력이 없다. 그리고 보증이 불확정한 다수의 채무에 대해서 이루어질 경우 보증하는 채무의 최고액을 서면으로 특정하여야 한다.

또한 정보제공의무와 통지의무와 관련하여 채권자는 보증계약을 체결할 때 또는 보증계약을 갱신할 때 보증계약의 체결 여부 또는 그 내용에 영향을 미칠 수 있는 주채무자의 채무 관련 신용정보를 보유하고 있거나 알고 있는 경우에는 보증인에게 그 정보를 알려야 한다. 그리고 채권자는 보증계약을 체결한 후에 ⅰ) 주채무자가 원본, 이자, 위약금, 손해배상 또는 그 밖에 주채무에 종속한 채무를 3개월 이상 이행하지 아니하는 경우, ⅱ) 주채무자가 이행기에 이행할 수 없음을 미리 안 경우, ⅲ) 주채무자의 채무 관련 신용정보에 중대한 변화가 생겼음을 알게 된 경우에는 지체 없이 보증인에게 그 사실을 알려야 한다.

<그림 5-2> 보증제도 개선을 위한 「민법」 개정의 주요내용

	「보증인 보호법」(Before)		「민법」 (After)
적용대상	'호의 보증인'의 '금전채무' 보증	➡	모든 보증계약
정보제공의무 대상	'금융기관' 채권자 한정		'사채업자·대부업자'를 포함한 모든 보증 채권자

	보증계약 서면체결	채권자 정보제공의무	채무자 신용정보 제공
「민법」 개정 주요 내용	보증계약 서면 방식 의무화	보증계약 체결·갱신 시 채무자 신용정보 제공	3月간 채무 연체 시 보증인 통지
	의무위반 시 무효	의무위반 시 보증채무 감경 또는 면제	

4-3. 「금융소비자보호에 관한 법률」 상의 규제

2021.3.25 시행된 「금융소비자보호법」 은 대출성 상품, 그 밖에 대통령령이 정하는 금융상품에 관한 계약체결과 관련하여 부당하게 보증을 요구하는 행위를 금융회사가 우월적 지위를 이용하여 금융소비자의 권익을 침해하는 행위로 보고, 이를 불공정영업행위로 금지하고 있다(법 제20조). 특히 대출성 상품의 경우에는 원칙적으로 개인과 법인 및 조합·단체인 금융소비자에 대한 대출에 제3자의 연대보증을 요구하는 행위는 금지된다. 다만 다음과 같은 일정한 경우 예외적으로 제3자의 연대보증이 허용된다.

① 개인인 금융소비자에 대한 대출의 경우 : 사업자등록증 상 대표자의 지위에서 대출을 받는 경우 해당 사업자등록증에 기재된 다른 대표자, 「건축물의 분양에 관한 법률」에 따른 분양대금을 지급하기 위해 대출을 받는 경우 같은 법에 따른 분양사업자 및 해당 건축물의 시공사

② 법인인 금융소비자에 대한 대출의 경우 : 해당 법인의 대표이사 또는 무한책임사원, 해당 법인에서 가장 많은 지분을 보유한 자, 해당 법인의 의결권 있는 발행 주식 총수의 100분의 30(배우자·4촌 이내의 혈족 및 인척이 보유한 의결권 있는 발행 주식을 합산)을 초과하여 보유한 자, 그 밖에 대출의 목적·성격 및 대상 등을 고려하여 금융위원회가 정하여 고시하는 자(예 : 같은 기업집단에 속한 회사, 프로젝트금융의 대상이 되는 사업에 따른 이익을 금융소비자와 공유하는 법인 등)

③ 조합·단체인 금융소비자에 대한 대출의 경우 : 해당 조합·단체의 대표자

그리고 보증과 관련하여 구체적으로 금지하고 있는 불공정영업행위의 유형 또는 기준으로는 i) 보증이 필요 없음에도 이를 요구하는 행위, ii) 해당 계약의 체결에 통상적으로 요구되는 일반적인 보증 범위보다 많은 보증을 요구하는 행위, iii) 금융소비자 또는 제3자로부터 보증을 취득하는 계약과 관련하여, 해당 계약서에 그 보증의 대상이 되는 채무를 특정하지 않는 행위 및 해당 계약서상의 보증이 장래 다른 채무에도 적용된다는 내용으로 계약을 하는 행위 등이 있다.

한편 이러한 불공정영업행위 규정에도 불구하고 은행이 이를 위반하여 보증계약을 체결한 경우 그 약정의 사법상 유효성 여부는 추후 판례를 통해 별도로 판단될 것이다. 하지만 현재는 사법상 유효설, 즉 위 규정이 금융소비자보호를 위하여 금융회사의 불공정영업행위를 규제하는 성격을 띠고 있으나 행정상 단속규정으로 보이고, 그 내용을 고려해 볼 때 위 규정에 위반하여 체결된 보증계약의 사법상 효력을 부인할 정도의 효력규정 성격에는 이르지 않았다고 보는 설이 유력하게 주장되고 있다.

<표 5-4> 금융회사가 제3자의 연대보증을 요구할 수 있는 예외적인 경우

대출유형	금융회사가 연대보증을 요구할 수 있는 제3자
개인대출	- 사업자등록증 상 대표자가 대출시, 해당 등록증에 기재된 다른 대표자 - 분양대금 대출시, 분양사업자 및 건축물의 시공사
법인대출	해당 법인의 대표이사·최대주주·지분율 30% 초과 보유 주주, 계열회사, PF 사업에 따른 이익 공유 법인, 분양대금 대출시 분양사업자·시공사 등
조합·단체대출	해당 조합·단체의 대표자

5. 담보의 의의

담보(물적담보)란 특정 채권자가 채무자 또는 제3자의 소유에 속하는 특정 재산을 현금화한 대금으로부터 다른 채권자보다 우선하여 변제받도록 함으로써 채권변제의 확실성을 높이는 수단으로 되는 것을 말한다. 금융회사가 이용하는 담보의 대표적인 것으로 (근)저당권이 있으며 그 밖에 (근)질권, 동산·채권담보권, 양도담보권 등이 있다.

담보를 가진 채권자가 담보를 가지지 않은 일반 채권자보다 채권의 변제를 받는데 유리한 점은 다음과 같다.

① 담보를 가진 채권자는 채무자의 채무불이행 시 집행력 있는 정본(예컨대 집행문을 부여받은 확정판결 정본 등)을 소지하지 않고서도 담보권의 존재를 증명하여 담보목적물에 강제집행절차를 취할 수가 있다.

② 담보를 가진 채권자는 담보권의 설정 후 담보목적물의 소유권이 제3자에게 이전되어 채무자의 채무불이행으로 채권자가 강제집행절차를 취하려고 할 때, 담보권 설정자의 재산이 아니라 할지라도 물적담보권의 추급력에 의하여 강제집행절차를 취할 수 있다.

③ 담보를 가진 채권자는 담보목적물에 대하여 강제집행절차를 취하는 경우 그 매각대금으로부터 다른 일반 채권자보다 우선하여 배당받게 된다.

6. 금융회사 담보(근저당권)제도 운용형태

금융회사가 사용하고 있는 담보약정서는 보통 담보하는 채무의 내용에 따라 특정채무담보와 근담보로 분류된다. 특정채무담보란 담보권설정 당시 채권자와 채무자 사이에 현재 발생되어 있거나 장래 발생하게 될 특정 채무만을 담보하기 위해 설정되는 것으로 채무가 연기, 재취급 또는 다른 여신으로 대환된 때에는 담보하지 않는 것으로 취급된다. 이에 대하여 근담보란 채권자와 채무자 사이의 계속적인 거래관계로부터 발생하는 다수의 불특정 채무를 장래의 결산기에 일정한 한도액까지 담보하기 위하여 설정하는 것으로, 보통 담보종류 앞에 근(根)이라는 단어를 붙여 부른다.

금융회사의 금융거래에 있어서 근담보는 다시 특정근담보형과 한정근담보형 및 포괄근담보형의 세 가지 유형으로 분류하여 설정된다.

① 특정근담보: 특정된 거래계약(예: 년 월 일자 여신거래약정서)으로부터 계속적으로 발생하는 채무를 담보하기 위하여 설정되며, 그 채무가 기한 연기된 때에도 담보한다. 그러나 재취급 또는 다른 여신으로 대환된 때에는 담보하지 아니한다는 데 그 특징이 있다.

② 한정근담보: 특정한 종류의 거래(예: 당좌대출거래)에 대하여 이미 맺어져 있거나 앞으로 맺게 될 거래계약으로부터 현재 발생되어 있거나 앞으로 발생하게 될 채무를 모두 담보하기 위하여 설정되며, 그 채무의 연기나 재취급은 물론 같은 종류로 대환된 때에도 담보한다. 그러나 다른 종류의 여신으로 대환된 때에는 담보하지 아니한다는 특징을 가진다.

③ 포괄근담보: 채무자가 채권자에게 부담하는 현재 및 장래의 모든 채무(여신거래로 인한 채무뿐만 아니라 기타 다른 형태의 채무를 포함)을 담보하기 위하여 설정된다.

대표적인 담보제도인 근저당은 금융거래, 특히 가계대출에서 금융회사가 대출채권을 담보하기 위해 가장 많이 사용되는 담보수단이다. 이처럼 근저당제도는 가장 흔히 쓰이는 담보수단이나 금융소비자가 이해하기 어렵고, 오랫동안 관행적으로 이루어져온 부분이 있어 다수의 민원이 제기되고 있는 상황이다. 또한 금융회사는 근저당을 설정함에 있어서 금융소비자와 협의하여 담보하는 채무의 내용에 따라 적정한 담보유형을 선택하여야 함에도 불구하고, 무조건적으로 한정근저당·포괄근저당을 이용함으로써 담보제도의 남용이 발생하게 되었다. 이에 금융감독 당국에서는 근저당제도 중 우선 포괄근저당, 한정근저당, 등기유용, 제3자 담보제공 등의 부분에서 근저당제도의 개선을 추진하게 된 것이다.

<표 5-5> 저당권과 근저당권의 구별

종 류	공통점	차이점
일반 저당권	- 담보대상은 등기되는 부동산에 한함 - 대출을 연체하는 경우 담보부동산을 경매하여 우선 변제받을 수 있는 권리 - 저당권 설정등기를 하여야 효력이 발생(「민법」 §186)	- 현재 시점의 확정채무를 담보 - 대출을 전액 상환하면 등기를 말소하지 않아도 저당권 소멸(「민법」 §369)
근저당권		- 현재·장래에 발생할 불확정 채무를 일정 한도액(채권최고액)까지 담보 - 대출을 전액 상환하여도 등기가 말소되지 않으면 유효(「민법」 §357)

<표 5-6> 금융회사가 운용하는 근저당의 종류 및 담보범위

종 류	담보범위
특정근저당	특정 일자에 체결된 여신거래계약에 따른 현재 및 장래의 채무를 결산기에 채권최고액 범위 내에서 담보
한정근저당	특정 종류의 여신거래계약에 따른 현재 및 장래의 채무를 결산기에 채권최고액 범위 내에서 담보
포괄근저당	여신거래에 따른 현재 및 장래의 모든 채무를 결산기에 채권최고액 범위 내에서 담보 (카드, 보증, 어음·수표상 채무도 담보)

7. 근저당권 취득 및 행사에 대한 제한

2021.3.25.시행된 「금융소비자보호법」은 대출성 상품, 그 밖에 대통령령이 정하는 금융상품에 관한 계약체결과 관련하여 부당하게 담보를 요구하는 행위를 금융회사가 우월적 지위를 이용하여 금융소비자의 권익을 침해하는 행위로 보고, 이를 불공정영업행위로 금지하고 있다(법 제20조). 그리고 담보와 관련하여 구체적으로 금지하고 있는 불공정영업행위의 유형 또는 기준으로는 i) 담보가 필요 없음에도 이를 요구하는 행위, ii) 해당 계약의 체결에 통상적으로 요구되는 일반적인 담보 범위보다 많은 담보를 요구하는 행위, iii) 금융소비자 또는 제3자로부터 담보를 취득하는 계약과 관련하여, 해당 계약서에 그 담보의 대상이 되는 채무를 특정하지 않는 행위 및 해당 계약서상의 담보가 장래 다른 채무에도 적용된다는 내용으로 계약을 하는 행위, iv) 근저당이 설정된 금전제공계약의 금융소비자가 채무를 모두 변제한 경우에 해당 담보를 제공한 자에 근저당 설정을 유지할 것인지를 확인하지 않는 행위 등이 있다.

7-1. 포괄근저당 제도의 금지

포괄근저당이란 여신거래에 따른 모든 채무, 카드·보증, 어음 등 은행거래관계에서 발생 가능한 사실상의 모든 채무를 담보하는 근저당이다. 포괄근저당은 담보범위가 지나치게 광범위하여 담보제공자의 과도한 부담을 유발하고, 예상치 못한 피해를 야기하는 문제가 발생하게 된다.

예컨대 갑이 5년 전 주택담보대출을 받으면서 구체적인 설명을 듣지 못한 채 은행원의 권유에 따라 포괄근저당을 설정하였고, 포괄근저당이 주택담보대출만 담보하는 것으로 알고 성실히 상환하여왔으나, 갑이 보증을 서준 친구가 최근 대출을 연체하자 은행은 모든 채무를 담보하는 포괄근저당이라는 이유로 갑의 주택을 압류하는 경우가 그것이다.

이에 따라 「금융소비자보호법」은 은행의 포괄근저당권 설정행위를 금융회사가 우월적 지위를 이용하여 금융소비자의 권익을 침해하는 불공정영업행위로 보고, 이를 금지하고 있다.

7-2. 한정근저당 제도의 개선

한정근저당이란 담보채무가 근저당권 설정계약서에 기재된 특정 종류의 여신거래(예컨대 당좌대출 등)에 따른 채무로 한정되는 근저당이다. 그러나 일부 은행에서는 한정근저당의 담보범위를 과대하게 확대시켜 포괄근저당과 유사하게 운용하는 경우가 있다. 예컨대 피담보 여신거래를 대출약정을 체결하는 모든 대출을 의미하는 포괄적 개념인 증서대출로 지정하거나, 대출과 무관한 카드·보증채무 등을 담보 여신거래에 추가하는 것이 그것이다.

따라서 법규상 금지되는 부당한 포괄근담보 요구행위에 피담보여신거래를 포괄적으로 정하여 한정근담보를 사실상 포괄근담보로 운영하는 행위를 포함시키는 것이 필요하게 되었다. 이에 금융감독 당국은 금융소비자보호를 위한 은행의 근저당

제도 개선방안을 발표하면서 피담보 여신거래 지정 시, 여신의 종류가 구체적으로 표시된 서면을 담보제공자에게 제공하여 선택하도록 하고 있다. 즉 가계대출의 경우 원칙적으로 해당 대출의 소분류 항목 하나만(예컨대 주택자금 대출을 주택구입자금대출, 주택중도금대출, 주택전세자금대출 등으로 소분류함) 지정하고, 기업대출은 중분류(예컨대 금융자금대출을 당좌대출, 일반자금대출, 주택자금대출 등으로 중분류함) 이하의 항목에서 지정하도록 하고 있다.

한편 「금융소비자보호법」은 통상적으로 요구되는 일반적인 담보 범위보다 많은 담보를 요구하는 행위, 담보의 대상이 되는 채무를 특정하지 않는 행위 및 담보가 장래 다른 채무에도 적용되도록 하는 행위를 불공정영업행위로 금지하고 있는 바, 은행이 실무상 한정근담보 제도를 운영함에 있어서는 이러한 금지위반에 해당하지 않도록 주의를 기울여야 할 것이다.

<표 5-7> 한정근저당의 담보여신 지정방법(가계대출 예시)

대분류		중분류		소분류
원화대출	가계자금대출	금융자금대출 □	당좌대출 □	
			일반자금대출 □	부동산담보대출 □
				예금담보대출 □
				임직원신용대출 □
			주택자금대출 □	주택구입자금대출 ☑
				주택중도금대출 □
				주택전세자금대출 □
		재정자금대출 □		

* 예를 들어, "우리집 대출"이라는 상품이 '원화대출 → 가계자금대출 → 금융자금대출 → 주택자금대출 → 주택구입 자금대출'로 분류되어 있을 경우, 소분류 항목인 '주택구입자금대출'에 ☑표시한다.

7-3. 근저당 등기유용의 제한

등기유용이란 채무의 상환 등으로 근저당이 사실상 소멸되었으나 말소되지 않은 등기를 다른 근저당의 유효한 등기로 사용하는 것을 말한다. 근저당 등기유용의 형태는 다음의 두 가지 유형으로 구분할 수 있다.

① 근저당권의 피담보채권이 확정됨으로써 특정의 채권만을 담보하게 된 상태에서 다시 그 근저당권으로서의 효력을 부활시키는 것
② 피담보채권의 확정 후 그 확정된 피담보채권이 완제되어 근저당권으로서의 효력이 완전히 소멸된 후에 그 근저당권의 효력을 부활시키는 것

한편 대법원 판례는 실질관계의 소멸로 무효가 된 등기의 유용은 유용에 대한 합의가 이루어지기 전에 등기상 권리를 가지는 제3자가 없는 경우에 한하여 허용하고 있다(대법원 1974.9.10. 판결 74다482).

그러나 이러한 근저당 등기유용은 대출 상환 시 근저당의 소멸 여부 및 소멸시기 등이 불명확하고 은행별로 등기유용 기준이 상이하여 소비자 피해 유발 우려가 있다는 문제점을 발생시킨다. 즉 일부 은행은 대출상환 즉시 근저당이 소멸한다고 보는 반면, 어떤 은행은 대출상환 후 6월 또는 2년 경과 시 근저당이 소멸하는 것으로 본다. 대출상환 6월 후 근저당이 소멸된다고 보는 경우, 6월 이내에 추가로 발생하는 대출은 당사자 의사확인(등기유용) 없이 기존 근저당으로 계속 담보하는 것으로 운영하고 있다. 따라서 근저당 등기유용제도 개선을 위해, 금융감독당국은 대출상환 시 은행이 근저당의 소멸·존속 여부에 대한 담보제공자의 의사를 확인하도록 의무화하고, 근저당의 소멸에 합의한 경우 말소등기를 해야 함을 고객에게 안내토록 하며, 추가 대출은 은행이 담보제공자와 등기유용에 합의한 경우에만 담보권 행사를 할 수 있도록 하고 있다.

그 외에도 등기유용 시 은행은 등기유용 요건을 확인하고, 담보제공자(제3자 담보

는 차주의사도 확인)의 등기유용 의사를 확인할 수 있는 서면을 작성·유지하며, 근저당의 존속에 합의한 경우에는 추가 대출 시 기존 근저당으로 계속 담보된다는 사실을 담보제공자에게 명확히 고지하여야 한다.

한편「금융소비자보호법」은 근저당이 설정된 금전제공계약의 금융소비자가 채무를 모두 변제한 경우에 해당 담보를 제공한 자에 근저당 설정을 유지할 것인지를 확인하지 않는 행위를 불공정영업행위로 금지하고 있는 바, 은행이 등기유용 제도를 운영함에 있어서 이러한 금지위반에 해당하지 않도록 실무상 각별한 주의를 기울여야 할 것이다.

7-4. 제3자 담보제공자 보호

제3자 담보제공자(물상보증인)란 타인의 채무이행을 담보하기 위해 자신의 재산을 담보로 제공하는 자를 말한다. 담보재산만으로 책임을 진다는 차이가 있으나, 결국 자신의 재산으로 채무자의 채무를 담보하는 것은 연대보증인과 유사하다 할 것이다. 그러나 제3자 담보제공자는 차주와 중대한 이해관계가 있음에도 불구하고 은행과 차주의 적극적 협조가 없으면 부당한 재산상 피해를 부담하게 된다. 특히 차주의 동의가 없이는 차주의 채무상황·신용정보 등을 파악하기 어렵고, 담보제공한도(채권최고액) 범위 내에서 차주의 채무를 담보하므로 본인이 예상하지 못하거나 의사에 반하는 담보책임부담 위험을 안게 된다. 따라서 금융감독 당국은 제도개선을 위해 제3자 담보 대출 시 담보제공자가 차주의 정보제공 동의서를 받아 추후 차주의 채무상황을 알 수 있게 은행이 안내하도록 하고, 만기 연장·추가 대출 시 은행이 반드시 담보제공자의 동의를 받도록 하고 있다.

<표 5-8> 담보물건 근저당권 운용 시 업무형태별 채권서류 징구

업무형태 \ 채권서류	근저당권 설정계약서	근저당권설정 변경계약서 (피담보채무 범위변경)	대출과목 분류표	개인(신용) 정보 제3자 제공동의서	근저당권 유용 확인서
근저당권설정 (본인담보)	○		○		
근저당권설정 (제3자담보, 공동소유담보)	○		○	○	
근저당권 변경계약 (채무범위)		○	○		
근저당권 유용					○
개인(신용)정보 제3자 제공 동의서	차주가 제3자 담보제공자(공동소유담보 포함)를 위해 근저당권 설정 시 제출				
제3자 담보제공자 동의방법	- 시기: 연기, 증대, 추가 대출, 갱신, 대환, 조건변경 - 위치: 약정서(기한연기 등 약정서가 없는 경우는 신청서) 첫 페이지 여백 - 동의방법: 연기(증대, 추가 대출, 갱신, 대환, 조건변경)에 동의함 20 . . . 담보제공자 (인)				

7-5. 근저당 부동산 매매 시 채무승계

담보 부동산 매매 시 담보채무는 매도인·매수인 간 협의에 따라 전액 상환하거나 매수인이 잔존 채무를 승계하는 경우, 채무승계는 금융회사의 승낙이 있어야 효력이 발생한다(「민법」 제454조). 그러나 실무상 담보부동산 매매 시 소유권만 이전하고 금융회사의 승낙절차를 누락하는 경우가 빈번하여 소비자 피해가 많고, 당사자의 신고가 없으면 금융회사도 매매사실을 알 수 없어 피해 예방이 곤란한 경우가 많다.

이러한 문제점을 개선하고자 금융감독 당국은 담보부동산 매매 시 금융회사의 승낙절차를 누락하지 않도록 통장·약정서 등에 매매내역 신고·안내문구 등을 추가할 것을 요청하고 있다. 그리고 보통 다음과 같은 신고·안내문구가 사용된다. "담보부동산 매매 시 금융회사에 신고 후 금융회사의 승낙을 받아 채무를 승계해야 하며, 그렇지 않을 경우 매수자·매도자 모두 예상치 못한 피해를 입을 수 있습니다. 예를 들어, 매수인이 잔여채무를 연체하고 담보물의 처분가가 회수액에 미달하는 경우 은행은 매도인에게 잔여채무의 상환을 요구할 수 있습니다."

그 외에도 대출 만기 연장 등의 경우 금융회사가 등기부상 소유주 변경을 재확인하여 채무승계를 안내하도록 하며, 금융교육 등을 통해 채무승계 확인의 중요성을 홍보하고, 부동산 매매계약서에 해당 내용을 명시하도록 지도하고 있다.

채무자의 지위를 인수하지 아니한 저당부동산 매수자의 법률적 지위

① 근저당권의 경우 그 피담보채무가 확정될 때까지의 채무의 소멸 또는 이전은 근저당권에 영향을 미치지 아니하므로, 근저당부동산에 대하여 소유권을 취득한 제3자는 피담보채무가 확정된 이후에 그 확정된 피담보채무를 채권최고액의 범위 내에서 변제하고 근저당권의 소멸을 청구할 수 있다고 할 것이며, 피담보채무는 근저당권설정계약에서 근저당권의 존속기간을 정하거나 근저당권으로 담보되는 기본적인 거래계약에서 결산기를 정한 경우에는 원칙적으로 존속기간이나 결산기가 도래한 때에 확정되지만, 이 경우에도 근저당권에 의하여 담보되는 채권이 전부 소멸하고 채무자가 채권자로부터 새로이 금원을 차용하는 등 거래를 계속할 의사가 없는 경우에는, 그 존속기간 또는 결산기가 경과하기 전이라 하더라도 근저당권설정자는 계약을 해지하고 근저당권설정등기의 말소를 구할 수 있다(대법원 2002.5.24. 판결 2002다7176).

② 피담보채무를 확정시키는 근저당권설정자의 근저당권설정계약의 해제 또는 해지에 관한 권한은 근저당부동산의 소유권을 취득한 제3취득자도 원용할 수 있다고 할 것인데, 제3취득자가 명시적인 해지의 의사표시를 하지는 아니하였지만 근저당권자에게 저당목적 부동산을 취득하였음을 내세우면서 앞으로 대위변제를 통하여 채권최고액 범위 내에서 피담보채무를 소멸시키고 근저당권의 소멸을 요구할 것이라는 전제에서 채무자의 피담보채무에 대하여 채무를 일부 변제하기 시작하는 등 제3취득자가 기존 근저당권설정계약의 존속을 통한 피담보채무의 증감변동을 더 이상 용인하지 아니하겠다는 의사를 파악할 수 있는 어떤 외부적, 객관적 행위를 하고, 채권자도 그러한 사정 때문에 그 계약이 종료됨으로써 피담보채무가 확정된다고 하는 점을 객관적으로 인식할 수 있었던 경우라면, 제3취득자는 근저당권설정계약을 해지하는 묵시적인 의사표시를 한 것으로 볼 수 있으므로, 근저당권의 피담보채무는 그 설정계약에서 정한 바에 따라 확정된다(대법원 2002.5.24. 판결 2002다7176).

제 3 절 전자금융사고에 대한 규제

1. 전자금융거래의 의의

전자금융거래란 금융회사가 전자적 장치를 통하여 금융상품 및 서비스(전자금융업무)를 제공하고, 이용자가 금융회사의 종사자와 직접 대면하거나 의사소통을 하지 아니하고 자동화된 방식으로 이를 이용하는 거래를 말한다(「전자금융거래법」 제2조).

전자금융거래의 발전 과정을 살펴보면, 제1단계는 자행 온라인화 및 업무자동화 단계(CD, ATM 등)였고, 제2단계는 금융전산망 구축 단계(home/firm banking)였으며, 제3단계는 전자화폐 및 가상은행업무 단계(electronic money, cyber banking)이다.

한편 우리나라에는 이러한 전자금융거래에 관한 규제법으로 「전자문서 및 전자거래 기본법」, 「전자서명법」, 「전자금융거래법」 등이 있다. 참고적으로 「전자서명법」이 전부개정되어 2020.12.10.부터 공인인증서 제도가 폐지되었다. 그러나 모든 금융거래에서 원칙적으로 인증서는 필요하고, 인증서가 요구되는 금융거래에서는 기존의 공인 인증서 외에 민간 인증서도 사용이 가능하다(공인 인증제도가 폐지되더라도 공인 인증서는 공동 인증서로서 금융거래 등에 그대로 사용할 수 있음). 따라서 비대면 금융거래에 사용가능한 인증서에는 ① 기존 공인인증서를 대체하는 공동인증서(금융결제원, 코스콤 등 발급), ② 개별 은행 등이 발급한 인증서, ③ 통신사나 플랫폼사업자 등이 발급한 인증서가 있다(다만, ②, ③의 경우 해당 거래은행에서 「금융실명법」 수준의 신원확인 절차를 거치지 않으면 금융거래에 제한이 있을 수 있음).

4차 산업혁명에 따른 금융혁신과 핀테크 산업의 발전방향

① 산업혁명의 진행 : 1차(방직기와 방적기 혁명), 2차(전기 혁명), 3차(PC·인터넷 혁명), 4차(인공지능·사물인터넷 혁명)

② 4차 산업혁명 진행에 따른 금융혁신

- Open Banking(2019.12.18. 전면시행) : 금융결제망 개방
- My Data(API 방식을 통한 금융 마이데이터 전면시행 2022.1.1.) : 기존 금융서비스의 금융서비스 플랫폼化(他 서비스·산업과의 연계)
- My Platform(도입 추진) : 하나의 앱에서 금융은 물론 생활 서비스를 함께 제공받을 수 있는 맞춤형 개인(My) 디지털 공간(Platform) 구축

③ 핀테크 산업의 3가지 발전방향

- 핀테크가 성장함에 따라, 다양한 금융서비스를 하나의 플랫폼으로 융합하는 Re-bundling 형태 서비스가 보편화될 것
- 기존 금융회사와 핀테크 간의 투자나 업무 위·수탁 등 협업을 통한 시너지 제고가 보편화될 것
- 핀테크의 성숙에 따른 확장 과정에서 대형화와 플랫폼화가 촉진되고, 이로 인한 소비자 편익 증대의 기회와 리스크 우려가 동시에 나타날 것

2. 보이스피싱의 개념과 유형

보이스피싱(전기통신금융사기)이란 전기통신을 통해 타인을 기망·공갈함으로써 자금을 송금·이체하도록 하거나, 개인정보를 알아내어 자금을 송금·이체하도록 함으로써 재산상의 이익을 편취하는 사기·공갈행위를 말한다. 보이스피싱의 매체가 되는 전기통신이란 유선·무선·광선 및 기타의 전자적 방식에 의하여 부호·문헌·음향 또는 영상을 송·수신하는 것(전화, SMS, 메신저, 인터넷사이트 등)을 말한다.

이러한 보이스피싱의 범죄수단으로는 전화통화, 스미싱(SMS), 파밍(악성코드), 불법사이트, 악성 앱 등을 이용한 사기 수단이 있다. 보이스피싱의 유형 중 스미싱(SMS+phishing)이란 SMS(문자메시지)발송을 통해 특정 사이트로 이동 또는 악성코드·악성 앱을 설치하도록 유도하거나, 대출권유 등을 통한 사기행위를 말하고, 파밍(Pharming)이란 PC·모바일 기기 등을 악성코드에 감염시켜 해킹자가 만든 사이트로 강제 이동하도록 하여 개인정보·인증수단을 유출, 금전 편취하는 것을 말한다.

다만, 최근에는 여러 수단이 결합된 사기사례가 다수 발생하여 범죄 수단이 중복되는 경향이 있다. 이러한 결합 사기사례로는 SMS 문자 발송을 통해 악성코드에 감염시켜 불법사이트로 이동시키고, 개인정보를 탈취하여 보이스피싱이 있다(스미싱+파밍+불법사이트 등의 수단이 결합).

한편 보이스피싱의 범죄 수법으로는 대출사기형과 비대출사기형으로 분류할 수 있다. 대출사기형이란 전화·SMS 등을 통해 대출 상담·알선을 가장하여, 대출수수료 입금 등의 명목으로 금전을 요구하여 가로채는 수법으로서, 건당 피해액이 비교적 적은 경향이 있다(건당 피해액 약 784만원). 비대출사기형은 사건연루조사(정부기관 사칭), 메신저 피싱(지인 사칭), 납치협박(범죄 사칭) 등의 수법이 사용되며, 건당 피해액이 높은 경향이 있다(건당 피해액 약 1,360만원).

2-1. 피싱(phishing)

피싱이란 개인정보(private data)를 낚는다(fishing)는 의미의 합성 신조어로서 이메일, 보이스, 링크 등으로 기망하여 유도한 다음 정보주체로부터 개인정보나 신용정보를 알아내는 행위를 말한다.

피싱의 기법은 여러 가지이다. 그중 우리나라에서는 전화 등을 통하여 개인정보·금융정보를 알아내거나 가짜 사이트에 접속을 유도한 후 그 가짜 사이트에 개인정보·금융정보를 입력하게 하고, 이 정보를 이용하여 돈을 인출해 가는 보이스피싱(voice phishing) 기법이 가장 문제가 되었다. 최근에는 대출을 권유한 다음 10% 정도의 금액을 선입금시킨 다음 달아나는 대출피싱사기 기법도 큰 문제가 되고 있다.

<그림 5-3> 보이스피싱 흐름

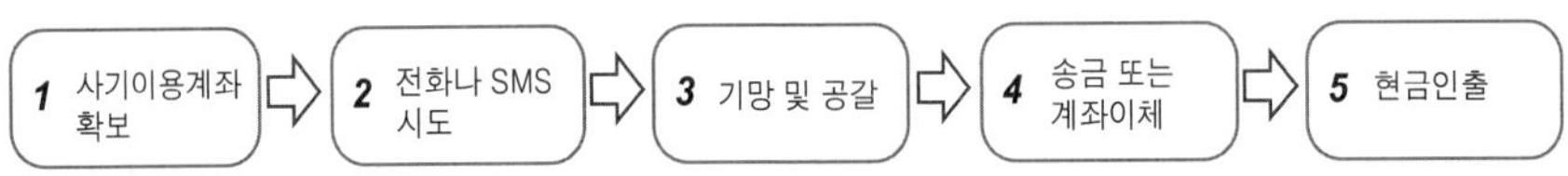

<그림 5-4> 피싱사이트 유도(파밍 포함) 흐름

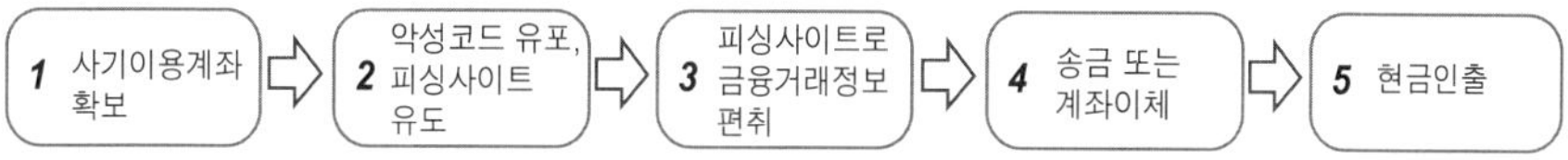

2-2. 파밍(pharming)

파밍이란 해커가 고객 PC에 악성코드 등을 설치하여 고객이 정상적인 주소를 입력해도 가짜 사이트로 이동되도록 하여 고객정보를 탈취하는 해킹 방식을 말하는 것으로, 고객을 가짜 사이트에 접속하도록 유도하는 피싱과 구별된다. 즉 파밍 수법에 의하면 해커가 악성코드를 배포하고, 이에 감염된 PC 이용자가 금융기관의 정상적인 홈페이지 주소로 접속을 하더라도 해커가 만든 가짜 사이트로 이동하게 된다. 해커는 이 가짜 사이트에서 이용자에게 보안등급상승 등의 이유로 개인정보(주민등록번호, 핸드폰번호 등)와 금융정보(계좌번호, 비밀번호, 보안카드번호 등)를 입력하게 한다. 그런 다음 이렇게 얻은 정보를 이용(공인인증서 재발급 등)하여 돈을 빼내어가는 사기수법이다.

<그림 5-5> 파밍에 의한 금융거래정보 편취 수법

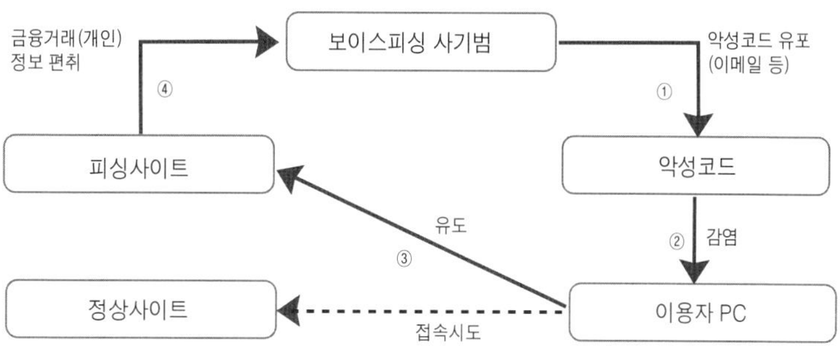

2-3. 스미싱(smishing)

휴대전화 문자 SMS와 피싱의 합성어로서 SMS를 이용하여 개인정보를 탈취한다는 의미이다. 스미싱 수법에 의하면 가해자가 스마트폰으로 보낸 이벤트, 무료쿠폰, 대출, 사진송부 등의 메시지를 피해자가 클릭하는 순간 악성코드가 피해자의 스마트폰에 설치된다. 가해자는 이 악성코드를 이용하여 피해자에게 전송된 인증정보를 은닉시켜 다시 가해자에게 보내도록 하여 알아낸 다음 피해자 몰래 소액결제를 하는 것이다. 파밍에서의 금융기관이 스미싱에서는 통신회사, 결제대행회사, 게임회사로 나누어지는 것이 특징이다.

<표 5-9> 신·변종 전기통신금융사기의 종류

종류	기 존	신·변종
피싱	<대포통장 이용> 피해자를 기망·공갈하여 자금을 대포통장계좌로 송금·이체시킨 후 현금인출기를 통해 인출(보이스피싱)	<정상계좌 이용> 피해자 몰래 피해자 계좌에서 귀금속 등 물품판매자의 정상계좌로 이체하여 물품을 인도받은 후 현금화
	<경찰청·국가기관 사칭> 경찰청 또는 국가기관을 사칭하여 개인정보나 금융정보 등을 요구(보이스피싱)	<통신사 사칭> 통신사 전화번호로 발신번호 변작 후, 통신요금 체납, 핸드폰 교체 이벤트 등을 가장하여 개인정보나 금융정보 등을 요구
파밍	<가짜 인터넷뱅킹 사이트로 유도> 정상적인 인터넷뱅킹 사이트에 접속해도 가짜 인터넷뱅킹 사이트로 유도하여 보안카드 번호 등을 탈취	<가짜 포털사이트로 유도> 정상적인 포털사이트에 접속해도 가짜 포털사이트로 유도하여 보안카드 전체 번호 탈취
메모리 해킹	<보안카드번호 탈취> 인터넷뱅킹 과정에서 악성코드를 이용하여 가짜 팝업창을 띄워 보안카드번호 앞·뒤 2자리 숫자를 탈취 후 자금 편취	<계좌번호와 이체금액 변조> 인터넷뱅킹 과정에서 악성코드를 이용하여 입금계좌정보와 이체금액을 변조하여 사기범 계좌로 직접 이체
스미싱	<무료쿠폰, 결제 사칭 문자> 무료쿠폰, 결제내역 등의 문자메시지를 누르면 악성앱이 설치되도록 한후 소액결제용 SMS 인증 번호를 탈취하여 휴대폰 소액결제로 자금 편취	<지인을 가장한 사칭 문자> '청첩장', '돌잔치' 문자메시지를 누르면 악성앱을 설치하여 개인정보를 탈취하고, 핸드폰에 저장된 모든 사람에게 동일한 가짜 '청첩장·돌잔치' 문자메시지가 전송되게 함

3. 금융사기 근절을 위한 대책

금융사기 근절을 위해 정부는 전기통신금융사기 방지대책협의회를 설치하여 지금까지 다음과 같은 대책을 마련하여왔다.

① 전자자금 이체·인출한도 하향조정(2007년 9월) : 전자감독규정 개정으로 자동화기기를 이용한 현금인출 및 이체한도를 하향 조정(1회 인출한도 1백만원, 1일 인출한도 6백만원, 1회 이체한도 6백만원, 1일 이체한도 3천만원)

② 전화금융사기 피해예방 보완대책(2009년 6월) : 예금통장에 통장양도 금지문구 기재, 최근 1년간 이체실적이 없는 계좌의 CD/ATM기를 이용한 계좌이체한도 축소(1회 이체한도 600만원→70만원, 1일 이체한도 3천만원→70만원), 사기이용계좌 명의자에 대한 비대면 인출거래 제한

③ 단기간 다수계좌 개설목적 확인제도(2009년 10월) : 기준 영업일내에 서로 다른 금융회사에 2개 이상의 계좌 개설행위 제한

④ 전기통신 금융사기 피해금 환급제도(2011년 9월) : 전기통신금융사기 피해금 환급에 관한 특별법 시행에 따라 별도의 소송없이 피해금 환급 가능

⑤ 카드론 취급시 본인 확인절차 강화(2011년 11월) : 카드론 취급시 고객에게 전화 또는 본인명의 핸드폰으로 인증번호를 전송하여 본인 확인

⑥ 대출사기 이용계좌 先지급정지제도(2012년 2월) : 대출사기 이용계좌에 대한 선지급정지 후 증빙서류 보완

⑦ 지연인출제도(2012년 6월) : 3백만원 이상 이체시 10분간 자동화기기를 통한 인출 지연

⑧ 대포통장 근절 종합대책(2012년 11월) : 통장 양도의 불법성 설명·확인 의무화 및 금융거래 목적 확인, 의심계좌 모니터링 시스템을 개발·운영하고 의심거래 발생시 신속히 지급정지, 통장양도이력이 있는 자에 대해 1년간 예금계좌 개설 제한

⑨ 금융권 내부통제 강화(2013년 8월) : 대포통장 과다 금융회사에 대한 현장

점검 및 확약서 징구 등 금융권 내부통제 강화

⑩ 전자금융사기 예방 서비스(2013년 9월) : 공인인증서 (재)발급 또는 인터넷 뱅킹을 통한 300만원 이상 이체시 휴대폰 문자 또는 전화를 통한 본인확인절차 추가

⑪ 전화번호 신속이용 정지제도(2014년 2월) : 불법대부광고, 대출사기 이용 전화번호에 대해 신속 이용정지 조치

⑫ 신분증 진위확인 통합서비스(2014년 3월) : 4개 은행을 대상으로 시범운영을 거쳐 '14.8월부터 전면 시행

⑬ 대포통장 의심거래자에 대한 예금계좌 개설절차 강화(2014년 5월) : 주요 의심거래 유형(10개 유형, 90개 사례)을 발굴하여 은행에 전파하고 계좌 개설 절차 강화 지도

⑭ 해킹사고에 이용된 계좌 지급정지(2014년 7월) : 지급정지 적용대상 금융회사 및 계좌를 확대하고 사고이용계좌 명의인에 대한 금융제재 부과

⑮ 통장 양도자에 처벌 강화(2015년 1월) : 전자금융거래법을 개정하여 실제 대가의 수수가 없더라도 영리목적의 접근매체 대여행위 처벌 근거 마련

한편 대표적 보이스피싱 사기 예방 제도 및 서비스로는 지연인출·이체제도, 지연이체서비스, 입금계좌지정 서비스 등이 있다.

지연인출·이체제도란 100만원 이상 현금입금(송금·이체 등)된 통장에서 자동화기기로 출금·이체 시 30분간 출금·이체를 지연시킴으로써, 보이스피싱 사기범이 피해금을 인출하기 전에 사기범 통장에 대한 지급정지를 용이하게 하기 위한 제도이다(금융회사 창구에서는 즉시 인출·이체가 가능).

지연이체서비스란 보이스피싱·송금착오 등 피해방지를 위해 이체 시 고객 본인이 지정한 일정 시간 경과 후 자금이 입금되도록 하는 서비스이다(금융회사 창구 거래는 적용되지 않음).

입금계좌지정 서비스란 본인의 지정계좌로 전자금융 이체한도 내에서 자유롭게 송금이 가능하고, 지정하지 않은 계좌로는 소액 송금만 허용하는 서비스를 말한다.

4. 전자금융사고에 대한 「전자금융거래법」의 규정

「전자금융거래법」 제9조는 전자금융사고가 발생한 경우에는 원칙적으로 금융회사가 이용자의 손해를 배상하도록 하고, 다만 이용자에게 법령에서 정한 고의 또는 중과실이 있는 경우에만 금융회사가 면책될 수 있도록 규정하고 있다. 다만 면책의 의미는 책임의 전부 또는 일부를 이용자에게 부담시킬 수 있다는 것임에 유의하여야 한다.

금융회사의 책임이 발생하는 전자금융사고의 유형으로는 다음과 같은 것이 있다.

① 접근매체의 위조나 변조로 발생한 사고

② 계약체결 또는 거래지시의 전자적 전송이나 처리 과정에서 발생한 사고

③ 전자금융거래를 위한 전자적 장치 또는 정보통신망에 침입하여 거짓이나 그 밖의 부정한 방법으로 획득한 접근매체의 이용으로 발생한 사고(여기서 접근매체란 전자금융거래에 있어서 거래지시를 하거나 이용자 및 거래내용의 진실성과 정확성을 확보하기 위하여 사용되는 수단 또는 정보로서 현금카드, 신용카드, IC칩, 인증서, ID, 지문, 비밀번호 등을 말함)

한편 금융회사가 손해배상책임으로부터 면책되기 위해서는 사고발생에 있어서 이용자의 고의나 중대한 과실을 입증하여야 한다(입증책임이 금융회사에 있음). 이러한 이용자의 고의·중과실의 범위는 다음과 같은 경우로 제한된다(해석을 통한 이용자의 고의·또는 중과실을 인정할 수 없도록 무과실책임에 상응하는 책임을 규정하고 있음).

① 이용자가 접근매체를 제3자에게 대여하거나 그 사용을 위임한 경우 또는 양도나 담보의 목적으로 제공한 경우

② 제3자가 권한 없이 이용자의 접근매체를 이용하여 전자금융거래를 할 수 있음을 알았거나 쉽게 알 수 있었음에도 불구하고 접근매체를 누설하거나 노출 또는 방치한 경우

다만 법인 이용자의 경우에는 금융회사가 사고를 방지하기 위하여 보안절차를 수립하고 이를 철저히 준수하는 등 합리적으로 요구되는 충분한 주의의무를 다한 경우 면책되도록 하고 있다(증명책임이 전환되어 법인이 고의·과실이 없음을 증명해야 함).

「전자금융거래기본약관」상 전자금융사고의 손실부담 및 면책에 관한 규정

① 은행은 접근매체의 위조나 변조로 발생한 사고, 계약체결 또는 거래지시의 전자적 전송이나 처리과정에서 발생한 사고, 전자금융거래를 위한 전자적장치 또는 '정보통신망 이용촉진 및 정보보호 등에 관한 법률' 제2조 제1항 제1호에 따른 정보통신망에 침입하여 거짓이나 그 밖의 부정한 방법으로 획득한 접근매체의 이용으로 발생한 사고로 인하여 이용자에게 손해가 발생한 경우에 그 금액과 1년 만기 정기예금 이율로 계산한 경과이자를 보상한다. 다만, 부정이체 결과로 당해 계좌에서 발생한 손실액이 1년 만기 정기예금 이율로 계산한 금액을 초과하는 경우에는 당해 손실액을 보상한다.

② 제1항의 규정에도 불구하고 은행은 다음 각호에 해당하는 경우에는 이용자에게 손해가 생기더라도 책임의 전부 또는 일부를 지지 아니한다.

1. 천재지변, 전쟁, 테러, 또는 은행의 귀책사유 없이 발생한 정전, 화재, 건물의 훼손 또는 테러 등 불가항력으로 인한 경우
2. 이용자가 접근매체를 제3자에게 대여하거나 사용을 위임하거나 양도 또는 담보 목적으로 제공한 경우
3. 제3자가 권한 없이 이용자의 접근매체를 이용하여 전자금융거래를 할 수 있음을 알았거나 쉽게 알 수 있었음에도 불구하고 이용자가 자신의 접근매체를 누설 또는 노출하거나 방치한 경우
4. 은행이 접근매체를 통하여 이용자의 신원, 권한 및 거래지시의 내용 등을 확인하는 외에 보안강화를 위하여 전자금융거래 시사전에 요구하는 추가적인 보안조치를 이용자가 정당한 사유없이 거부하여 사고가 발생한 경우
5. 이용자가 제4호에 따른 추가적인 보안조치에 사용되는 매체·수단 또는 정보에 대하여 다음 각목의 어느하나에 해당하는 행위를 하여 사고가 발생한 경우
   가. 누설·노출 또는 방치한 행위
   나. 제3자에게 대여하거나 그 사용을 위임한 행위 또는 양도나 담보의 목적으로 제공한 행위
6. 법인(「중소기업기본법」제2조제2항에 의한 소기업을 제외한다)인 이용자에게 손해가 발생한 경우로 은행이 사고를 방지하기 위하여 보안절차를 수립하고 이를 철저히 준수하는 등 합리적으로 요구되는 충분한 주의 의무를 다한 경우

③ 이용자로부터 접근매체의 분실이나 도난의 통지를 받은 경우에는 은행은 그 때부터 제3자가 그 접근매체를 사용함으로 인하여 이용자에게 발생한 손해를 보상한다.

5. 전기통신금융사기에 대한 피해구제(사후책임의 분배)

전자금융사기에 대한 민사적 구제 방안으로 가해자인 주범과 소위 대포통장의 명의인에 대한 부당이득반환청구 또는 공동불법행위에 의한 손해배상청구는 법원에서 적극적으로 인정하고 있다. 그러나 주범은 그 신원을 확인하기 어렵고 통장 명의인은 자력이 부족한 경우가 태반이기 때문에 실질적인 구제방안이 되지 못하는 실정이다. 이에 피해자들은 「전자금융거래법」 제9조를 근거로 자력이 충분한 금융회사들을 상대로 손해배상을 청구하는 경우가 있다.

이러한 금융회사를 상대로 한 보이스피싱 분쟁과 관련하여 대부분의 사건에서 금융회사는 유리한 소송결과를 받았으나, 보이스피싱 사고는 워낙 다양한 유형이 존재하고, 최근의 사회적 분위기를 반영할 때 특별한 경우에는 금융회사의 일부 책임이 인정될 가능성을 배제할 수 없다는 점에서 전자금융거래 실무처리상 유의하여야 할 필요가 있다.

한편 통신사기피해환급법에 따른 금융회사의 보이스피싱 피해 구제 절차는 통상 다음과 같은 절차로 이루어진다.

① 지급정지 및 피해구제 요청 : 보이스피싱 피해자가 사기범에게 자금을 이체한 계좌(사기계좌)에 대한 지급정지(입출금·이체 금지)요청 및 피해구제 신청

② 지급정지 : 금융회사가 보이스피싱 사기이용계좌에 대한 지급정지 실시(입출금·이체 금지)

③ 지급정지 통보 : 금융회사가 금감원, 명의인, 피해자 등에게 지급정지 사실을 통보

④ 채권소멸절차 개시 요청 : 금융회사가 금감원에 사기이용계좌 명의인의 예금채권을 소멸하기 위한 절차 개시 공고 요청

⑤ 전자금융거래 제한 : 금감원이 ③에 따라 통보받은 명의인을 전자금융거래 제한 대상자로 지정

⑥ 채권소멸절차 : ④의 요청에 따라, 금감원이 채권소멸절차가 개시된 사실을 공고, (이의제기 등 없을시) 2개월 후 예금채권 소멸

⑦ 피해금 환급 : 채권소멸 후 금감원이 14일 내 피해환급금을 산정하여 피해금 환급 결정 → 금융회사를 통해 피해금 환급

⑧ 전자금융거래 제한 종료 : 피해금 환급 지급이 종료된 경우 전자금융거래 제한 종료

<그림 5-6> 금융회사의 보이스피싱 피해 구제 절차도

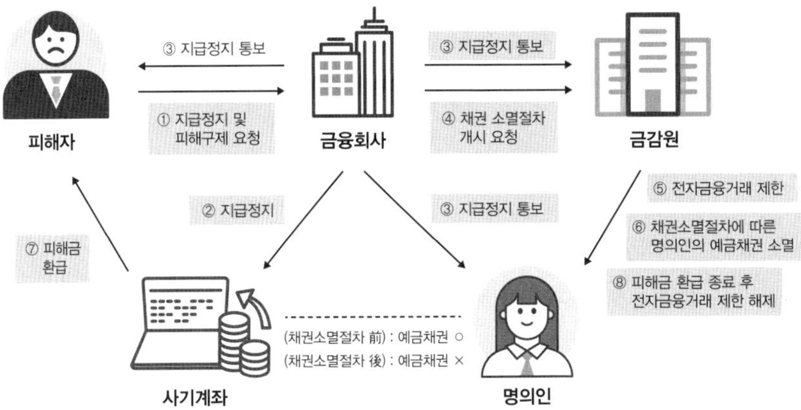

6. 비대면 금융사고에 대한 자율배상제도

은행권은 '24.1.1.부터 보이스피싱 등 비대면 금융사고 피해에 대한 책임분담기준을 시행하고 있다. 이러한 비대면 금융사고 책임분담기준 제도는 금융회사의 보이스피싱 사고예방 노력을 유도하기 위해 비대면 보이스피싱 사고 발생시 금융회사가 일정 부분 책임을 분담하는 자율배상 제도이다.

배상신청은 보이스피싱 등을 당해 개인정보가 유출되어 제3자에 의해 본인 계좌에서 금액이 이체되는 등 비대면 금융사기로 금전적 피해가 발생한 경우에 가능하다.

그리고 배상금액은 전체 피해금액 중 통신사기피해환급법상 피해환급금을 제외한 금액을 대상으로 은행의 사고 예방노력과 소비자(고객)의 과실 정도를 종합적으로 고려하여 결정된다. 즉 은행에 대해서는 고객확인 절차, 이상금융거래탐지시스템(FDS)의 운영 등 금융사고 예방활동의 충실한 수행 여부를 기준으로 노력 정도를 평가하고, 소비자에 대해서는 주민등록증, 휴대전화, 비밀번호 등의 관리를 소홀히 하여 제3자에게 제공(유출 포함) 여부 등을 고려하여 과실 정도를 평가하게 된다.

은행이 운영하는 이상금융거래탐지시스템(FDS)이란 전자금융거래 접속정보, 거래 내역 등을 종합적으로 분석하여 이상금융거래를 탐지·차단하는 시스템을 말한다.

<그림 5-7> 이상금융거래탐지시스템(FDS) 운영 예시

전자금융사고와 금융회사의 책임에 대한 판결의 태도

① 서울중앙지방법원 2012.3.28. 판결 2011가단105339

- 사례: 보이스피셔가 피해자의 아이디 및 비밀번호 등을 이용하여 공인인증서를 재발급 받아 인터넷뱅킹으로 원고의 계좌에서 인출한 사례
- 법원판단: 공인인증서의 재발급은 '접근매체의 위조'에 해당함, 피고인 증권회사로 하여금 원고에게 부당인출금액을 배상토록 함

② 서울중앙지방법원 2012.8.22. 판결 2011가단468047

- 사례: 피해자가 보이스피셔가 유도한 특정 사이트에 카드번호, 비밀번호 및 CVC 번호 등을 입력하였고, 동 보이스피셔는 이 정보를 이용하여 카드회사로부터 카드론을 받은 사례. 피해자는 해킹당했다고 주장하고, 은행은 공인인증서 또는 OTP 단말기를 분실했다고 주장(OTP 단말기의 해킹 가능성 없음)
- 법원판단: 피고인 은행으로 하여금 원고에게 손해배상금 지급 결정. 법원은 "「전자금융거래법」의 입법목적에 비추어 금융기관의 책임을 감면하는 요건은 엄격히 해석하여야 하므로, 이용자에게 통상의 과실이 있다고 하여 이를 근거로 그 책임의 감면 등을 주장할 수 없다"는 입장임

③ 서울고등법원 2013.4.4 판결 2012나42281

- 사례: 무권한자가 이용자로 하여금 피싱사이트에 계좌번호, OTP비밀번호 및 신용카드 정보 등을 입력하게 한 후, 동 정보를 알아내 ARS카드론을 신청하여 이용자의 계좌로 입금받은 후, 이용자의 공인인증서를 재발급받아 대포통장계좌로 이체 후 인출한 사례
- 법원판단: OTP단말기 비밀번호가 해킹당했다기보다는 이용자가 무권한자에게 비밀번호 등을 알려준 것으로 보이는바, 이용자의 행위가 접근매체 누설, 노출 또는 방치에 해당하므로 은행은 책임을 면함

④ 대법원 판례의 태도(대법원 2014.1.29. 판결 2013다86489)

- 전자금융거래법 제9조, 전자금융거래법 시행령 제8조 등에서 정하는 '고의 또는 중대한 과실'이 있는지 여부는 접근매체의 위조 등 금융사고가 일어난 구체적인 경위, 그 위조 등 수법의 내용 및 그 수법에 대한 일반인의 인식 정도, 금융거래 이용자의 직업 및 금융거래 이용경력 기타 제반 사정을 고려하여 판단할 것임.
- 갑이 금융기관인 을 주식회사 등에서 예금계좌를 개설하여 금융거래를 하면서 인터넷뱅킹 서비스를 이용하여 왔는데, 병이 전화금융사기(이른바 보이스피싱)를 통하여 갑에게서 취득한 금융거래정보를 이용하여 갑 명의의 공인인증서를 재발급받아 다른 금융기관들로부터 대출서비스 등을 받은 사안에서, 갑이 제3자에게 접근매체인 공인인증서 발급에 필수적인 계좌번호, 계좌비밀번호, 주민등록번호, 보안카드번호, 보안카드비밀번호를 모두 알려준 점 등 제반 사정에 비추어, 갑의 금융거래정보 노출행위가 전자금융거래법 등에서 정한 금융사고의 발생에 이용자의 '중대한 과실'이 있는 경우에 해당한다고 본 원심판단을 수긍한 사례.

제 4 절 기타 금융거래의 규제

1. 영업행위 등에 대한 규제

1-1. 불공정영업행위의 금지

「금융소비자보호법」은 공정한 금융거래 질서를 해칠 수 있는 네 가지 행위, 금융상품 강요행위(구속성예금), 부당한 담보 또는 보증을 요구하는 행위, 부당한 편익요구 및 수취행위, 부당한 은행 이용자 권익침해 행위 등을 불공정행위로 규정하고 이를 금지하고 있다(법 제20조).

구속성예금이란 여신거래와 관련하여 차주의 의사에 반하여 예금 가입 등을 강요하는 것을 말한다. 이에는 여신거래와 관련하여 차주의 의사에 반하여 예금·적금 등 은행상품의 가입을 강요하는 행위, 여신거래와 관련하여 차주의 의사에 반하여 예금, 적금 등 은행상품의 해약 또는 인출을 제한하는 행위 등이 포함된다. 은행들은 금융상품 판매실적을 제고하기 위한 수단으로 구속성예금 등을 광범위하게 활용하고 있다. 이에 금융감독 당국이 중소기업과 저신용자 보호를 위해 은행의 구속성예금 관행을 근절하고자 많은 대책을 발표하고 있으나, 이러한 관행들이 아직까지는 완전히 개선되지 않고 있다.

한편 구속성예금 근절을 위한 「금융소비자보호법」의 규정을 좀더 구체적으로 살펴보면, 대출성 상품에 관한 계약체결과 관련하여 금융소비자의 의사에 반하여 다른 금융상품의 계약체결을 강요하는 행위는 원칙적으로 불공정영업행위가 되어 금지된다는 것이다. 그리고 이러한 금지위반에 대해서는 금융위원회가 해당은행에 대하여 불공정영업행위의 시정·중지 등 필요한 조치를 명할 수 있고, 그 위반행위와 관련된 계약으로 얻은 수입의 는 100분의 50 이내에서 과징금을 부과할 수 있으며, 은행의 해당임원 또는 직원에게는 1억원 이하의 과태료를 부과할 수 있도록 하고 있다. 이러한 「금융소비자보호법」을 바탕으로 「금융소비자보호법 시행령」과 「금융소비자보호에 관한 감독규정」은 구속행위 금지에 관한 구체적인 유형 또는 기준을 다음과 같이 규정하고 있다.

첫째, 금융소비자에게 제3자의 명의를 사용하여 다른 금융상품의 계약을 체결할 것을 강요하는 행위는 금지된다.

둘째, 금융소비자에게 다른 금융상품직접판매업자를 통해 다른 금융상품에 관한 계약을 체결할 것을 강요하는 행위는 금지된다.

셋째, 금융소비자가 「중소기업기본법」에 따른 중소기업인 경우 그 대표자 또는 관계인(대표자·임원·직원 및 그 가족)에게 다른 금융상품의 계약체결을 강요하는 행위

넷째, 대출성 상품에 관한 계약(금전제공계약)을 체결하고 계약이 최초로 이행된 날 전·후 각각 1개월 내에 다음 구분에 따른 계약을 체결하는 행위는 금지된다.

(1) 보장성 상품 또는 투자성 상품(집합투자증권, 금전에 대한 신탁계약, 투자일임계약 및 연계투자에 관한 계약으로 한정)에 관한 계약의 경우

① 중소기업 및 그 기업의 대표자, 개인신용평점이 하위 10%에 해당하는 사람 및 피성년후견인 또는 피한정후견인에 해당하는 금융소비자와의 계약(0%룰 적용)

② 그 외 금융소비자(투자성 상품인 경우 개인인 금융소비자에 한정)가 계약에 따라 매월 금융상품직접판매업자에 지급해야 하는 월지급액이 금전제공계약에 따라 금융소비자가 제공받거나 받을 금액의 1000분의 10을 초과하는 경우에 해당하는 계약(1%룰 적용)

② 예금성 상품(금융소비자가 입금과 출금을 수시로 할 수 있는 금융상품은 제외)에 관한 계약의 경우

(2) 중소기업 및 그 기업의 대표자, 개인신용평점이 하위 10%에 해당하는 사람 및 피성년후견인 또는 피한정후견인에 해당하는 금융소비자의 월지급액이 금전제공계약에 따라 금융소비자가 제공받거나 받을 금액의 1000분의 10을 초과

하는 경우(1%를 적용)(다만, 월지급액이 10만원 이하인 경우 및 계약에 따라 금융상품직접판매업자에 지급하는 금액이 총 100만원 이하인 경우는 제외함)

예외적으로 구속성이 인정되지 않는 사유

① 금전제공계약이 지급보증, 보험약관에 따른 대출에 관한 계약, 신용카드회원에 대한 자금의 융통, 자본시장법상 신용공여 등에 관한 계약인 경우
② 중소기업이 아닌 기업과 퇴직보험, 종업원의 복리후생을 목적으로 하는 보장성 상품(해당 보험료가 「법인세법」에 따른 복리후생비로 인정되는 경우에 한정)에 관한 계약 등을 체결한 경우
③ 단체가 그 단체의 구성원을 위하여 체결하는 보장성 보험(단체의 구성원이 보험료를 납입하는 경우에 한정), 일반손해보험, 장기손해보험으로서 채권확보 및 자산보호를 목적으로 담보물건가액 기준에 의해 산정되는 장기화재보험 등 재물보험에 관한 계약을 체결한 경우
④ 금전제공계약이 최초로 이행된 날 전 · 후 1개월 이내에 해지한 예금성 상품에 대하여 해지 전의 금액 범위 내에서 다시 계약을 체결한 경우
⑤ 그 밖에 해당 계약을 사회통념상 구속에 따른 행위로 보기 어렵거나 그러한 행위에 해당하지 않는다는 사실이 명백한 경우(그 사실을 금융소비자가 서명, 기명날인, 녹취 각각에 준하여 안정성 · 신뢰성이 확보될 수 있는 전자적 확인방식으로 확인한 경우는 제외)

<그림 5-8> 2013년도 은행의 금융상품 강요행위(꺾기) 관행 근절을 위한 중요 규제개선

		기 존		개 선
대출고객	예금 등	다음의 경우 꺾기에 해당 ① 대출고객의 의사에 반하여 판매한 경우 ② 대출실행일 전후 1개월 내 판매한 상품의 월 수입금액이 대출금액의 1% 초과 시	⇨	(현행과같음)
	보험 · 펀드		⇨	다음의 경우 꺾기에 해당 ① 대출고객의 의사에 반하여 판매한 경우 ② 대출실행일 전후 1개월 내 상품 판매 시
대출고객의 관계인		규제 없음	⇨	대출고객 관계인의 의사에 반하여 판매한 경우 꺾기에 해당

구속행위 관련 업무처리준칙(은행연합회 2021.9.25. 개정)

□ 구속행위 규제의 유형

▶ 구속행위 실질규제 : 금융소비자의 의사 등 실질에 따라 규제되는 경우(여신실행일 전·후 1개월 초과 또는 월수입금액이 여신금액의 1% 이하인 경우 등 구속행위 간주규제의 적용대상이 아닌 경우에도 실질 여하에 따라 구속행위에 해당 가능)

▶ 구속행위 간주규제 : 금융소비자의 의사와 관계없이 금융상품 구속행위로 간주되는 경우

□ 구속행위 간주규제의 적용요건

▶ ① 금전제공계약을 체결하고, ②계약이 최초로 이행된 날 전·후 각각 1개월 내에, ③보장성·투자성·예금성 상품 등에 관한 계약이 체결되는 경우 적용

▶ 금융상품 가입에 대한 금융소비자의 의사와는 관계없이 해당 기간 내에 금융상품 등에 대한 계약이 체결되었는지 여부를 기준으로 판단

□ 구속행위 간주규제의 적용기준(취약소비자가 아닌 금융소비자 부분 보완)

구분	취약소비자	취약소비자가 아닌 금융소비자	
		법인	개인
예금성 상품	월수입금액이 제공받은 금액의 1% 이내일 때 가입 가능 ('1%'룰)	제한 없음	제한 없음
보장성 상품	가입 불가 ('0%'룰)	월수입금액이 제공받은 금액의 1% 이내일 때 가입 가능 ('1%'룰)	월수입금액이 제공받은 금액의 1% 이내일 때 가입 가능 ('1%'룰)
투자성 상품		제한 없음	

* 취약소비자 : ①중소기업 및 그 기업의 대표자, ②개인신용평점이 하위 10%에 해당하는 사람, ③피성년후견인 또는 피한정후견인

<표 5-10> 「금융소비자보호법」상 불공정영업행위의 금지 관련 대상상품 및 구체적 내용

대상상품	금융소비자보호법	금융소비자보호법 시행령/감독규정
공통	연계·제휴서비스등을 부당하게 축소·변경하는 행위로서 대통령령으로 정하는 행위	축소·변경사실을 미고지하는 행위
	업무와 관련하여 편익을 요구하거나 제공받는 행위	업무와 관련하여 금전, 물품 또는 편익 등을 부당하게 요구하거나 제공받는 행위
	그 밖에 우월적 지위를 이용하여 소비자의 권익을 침해하는 행위	차명거래 등으로 계약체결을 강요하는 행위
		정당한 사유 없이 계약의 변경·해지 요구에 금전요구 또는 불이익 부과를 하는 행위
		이자율·보험료 인하 요구에 대해 정당한 사유 없이 거절 또는 처리지연을 하는 행위
		금융소비자의 정보를 이자율이나 대출 한도 등에 정당한 사유 없이 미반영하는 행위
		계약 최초 이행일 전·후 1개월 내에 공제상품 등에 관한 계약을 체결하는 행위(중소기업의 경우 1%룰 적용)
		보장성 상품 계약체결 시 이자율 우대 등 특혜 제공을 하는 행위
		금전제공계약을 체결한 자의 의사에 반하여 보험에 관한 계약조건 등을 변경하는 행위(은행만 해당)
		계약해지를 막기 위해 재산상 이익제공 등을 하는 행위
		청약 철회를 이유로 불이익을 부과하는 행위(1개월 내 2번 이상 철회 시 제외)
		정당한 사유없이 예치금액을 지급하지 않는 행위
		기존 계약과 신규 계약의 유지기간을 합하여 3년이 넘었음에도 중도상환수수료를 부과하는 행위
		근저당이 설정된 금전제공계약의 금융소비자가 채무를 모두 변제한 경우에 해당 담보를 제공한 자에 근저당 설정을 유지할 것인지를 확인하지 않는 행위
		사고신고 접수에도 불구하고 접수일부터 5영업일 이내에 자기앞수표 제시인에게 수표금을 지급하는 행위

<table>
<tr><th>대상상품</th><th>금융소비자보호법</th><th>금융소비자보호법 시행령/감독규정</th></tr>
<tr><td rowspan="4">대출성 상품
및
시행령상
금융상품</td><td>금융소비자의 의사에 반하여 다른 금융상품의 계약체결을 강요하는 행위</td><td>중소기업의 대표자 또는 관계인에게 다른 금융상품 계약체결을 강요하는 행위</td></tr>
<tr><td rowspan="3">부당하게 담보 또는 보증을 요구하는 행위</td><td>필요없음에도 담보 또는 보증을 요구하는 행위</td></tr>
<tr><td>통상 요구되는 범위보다 더 많은 담보 또는 보증을 요구하는 행위</td></tr>
<tr><td>담보 또는 보증의 피담보채무 불특정 또는 장래 다른 채무에도 적용된다는 내용으로 계약하는 행위</td></tr>
<tr><td rowspan="3">대출성 상품</td><td>자기 또는 제3자의 이익을 위하여 금융소비자에게 특정 대출 상환방식을 강요하는 행위</td><td></td></tr>
<tr><td>개인대출 등에 제3자의 연대보증을 요구하는 행위</td><td>단, 대표이사·최대주주 등에게는 요구 가능</td></tr>
<tr><td>3년 이내 상환 및 법령상 허용되는 경우 등을 제외하고 중도상환수수료를 부과하는 행위</td><td></td></tr>
</table>

1-2. 불건전영업행위의 금지

「은행법」은 건전한 금융거래 질서를 해할 수 있는 네 가지 행위, 즉 첫째 실제 자금을 수취하지 아니하였음에도 입금처리하는행위 등 은행이용자에게 부당하게 편익을 제공하는 행위, 둘째, 예금, 대출 등 은행이 취급하는 상품을 비정상적으로 취급하여 은행이용자의 조세포탈·회계분식·부당내부거래 등 부당한 거래를 지원하는 행위, 셋째 은행업무, 부수업무 또는 겸영업무와 관련하여 은행이용자에게 정상적인 수준을 초과하여 재산상 이익을 제공하는 행위, 넷째 그 밖에 은행업무, 부수업무 또는 겸영업무와 관련하여 취득한 정보 등을 활용하여 은행의 건전한 운영 또는 신용질서를 해치는 행위를 불건전영업행위로 규정하고 이를 금지하고 있다(법 제34조의 2).

그리고 위 금지되는 불건전 영업행위의 구체적인 유형 또는 기준은 다음과 같다(동법시행령 제20조의 2).

① 은행이용자에게 부당하게 편익을 제공하기 위하여 자기앞수표·양도성예금증서 등을 선(先)발행하는 등 실제 자금을 수취하지 아니하였음에도 입금처리하는 행위

② 은행이용자의 조세포탈·회계분식·부당내부거래 등 부당한 거래를 지원하기 위하여 은행이용자가 대출을 받아 그 재원을 예금하고 예금담보대출을 받게 하는 행위 또는 타인이 은행이용자 명의로 양도성예금증서 또는 채무증권을 발행·매매하도록 하는 행위

③ 은행이용자에게 은행업무, 부수업무 또는 겸영업무와 관련하여 금융위원회가 정하여 고시하는 정상적인 수준(예 : 경제적 가치가 3만원 이하인 물품·식사 또는 20만원 이하의 경조비·조화·화환의 제공 등)을 초과하여 재산상의 이익을 제공하는 행위

④ 은행과 은행이용자 간, 특정 은행이용자와 다른 은행이용자 간에 이해상충이 발생할 수 있는 거래에 활용하기 위하여 은행업무등과 관련하여 취득한 정보 등을 이용하는 행위

⑤ 그 밖에 은행업무등과 관련하여 은행의 건전한 운영 또는 신용질서를 해치는 행위로서 금융위원회가 정하여 고시하는 행위(예 : 통장 또는 인감이 없음에도 본인확인을 하지 않고 예금을 지급하는 행위, 거래처의 통장 또는 인감 등을 보관하는 행위, 창구를 거치지 아니하고 예금을 입출금하는 행위, 예금잔액증명서를 부당하게 발급하는 행위 등)

청탁금지법(김영란법)과의 비교

① 형법상 뇌물죄 : 공무원 + 직무관련성 + 대가성 → 뇌물죄로 처벌
- 형법 제129조(수뢰) ① 공무원 또는 중재인이 그 직무에 관하여 뇌물을 수수, 요구 또는 약속한 때에는 5년 이하의 징역 또는 10년 이하의 자격정지에 처한다.

② 청탁금지법(김영란법)(부정청탁 및 금품 등 수수의 금지에 관한 법률)(2016.9.28. 시행)
- 특징 : 대상의 확대, 직무관 련성 및 대가성 불문, 부정청탁 행위 그 자체도 규제(금품 수수 불문) → 형벌 및 과태료 처벌
- 핵심 : 직접 또는 제3자를 통한 부정청탁 금지 + 금품 수수 금지
- 적용대상 : 공직자 등(국가·지방 공무원, 공직유관단체 임직원, 학교 교직원, 언론사 임직원) + 공무수행사인 (법령에 따라 공공기관의 권한을 위탁받은 자) + 전체 배우자

③ 김영란법 허용 상한선(2018.1.17. 변경)
- 음식물(식사대접) : 3만원(식사, 다과, 주류, 음료 등)
- 선물 : 5만원(금전, 음식물 제외한 일체의 금품) ⇒ 보통의 경우(5만원 이하), 농수산물·농수산가공품인 경우(10만원 이하), 상품권 등 유가증권은 선물에서 제외(따라서 제공불가)
- 경조사비 : 10만원(각종 부조금 및 화환, 조화 등) ⇒ 축의금·조의금인 경우(5만원 이하), 축의금·조의금을 대신하는 화환·조화의 경우(10만원 이하)

1-3. 금융상품 판매행위에 대한 6대 규제원칙

금융상품과 관련하여 판매정보 제공, 판매규제, 사후구제 강화 등 금융소비자의 전 과정을 규율하는 일반법으로 「금융소비자보호에 관한 법률」이 있다(2021년 3월 25일 시행). 「금융소비자보호법」은 금융회사의 과잉대출 및 불완전판매를 근절하기 위해 6대 판매행위를 규제하게 되는데, 이에는 적합성·적정성 확인 및 설명의무 준수, 불공정영업행위·부당권유행위 및 허위·과장광고 금지가 있다.

적합성 원칙이란 금융소비자의 재산상황 등에 비추어 가장 적합한 상품을 권유해야 한다는 원칙을 말한다(보장성, 투자성, 대출성 상품 구매권유 시 적용). 적정성 원칙이란 금융소비자가 구매하고자 하는 상품이 해당 금융소비자의 재산상황 등에 비추어 적정하지 않을 경우 이를 알려주도록 하는 원칙을 말한다(보장성, 투자성 상품을 구매권유하지 않는 경우에 적용). 설명의무란 금융소비자가 반드시

알아야 할 상품의 주요 내용을 설명할 의무를 말하고, 불공정영업행위 금지란 판매업자등이 금융상품 판매시 우월적 지위를 이용하여 소비자의 권익을 침해하는 행위를 금지하는 것을 말한다. 또한 부당권유행위 금지란 금융상품 계약 체결 권유시 소비자가 오인할 우려가 있는 허위 사실 등을 알리는 행위를 금지하는 것을 말하고, 허위·과장광고 금지란 금융상품 또는 판매업자등의 업무에 관한 광고 시 필수 포함사항 및 금지행위 등을 말한다.

「금융소비자보호법」이 시행되면 금융회사는 금융상품 판매행위 시 이상의 6대 판매행위 규제원칙을 엄격하게 적용하여야 한다. 이에 위반하는 경우에는 위반행위로 발생한 수입의 50% 범위 안에서 과징금이 부과될 수도 있다(징벌적 과징금 제도의 도입). 따라서 이에 위반되는 일이 없도록 판매행위에 대한 엄격한 관리가 필요하다.

<표 5-11> 금융소비자보호법 중점사항

구분	내용
판매정보 제공	• 상품비교, 자문, 교육강화 등을 통해 소비자에게 충분한 금융정보 제공 • 소비자의 역량 및 선택권 제고
판매규제	• 판매행위 규제의 강화 및 체계화 • 금융회사 스스로의 불완전판매 및 과잉 대출 방지 노력 촉구
사후구제 강화	• 불완전판매 등으로 손해 발생시 소비자 권익을 보호할 수 있도록 소송, 분쟁조정 절차 등을 합리적으로 개선

6大 판매규제 주요 위규사례

판매규제	제도 내용	주요 위규사례
적합성 원칙 (판매자 권유 有)	고객정보 파악 및 부적합 상품 권유 금지	• 고객으로부터 '부적합 상품을 권유해도 괜찮다'는 동의를 받고 부적합 상품을 권유하는 행위
적정성 원칙 (판매자 권유 無)	고객정보 파악 및 고객이 청약한 상품이 부적합한 경우 그 사실을 고지	• 고객의 개별적 상황을 고려하지 않고 획일화된 투자자성향 점수표에 따라 적합 여부를 판단하는 행위
설명의무	상품 권유 시 또는 소비자 요청 시 상품의 중요사항을 이해할 수 있도록 설명	• 고객의 이해도와는 관계없이 설명을 이해했다는 서명을 요구하는 행위 • 실제 설명과 다른 내용의 설명서를 교부하는 행위
불공정영업행위 금지	판매업자의 우월적 지위를 이용한 부당요구(중도상환수수료 부과, 개인 연대보증 요구 등) 금지	• 신용카드 부가서비스의 일방적 중단 • 금리인하요구권, 청약철회권, 위법계약해지권 등 소비자권리 행사 방해
부당권유 금지	불확실한 사항에 단정적 판단을 제공하는 행위 등	• 부적합 상품 판매를 위해 고객에 정보 조작 유도 • 고객 사전동의 없이 수시로 대출을 권유하는 행위
광고규제	광고 내용 필수 포함사항 및 금지행위	• 펀드 광고에 객관적 근거자료 없이 기대수익률을 제시하는 행위 • 실제 판매자가 아닌 광고가 게재된 포털을 판매자로 오인하게끔 하는 행위

1-4. 금융거래조건의 공시 및 금융거래상 중요 정보의 제공

「은행법」은 예금자 등 은행 이용자를 보호하고 금융분쟁의 발생을 방지하기 위하여 은행이 은행 이용자에게 금융거래상 중요정보를 제공하는 등 적절한 조치를 마련하도록 하고 있다(「은행법」 제52조의2). 이러한 조치로서는 금융거래조건의 공시의무와 금융거래상 중요 정보 제공의무가 있다.

금융거래조건의 공시의무란 금리, 계약 해지 및 예금자보호에 관한 사항 등 은행 이용자가 유의하여야 할 사항을 인터넷홈페이지 등에 공시 또는 비교공시하여야 한다는 것을 말한다. 그 구체적인 공시사항은 이자(대출가산금리 포함)·부대비용·계약해지·거래제한·예금자보호에 관한 사항, 은행 이용자가 유의하여야 할 사항(지연배상금에 관한 사항 포함), 기타 계약의 주요 내용이다. 「은행업감독업무시행세칙」에서는 구체적인 상품별 공시내용을 상세하게 규정하고 있다.

한편 금융거래상의 계약조건 등을 공시함에 있어서는 다음의 행위가 금지된다.

① 은행상품 거래와 관련하여 확정되지 않은 사항을 확정적으로 표시하는 행위
② 구체적인 근거와 내용을 제시하지 아니하면서 다른 금융상품보다 비교우위가 있음을 나타내는 행위
③ 기타 오해 또는 분쟁의 소지가 있는 표현을 사용하는 행위

중요정보의 제공·설명의무란 금융거래 단계별로 다음과 같은 자료를 제공하고 그 내용을 설명해야 함을 말한다.

① 계약체결을 권유하는 경우에는 계약조건, 거래비용 등 계약의 주요 내용
② 은행 이용자가 청약하는 경우에는 약관
③ 계약을 체결하는 경우에는 계약 서류 등 해당 정보나 자료를 제공하고 그 내용을 설명

한편 은행이 이상의 설명의무를 이행함에 있어서는 설명한 내용에 대해 은행 이용자가 이해하였음을 은행 이용자의 서명, 기명날인, 녹취 등의 방법으로 확인을 받아 이를 유지·관리하여야 한다. 또한 상품의 중요 내용을 설명함에 있어서 은행 이용자의 합리적인 판단 또는 해당 상품의 가치에 중대한 영향을 미칠 수 있는 사항을 거짓 또는 왜곡하여 설명하거나 중요사항을 누락하여서는 아니 된다.

저축상품에 대하여 공시할 내용

1. 약정이율 또는 변동금리부(또는 실적배당) 저축상품의 경우 약정이율(또는 배당률)의 결정방법 및 같은 방법에 따라 결정된 이율, 중도해지이율, 만기해지이율
2. 확정금리(또는 배당)부 저축상품의 경우 연수익률
3. 이자 계산방법, 원금 또는 이자의 지급시기·방법, 원금 또는 이자 지급 관련 제한
4. 수수료 등 부대비용(법률에 정한 행위를 이행하거나 이용자의 이익 또는 권리행사 등을 위하여 이용자가 당연히 부담하여야 할 수수료는 제외)
5. 계약기간(또는 개시시기와 종료시기), 계약해지 또는 갱신의 방법, 만기 경과 후 인출하지 않는 경우의 처리방법
6. 최저거래금액 또는 최고거래한도, 가입자격
7. 「예금자보호법」상 보호대상 여부 및 한도
8. 예금자에게 발생할 수 있는 불이익 및 그 조건
9. 공시내용의 유효기간
10. 세목별 세금우대(면제 또는 감면)세율 또는 금액 및 기간, 세금의 부과 가능성 또는 세율의 변동 가능성
11. 부가혜택이 주어지는 조건 및 내용
12. 그 밖에 당해 저축상품에 적용되는 주요 계약내용

<저축상품 공시내용 표시방법>
① 약정이율은 연단위로 표시
② 연수익률은 세전 또는 세후인지 여부를 표시
③ 예치기간 단계별로 상이한 이율을 적용하는 경우에는 각 단계별 약정이율 및 연수익률을 함께 표시
④ 해당수익률을 얻기 위해 요구되는 기간이 정해진 경우에는 동 기간을 함께 표시
⑤ 연수익률 이외의 수익률을 표시하는 경우에는 이를 연수익률보다 눈에 띄지 않게 표시
⑥ 확정되지 아니한 만기예상수익률 표시 금지
⑦ 연수익률은 약정이율에 붙여서 그 전후 또는 상하의 한 곳에 표시
⑧ 공시내용의 유효기간은 개시시기와 종료시기로 표시

대출상품에 대하여 공시할 내용

1. 약정이율 또는 변동금리부(또는 실적배당) 대출상품의 경우 약정이율(또는 배당률)의 결정방법
2. 이자 계산방법, 원금 또는 이자의 상환시기·방법, 원금 또는 이자 상환 관련 제한
3. 수수료 등 부대비용(법률에 정한 행위를 이행하거나 이용자의 이익 또는 권리행사 등을 위하여 이용자가 당연히 부담하여야 할 수수료는 제외)
4. 계약기간(또는 개시시기와 종료시기), 계약해지 또는 갱신의 방법, 원금 또는 이자상환시기 경과 후 상환하지 않는 경우 지연배상금 부과 등 처리방법
5. 최저거래금액 또는 최고거래한도
6. 담보 또는 보증의 필요 여부
7. 대출거래 제한사항 및 대출신청 자격요건
8. 차주에게 발생할 수 있는 불이익 및 그 조건
9. 공시내용의 유효기간
10. 부가혜택이 주어지는 조건 및 내용
11. 그 밖에 당해 대출상품에 적용되는 주요 계약내용

<대출상품 공시내용 표시방법>

① 약정이율, 대출부대비용은 다른 대출공시사항보다 크게 표시하는 등 거래 상대방이 용이하게 식별할 수 있도록 표시
② 이용자가 부담하는 부대비용의 금액 또는 요율을 표시
③ 대출조건에 따라 이율 또는 부대비용에 변동이 있는 경우에는 그 내용을 명확히 표시
④ 공시내용의 유효기간은 개시시기와 종료시기로 표시

<표 5-12> 금융소비자보호법상 설명의무 관련 구체적 설명사항

구분	금융소비자보호법	금융소비자보호법 시행령
공통	연계·제휴서비스의 내용, 이행책임 및 그 밖에 대통령령으로 정하는 사항	• 연계·제휴서비스의 제공기간 • 연계·제휴서비스의 변경사유, 변경시 사전고지 사실 및 방법
	청약철회의 기한·행사방법·효과	
	그 밖에 대통령령으로 정하는 사항	• 위법계약해지권 • 민원처리 절차 및 분쟁조정 • 예금자보호 여부 및 그 내용

<table>
<tr><th>구분</th><th>금융소비자보호법</th><th>금융소비자보호법 시행령</th></tr>
<tr><td rowspan="2">보장성</td><td>상품의 내용</td><td>• 위험보장의 주요내용
• 보험료 납입기간
• 해약환급금</td></tr>
<tr><td>보험료, 보험금, 위험보장의 범위 및 그 밖에 대통령령으로 정하는 사항</td><td>• 위험보장기간
• 계약의 취소·무효사항
• 고지 및 통지의무 위반시 계약해지
• 보험료 감액 청구권
• 수수료 등 부대비용</td></tr>
<tr><td rowspan="4">투자성</td><td>상품의 내용</td><td>• (연계투자계약) 연계대출의 내용, 차입자, 수수료, 세율, 수익률 등
• 계약기간
• 금융상품의 구조
• 기대수익</td></tr>
<tr><td>투자에 따른 위험</td><td>• (연계투자계약) 연계투자의 위험
• 최대손실 발생상황 및 손실추정액</td></tr>
<tr><td>대통령령으로 정하는 위험등급</td><td>• 가치변동위험, 신용위험, 상품구조, 원금손실가능성 고려하여 위험등급 기준 마련</td></tr>
<tr><td>그 밖에 대통령령으로 정하는 사항</td><td>• 수수료 등 부대비용
• 계약해지시 불이익</td></tr>
<tr><td rowspan="2">예금성</td><td>상품의 내용</td><td>• 계약기간
• 이자의 지급시기 및 지급제한사유</td></tr>
<tr><td>이자율, 수익률 등 대통령령으로 정하는 사항</td><td>• 금리(중도해지·만기후 포함), 수익률
• 수수료 등 부대비용
• 계약해지시 불이익
• 거래제한사항(계좌이체 제한 등)</td></tr>
<tr><td rowspan="5">대출성</td><td>금리 및 금리변동 여부, 중도상환수수료 부과여부·기간 및 수수료율 등 대출성 상품의 내용</td><td>• 계약기간
• 소비자 적용 금리 및 산출기준
• 중도상환수수료</td></tr>
<tr><td>상환방법에 따른 상환금액·이자율·시기</td><td></td></tr>
<tr><td>담보권 설정·실행사유, 소유권상실 위험성</td><td></td></tr>
<tr><td>대출원리금·수수료 등 소비자 부담금액</td><td></td></tr>
<tr><td>그 밖에 대통령령으로 정하는 사항</td><td>• 계약해지시 불이익
• 대출시 신용점수 영향
• 연체금리, 연체시 불이익(기한이익상실 포함)
• 이용 제한사항(대출계약 연장거부)</td></tr>
</table>

1-5. 금융상품에 대한 부당광고규제

광고란 불특정 소비자에게 사업자 또는 상품내용 등을 널리 알리거나 제시하는 것으로, 특정 소비자에게 금융상품 판매 계약 체결을 목적으로 금융상품에 대한 정보를 제공하고 해당 소비자에게 계약 체결을 촉구하는 권유와 구별된다. 금융회사의 상품광고에서는 필요한 중요정보가 충분하고 정확하게 금융소비자에게 제공되어야 한다. 그러나 실제 금융거래에서는 금융소비자가 상품가입 시 오인하거나 현혹될 수 있는 허위·과장성 광고가 많고, 이에 관한 민원도 많이 발생하고 있다. 따라서 금융회사는 금융소비자의 권익제고를 위하여 상품광고 시에 광고 표기내용의 허위·과장성 여부, 고객 오해유발 소지 여부, 대출한도 및 금리 등 중요사항의 표기 적정성 여부에 대하여 충분한 사전검토를 해야 한다.

은행상품 광고에 대한 일반적 규제로는 「표시·광고의공정화에관한법률」의 규정이 있고, 이에 따른 금융상품표시·광고관련공정거래위원회의 구체적인심사기준으로는 「금융상품 등의 표시·광고 심사지침」이 있다. 그리고 동 심사지침에서는 금융상품 등에 관한 표시·광고는 사실에 부합하여야 한다는 일반원칙 하에, ⅰ)확정되지 않은 사항을 확정적으로 표현하는 경우, ⅱ)객관적 근거 없이 동격 상품대비 비교우위가 있다고 표현하는 경우, ⅲ)혜택이 부여되는 조건이 있음에도 불구하고 제한없이 혜택이 주어지는 것처럼 오인시키는 경우, ⅳ)금융상품의 거래조건이 변동될 수 있음에도 변동가능성에 대한 표기를 누락하는 경우 등을 부당한 표시·광고의 예시로 들고 있다.

이에 더하여 「금융소비자호법」은 금융회사가 금융상품등에 관한 광고를 하는 경우 금융소비자가 금융상품의 내용을 오해하지 아니하도록 명확하고 공정하게 전달하여야 함을 강조하고, 금융회사의 광고 시 필수 포함사항 및 금지행위 등을 구체적으로 규정함으로써, 허위·과장광고 금지를 명시하고 있다(법 제22조). 그리고 금융회사의 금융상품등에 관한 광고는 금융소비자가 광고의 내용을 쉽게 이해할 수 있도록 글자의 색깔·크기 또는 음성의 속도·크기 등이 해당 금융상품으로 인해 금융소비자가 받을 수 있는 혜택과 불이익을 균형 있게 전달하여야 하고, 준법감시인의 심의를 거쳐야 하며, 필요 시 협회의 사전심의도 받아야 한다.

한편 위 「금융소비자호법」에 따라, 2021.6.8. 제정된 「금융광고규제 가이드라인」은 광고규제의 범위, 광고의 주체 및 절차, 광고의 내용 및 방법 등에 대하여 자세하게 설명하고 있다.

<그림 5-9> 금융상품 판매 단계별 절차(권유와 광고의 구분)

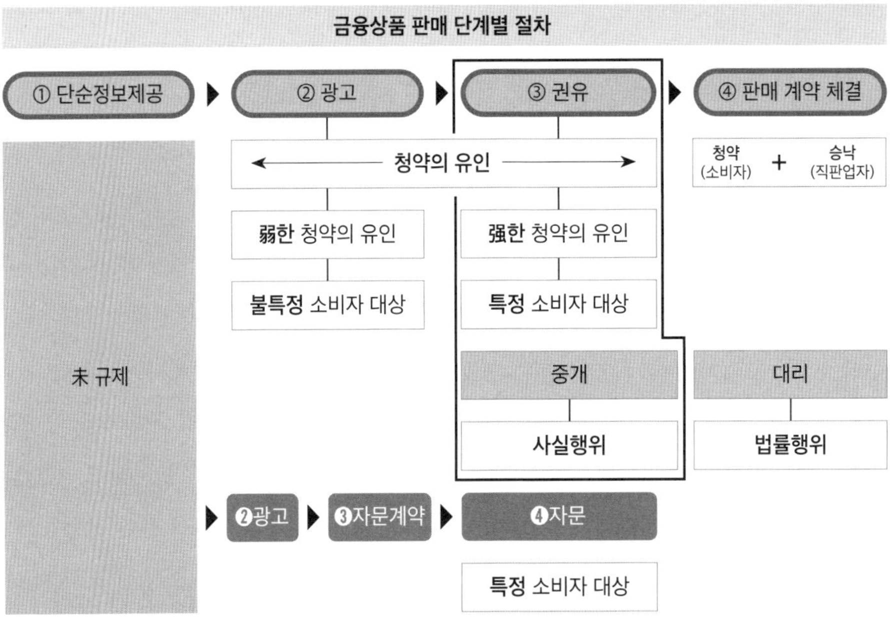

- 광고:불특정 소비자에게 사업자 또는 상품내용 등을 널리 알리거나 제시(표시광고법 §2)
- 권유:특정 소비자에게 금융상품 판매 계약 체결을 목적으로 금융상품에 대한 정보를 제공하고 해당 소비자에게 계약 체결을 촉구

<표 5-13> 금융소비자보호법상 광고시 필수 포함사항 및 금지행위

① 의무 표시사항

구분	금융소비자보호법	금융소비자보호법 시행령
공통	계약체결 전 설명서 및 약관을 읽어 볼 것	
	판매업자등의 명칭	
	그 밖에 대통령령으로 정하는 내용	• (대출성) 신용등급 하락가능성 및 불이익, 원리금 연체시 변제의무 • 법령·내부통제기준에 따른 심의사실 • 설명받을 권리 및 이해 후 거래권고 • 예금자보호여부 및 그 내용
보장성	금융상품의 내용	• 금융상품의 명칭 • 보험금 지급제한 사유
보장성	기존계약을 해지하고 다른 계약 체결시 계약체결의 거부 또는 보험료 인상 및 보장내용 변경 가능성	• 변액보험의 경우 운용결과에 따른 변동가능성 • 이미지 광고시 위험보장사항, 보험료, 보험금, 해약환급금 해약환급금이 기납입한 보험료보다 적을 수 있다는 사실 생략
투자성	금융상품의 내용	• 연계투자 상품의 내용 • 수익의 지급시기 및 지급제한 사유
	투자에 따른 위험	• 연계투자에 따른 위험 • 투자결과에 따라 손실발생하고 해당 손실은 소비자에게 귀속 • 최대손실 발생상황 및 손실추정액 • 수수료 부과기준 및 절차
	과거 운용실적이 미래의 수익률 미보장	
예금성	금융상품의 내용	• 이자의 지급시기 및 지급제한 사유
	만기지급금이 미래의 수익 미보장(ELD 한정)	
대출성	금융상품의 내용	• 신용카드의 경우 연회비, 이자율(연체이율 포함), 연계·제휴서비스 이용조건 • 연체이율
	대출조건	• 소비자의 자격요건(신용점수, 담보 등) • 원금 상환방법
집합투자증권		• 상호 및 집합투자업자 등 • 집합투자업자 등의 보수·수수료 • 재산 운용인력, 운용실적, 환매

② 금지행위

<table>
<tr><th>구분</th><th>금융소비자보호법</th><th>금융소비자보호법 시행령</th></tr>
<tr><td>보장성</td><td>• 보장한도, 보장 제한조건, 면책사항 등을 누락하여 제한없이 보장 받을 수 있도록 오인
• 보험금이 큰 내용만 강조하여 보장내용이 큰 것으로 오인
• 보험료의 산출기준 불충분하게 설명하여 보험료가 저렴한 것으로 오인
• 만기후 자동갱신시 보험료 인상가능성을 미고지</td><td rowspan="4">• 투자실적에 따라 만기환급금이 변동 되는 상품의 경우 만기환급금이 만기일에 확정적으로 지급되는 것으로 오인하게 하는 행위 등 확정되지 않은 사항을 확정적으로 표시
• 수익률이 좋은 기간의 수익률만 표시하는 등 주요사항을 과장·왜곡·은폐하거나 모호한 표현 사용
• 대출이자를 일 단위로 표시하여 대출이자가 저렴한 것으로 오인
• 비교대상 및 기준, 객관적 근거 없이 타 상품과 비교하여 우월함 강조
• 객관적 근거없이 편익만 강조
• 해당 광고매체 및 판매·대리중개업자의 상호를 부각시키는 등 직접판매업자의 인지를 방해</td></tr>
<tr><td>투자성</td><td>• 손실보전 또는 이익보장이 되는 것으로 오인
• 대통령령으로 정하는 상품에 대해 대통령령으로 정하는 사항 외의 사항을 광고에 사용</td></tr>
<tr><td>예금성</td><td>이자율의 범위·산정방법, 이자의 지급·부과 시기 및 부수적 혜택·비용 표시하지 않아 오인</td></tr>
<tr><td>대출성</td><td>이자율의 범위·산정방법, 이자의 지급·부과 시기 및 부수적 혜택·비용 표시하지 않아 오인</td></tr>
</table>

1-6. 광고성 정보의 전송에 대한 규제

「정보통신망 이용촉진 및 정보보호에 관한 법률」 제50조는 전자적 전송매체를 이용한 영리목적 광고성 정보의 전송에 대한 제한을 규정하고 있다. 영리목적의 광고성 정보란 금융회사가 제공하는 각종 상품 관련 정보와 같이 경제적 이득을 취득할 목적으로 공개한 사업자에 관한 정보 또는 그가 제공할 재화 용역에 관한 정보를 말하는 것으로 은행의 이미지 광고 및 각종 금융상품 광고가 이에 해당한다.

금융회사의 직원이 전자적 전송매체, 예컨대 전화통화(TM), 휴대전화메시지(SMS), 모사전송(FAX), 전자우편(E-mail) 등을 이용하여 영리목적의 광고성 정보를 전송하고자 하는 경우에는 원칙적으로 수신자의 명시적인 사전동의를 받아야 한다. 다만 ⅰ) 재화등의 거래관계를 통하여 수신자로부터 직접 연락처를 수집한 자가 해당 재화등의 거래가 종료된 날부터 6개월 이내에 자신이 처리하고 수신자와 거래한 것과 같은 종류의 재화등에 대한 영리목적의 광고성 정보를 전송하려는 경우, ii) 「방문판매 등에 관한 법률」에 따른 전화권유판매자가 육성으로 수신자에게 개인정보의 수집출처를 고지하고 전화권유를 하는 경우에는 사전 동의를 받지 않아도 된다. 그리고 수신자가 수신거부의사를 표시하거나 사전 동의를 철회한 경우에는 영리목적의 광고성 정보를 전송하여서는 안된다. 금융회사의 직원이 오후 9시부터 그 다음 날 오전 8시까지의 시간에 전자적 전송매체를 이용하여 영리목적의 광고성 정보를 전송하고자 하는 경우에는 위 사전동의에도 불구하고 그 수신자로부터 별도의 사전 동의를 받아야 한다(전자우편의 경우 별도 사전동이 필요없음). 사전동의 후 정보를 전송함에 있어서는 전송자의 명칭 및 연락처, 수신의 거부 또는 수신동의의 철회 의사표시를 쉽게 할 수 있는 조치 및 방법에 관한 사항 등을 광고성 정보에 구체적으로 밝혀야 한다.

한편 금융회사 직원이 영리목적의 광고성 정보를 인터넷 홈페이지에 게시하려면 인터넷 홈페이지 운영자 또는 관리자의 사전 동의를 받아야 한다. 다만, 별도의 권한 없이 누구든지 쉽게 접근하여 글을 게시할 수 있는 게시판의 경우에는 사전 동의를 받지 않아도 된다. 그러나 인터넷 홈페이지 운영자 또는 관리자가 명시적으로 게시 거부의사를 표시하거나 사전 동의를 철회한 경우에는 영리목적의 광고성 정보를 게시하여서는 안된다.

따라서 금융회사 직원이 영리목적의 광고성 정보를 보내고자 할 때에는 다음 사항에 유의하여야 한다.

① 위 법률을 위반했을 경우 3천만 원 이하의 과태료가 부과될 수 있다는 점을 명심한다.

② 금융회사에 직접 전화번호나 팩스번호를 제공하지 않은 자에게 광고수신에 동의를 구할 목적으로 사전동의 없이 휴대전화 메시지(SMS)를 보내거나 전화통화를 시도하는 행위도 불가함에 유의한다.

③ 전화·모사전송기기에 영리목적의 광고성 정보를 전송할 때에는 그 필요적 기재사항이 누락되는 일이 없도록 하여야 한다.

④ 수신거부 의사를 표시한 기존 고객에 대하여는 텔레마케팅, 팩스송부, 휴대전화메시지 전송이 불가하므로 수신거부자를 관리하는 체계를 구축할 필요가 있다.

⑤ 사전 동의를 받는 것이 불가능한 경우에는 일반 우편물발송(DM), 안내장 배포 등의 방법을 이용할 수 있다.

광고성 정보 전송시 금융회사가 취하여야 할 조치 사항

- 광고성 정보 수신자의 수신거부 또는 수신동의의 철회를 회피·방해하는 조치
- 숫자·부호 또는 문자를 조합하여 전화번호·전자우편주소 등 수신자의 연락처를 자동으로 만들어 내는 조치
- 영리목적의 광고성 정보를 전송할 목적으로 전화번호 또는 전자우편주소를 자동으로 등록하는 조치
- 광고성 정보 전송자의 신원이나 광고 전송 출처를 감추기 위한 각종 조치
- 영리목적의 광고성 정보를 전송할 목적으로 수신자를 기망하여 회신을 유도하는 각종 조치

2. 금융상품판매대리·중개업자에 대한 규제

2-1. 금융상품판매대리·중개업자의 개념

금융상품판매업이란 이익을 얻을 목적으로 계속적 또는 반복적인 방법으로 하는 행위로서, 금융상품직접판매업 또는 금융상품판매대리·중개업 중 어느 하나에 해당하는 업(業)을 말한다. 그리고 그 중 금융상품판매대리·중개업이란 금융상품에 관한 계약의 체결을 대리하거나 중개하는 것을 영업으로 하는 자로서 투자권유대행인, 보험설계사, 보험중개사, 보험대리점, 신용카드모집인, 대출모집인 등이 그 대상에 해당된다.

<표 5-14> 금융회사등의 판매채널별 분류

구 분	개 념	대 상(예시)
직접판매업자	자신이 직접 계약의 상대방으로서 금융상품에 관한 계약체결을 영업으로 하는 자(투자중개업자 포함)	은행,보험사,저축은행 등
판매대리·중개업자	금융회사와 금융소비자의 중간에서 금융상품 판매를 중개하거나 금융회사의 위탁을 받아 판매를 대리하는 자	투자권유대행인,보험설계·중개사,보험대리점,카드·대출모집인 등
자문업자	금융소비자가 본인에게 적합한 상품을 구매할 수 있도록 자문을 제공	투자자문업자

2-2. 금융상품판매대리·중개업자의 영업행위 준수사항

「금융소비자보호법」은 금융상품판매대리·중개업자의 영업행위 준수사항으로 금지행위와 고지의무 등을 규정하고 있다(법 제25조 및 제26조).

금융상품판매대리·중개업자의 구체적 금지행위는 다음과 같다.

① 금융소비자로부터 투자금, 보험료 등 계약의 이행으로서 급부를 받는 행위(금융상품직접판매업자로부터 급부 수령에 관한 권한을 부여받은 경우로서 대통령령으로 정하는 행위 제외)

② 대리·중개하는 업무를 제3자에게 하게 하거나 그러한 행위에 관하여 수수료·보수나 그 밖의 대가를 지급하는 행위

③ 그 밖에 금융소비자 보호 또는 건전한 거래질서를 해칠 우려가 있는 행위(예 : 금융상품직접판매업자를 대신하여 계약을 체결하는 행위, 금융소비자를 대신하여 계약을 체결하는 행위, 금융소비자로 하여금 금융상품직접판매업자 또는 금융상품자문업자로 오인할 수 있는 상호를 광고나 영업에 사용하는 행위, 금융상품직접판매업자에게 자신에게만 대리·중개 업무를 위탁하거나 다른 금융상품판매대리·중개업자에게 위탁하지 않도록 강요하는 행위, 다른 금융상품판매대리·중개업자의 명의를 사용하거나 다른 금융상품판매대리·중개업자가 자

신의 명의를 사용하도록 하는 행위 등)

그리고 금융상품판매대리·중개업자는 금융상품판매 대리·중개 업무를 수행할 때, 자신이 금융상품판매대리·중개업자라는 사실을 나타내는 표지를 게시하거나 증표를 금융소비자에게 보여 주어야 하고(표지 게시 및 증표 제시 의무), 다음 사항을 모두 금융소비자에게 미리 알려야 한다(고지의무).

① 금융상품판매대리·중개업자가 대리·중개하는 금융상품직접판매업자의 명칭 및 업무 내용
② 하나의 금융상품직접판매업자만을 대리하거나 중개하는 금융상품판매대리·중개업자인지 여부
③ 금융상품직접판매업자로부터 금융상품 계약체결권을 부여받지 아니한 금융상품판매대리·중개업자의 경우 자신이 금융상품계약을 체결할 권한이 없다는 사실
④ 손해배상책임에 관한 사항
⑤ 그 밖에 금융소비자 보호 또는 건전한 거래질서를 위한 사항(예 : 급부를 받을 수 있는지 여부, 업무를 위탁한 금융상품판매대리·중개업자의 명의와 위탁받은 업무 내용, 금융소비자가 제공한 신용정보 또는 개인정보 등은 금융상품직접판매업자가 보유·관리한다는 사실 등)

2-3. 금융회사의 관리책임

「금융소비자보호법」은 금융상품판매대리·중개업자(보험중개사 제외)가 업무를 수행할 때 법령을 준수하고 건전한 거래질서를 해치는 일이 없도록 성실히 관리하여야 한다는 책임(관리책임)을 금융상품직접판매업자인 금융회사에게 부과하고 있다(법 제16조).

그리고 금융회사는 금융상품판매대리·중개업자가 대리·중개 업무를 할 때 금융

소비자에게 손해를 발생시킨 경우에는 그 손해를 배상할 책임이 있다. 다만, 금융회사가 금융상품판매대리·중개업자의 선임과 그 업무 감독에 대하여 적절한 주의를 하였고 손해를 방지하기 위하여 노력한 경우에는 손해배상 책임을 부담하지 아니한다. 이는 기존의 일부 금융업법에서 준용하고 있던 사용자책임을 일반화하여 모든 판매채널에 적용하는 일반원칙으로 도입한 것이다. 따라서 금융회사는 금융상품모집인(투자권유대행인, 보험설계사, 신용카드모집인, 대출모집인 등)에 대한 체계적인 관리 및 준법·윤리교육을 좀더 강화하여야 할 것이다.

<표 5-15> 「금융소비자보호법」상 사용자책임의 적용 여부

구 분	판매채널 (판매대리·중개업자)	사용자책임 적용 여부	
		기존 금융법	「금융소비자보호법」
금융투자회사	투자권유대행인	○	○
보험회사	보험설계사·보험대리점	○	○
	보험중개사	×	×
여전사	신용카드모집인	×	○
	할부·리스 에이전트	×	○
금융회사	대출모집인	×	○

3. 불공정 채권추심의 규제

3-1. 채권추심법에 의한 규제

금융회사의 불공정 채권추심행위에 대한 금융소비자의 민원이 계속되고 있고, 이러한 행위가 사회적 문제로까지 확대되었다. 이에 따라 채권추심자가 권리를 남용하거나 불법적인 방법으로 채권추심을 하는 것을 방지하여 공정한 채권추심 풍토를 조성하고 채권자의 정당한 권리행사를 보장하면서 채무자의 인간다운 삶과 평온한 생활을 보호함을 목적으로 「채권의 공정한 추심에 관한 법률」(약칭 「채권추심법」이라 함)이 제정되어 시행되고 있다.

한편 은행의 경우에는 부실채권을 매각을 통해 정리하는 것을 선호하고 있는 바, 사실상 불공정 채권추심은 이러한 은행채권을 매입한 제2금융권 및 대부업 부분에서 많이 이루어지고 있다.

<그림 5-10> 부실채권 정리시장 개념도

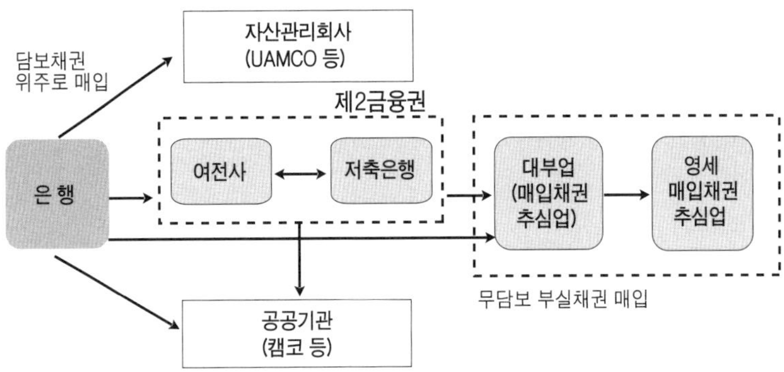

3-2. 불공정한 채권추심행위의 금지

「채권추심법」 제12조는 금지되는 불공정한 채권추심행위를 다음과 같이 규정하고 있다.

① 혼인, 장례 등 채무자가 채권추심에 응하기 곤란한 사정을 이용하여 채무자 또는 관계인에게 채권추심의 의사를 공개적으로 표시하는 행위

② 채무자의 연락두절 등 소재파악이 곤란한 경우가 아님에도 채무자의 관계인에게 채무자의 소재, 연락처 또는 소재를 알 수 있는 방법 등을 문의하는 행위

③ 정당한 사유 없이 수화자부담전화료 등 통신비용을 채무자에게 발생하게 하는 행위

④「채무자 회생 및 파산에 관한 법률」에 따라 개인회생채권에 대한 변제를 받거나 변제를 요구하는 일체의 행위가 중지 또는 금지되었음을 알면서 법령으로 정한 절차 외에서 반복적으로 채무변제를 요구하는 행위

⑤「채무자 회생 및 파산에 관한 법률」에 따른 회생절차, 파산절차 또는 개인회생절차에 따라 전부 또는 일부 면책되었음을 알면서 법령으로 정한 절차 외에서 반복적으로 채무변제를 요구하는 행위

⑥ 엽서에 의한 채무변제 요구 등 채무자 외의 자가 채무사실을 알 수 있게 하는 행위

동 법에서는 위 ③, ④, ⑤를 위반한 것으로 확인될 경우에는 500만원 이하의 과태료를, 위 ①, ②를 위반한 것으로 확인될 경우에는 2천만원 이하의 과태료를 부과할 수 있도록 하고 있다.

또한 채권추심과 관련한 폭행, 협박 등의 경우에는 형사처벌도 가능하다(아래 ①을 위반한 것으로 확인된 경우에는 5년 이하의 징역 또는 5천만원 이하의 벌금, 아래 ②, ③, ④, ⑤, ⑥, ⑦를 위반한 것으로 확인될 경우에는 3년 이하의 징역 또는 3천만원 이하의 벌금 부과 가능). 그리고「채권추심법」 제9조는 그 구체적인 형사처벌 대상이 되는 행위를 다음과 같이 규정하고 있다.

① 채무자 또는 관계인을 폭행·협박·체포 또는 감금하거나 그에게 위계나 위력을 사용하는 행위

② 정당한 사유 없이 반복적으로 또는 야간(오후 9시 이후부터 다음 날 오전 8시까지)에 채무자나 관계인을 방문함으로써 공포심이나 불안감을 유발하여 사생활 또는 업무의 평온을 심하게 해치는 행위

③ 정당한 사유 없이 반복적으로 또는 야간에 전화하는 등 말·글·음향·영상 또는 물건을 채무자나 관계인에게 도달하게 함으로써 공포심이나 불안감을 유발하

여 사생활 또는 업무의 평온을 심하게 해치는 행위

④ 채무자 외의 사람(보증인 포함)에게 채무에 관한 거짓 사실을 알리는 행위

⑤ 채무자 또는 관계인에게 금전의 차용이나 그 밖의 이와 유사한 방법으로 채무의 변제자금을 마련할 것을 강요함으로써 공포심이나 불안감을 유발하여 사생활 또는 업무의 평온을 심하게 해치는 행위

⑥ 채무를 변제할 법률상 의무가 없는 채무자 외의 사람에게 채무자를 대신하여 채무를 변제할 것을 요구함으로써 공포심이나 불안감을 유발하여 사생활 또는 업무의 평온을 심하게 해치는 행위

⑦ 채무자의 직장이나 거주지 등 채무자의 사생활 또는 업무와 관련된 장소에서 다수인이 모여 있는 가운데 채무자 외의 사람에게 채무자의 채무금액, 채무불이행 기간 등 채무에 관한 사항을 공연히 알리는 행위

3-3. 소멸시효 완성채권의 추심 제한

금융회사의 대출채권은 상사채권의 일종으로 권리를 행사하지 않은 때부터 5년이 경과하면 소멸시효가 완성된다. 그럼에도 불구하고 일부 금융회사들이 소멸시효 완성채권을 매각하고 대부업체 등은 이를 매입하여 동 채권에 대한 채권추심 활동을 전개하고 있다. 이러한 소멸시효 완성채권 추심에 따른 금융소비자들의 피해가 발생함에 따라 금융감독당국은 2015년도부터 소멸시효 완성채권 추심에 따른 서민피해 예방대책을 마련하여 이를 추진하고 있다. 이러한 예방대책으로는 ① 금융회사들이 소멸시효가 완성된 채권을 추심하거나 대부업에 등에게 매각하는 행위를 자제하도록 유도하는 것, ② 금융회사가 소멸시효 완성채권을 양도하기 위해 채무자에게 통지하는 채권양도통지서상에 시효완성 사실을 명시토록 하는 것 등이 있다.

대출채권의 소멸시효 관리 등에 대한 모범규준(은행연합회)의 주요 내용

1. 소멸시효 중단조치 제외 기준(소멸시효를 연장하지 않을 수 있는 기준의 일원화)
(1) 사회적 배려가 필요하다고 판단되는 경우
① 사망자 : 상속인이 없거나 상속포기의 경우
② 노령자 : 소멸시효 완성시점 기준 70세 이상인 경우
③ 기초수급자 : 국민기초생활보장법상 소득액이 최저생계비 이하의 수급권자, 사실확인 자료를 제출한 경우
④ 중증장애인 : 장애인복지법상 1급~3급의 장애인, 사실 확인자료를 제출한 경우
⑤ 기타 : 각 은행이 사회적 배려가 필요한 대상으로서 내규로 정한 자

(2) 일정금액 이하인 채권이나 소멸시효 중단의 실익이 없다고 판단되는 경우
① 원금잔액이 일정금액 이하인 채권
② 원금이 전액 상환되고 미수이자만 남아있는 채권으로 일정금액 이하인 채권
③ 기타 법규 등에 따라 채권회수가 불가능한 경우
※ 일정금액 수준은 합리적인 판단에 따라 각행별로 정함

2. 소멸시효 완성채권
(1) 채권회수 포기, 채무면제
(2) 통지 또는 조회시스템 조회 : 해당차주에게 이메일, 우편, 이동전환 등을 통해 통지하거나 홈페이지 시스템을 통해 조회할 수 있도록 조치

3. 소멸시효가 완성될 것으로 예상되는 채권
(1) 재산 조사 결과와 회수 가능성 등을 고려하여 소멸시효 중단조치 여부를 합리적으로 결정

3-4. 「민사집행법」상 압류금지

금융소비자의 보호와 변제압박 용도의 무분별한 압류를 방지하기 위해 「민사집행법」은 채무자 및 그와 같이 사는 친족의 생활에 필요한 의복·침구·가구·부엌기구, 그 밖의 생활필수품을 압류금지동산으로 규정하고 있다(법 제195조). 또한 급여·퇴직금 등 급여채권의 2분의 1에 해당하는 금액, 보장성보험의 보험금(해약환급 및 만기환급금 포함), 채무자의 1개월간 생계유지에 필요한 예금(개인별 잔액이 185만 원 이하인 예금 등)도 압류가 금지되는 채권에 해당한다(법 제246조).

(가)압류가 금지되는 예금채권의 구체적 내용

① 채무자의 1월간 생계유지에 필요한 예금(개인별 잔액이 185만원 이하인 예금)은 압류하지 못한다(「민사집행법」 제246조)
② 학교법인의 수업료 기타 납부금(입학금, 학교운영 지원비, 기성회비 등)은 교비회계의 수입으로 하여 이를 별도 계좌로 관리하여야 하고, 별도 계좌로 관리되는 수입에 대한 예금채권은 압류하지 못한다(「사립학교법」 제28조)
③ 압류금지목적물(급여, 퇴직금 등)이 채무자의 예금계좌에 입금된 경우, 그 예금채권에 대하여는 종전채권의 동일성이 상실되므로 압류금지의 효력이 미치지 않는다. 다만 이 경우 채무자보호는 법원이 채무자의 신청에 의하여 종합적인 사정을 고려하여 압류명령의 전부 또는 일부를 취소하는 방법에 의한다(대법원 1996.12.24. 판결 96마1302)
④ 「국민기초생활보장법」상 급여가 입금되는 곳으로 지정된 급여수급계좌의 예금에 관한 채권은 압류할 수 없다(법 제27조의2).
⑤ 「국민건강보험법」상 입금 및 관리되는 요양비등수급계좌에 입금된 요양비등은 압류할 수 없다(법 제59조).

퇴직연금수급채권에 대한 압류의 금지

근로자 퇴직급여제도의 설정 및 운영에 필요한 사항을 정함으로써 근로자의 안정적인 노후생활 보장에 이바지함을 목적으로 2005. 1. 27. 법률 제7379호로 '근로자퇴직급여 보장법'(이하 '퇴직급여법'이라고 한다)이 제정되면서 그 제7조에서 퇴직연금제도의 급여를 받을 권리에 대하여 양도를 금지하고 있으므로 위 양도금지 규정은 강행법규에 해당한다고 볼 것이다. 따라서 퇴직연금제도의 급여를 받을 권리에 대한 압류명령은 실체법상 무효이고, 제3채무자는 그 압류채권의 추심금 청구에 대하여 위 무효를 들어 지급을 거절할 수 있다. 민사집행법은 제246조 제1항 제4호에서 퇴직연금 그 밖에 이와 비슷한 성질을 가진 급여채권은 그 1/2에 해당하는 금액만 압류하지 못하는 것으로 규정하고 있으나, 이는 위 퇴직급여법 상의 양도금지 규정과의 사이에서 일반법과 특별법의 관계에 있으므로, 퇴직급여법 상의 퇴직연금채권은 그 전액에 관하여 압류가 금지된다고 보아야 한다(대법원 2014.1.23. 판결 2013다71180).

4. 개인채무자보호제도

4-1. 개인채무자보호법의 제정

그동안 금융회사와 개인채무자 간의 채권-채무 관계를 규율하는 별도의 법률이 없어 개인채무자 보호에 한계가 노출되었다. 그리고 별도의 공적 규율이 미약한 가운데 금융권은 배임 책임을 면하기 위해 최대한 보수적으로 연체채권관리 관행을 형성하게 되었다. 즉 채무자별 상환능력 등 차별성을 고려한 맞춤형 관리전략이 아닌 모든 채무자에게 적용 가능한 최대강도의 추심을 적용하였고, 이는 채무자의 추심고통을 배가시키고 상환의지를 저하시키는 요인으로 작용하여 채권자의 장기적 회수에도 부정적 영향을 미쳤다.

따라서 금융회사와 개인채무자가 호혜적·공정한 거래관행을 형성해 나갈 수 있도록 채권-채무관계에 대한 체계적 규율체계 마련이 필요하게 되었고, 이에 따라 2024년 1월 16일에 개인금융채권의 관리 및 개인금융채무자의 보호에 관한 법률(약칭: 개인채무자보호법)이 제정되었고, 2024년 10월 17일부터 시행되었다.

4-2. 개인금융채권의 연체 관리

가. 기한이익 상실 예정의 통지(법 제6조)

채권금융회사가 연체를 사유로 개인금융채무자의 기한의 이익을 상실시키려는 경우에는, 기한이익상실 예정일로부터 10영업일 전까지 개인금융채무자에게 사전통지해야 한다. 이 때 기한의 이익 상실 예정일, 기한의 이익 상실 원인, 기한의 이익 상실 효과, 채무조정의 요건과 요청 절차·방법 등을 통지하면 된다. 개인금융채권의 기한이익상실일은 통지가 10영업일 전까지 도달한 경우에는 기한이익상실 예정일이 되고, 통지가 10영업일 전까지 도달하지 아니한 경우에는 그 통지가 도달한 날부터 10영업일이 지난 날이 된다.

그리고 개인금융채무자가 기간 내에 채무조정을 요청한 경우에는 채무조정의 절차가 끝나기 전까지 기한의 이익이 상실되지 아니한 것으로 간주된다. 즉 채무조정 요청접수부터 심사결과의 채무자 통보까지는 기한이익이 유효한 것으로 보는 것이다. 다만 다른 채권자가 해당 개인금융채무자에 대하여 강제집행을 진행하는 등 대통령령으로 정하는 사유가 발생한 경우에는 그 사유가 발생한 날에 기한의 이익이 상실된 것으로 보아, 간주규정은 그 적용이 배제된다. 또한 유치권, 질권, 저당권, 양도담보권 등으로 담보된 개인금융채권에는 간주규정이 처음부터 적용되지 않는다.

한편 이러한 기한이익 상실 예정의 통지 규정은 개인금융채권의 원금이 3천만원 이상인 경우에는 적용되지 않는다.

나. 기한이익 상실시 연체이자의 제한(법 제7조)

채권금융회사는 개인금융채권에 연체가 발생하여 기한의 이익이 상실된 경우, 개인금융채무자와의 기존 약정에 따를 때 기한의 이익이 상실되지 아니하였다면 채무이행의 기한이 도래하지 아니한 부분에 대하여는, 기한의 이익이 상실되어 변제기가 도래하더라도 이에 대한 연체이자를 받을 수 없다.

즉 연체발생으로 기한의 이익이 상실된 경우 기존 약정에 따른 상환원금을 분리하여 상환기일이 도래한 원금 부분은 연체이자를 받을 수 있지만, 상환기일이 도래하지 않은 원금 부분은 약정이자를 받아야 한다. 다만 이 경우에도 채권금융회사는 실비용은 별도로 받을 수 있다. 실비용이란 연체된 개인금융채권의 관리 또는 회수과정에서 실제로 발생한 비용으로서 담보권 행사비용, 담보·재산에 대한 조사·추심·처분비용 등을 말한다.

한편 이러한 연체이자 제한 규정은 개인금융채권의 원금이 5천만원 이상인 경우에는 적용되지 않는다.

다. 주택경매 예정의 사전통지(법 제8조)

채권금융회사는 민사집행법에 따른 강제집행이나 담보권의 실행을 위하여 개인금융채무자의 실거주 주택을 경매신청하려는 경우, 경매신청 예정일의 10영업일 전까지 주택경매 예정을 개인금융채무자에게 사전에 통지해야 한다. 여기서 실거주 주택이란 개인채무자가 거주하고 있는 주택으로서 대통령령으로 정하는 주택을 말하며 전입신고하여 거주 중이면서 시세 6억원 이하인 주택을 의미한다.

구체적으로 통지할 내용은 경매신청 대상 주택, 경매신청 예정일, 채무조정의 요건과 요청 절차·방법 등이 있다. 통지 내용 중 경매신청 예정일은 법원에 주택의 경매를 신청할 수 있는 사유가 발생한 날부터 1개월 이상의 범위에서 대통령령으로 정하는 기간이 지난 날 이후여야 하는데, 이를 경매신청의 유예라고 한다. 현재 경매신청 유예기간은 연체 후 6개월까지이다.

한편 개인금융채무자가 기간 내에 채무조정을 요청한 경우, 채권금융회사는 그 채무조정의 절차가 끝나기 전까지 경매를 신청해서는 안된다. 다만 예외적으로 다른 채권자가 해당 주택에 대하여 강제집행을 진행하는 경우 등에는 경매신청이 허용된다.

4-3. 개인금융채권의 양도 제한

가. 상각채권 양도시 장래 이자채권의 면제(법 제9조)

채권금융회사는 법인세법상 손금산입 개인금융채권 등 회수할 수 없거나 회수할 가능성이 현저히 낮은 개인금융채권으로서 대통령령으로 정하는 개인금융채권을 양도하려는 경우에는 해당 개인금융채권을 양도하기 전에 장래에 발생할 이자채권을 면제해야 한다. 즉 채권금융회사는 상각채권을 양도하려는 경우 해당 개인금융채권을 양도하기 전에 장래 발생할 이자채권의 면제의무를 부담하게 되는 것이다.

그리고 양도계약을 체결할 때 그 면제 사실을 양도계약서에 포함시켜야 하고, 면제사실은 지체없이 개인금융채무자에게 통지해야 한다.

한편 이러한 장래 이자채권의 면제 규정은 개인금융채권의 원금이 3천만원 이상인 경우에는 적용되지 않고, 유치권, 질권, 저당권, 양도담보권 등으로 담보된 개인금융채권의 경우에도 적용되지 않는다.

나. 개인금융채권의 양도 제한(법 제10조)

채권금융회사는 다음의 개인금융채권을 양도할 수 없다.

① 채권금융회사와 채무조정 절차가 진행 중인 개인금융채권

② 신용회복위원회와 채무조정 절차가 진행 중인 개인금융채권

③ 채무자 사망 후 상속 여부가 확정되지 아니한 개인금융채권

④ 채권의 존재 여부나 범위에 대한 소송이 계속 중인 개인금융채권

⑤ 그 밖에 개인금융채권의 양도가 이루어질 경우 개인금융채무자의 권익 보호에 중대한 영향을 미칠 수 있는 개인금융채권으로서 대통령령으로 정하는 개인금융채권

그리고 채권금융회사로부터 개인금융채권을 양도받을 수 있는 채권양수인은 국가, 지방자치단체, 채권금융회사등, 대부채권매입추심업자, 그 밖에 신용회복위원회 등 금융위원회가 정하여 고시하는 자 등으로 제한된다.

한편 이러한 양도제한 규정은 개인금융채권의 원금이 3천만원 이상인 경우에는 적용되지 않고, 유치권, 질권, 저당권, 양도담보권 등으로 담보된 개인금융채권의 경우에도 적용되지 않는다.

다. 채권양도 예정의 채무자 앞 통지(법 제11조)

채권금융회사는 기한의 이익이 상실된 개인금융채권을 양도하려는 경우, 개인금융채권 양도 예정일의 10영업일 전까지 채권양도 예정을 개인금융채무자에게 통지해야 한다. 구체적으로 통지할 내용은 ① 양도대상 개인금융채권에 관한 사항, ② 개인금융채권 양도 예정일, ③ 양수 예정인, ④ 채무조정의 요건과 요청 절차·방법, ⑤ 그 밖에 개인금융채권의 양도에 필요한 사항으로서 대통령령으로 정하는 사항 등이 있다.

그리고 채권금융회사는 이러한 통지가 개인금융채권 양도 예정일의 10영업일 전까지 개인금융채무자에게 도달하지 아니한 경우에는 그 통지가 도달한 날부터 10영업일이 지난 날 이후에 개인금융채권을 양도할 수 있다.

한편 채권금융회사는 통지가 2회 이상 반송되는 등 불가피한 사유로 통지할 수 없는 경우에는 인터넷 홈페이지에 게재하는 등의 방법으로 그 통지를 갈음할 수 있다. 이와 같이 통지를 갈음하는 경우, 채권금융회사는 인터넷 홈페이지에 게재 등을 한 날부터 10영업일이 지난 날 이후에 해당 개인금융채권을 양도할 수 있다.

라. 채권양도에 따른 양수인의 평가(법 제12조)

채권금융회사는 1개월 이상의 범위에서 대통령령으로 정하는 기간 이상 연체된 개인금융채권을 양도하려는 경우에는 양수인의 업무수행능력과 채무자 보호에 관한 사항을 평가해야 한다.

4-4. 개인금융채권의 추심 제한

가. 추심의 제한(법 제14조)

추심채권자는 다음의 개인금융채권을 추심할 수 없다.

① 양도가 제한되는 개인금융채권(다만 개인금융채무자가 같은 채무에 대한 채무조정을 2회 이상 요청한 경우는 제외)
② 채무확인서의 교부를 요청하였음에도 불구하고 그 교부가 이루어지지 아니한 개인금융채권
③ 채권자변동정보가 종합신용정보집중기관에 제공되지 아니한 개인금융채권
④ 그 밖에 추심을 허용할 경우 개인금융채무자의 보호 및 건전한 신용질서를 해칠 우려가 있다고 인정되는 개인금융채권으로서 대통령령으로 정하는 개인금융채권

나. 추심착수의 통지(법 제15조)

채권추심자는 개인금융채권의 추심에 착수하려는 경우 추심 착수 예정일의 3영업일 전까지 추심착수 예정을 개인금융채무자에게 통지해야 한다.

통지할 구체적인 내용은 ① 채권자, 채무금액, 연체금액 및 연체기간 등 추심 대상 개인금융채권에 관한 사항, ② 추심 착수 예정일, ③ 채권추심자의 성명·명칭 및 연락처, ④ 연락·독촉 등 수행하려는 추심업무의 방법, ⑤ 불법추심이나 소멸시효 완성채권의 추심에 대한 대응요령 등 대통령령으로 정하는 개인금융채무자의 방어권

행사 방법, ⑥ 그 밖에 개인금융채무자가 추심에 대응하기 위하여 필요한 사항으로서 대통령령으로 정하는 사항 등이 있다.

한편 채권금융회사가 보유한 개인금융채권의 추심에 직접 착수하려는 경우에는 추심착수통지 규정의 적용이 제외된다.

다. 추심연락의 횟수 제한(법 제16조)

채권추심자는 각 채권별 7일에 7회를 초과하여 개인금융채권의 추심을 위한 연락을 해서는 안된다. 이를 보통 7일 7회 추심총량제라고 한다. 여기서 추심연락이란 개인금융채무자를 방문하거나 개인금융채무자에게 말·글·음향·영상 또는 물건 등을 도달하게 하는 행위를 말한다.

라. 추심연락의 유예(법 제17조)

채권추심자는 개인금융채무자가 ① 중대한 재난상황에 처한 경우, ② 사고 등으로 즉각적인 변제가 곤란한 경우, ③ 그 밖에 추심연락을 받기 어려운 경우로서 대통령령으로 정하는 경우의 어느 하나에 해당한다고 인정되는 사실을 그 개인금융채무자로부터 확인한 경우에는 그 확인한 날부터 대통령령으로 정하는 기간까지는 추심연락을 하여서는 안된다.

여기서 대통령령으로 정하는 기간은 3개월 이내에서 채무자와 채권자간 합의한 기간으로, 1회 연장할 수 있는데, 이를 보통 추심유예제라고 한다. 다만, 정당한 사유 없이 추심을 현저하게 지체하거나 방해할 목적이 있는 경우로서 대통령령으로 정하는 경우에는 추심연락을 할 수 있다.

마. 추심연락 유형의 제한 요청(법 제18조)

개인금융채무자는 채권추심자에게 특정한 시간대 또는 특정한 수단을 통하여 추심연락을 하지 않도록 요청할 수 있다. 이는 개인금융채무자의 권리이고, 요청을 받은 채권추심자는 정당한 사유 없이 추심을 현저하게 지체하거나 방해할 목적이 있는 경우로서 대통령령으로 정하는 경우를 제외하고는 그 요청에 따라야 한다.

바. 채권추심자의 추심연락 시 고지의무(법 제19조)

채권추심자(법인인 경우, 추심업무를 담당하는 사람)는 개인금융채무자나 그의 관계인에게 추심연락을 할 때 소속과 성명 및 연락처를 밝히고, 추심업무에 대한 정당한 권한이 있음을 나타내는 증표를 제시해야 한다. 그리고 추심연락을 하면서 자신의 소속 및 성명을 밝힐 때 정보원, 탐정, 그 밖에 이와 비슷한 명칭을 사용해서는 안된다.

사. 채권금융회사등의 추심 위탁 시 준수사항

채권금융회사는 개인금융채권의 추심을 위탁하려는 경우 추심 위탁 예정일의 5영업일 전까지 추심 위탁 사실을 개인금융채무자에게 통지해야 한다.

그리고 채권금융회사는 개인금융채권의 추심을 채권추심회사에만 위탁할 수 있고, 채권추심회사를 선정하려는 경우에는 채권추심회사에 대하여 다음 사항을 평가해야 한다.

① 추심인력의 규모 및 전문성에 관한 사항
② 추심 관련 민원의 주요내용·발생빈도 및 처리체계에 관한 사항
③ 채권 추심 관련 법령을 위반한 사실에 관한 사항
④ 이용자보호기준의 내용에 관한 사항
⑤ 과거 추심 과정에서의 채무조정 실적에 관한 사항
⑥ 그 밖에 채권추심회사의 업무 수행 능력 및 개인금융채무자의 보호 정도를 판단할 수 있는 내용에 관한 사항 등

그리고 채권추심회사가 선정되면, 채권금융회사는 추심업무를 위탁받은 채권추심회사가 개인채무자보호법이나 채권의 공정한 추심에 관한 법률을 위반하지 않도록 지도·감독해야 한다.

4-5. 개인금융채권의 채무 조정

가. 채무조정 당사자의 책임(법 제31조)

채권금융회사는 개인금융채무자의 채무조정 요청을 부당하게 거절하거나 그 처리를 지연해서는 안되고, 개인금융채무자는 채권금융회사에 자신의 변제능력에 관한 정보와 채무조정에 필요한 자료를 성실히 제공해야 한다. 한편 개인채무자보호법상 채무조정제도에 관한 규정은 개인금융채권의 원금이 3천만 원 이상인 경우에는 적용되지 않는다.

나. 채무조정의 안내(법 제32조)

채권금융회사는 채무조정에 필요한 정보를 채권금융회사의 게시판과 인터넷 홈페이지에 공개해야 한다. 그리고 채권회수 조치 이전에 채무조정을 요청할 수 있다는 사실에 대한 안내를 하여야 할 의무를 지는데, 이를 채무조정요청권 안내에 관한 통지의무라고 한다.

채무조정요청권에 대한 안내 사유로는 채무자의 권리의무에 중대한 변동이 있는 채권회수 조치가 있는 경우로서 기한의 이익 상실, 주택경매신청, 채권양도 등이 있고, 이러한 안내는 원칙적으로 서면 통지를 하여야 하나, 개인금융채무자와 합의를 한 경우에는 전자문서로도 가능하다.

한편 채권금융회사는 개인금융채권의 연체정보를 개인신용평가회사 등 제3자에게 제공하려는 경우에도 개인금융채무자에게 채무조정을 요청할 수 있다는 사실을 통지해야 한다.

다. 채무조정의 요청(법 제35조)

개인금융채무자는 개인금융채권을 연체한 경우 채권금융회사에 채무조정을 요청할 수 있다. 채무조정의 요청은 ① 채무조정 요청서, ② 채무조정안, ③ 개인금융채무자의 변제능력에 관한 자료, ④ 그 밖에 채무조정에 필요한 서류로서 대통령령으로 정하는 서류 등을 채권금융회사에 제출하는 방식으로 하게 된다. 다만 채무조정안을 작성하기 곤란한 경우에는 개인금융채무자는 그 서류를 제출하지 않을 수 있다.

그리고 사전통지에 따라 개인금융채무자가 채무조정을 요청한 경우에는 채권금융회사는 채무조정 절차가 끝나기 전까지는 채권회수 조치를 취해서는 안된다.

라. 채무조정의 처리 및 효력

채권금융회사는 채무조정 요청을 받은 날부터 10영업일 이내에 그 채무조정 여부에 관한 결정 내용을 개인금융채무자에게 통지해야 한다. 이 경우 채무조정을 결정했다면, 채무조정에 따른 변제계획이 포함된 채무조정안을 작성하여 첨부해야 한다.

개인금융채무자는 채무조정안을 제안받은 날 또는 채무조정 결정 통지를 받은 날부터 10영업일 이상의 범위에서 대통령령으로 정하는 기간 이내에 채무조정에 대한 동의여부를 결정해야 한다. 만약 개인금융채무자가 채무조정안에 동의했다면, 채권금융회사는 조정서를 작성하고, 채무조정의 당사자는 그 조정서에 서명날인 또는 기명날인함으로써 조정서와 같은 내용으로 채무조정의 합의가 성립된 것으로 보게 된다.

그리고 채무조정의 효력은 채무조정의 합의가 성립된 개인금융채권을 제3자에게 양도하는 경우 그 양수인에게도 미친다.

마. 채무조정 절차의 종료와 채무조정 합의의 해제

채무조정의 절차가 끝난 것으로 보는 경우는 다음과 같다.

① 채권금융회사등이 채무조정 요청을 거절한 경우
② 채권금융회사등이 제안하거나 채권금융회사등이 첨부한 채무조정안에 대하여 개인금융채무자가 동의하지 아니한 경우
③ 채권금융회사등이 채무조정을 하지 아니하기로 결정하여 그 사실을 개인금융채무자에게 통지한 경우

④ 기간 내에 개인금융채무자가 동의 여부를 결정하지 아니한 경우

그리고 채권금융회사는 개인금융채무자가 대통령령으로 정하는 바에 따라 채무조정에 따른 변제계획을 이행하지 아니하거나, 그 밖에 대통령령으로 정하는 경우에는 채무조정의 합의를 해제할 수 있다.

4-6. 금융회사의 5가지 주요 업무에 대한 내부기준 마련의무

개인채무자보호법에 따라 금융회사는 5가지 주요 업무에 대한 내부기준을 마련해야 한다.

① 채권양도 업무와 관련하여, 금융회사는 임직원의 업무 수행시 준수사항, 양수인에 대한 평가사항, 양도 대상 채권의 기준, 채권양도 계약 내용 등에 관한 내부기준을 마련하고 운영하여야 한다. 그리고 이에 따라 마련된 것이 채권양도 내부기준인데, 이는 금융회사가 개인금융채권의 관행적 매각을 지양하고 채무자 보호를 고려할 수 있도록 개인금융채권의 양도업무를 수행할 때 따라야 할 기본적인 절차와 기준을 말한다.

② 채권추심업무와 관련하여, 금융회사는 전담조직·전담인력에 관한 사항, 임직원의 업무 수행시 준수사항, 채권추심회사의 평가·관리 사항, 채무자의 신용정보보호 등에 관한 내부기준을 마련하고 운영하여야 한다. 그리고 이에 따라 마련된 것이 채권추심내부기준인데, 이는 채권금융회사 및 채권추심회사의 임직원이 개인금융채권의 추심업무를 수행할 때 따라야 할 절차와 기준을 말한다.

③ 추심위탁업무와 관련하여, 금융회사는 채권수탁추심업자 선정시 평가기준 및 평가방법, 채권수탁추심업자와의 계약에 포함할 사항 등에 관한 내부기준을 마련하고 운영하여야 한다. 그리고 이에 따라 마련된 것이 채권추심위탁내부기준인데, 이는 채권금융회사가 추심 위탁 업무를 수행할 때 따라야 할 기본적인 절

차 및 기준을 말한다.

④ 채무조정업무와 관련하여, 금융회사는 채무조정 조직·인력, 임직원 준수사항, 채무조정 안내·처리 방안, 채무조정 담당 임직원의 자격·교육 관련 사항 등에 관한 내부기준을 마련하고 운영하여야 한다. 이에 따라 마련된 것이 채무조정 내부기준인데, 이는 채무조정시 채권금융회사의 업무부담을 경감하면서도 채무조정이 내실있게 운영될 수 있도록 채권금융회사가 채무조정 업무를 수행할 때 따라야 할 절차 및 기준을 말한다.

⑤ 이용자보호업무와 관련하여 채권추심회사 및 대부채권매입추심업자는 개인금융채권의 관리 과정에서 준수하여야 하는 사항 등 이용자 보호 사항에 관한 내부기준을 마련하고 운영하여야 한다. 이에 따라 마련된 것이 이용자보호기준인데, 이는 채권추심회사와 대부채권매입추심업자의 임직원이 추심 업무 등을 수행할 때 개인금융채무자 보호를 위하여 따라야 할 절차 및 기준을 말한다.

5. 금융사고의 예방

5-1. 금융사고의 개념

금융회사 임직원이 위법·부당한 행위를 함으로써 금융사고가 발생하면, 금융회사 또는 금융소비자에게 큰 손실을 초래하게 된다. 현재 발생하고 있는 금융사고의 주요 특징은 실적추구, 내부공모, 위·변조이다. 이는 도덕성보다 성과를 중요시하는 조직문화에서 발생되는 문제라 인식되고 있다.

발생하는 주요 금융사고의 내용으로는 다음과 같은 것들이 있다.

① 동일 업무를 장기간 수행하는 직원이 고객의 예탁금을 임의 해지하는 방법으로 횡령하는 경우

② 직원이 외부인과 공모하여 담보가액을 과다 산정하는 방법으로 여신을 취급(업무상 배임)하는 경우

③ 직원이 투자손실을 보전하기 위하여 고객예탁금을 횡령하여 무리한 투자로 탕진하는 경우 등

<그림 5-11> 금융사고의 주요 특징

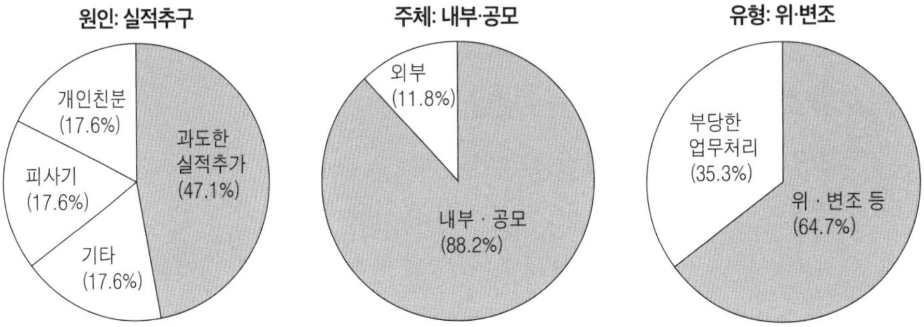

금융 부분 10대 위반행위

금융상품 불완전판매, 대출금리·수수료 부당수취, 꺾기, 불법채권 추심행위, 대주주·계열사 부당지원, 보험사기, 보이스피싱 등 금융사기, 불법 사금융, 유가증권 불공정거래, 불법 외환거래

5-2. 금융사고 예방에 대한 「은행법」상의 규정

은행은 i) 지점(대리점, 국외현지법인 및 국외지점 포함)의 금융사고 관리에 관한 사항, ii) 지점의 업무운영에 관한 자체적인 검사에 관한 사항, iii) 은행이용자의 정보보호에 관한 사항, iv) 전산사무, 현금수송사무 등 금융사고 가능성이 높은 사무에 관한 사항을 포함한 금융사고 예방대책을 마련하여 내부통제기준에 반영하고 이를 준수하여야 한다(「은행법」 제34조의3). 그리고 은행은 은행의 경영에 중대한 영향을 미칠 수 있는 금융사고에 관한 사항이 발생한 경우에는 일정한 기간 이내에 그 내용을 금융위원회에 보고하고, 인터넷 홈페이지 등을 이용하여 공시하여야 한다.

<표 5-16> 금융사고 발생시 은행의 금융사고 보고

구분	제재규정	은행법
보고대상 (금융사고)	• 사고금액 3억원 이상 • 횡령·배임·공갈·절도등 범죄혐의가 있는 경우 • 금융실명법 위반 혐의가 있는 경우 • 금융기관 공신력 저해·사회적 물의를 일으키는 경우	• 사고금액이 3억원 이상
보고시한	• 금융사고 발생(인지·발견) 즉시	· 금융사고 발생(인지·발견) 익일
보고방법	즉시보고/중간보고/종결보고(금융정보교환망을 통해 보고)	
공시여부	· 사고금액 10억 이상 : 필수 공시	· 사고금액 3억 이상 ~ 10억 미만 : 임의 공시 · 사고금액 10억 이상 : 필수공시 · 사고발생 15일내 공시 (자사 또는 은행연합회 홈페이지)

5-3. 금융사고예방을 위한 금융회사 내부통제의 강화

금융회사 간 외형 경쟁이 심화되는 가운데 내부통제 및 기강 이완으로 인한 금융사고와 꺾기, 불완전판매 등 부당한 업무처리가 지속적으로 발생하고 있다. 특히 금융사고의 경우 유형과 수법이 다양해지는 가운데 금융회사 내부직원까지 직·간접으로 연루되어 위·변조와 같은 전문적인 수법까지 동원되고 있다.

그동안 금융회사 자체적으로 금융사고 예방 등을 위한 노력을 기울여온 것은 사실이다. 그러나 실적 경쟁 등의 영향으로 금융회사 직원들의 윤리·준법의식이 약화되고 내부통제 조직 간 역할 불분명 등으로 내부통제 기능이 제대로 작동되지 못한 것도 금융사고 증가의 원인으로 작용하고 있다. 따라서 역할과 책임이 불분명하여 본연의 기능을 수행하지 못하고 있다는 비판이 제기되고 있는 감사와 준법감시인의 역할을 재정립하는 것이 필요하다. 금융회사의 내부통제에 관해 최종 책임을 지고 있는 감사와 준법감시인의 권한과 책임을 명확히 하여 각자 주어진 역할을 제대로 수행케 함으로써 내부통제 사각지대를 해소하여야 한다.

또한 금융회사는 내부통제 강화와 함께 윤리의식 제고를 통해 금융소비자의 신뢰를 회복하고 금융인으로서의 자긍심을 높이기 위해 모든 금융회사와 임직원이 공유하고 스스로 지켜 나가야할 10대 기본가치(예 : 고객우선, 법규준수, 신의성실, 시장질서 존중, 경영진의 책임, 정보보호, 자기혁신, 상호존중, 주주가치 극대화, 사회적 책임)를 선정하고 이를 바탕으로 금융회사별 윤리강령을 마련하여야 한다.

<표 5-17> 준법감시인과 감사(위원회)의 역할 비교(내부통제 관련)

구분	역할	주요 직무
준법감시인	임직원의 법규 및 내부통제기준 준수여부 점검	- 주요 업무에 대한 법규준수 여부 사전 검토 - 내부통제기준 및 임직원 윤리강령 제정·운영 - 내부통제 위반행위 조사 및 감사앞 보고 등
감사(위원회)	경영진의 내부통제 운영에 대한 감시와 견제	- 경영진의 내부통제 운영 전반에 대한 감사 - 내부통제시스템 운영에 관한 점검 및 조치 등

<그림 5-12> 준법감시인과 감사(위원회)의 위치

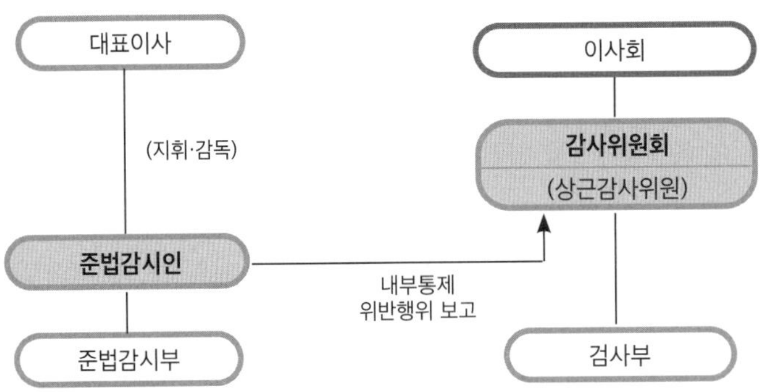

금융권 윤리헌장

① 회사와 임직원은 항상 고객의 입장에서 생각하고 고객에게 보다 나은 금융서비스를 제공하기 위해 노력하여야 한다. (고객우선)
② 회사와 임직원은 업무를 수행함에 있어 관련 법령 및 제 규정을 이해하고 준수하여야 한다. (법규준수)
③ 회사와 임직원은 정직과 신뢰를 가장 중요한 가치관으로 삼고 신의성실의 원칙에 입각하여 맡은 업무를 충실히 수행하여야 한다. (신의성실)
④ 회사와 임직원은 공정하고 자유로운 시장경제 질서를 존중하고, 이를 유지하기 위하여 노력하여야 한다. (시장질서 존중)
⑤ 회사의 경영진은 직원을 대상으로 윤리교육을 실시하는 등 올바른 윤리문화 정착을 위하여 노력하여야 한다. (경영진의 책임)
⑥ 회사와 임직원은 업무수행 과정에서 알게 된 회사의 업무정보와 고객정보를 안전하게 보호하고 관리하여야 한다. (정보보호)
⑦ 회사와 임직원은 경영환경 변화에 유연하게 적응하기 위하여 창의적 사고를 바탕으로 끊임없이 자기혁신에 힘써야 한다. (자기혁신)
⑧ 회사는 임직원 개개인의 자율과 창의를 존중하고 삶의 질 향상을 위하여 노력하여야 하며, 임직원은 서로를 존중하고 원활한 의사소통과 적극적인 협조 자세를 견지하여야 한다. (상호존중)
⑨ 회사와 임직원은 합리적인 의사결정과 투명한 경영활동을 통하여 주주와 기타 이해관계자의 가치를 극대화하기 위하여 최선을 다하여야 한다. (주주가치 극대화)
⑩ 회사와 임직원 모두 시민사회의 일원임을 인식하고, 사회적 책임과 역할을 다하여야 한다. (사회적 책임)

5-4. 금융사고와 은행 임직원의 책임

금융기관 검사 및 제재에 관한 규정에서 제재의 종류와 그 기준을 규정하고 있는데, 제재대상에 따라 기관에 대한 제재, 임원에 대한 제재 및 직원에 대한 제재로 구분된다. 직원의 경우 위법·부당행위 시 신분적 제재로서 면직·정직·감봉·견책·주의의 제재를 받을 수 있고, 금전적 제재로서 과태료를 부과받을 수 있다. 과태료란 행정절차상의 의무위반에 대해 부과되는 금전상 제재로 실체적 의무위반에 대하여 부과되는 과징금과 구별된다.

<표 5-18> 제재의 종류

대상 \ 유형		비금전적(또는 신분적)	제재의 종류
금융회사		인·허가(등록) 취소, 영업정지, 시정명령, 기관경고, 주의	과징금, 과태료
임직원	임원	해임권고, 직무정지, 문책 경고, 주의적 경고, 주의	과태료
	직원	면직, 정직, 감봉, 견책, 주의	과태료

<표 5-19> 제재의 효과

종류 \ 구분	면 직	정 직	감 봉	견 책
신분상 조치	파 면	정직기간+18월간 승격·승급 불허	감봉기간+12월간 승격·승급 불허	6월간 승격·승급 불허
근속기간	-	포 함	포 함	포 함

* 승격·승급 불허기간은 근로·고용계약 종료 후 계약연장 또는 재계약의 경우(계약직으로서 사실상 임원 신분으로 재고용하는 경우 포함)에도 적용

<표 5-20> 벌금, 과징금, 과태료 비교

구분	법적 성격	부과 목적	부과 대상
벌금	형벌	범죄행위 제재	행위자
과징금	의무확보 수단	부당이득 환수 등	사업자
과태료	질서벌	행정 실효성 확보	의무수범자

5-5. 금융사고와 「특정경제범죄가중처벌 등에 관한 법률」의 적용

금융회사의 금융사고 중에서 임직원의 횡령 또는 배임이 많은 부분을 차지하고 있다. 이러한 「형법」상 횡령과 배임 또는 업무상의 횡령과 배임의 죄를 범한 자가 취득한 관련 재물 또는 재산상 이익의 가액이 5억 원 이상일 때 가중 처벌된다. 또한 금융기관 임직원에게는 금융기관 임직원이라는 이유로 「특정경제범죄가중처벌 등에 관한 법률」(이하 "특경가법")상의 가중된 형사책임이 적용되는 경우가 있다. 그 대표적인 예로는 수재죄, 알선 수재죄, 사금융 알선죄, 저축 관련 부당행위죄 등이 있다.

수재죄 및 알선 수재죄란 금융기관의 임직원이 직무에 관하여 금품이나 이익을 수수·요구 또는 약속하였을 때 또는 지위를 이용하여 소속 금융회사등 또는 다른 금융회사등의 임직원 직무에 속하는 사항의 알선에 관하여 금품이나 이익을 수수·요구 또는 약속하였을 때 성립하는 범죄이다. 이를 위반하는 경우 그 수수액이 3천만 원 이상 5천만 원 미만인 때에는 5년 이상의 유기징역, 5천만 원 이상 1억 원 미만인 때에는 7년 이상의 유기징역 그리고 1억 원 이상인 때에는 무기 또는 10년 이상의 징역에 처해진다(「특경가법」 제5조).

사금융 알선죄란 금융기관의 임직원이 그 지위를 이용하여 자기의 이익 또는 소속 금융회사 외 제3자의 이익을 위하여, 자기의 계산으로 또는 소속 금융회사 외 제3자의 계산으로, 금전의 대부·채무의 보증·인수를 하거나 이를 알선하였을 때 성립하는 죄이다. 이를 위반하는 경우에는 7년 이하의 징역 또는 7천만 원 이하의 벌금에 처해질 수 있다(「특경가법」 제8조).

저축 관련 부당행위죄란 금융기관의 임직원이 저축에 관하여 법령 또는 약관이나 그 밖에 이에 준하는 금융회사 등의 규정에 따라 정하여진 이자, 복금(福金), 보험금, 배당금, 보수 외에 어떤 명목으로든 금품이나 그 밖의 이익을 수수하거나 제3자에게 공여하게 하였을 때 성립하는 죄이다. 이를 위반하는 경우에는 5년 이하의 징역 또는 5천만 원 이하의 벌금에 처해질 수 있다(「특경가법」 제9조).

5-6. 고객응대직원에 대한 보호조치 의무

「은행법」은 은행은 은행업무를 운영할 때 고객을 직접 응대하는 직원을 고객의 폭언이나 성희롱, 폭행 등으로부터 보호하기 위하여 필요한 조치를 취하여야 하고, 직원은 은행에 대하여 보호조치를 요구할 수 있는데(「은행법」 제52조의4), 이를 고객응대직원에 대한 보호조치 의무라 한다. 은행이 취하여야 할 구체적인 고객응대직원에 대한 보호조치는 다음과 같다.

① 직원이 요청하는 경우 해당 고객으로부터의 분리 및 업무담당자 교체
② 직원에 대한 치료 및 상담 지원
③ 고객을 직접 응대하는 직원을 위한 상시적 고충처리 기구 마련
④ 고객의 폭언이나 성희롱, 폭행 등이 관계 법률의 형사처벌규정에 위반된다고 판단되고 그 행위로 피해를 입은 직원이 요청하는 경우: 관할 수사기관 등에 고발
⑤ 고객의 폭언등이 관계 법률의 형사처벌규정에 위반되지는 아니하나 그 행위로 피해를 입은 직원의 피해정도 및 그 직원과 다른 직원에 대한 장래 피해발생 가능성 등을 고려하여 필요하다고 판단되는 경우: 관할 수사기관 등에 필요한 조치 요구
⑥ 직원이 직접 폭언등의 행위를 한 고객에 대한 관할 수사기관 등에 고소, 고발, 손해배상 청구 등의 조치를 하는 데 필요한 행정적, 절차적 지원
⑦ 고객의 폭언등을 예방하거나 이에 대응하기 위한 직원의 행동요령 등에 대한 교육 실시
⑧ 그 밖에 고객의 폭언등으로부터 직원을 보호하기 위하여 필요한 사항 등

5-7. 악성민원과 금융회사 직원의 보호

많은 금융회사의 직원들은 악성민원인(블랙컨슈머)을 경험하게 된다. 금융업무와 관련하여 악성민원인의 언어폭력(욕설, 폭언, 성희롱 등), 무리한 요구, 협박 및 폭행, 업무방해, 금전보상 및 배상요구, 사사건건 꼬투리를 잡는 경우 등으로부터 금융회사 직원을 보호하는 것도 금융소비자보호 못지않게 그 중요성이 커지고 있다.

금융회사는 내부적으로 상시 악성민원 제기 고객으로부터 직원보호를 위한 대응매뉴얼 및 직원보호 관련 내부 규정을 마련하는 등, 직원보호 조치들을 마련하여야 할 것으로 보인다. 악성민원인에 대한 대응방법으로는 형사법상 업무방해죄, 모욕죄 및 통신매체이용음란죄 등으로 고발하는 방안을 생각해볼 수 있을 것이다.

업무방해죄란 허위사실 유포, 위계 또는 위력으로서 업무를 방해하거나 컴퓨터 등 정보처리장치 또는 전자기록 등 특수매체기록을 손괴하거나 정보처리장치에 허위의 정보 또는 부정한 명령을 입력하거나 기타 방법으로 정보처리에 장애를 발생하게 하여 업무를 방해하는 경우 성립하는 범죄이다. 이때는 5년 이하의 징역 또는 1,500만 원 이하의 벌금에 처해지게 된다(「형법」 제314조). 따라서 악성민원인이 객장 내에서 고성·욕설·폭언 등의 행위를 동반한 난동을 피우거나, 반복적 계좌신규·해약·입금 등의 행위를 하는 경우, 악의적으로 행하는 장시간 통화 또는 반복적 통화를 하는 행위, 출입문을 봉쇄하거나 출입을 통제하는 행위 등을 하는 경우에는 업무방해죄로 고발할 것인지 여부를 고려할 수 있을 것이다.

모욕죄란 공연히 사람을 모욕하는 범죄로서 1년 이하의 징역이나 금고 또는 200만 원 이하의 벌금에 처해질 수 있다(「형법」 제311조). 따라서 악성민원인이 "나쁜 놈", "개자식" 등 사람의 인격을 멸시하는 가치판단을 표시하는 경우 등에 있어서는 모욕죄로 처벌될 수 있음을 명확하게 알릴 수 있을 것이다.

통신매체이용음란죄란 자기 또는 다른 사람의 성적 욕망을 유발하거나 만족시킬 목적으로 전화·우편·컴퓨터, 그 밖의 통신매체를 통하여 성적 수치심이나 혐오감을 일으키는 말, 음향·글·그림·영상 또는 물건을 상대방에게 도달하게 하는 경우에 성립하는 범죄로, 2년 이하의 징역 또는 500만 원 이하의 벌금에 처해질 수 있다(「성폭력범죄의 처벌 등에 관한 특례법」 제13조). 따라서 악성민원인이 전화 등을 통한 음담패설을 하거나 이메일, 우편을 통해 음란물을 배송한 경우, 성적 수치심이나 혐오감을 주는 행위 등을 하는 경우에는 통신매체이용음란죄로 고발하는 방안도 고려할 수 있을 것이다.

금융회사 민원발생평가시 악성민원 판단 기준(금융감독원)

□ 기본원칙

▶ 원칙적으로 민원내용이 수용 불가능한 건에 대하여만 적용하고, 민원내용이 정당성을 갖고 있는 경우에 대하여는 악성민원으로 보지 않음

▶ 증빙서류, 녹취, 녹화 또는 경찰 신고 등을 통하여 동 기준에 해당되는 사실을 입증할 수 있어야 함

□ 악성민원의 상세 유형

▶ 과도한 금전적 보상 또는 특혜 등을 요구하는 경우

- 재산적 피해에 대한 복구가 되었음에도 불구하고 이와는 별도로 정신적 피해에 대한 과도한 보상을 요구하는 경우
- 불친절 또는 사소한 업무과실을 빌미로 과도한 보상 또는 조치(대표 명의의 사과, 징계요구, 영업정지, 심야시간대 방문요청 등)를 요구하는 경우
- 다른 소비자와 달리 민원인에게만 특별한 계약 조건 부여(정기예금 가입시 과도한 금리 우대 등)를 요청하는 등 계약내용에 없는 내용을 부당하게 요구

▶ 형사상 위법행위, 업무방해 등을 하는 경우

- 담당자에게 물리적 폭력, 협박, 성희롱 발언 등을 행하거나 금융회사 건물 내에서 난동, 기물파손 등의 폭력을 행사
- 직원의 경고에도 불구, 담당자에 대한 욕설 등 언어 폭력을 지속하거나 공개적인 모욕 및 명예훼손 행위(인터넷 등에 담당자의 개인정보 등을 기재하는 경우 등)를 한 경우
- 수차에 걸쳐 또는 음주상태에서 오랜 시간 전화를 끊지 않고 불만을 표출하거나, 지나치게 잦은 방문 또는 장시간 체류를 통해 담당자에게 정신적 피해 또는 업무 방해9업무방해죄 등으로 수사기관에 고소·고발한 경우 포함)를 야기

▶ 정상적으로 처리된 민원에 불만을 갖고 반복적·감정적으로 민원을 제기하거나, 진정한 금융거래의 의도 없이 회사(직원)를 괴롭히기 위한 목적으로 민원사항을 유발하는 경우

- 민원내용과 사실이 다름이 확인되었음에도 불구하고 아무런 입증 없이 일방적 주장만을 내세우며 반복하여 민원을 제기
- 정당한 이유 없이 처리 내용에 대한 불만만을 제기하거나, 증빙자료 제출없이 막무가내로 조사 및 처벌을 요구
- 감찰실, 상급 감독기관 등에 민원담당자의 처벌 등을 요구하나, 민원담당자의 업무처리가 적정하였던 경우

제6장

Financial Consumer Protection

금융감독원의 금융소비자 보호 제도

제1절 금융소비자 보호 감독방향

1. 금융소비자 보호처의 설치

금융감독원은 글로벌 금융위기 이후 저축은행 사태 등으로 나타난 바와 같이 건전성감독에 비해 소비자보호에 상대적으로 소홀했다는 대내외 질책을 겸허히 수용하여, 2011년 9월 소비자보호기능 강화를 위해 총리실 금융감독 혁신T/F에서 제시한 '금융감독 혁신방안'을 충실히 이행하였다.

동 금융감독 혁신방안에서 금감원 내 금융소비자 보호 기능·조직의 독립성 강화 내용의 골자는 다음과 같다.

① 소비자보호 기능에 대한 조직 내 위상 제고
② 건전성감독과의 견제와 조화를 위해 준(準) 독립기구화
③ 분쟁조정, 민원처리 등 사후적 피해구제와 함께 소비자 정보제공, 금융교육 및 조사·연구 등 사전적 소비자보호 기능 수행
④ 조직 내 금융교육 부서와 민원조사 부서를 별도 부서로 구성하고, 소비자보호 담당 인력을 단계적으로 확충

금융감독원은 이러한 내용을 충실히 반영하여 금융소비자 보호 부문이 건전성감독 부문과 견제와 균형을 이루면서 민원·분쟁처리 등 금융소비자 피해구제 및 금융교육 등을 전문적이고 효율적으로 수행할 수 있도록 2012년 5월 조직개편 시 내부 준독립기구인 '금융소비자 보호처'를 원장 직속으로 설치하고 부원장보급 처장이 통할하도록 조정하였다.

금감원은 종전 2개 부서(소비자보호총괄국, 분쟁조정국)에서 수행하던 역할을 4개 부서(금융교육국 및 민원조사실 신설)가 수행하는 금융소비자 보호처로 확대 개편하고, 4개 지원에 금융소비자 보호실을 설치하였다. 또한 2013년 5월에는 금융교육국 내 금융교육개발팀을 추가하여 소비자보호 기능을 더욱 강화하였다.

2014년 4월에는 금융소비자의 권익을 강화하기 위하여 소비자보호총괄국 내 민원처리팀을 금융민원실을 별도 부서로 분리하고, 소비자가 민원처리 결과에 대해 이의를 제기할 경우 별도의 부서에서 새로운 담당자가 원점에서 재검토할 수 있도록 금융민원조정실을 신설하였다. 한편, 금융 불편사항의 접수 뿐만 아니라 소비자가 필요로 하는 금융 자문, 금융상품비교 등 상담서비스까지 일괄 제공하는 전담창구로서 원스톱서비스팀을 소비자보호총괄국내에 신설하였다.

2015년 2월에는 지방 금융소비자의 권익보호를 위해 전주 등 4개 출장소(전주, 춘천, 강릉, 충주)를 사무소로 전환하는 한편, "창원사무소"를 신설하였다. 또한 각 사무소에 소비자보호전담팀을 신설하였다.

2016년 2월에는 동양채권 불완전판매, 개인정보 유출 등으로 촉발된 금융소비자 보호 강화 요구 및 금융소비자 보호법 제정 등에 대응하고자 금융소비자 보호처를 확대 개편하였다. 영업점, 지점 등 금융영업현장에서 발생하는 소비자 권익침해행위를 감시하고 시정하는 권역별 소비자보호부서 및 금융범죄에 대응하고자 불법금융대응단, 보험사기대응단을 신설하여 금융소비자 보호처로 통합하였다. 아울러 날로 증가하는 금융민원을 신속처리할 수 있도록 기존 금융민원실과 금융민원조정실을 통합하여 "금융민원센터"로 확대 개편하였다.(3국 2실→6국 3실)

확대되는 금융소비자 보호처 업무를 효과적으로 수행할 수 있도록 금융소비자 보호처장의 직급을 "부원장보"에서 "부원장"으로 격상하였으며, 민원건수가 많은 인천광역시에 지원을 신설하고, 6개 지방사무소를 지원으로 전환하여 관할 지역내 소비자보호를 강화하고자 하였다. (11개 지원(支院) 편입) 아울러 신속한 민원처리를 위해 민원센터 및 지원에 민원처리전문직원을 보강하는 등 인력을 크게 충원하였다.(2017년 9월 현재 근무직원은 총 485명으로 전체 금융감독원 직원의 22.8% 수준임)

2018년 1월에는 민원·분쟁업무를 일원화하여 분쟁조정국에서 일괄처리하도록 하였다. (분쟁조정1국: 보험분쟁 조정, 분쟁조정2국: 은행·비은행, 금융투자분쟁 조정)

2020년 1월에는 금융소비자 보호처의 기능을 소비자 피해예방(사전적)과 소비자 권익보호(사후적)의 양대 부문으로 확대·재편하고, 부문별로 각각 부원장보가 전담하도록 함으로써 책임경영체제를 확립하였다. 이에 따라 금융소비자 보호처 조직도 대폭 확대되었다. (기존 6개 부서→13개 부서)

2021년 1월에는 금융소비자감독국과 금융상품판매감독국을 통합하여 금융소비자 보호법, 소비자보호 제도 및 금융상품 판매 관련 기획·제도 개선업무를 금융소비자 보호총괄국으로 일원화하였다. 또한 실손의료비, 사모펀드 등 급증하는 분쟁수요에 대응하고자 분쟁조정 전담부서(분쟁조정3국)를 추가 신설하였다.

2022년 12월에는 물가상승 및 경기침체 등을 배경으로 발생하는 금융범죄에 대응을 강화하고자, 불법 대부업 및 사금융피해에 대한 예방 및 단속을 전담하는 민생금융국을 신설하고 보이스피싱 피해에 적극 대응하도록 불법금융대응단을 금융사기전담대응반으로 개편하였다.

2023년 11월에는 금융소비자보호처를 기존의 피해예방, 권익보호 체계에서 소비자보호, 민생금융 체계로 개편하였다. "민생금융" 부문에 민생침해 금융범죄 대응부서(민생침해대응총괄국, 금융사기대응단, 보험사기대응단, 자금세탁방지실)를 일괄배치하고 기존의 민생금융국을 민생침해대응총괄국으로 확대개편하여 금융범죄 대응체계의 컨트롤 타워 역할을 수행하도록 하는 등 금융범죄 대응역량을 집중하고, 대응 책임자를 부서장에서 부원장보로 격상하였다. "소비자보호" 부문은 분쟁조정, 금융민원 처리 및 금융소비자 보호를 위한 제도 개선기능을 통합하여 업무효율성을 제고하고자 하였다.

2024년 12월에는 대부업 및 채권추심업 등에 대한 감독 및 검사를 전담하는 '서민금융보호국'을 신설하고, 불법사금융 대응 등을 담당하는 민생침해대응총괄국에 불법사금융 피해구제 등을 전담하는 팀을 추가 신설하였다. 또한 기존의 상품심사판매분석국을 개편하여 금융상품 판매실태 점검 및 관련 민원·분쟁 조사를 전담하는 금융소비자보호조사국을 운영하기로 하였다.

<그림 6-1> 금융소비자보호처 조직 변화(기존 6개부서(2018) → 12개 부서(2022 이후))

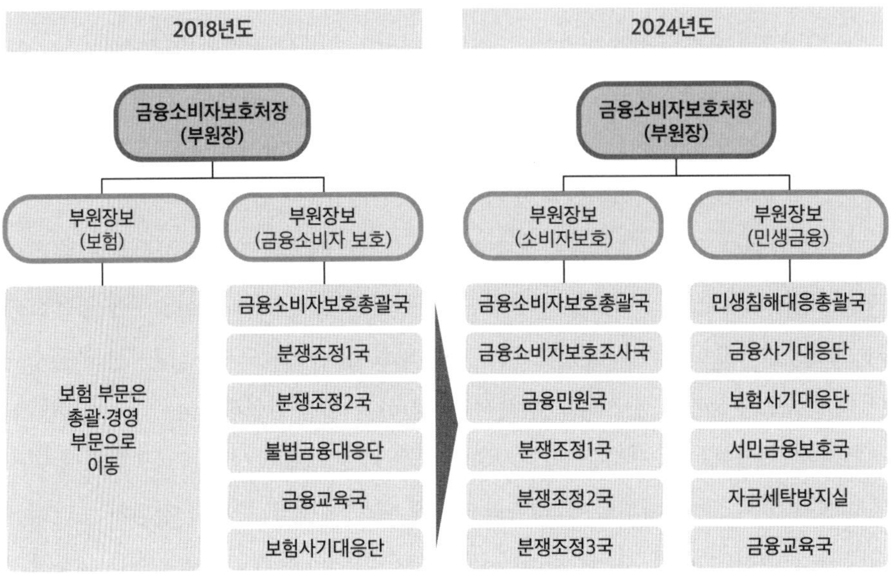

<표 6-1> 금소처 부서별 업무분장(2025년)

부서명	주요업무
금융소비자보호총괄국	• 금융소비자보호 관련 규제·제도·금융관행 개선, 금융상품판매대리·중개업자 등록 및 감독, 금융상품 판매 관련 감독, 소비자보호실태평가 기획 및 점검 등
금융소비자보호조사국	• 금융상품 모니터링·분석, 미스터리쇼핑, 민원·분쟁조정에 대한 사실조사 등
금융민원국	• 민원·분쟁업무 통할 및 조정, 민원동향 분석, 1332 상담센터 운영, 민원 처리·사실조사 및 결과분석 등
분쟁조정1국	• 금융분쟁조정위원회 운영, 분쟁조정(생명보험, 손해보험) 처리·결과분석·사실조사 등
분쟁조정2국	• 금융분쟁조정위원회 운영, 분쟁조정(제3보험) 처리·결과분석·사실조사 등
분쟁조정3국	• 금융분쟁조정위원회 운영, 분쟁조정(보험 이외) 처리·결과분석·사실조사 등

부서명	주요업무
민생침해대응총괄국	• 불법사금융·유사수신 등에 대한 피해상담·신고접수 및 제도개선 등
금융사기대응단	• 전기통신금융사기 예방 및 피해금 반환 관련 제도개선, 전기통신금융사기 피해금 반환 관련 이의제기·소멸채권 환급에 관한 사항 등
보험사기대응단	• 보험사기 조사 및 유관기관과의 협력, 보험범죄 방지대책의 수립 및 운영 등
서민금융보호국	• 금융위 등록 대상 대부업자 등록, 대부업자 등에 대한 감독·검사 및 관련 법규 제·개정에 관한 사항 등
자금세탁방지실	• 자금세탁방지·금융실명제 관련 제도 기획 및 운영, 자금세탁방지 관련 검사·조치·사후관리 등
금융교육국	• 금융교육 기획·평가·관리, 금융교육 프로그램 및 교재개발, 1사1교 금융교육 실태조사·사후관리 등

2. 금융소비자 보호처 출범 이후 금감원의 주요 업무추진 현황

2-1. 소비자보호 기능 강화를 위한 인프라 정비

가. 소비자보호심의위원회의 신설 및 운영

금감원은 2012년 12월 금융소비자 보호처가 준독립기구로서 감독·검사부서와 견제·균형을 이루어 금감원 내의 소비자보호 업무에 대한 명실상부한 최고심의기구로서 기능할 수 있도록 '소비자보호심의위원회'를 설치하였다. 소비자보호심의위원회는 상품약관 개정 등 소비자보호 관련 주요 사안을 심의·의결하고, 필요 시 감독·검사부서에서 제도개선 또는 검사 결과를 보고토록 함으로써 건전성감독과 소비자보호 간 균형을 도모하고자 하였다.

소비자보호심의위원회 위원은 학계, 언론계, 소비자단체, 법조계 등 소비자보호 업무에 대한 학식과 경험을 갖춘 외부 민간위원 5인과 금융감독원 부원장보 6인으로 구성하였다. 그리고 위원회 운영의 독립성과 공정성을 확보하기 위해 위원장은 외부 민간위원 중 선임하고 위원의 임기는 1년으로 하되 2회에 한해 연임할 수 있도록 하였다(초대 위원장 경희대학교 박상수 교수).

<표 6-2> 소비자보호심의위원회 위원 구성

외부위원(5)	학계(2), 언론계(1), 소비자단체(1), 법조계(1)
내부위원(6)	금융소비자 보호, 업무총괄, 은행, 중소서민, 보험, 금융투자 담당 부원장보

위원회의 회의는 정례회의와 임시회의로 구분하였다. 정례회의는 분기 1회 지정된 날짜에 개최하되 임시회의는 원장, 위원장 또는 3인 이상의 위원의 요청이 있을 경우 개최한다. 의안은 소비자보호 실무협의회의 사전 협의를 거친 후 상정하고 의결이 필요한 경우 재적위원 과반수의 출석과 과반수의 찬성으로 의결한다.

<표 6-3> 소비자보호심의위원회(7차 회의까지) 안건 목록

차수	구분		안건 제목
1차 (2012. 11. 20)	심의 안건	1	소비자보호심의위원회운영지침 제정안
		2	연금저축상품 검사 실시 및 제도개선 요청안
		3	신용카드사 채무면제·유예서비스 제도개선 요청안
		4	고령자 앞 ELS 관련 상품 판매 현황 및 보호방안
		5	2013년도 검사계획 반영 요청안
	보고 안건	1	금융소비자 보호 기능 강화방안 보고
		2	금융소비자리포트 제2호 주제선정 및 추진계획 보고
		3	2012년 1~9월 금융민원 발생 동향 및 대응계획 보고
		4	자동차보험 표준약관 개정
		5	카드 소비자보호 강화를 위한 표준약관 제정 추진
2차 (2013. 2. 20)	심의 안건	1	저축은행의 불합리한 금융거래약관 개선방안
		2	자동차금융상품 제도개선 및 점검요청안
		3	불공정 채권추심 관행 개선방안
		4	은행 여신거래약관 개선방안
	보고 안건	1	제1차 소비자보호심의위원회 의사록 등 보고
		2	금융소비자 보호처 출범 후 주요 제도·관행 개선실적
		3	2013년도 검사업무계획
		4	연금저축상품 수수료 인하 등 제도개선
		5	보험상품 개별약관 등 개선방안

<table>
<tr><th>차수</th><th>구분</th><th colspan="2">안건 제목</th></tr>
<tr><td rowspan="9">3차
(2013. 5. 22)</td><td rowspan="4">심의
안건</td><td>1</td><td>국민검사청구제도 추진방안</td></tr>
<tr><td>2</td><td>한국소비자단체협의회의 건의사항에 대한 대응방안</td></tr>
<tr><td>3</td><td>상속인 금융거래조회제도 개선방안</td></tr>
<tr><td>4</td><td>주택연금(역모기지론) 가입자에 대한 신용평가방법 개선안</td></tr>
<tr><td rowspan="5">보고
안건</td><td>1</td><td>제2차 소비자보호심의위원회 의사록</td></tr>
<tr><td>2</td><td>2013년도 1/4분기 소비자보호실무협의회 운영실적</td></tr>
<tr><td>3</td><td>2012년도 민원발생평가결과 및 향후 조치사항</td></tr>
<tr><td>4</td><td>카드사 채무면제·유예상품(DCDS) 제도개선 추진결과</td></tr>
<tr><td>5</td><td>보험민원 감축대책 추진 현황</td></tr>
<tr><td rowspan="9">4차
(2013. 9. 13)</td><td rowspan="4">심의
안건</td><td>1</td><td>생명보험 및 질병·상해보험 표준약관 개정안</td></tr>
<tr><td>2</td><td>퇴직연금 표준약관 제정안</td></tr>
<tr><td>3</td><td>미분양아파트 집단대출 관련 점검 요청안</td></tr>
<tr><td>4</td><td>신용카드 분실·도난사고 보상제도 개선방안</td></tr>
<tr><td rowspan="5">보고
안건</td><td>1</td><td>제3차 소비자보호심의위원회 의사록</td></tr>
<tr><td>2</td><td>2013년도 2/4분기 소비자보호실무협의회 운영실적</td></tr>
<tr><td>3</td><td>연금저축상품 부문검사 결과</td></tr>
<tr><td>4</td><td>저축은행 후순위채 불완전판매 분쟁조정 결과</td></tr>
<tr><td>5</td><td>상속인 금융거래조회제도 개선 결과</td></tr>
<tr><td rowspan="9">5차
(2013. 12. 10)</td><td rowspan="4">심의
안건</td><td>1</td><td>금융투자상품 완전판매 방안</td></tr>
<tr><td>2</td><td>변액보험의 적합성 원칙 운영 관련 개선방안</td></tr>
<tr><td>3</td><td>리스 관련 업무처리관행 개선방안</td></tr>
<tr><td>4</td><td>저축은행의 소액대출 취급실태 지도·점검 요청안</td></tr>
<tr><td rowspan="5">보고
안건</td><td>1</td><td>제4차 소비자보호심의위원회 의사록</td></tr>
<tr><td>2</td><td>2013년도 3/4분기 소비자보호실무협의회 운영실적</td></tr>
<tr><td>3</td><td>은행 여수신상품 공시점검 결과 및 지도방안</td></tr>
<tr><td>4</td><td>미분양아파트 집단대출 관련 점검 결과</td></tr>
<tr><td>5</td><td>연금저축보험의 보험계약대출 상환업무 지도방안</td></tr>
<tr><td rowspan="8">6차
(2014.3.28)</td><td rowspan="5">심의
안건</td><td>1</td><td>저축은행의 신용대출 연대보증의 자필서명 생략 관행 개선</td></tr>
<tr><td>2</td><td>창조적 금융교육 도입방안</td></tr>
<tr><td>3</td><td>저축은행의 대출취급수수료 등 폐지 방안</td></tr>
<tr><td>4</td><td>자동갱신형보험 상품운영 관련 개선방안</td></tr>
<tr><td>5</td><td>신용카드 모집 관련 핵심설명서 제공 의무화 방안</td></tr>
<tr><td rowspan="3">보고
안건</td><td>1</td><td>소비자보호실무협의회 운영실적 보고</td></tr>
<tr><td>2</td><td>금융투자상품의 불완전판매 관행 개선방안</td></tr>
<tr><td>3</td><td>주택청약저축 대출금리의 산출 개선결과 보고</td></tr>
<tr><td rowspan="7">7차
(2014.6.20)</td><td rowspan="3">심의
안건</td><td>1</td><td>소액암 비보장기간 폐지 등 보험상품 개선방안</td></tr>
<tr><td>2</td><td>사망보험금 수익자 지정·변경권 행사 안내 강화방안</td></tr>
<tr><td>3</td><td>은행의 환전수수료율 고시 방안</td></tr>
<tr><td rowspan="4">보고
안건</td><td>1</td><td>2014년도 1/4분기 소비자보호실무협의회 운영실적 보고</td></tr>
<tr><td>2</td><td>전화번호 신속이용정지제도 및 대출모집인의 전속계약 해지 실시 등 진행경과 보고</td></tr>
<tr><td>3</td><td>저축은행 신용평가시스템 개선방안</td></tr>
<tr><td>4</td><td>은행권 대출 거절사유 고지제도 개선방안</td></tr>
</table>

나. 소비자보호심의위원회를 통한 주요 제도개선 사례

소비자보호심의위원회는 2012년 11월 제1차 회의를 개최한 이후 국민검사청구제도 도입, 주택연금 관련 제도개선, 카드사 채무면제 유예상품(DCDS) 제도개선, 상속인 금융거래조회 서비스 개선, 생명보험 및 질병·상해보험 표준약관을 소비자 관심사항 위주로 개편하는 방안 등 금융소비자의 권익 제고를 위한 여러 심의안건과 보고안건들을 논의하였다.

그간의 주요 심의안건의 내용은 다음과 같다.

1) 국민검사청구제도의 도입

국민검사청구제도는 금융회사로부터 이익을 침해당하거나 침해당할 우려가 큰 경우에 당사자들이 금감원에 검사를 청구할 수 있도록 한 제도이다. 금감원은 외부인사 중심의 심의위원회에서 공개된 기준에 따라 검사필요 여부를 심의하여 검사를 실시하도록 하였다.

2) 주택연금 관련 제도개선

주택연금에 가입하더라도 신용평가등급에 영향이 없도록 은행연합회에서 주택연금 가입정보를 다른 대출정보와 구분·집중하도록 하고, 신용평가회사의 신용등급 평가 시 평가요소에서 주택연금 가입정보는 제외하도록 하는 등의 방안에 대해 심의·의결하였다.

3) 카드사 채무면제·유예상품(DCDS) 제도개선

카드사 채무면제·유예상품(DCDS)의 수수료율을 대폭 인하하고, 카드사가 사망사실 인지 시 가입자의 보상금 청구가 없더라도 채무를 면제토록 하였다. 또한 가입고객을 대상으로 불완전판매 여부를 확인하는 모니터링제도를 실시하고, 보상금을 받지 못한 고객에 대한 미수령 보상금 찾아주기를 실시하는 방안에 대해 심의·의결하였다.

4) 상속인 금융거래조회 서비스 개선

종전 상속인 금융거래조회 서비스는 소비자가 상속인 관련 서류를 최초 접수기관에 제출하여 예금이 있는 금융회사를 확인한 경우에도 예금잔액을 조회하기 위해서는 해당 금융회사에 관련 서류를 다시 제출해야 하는 불편 등이 존재하였다. 이에 개선방안을 마련하여 심의·의결하였다.

5) 미분양아파트 집단대출 관련 점검

최근 건설회사들이 미분양아파트 해소를 위해 분양촉진 마케팅(애프터리빙 계약제 등)을 전개하여 관련 민원이 발생하였다. 이에 은행이 집단 중도금대출 취급 과정에서 소비자에게 충분히 설명을 하였는지 여부를 점검하도록 하는 방안 등을 심의·의결하였다.

6) 변액보험의 적합성 원칙 운영 관련 개선

변액보험 적합성 진단을 생략할 수 있는 '불원확인서'에 원금손실 가능성을 분명히 하고, 적합성 진단결과와 달리 계약 체결이 가능한 '부적합 보험계약 체결확인서'에 변액보험 가입이 적합하지 않다는 설명을 명기하는 개선방안 등을 심의·의결하였다.

7) 신용카드 모집 관련 핵심설명서 제공 의무화

신용카드 회원 모집시 카드발급 관련 주요 내용에 대한 설명 및 설명 여부에 대한 확인절차가 미흡하여 카드 모집시 소비자가 충분히 이해하지 못한 경우 불이익을 받을 수 있는 중요 사항을 먼저 설명하도록 핵심설명서 제공을 의무화하는 방안을 심의하였다.

8) 소액암은 보장하지 않는 기간을 설정하지 않도록 개선

일부 보험사가 일반암 중 치료비용이 적고 완치율이 높은 암(갑상선암, 대장점막

내암 등)을 분리하여 소액보장(일반암의 10~20%)하면서, 일반암과 동일하게 90일간의 보장하지 않는 기간을 설정하여 과도하게 보장을 제한하는 관행을 개선하는 방안을 심의하였다.

9) 사망보험금 수익자 지정·변경권 안내 강화

세월호 피해자의 사망보험금이 부양책임을 이행하지 않은 이혼 부모에게 지급되는 사례가 발생하여 사회적인 이슈가 되었는바, 보험회사가 보험계약자에게 제공하는 각종 보험안내자료에 보험수익자 지정·변경권에 대한 내용을 추가하는 등의 개선방안을 심의하였다.

다. 소비자보호실무협의회의 구성 및 운영

소비자보호심의위원회를 보좌하고 소비자보호 부문과 건전성감독 부문 간 정보 공유 및 피드백을 강화하고자 2012년 9월 금감원 내 주요 부서장과 금융소비자 보호처 부서장으로 구성된 협의체인 소비자보호실무협의회를 설치하여 운영하고 있다. 소비자보호실무협의회는 원칙적으로 매월 2회 개최되며 금융소비자 보호 담당 부원장보가 주관한다.

소비자보호실무협의회에서는 금융소비자 보호처가 민원동향 분석 등을 통해 도출한 불합리한 금융제도 및 관행 개선 및 검사 필요사항 등을 감독·검사부서와 논의한다. 그리고 감독·검사부서는 중요한 약관의 제·개정 및 금융상품 심사 등을 포함한 불특정 다수의 금융소비자에게 직접적인 이해관계를 미칠 수 있는 새로운 감독·검사 정책에 대해 사전적으로 금융소비자 보호처와 협의한다. 소비자보호실무협의회 안건 중 중요사항은 소비자보호심의위원회 안건으로 상정된다.

<그림 6-2> 소비자보호와 감독·검사조직 간 상호관계

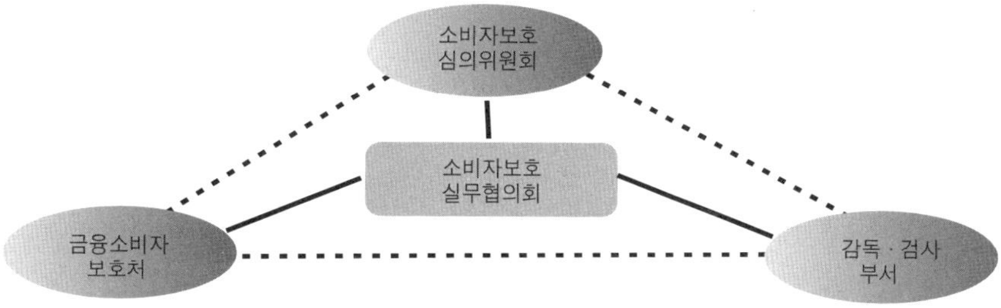

<표 6-4> 소비자보호실무협의회 위원 구성(2018년 4월 현재)

구분	위원
당연직 위원 (6명)	금융소비자 보호 부원장보(의장), 금융소비자 보호총괄국장(간사), 감독총괄국장, 분쟁조정1국장, 분쟁조정2국장
일반 위원	실무협의회 안건 상정 부서의 부서장 등

라. 소비자보호실무협의회를 통한 주요 제도개선 사례

1) 취약계층의 유체동산 압류 관행 개선

카드사가 취약계층의 유체동산(가전제품 등)을 과도하게 압류한다는 민원을 접수하여 전 카드사에 대한 조사를 실시하였다. 그리고 실무협의회를 통해 개선방안을 논의한 후 채권추심업무 가이드라인 반영 및 「민사집행법」 개정을 건의하였다(2013.8.6. 전해철 의원 「민사집행법」 개정법률안 발의).

2) 마일리지보험 제도개선

마일리지보험 가입 시와 만기 시 주행거리정보 제출방식이 일관되지 않아 소비자들이 상담·민원을 통해 불만을 제기함에 따라 일반 휴대폰 사진으로 최종 주행거리정보를 제출할 수 있도록 하는 등 개선방안을 마련하여 보험회사를 지도하였다.

3) 대출채권 회수 관련 금융관행 개선방안 마련

금융회사가 대출채권의 회수를 위해 지급명령, 본안소송 등을 제기한 이후 소송을 취하했음에도, 동 소송비용 전액을 채무자에게 청구하는 금융관행에 대해 소송비용의 당사자 간 서면합의 원칙(서면합의가 안 될 경우 「민사소송법」 제114조에 의거 소송비용 관련 법원의 명령을 받아 결정) 등 개선방안을 마련하고, 실무협의회 논의를 거쳐 금융회사를 지도하였다.

4) 불법 다단계 관련 대학생 대출피해 소비자 유의사항 전파

대학생들이 다단계업체에 현혹되어 저축은행에서 대출을 받아 다단계업체의 물품구입대금 등으로 사용하여 결국 빚만 남았다는 민원이 발생함에 따라 대학생들이 추가 피해를 입지 않도록 전국 대학교에 공문을 발송하고 소비자 유의사항을 배포하였다.

5) 5만 원 미만 소액연체 채권 추심관행 개선방안 검토

즉시 변제가 가능한 소액 연체사실을 바로 통보받지 못하여 피해를 입는 사례가 발생함에 따라 연체사실 안내를 강화하고, 적립된 마일리지 등으로 소액연체금을 우선 변제하거나 추심 실익이 없는 장기소액연체채권에 대한 채권포기를 권고하는 등 개선방안을 마련하여 은행 및 카드사를 지도하였다.

6) 보험계약 청약철회 제도개선

청약철회 관련 민원사례를 분석하여 보험계약자가 전화 등으로 보험회사에 직접 철회할 수 있도록 보장하고, 청약철회 접수일자를 최초 철회요구 시점으로 정하는 등 기존의 불합리한 관행을 개선하였다.

7) 보험상품의 불명확한 설명 관련 민원분석 및 사후 조치

보험상품을 적금으로 오인케 하는 등 모집 시 불명확한 설명으로 인한 민원이 계

속 발생함에 따라 모집 시 보험상품임을 명확히 설명한 후 판매하도록 보험대리점 및 보험회사를 지도하였다.

8) 지상권 설정비 부담주체 현황 및 개선방안

일부 저축은행이 근저당 설정비는 부담하면서 같은 담보토지로부터 발생하는 지상권 설정비는 차주에게 부담시킨다는 민원이 있어, 권역별(보험, 여신전문)로 약관 등의 지상권 설정비용 부담조항을 근저당권과 동일하게 금융회사가 부담하는 것으로 명시하도록 지도하였다.

9) 보험회사 계약전환상품 판매 시 문제점 개선

민원이 빈발하는 보험상품 계약전환과 관련하여 보험료가 완납된 보장성보험의 계약전환 금지, 전환보험계약의 보험계약사항 비교안내 강화 등 전반적인 개선방안을 마련한 후 보험회사를 지도하였다.

10) 주택담보대출 시 화재보험 가입면제 가능

일부 지방은행이 주택담보대출 시 차주가 화재보험을 가입하도록 요구한다는 민원이 접수됨에 따라 주택담보대출 시 화재보험 가입이 면제될 수 있도록 개선하였다.

11) 자동차보험 긴급출동서비스 중 발생사고 관련 분쟁예방

자동차보험 긴급출동서비스 중 외부 위탁업체(견인업체, 정비업체 등)의 과실로 소비자에게 손해가 발생했음에도 손해보험사와 외부 위탁업체가 서로 배상책임을 회피하여 분쟁을 유발하는 사례가 있어, 보험회사와 긴급출동서비스업체 계약 시 자격조건(배상책임보험 가입 등)을 강화하는 등의 방안을 마련하여 실시하였다.

12) 대출연체 기간별로 가산금리 차등 부과

대출연체 시 연체기간 중 최종구간에 적용되는 높은 연체가산이자율을 전체 연체

기간에 일괄 적용한다는 민원이 제기됨에 따라 연체기간에 따라 계단식으로 가산금리가 적용되도록 개선방안을 마련하여 지도하였다.

13) 미성년자 예금계좌 일괄개설 방법 개선

학부모의 동의 없이 유치원장·학교장의 동의만으로 유치원생·초등학생 명의의 은행계좌를 일괄개설하는 것은 부당하다는 민원이 접수됨에 따라 14세 미만 미성년자의 예금계좌 개설 시 「개인정보보호법」상 정보제공 및 예금계좌 개설에 대한 법정대리인의 동의를 받도록 은행에 지도하였다.

14) 보험상품 개선을 통한 소비자보호 방안 마련

보험회사가 금융감독원에 사전신고 없이 자율적으로 판매하는 보험상품(자율상품)을 집중 점검하여 갑상선암 등 소액암은 보장하지 않는 기간(90일)을 설정하지 않도록 하고 자동갱신보험의 계약체결비용은 실제 사업비 집행내역 등을 감안하여 합리적으로 책정하도록 하는 등 소비자의 권익을 보호하는 방향으로 개선하는 방안을 마련하여 보험사를 지도하였다.

15) 채권추심업무 가이드라인 마련 등 채무자의 권익 강화 방안 마련

2016년 7월부터 금감원의 감독대상이 된 대부업체(2016년 10월 기준 502개)에 대해서도 채권추심업무 가이드라인을 확대 적용하고, 채권추심업자가 1일 2회를 초과하여 전화, 이메일, 문자메시지, 방문 등을 통해 채무자를 접촉하는 행위를 제한하며, 금융회사가 소멸시효가 완성된 채권을 추심하거나 채권추심회사에 위임·매각할 수 없도록 하는 등 채무자의 권익을 대폭 강화하였다.

16) 은행권 계좌통합관리서비스(어카운트인포) 시행

국내은행에 개설된 개인계좌 중 장기간 거래가 없는 비활동성 계좌수가 절반에 육박하여 1억여개에 달하는 등 사회적 비효율이 발생하여 2016년 12월부터 은행 방

문 없이도 인터넷으로 소비자가 잊고 지내던 계좌를 손쉽게 확인하고, 불필요한 계좌를 간편하게 해지할 수 있는 계좌통합관리서비스를 도입하였다. 동 서비스 시행 이후 5개월간 총 400만명이 399만 계좌를 해지하는 등 큰 국민적 호응을 얻었다.

마. 민원사전인지시스템(EWS: Early Warning System) 구축·운영

2013년 7월 특정 민원유형이 급증하는 등 민원 이상징후가 발생하는 경우 이를 조기에 인지하여 적기 대응함으로써 소비자피해를 최소화할 수 있는 민원사전인지 시스템을 구축하고 그 분석 결과를 감독·검사에 활용하는 업무체계를 마련하였다.

바. 민원미란다 제도 도입

2013년 6월 민원인에게 민원처리 과정에서 불만이나 이의가 있을 경우 시정을 요구할 수 있는 권리 등을 사전에 반드시 고지하도록 하는 '민원미란다 제도'를 도입하였다.

사. 소비자보호전담관리자 제도 도입·운영

2013년 6월 민원이 빈발·급증하는 금융회사의 민원 예방 및 감축활동의 밀착관리를 위해 금융소비자 보호처 내에 금융회사별로 소비자보호전담관리자(CRM: Consumer Risk Manager) 제도를 도입하였다. 소비자보호전담관리자는 전담 금융회사의 민원유발 원인을 심층적으로 분석하여 민원감축이 실질적으로 이루어지도록 유도한다. 담당 금융회사가 민원예방 및 감축계획이 충실히 이행되지 않는 등 문제점이 발견되면 CRM은 현장조사를 실시한다. 동일 유형의 민원이 반복되는 등 문제가 지속될 경우 민원감독관을 파견하여 문제점에 대한 실효성 있는 대책을 마련할 때까지 밀착관리를 실시한다. 밀착관리 과정에서 발견된 금융회사 임직원의 법규 위반이나 소비자보호 이상징후에 대해서는 제도개선, 검사, 소비자경보 발령 등 필요한 조치를 취한다.

아. 新 민원·분쟁처리시스템 도입

2015년 11월 국민들에게 수준 높은 민원·분쟁처리 서비스를 제공하고자 업무프로세스를 전면 재점검하여 「금융 민원·분쟁처리 개혁방안」을 마련하였다. 동 방안의 골자는 다음과 같다.

단기적으로는 신속하고 효율적인 민원·분쟁처리 프로세스를 구축한다. 이를 위해 민원을 유형별로 분류하여 단순하고 정형화된 민원·분쟁을 신속처리반이 처리하도록 하고, 반복적으로 제기되는 악성민원의 경우 특별조사팀을 통해 분리 처리하도록 한다. 아울러 금감원의 민원·분쟁처리 인력을 대폭 보강하여 질 높은 서비스를 제공한다.

장기적으로는 금융회사의 민원·분쟁처리 역량을 강화하고 민원·분쟁 발생에 대한 금융회사의 자기책임의 원칙을 강화한다. 이를 위해 금융회사별 민원·분쟁 해결 역량을 소비자보호실태평가를 통해 평가하여 그 결과를 공개하고 평가결과가 개선되지 않는 경우 해당회사에 대한 현장점검을 실시한다. 또한 실무 민원·분쟁처리 사례에 대한 매뉴얼을 작성·배포하고 분쟁처리 실무자회의를 매월 개최하여 금융회사 간 정보 공유를 강화한다.

2-2. 학계·소비자단체·업계와 함께하는 금융소비자 보호 추진

가. 학계와 함께하는 금융소비자 보호

금융감독원은 2013년 민원 감축을 주제로 한국금융소비자학회와 두 차례(7월 1차, 9월 2차) 공동포럼을 개최하였고, 2014년 10월에는 「소비자보호실태평가」제도 도입 방안을 주제로 학계와의 공동 세미나를 개최하였다. 동 포럼 및 세미나에는 학회 이외에도 소비자단체(소비자시민모임), 한국소비자원, 업계 대표 등이 참여하였다.

아울러 금융자문 매뉴얼 및 생애주기별 금융생활 가이드북 발간, 대학생 금융교육 등과 관련하여 학계가 참여하는 포럼 개최 및 연구용역 의뢰 등 금융교육 강화를 위한 공동연구를 진행하고 있다.

나. 소비자단체와 함께하는 금융소비자 보호

소비자보호심의위원회 및 금융분쟁조정위원회, 금융교육 전문가협회에 소비자단체 대표를 위원으로 위촉하여 소비자보호 정책 수립, 금융분쟁 조정, 금융교육 정책 방향 설정 시 소비자의 관점을 적극적으로 반영하고 있다. 나아가 소비자단체와 공동으로 생계형 금융민원에 대한 공동 현장조사를 실시하고 소비자의 입장에서 취약계층의 금융애로를 적극 구제하였다. 또한, 금감원 지원(支院)을 중심으로 지역 네트워크를 운영하여 소비자단체를 포함한 지역 소비자 및 기타 이해관계자의 현장의견을 적극적으로 수렴하고 있다.

다. 업계와 함께하는 금융소비자 보호

금융위, 업계와 공동으로 2013년 5월 「금융소비자 보호 모범규준」을 개정하면서 금융상품의 기획 단계 및 판매 과정을 포함한 금융의 전 과정에 대해 소비자보호 관점에서 금융회사들이 자체 점검을 강화하도록 체크리스트를 마련하여 사전적 소비자보호를 강화하였다.

2013년 7월에는 금융회사가 자체 민원을 점검·분석하여 특정 민원이 급증하는 등 이상징후가 발생할 경우 금감원에 즉시 보고하도록 하고, 회사와 금감원이 공동으로 적시 대응하여 소비자 피해를 최소화하는 시스템을 구축하였다.

불법사금융 및 보이스피싱 등 금융범죄 예방을 위한 모니터링 및 홍보활동 등을 효과적으로 수행하기 위해 금융권과 감독당국은 긴밀한 협력 체계를 유지하고자 노력하고 있다.

2-3. 소비자의 합리적 선택권 보장을 위한 정보제공 확대

가. 금융상품 비교공시 시스템 구축 추진

금융소비자 보호처는 출범 초기부터 소비자가 금융상품 선택에 실질적인 도움이 될 수 있도록 소비자가 많이 구입하고 표준화가 용이한 금융상품을 비교 공시하는 시스템 구축을 추진하였다. 그 노력의 결과, 2016년 1월 소비자가 여러 금융협회나 금융회사 사이트를 방문할 필요 없이 여러 금융상품을 쉽고 간편하게 비교할 수 있도록 금융상품 통합비교 사이트「금융상품 한 눈에」를 개설하였다.(2017년 9월 현재 177개 금융회사, 1,018개 금융상품 비교 가능) 금융상품 비교공시 시스템은 업권이 다른 금융상품의 경우에도 금융소비자 입장에서 유사하게 느껴지는 상품인 경우 한 눈에 비교할 수 있도록 체계적으로 정보를 제공하고 있다.

즉, 금융상품의 성격에 따라 ①예적금·펀드(정기예금·적금, 펀드, 절세금융상품), ②대출(주택담보대출, 전세대출, 신용대출, 서민대출)·카드, ③연금·보험(연금저축, 퇴직연금, 실손보험, 자동차보험) 등 3가지 범주로 구분하여 운영하고 있다. 2017년 11월부터 모바일 서비스를 개시하였다.

나. 민원발생 예방 및 선제적 대응을 위한 노력 지속

금융소비자의 안전한 금융생활을 도모하기 위해 금융상담·민원동향 모니터링 결과 특정 상품·유형의 민원이 급증하여 소비자 피해가 우려되는 경우 소비자경보를 발령하고 있다.

소비자경보제도는 금융상담 및 민원동향 분석을 통하여 특정 민원이 급증하는 등 소비자피해 확산이 우려되는 경우 즉시 보도자료·SNS 등을 통해 소비자 유의사항을 배포하고 소비자경보 문구를 삽입하여 소비자의 주의를 환기하는 것으로, 이 내용은 통합 소비자정보 홈페이지인 금융소비자포털(consumer.fss.or.kr)에도 상시 게시한다. 소비자경보는 경보 발령과 함께 감독·검사부서 업무와 연계하여 관련 제도개선 또는 금융회사 점검 및 검사 등 소비자피해확산을 방지하는 실질적인 조치로 운영되고 있다. 2012년 5월 동 제도 도입 후 2023년 6월까지 총 137회 발령되었다. 2015년 5월부터는 민원건수가 급증하는 민원유형 뿐만 아니라 5대 금융악(보이스피싱, 불법 사금융, 불법 채권추심, 꺾기 등 금융회사의 우월적 지위 남용, 보험사기) 등 대국민 피해가 심각한 사안에 대해서도 소비자경보를 발령하고 있다.

<표 6-5> 소비자경보 제도 운영방식

판단근거	금융민원, 금융범죄, 사고 등 모든 예측가능한 대국민 피해에 대해 발생빈도 및 피해정도를 종합 고려
경보등급	발생빈도·연속성·사안의 심각성 정도 등을 감안하여 3단계 등급화 (주의 → 경고 → 위험)
경보대상	특정집단에 피해 집중시 경보대상을 명확히 구분(예시: 대학생, 노인층)
홍보채널	보도자료 배포 외에도 피해 우려 취약계층별로 적합한 홍보 실시 (예시: 관련 부처 및 기관에 협조공문 발송, 금융회사의 대고객 문자메시지 전송 등)

<표 6-6> 소비자경보 발령 내역(2018년 현재)

구분	소비자경보 내용
2012년	2012-01호 : 리볼빙서비스 관련 금융소비자 유의사항
	2012-02호 : 해외에서 카드 원화결제 관련 금융소비자 유의사항
	2012-03호 : 즉시연금보험 절판마케팅 관련 금융소비자 유의사항
2013년	2013-01호 : 금감원, 전국 대학교에 금융대출사기 피해예방 안내
	2013-02호 : 보험으로 유인하는 회원권 판매 주의
	2013-03호 : 보험설계사의 투자상품 권유로 인한 소비자 피해
	2013-04호 : 선지급 포인트 결제, 할인 혜택이 아니라 꼭 갚아야 할 빚입니다
	2013-05호 : 금리가 낮다는 이자율스왑연계대출, 제대로 알고 이용하자
	2013-06호 : 대출모집인의 저금리 전환대출 약속에 현혹되지 마세요
	2013-07호 : 대학생에게 대출을 받게하여 물품을 강매하는 불법다단계업체 주의
	2013-08호 : 인터넷뱅킹 이용시 「신종 전자금융사기」에 주의하세요
	2013-09호 : 대출모집인의 불법적인 사채자금 알선 및 중개수수료 편취 주의
	2013-10호 : 청년 구직자에게 가공의 증권선물투자회사 취직 조건으로 대출을 받게 하여 가로채는 대출사기에 주의하세요
2014년	2014-01호 : 최근 고객정보 유출 관련 '금융소비자 경보' 발령
	2014-02호 : 최근 카드사 고객정보 유출사고에 편승한 보이스피싱 등 사기발생 주의 요망
	2014-03호 : 신용카드깡 및 휴대폰깡 혐의업자 105개사 적발
	2014-04호 : 카드재발급 및 해지 관련 '금융소비자 경보' 발령
	2014-05호 : 낯선 사람이 장학금을 제안하면? 사기가 아닌지 확인하세요!!

구분	소비자경보 내용
2014년	2014-06호 : 인터넷뱅킹 추가인증 유도를 통한 신종피싱 주의
	2014-07호 : 단기연체! 세심한 관리가 필요합니다
	2014-08호 : POS단말기 해킹사고 관련
	2014-09호 : 무통장·무카드 거래를 이용한 금융사기 주의!
	2014-10호 : '휴대전화 인증대출'을 이용한 금융사기 주의!
	2014-11호 : 낮은 금리 대출로 바꿔준다면서 돈을 가로채는 금융사기 주의
	2014-12호 : 유무선 공유기의 DMS주소 변조를 통한 금융정보 유출
	2014-13호 : 작업대출 불법광고 관련 '금융소비자 경보' 발령
	2014-14호 : 취업을 미끼로 한 대출사기 또 발생!
	2014-15호 : 신용카드 투자금 결제사기 발생! 2014-16호 : 신용카드 할부결제금액, 이런 경우 지급거절할 수 있습니다.
	2014-17호 : 신분증 위조를 통한 대출금 편취 사고에 주의하세요
	2014-18호 : 고전적 대출사기수법이 다시 유행-소비자경보 발령!
	2014-19호 : 금융상품 투자로 높은 수익을 준다는 불법업체에 주의
	2014-20호 : 해외에서 신용카드 도난·분실 등 부정사용에 유의하세요!
2015년	2015-01호 : 통장을 다른 사람에게 빌려주면 처벌될 수 있습니다.
	2015-02호 : 고수익을 내세우는 비상장 주식 투자 권유에 주의
	2015-03호 : 안심전환대출을 빙자한 대출사기 시도관련 당부사항
	2015-04호 : 억울한 소액결제 피해, 예방 및 대응요령!
	2015-05호 : 여름방학을 틈탄 취업을 빙자한 금융사기에 속지마세요
	2015-06호 : 무료체험, 무료이용 빙자한 할부계약에 주의!
	2015-07호 : 금융감독원 사칭, 유령 팝업창 주의!
2016년	2016-01호 : 개인정보 보안·관리에 각별히 주의하세요!
	2016-02호 : 금융감독원을 사칭하는 팝업창에 속지 마세요!
	2016-03호 : 취업을 미끼로 한 보이스피싱에 주의하세요!
	2016-04호 : 신종 대포통장 모집 수법 안내
	2016-05호 : 온라인에서 상품권 직거래시 신종 금융사기에 유의하세요!
	2016-06호 : 채무상환요구를 가족에게 하는 것은 불법입니다!
	2016-07호 : 가짜 저축은행 홈페이지를 이용한 보이스피싱 유행
	2016-08호 : 증권회사와의 거래는 반드시 본인계좌를 이용할 필요

구분	소비자경보 내용
2017년	2017-01호 : 통장을 빌려주면 돈을 준다는 불법 문자메시지 급증
	2017-02호 : 젊은 여성을 표적으로 하는 보이스피싱 급증, 소비자경보 발령
	2017-03호 : 문자메시지 유포를 통한 주식 불공정거래의 현황 및 대응
	2017-04호 : 금감원을 사칭하는 가짜 이메일 피싱(Email-phishing)에 주의!
	2017-05호 : 「가짜 햇살저축은행」을 주의하세요, 소비자경보 발령!
	2017-06호 : 여름휴가철을 맞이하여 보이스피싱 사기 증가 우려!
	2017-07호 : 인터넷은행을 사칭하는 에스뱅크에 주의
	2017-08호 : 첨단 수법으로 무장한 신종 보이스피싱 유의
	2017-09호 : 젊은 여성 표적 보이스피싱 기승, 소비자경보 경고로 격상!
	2017-10호 : 대출권유 전화를 받으면 보이스피싱 여부를 우선 확인해보세요
2018년	2018-1호 : 고위험 ETF 은행신탁상품 투자 관련 소비자경보 발령5
	2018-2호 : 지인사칭 메신저피싱 등 주의, 소비자 경보 '경고' 발령
	2018-3호 : 가짜 서울중앙지검 홈페이지 이용 검사 사칭 보이스피싱 주의
	2018-4호 : 주식-선물 거래를 가장한 도박형 사기 사이트 주의!
	2018-5호 : 금감원을 사칭하는 가짜 이메일 피싱(Email-phishing)에 주의!
	2018-6호 : 유사투자자문 피해신고 급증, 금융소비자 주의 필요!

다. 금융회사 민원공시 확대 및 소비자보호 핵심공시 포털 구축

금융소비자의 알권리를 확대하고 금융회사의 자율적 민원감축노력을 촉진하고자 2012년 6월 각 금융회사의 민원 건수 및 민원발생평가 등급을 경영공시 및 홈페이지를 통해 공시하도록 하고 협회로 하여금 이를 통합관리하도록 하였다. 민원공시 대상 회사는 은행·신용카드사·보험회사·증권사이며, 공시주기는 반기이다.

2013년 5월에는 공시되는 민원발생평가 등급을 3년으로 확대하였다.

2018년에는 금융회사별 소비자보호 관련 핵심사항(예 : 민원건수, 소비자보호실태평가, 소송제기현황 등)을 업권별 협회 사이트를 통합 제공하는 원스톱 공시화면(소비자보호 핵심공시 포털)을 구축하는 한편, E-book 형태로 분쟁조정사례집을 출간하였다.

라. 금융소비자 정보 포털 파인(FINE)

금감원은 정보비대칭성 해소를 통한 금융소비자 권익제고를 위해 금융소비자 누구나가 쉽게 접근하여 금융거래 과정에서 필요한 모든 정보를 확인할 수 있는 금융소비자정보 포털사이트「파인」(FINE, Financial Information NEtwork, http://fine.fss.or.kr)을 구축하여 2016년 9월부터 서비스를 제공하였다.

파인은 금융정보 유형별로 금융상품, 금융조회, 금융꿀팁, 금융피해 예방·구제, 서민·중소기업지원, 금융교육 등 9개 분야, 31개 금융정보서비스로 구성되어 있으며, 금융상품 비교검색, 금융거래내역 조회, 실용금융정보(금융꿀팁), 제도권 금융회사 조회, 금융통계 및 기업공시 등 다양한 정보를 한 곳에서 편리하게 이용할 수 있도록 구축되었다. 특히 '잠자는 내 돈 찾기', '금융상품 한눈에', '은행계좌 통합관리' 등이 큰 호응을 얻어 개설 1년만에 300만명이 넘는 소비자들이 이용하는 성과를 거두었다. 2023년 1월에는 숨은 금융자산 발생을 예방하고 감축하고자 대고객 안내를 강화하고, 금융회사 내 관련 업무를 총괄하는 담당조직을 지정, 운영하도록 하는 등 관리체계를 개선하였다.

<표 6-7> 「파인」제공 금융정보서비스 및 주요내용

분야	금융정보서비스	주요내용
금융 상품	금융상품 한눈에	예적금, 펀드, 대출, 카드, 연금, 보험 등 여러 금융권역에서 판매되는 금융상품을 비교 조회(2017년 9월 현재 177개 금융회사의 1,018개 금융상품에 대한 정보를 제공)
	연금저축 통합공시	연금저축신탁, 연금저축보험, 연금저축펀드의 상품별 장단점과 특징, 수익률 및 수수료 등을 비교 조회
	보험다모아	자동차보험, 실손의료보험, 여행자보험 등 다양한 보험상품의 보험료와 보장내용을 비교 조회
	ISA다모아	비과세 혜택을 받는 ISA 상품의 수익률 및 수수료를 각 금융회사별로 비교 조회
금융 조회	상속인 금융거래 조회	금융회사에 남아 있는 사망자(금치산자, 실종자 등 포함)의 금융재산 및 채무정보 조회
	통합연금포털	본인이 가입한 개인연금, 퇴직연금, 국민연금, 사학연금 정보를 한 번에 조회
	페이인포(자동이체 통합관리)	여러 금융회사에 등록되어 있는 본인의 자동이체 정보(통신비, 카드대금, 보험료 등)를 조회·변경·해지
	보험가입조회	본인이 보험계약자 또는 피보험자로 되어 있는 보험계약 현황을 조회
	휴면계좌 통합조회	은행, 보험사, 우체국에서 거래한 이후 장기간 찾아가지 않아 소멸시효가 완성된 예금 및 보험금을 조회
	카드포인트 통합조회	각 카드사에 남아있는 포인트, 소멸예정 포인트 및 소멸시기를 일괄 조회
금융 꿀팁	금융꿀팁 200선	일상 금융생활에서 알아두면 유익한 실용 금융정보 200가지를 선정하여 알기 쉽게 정리
	금융자문 서비스	부채관리, 생애주기별 재무관리, 은퇴·노후준비 등과 관련하여 금융감독원에서 무료로 제공하는 금융자문서비스
	금융감독원 SNS	금융소비자가 금감원과 정보를 공유하고 소통할 수 있는 다양한 SNS매체(블로그, 페이스북, 트위터 등)를 안내
금융 꿀팁	금융주소 한번에	거래중인 금융회사 한 곳에 주소 변경 신청시 다른 금융회사에 등록된 주소도 한번에 변경되는 서비스

분야	금융정보서비스	주요내용
금융 피해 예방 · 구제	e-금융민원 센터	은행, 보험, 증권 등 금융회사와의 거래에서 불편을 겪거나 금전적인 분쟁 또는 조정이 필요한 사항을 신청
	금융소비자 보호처	금융감독원의 금융소비자 보호 조직인 금융소비자 보호처에 대한 안내와 민원접수 및 상담, 금융생활정보 등을 확인
	금융소비자의 소리	금융민원 사례와 소비자 유의사항 등 금융이슈를 공유
	보이스피싱 지킴이	보이스피싱 금융사기 관련 최신 피해사례와 피해예방법, 피해신고 및 피해구제 절차 등 각종 정보를 확인
	불법금융 SOS	금융시장 질서를 훼손하는 각종 불법 금융행위를 신고하거나 피해예방 정보를 확인
서민 · 중소 기업 지원	서민금융1332	서민들을 위한 금융지원 제도 및 금융거래시 유의사항을 종합적으로 안내
	한국이지론	은행 등 금융회사가 공동출자한 공적 대출중개기관으로 서민들을 위한 제도권 금융회사의 맞춤대출 정보를 제공
	전·월세자금 대출안내	국민주택기금 재원의 "기금재원대출", 은행 자체의 "은행재원대출" 등 전·월세 자금대출의 제도와 종류별 특징을 확인
	중소기업 금융지원	중소기업을 위한 정책자금지원제도 등 각종 금융지원제도와 금융애로사항 상담센터 관련 안내 정보를 확인
금융 회사	제도권 금융 회사 조회	금융관련법규에 따라 인·허가, 등록, 신고 등 적법한 절차를 거쳐 설립된 금융회사인지 여부를 확인
	등록대부업체 통합조회	금융감독원 또는 시·군·구 지자체에 등록된 대부업체인지 여부를 통합 조회
	금융회사 핵심 경영지표	금융회사별 자산, 부채, 자본, 순이익 등 기초 재무정보와 BIS비율 등 권역별 주요 경영지표를 비교
기업 정보	전자공시시스템(DART)	상장법인 등의 사업보고서, 증권신고서 등 각종 기업공시정보를 조회
금융 통계	금융통계정보 시스템	금융회사의 각종 재무정보와 경영지표에 대한 상세한 정보를 비교 조회
금융 교육	금융교육센터	금융감독원에서 실시하는 각종 금융교육 프로그램을 신청하거나, 다양한 금융교육 자료와 정보를 확인
	1사 1교 금융 교육 신청	금융회사 본·지점과 인근 초·중·고교가 자매결연 하여 금융교육을 실시하는 "1사 1교" 금융교육 프로그램을 신청
	금융용어사전	많이 사용되는 어려운 금융용어를 알기 쉽게 해설

마. '금융소비자의 소리' 발간

2015년 8월 금감원은 소비자에게 금융정보 제공을 위해 소비자가 금융생활에서 불편을 느끼는 점 등 주요 소비자 이슈를 종합적으로 분석하여 「금융소비자의 소리」를 발간하였다. 소비자의 주요 관심사항인 민원·분쟁 및 상담사례와 제도개선 사항 등을 담아 분기별로 발간하고 있다. 금융소비자 정보포털 파인에서 확인할 수 있다.(슬기로운 금융생활 길라잡이 > 금융소비자보호 업무 동향)

2-4. 민원처리 및 금융상담 서비스 강화

가. 지속적인 민원감축 노력

2013년 전 권역별로 금융회사에 대한 민원감축방안을 징구하여 그 이행을 집중적으로 독려하였다. 특히 민원이 가장 많은 보험권역의 경우 보험민원감축TF를 업계와 공동 운영하여 '보험민원감축 표준안'을 마련하였다. 동 감축안은 민원유발요인의 근본적 해소를 위해 보험업계와 공동으로 보험회사의 업무프로세스(소비자보호체계, 판매, 계약관리, 보험금지급) 개선을 목표로 마련되었으며, 그 결과, 보험회사內 소비자보호 전담인력이 확충되고, 전자청약률 및 완전판매 모니터링 실시율이 상승되는 등 소비자보호 중심의 업무프로세스가 서서히 정착되는 성과를 거두었다.

<표 6-8> 권역별·연도별 민원발생 건수 추이

구분	2012년	2013년	2014년	2015년	2016년
은 행	10,999	11,993	11,589	9,684	8,843
비은행	24,269	22,472	19,228	13,874	15,674
카 드 사	7,886	8,005	9,216	6,314	7,213
보 험	38,862	39,345	44,054	46,816	48,573
생명보험사	17,222	17,961	19,855	19,131	19,517
손해보험사	21,640	21,384	24,199	27,685	29,056
금융투자	2,697	4,198	3,760	2,720	3,147
합계	76,827	78,008	78,631	73,094	76,237

*손해보험 권역의 경우 갱신보험료 인상 등으로 실손보험을 중심으로 민원이 증가하였으며, 2016년 7월 지자체 소관 대부업자가 감독대상에 편입되어 대부업 민원 증가로 비은행 권역 민원이 증가하는 추세임

나. 상속인 금융거래조회 서비스 확대

2013년 12월 상속인 금융거래조회 접수업무의 위탁기관을 금감원 본·지원, 모든 은행(수출입은행, 외국은행 국내지점 제외), 우체국, 농·수협 및 삼성생명 고객플라자에서 삼성화재, KB생명, 한화생명, 교보생명의 고객센터 또는 고객플라자(172개 창구)에서도 제공할 수 있도록 확대하여 신청인의 접근 편의성을 제고하였다(2014년 2월에는 예금보험공사도 위탁기관에 포함). 또한 사망자의 채무내역에 대한 안내를 실시하고 만 14세 이상 미성년자에 대해서도 신청을 허용하는 등 서비스를 개선하였다. 아울러 2015년 6월 행정자치부와 공동으로 '안심 상속 원스톱 서비스'를 구축하여 상속인 금융거래 조회서비스 접수처를 전 지자체로 확대 시행하였다. 상속인은 자치단체를 방문하여 사망신고와 동시에 한 장의 상속재산 조회 신청서를 작성하면 되도록 제도를 개선하여 편의성을 크게 개선하였다. 또한 휴대폰, 전기요금 등 비금융상거래 채무정보도 조회대상에 포함하고 공인인증서로도 결과를 조회할 수 있도록 개선하였다. 2016년 중에는 노란우산공제, 감독대상 대부업체, 한국증권금융, 공무원·사학연금 등을 대상기관에 포함시키는 등 서비스를 확대하였다.

2020년 10월 군인공제회, 대한지방행정공제회, 과학기술인공제회 및 중소기업중앙회(중소기업공제기금)의 가입여부도 추가로 확인할 수 있도록 하는 등 조회대상을 꾸준히 확대하고 있다. 2021년 10월에는 법원이 선임한 상속재산관리인과 상속인의 성년·미성년후견인도 '안심상속 원스톱서비스'를 신청할 수 있도록 신청 자격을 확대하였다. 2023년 통계에 따르면 전체 사망자 352,700명의 78.2%인 275,739명이 이 서비스를 이용하는 등 명실상부한 대국민 서비스로 자리매김하였다.

다. 금융상담서비스 다양화 및 품질제고

내방(본원, 각 지원 및 출장소) 또는 전화(국번 없이 1332)를 통해 금융소비자의 금융 관련 문의나 고충 등을 상담하고 있다. 평일 9:00~20:00, 토요일 9:00~13:00에 이용 가능하다. 전화 상담이 어려운 민원인의 금융상담 편의 제고를 위해 화상(수화), 채팅상담서비스 및 기존 음성 ARS 안내를 스마트폰 화면을 통해 시각적으로 전환 제공하는 서비스인 「보이는 ARS」를 구축하고, 법무부 외국인종합안내센터와 공동으로 외국인 대상 상담서비스도 실시하고 있다. 아울러 국내거주 외국인 대상으로 금융민원 내용 및 처리결과를 번역해주는 「금융민원 번역서비스」도 제공하고 있다. 또한 고객친화적인 상담환경 조성을 위해 야간·주말 전화 시 콜백시스템을 도입하는 등 상담프로세스를 개선하였다.

라. 현장중심 민원처리 강화

2002년부터 2014년도까지 매년 금융회사를 대상으로 민원발생 건수 및 해결 노력, 회사규모 등을 감안하여 1~5등급으로 평가하는 민원발생평가를 실시하였고, 2015년, 2016년은 금융회사의 소비자보호 수준을 종합적으로 평가하기 위해 도입한 금융소비자 보호 실태평가를 실시하였다.

이와 같은 소비자보호 수준 평가를 통해 민원관리 수준이 미흡한 회사에 대해서는 민원예방 및 감축계획을 징구하고 전담민원관리자(CRM)을 지정하여 밀착관리하는 등 현장 중심의 금융민원처리를 위해 노력해왔다. 또한 밀착관리 과정에서 생성된 해당 회사에 대한 민원분석 정보는 감독·검사업무에 반영하고 있다.

2-5. 소비자 중심의 분쟁조정 서비스 강화

가. 영업정지 저축은행 후순위채 피해자의 효과적 구제

2011년 2월 이후 영업정지된 저축은행 21개사 관련 후순위채 피해자에 대한 분쟁조정을 실시한바, 총 28차례의 분쟁조정위원회를 개최하여 이를 완료하였다.

저축은행 후순위채 전체 피해자 22,104명(피해금액 7,366억 원) 중 2013년 7월 말 현재 총 14,360명이 구제를 신청하였다. 그중 13,622명(95%)에 대하여 조정결정을 완료하였으며, 조정의 양 당사자들은 대부분(98%) 조정안을 수락하였다. 분쟁조정 결과 13,130명의 분쟁조정 신청이 인용되었고(1,222억 원, 평균 배상비율: 30.0%), 318명에 대해 기각, 174명에 대해 각하결정이 내려져 구제율은 59.4% 수준이었다(기각은 저축은행 임직원과 법인의 매입분이며, 각하는 소송 중인 건임).

<표 6-9> 영업정지 저축은행 후순위채권자 피해구제 진행 현황(2013년 7월 말)

구분	민원접수		후순위채권자 구제 실적		
	건수(건)	금액(억 원)	인원(명)	피해액(억 원)	배상결정액(억 원)
1차	1,800	680	1,500	502	213
2차	4,598	1,571	4,188	1,287	376
3차	4,374	1,660	4,092	1,313	377
진흥	1,131	333	970	259	84
경기	1,754	552	1,704	490	123
W	298	74	283	66	14
서울	140	64	134	53	11
영남	242	89	236	76	17
신라	23	30	23	27	7
합계	14,360	5,053	13,130	4,073	1,222

나. 금융분쟁조정 관련 제도 및 프로세스 개선

사회적 파급효과가 큰 중요한 사안 등에 대한 대응능력을 제고하고자 분쟁조정위원회에 회부된 사안에 대해 분쟁조정위원 간 사전협의를 하는 사전심의 제도를 도입하였다. 또한 금융분쟁정보시스템(FDIS: Financial Dispute Information System)을 마련하여 판례, 분쟁조정 사례, 법률·의료자문, 금융회사 모범회신문, 행정지도, 제도개선 사항 등 분쟁조정 관련 정보를 체계적으로 관리·공유함으로써 분쟁조정업무에 적극 활용하고 있다.

분쟁조정 절차의 투명성 제고를 위해 분쟁조정위원회 개최 시 속기록을 작성하고, 민원인에게 의견진술권을 부여하며, 법적 쟁점이 많은 분쟁조정건은 외부 전문위원들의 법률자문 또는 사전논의를 거치도록 하는 등 조정결정의 객관성을 높이기 위해 노력하고 있다. 아울러 소액분쟁 사건에 대한 금융회사의 소송남용을 방지하고자 분쟁조정 진행 중에는 금융회사가 소비자를 상대로 소송을 제기하지 못하도록 제도개선을 추진하였다.

2023년 11월 금융분쟁의 신속한 해결을 위한 '신속상정제도(Fast-Track)'가 도입되었다. 기존에는 금융소비자가 금융분쟁 조정을 신청한 경우, '자율조정→합의권고→금융분쟁조정위원회 심의'를 모두 거쳐야 했으나, 신속상정 절차 도입을 통해 '합의권고' 절차를 생략하고 곧바로 '조정위원회'로 회부하여 심의를 받을 수 있게 되었다.

2-6. 금융소비자 및 금융회사와 소통강화 추진

가. 금융소비자 리포터 제도 운영

다양한 금융이용자로부터 금융거래 불편사항, 제도개선 의견 등을 수렴하여 수요자 중심의 금융감독서비스를 제공하고 소비자에게 불리한 금융관행·제도의 개선 등에 활용할 목적으로 1999년 7월 '금융이용자 모니터 제도'를 도입하였다. 2013년 11월에는 이를 소비자에게 더 친근한 "금융소비자 리포터(금소리)"로 명칭을 변경하였다. 지역, 연령, 직업, 금융지식 등을 감안하여 선발되는 100여 명의 금융소비자 리포터 요원은 금융거래상 불편사항이나 제도개선 필요사항 파악 및 건의, 금융회사의 법규 위반사실 제보 및 금융소비자 피해예방을 위한 아이디어 제안 등의 역할을 담당하게 된다.

2017년부터 無 실적자 해촉 및 신규 충원제도를 도입하고, 리포터들의 참여도 제고를 위해 중점제보·제안사항을 선정하는 등 제보·제안의 질을 높이기 위해 노력하고 있다.

나. 소비자단체 및 금융회사 소비자담당 부서와의 교류 확대

소비자보호 업무에 대한 이해의 폭을 넓히고, 상호 간 유기적 협조관계를 구축하여 소비자보호 업무를 활성화하기 위해 매년 각 단체 대표와의 간담회를 실시하고 있다.

금소처 업무에 대한 공감대 형성을 위해 「금융소비자 CEO레터」 발간, 금감원의 소비자보호 감독·검사정책에 대한 설명회를 개최하는 한편, 민원감축계획 이행 부진 회사에 대한 간담회, 손해보험 분쟁조정 관련 간담회, 전 은행 소비자보호 담당임원 간담회, 소비자보호 취약회사 CCO 간담회, 금융회사 파트너십 미팅 등 금융회사의 현장의견 및 애로사항을 청취하고 소비자보호 강화 노력을 유도하기 위한 지속적인 협의를 통해 업계와 소통을 강화하고 있다. 2019년 4월 금융위·금감원은 금융협회 및 연구원, 소비자 관련 전문가가 참여하는 금융소비자 간담회를 개최하여 '금융소비자 보호 종합방안'을 논의·마련하였다.

2023년 5월 금감원은 6개 금융협회 및 42개 주요 금융회사 CCO와의 간담회를 개최하여 금융소비자보호 부문 중점 추진과제를 설명하고 업계 및 소비자단체 의견을 청취하였다. 2025년 4월에는 금융소비자보호법 시행 4주년을 맞이하여 업계, 학계, 소비자단체, 연구소 등 각 분야의 전문가 패널과 함께 「금융소비자보호법 시행 4년의 성과와 과제, 그리고 미래」를 주제로 토론회를 개최하였다.

제2절 금융감독원의 소비자보호 제도

1. 금융민원·분쟁의 처리

1-1. 개요

금융감독원은 금융소비자의 권익을 보호하고 신속한 피해구제를 위해 금융상담, 민원처리 등 대국민 민원서비스를 제공하고 있다.

가. 금융상담

불합리한 금융제도와 관행에 대한 금융소비자의 뜻을 신속히 파악하고 금융소비자의 금융거래 관련 질의안내, 법률상담, 불만사항 청취 등을 위해 금융상담(전화, 대면)을 실시하고 있다.

나. 금융민원처리

금융회사의 업무와 관련하여 금융소비자 및 기타 이해관계인으로부터 제기되는 건의, 요청, 이의신청, 정보, 고발 등을 처리한다. 분쟁조정국에서 처리하는 분쟁민원 중 분쟁조정위원회 회부 대상 민원에 대해서는 법조계, 소비자단체, 학계 등 전문가로 구성된 금융분쟁조정위원회에서 피해를 구제한다. 분쟁조정 내용에 대해 당사자가 조정결정 내용을 수락하여 조정이 성립하면 재판상 화해와 동일한 효력이 발생한다.

다. 신고·진정 등

금융시장의 공정경쟁을 유지하기 위해 시장참여자에 의한 자율적 감시수단으로 금융시장질서 교란사범 및 금융 관련 민생침해 사범 신고 등을 접수하고 신속히 대응하고 있다.

<표 6-10> 금융감독원 주요 신고·진정제도 현황

구 분	내 용
금융범죄·부조리 신고	금융회사 임직원의 부조리 신고 접수
보험범죄 신고센터	보험금 편취 목적의 보험사기 신고
불법사금융 피해상담센터	불법 사채업체 등의 고금리, 부당채권추심 등 신고
신용카드 불법거래 감시센터	신용카드 거래거절, 수수료 전가행위 등 부당행위 신고
신용카드 회원 불법모집 신고	신용카드 길거리 모집, 경품제공 등 모집질서 위반신고
유사수신행위 신고	인·허가 없이 불법적으로 자금을 모집하는 행위 신고
보험모집질서 신고센터	보험모집 관련 보험계약자에게 특별이익제공 행위 신고
증권 불공정거래 신고센터	유가증권 시세조정, 허위사실 유포 등 부당행위 신고
공익신고 센터	「공익신고자보호법」상 형사벌, 행정처분 대상 행위 신고

1-2. 금융상담

민원인은 금감원(본원 및 11개 지원)에 직접 방문하여 대면상담하거나, 통합콜센터(1332)를 통해 전문상담원과의 유선상담을 이용할 수 있다. 전국 어디서나 '1332'만 누르면 전문상담원과 연결되고, 통화 중 연락처를 남겨두면 전화가 자동 연결되는 Call-Back 서비스를 이용할 수 있다.

이용자 편의 제고를 위해 2011년 12월부터는 전화·내방 상담 방식을 이용하기 어려운 청각장애인을 대상으로 '인터넷 채팅상담 서비스'를 도입하였다. 그리고 2012

년 7월부터 국민권익위원회 110콜센터와 연계하여 청각장애인 등을 대상으로 화상(수화)상담서비스를 실시하고 있다. 2014년 6월부터 시각장애인을 대상으로 점자민원서비스 및 금융사랑방 버스를 이용한 "찾아가는 민원서비스"를 제공하고 있다.

또한 금융상담 업무의 공정성을 제고하고자 2011년 2월 말 금융상담을 위해 파견되어 있던 금융회사 직원을 전원 복귀시키고 금감원 소속 전문상담원으로 교체하였다. 내방상담 및 통합콜센터를 통한 전화상담 등을 위해 은행·비은행, 생명보험, 손해보험, 금융투자, 여신전문 등 금융권역별로 전문상담원 총 37명(2017년 9월말 현재)을 배치하여 운영하고 있다.

<표 6-11> 금융감독원 전문상담원 현황(2017년 9월 말 기준)

	은행·비은행	여신전문	생명보험	손해보험	금융투자	대부	합계
본 원	9	5	6	11	3	3	37

상담 내용은 금융거래 관련 감독제도·절차에 대한 질의, 건의 및 불만사항, 상속인 금융거래조회 등이다. 그 외 금융거래 관련 피해구제, 금융회사의 법규위반, 비위사실 고발 등 사실관계 확인을 통한 민원처리가 필요한 경우에는 공식적인 민원(분쟁조정) 절차를 거쳐 처리하고 있다.

<그림 6-3> 금융상담 및 콜센터 업무흐름도

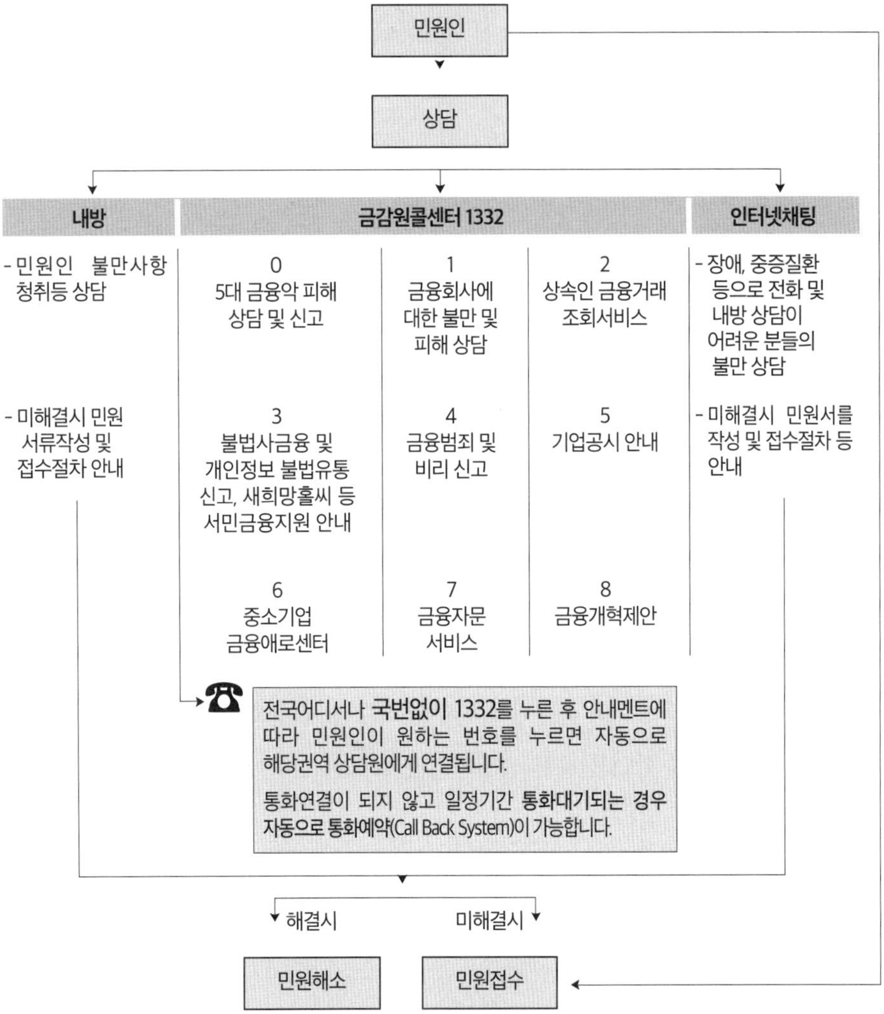

1-3. 민원처리

소관사항에 대한 민원의 신속·효율적인 처리를 위한 업무체계 및 전산시스템을 구축하여 운영하고 있다.

민원인이 금융민원센터(본원, 지원)에 직접 방문하거나, e-금융민원센터 홈페이지 또는 우편·팩스를 통해 민원을 신청하면 이를 접수하여 처리한다. 민원인이 금감원 소관사항을 국민신문고, 대통령비서실, 국민권익위원회, 기획재정부, 한국소비자원, 금융위원회, 감사원, 공정거래위원회 등 타 기관을 통해 접수한 경우 이를 이첩받아 처리한다. 접수된 민원은 금융소비자 보호총괄국에서 내용에 따라 자체 기준에 따라 처리부서를 배정한다. 행정기관·공공단체가 금감원에 특정한 행위를 요구하는 경우, 성명·주소 등이 분명하지 아니한 자가 특정한 행위를 요구하는 경우 등은 민원으로 보지 않는다.

<그림 6-4> 민원업무 흐름도

1 민원신청		2 민원접수		3 접수결과 입력·분류 통보		4 담당자 지정 및 통보
<금감원> • 인터넷 • 창구방문 • 우편·팩스 • 전화	⇨	<직접접수> • 방문민원: 민원처리 절차 안내	⇨	• 금감원 민원 - 관리리스템에 입력 (인터넷 민원 제외)	⇨	• 민원처리 담당자 지정 (시스템 입력) • 민원처리 담당자 SMS 통보(자동)
<타 기관> • 국민신문고 • 기타	⇨	<이첩접수> • 국민신문고 • 기타	⇨	• 접수완료 SMS 통보(자동) ※ 민원처리절차 안내장 발송		
민원인		원스톱서비스팀·지원		원스톱서비스팀·지원		민원처리 부서

※ 접수된 민원은 원스톱서비스팀에서 내용에 따라 처리부서를 배정

<표 6-12> 금감원 민원처리부서 배정 기준

구 분	처리부서
금융회사와 민원인과의 금전적인 다툼이 있는 민원	분쟁조정국
금융회사 업무취급 등에 대한 불만	금융민원국, 지원
해당부서의 고유 업무	업무 소관부서

민원소관부서는 민원(분쟁) 내용을 검토한 후 직접 또는 이첩처리한다. 금융회사의 법규위반 및 부당행위 고발성 민원, 금융제도 및 법규해석을 요구하는 민원 등은 민원처리 담당자가 직접 처리한다. 반면, 금융회사의 영업행위나 경영방침에 대한 의견·해명 요구 등 금융회사의 직접처리가 적절하다고 판단되는 경우에는 금융회사에 이첩하며 동 민원은 이첩과 동시에 종결된다.

민원을 직접 처리하기 전 금융거래계약에 기초한 권리구제 요청(예: 보험금 지급요청, 채무감면 또는 분할변제 요구, 신용카드 연회비청구 철회요청) 등 이의신청성 민원은 금융회사에 당해 민원을 신청한 사실이 없는 경우 금융회사와 민원인 간 자율적으로 문제를 해결할 수 있도록 자율조정 기회를 부여한다. 금융회사에 민원을 제기하였으나 해결이 되지 않아 금감원에 제기된 민원, 금융회사의 법규위반 및 부당행위를 고발하는 민원, 금융제도 및 법규의 해석을 요구하는 민원 등은 자율조정 없이 직접 처리한다. 자율조정은 14영업일 이내에서 처리하되, 1차에 한해 동일 기간 동안 연장이 가능하다.

<표 6-13> 자율조정 처리 결과에 따른 후속 절차

구 분	후속 절차
자율조정 성립시	금융회사는 표준안에 따라 민원인에게 처리결과를 통지하고, 금감원에 조정 성립사실을 통지함
자율조정 불성립시	금감원 민원처리부서에 조정 불성립 사실을 통지하고, 금감원이 직접 처리하여 민원인에게 처리결과를 회신함

금융회사와의 분쟁 관련 민원이 아니라 금감원의 고유업무 처리와 관련된 고충민원 중 다음 사항은 옴부즈만이 독립적으로 조사·처리한다. 옴부즈만 제도는 금융감독원의 명시적이지 않은 규제를 포함한 부당한 처분 등으로 금융회사 또는 민원인의 권익이 침해되는 사안 등을 해당부서가 아닌 제3자의 입장에서 독립적으로 조사하여 처리방안을 자문하도록 하는 제도로 2009년 도입되었다. 옴부즈만은 2년 임기의 비상임직 민간전문가로 감독원장이 임명한다.

옴부즈만이 조사·처리하는 민원은 다음과 같다.

① 금융기관이 제기한 건

② 민원인이 옴부즈만이 처리하기를 원하는 건

③ 민원소관부서에서 옴부즈만이 처리하는 것이 타당하다고 판단하여 옴부즈만과 사전에 협의한 건

<표 6-14> 민원의 이첩처리 방법

종 류	구 분	처리방법
단순이첩	경미한 사항, 사실관계 확인이 필요하지 않은 경우	금융회사의 민원처리 공정성 제고, 재민원방지 등의 차원에서 가급적 회보이첩을 통해 민원처리결과를 확인
회보이첩	사실관계 확인이 필요한 경우	금융회사의 민원처리결과에 따라 금감원이 재조사를 요청할 수도 있음을 금융회사에 송부하는 이첩공문에 명시

<그림 6-5> 금감원 민원처리 절차

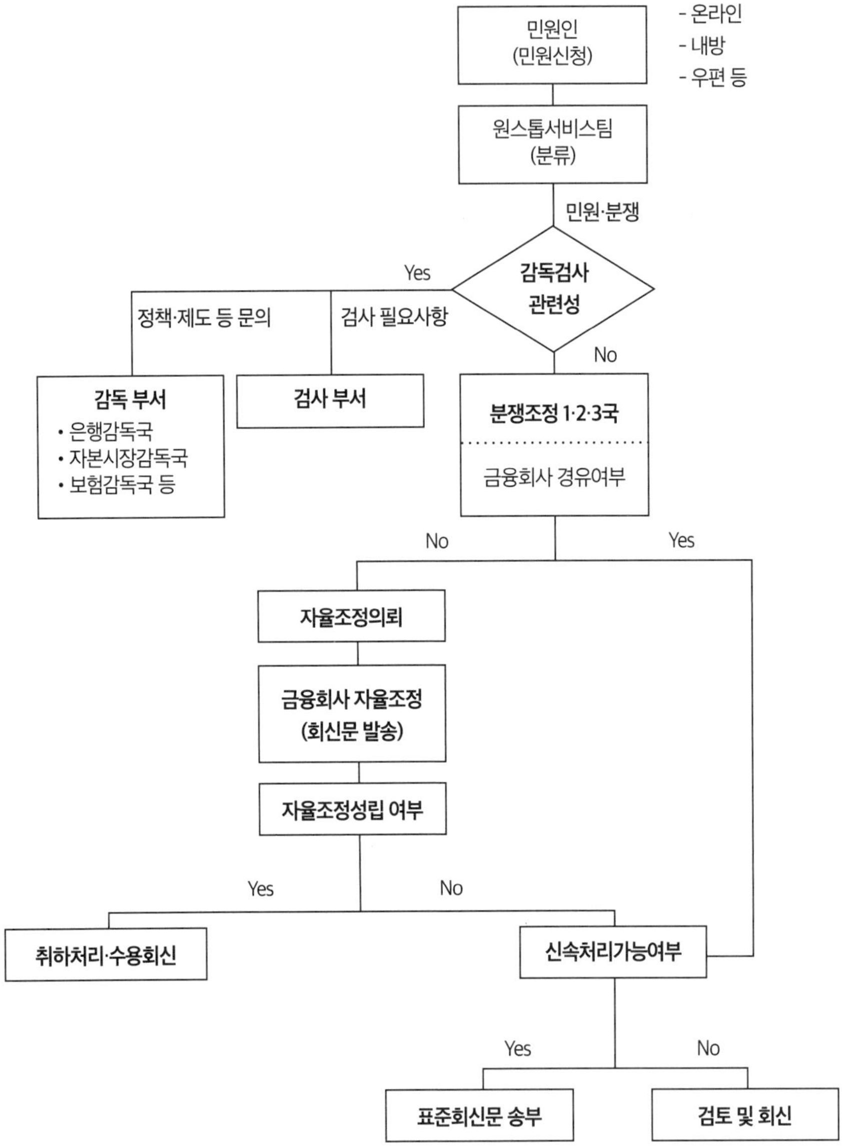

* 기존 조정례, 판례 등이 없어 판단이 어려운 건은 금융분쟁조정위원회에 안건 상정

1-4. 금융분쟁조정위원회 운영

금융분쟁조정위원회(이하 '분쟁조정위원회')는 금융회사와 금융소비자간 금융거래 관련 분쟁의 해결을 위하여 「금융소비자 보호에 관한 법률」(제33조~제43조)에 근거하여 설치되었다. 분쟁조정위원회는 금감원 내부위원인 수석부원장(위원장), 금융소비자보호처장 및 외부위원을 포함한 총 34인 이내의 위원으로 구성된다. 위원장은 분쟁조정위원회를 대표하며, 회의를 주재하고 사무를 통할한다. 외부위원은 법률 전문가, 한국소비자원 또는 소비자단체의 임원 또는 15년 이상 경력 있는 자, 금융회사 및 유관기관·단체에서 15년 이상 근무경력이 있는 자 등 각계의 전문가를 고르게 포함한다. 2025년 현재 외부위원은 소비자단체 6명, 법조계 6명, 금융계 6명, 소비자 관련 학식 및 경험을 갖춘 10명, 의료계 2명, 기타 2명 등 32명으로 구성되어 있다.

분쟁조정위원회는 은행·증권·비은행분과와 보험분과로 구분하여 운영하고 있다. 위원장 및 원장이 금융감독원 소속 부원장보 중 지명하는 위원은 해당 직에 재직하는 기간을, 기타 위원들은 2년(1회 연임 가능)을 임기로 한다. 회의는 위원장이 소집하며, 위원장이 지명하는 6인 이상 10인 이하의 위원으로 회의 1주일 전까지 위원 구성을 완료해야 한다.

<표 6-15> 조정위원(외부) 현황(2025년 현재)

(단위: 명)

구분	법조계	소비자	금융계	학식·경험	의료계	기타	합계
	6	6	6	10	2	2	32

*주) 내부위원 2인(부원장 및 부원장보)을 포함하여 34명으로 구성

1-5. 분쟁조정 절차

가. 분쟁조정위원회 회부

분쟁조정위원회 회부 대상 민원에 한하여 회부되며, 연간 100건 내외의 민원만 이 위원회에 상정되어 협의된다. 즉, 분쟁조정국으로 배정된 분쟁민원의 대부분(99% 이상)은 분쟁조정위원회 회부 전에 처리되고 있으며 그 절차는 민원처리절차와 동일하다. 이는 대부분의 민원이 대법원 판례나 기존 분쟁조정례를 통해 해결 가능하기 때문이다. 분쟁조정국 처리민원 중 분쟁조정위원회 회부가 필요하다고 인정되는 분쟁민원이 대상이다.

분쟁조정위원회 회부 대상 민원은 다음과 같다.

① 금융감독원의 직접처리, 해당기관에 이첩처리가 부적당한 경우
② 합의권고가 부적당한 경우
③ 합의권고 대상 중, 조정신청을 접수한 날로부터 30일 이내에 당사자 간 합의가 이루어지지 않은 경우 등

나. 당사자 통지

금감원은 분쟁당사자에게 위원회에 회부된 사실과 위원명단 및 기피신청을 할 수 있다는 사실을 통지한다. 분쟁조정신청사건에 영향을 미칠 수 있는 위원은 심의·의결에서 제척된다. 또한 당사자 역시 위원에게 공정을 기대하기 어려운 사정이 있는 경우에는 기피신청을 할 수 있다. 이때는 기피사유와 증거자료를 서면으로 제출하여야 한다.

다. 조정위원회의 심의·의결

조정위원회는 안건이 회부된 날로부터 60일 이내에 이를 심의하여 조정결정을 하며, 구성원 과반수의 출석과 출석위원 과반수의 찬성으로 의결한다. 조정위원회는

분쟁조정 신청사항과 관련 증빙자료를 객관적으로 심사하여, 인용·기각·각하결정을 내리게 된다.

분쟁조정위원회에서 내리는 결정은 다음과 같다.

① 인용결정: 신청사항을 전부 또는 일부 받아들이는 경우
② 기각결정: 신청사항이 이유 없는 경우
③ 각하결정: 분쟁조정 신청 후 법원에 소를 제기하거나, 당사자의 주장이 상이하거나 증거 채택이 어려워 사실관계의 확정이 곤란한 경우 등 조정의 실익이 없다고 인정되는 경우

라. 조정결정의 통지

조정위원회에서 심의·의결된 사항은 원장의 재의요구가 없는 한 당사자에게 조정결정서 또는 각하결정서를 첨부하여 즉시 통지한다. 위원회의 조정결정을 당사자가 모두 수용할 경우에는 재판상 화해와 동일한 효력이 발생하므로 법원의 확정판결과 동일한 효력을 갖는다.

<그림 6-6> 금감원 금융분쟁조정위원회 운영절차

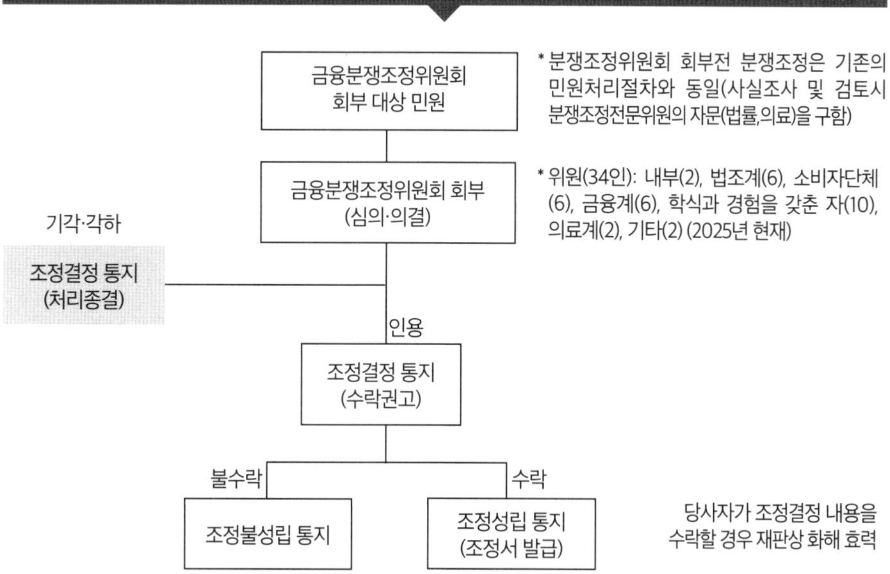

2. 상속인 금융거래조회 제도

상속인이 피상속인의 금융거래조회를 하기 위하여 다수 금융회사를 일일이 방문하는 불편을 덜어주고자 상속인 금융거래조회 서비스를 제공하고 있다.

상속인 금융거래조회 서비스의 구체적인 사항은 다음과 같다.

① 조회대상자: 피상속인(사망자, 실종자), 피성년·미성년후견인 또는 피한정후견인, 상속재산관리인

② 조회 대상 회사: 예금보험공사, 은행, 한국신용정보원(신보·기신보, 한국주택금융공사, 한국장학재단, 서민금융진흥원(미소금융대출 제외), NICE평가정보·KCB·KED, 캠코, 무역보험공사, 신용보증재단, 중소기업중앙회 포함), 종합금융회사, 한국증권금융, 카드회사, 리스회사, 할부금융회사, 상호저축은행, 신용협동조합, 새마을금고, 산림조합, 우체국, 한국예탁결제원, 대부업체, 국세청, 국민연금공단, 공무원연금, 사학연금, 군인연금, 건설근로자공제회, 군인공제회, 대한지방행정공제회, 과학기술인공제회, 한국교직원공제회, 근로복지공단, 소상공인시장진흥공단, 국민건강보험공단, 한국상조공제조합·상조보증공제조합

③ 조회 범위: 접수일 기준으로 피상속인 명의의 모든 금융채권 및 채무

- 금융채권: 각종 예금, 보험계약, 예탁증권, 공제 등 피상속인 명의의 금융자산
- 금융채무: 대출, 신용카드 이용대금, 지급보증 등 우발채무 및 특수채권 등 금융회사가 청구권이 있는 피상속인 명의의 부채
- 보관금품: 금융회사가 반환할 의무가 있는 피상속인 명의의 국민주, 미반환주식, 대여금고 및 보호예수물 등
- 공공정보: 피상속인의 국세, 지방세, 국민연금, 자동차세 등의 체납정보 및 토지 등 (안심상속 원스톱 서비스)
- 부가서비스: 신청인(상속인)에게 피상속인 명의의 채무금액 및 상환일 통보

④ 신청 및 조회

- 신청: 금융감독원 본·지원, 은행(수출입은행 및 외국은행 국내지점 제외), 농·수협단위조합, 우체국, 삼성생명 고객프라자, 교보생명 고객플라자, 한화생명 고객센터, KB생명 고객플라자, 삼성화재 고객플라자, 유안타증권
- 조회절차

i. 금융감독원은 접수대행기관에서 접수된 조회신청서를 취합하여 각 금융협회에 조회 요청

ii. 각 금융협회에서 소속 금융회사에 피상속인 등의 금융거래여부 조회요청

iii. 금융회사는 피상속인 등의 금융거래여부 및 예금액·채무액을 해당 금융협회 등에 통보

iv. 각 금융협회 등은 조회완료 사실을 신청인에게 문자메시지 등을 이용하여 통보(금융협회 홈페이지에서 결과 조회 가능)

조회 결과는 접수일로부터 3개월까지 금융감독원 홈페이지(https://www.fss.or.kr)에서 일괄 확인 및 각 금융협회 홈페이지에서 개별 확인할 수 있으며, 조회 결과를 받은 후 예금 등 금융자산 인출 문의는 해당 금융회사로 하여야 함

⑤ 처리기간 : 신청일로부터 20일 이내(각 금융협회별로 처리 기간이 상이함)

<그림 6-7> 상속인 금융거래조회 업무 흐름도

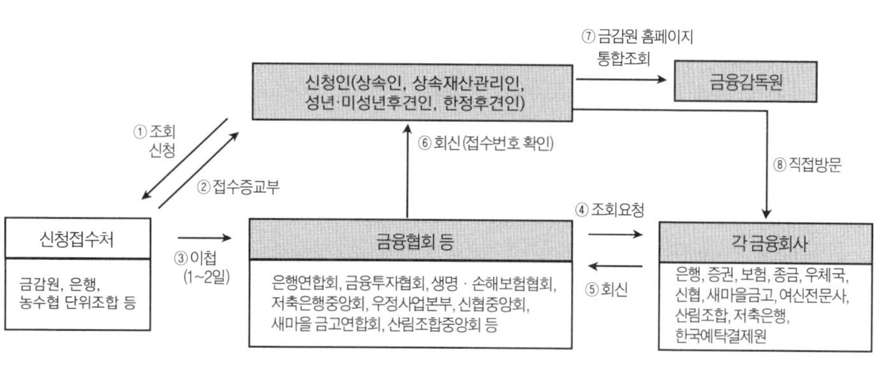

<표 6-16> 상속인 금융거래 조회서비스 이용현황

(단위 : 명, 건, %)

구분	2017	2018	2019	2020	2021	2022	2023
사망자	285,534	298,820	295,110	304,948	317,680	372,939	352,700
상속인 조회	165,433	187,491	198,892	209,630	225,671	267,315	275,739
이용률	57.9	62.7	67.4	68.7	71.0	71.7	78.2

3. 민원발생평가 제도(2014년 제도 운영 종료)

3-1. 제도 개요

금융회사의 자율적인 민원예방노력을 유도하고 금융소비자의 금융회사 선택정보를 제공하기 위해 2002년 금융회사 민원발생평가 제도를 도입하였고 소비자보호실태평가 도입으로 제도 운영이 종료된 2014년까지 지속되었다.

평가대상 금융회사는 은행, 신용카드사, 증권사, 생명보험사, 손해보험사 그리고 자산 7천억 원 이상이고 발생민원이 업계의 1% 이상인 저축은행 등 6개 권역 90여 개 금융회사이다. 매년 금감원 금융소비자 보호처에서 처리한 금융민원 중 중복·반복민원 및 금융거래와 관련 없는 민원 등을 제외하고 평가한다.

금융회사별 민원발생건수, 민원해결노력 및 회사 영업규모 등을 종합적으로 고려하여 권역별로 1~5등급으로 평가한다. 예를 들어 은행의 경우 고객 100만 명당 민원발생건수로 회사별 등급을 산정한다. 권역별 특성을 감안, 회원수, 보유계약건수 등을 활용하고 있다. 단기간 내 자율조정 또는 합의취하 시 인센티브를 부여하고, 민원자료 제출지연 또는 민원인 상대 소제기 시 불이익을 부과하는 등 금융회사의 소비자보호 강화를 유도하였다.

평가결과는 보도자료를 통해 대외적으로 공표되고 금융소비자포털 및 금감원 홈페이지에 게시하였다. 평가등급 하위사에 대해서는 민원예방 및 감축계획서를 징구하고 경영진 면담 및 민원전담관리자(CRM)를 통해 민원감축을 밀착관리하였다.

민원발생평가는 2014년도 평가로 종료하고 2016년부터 금융회사의 소비자보호 수준 및 노력 등을 리스크를 종합적으로 평가할 수 있는 '금융소비자 보호실태평가 제도'가 도입되었다. 동 제도의 도입에 따라 민원발생 건수 뿐만 아니라 소비자보호 조직 및 제도, 금융상품 개발·판매 및 사후관리, 소비자보호활동 등 금융회사의 소비자보호 역량을 총체적으로 평가하게 되었다.

3-2. 민원발생평가 제도의 효과

가. 금융회사의 평판에 큰 영향

민원평가결과는 금융회사의 대고객 이미지 및 영업활동에 영향을 끼치므로 보험사, 카드사 등 영업활동을 중시하는 금융회사의 경우 그 결과에 매우 민감하다. 특히 여러 공공기관이나 기업들이 단체보험이나 퇴직연금 등을 가입할 때 민원발생평가 결과를 감안하여 금융회사를 선정하였으며, 금융회사는 마케팅 시 동 평가결과를 활용하였다. 이로 인해 금융회사 경영진은 높은 평가등급을 받기 위해 민원예방 및 감축 노력 등을 경영전략 방침에 반영하여 추진하였다.

나. 금융회사의 민원예방 및 감축에 크게 기여

2013년 중 금감원 전체 민원은 5.8% 증가했으나, 2012년 민원발생평가 4등급 이하 회사의 민원은 오히려 11.6% 감소하였고, 특화영업활동에 직접적인 영향을 받는 신용카드 권역의 경우 민원발생평가 하위사의 민원감축 효과가 매우 큰 것(55.7% 감소)으로 나타났다.

<표 6-17> 민원발생평가 제도의 민원 감축효과 현황표

구 분	2011년 하위등급사 민원(건)			총 민원(건)		
	당해연도	다음연도	증감(%)	2011년	2012년	증감(%)
신용카드	5,195	2,301	△55.7	7,859	8,797	11.9
전 체	25,811	22,809	△11.6	66,348	70,182	5.8

다. 금융회사의 민원인 대상 소송제기 억제

민원발생평가 제도는 분쟁조정 중 소제기 건에 대해 민원평가 시 일반 민원의 5배(일반 민원 가중치 0.3점, 소송제기 시 1.5점)에 해당하는 불이익을 부과함으로써 금융회사의 무분별한 소송제기를 억제하는 효과를 가지고 있다. 2012년 중 금융회사 소제기건은 513건으로 전년(664건) 대비 22.7% 하락하였다.

라. 금융회사의 신속한 피해구제

민원발생평가 제도는 민원처리 기간, 금감원 조정결과 수용 여부 등에 따라 평가 가중치를 달리 적용함으로써 금융회사의 적극적이고 신속한 민원처리를 유도하는 순기능을 수행하였다.

<표 6-18> 민원발생평가등급 변동 추이(2010~2014)

<은 행>

회 사	2014	2013	2012	2011	2010	등급 특징
광주	1등급	1등급	2등급	2등급	5등급	2년 연속 최상위등급
대구	1등급	1등급	1등급	1등급	1등급	5년 연속 최상위등급
경남	3등급	2등급	2등급	2등급	4등급	
기업	2등급	2등급	3등급	2등급	2등급	
부산	3등급	2등급	2등급	2등급	2등급	
외환	2등급	2등급	4등급	3등급	3등급	
전북	3등급	2등급	2등급	2등급	2등급	
수협	4등급	3등급	3등급	3등급	5등급	
우리	3등급	3등급	3등급	3등급	3등급	
하나	3등급	3등급	3등급	2등급	2등급	
신한	2등급	4등급	2등급	2등급	2등급	
한국씨티	5등급	4등급	5등급	2등급	2등급	3년 연속 하위등급
국민	4등급	5등급	4등급	3등급	3등급	3년 연속 하위등급
농협	5등급	5등급	5등급	5등급	4등급	5년 연속 하위등급 (4년 연속 최하위등급)
한국SC	5등급	5등급	5등급	3등급	2등급	3년 연속 최하위등급

<신용카드>

회 사	2014	2013	2012	2011	2010	등급 특징
삼성	1등급	1등급	1등급	1등급	1등급	5년 연속 최상위등급
현대	4등급	2등급	3등급	2등급	2등급	
국민	3등급	3등급	5등급	-	-	
하나SK	3등급	3등급	5등급	4등급	4등급	
롯데	5등급	5등급	2등급	5등급	3등급	
신한	1등급	5등급	2등급	2등급	2등급	
우리	1등급					

<생명보험>

회 사	2014	2013	2012	2011	2010	등급 특징
교보	1등급	1등급	2등급	3등급	3등급	2년 연속 최상위등급
농협	1등급	1등급	-	-	-	2년 연속 최상위등급
흥국	2등급	1등급	2등급	3등급	4등급	3년 연속 상위등급
동부	2등급	2등급	2등급	3등급	2등급	3년 연속 상위등급
미래에셋	1등급	2등급	3등급	4등급	4등급	2년 연속 상위등급
삼성	2등급	2등급	2등급	2등급	2등급	5년 연속 상위등급
신한	1등급	2등급	2등급	2등급	3등급	4년 연속 상위등급
푸르덴셜	3등급	2등급	2등급	2등급	2등급	
한화(舊대한)	1등급	2등급	2등급	3등급	4등급	3년 연속 상위등급
KB	5등급	2등급	1등급	2등급	2등급	
메트라이프	4등급	3등급	3등급	2등급	3등급	
현대라이프 (舊녹십자)	3등급	3등급	4등급	5등급	5등급	
AIA(舊AIG)	2등급	3등급	4등급	3등급	4등급	
KDB(舊금호)	5등급	3등급	4등급	5등급	5등급	
동양	5등급	4등급	4등급	3등급	3등급	3년 연속 하위등급
라이나	2등급	4등급	3등급	3등급	3등급	
알리안츠	3등급	5등급	5등급	5등급	5등급	
ACE	-	5등급	-	-	-	
DGB (舊우리아비바)	5등급	5등급	4등급	4등급	4등급	5년 연속 하위등급
ING	5등급	5등급	5등급	5등급	5등급	5년 연속 최하위등급
PCA	5등급	5등급	5등급	5등급	5등급	5년 연속 최하위등급

* 영업규모 및 민원건수가 업권내 1% 미만인 경우 해당연도 평가제외

<손해보험>

회 사	2014	2013	2012	2011	2010	등급 특징
농협손보	1등급	1등급	-	-	-	2년 연속 최상위등급
삼성화재	1등급	1등급	1등급	2등급	2등급	3년 연속 최상위등급
동부화재	1등급	2등급	3등급	2등급	2등급	
현대해상	3등급	2등급	2등급	2등급	2등급	
더케이손보	3등급	3등급	3등급	-	-	
메리츠화재	3등급	3등급	3등급	2등급	2등급	
한화손보	3등급	3등급	3등급	3등급	3등급	
현대하이카	5등급	3등급	3등급	-	-	
흥국화재	3등급	3등급	4등급	3등급	4등급	
KB손보 (舊LIG손보)	2등급	3등급	2등급	2등급	2등급	
악사손보	3등급	4등급	4등급	4등급	3등급	3년 연속 하위등급
롯데손보	4등급	5등급	5등급	3등급	5등급	3년 연속 하위등급
ACE아메리칸	4등급	5등급	5등급	5등급	5등급	5년 연속 하위등급
AIG (舊차티스, AHA)	5등급	5등급	5등급	5등급	5등급	5년 연속 최하위등급
에르고다음	-	-	5등급	5등급	4등급	

* 영업규모 및 민원건수가 업권내 1% 미만인 경우 해당연도 평가제외

<금융투자>

회 사	2014	2013	2012	2011	2010	등급 특징
현대증권	1등급	1등급	2등급	1등급	2등급	5년 연속 상위등급
NH투자증권	4등급	1등급	-	2등급	3등급	
메리츠증권	3등급	2등급	3등급	3등급	5등급	
신한투자	3등급	2등급	3등급	2등급	2등급	
삼성증권	3등급	2등급	1등급	1등급	1등급	
하이투자증권	-	2등급	3등급	3등급	4등급	
HMC투자	4등급	2등급	2등급	-	2등급	
SK증권	-	2등급	3등급	3등급	2등급	
교보증권	-	3등급	5등급	2등급	2등급	
대우증권	4등급	3등급	2등급	2등급	2등급	
미래에셋	3등급	3등급	2등급	1등급	1등급	
한화투자	4등급	3등급	1등급	2등급	2등급	
키움증권	3등급	3등급	5등급	5등급	5등급	
대신증권	2등급	4등급	4등급	2등급	2등급	
하나대투	2등급	4등급	3등급	2등급	4등급	
한국투자	4등급	4등급	3등급	2등급	3등급	2년 연속 하위등급
동부증권	4등급	5등급	5등급	2등급	3등급	3년 연속 최하위등급
유안타증권 (舊동양증권)	5등급	5등급	5등급	3등급	3등급	3년 연속 최하위등급
이트레이드	-	-	-	5등급	3등급	
아이엠투자	-	-	5등급	-	-	

* 영업규모 및 민원건수가 업권내 1% 미만인 경우 해당연도 평가제외

4. 금융소비자 보호 실태평가제도

4-1. 개요

금융감독원은 2016년 4월 금융회사의 소비자보호 수준을 종합적으로 평가하는 「금융소비자 보호 실태평가제도」를 도입하였다. 이를 통해 금융소비자에게는 거래 금융회사 선택에 필요한 유용한 정보를 제공하고, 금융회사에게는 소비자보호에 대한 인식과 시스템을 스스로 개선토록 유도하여 자율적으로 소비자보호 수준을 높이도록 할 방침이다. 금융소비자 보호법의 제정·시행으로 동 제도는 법상 근거(제32조 제2항)를 갖추게 되었다. 금융소비자보호법은 실태평가 시 금융회사의 내부통제기준 및 금융소비자소호기준 등의 운영에 관한 사항을 평가하도록 규정하고 있다. 금융감독원은 2021년도 실태평가까지는 행정지도인 「금융소비자보호 모범규준」 체계에 대해 평가하였으나, 2022년도 평가부터는 금소법 체계에 맞추어 평가를 실시한다.

4-2. 평가대상 및 평가주기

금융소비자 보호법의 시행에 따라 금융감독원장은 금융상품판매업자등에 대하여 동일 업종내 영업규모 및 민원 비중, 자산규모 등을 고려하여 평가대상을 지정할 수 있다. 그러나 최초 영업을 개시한 후 2년이 경과하지 않는 등 평가의 실익이 없는 경우는 평가에서 제외된다. 평가는 매년 1회 실시한다.

금감원은 2021년 영업규모, 민원건수, 자산규모 등 계량적 요인과 과거 실태평가 결과 등 비계량적 요인을 고려하여 5개 업권(은행, 보험, 여전, 증권, 저축은행) 74개사를 실태평가 대상회사로 지정한다는 계획을 발표하였다. 다만, 2021년부터 금융회사의 부담을 완화하고자 평가대상 회사(74개사)를 민원·영업규모·자산 비중을 고려하여, 각 업권내 순위를 부여하고 대·중·소형사가 고루 포함되도록 3개 그룹으로 편성하였다. 실태평가는 매년 1개 그룹에 대하여 실시함으로써 개별 회사의 평가주기는

3년을 원칙으로 운영하며, 실태평가 종합등급, 감독·검사 결과 등을 고려할 필요가 있는 회사는 소비자보호체계 개선을 위해 평가주기를 달리 운영할 수 있다. 실제 평가시 대상 회사 수가 약간 변동하였는바, 3개 그룹 중 1그룹 26개사는 '21년에, 2그룹 30개사는 '22년에, 3그룹 22개사는 '23년에 평가를 실시하여 총 78개사에 대해 1주기 평가를 완료하였다. 2024년부터 3개년간 이어지는 2주기 평가는 1그룹 26개사는 '24년에, 2그룹 26개사는 '25년에, 3그룹 22개사는 '26년에 평가를 실시하게 된다.

<2주기('24~'26년) 평가 대상회사>

영업규모, 취급상품의 종류 및 성격, 시장점유율, 민원·분쟁 현황, 감독·검사결과 등을 종합적으로 고려하여 5개 업권 74개사 선정

* 은행(16), 보험(25), 금융투자(10), 저축은행(9), 여신전문(14)

2025년 금감원 보도자료에 따르면 향후 중대한 금융사고 등이 발생할 경우 평가등급의 적시성 제고를 위해 조기평가 기준을 마련할 예정이다.

<표 6-19> 금융업권별 2주기 실태평가 대상 지정 결과

구분	은행	보험	금융투자	저축은행	여신전문	계
평가대상	16개	25개	10개	9개	14개	74개
'24년	6개	9개	3개	3개	5개	26개
'25년	5개	8개	4개	3개	6개	26개
'26년	5개	8개	3개	3개	3개	22개

4-3. 평가방법

평가는 현장평가를 원칙으로 하되 국가적 재난상황 등 현장평가가 곤란한 경우에는 서면평가 등 다른 평가방식으로 변경할 수 있다. 금융감독원장은 현장평가를 실시하는 경우 실시 1개월 전까지 평가대상에 평가기간, 평가일정, 평가방식, 평가항목, 평가담당자를 통지한다. 금융감독원장은 평가대상에 평가에 필요한 자료의 제출을 요구할 수 있다. 또한 금융감독원장은 매년 평가실시계획을 수립할 수 있다.

4-4. 평가부문

평가부문을 2개 계량부문 및 6개 비계량부문으로 구성한다. 계량부문은 금융소비자에게 직접적인 영향을 미치는 부문으로 30%의 비중을 차지하며 '민원처리노력 및 금융소비자 대상 소송 사항' 및 '금융사고 및 휴면 금융자산 찾아주기'의 총 2개 부문으로 구성된다. 부문별·업권별로 과거 시계열 자료, 평균 및 분포 등을 분석하여 등급별 구간을 설정한다. 비계량부문은 70%의 비중으로 금융소비자 내부통제체계 구축 및 이의 운영을 위한 전담조직·인력, 금융상품 개발단계에서 준수하여야 할 기준 및 절차, 금융상품 판매단계에서 준수하여야 할 기준 및 절차, 금융상품 판매후단계에서 준수하여야 할 기준 및 절차와 민원관리, 임직원에 대한 금융소비자보호 교육 및 보상체계 운영, 기타 금융소비자 정보제공 및 취약계층 등의 피해방지 관련 사항 등 5개 부문을 평가한다. 요구수준 이상을 이행한 경우 '양호', 모범규준 미이행 또는 형식적 이행은 '미흡'으로 평가한다.

<표 6-20> 금융소비자 보호 실태평가 평가부문

계량지표 평가항목	비계량지표 평가항목
1 민원 처리노력 및 금융소비자 대상 소송 관련 사항	3 금융소비자 내부통제체계 구축 및 이의 운영을 위한 전담조직·인력
	4 금융상품 개발단계에서 준수하여야 할 기준 및 절차
	5 금융상품 판매단계에서 준수하여야 할 기준 및 절차
2 금융사고 및 휴면금융재산 찾아주기	6 금융상품 판매후단계에서 준수하여야 할 기준 및 절차와 민원관리
	7 임직원에 대한 금융소비자보호 교육 및 보상체계 운영
	8 기타 금융소비자 정보제공 및 취약계층 등 피해방지 관련 사항

4-5. 평가등급의 산정

업권별로 부문(8개 부문)별 5등급(우수-양호-보통-미흡-취약)을 부여하고 종합등급도 동일하게 5등급을 부여한다. 계량평가부문은 부문별 평가산식에 따라 원평가점수를 산정하고, 등급부여 기준표의 해당구간에 따라 부문등급을 부여한다. 비계량평가부문은 세부 평가항목별로 평가등급 정의에 따라 점수를 부여하고, 이를 가중평균한 점수(부문점수)에 따라 부문등급을 부여한다.

1) 평가대상의 경우

우수	내부통제기준, 금융소비자 보호기준이 요구하는 수준을 상회하는 수준의 소비자보호 경영관리를 수행하고 있어 매우 높은 수준의 소비자보호 달성 가능
양호	금융소비자 보호 체계·조직·제도가 유기적으로 연계되어 소비자보호 경영관리를 수행하고 있어 양호한 수준의 소비자보호 달성 가능
보통	내부통제기준, 금융소비자 보호기준이 요구하는 소비자보호 수준을 대체로 이행하고 있으나, 부분적으로는 소비자보호 체계·조직·제도와 실제 운영간 연계성이 부족
미흡	내부통제기준, 금융소비자 보호기준이 요구하는 소비자보호 수준을 부분적 또는 형식적으로 이행하고 있어 소비자피해 예방에 부분적 결함이 존재
취약	내부통제기준, 금융소비자 보호기준이 요구하는 소비자보호 수준을 미이행하고 있어 소비자피해 예방에 심각한 결함 존재

2) 자율진단의 경우

적정	내부통제기준, 금융소비자 보호기준이 요구하는 소비자보호 수준을 대체로 이행하고 있어 소비자보호 수준이 적정함
미흡	내부통제기준, 금융소비자 보호기준이 요구하는 소비자보호 수준을 부분적 또는 형식적으로 이행하고 있어 소비자피해 예방에 부분적 결함이 존재

종합등급은 8개 부문등급을 점수로 전환[우수(5점), 양호(4점), 보통(3점), 미흡(2점), 취약(1점)]하여 가중평균한 종합점수를 산출하고 종합등급 기준표에 따라 최종등급을 부여한다. 다만 '민원 사전예방에 관한 사항' 또는 '민원 처리노력 및 금융소

비자 대상 소송 관련 사항'의 평가등급이 '미흡' 이하인 경우 종합등급은 '우수', '양호' 등급을 부여할 수 없다.

검사결과 중징계 조치를 받았거나 대규모 소비자 피해 개연성이 크고 사회적 물의를 야기한 경우, 허위 등 부실자료 제출시에는 평가결과에 반영할 수 있다. (종합등급 1등급 하향)

4-6. 평가결과의 통보 및 공개

평가결과표를 금융회사에 통보하여 미흡한 사항 등을 개선할 수 있도록 하고, 각 금융회사는 평가결과를 이사회, 경영위원회 등에 보고한다. 부문평가결과 및 종합평가결과가 미흡 이하인 평가대상은 평가결과를 통지받은 후 2개월 이내에 구체적인 개선계획을 금융감독원장에게 제출한다. 금감원장은 동 개선계획이 부적정 또는 미흡한 경우 적절한 기한을 정하여 개선계획을 다시 요구할 수 있다. 아울러 항목별 평가등급 및 내역이 기재되어 있는 평가결과를 각 금융회사 및 금융협회 홈페이지 등을 통해 금융소비자에게 공개하도록 하고 있다.

금융감독원은 소비자보호 업무 관련 우수사례(Best practice)를 선정하여 모든 금융회사에 공유함으로써 전반적인 소비자보호 수준의 개선을 유도한다. 금융회사는 홈페이지에 평가결과를 공시하고 각 금융협회는 홈페이지 공시화면에 모든 금융회사의 부문평가결과와 종합평가결과를 모두 공시한다.

4-7. 평가결과의 활용

평가결과를 감독·검사 업무에 활용함으로써 금융회사의 소비자보호 수준을 제고하고, 우수 금융회사에 대해서는 포상 등 인센티브를 부여하고 미흡한 회사는 개선하도록 유도하는 등 사후관리하고 있다.

<표 6-21> 금융소비자 보호실태평가 평가항목 및 평가지표

구분	평가항목	평가지표
계량 지표	민원처리노력 및 금융소비자 대상 소송 사항	- 금융상품 관련 민원발생 건수 - 금융상품 관련 민원 증감률 - 평균 민원처리기한 - 소송 패소율, 분쟁조정 중 소송제기 건수 등 소비자 대상 소송사항
	금융사고 및 휴면 금융자산 찾아주기	- 금융사고 건수 및 금액 등 - 휴면금융자산 찾아주기
비계량 지표	금융소비자 내부통제체계 구축 및 이의 운영을 위한 전담조직·인력	- 내부통제기준 및 금융소비자보호기준 마련·운영 및 준수현황 점검 - 내부통제체계 구축 등을 위한 이사회 및 대표이사의 권한 및 운영현황 - 내부통제위원회 설치·운영 규정 마련·운영 - 금융소비자보호 담당임원(CCO)의 선임 및 직무 현황 - 금융소비자보호 총괄기관의 설치·운영 및 총괄기관 업무 수행직원의 자격요건 및 직무 현황
	금융상품 개발단계에서 준수하여야 할 기준 및 절차	- 금융상품 개발 시 금융소비자 위험요인 점검기준 마련·운영 - 금융상품 개발 시 소비자 위험요인 점검 등을 위한 사전협의제도 운영 현황 - 금융상품 개발 시 금융소비자 의견 등 반영절차 마련·운영
	금융상품 판매단계에서 준수하여야 할 기준 및 절차	- 금융상품 판매 시 준수절차 및 광고물 내부심의절차 마련·운영 - 금융상품 판매 임직원 자격요건 마련·운영 - 해피콜, 미스터리쇼핑 등 판매절차 준수 점검기준 마련·운영 - 판매업무 위탁 시 준수사항 마련·운영 및 상품자문업무수행 관련 보수 안내 운영현황
	금융상품 판매후단계에서 준수하여야 할 기준 및 절차와 민원관리	- 판매상품에 대한 소비자 위험요인 모니터링 및 조치 등 운영현황 - 청약철회권 등 소비자 권리 처리기준 마련·운영 - 소비자의 신용정보 및 개인정보 관리 현황 - 민원처리절차 마련·운영 및 민원 관련 적정인력·시스템 구축·운영 - 민원 원인분석 및 사후관리 현황
	임직원에 대한 금융소비자보호 교육 및 보상체계 운영	- 금융상품판매 임직원에 대한 금융소비자보호 교육 운영현황 - 기타 전체 임직원에 대한 금융소비자보호 교육 운영현황 - 금융소비자보호 담당임원(CCO) 및 총괄기관 업무담당자의 성과보상 제도 마련·운영 - 금융상품 판매 임직원 및 영업점 조직에 대한 성과보상제도 마련·운영 - 금융소비자 보호 노력 제고를 위한 성과보상제도 마련·운영
	기타 금융소비자 정보제공 및 취약계층 등의 피해방지 관련 사항	- 금융소비자의 권리 안내 및 정보제공을 위한 시스템 구축·운영 - 고령자, 장애인 등 취약계층의 거래 편의성 제고 및 피해 방지 노력 - 금융소비자에 대한 금융교육 등 운영현황 - 보이스피싱 등 금융사기 피해 방지 등 소비자 피해방지 노력 - 기타 소비자보호 정책참여 현황 등

5. 금융감독자문위원회 소비자분과위원회

5-1. 개요

금융환경 변화에 따른 금융감독업무의 발전방안 모색 등을 위해 다양한 외부 전문가의 경험과 식견을 금융감독 업무에 활용할 수 있도록 2012년 2월 총괄, 은행·비은행, 보험, 자본시장, 소비자보호 등 5개 분과위원회로 금융감독자문위원회를 설치하였다. 2014년 금융IT(이후 디지털IT로 명칭 변경) 분과, 2016년 중소서민금융 분과, 2020년 금융투자, 소비자권익보호(이후 민생금융으로 명칭 변경) 분과를 신설하여 현재 총 9개 분과에 임기 2년의 총 83명의 외부 전문가로 운영되고 있다.

<그림 6-8> 금융감독자문위원회 구성

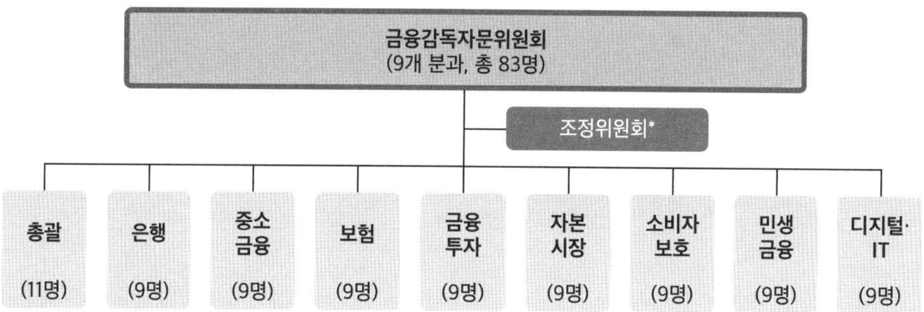

*분과위원회간 통할·조정 및 공조 등을 논의하기 위해 수석부원장과 각 분과위원장으로 구성

5-2. 운영방법

소비자분과위원회 회의는 매 반기 1회 개최를 원칙으로 하며, 필요 시 수시 개최한다. 논의되는 과제는 금융소비자 보호 관련 현안 및 제도개선 방안이며, 자문위원들의 의견을 수렴하여 구체적인 분과위원회 운영방안을 수립하고 있다.

위원회는 내부위원 1명(금융소비자 보호 담당 부원장보), 외부위원 11명 이내에서 원장이 임명한다. 위원의 임기는 2년으로 하되 연임 가능하다. 2025년 현재 외부위원은 소비자단체, 학계, 연구기관 출신의 여러 전문가 9명으로 구성되어 있다.

제3절 대국민 금융교육 강화

1. 금융교육의 필요성

교육(教育)은 인간다운 삶을 영위하는데 필요한 모든 행위를 가르치고 배우는 과정 및 수단이다. 삶을 영위하는 과정에서 경제활동은 필연적으로 수반되는 만큼 현명한 경제활동을 위한 교육도 반드시 필요하다고 할 수 있다. 특히, 모든 경제활동은 금융활동으로 직결되는 만큼 대국민 금융교육의 필요성은 아무리 강조해도 지나치지 않을 것이다.

최근 금융위기 발생이 빈번해지는 원인 중의 하나로 부실한 금융교육을 지적하는 주장이 폭넓은 공감대를 얻고 있다. 또한 세계적인 인구 고령화 현상에 따른 노후 대비 필요성 증대, 다양한 금융수요 및 금융공학의 발전에 따른 복잡한 금융상품의 출현, 신용카드 대란, KIKO 및 저축은행 영업정지 사태, 보이스피싱(전화금융사기) 피해 등 일련의 대규모 금융소비자 피해사례 등은 금융교육의 중요성을 더욱 부각시키고 있다.

그러나 현재까지는 교육현장에서 금융교육의 필요성에 대한 공감대 형성이 부족한 현실이다. 실례로 청소년의 금융 이해력은 지난 10년간 크게 개선되지 않았으며 여전히 낮은 수준이다. 서울대 소비자학과 최현자 교수에 따르면 고등학생의 금융 이해력 조사 결과, 이해력 수준은 2003년 45.16점에서 2013년 48.6점으로 10년간 3.44점이 향상되었을 뿐이다.

최근 글로벌 금융위기 이후 선진국을 중심으로 개인의 신용 및 재무관리 등 금융지식이 중시되고 있고, 이러한 지식이 효과적으로 습득되기 위해서는 청소년 시기부터 체계적인 금융교육을 통해 금융 이해력을 높이는 정책의 필요성이 강조되는 추세이다. 교육의 본질적 의미와 경제 환경의 변화 등을 감안할 때 금융교육은 반드시 필요하다. 특히 청소년기는 한 개인이 평생을 살아가는 데 기초가 되는 지식 등을 학습하는 시기인 만큼 청소년을 대상으로 한 금융교육 실시는 매우 중요하다.

금융교육의 목적은 금융사기 위험을 스스로 인지하고 안전하게 대처할 수 있으며, 합리적인 소비와 저축을 통해 자신의 재산을 지킬 수 있는 능력을 갖춘 현명한 금융소비자(wise financial consumer)를 양성하는 것이다. 이는 개인의 행복은 물론 국가경제를 튼튼하게 만드는 중요한 전략적 투자로서 조기에 실시할수록 그 효과가 클 것이다. 아울러 생애주기에 맞춘 성인에 대한 금융교육도 중요하다. 2017년 1월 금융감독원과 한국은행이 공동으로 OECD 산하 INFE(International Network on Financial Education, 경제·금융교육 관련 국가간 정보교환 및 국제표준 개발 등을 목적으로 2008년 5월 설립)가 마련한 조사방법에 따라 우리나라 만 18세 이상 79세 이하 성인 1,820명을 대상으로 「2016 전국민 금융이해력 조사」 결과를 발표하였다. 2016년도 우리나라의 금융이해력은 66.2점으로 조사참여 OECD 17개국(평균 64.9점)을 소폭 상회하여 9위로 중위권이었으나, 우리나라 성인의 절반정도(47.7%)가 OECD INFE가 정한 최소목표점수(66.7점)에 미달하여 금융이해력 제고를 위한 경제·금융교육의 지속적 확대 실시가 필요한 것으로 나타났다.

2. 금융소비자 금융역량 강화 전략

금융당국은 2013년 9월 예금보험공사, 신용회복위원회, 청소년금융교육협의회, 투자자보호재단, 투자자교육협의회, 은행연합회 등과 공동으로 금융소비자의 금융역량 강화를 목표로 이를 달성하기 위한 '3대 전략, 9대 추진과제'를 설정하여, 실생활에 도움이 되면서도 접근성이 용이하고, 실수요자 맞춤형으로 민과 관이 함께 금융교육을 제공하는 등 다각적 과제를 추진해오고 있다.

이를 통해 금융소비자의 금융생활과 관련된 올바른 권리 행사를 유도하고 금융상품과 관련된 판단능력을 높여 건강하고 합리적인 금융생활을 영위할 수 있도록 하는 것이 목표이다. 이는 금융당국·민간·지방 간 수평적 협력체계 구축으로 금융교육을 체계적으로 활성화할 수 있는 기반을 마련하였다는 의미가 있다.

금융당국은 2015년 10월 민·관 합동의 금융교육협의회를 개최하여, 「금융교육 강화 방안」을 마련하였다. 동 방안은 ① 국민체감도 향상을 위해 금융교육기회를 대폭 확대하고, ② '지식중심'에서 '생활중심'으로 교육내용을 획기적으로 개선하는 것을 2대 추진전략으로 설정하고, 이를 달성하기 위해 ① 생애주기, 취약계층 별 맞춤형 교육 강화, ② 교육과정 개편, '1사 1교' 등을 통한 학교교육 강화, ③ 체험·흥미 중심의 '재미있는 금융' 교육 확대, ④ 강사인증제 등 공급역량 강화 및 전달체계 다양화, ⑤ 인터넷 등 대중매체와 캠페인을 활용한 교육·홍보 등 5대 핵심 추진과제를 설정하였다. 동 방안의 추진체계를 정비하여 민간부문의 금융교육 부문의 역할 확대 등 민관협력을 강화하고, 금융교육협의회 및 지역네트워크를 확대하고, 기능을 강화하기로 하였다.

2021년 5월 법정기구로서 첫 번째 금융교육협의회가 개최되었다. 금융교육협의회는 8개 정부부처(금융위, 공정위, 기재부, 교육부, 행안부, 복지부 고용부, 여가부)고위공무원 및 금감원 부원장(소보처)으로 구성되나, 민간금융교육기관, 금융협회, 소비자단체, 연구기관 등 민간전문가도 참여하여 의견개진을 할 수 있다. 금융교육협의회 정기회의는 매년 6월과 12월에 개최하고 필요시 수시회의도 개최한다.

<그림 6-9> 금융소비자 역량강화 전략 및 추진과제

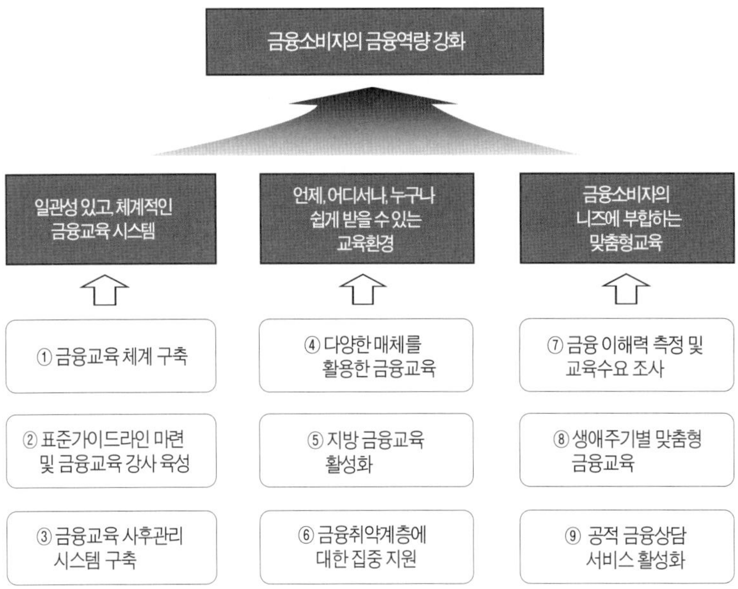

2-1. 일관성 있고, 체계적인 금융교육 시스템 구축

금융당국은 금융교육의 실효성 제고를 위해 금융당국의 역할과 교육 목표 등을 법령에 명시하고, 컨트롤 타워로서 금융교육협의회의 위상 및 기능 제고를 위해 관련 부처, 학계 등의 참여 확대를 추진하여왔다. 동 내용이 이미 포함되어 있는 「금융소비자 보호법」이 2020년 3월 제정되어 2021년 3월 시행되었다. 아울러 금융당국은 금융교육의 목표, 소비자가 알아야 할 금융지식 등을 제시하는 표준 가이드라인을 마련하여 금융교육의 편차를 줄이고 일관성을 유지할 수 있도록 한다.

2-2. 언제, 어디서나, 누구나 쉽게 받을 수 있는 교육환경 조성

시간이나 공간의 제약 없이 누구나 금융교육을 받을 수 있도록 온라인, 모바일 등 다양한 매체를 활용하여 교육의 접근성을 제고하는 것을 정책 목표로 설정하여 추진하고 있다. 이를 위해 금융교육 홈페이지(금융교육센터)를 구축하고, 금융교육 종합포털 금융e랑(www.금융e랑.kr), 스마트폰 App, 대중매체 연계 프로그램 등을 개발하였다. 참고로 영국과 호주 등에서도 'Money Advice Service', 'MONEY SMART'등의 온라인 홈페이지를 통해 생애주기형 금융교육을 제공 중이다. 2017년 2월에는 금융교육센터를 개편하여 금융교육 실시기관에서 제공하는 체험 프로그램 등을 쉽게 찾아볼 수 있도록 "금융교육 한곳에" 코너를 신설하고, 이용자가 스스로 학습수준을 테스트하고, 그 결과에 따라 수준별 콘텐츠를 제공하는 등 쌍방향 교육이 가능하도록 하였다.

2-3. 금융소비자의 니즈에 부합하는 맞춤형 교육 제공

소비자의 금융역량 및 교육수요를 분석하여 이를 토대로 생애주기 및 금융역량에 따른 맞춤형 교육을 제공한다. 이를 위해 OECD 기준에 맞춘 금융 이해력 측정 문항 개발을 추진해왔다. 아울러 부채관리, 신용상담 등을 통해 노인층, 새터민, 다문화가정, 재취업 준비자 등 금융 취약계층과 서민들에게 실질적인 도움이 되도록 금융주치의로서의 공적 금융상담을 활성화하였다. 또한 상담채널 다각화, 상담 매뉴얼 마련 등을 통해 상담의 양적·질적 수준을 획기적으로 개선하기 위해 노력하고 있다.

3. 금융감독원의 금융교육 강화 노력

3-1. 대국민 금융교육의 획기적 증대

2002년부터 대국민 금융교육을 적극 실시하여 2016년까지 누적 교육인원이 200만 명을 돌파함으로써 우리나라 금융교육의 저변을 크게 확대하였다.

<그림 6-10> 연도별 금융감독원 대국민 금융교육 현황

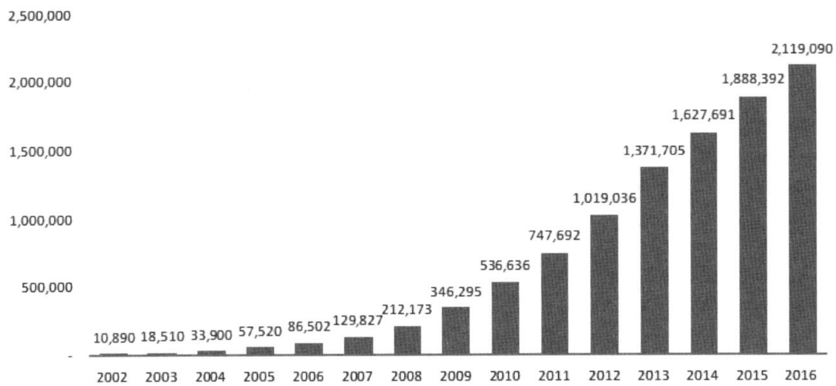

3-2. 소외지역 금융소비자 보호 강화를 위한 금융사랑방 버스 운영

2012년 6월 전통시장, 시골 읍면, 격·오지 군부대 등 소비자보호 사각지대를 기동성 있게 찾아다니며 금융교육 및 상담을 실시하는 금융사랑방 버스를 도입하였다. 금융사랑방 버스는 2014년 12월말까지 총 338회 운행하였고, 총 7,168명에 대해 저금리 전환대출, 개인회생 및 파산, 햇살론 등 금융취약계층에게 꼭 필요한 금융상담을 실시하였다.

금융사랑방 버스의 실효성을 높이고자 금감원은 지방자치단체와 협력하여 금융소외지역의 중소서민에 대한 생계형 금융상담 및 금융교육을 강화하고 있다.

3-3. 젊은 금융소비자의 금융역량 제고를 위한 금융교육 확대

대학생들이 금융현실과 과제를 정확히 이해하고, 미래 금융산업의 핵심인력으로 성장할 수 있도록 2011년부터 2013년까지 '캠퍼스 금융토크'를 실시하였고, 2012년부터 2014년까지 방학기간 동안 금융캠프를 개최하였다.

또한 2012년 8월에는 재능나눔과 교육기부 등에 관심이 높은 36개 대학 123명으로 구성된 대학생 금융교육 봉사단(FSS DREAM)을 출범한 이후 활발하게 어린이·청소년 대상 금융교육을 실시하고 있다. 2019년부터는 노인 대상 금융교육도 실시하고 있다. 동 봉사단원은 2020년 8월까지 950명의 대학생 봉사단원이 총 4,079회에 걸쳐 21만명의 어린이와 청소년, 노인들에게 금융교육을 실시하였다. 2021년 8월 제9기 대학생 금융교육 봉사단 발대식을 가졌다.

한편 2011년 4월에는 대학생에게 수준 높은 금융지식을 보급하고자 'FSS 금융아카데미'를 개설하여 2019년까지 총 138회에 걸쳐 18,000명이 넘는 학생이 수강하였다. 2020년 코로나19 전파 이후에는 비대면·비접촉 방식으로 교육이 이어지고 있다.

대학생들이 금융생활에 필요한 지식을 습득하여 합리적인 금융 의사결정을 할 수 있도록 '실용금융' 강좌를 개설한 대학에 강사 및 교재를 지원하고 있다. 실용금융은 금융상품의 이해, 부채와 신용관리, 연금, 보험, 금융소비자 보호 제도 등 실생활에 도움이 되는 실용적인 금융지식을 의미한다. 2016년 중 총 54개 대학에 76개 강좌가 개설되었다.

아울러 청소년 금융교육 강화를 위해 2009년부터 2015년까지 금융회사 및 금융교육 유관기관과 공동으로 금융교육 시범학교에 대한 교육을 실시하는 「금융교육 토탈 네트워크」 프로그램을 실행하였다. 동 기간 중 시범학교 수가 크게 확대(2009년: 20개 → 2010년: 222개 → 2011년: 240개 → 2012년: 325개 → 2013년: 406개 → 2014년: 411개 → 2015년: 667개)되었다. 2015년 이후에는 전국의 금융회사 점포가 인근 초·중·고교와 자매결연을 맺어 학생들에게 체험교육, 방문교육 등 다양한 형태의 금융교육을 지속적으로 실시하는 '1사 1교' 프로그램을 마련하여 2023년 현재 전체 초·중·고교의 72.9%인 8,617개교가 4,081개 금융회사 본·지점과 결연을 체결하였다.

<표 6-22> '1사 1교 금융교육' 결연 현황

(단위: 개)

구분	'15년	'16년	'17년	'18년	'19년	'20년	'21년	'22년	'23년
결연학교	2,795	5,373	6,678	7,540	7,709	7,871	8,031	8,298	8,617
결연점포	2,190	4,107	4,384	4,569	4,264	4,151	4,078	4,291	4,081

군부대 자체 금융교육 활성화를 위해 2012년 6월 군장교 금융교육강사 양성과정을 신설하였으며, 2019년 7월까지 총 472명의 육·해·공군의 재정장교들이 과정 이수 후 각 부대금융강사가 되어 총 1,817회에 걸쳐 장병을 대상으로 금융교육을 실시하는 등 각 군의 금융교육에 대한 인식을 제고하고 있다.

초·중·고교 교사의 금융이해력을 제고하여 교사에 의한 학교 금융교육을 활성화하고자 2007년부터 2019년까지 매년 여름·겨울 방학기간 중 교사 금융연수를 실시하였다. 동 기간 중 전국에서 총 5,564명의 교사가 연수를 이수하였다. 2020년 이후 코로나19의 감염확산 우려로 집합연수를 실시하지 못하였으나, 교육부의 인가를 받아 교사 대상 온라인 금융교육 연수과정을 개설하였다.

2021년 6월에는 초등학생들이 가정에서 부모님과 함께하는 체험활동을 통해 금융에 대한 기초지식을 습득하고 금융역량을 배양할 수 있도록 「FSS 어린이 금융스쿨」을 개설하였다.

3-4. 합리적인 금융생활을 위한 개인금융진단 및 자문서비스 도입 추진

금융소비자 스스로 금융상태를 진단하고 합리적인 금융생활을 영위할 수 있도록 지원하기 위해 온라인상에서 개인의 금융상황 정보를 입력하면 이를 진단하고 처방을 내려주는 '금융 주치의' 역할을 하는 '온라인 개인금융진단 프로그램'을 2014년 10월 개발하여 오픈하였다. 또한 2015년 4월부터 사회초년생, 주부, 노인 등 서민층의 합리적인 금융생활을 지원하기 위해 금융전문가에 의한 무료 금융자문서비스를 실시하고 있다. 소득과 지출관리를 통한 부채관리 방법, 생애주기별 재무관리(결혼자금·주택자금마련 등), 저축과 투자, 은퇴·노후준비 등과 관련하여 재무상담 지식과 경험이 풍부한 전문가의 깊이 있는 1대1 맞춤형 상담을 제공하고 있다. 대면 또는 전화·온라인 상담을 제공하며 그 결과 2016년말까지 22,577건의 상담을 실시하였는바, (2015년 7,014건, 2016년 15,563건) 2016년 중 일평균 상담건수는 63건에 달하였다.

<표 6-23> 연령별 주요 금융자문서비스 제공 내용

연령대	상담내용
20대	사회초년생의 돈관리, 소득 및 지출관리, 저축방법, 학자금 대출상환, 재무목표관리
30대	주택자금 마련, 주거관련 부채관리, 보험, 소득 및 지출관리
40대	주택담보대출 상환, 자녀교육비, 노후 준비
50대	노후 준비 및 점검, 은퇴 이후 직업, 여가, 연금 등
60대 이상	노후 생활비, 상속·증여

<표 6-24> 금융자문서비스 주요 상담 영역

[제1부 주제별 상담]

주제	주요내용
현금흐름 및 지출관리	소비성지출 및 금융지출 등 지출관리, 가계 재무목표 설정, 불규칙한 소득관리, 신용카드 사용관리, 예산수립, 가계부 작성 등
저축과 투자	저축과 투자의 차이, 예금자보호제도, 복리상품, 비과세 금융상품, 장기투자 및 분산투자, 펀드선택 등
부채관리	대출 받기전 유의사항 및 대출시 검토사항, 대출상환 방식 및 순서, 개인신용등급 관리, 신용회복지원제도 등
위험관리	보험가입절차, 보험상품, 불규칙한 소득자의 보험가입, 보장성보험료, 실손보험 보상 범위, 보험 리모델링 등
노후소득원	국민연금 가입 및 수령, 퇴직연금제도, 연금저축상품, 주택연금 가입요건과 특징, 월지급식 펀드 등

주제	주요내용
생활세금	금융소득 종합과세 등 금융상품 관련 세금, 연말정산, 소득공제 항목, 양도소득세, 연금소득세 등
금융서비스 피해예방과 보호	구속성예금, 보험상품 및 펀드 불완전판매, 신용카드 분실시 보상방법, 금융사기 종류와 예방법 등

[제2부 생애 주요 이벤트별 상담]

생애 주요 이벤트	주요내용
사회초년생	사회초년생의 돈 관리 원칙, 급여 및 통장관리, 학자금대출 상환, 자동차 유지비용, 결혼자금마련, 1인 가구의 자산관리 등
신혼부부	재무진단시 주요 체크포인트, 신혼부부를 위한 주거 혜택, 맞벌이부부의 급여관리 등
자녀 출산과 교육	출산후 생활비 관리, 자녀 양육비 및 사교육비 관리 등
주거	주택청약제도, 생애최초 주택구입자금 대출, 전세자금대출, 전세계약시 유의사항, 부부공동명의 주택의 장단점 등
직업이전	외벌이로 전환시 준비사항, 실업급여 수급여건, 구직관련 정보, 창업관련 정보 등
은퇴	임금피크제, 노후생활자금 규모, 소득공백기간 대비 방법, 귀농관련 정보, 실버타운 선택기준, 은퇴 이후의 돈관리 등
의료비와 장기간병	장기요양병원 및 요양기관, 장기간병보험, 은퇴이후의 의료비, 상조서비스와 상조보험 등
자산이전 (상속과 증여)	상속세 과세 대상, 상속시 법정상속분, 상속 및 증여시 세율, 사전증여, 상속과 증여 비교 등

3-5. 금융교육 협력 MOU 체결

금감원은 2014년 3월 교육부, 한국과학창의재단과 함께 '교육기부 활성화 및 금융교육 협력 등에 관한 업무협약'을 체결하여 학교 금융교육 활성화를 위해 공동 노력하기로 합의하였다. 금감원은 또한 전국소상공인단체연합회와 금융교육 협력에 관한 MOU를 체결하여 산하 자영업자단체 회원에 대한 원활한 금융교육·상담을 실시하고 있다. 또한 전국적으로 약 300만 명의 회원을 보유하고 있는 사단법인 대한노인회와 노인 금융생활 안정을 위해 금융교육 협력 MOU를 체결하여 노인 대상 금융사기 등에 대한 피해를 예방할 수 있도록 고령층에 대한 금융교육 및 정보제공 활동을 강화하고 있다.

2015년 11월에는 북한이탈주민의 안정적인 사회정착을 돕고자, 통일부가 북한이탈주민에 대한 금융교육을 효율적으로 수행할 수 있도록 지원하는 내용의 업무협약을 체결하였다.

2016년 6월에는 국가평생교육진흥원과 금융 문해교육 업무협약을 체결하고 비문해자의 눈높이에 맞는 금융교육 콘텐츠를 공동 개발하는 한편, 금융감독원의 전문강사가 전국의 문해교육기관을 방문하여 비문해자 대상 금융교육을 적극적으로 실시하였다. 금감원은 이에 대한 공로를 인정받아 2018년 교육부장관상을 수상하였다.

금융감독원과 국방부는 2017년 12월 금융교육 업무협약을 체결하여 군장병들이 금융을 쉽게 이해하고 안정적인 금융생활을 영위할 수 있도록 양 기관이 공동으로 부대 방문교육 및 다양한 금융교육 콘텐츠 제작·배포 등 군장병에 대한 금융교육 서비스가 지속적으로 제공될 수 있는 여건을 조성하기로 하였다.

2024년 10월에는 전북특별자치도, 전북특별자치도 교육청 및 전북 시장·군수협의회와 전북도민의 금융역량 강화를 위해, 12월에는 서울시와 서울시 거주 청년 대상 금융교육 활성화를 위해 업무협약을 체결하였다. 또한 2025년 4월에는 충청북도, 충청북도 교육청, 하나금융그룹이 충북지역 금융교육 활성화를 위한 다자간 업무협약을 체결하였다.

3-6. 초·중·고 금융교육 인정교과서 개발·보급

학교에서 창의적 체험활동 등을 통해 체계적인 금융교육이 실시될 수 있도록 우리 실정에 맞는 '초·중·고 금융교육 인정교과서'를 개발하고 전국 약 1만 1,000개 초·중·고교 등에 4만여 부를 보급하였다.

2020년에는 동 교과서의 발간 기준이 된 「초·중·고 금융교육 표준안」이 만들어진 이후 상당기간이 경과하여 금융환경과 학교의 교육과정 등 금융교육 여건이 당시와 많이 달라짐에 따라 동 변화를 충실히 반영할 수 있도록 내용과 구성을 새로이 개정하였다. 한국교육과정평가원과 각계의 전문가가 대거 참여하여 도입된 새로운 표준안은 디지털 금융의 발달, 금융위기 상시화 등 금융환경 변화에 대응하여 '디지털 금융', '금융소비자 보호'에 개정 우선순위를 두고 관련 교육 성취기준을 신설, 보강하였다. 이러한 노력의 결과 2025년부터 고등학교 사회 선택과목으로 '금융과 경제생활'이 신설되어 2025년 현재 고1인 학생이 고등학교 2학년이 되는 2026년부터 수업이 실시된다. 이에 따라 금감원은 학교현장을 방문하여 학생들의 금융과목 선택을 적극적으로 장려하는 한편, 대국민 홍보를 강화하고, 교사에 대한 연수를 실시하여 교사의 역량을 강화할 계획이다.

3-7. 생애주기별 금융생활 가이드북 개발

2012년 2월 우리나라 성인층에 대한 체계적인 금융교육을 뒷받침하기 위하여 국내 최초로 국내 금융현실에 적합한 「한국형 생애주기별 금융교육 가이드라인」을 개발하였다.

생애주기란 한 개인이 성장하면서 결혼하여 가계를 형성하고 자녀의 출생, 성장 등 일련의 과정을 거치면서 경험하는 일반적인 단계를 의미한다. 일반적으로 생애주기에 따라 소득과 지출의 불균형이 발생하는 등 개인의 재무적 상황과 재무목표가 달라지므로, 성인층에 대해서는 생애주기에 적합한 금융지식과 정보를 제공하는 등 금융교육을 체계적으로 실시해야 한다.

이러한 생애주기 단계별로 직면하게 되는 다양한 금융·재무 상황에 대해 합리적인 의사결정을 할 수 있도록 생애주기별 금융생활 가이드 북을 개발·보급하기로 하였다. 이러한 계획에 따라 2013년 7월부터 2015년 6월까지 총 5권의 생애주기별 금융생활 가이드 북 시리즈가 출간되었다. 본 시리즈는 ① 미혼기, ② 신혼기 및 자녀출산기, ③ 자녀 학령기, ④ 자녀 성년기, ⑤ 자녀 독립기 및 은퇴기 편으로 구성되었다. 2016년에는 시각장애인들의 금융고충을 해결하고 금융정보에 대한 접근성을 개선하고자 본 시리즈를 오디오북과 점자도서로 만들어 발간하였다.

4. 금융교육협의회 제도

2010년 3월 금융교육 방향 설정 및 체계적 추진을 위해 학계, 소비자단체 등 외부 전문가 의견을 수렴하고자 금융교육 전문가협의회를 설치하였다.

기존 '국민참여형 금융교육 프로그램 자문위원회'를 '금융교육 자문위원회'로 전환하고 위원을 재구성하였으며, 2012년에 금융교육 전문가협의회로 명칭이 변경되었다.

2021년 3월 시행된 금융소비자 보호법은 금융위원회에 금융교육 지원, 프로그램 개발, 시책 수립·시행, 금융역량 조사 등 금융교육과 관련한 다양한 법적 책무를 부여하고 있다. 이에 그동안 자율적으로 운영되던 '금융교육전문가협의회' 제도는 '금융교육협의회'로 법정기구화되었다. 법정기구인 금융교육협의회를 중심으로 실무진 협의체인 워킹그룹을 통해 기관들 간 소통을 활성화하여 연간 금융교육 계획 수립, 기관들 간 협업유도 및 현안조정 등을 해나갈 예정이다.

금감원은 금융교육 정책집행 전담기구로서 '금융교육센터'의 기능을 수행하게 된다. 향후 새로이 도입될 금융교육 콘텐츠 인증제 운영, 온라인 콘텐츠몰 관리 등을 수행할 계획이다.

지역 금융교육(금융상담 포함) 네트워크를 촘촘히 구축하기 위해 현재 금감원 지방분원(11개, 서울·경기 제외) 중심으로 운영중인 지역금융교육협의회 참여기관을 대폭 확대해나갈 예정이다. 현재는 금감원을 중심으로 신용회복위원회, 금융회사, 교육청, 대학교 등으로 참여기관이 구성되어 있으나, 향후 서민금융통합지원센터, 국민연금공단 등 관계기관 참여를 유도할 방침이다.

제7장

Financial Consumer Protection

금융분쟁사례연구

- 제1절 여신 및 사후관리
- 제2절 수신
- 제3절 펀드의 불완전판매
- 제4절 신용카드

제1절 여신 및 사후관리

1. 여신 및 사후관리

1-1. 명의도용 대출의 변제책임

제3자가 신청인의 명의를 도용하고 관련 서류를 위조하여 은행과 대출계약을 체결한 경우, 은행과 신청인 간의 대출계약은 무효이므로 은행은 신청인에게 대출채무를 청구할 수 없다(2011.5.17. 조정번호 제2011-30호).

가. 사실관계

신청인은 대학 휴학생으로 2010.6.6. 친구인 A씨로부터 동인이 렌트하여 이용 중인 차량을 빌리면서 A씨에게 주민등록증을 교부하였다. 2010.6.7. A씨는 신청인의 주민등록증을 제시하며 신청인 행세를 하고, 동사무소에서 신청인의 주민등록등본 등·초본을 교부받은 후 ○○은행에서 '예금·신탁거래신청서' 및 '전자금융거래신청서'를 작성하여 신청인 명의 예금계좌를 개설하고 '공인인증서'를 발급받았다. 그리고 인터넷 대행사이트에 신청인의 주민등록번호와 이름을 입력하여 신청인 명의 휴학증명서를 발급받았다.

2010.6.9. A씨는 학자금대출을 중개해주는 인터넷 대출모집수탁업체에 신청인의 주민등록등본, 휴학증명서, 주민등록증 사본, 은행 통장 사본 등 본인 관련 서류를 송부하였다. 동 업체로부터 ◎◎은행(이하 "피신청인"이라 함)을 소개받은 후 ◎◎은행 홈페이지에 접속, 신청인 정보를 입력하고 은행에서 발급받은 공인인증서를 이용하여 ◎◎은행으로부터 410만 원을 대출받아 인출·사용하였다.

◎◎은행은 대출 당시 신청인에게 휴대폰으로 통화를 하여 본인확인을 하였다고 주장하였다. 하지만 이는 A씨가 신청인 행세를 하며 통화를 한 것이고, 신청인은 A씨가 휴대폰 배터리가 떨어졌다고 하여 신청인의 휴대폰을 A씨에게 잠시 빌려준 적이 있을 뿐이라고 주장하고 있다. 한편, 2011.2.8. A씨는 ○○지방법원에서 사문서위조, 사기죄 등으로 징역 2년 6월 및 벌금 200만 원을 선고받았다.

나. 당사자 주장

1) 신청인

◎◎은행의 대출은 A씨가 신청인의 명의를 도용하여 이루어진 것이므로 신청인에게 대출채무를 청구하는 것은 부당하다.

2) 피신청인

대출 당시 신청인의 주민등록등본, 통장 사본, 재학증명서 등 대출 관련 서류를 제출받고 공인인증서로 본인임을 확인하고 본건 대출이 이루어진 것이므로 신청인 주장을 수용하기 어렵다.

다. 조정결정

신청인과 피신청인 간 본건 대출계약이 유효하게 성립되었는지 여부를 살펴보면, 우선 계약을 체결하는 행위자가 타인의 이름으로 법률행위를 한 경우에 행위자 또는 명의인 가운데 누구를 계약의 당사자로 볼 것인가에 관하여는, 행위자와 상대방의 의사가 일치한 경우에는 그 일치한 의사대로 행위자 또는 명의인을 계약의 당사자로 확정해야 하고, 행위자와 상대방의 의사가 일치하지 않는 경우에는 그 계약의 성질·내용·목적·체결 경위 등 그 계약 체결 전후의 구체적인 제반 사정을 토대로 상대방이 합리적인 사람이라면 행위자와 명의자 중 누구를 계약 당사자로 이해할 것인가에 의하여 당사자를 결정하여야 할 것이다.

그런데 본건의 경우, A씨가 신청인의 명의를 임의로 도용하고 관련 서류를 위조하여 피신청인과 본건 대출계약을 체결한 것이므로 대출약정서에 표시된 신청인에게 대출계약의 의사가 있다고 보기 어렵고, A씨가 아무런 권한 없이 임의로 신청인 명의로 대출계약을 체결한 것이므로 신청인과 피신청인 간 대출계약이 유효하게 체결되었다고 보기 어렵다.

나아가, 피신청인은 본건 대출계약 체결 시 대출 관련 서류 및 공인인증서를 통하여 본인 여부를 확인하는 등 A씨를 본인인 것으로 믿었고 그 믿은 데에 정당한 이유가 있다는 취지의 주장을 하고 있다. 그러나 「민법」상 표현대리는 대리인이 본인을 위한다는 의사를 명시 혹은 묵시적으로 표시하거나 대리의사를 가지고 권한 외의 행위를 하는 경우에 성립하고, 사술을 써서 위와 같은 대리행위의 표시를 하지 아니하고 단지 본인의 성명을 모용하여 자기가 마치 본인인 것처럼 기망하여 본인 명의로 직접 법률행위를 한 경우에는 특별한 사정이 없는 한 표현대리는 성립될 수 없다 할 것이다. 본건의 경우 A씨가 아무런 권한 없이 자신이 신청인인 것처럼 가장하여 대출계약을 체결한 경우이므로 신청인의 표현대리 책임도 인정되기 어렵다.

<비교 사례>

저축은행이 동일인 대출한도 규제를 회피하기 위하여 타인의 채무자 명의를 요구함에 따라 실제 차주가 신청인에게 부탁하여 신청인 명의의 대출이 일어난 경우, 대출계약의 실질적 당사자는 저축은행과 실제 차주이고 신청인과의 대출약정은 통정허위표시에 해당하여 무효로 해석된다(2011.5.17. 조정번호 제2011-31호).

1-2. 대출연장의 합의 여부와 중도상환수수료의 반환

대출계약의 기간연장에 대하여 당사자 간 합의된 의사가 명시적으로 확인되지 않은 상황에서 은행의 일방적인 연장 처리에 의하여 중도상환수수료를 납부한 경우, 은행은 중도상환수수료 등을 반환할 의무가 있다(2010.12.14. 조정번호 제2010-107호).

가. 사실관계

신청인은 ○○은행으로부터 2006.10.20. 8억 원, 같은 해 10.27. 6억 원, 2009.10.20. 3억 원 등, 총 17억 원의 중소기업자금대출(이하 "본건 대출"이라 함)을 받았는데, 대출만기는 모두 2010.10.20.이었다. 2010.10.18. 본건 대출의 만기 직전 ○○은행 직원이 신청인에게 전화로 본건 대출의 만기도래를 안내하고 기간연장에 대해 문의하였고, 신청인은 부인이 암치료로 입원 중이어서 경황이 없으므로 2010.10.21. 피신청인 지점에 내점하겠다고 답변하였다.

2010.10.20. 피신청인은 신청인의 위와 같은 답변을 기간연장에 대한 동의로 보고 연 6.95% 이율을 적용하여 본건 대출기간을 1년 연장하였다. 2010.10.21. 신청인이 피신청인 지점에 내점하여 본건 대출의 이자율이 타 은행보다 높음을 이유로 피신청인에게 이자율 조정을 요청하였으나 동 요청이 수용되지 않자 신청인은 거래조건 변경·추가약정서 작성을 거부하였다.

이후 신청인과 피신청인 간 본건 대출의 이자율에 대한 합의가 이루어지지 않아 신청인이 2010.10.26. 본건 대출의 상환의사를 표시하였다. 그러자 피신청인은 신청인에게 대출기간이 유효하게 연장되었으며, 연장 후 기한전 상환을 이유로 대출원금(17억 원), 대출이자(2,265,890원) 및 중도상환수수료(8,500,000원) 합계 1,710,765,890원의 상환을 요구하였다. 신청인은 2010.10.27. 타 은행에서 대출을 받아 전액 상환하였다.

나. 당사자 주장

1) 신청인

담당직원과 전화통화 시 본건 대출기간 연장을 명시적으로 동의한 사실이 없고 단지 피신청인 지점에 내점하여 이를 결정하겠다고 하였을 뿐이며, 대출기간 연장 서류에 서명을 하지도 않았는데 피신청인이 임의로 대출기간을 연장처리하여 중도상환수수료 등을 부과하는 것은 부당하다.

2) 피신청인

본건 대출의 기간이 연장되지 않으면 연체이자가 발생하는 등 기간연장을 해주는 것이 오히려 신청인에게 유리한 상황이었다. 담당직원의 대출기간 연장 문의 시, 신청인이 보류 또는 거절의사를 표시하지 않고 지점에 내점하겠다고 하였으며, 내점 시에도 기간연장 자체는 문제 삼지 않고 이자율에 대해서만 불만을 표시하였을 뿐이므로 대출기간 연장에 대해서는 신청인이 구두상 동의한 것이다.

따라서 본건 대출의 기간연장이 유효하게 체결되었고, 신청인이 중도상환을 하였으므로 기한전 상환수수료 규정에 따라 중도상환수수료를 부담하는 것은 정당하다.

다. 조정결정

피신청인은 신청인이 본건 대출의 이자율에 대해서만 불만을 표시하였을 뿐 본건 대출의 기간연장에 대해서는 구두로 동의하였으므로 기간연장 및 중도상환수수료 부과가 적정하게 이루어진 것이라고 주장하였다. 그러나 다음과 같은 점에 비추어 본건 대출의 연장의 합의가 이루어졌다고 보기 어려우므로 중도상환수수료 부과는 부당하다.

① 우선 본건 대출의 기간연장에 대한 신청인과 피신청인의 전화통화 시, 신청인이 피신청인 지점에 내점하겠다고 한 것으로 신청인이 본건 대출의 기간연장에 대해 확정적인 동의의 의사를 표시한 것으로 보기 어렵다.

계약이 성립하기 위하여는 당사자 사이에 의사의 합치가 있을 것이 요구되고 이러한 의사의 합치는 당해 계약의 내용을 이루는 모든 사항에 관하여 있어야 하는 것은 아니나, 그 본질적인 사항이나 중요사항에 관하여는 구체적으로 의사의 합치가 있거나 적어도 장래 구체적으로 이를 특정할 수 있는 방법 등에 관한 합의가 있어야 한다. 그렇지만 이자율이 대출계약의 본질적인 사항임에 비추어 보건대, 당시 통화 시 신청인과 피신청인 간 대출기간 연장 시 이자율, 기간 등에 대한 구체적 합의가 없으며, 내점하였을 때 신청인이 본건 대출의 이자율에 대한 불만을 제기했던 것으로 보아 기간연장에 대한 유효한 의사합치가 있다고 보기 어렵다.

② 피신청인의 「여신업무취급세칙」 제500조에 의하면 여신의 기간연장 시에는 고객으로부터 거래조건변경·추가약정서를 받도록 규정되어 있는데, 신청인은 대출 이자율에 불만을 표시하며 기간연장 서류인 거래조건변경·추가약정서의 자서를 거부하고 이를 작성하지 않았다.

③ 더욱이 본건 대출의 여신거래약정서상 중도상환수수료 부분은 신청인이 피신청인 직원의 설명을 듣고 해당란에 체크하도록 되어 있는데, 본건 약정서에는 이에 대한 체크가 없어 본건 대출과 관련하여 신청인이 피신청인으로부터 중도상환수수료에 대한 설명을 듣고 이를 약정의 내용으로 삼았다고 보기도 어렵다.

따라서 본건 대출의 기간연장이 유효하게 이루어졌다고 보기 어려우므로 피신청인은, 신청인으로부터 지급받은 이자와 중도상환수수료의 합인 10,765,890원에서 본건 대출의 만기인 2010.10.20.부터 2010.10.27. 상환 시까지의 이자 4,609,496원을 차감한 6,156,394원을 신청인에게 반환하여야 한다.

<비교 사례>

대출거래약정서상 중도상환수수료에 대하여 기한의 이익 상실 등의 사유로 은행이 대출금을 회수하는 경우 면제한다고 정하였는데, 대출채무가 기한의 이익을 상실하여 은행이 담보부동산의 경매를 신청함에 따라 소유 부동산을 보전하고자 대출금을 상환한 경우 약정서상 중도상환수수료 면제 사유에 해당한다고 보기 어렵다(2008.11.11. 조정번호 제2008-82호).

1-3. 이해관계 있는 제3자의 변제

신청인은 법원의 확정판결에 의해 소유권 이전등기 말소청구권을 부여받은 자로, 말소등기를 위하여 해당 부동산에 대한 근저당권자인 은행의 승낙이 필요한 경우, 신청인은 이해관계 있는 제3자에 해당하므로 근저당권 설정자인 채무자의 의사에 반하여 은행에 대위변제할 수 있다(2010.10.20. 조정번호 제2010-86호).

가. 사실관계

2005.12.1. 신청인은 자기 소유의 부동산(이하 “제1부동산”이라 함)과 A씨 및 B씨(A씨의 아들)가 공동 소유한 부동산(이하 “제2부동산”이라 함)을 대상으로 하는 교환계약을 체결하였다. 다음 날인 2005.12.2. 신청인은 제1부동산에 대한 소유권이전등기(공유지분: A씨 1/2, B씨 1/2)를 완료하였고 2006.5.11. 본건 교환계약을 해제[117] 하였으나, 2006.9.12. B씨는 ○○은행에 제1부동산에 대한 근저당권(채권최고액 26억 원)을 설정하여주고 20억 원을 대출받았다.

2008.4.30. 신청인은 A씨와 B씨를 상대로 교환계약 해제를 원인으로 한 제1부동산 소유권 이전등기 말소소송을 제기하여 일부승소 판결을 받았는데, 「부동산등기

117) 해제사유: 신청인은 교환계약 당일 A씨, B씨에게 소유권 이전등기에 필요한 서류를 교부하여 제1부동산의 소유권 이전등기가 이루어졌으나, A씨와 B씨가 제2부동산에 대한 소유권 이전등기에 필요한 서류를 교부하지 않고 소유권 이전등기 절차를 이행하지 않았다.

법」상[118] 신청인이 위 확정판결문에 기해 제1부동산에 대한 소유권 이전등기를 말소하기 위해서는 근저당권자인 ○○은행의 승낙이 필요하였다.

신청인은 근저당권자인 ○○은행의 승낙을 받기 위해 근저당권의 피담보채무를 대위변제하겠다고 하였으나, ○○은행은 채무자 측(A씨 및 B씨)에서 신청인의 대위변제를 반대한다는 이유로 신청인의 대위변제를 거절하였다. 신청인은 ○○은행의 대위변제 거절로 인해 소유권 이전등기의 말소등기를 할 수 없게 되었다.

나. 당사자 주장

1) 신청인

법원의 확정판결문에 따라 제1부동산에 대한 소유권 이전등기 말소등기를 하기 위하여 근저당권자인 피신청인의 승낙서가 필요하며, 피신청인의 승낙서를 받기 위해서는 근저당권 피담보채무를 대위변제하여야 한다.

신청인은 판결에 의해 확정된 소유권이전등기 말소청구권이라는 자신의 권리를 행사하기 위해서는 위와 같이 대위변제가 반드시 필요한 자로서 법률상 이해관계 있는 제3자에 해당하므로 채무자의 의사에 반해서도 대위변제할 권한이 있음에도[119] 피신청인이 이를 거절하는 것은 부당하다.

---

118) 「부동산등기법」 제171조(이해관계 있는 제3자가 있을 때) 등기의 말소를 신청하는 경우에 그 말소에 대하여 등기상 이해관계 있는 제3자가 있을 때에는 신청서에 그 승낙서 또는 이에 대항할 수 있는 재판의 등본을 첨부하여야 한다.

119) 「민법」 제469조(제3자의 변제)
① 채무의 변제는 제3자도 할 수 있다. 그러나 채무의 성질 또는 당사자의 의사표시로 제3자의 변제를 허용하지 아니한 때에는 그러하지 아니하다.
② 이해관계 없는 제3자는 채무자의 의사에 반하여 변제하지 못한다.

2) 피신청인

신청인의 소송 상대방이었던 A씨와 B씨(본건 근저당 채무자)가 신청인의 대위변제를 강하게 반대하고 있고, 신청인이 채무자의 의사에 반해서도 변제할 수 있는 이해관계 있는 제3자에 해당되는지 여부가 명확하지 않으므로 신청인의 주장을 수용하기 곤란하다.

다. 조정결정

「민법」은 제3자의 변제를 제한하여 이해관계 없는 제3자는 채무자의 의사에 반하여 변제하지 못하도록 하고 있는데, 법원은 이해관계가 있는 자란 변제를 함에 있어 법률상의 이해관계가 있는 제3자를 말하고 단순한 사실상의 이해관계가 있는 제3자는 이에 해당하지 아니한다고 판시[120]하고 있다.

본건의 경우 신청인은 법원의 확정판결에 의해 소유권 이전등기 말소청구권을 부여받았고 동 권리를 행사하기 위해서는 근저당권자인 피신청인의 승낙이 필요하며, 근저당권자인 피신청인의 승낙이 없는 관계로 법원의 판결에 의해 취득한 정당한 권리를 보호받을 수 없게 되는 결과가 야기되는 점에 비추어 신청인은 채무자의 의사에 반하여 대위변제할 수 있는 제3자에 해당하는 것으로 판단되므로 피신청인이 채무자의 반대를 이유로 대위변제를 거절한 것은 부당하다.

<비교 사례>

「민법」상 채무인수의 합의가 유효하기 위해서는 채권자의 승낙이 필요한데, 채무인수 합의가 있는지 불명확한 경우 채권자인 은행으로서는 특별한 사정이 없는 한 채무인수 합의에 승낙하여야 할 의무를 부담한다고 볼 수 없다(2006.2.14. 조정번호 제2006-4호).

120) 대법원 1995.3.24. 선고 94다44620 판결 등

1-4. 대출계약조건 번복으로 인한 은행의 손해배상책임 유무

부동산 매수를 위하여 은행으로부터 대출을 받고자 하였으나 금융기관 대출담당 직원이 대출조건 안내를 제대로 하지 못하여 대출계약이 유효하게 이루어지지 않았고 이로 인해 부동산 매매계약이 해약된 경우, 부동산매매계약이 해약됨으로써 발생하는 해약금 상당의 손해를 은행이 배상하여야 한다고 보기 어렵다(2005.11.8. 조정번호 제2005-71호).

가. 사실관계

신청인은 근린상가 매수자금을 마련하기 위하여 ○○은행 대출담당팀장 A씨 및 부팀장 B씨와 신청인이 거주하는 연립주택을 담보로 하는 대출협약(대출금액 4.7억 원, 3년 거치 30년 원금분할상환조건)을 진행하였으며 그 경위는 다음과 같다.

- 2005.7.1.(금) 신청인, 전단지를 보고 위 B씨에게 전화로 대출문의 및 감정 신청
- 2005.7.4.(월) 한국감정원의 현장 감정 평가
- 2005.7.6.(수) 대출신청서 및 대출약정서에 서명 날인
- 2005.7.7.(목) 소득증빙을 위하여 신청인과 C씨 간의 매매계약서 사본을 추가로 제출받아 심사부서에 접수
- 2005.7.8.(금) 여신심사부서가 거치기간 오류로 반려
- 2005.7.9.(토) 위 B씨는 거치기간이 없는 상환조건으로 수정 제의
- 2005.7.10.(일) 신청인은 위 B씨에게 대출철회를 통보하고 위 C씨에게 상가매매계약의 해약을 통보하여 계약금의 일부인 17백만 원을 반환받음
- 2005.7.11.(월) 위 A씨는 신청인에게 전화하여 예외승인절차를 밟아 원래 조건대로 대출을 받게 해주겠다고 제의하였으나 신청인은 이를 거절

나. 당사자 주장

1) 신청인

본건 대출계약은 대출담당부서 팀장 등과 합의에 의하여 성립하였으므로 피신청인은 합의된 대출조건인 3년 거치 분할상환조건으로 대출을 실행하여야 함에도 이를 거절함으로써 동 조건에 따라 대출이 실행될 것을 믿고 체결한 상가매매계약이 해약되어 발생한 해약금 상당의 손해를 배상하여야 한다.

2) 피신청인

본건 대출계약은 여신심사부의 승인 통보가 없었으므로 성립하였다고 볼 수 없고, 신청인의 상가매매계약 해약금 상당 손실은 동 대출과 직접적인 관련을 인정할 수 없어 그 손해를 배상할 수 없다.

다. 조정결정

신청인은 본건 대출계약은 불요식 낙성계약으로서 대출담당팀장과 3년거치 상 환조건으로 합의를 하였으므로 계약이 성립하였다고 주장하나, 본건 대출계약은 다음의 사유에 비추어 성립하지 아니하였으므로 계약에 의한 채무불이행 책임은 인정되지 않는다.

① 은행대출은 통상 은행 측의 대출 관련 홍보 및 대출상담 등으로 유인된 고객 들이 대출신청서 및 대출약정서에 서명날인을 하고 피신청인의 내부승인 절차를 거쳐 약정일자에 대출금액을 고객에게 이전하여 주고 있는데, 고객의 대출신청서 및 대출약정서에 대한 서명날인 행위는 청약으로, 은행의 승인 통보 행위를 승낙으로 볼 수 있다.

② 본건의 경우 피신청인이 2005.7.9.(토) 신청인에게 빌라를 담보로 한 대출은 3년 거치 원금분할상환 조건으로는 승인이 어려우므로 거치기간의 수정을 요구한 것은 청약에 대한 승낙거절로 볼 수 있다.

③ 대출담당직원 B씨 등은 본건 계약을 다시 성립시키려고 2005.7.11.(월) 여신 심사부서로부터 구두로 예외적 승인 여부를 확인하고 신청인에게 기존 조건대로 대출을 받을 것을 권유하였으나 신청인이 이를 거절하였다.

대출담당직원이 대출조건 안내를 제대로 하지 못한 과실은 있으나, 신청인이 상가매수계약을 해약함으로써 발생한 해약금 상당 손해에 대한 피신청인의 사용자배상책임은 다음의 사유에 비추어 인정하기 어렵다.

① 일반적으로 대출계약이 유효하게 체결되지 않은 사실과 부동산매매계약이 해약됨으로써 발생하는 해약금 상당의 손해는 밀접한 개연성을 갖지 않으므로 통상의 손해범위에 해당한다고 보기 어렵다.
② 설사 본건 대출 약정서의 소득증빙서류로 상가 매수계약서가 첨부되는 등 피신청인 측이 상가매수계약이 체결되었음을 알고 있었다고 하더라도, 신청인 이 선택한 본건 대출 상환방법은 30년 분할상환조건으로서 3년 거치기간의 유무는 대출계약의 형태를 변경하는 정도가 아닌 부수적인 조건에 해당하고, 피신청인 담당직원이 이를 잘못 안내한 사실과 신청인이 대출을 철회하고 부 동산매수계약을 해약하여 해약금 손실이 발생한 사실과는 상당한 인과관계 가 인정되지 않아 특별손해의 범위에도 해당하지 않는다.

<참 고>

2005년 본건 조정결정에서는 대출약정서의 작성을 청약에 해당하는 것으로 보아 계약이 성립하지 않았다고 판단하였다. 그러나 점차 대출약정서상 중요한 내용에 대하여 계약자의 자필기재 등을 요구하고 있는 추세임을 감안한다면, 대출약정서상 구체적 계약내용이 기재되었는지 여부 등에 따라 대출약정서 작성으로 대출계약이 성립하였다고 판단될 가능성도 있으므로 주의할 필요가 있다.

2. 담보권의 실행

2-1. 포괄근저당권의 피담보채무에 타기관 보증부대출채무가 포함되는지

근저당권설정계약서에는 피담보채무의 범위가 '포괄근담보'로 기재되어 있더라도, 신용보증서에 의한 보증부대출의 경우 은행이 추가적 담보를 요구할 필요가 없는 등 제반 사정을 살펴보았을 때, 포괄근저당권의 피담보채무는 보증부대출을 포함하지 않는다고 제한해석하는 것이 타당하다(2011.4.12. 조정번호 제2011-21호).

가. 사실관계

2007.1.16. 신청인은 ○○은행으로부터 기업운전자금 47백만 원을 대출받고, 다음 날 신청인 소유 부동산에 관하여 피담보채무의 범위를 '포괄근담보,' 채권최고액을 '65백만 원'으로 하는 근저당권을 설정해주었다.

신청인은 2008.6.26. 위 47백만 원의 대출금을 상환한 후, 2009.4.27.에 기업운 전자금 50백만 원을 대출(2007.1.17.자 근저당을 이용)받았으며, 같은 해 6.26. 신용보증기금의 신용보증서를 담보(보증비율 100%)로 하여 기업운전자금 100백만 원을 대출받았다.

2010.12.3. 신청인은 본건 부동산을 제3자에게 매각하였는데, 본건 부동산 매각 당시, 신청인이 ○○은행 직원에게 2009.4.27.자 50백만 원 대출금을 상환할 경우 근저당권 말소가 가능한지를 문의하였을 때 그렇다는 답변을 들었다.

매수인은 2011.1.11. 본건 부동산에 관해 ◎◎신용협동조합에 저당권(채권최고 액 65백만 원)을 설정하여주고 대출을 받아 신청인의 2009.4.27.자 대출금 50백만 원을 상환하였고, 당일 근저당권 말소를 위해 법무사가 ○○은행을 방문하기로 하 였는데 법무사가 방문하지 않아 근저당권 말소절차가 이루어지지 않았다.

신용보증기금은 2011.1.12. 신청인의 사업장 폐업(2010.12.31.)을 이유로 부실 발생사실 및 기금의 동의 없이 본건 근저당권 해지가 불가함을 ○○은행에 통지 하였다.

나. 당사자 주장

1) 신청인

피신청인 직원이 2009.4.27.자 대출금 상환 시 본건 근저당권을 말소해준다고 하였음에도 신용보증기금이 근저당권 말소에 동의하지 않는다는 사유로 근저당권 말소를 거부하는 것은 부당하다.

2) 피신청인

신용보증기금이 본건 근저당권의 피담보채무 범위를 계약서 문언대로 포괄근담보로 해석하고 있으며 신용보증 부실사유 발생(신청인 폐업)을 이유로 본건 근저 당권 말소를 동의해주지 않는 상황으로, 기금의 동의 없이 본건 근저당권을 말소할 수 없다.

다. 조정결정

근저당권의 피담보채무 범위에 관하여 대법원 및 금융분쟁조정위원회[121]는 근저당권 설정계약서가 정당하게 작성되었으면 원칙적으로 처분문서의 기재된 내용에 따라 피담보채무의 범위를 인정하고 있다. 그러나 그 기재내용과 다른 특별한 묵시적, 명시적인 개별약정의 요소가 있는 경우에는 그 개별약정의 요소에 따라 피담보채무의 범위를 제한해석하고 있다.

따라서 당해 대출금채무와 다른 채무의 각 성립경위 등 근저당권 설정계약 체결의 경위, 대출관행, 각 채무액과 그 근저당 채권최고액과의 관계, 다른 채무액에 대한 별도의 담보확보 여부 등 제반 사정에 비추어 당사자의 의사가 계약서 문언과는 달리 일정한 범위 내의 채무만을 피담보채무로 약정한 취지라고 해석하는 것이 합리적이라고 인정되는 경우, 당사자의 의사에 따라 그 담보책임의 범위를 제한할 수 있다고 할 것이다.

---

121) 대법원 2005.7.28. 선고 2005다22565 판결, 금융분쟁조정위원회 조정번호 제2000-18호, 제2003-1호 등 참조

본건 근저당권의 피담보채무 범위에 관하여 살펴보면, 비록 근저당권설정계약서에는 피담보채무의 범위가 '포괄근담보'로 기재되어 있으나, 아래의 점을 사유로 2009.6.26.자 보증서대출 100백만 원은 포괄근저당권의 피담보채무가 아니라고 할 것이다.

① 본건 근저당권의 채권최고액(65백만 원)이 2007.1.16. 최초 대출상담액(50백만 원)으로, 동 금액 상환 이후 2009.4.27. 본건 근저당권을 이용하여 이루어진 대출액(50백만 원)에 대한 피신청인 소정의 담보취득비율(130%)에 상응하고, 신용보증기금이 보증한 2009.6.26.자 대출금 100백만 원을 포함하는 경우 위 채권최고액을 상당히 초과하여, 피신청인도 2009.4.27.자 대출금 50백만 원을 담보하기 위하여 본건 근저당권을 설정했다고 볼 수 있다.

② 신용보증기금의 신용보증서는 채권회수의 확실성 및 보증채무 이행에 대한 신뢰도가 일반인의 다른 보증이나 기타의 채권담보수단에 비하여 현저히 높기 때문에 신용보증서가 제출되어 있는 경우, 그 부분에 대하여 금융기관이 추가적인 담보를 요구할 필요가 사실상 없으며 신용보증기금의 보증범위에서 제외되는 부분만을 보충하는 것이 일반금융관행에 가깝다. 신청인의 2009.6.26.자 대출금 100백만 원은 신용보증서의 보증비율이 100%로 별도 담보가 불필요한 상황이며, 피신청인의 여신심사서류상 담보내역에 신용보증기금의 신용보증서(100백만 원)만 기재되어 있고, "본건 담보 신용보증기금보증서 100% 담보건으로 채권회수 이상 없으리라 판단됨"으로 영업점 의견이 기재되어 있는 점으로 보아 2009.6.26.자 100백만 원의 대출 시 피신청인은 본 건 근저당권을 담보로 삼지 않았다고 볼 수 있다.

따라서, 본건 근저당권의 피담보채무는 신청인의 2009.4.27.자 대출금 50백만 원에 한정되는 것으로 제한해석하는 것이 타당하고, 신청인이 이미 위 대출금을 모두 상환하였으므로 피신청인은 본건 근저당권 설정등기를 말소할 의무가 있다.

2-2. 한정근저당권 피담보채무를 은행이 보충한 경우

근저당권 설정계약서 작성 후, 공란이던 근저당권의 피담보채무 부분에 대하여 은행 직원이 보충한 것은 적정한 업무행태라고 보기 어려우나, 근저당권 설정계약 체결의 경위와 목적, 피담보채무액, 근저당권 설정자와 채무자 및 채권자와의 상호관계 등 제반 사정에 비추어, 그러한 사유만으로 본건 근저당권의 피담보채무가 특정 대출에만 한정된다고 보기는 어렵다(2010.6.8. 조정번호 제2010-52호).

가. 사실관계

2008.4.16. ○○은행은 A기업(개인회사) 대표 B씨와 중소기업자금대출 20백만 원의 대출을 약정하였고, 2008.7.30. 신청인은 자기 소유의 아파트에 관하여 채무자를 'B씨', 채권최고액을 '120백만 원', 근저당 결산기를 '장래지정형'으로 하는 근저당권 설정계약을 체결한 후 ○○은행 앞으로 근저당권을 설정하여주었다.

한편, 위 근저당권 설정계약서 기재사항 중 피담보채무 범위 기재란의 '한정근저당', 채권최고액 기재란의 '일억이천만 원', 근저당권 결산기 기재란의 '장래지정형' 부분은 신청인이 자필기재하였으나, 한정근저당권의 피담보채무 내용이 될 거래내역 기재란은 공란으로 하였다가 추후 ○○은행 직원이 '여신거래약정서'라고 보충기재하였다.

2008.7.31. ○○은행은 B씨에게 중소기업자금대출 70백만 원(대출A)을 신규 취급하고, 기존 2008.4.16.자 중소기업자금대출 한도를 20백만 원에서 50백만 원으로 증액(대출B)하였는데, 동 대출 취급 시 채무자로부터 '여신거래약정서', '거래조건변경·추가약정서'를 징구하였으나, 동 약정서의 담보제공자란에 별도로 신청인의 서명을 받지는 아니하였다. ○○은행의 담보현황표에 의하면, 신청인이 제공한 담보부동산의 여신가능금액은 50백만 원[122] 상당이었다.

---

122) 담보부동산(아파트)의 여신가능금액: 80백만 원(감정가격) × 담보인정비율(80%) - 선순위(14백만 원) = 50백만 원

2010.1.18. 채무자에게 당좌부도가 발생하자, ○○은행은 본건 근저당권을 근거로 대출A(70백만 원) 및 대출 B의 증액부분(30백만 원)에 대해 신청인에게 경매실행 예정임을 통지하였다.

나. 당사자 주장

1) 신청인

채무자의 동생인 C씨(신청인의 사위)의 부탁과 담보부동산의 담보여력이 70백만 원밖에 안 된다는 이야기를 듣고 70백만 원의 대출에 대해서만 담보제공할 의사로 은행직원이 불러주는 대로 근저당권 설정계약서를 작성하였던 것이지 채권최고액 120백만 원까지 담보책임을 부담할 의사는 없었다. 피신청인 직원이 임의로 본건 근저당권의 피담보채무의 내역을 '여신거래약정서'라고 기재한 것이므로 신청인이 부담할 담보책임은 대출A 70백만 원의 잔액에 한정된다.

2) 피신청인

본건 저당권은 채무자로부터 대출금 100백만 원의 차용신청을 받은 후 담보제공자의 담보제공의사에 따라 대출A 70백만 원과 대출B의 증액부분 30백만 원을 합한 100백만 원에 대해서 은행 소정의 담보설정비율(120%)을 적용하여 채권최고액을 120백만 원으로 하는 한정근저당권을 설정한 것이다. 계약 당시 한정근저당권의 성격 및 위와 같은 피담보채무의 내용을 신청인에게 분명히 설명하고 계약서에 자필서명을 받았으며, 한정근저당권의 피담보채무의 내용이 될 거래내역 부분을 공란으로 하였다가 추후 피신청인 직원이 '여신거래약정서'라고 보충 기재하였다고 하여 담보제공자가 자서한 한정근저당권의 피담보채무가 영향을 받는 것은 아니므로 본건 한정근저당권의 피담보채무 범위에 대출A 70백만 원과 대출B의 증액부분 30백만 원이 포함된다.

다. 조정결정

근저당권 설정계약서는 처분문서이므로 그 진정성립이 인정되는 때에는 계약문언대로 효력을 발생하는 것이 원칙이나, 앞서 사례에서 본 것과 같이 거래경위 등 제반 사정에 비추어 당사자 의사가 계약 문언과는 달리 일정한 범위 내의 채무만을 피담보채무로 약정한 취지라고 해석하는 것이 합리적이라고 인정되는 경우에 한하여 근저당권의 피담보채무 범위를 제한해석할 수 있다.

본건에서 피신청인이 근저당권의 피담보채무 내용이 될 거래내역 기재란을 공란으로 하였다가 추후 이를 보충한 것은 적정한 업무행태라고 보기 어렵다 할 것이다. 그러나 다음과 같은 점에 비추어 동 사유만으로 본건 근저당권의 피담보채무를 상기와 같이 제한해석할 수 있는 경우라고 보기는 어렵다.

① 본건 대출A와 대출B는 중소기업자금대출로서 대출과목이 동일하고 모두 여신거래약정서를 체결하고 취급되었으며, 대출A 70백만 원과 대출B의 증액부분 30백만 원 대출 모두 저당권 설정계약일 바로 다음 날 동일한 날짜에 이루어졌다.

② 일반적으로 여신거래에서 담보로 근저당권을 설정함에 있어 채권최고액은 "대출원금의 약 120% 정도"로 설정하는 것이 통상적인데, 본건 근저당권의 채권최고액(120백만 원)은 대출A 70백만 원과 대출B의 증액부분 30백만 원을 합한 대출금의 120%에 해당하므로 대출A와 대출B의 담보로 본건 근저당권을 설정한 의사인 것으로 추정함이 합리적이다.

③ 피신청인의 '여신상담 및 심사기준표'에 의하면 애초에 채무자로부터 100백만 원의 차용신청이 있었던 것으로 보이며, 대출A와 대출B의 각 '여신품의서'상 담보현황에 둘 다 본건 근저당권이 설정된 것으로 기재되어 있어 은행은 본건 근저당권을 담보로 대출A와 대출B를 실행한 것으로 보는 것이 합리 적이다.

④ 신청인은 본건 대출의 차주인 B씨의 동생인 C씨의 장인이며, 본건 근저당권 설정일 이전인 2005.2.17. B씨를 채무자로 하여 채권최고액 65백만 원의 근저당

권을 설정해준 사실이 있고, 본건 근저당 설정일 이후인 2010.1.21.에도 B씨를 채무자로 하여 채권최고액 60백만 원의 근저당권을 설정한 사실이 있는 등 신청인과 B씨, C씨 간의 관계를 상호 무관한 것으로 보기 어렵다.

따라서, 본건 근저당권의 피담보채무는 근저당권 설정계약서에 기재된 대로 '여신거래약정서'에 의한 대출채무로 해석하여야 하므로 대출A 70백만 원과 대출B의 증액 부분 30백만 원은 본건 근저당권의 피담보채무에 포함된다고 봄이 타당하다.

<비교 사례>

근저당권 설정계약서에 '한정근저당'(채권최고액 127백만 원), 피담보채무를 '증서대출'로 약정한 사안에서, 106백만 원의 담보대출 실행 다음 날 12백만 원의 신용대출이 취급된 경우, 담보대출채무액과 채권최고액의 관계, 신용대출과 담보대출에 적용된 금리의 차이, 담보물심사표에 의한 담보가능금액 등을 고려하였을 때 12백만 원의 신용대출채무는 한정근저당권의 피담보채무로 보기 어렵다(2013.9.10. 조정번호 제2013-23호).

2-3. 제3자 담보의 경우 근저당권 설정 이전의 기존 채무까지 포함하는지

채무자가 은행으로부터 대출을 받는 과정에서 제3자가 자기 소유의 부동산에 대하여 포괄근저당권을 설정하여준 사안에서, 거래경위 등을 고려하였을 때 채무자의 근저당권 설정 전 기존 채무는 포괄근저당권의 피담보채무에 포함된다고 볼 수 없다(2011.9.6. 조정번호 제2011-50호).

가. 사실관계

2009.5.26. 신청인은 A기업의 부탁을 받고 동 회사가 ○○은행으로부터 5억 원(이하 '본건 담보대출'이라 함)을 대출받을 때 신청인 소유의 부동산을 담보로 제공

하여 근저당권을 설정[123](포괄근저당, 채권최고액 8.4억 원, 이하 "본건 근저당권"이라 함)하여주었다.

○○은행 담당 직원의 경위서에 따르면, "본건 근저당권 설정 당시 담당 직원은 신청인에게 본건 담보물로 7억 원 정도 대출이 가능하다고 하였고, 대출금 5억 원의 120%인 6억 원을 채권최고액으로 기재할 것으로 권유하였으나 신청인이 추가 대출을 고려하여 채권최고액을 8.4억 원으로 기재하였다."고 하였다.

2010.1.29. 신청인은 A기업이 신청인의 동의 없이 ○○은행으로부터 추가로 2억 원을 대출할 것을 걱정하여 본건 근저당권의 채권최고액을 2억 원 감액하기 위해

○○은행 담당 직원과 협의하였는데, ○○은행이 채무자(A기업) 명의로 대출받을 수 있는 금액이 1.2억 원이라고 하자 신청인은 채무자 명의로 1.2억 원을 대출받고 신청인의 여유자금 80백만 원을 합하여 2억 원의 중금채를 ○○은행으로부터 구입 후 동 중금채를 ○○은행에게 담보로 제공(질권설정)하고 본건 근저당권의 채권최고액을 2.4억 원만큼 감액(8.4억 원 → 6억 원)하여 변경 등기하였다.

2010.9.30. 신청인은 A기업 명의의 2010.1.29.자 대출금 1.2억 원을 변제하고, 2010.10.11. A기업 명의의 2008.11.12.자 대출금 80백만 원 및 2009.5.26.자 대출금 5억 원을 각각 변제하였으며, 2010.10.11 A기업의 나머지 채무에 대하여 A기업의 예금담보액으로 모두 상계처리하여 A기업 명의의 모든 채무는 소멸되었다.

나. 당사자 주장

1) 신청인

신청인이 본건 근저당권을 설정한 것은 A기업이 피신청인으로부터 5억 원을 대출받을 수 있도록 하기 위한 것이고, 근저당권 채권최고액을 8.4억 원으로 한 것은 채무자나 신청인이 향후에 추가로 2억 원을 대출받기 위한 것이었고, 피신청인 담

123) 본건 근저당권 설정 당시 A기업의 ○○은행에 대한 기존 채무는 1.7억 원이 존재하고 예금담보(질권설정)는 71백만 원이 존재하였다.

당직원도 동 사실을 알고 있었다.

본건 근저당권 설정 당시 피신청인 담당 직원은 차주(A기업)의 기존 채무에 대하여 아무런 설명도 하지 않았고, 신청인도 A기업의 기존 채무에 대하여 알지 못하였으므로 본건 근저당권이 A기업의 기존 채무(2008.11.12.자 80백만 원)까지 담보하는 것으로 보는 것은 부당하다.

또한, 중금채 2억 원을 피신청인에게 담보로 제공한 것은 본건 근저당권에 기해 A기업이 추가로 2억 원을 대출받지 못하도록 본건 근저당권의 채권최고액을 2.4억 원만큼 감액하기 위한 것인데, 당시 피신청인 담당직원은 채무자 명의로 추가대출이 1.2억 원밖에 안 된다고 하여 어쩔 수 없이 신청인의 자금 80백만 원을 추가하여 피신청인으로부터 중금채(2억 원)를 구입한 후 이를 담보로 제공한 것으로 동 사실만으로 본건 근저당권이 A기업의 기존 채무까지 담보한다고 보기는 어렵다.

그런데도 피신청인은 본건 근저당권이 단순히 포괄근저당권이라는 이유로 차주의 기존 대출금 중 80백만 원까지 상환하라고 하여 상환하였는바, 이는 부당하므로 80백만 원을 반환하여야 한다.

다. 조정결정

본건 근저당권의 피담보채무 범위에 대하여 살펴보면, 비록 근저당권 설정계약서에는 피담보채무의 범위가 '포괄근저당'으로 기재되어 있고, 통상 포괄근저당은 채무자의 채권자에 대한 현재 및 장래의 모든 채무를 담보하는 것이나, 아래의 점을 사유로 A기업의 기존 채무는 제외되고 2009.5.26.자 5억 원의 담보대출금과 이후 대출금에 한정되며 책임범위 또한 이에 한정되는 것으로 보는 것이 타당하다.

① 신청인은 본건 근저당권 설정은 A기업이 피신청인으로부터 5억 원을 대출받을 수 있도록 하기 위한 것이고, 근저당권 채권최고액을 8.4억 원으로 한 것은 채무자나 신청인이 향후에 추가로 2억 원을 대출받기 위한 것이며, 피신청인 담당직원도 동 사실을 알고 있었다고 주장하고 있다. 피신청인의 담당직원도

경위서에서 "본건 근저당권 설정 당시 신청인에게 본건 담보물로 7억 원 정도 대출이 가능하다고 하였고, 대출금 5억 원의 120%인 6억 원을 채권최고액으로 기재할 것으로 권유하였으나 신청인이 추가대출을 고려하여 채권최고액을 8.4억 원으로 기재하였다."고 진술하고 있어 본건 근저당권 설정 당시 신청인과 피신청인 간에는 A기업의 기존 채무는 본건 근저당권의 피담보채무 범위에 포함시킬 의사가 없었던 것으로 보는 것이 합리적이다.

② 만약 피신청인이 본건 근저당권 설정 당시 A기업의 기존 채무(1.7억 원)를 피담보채무에 포함시킬 의도였다면, 담보제공자인 신청인에게 기존 채무의 내용을 알려주는 것이 일반적 업무절차임에도 그러한 사실이 확인되지 않는다.

③ 본건 피신청인이 근저당권 설정 당시 A기업의 기존 채무를 피담보채무의 범위에 포함시킬 의도였다면, 기존 채무와 새로운 담보대출금(5억 원)을 합한 6.7억 원의 120%인 8.4억 원을 채권최고액으로 기재토록 권유하거나 당시 A 기업의 예금담보액(71백만 원)을 고려하여 733백만 원을 채권최고액으로 기재토록 권유하여야 할 것인데도, 이보다 훨씬 적은 6억 원을 채권최고액으로 기재토록 권유하였다는 것은 거래관행에 비추어 합리적이지 않다.

④ 피신청인은 신청인이 중금채 2억 원을 구입하여 담보로 제공할 당시 신청인이 자발적으로 80백만 원을 추가로 제공하였다고 주장하나, 이는 피신청인이 본건 근저당권의 피담보채무의 범위에 포함되지 않은 기존 대출금을 피담보채무의 범위에 포함시켜 1.2억 원밖에 추가대출이 안 된다고 하여 신청인이 어쩔 수 없이 80백만 원을 추가로 투입한 것으로 이를 신청인의 자발적인 추가 자금 제공이라고 보기는 어렵다.

⑤ 피신청인은 신청인의 80백만 원 상환은 2010.2.4.자 중금채 2억 원의 근질권 설정계약에 의한 담보책임의 일부라는 피신청인의 주장에 대하여, 신청인이 2억 원의 중금채를 구입하게 된 경위가 2010.2.4. 당시 피신청인 담당직원이 A 기업의 기존 대출금을 본건 근저당권의 피담보채무의 범위에 포함시켜 1.2억 원 밖에 담보여력이 없다고 하였기 때문이므로 80백만 원의 상환은 실질적으로 본건 근저당권의 피담보채무의 범위와 직결되어 있다.

따라서, 본건 근저당권의 피담보채무 범위에서 A기업의 기존 대출채무 80백만 원은 제외된다고 봄이 타당하므로, 피신청인은 신청인에게 책임범위를 초과하여 부당하게 변제받은 80백만 원을 반환할 의무가 있다.

<참 고>

금융감독원은 2012년 8월 포괄근저당의 설정을 엄격히 제한하고 기존 포괄근저당, 한정근저당도 여신분류표에 의한 피담보채무 지정방식을 도입하는 등 점차 금융소비자보호를 위하여 근저당권의 피담보채무 범위를 제한하는 추세이다. 근저당권의 피담보채무에 대한 분쟁이 제기되는 경우 각 대출의 취급 경위, 채무액과 채권최고액의 관계, 각 대출에 적용된 금리, 담보물 심사내용 등을 종합적으로 고려하여 근저당권의 피담보채무가 제한적으로 해석될 수 있으므로 근저당권의 설정 및 담보권 실행에 유의할 필요가 있다.

2-4. 근보증서를 대필한 경우 보증계약의 효력

부인이 대출을 받는 과정에서 남편 명의의 근보증서를 대필한 경우, 근보증서 작성 시 은행이 남편에게 보증의사를 확인한 사실이 없고, 남편의 보증계약을 체결하는 행위를 부부간 일상가사대리권의 범위에 속한다고 보기 어려운 점 등을 고려하면 보증계약은 무효로 봄이 타당하다(2010.10.20. 조정번호 제2010-87호).

가. 사실관계

2006.2.23. 차주 A씨(신청인의 처, 독서실 운영)는 ○○은행과 여신거래약정을 체결하고 외화 JPY28,100,000을 대출받아 사용하였다. 2009.8.24. 동 대출 기한연장 시, ○○은행은 환율상승 등 리스크 증가에 따른 채권보전 강화를 위해 차주의 배우자인 신청인을 연대보증인으로 하는 추가약정을 체결하고 근보증서를 받았다.

근보증서에 신청인의 기명날인이 되어 있으나, 이는 차주 A씨가 신청인의 자필을 받아왔다고 하며 ○○은행에 제출한 것이며 ○○은행이 별도로 신청인에게 보증의사를 확인한 적은 없었다.

신청인이 금감원에 제출한 서면확인서에 의하면, A씨는 본인이 지인에게 부탁하여 근보증서를 작성·제출하였다고 주장하고 있으며, 신청인이 제출한 ◎◎캐피탈 대출신청서, ◇◇증권사 계좌신청서 및 ○○은행이 제출한 자유저축예금거래신청서상 신청인의 자필과 본건 근보증서상 신청인의 자필이 육안상 상이하였다.

나. 당사자 주장

1) 신청인

신청인은 근보증서에 자필서명한 적이 없고, 이를 허락한 적도 없으므로 본건 보증계약은 무효다.

2) 피신청인

근보증서 작성 시 차주 A씨가 신청인의 자필을 받아왔다고 하였으며, 여신약정 서상 차주 A씨의 필체와 보증인의 필체가 서로 상이하여 신청인의 필체일 가능성 이 있으며, 신청인은 차주의 배우자로 보증에 대해 사전에 협의를 거쳐 보증서를 작성한 것으로 보이므로 신청인 주장을 수용하기 어렵다.

다. 조정결정

아래와 같은 이유로 본건 보증계약은 신청인에게 효력이 없다고 봄이 타당하다.

① 「보증인 보호를 위한 특별법」 제3조[124] 제1항은 보증의 방식과 관련하여 "보증은 그 의사가 보증인의 기명날인 또는 서명이 있는 서면으로 표시되어야 효력이 발생한다."고 정하고 있어, 보증의 의사가 서면으로 표시됨에 대하여 그 유

124) 「보증인 보호를 위한 특별법」 제3조(보증의 방식)
① 보증은 그 의사가 보증인의 기명날인 또는 서명이 있는 서면으로 표시되어야 효력이 발생한다.
② 보증인의 채무를 불리하게 변경하는 경우에도 제1항과 같다.
③ 보증인이 보증채무를 이행한 경우에는 그 한도에서 제1항과 제2항에 따른 방식의 하자를 이유로 무효를 주장할 수 없다.

효를 주장하는 피신청인에 입증책임이 있다. 본건 근보증서는 신청인이 피신청인에 내점하여 작성된 것이 아니라 차주가 근보증서를 받아간 다음 이를 작성하여 은행에 제출한 것으로서 차주와 신청인 모두 신청인이 이를 작성한 사실을 부인하고 있으며, 신청인이 제출한 서류상 필체와 본건 근보증서상 신청인의 필체가 육안상 상이하여 신청인이 이를 작성했다고 보기 어려운 측면이 있고, 본건 근보증서 작성 시 피신청인이 신청인에게 보증의사를 확인한 사실이 없어 달리 신청인의 보증의사를 입증할 자료를 찾기 어렵다.

② 부부간 일상가사대리권이 있다 하더라도, 부부 일방이 자신의 사업상 채무에 대하여 연대보증행위를 한 행위를 일상가사대리권의 범위에 속한다고 보기 어렵고, 본건 차주는 신청인의 부인으로 신청인의 도장을 쉽사리 입수할 수 있고 종래 신청인이 차주에게 별도의 대리권을 부여하거나 차주의 채무를 보 증한 사실도 없으며 피신청인도 이러한 사정을 쉽게 알 수 있다고 보이는 점 등을 고려하면 차주가 신청인을 대리하여 본건 근보증 계약을 체결할 대리권 이 있다고 믿은 데에 정당한 이유가 있다고 보기 어려운바, 일상가사대리권을 넘는 표현대리의 성립도 인정되기 어렵다.

<비교 사례>

① 제3자가 대필한 근보증서가 제출된 사안에서, 피신청인이 신청인(근보증서상 명의인)과 통화가 어려워 신청인의 배우자와 통화하여 보증의사를 확인한 경우, 유효한 보증의사 확인방법이라고 볼 수 없으므로 신청인의 보증채무는 존재하지 않는다고 봄이 타당하다(2005.9.13. 조정번호 제 2005-66호).

② 제3자가 대필한 근보증서가 제출되었고 은행이 신청인(근보증서상 명의인)과 직접 통화하여 보증의사와 보증서의 자필서명 여부를 확인한 경우에도, 「보증인 보호를 위한 특별법」 제3조는 입법취지상 보증인 보호를 위한 효력규정이므로 보증의사가 보증인의 자필서명이 있는 서면으로 확인되지 않는 경우 당사자 간 보증의사의 합치가 있다 하더라도 그 사법상 효력을 인정하기 어려우므로,[125] 신청인의 보증채무는 존재하지 않는다고 봄이 타당하다(2013.9.10. 조정번호 제 2013-25호).

125) 서울중앙지방법원 2012.11.15 선고, 2011가단371969 판결 등 참조

2-5. 채무자의 채무 관련 신용정보를 제공하지 않은 보증계약의 효력

「보증인 보호를 위한 특별법」 제8조 해석상 금융기관이 보증계약 체결 당시 채무자의 채무 관련 신용정보 제공절차를 이행하지 않았다 하여 바로 보증계약 자체의 효력이 "무효"가 되는 것은 아니고, 다만 보증인은 금융기관에 위 신용정보를 제시할 것을 "요구"할 수 있으며, 금융기관이 7일 이내에 보증인의 요구에 응하지 않는 경우에 비로소 보증계약의 "해지를 통고"할 수 있을 뿐이라고 해석된다(2009.12.8. 조정번호 제2009-101호).

가. 사실관계

2009.3.2. ○○은행은 거래처인 A기업(이하 "차주사")이 수입L/C대금 3.8억 원을 미결제함에 따라 동 금액을 대지급하였고, 2009.3.17. ○○은행은 차주사에 중소기업자금대출 3.7억 원(만기 3년)을 취급하고(이하 "본건 대출"), 동 대출금으로 위 대지급금을 정리하였다. 동 대출취급 당시 차주사 대표이사(B씨) 및 신청인[126]이 연대보증인으로 입보하였다(한정근보증, 보증한도액 4억 45백만 원(대출금의 약 120%), 이하 "본건 보증계약").

신청인 명의의 '2009.3.17.자 근보증서'의 주요 내용은 신청인의 '자필'로 작성되 었는데, ① 연대보증인란에 "김OO" 및 서명, ② 채무자란에 "A기업", ③ 피보증채 무 범위란에 "한정근보증", "중소기업자금대출"(거래종류), ④ 근보증한도액란에 "사억사천오백만 원", ⑤ 근보증결산기란에 "장래지정형"이 각각 기재되어 있으며, 신청인이 원격지인 부산에 거주하는 관계로, 대출 취급점인 "서울△△지점"이 아닌 "부산◇◇지점" 직원이 대신 신청인을 방문하여 근보증서를 작성받았다.

한편, ○○은행은 본건 보증계약 체결 과정에서 「보증인 보호를 위한 특별법」 제

126) B씨와 신청인은 고교동창으로서, 신청인은 B씨로부터 "환율상승으로 인한 자금압박으로 긴급하게 대출을 받아야 하니 보증을 서달라"는 부탁을 받고 보증계약을 체결하게 되었다고 진술하였다.

8조[127])에 의한 "종합신용정보집중기관(본건: 은행연합회)으로부터 제공받은 채무자의 채무 관련 신용정보"를 신청인에게 제시하지 않았다. 동 "채무자의 채무 관련 신용정보"에는 ① 대출정보, ② 채무보증정보, ③ 연체정보(연체금액·등록일·해제 일 표시), ④ 대위변제·대지급정보(연체금액·등록일·해제일 표시), ⑤ 부도정 보가 포함되는데 그중 ③, ④항목이 "채무자의 신용상태(위험성)"를 판단할 수 있는 항목이고, 본건 보증계약이 체결된 2009.3.17. 당시에는 차주사의 연체가 없어 해 당 항목에 표시할 내용이 없었다.[128])

○○은행은 '내규상 보증가능한도 20백만 원'임에도 본건 보증계약의 보증한도를 4억 45백만 원으로 설정하였다. 차주사는 2009.8.18.자로 폐업하였고, 2009.9.18. 본건 대출의 연체가 발생한바, ○○은행은 9.28. '연체대출금정리촉구통지서' 및 10.2. '연체대출금 안내장(연대보증인용)'을 발송하며 신청인에게 보증채무 이행을 청구하였다.

나. 당사자 주장

1) 신청인

피신청인은 본건 보증계약 체결 당시 「보증인 보호를 위한 특별법」에 규정된 "채무자의 신용정보를 보증인에게 제시하고 그 서면에 보증인의 기명날인이나 서명을

127) 「보증인 보호를 위한 특별법」 제8조 (금융기관 보증계약의 특칙)
① 금융기관이 채권자로서 보증계약을 체결할 때에는 「신용정보의 이용 및 보호에 관한 법률」에 따라 종합신용정보집중기관으로부터 제공받은 채무자의 채무 관련 신용정보를 보증인에게 제시하고 그 서면에 보증인의 기명날인이나 서명을 받아야 한다. 보증기간을 갱신할 때에도 또한 같다.
② 금융기관이 제1항에 따라 채무자의 채무 관련 신용정보를 보증인에게 제시할 때에는 채무자의 동의를 받아야 한다.
③ 금융기관이 제1항에 따라 보증인에게 채무 관련 신용정보를 제시하지 아니한 경우에는 보증인은 금융기관에 대하여 보증계약 체결 당시 채무자의 채무 관련 신용정보를 제시하여줄 것을 요구할 수 있다.
④ 금융기관이 제3항에 따라 채무 관련 신용정보의 제시요구를 받은 날부터 7일 이내에 그 요구에 응하지 아니하는 경우에는 보증인은 그 사실을 안 날부터 1개월 이내에 보증계약의 해지를 통고할 수 있다. 이 경우 금융기관이 해지통고를 받은 날부터 1개월이 경과하면 해지의 효력이 생긴다.

128) 2009.10.26.자로 신용카드이용대금의 3개월 연체가 발생하여 비로소 "은행연합회 관리대상정보"에 등재된 것으로 확인되었다.

받는 절차"를 위반하였으므로, 「보증인 보호를 위한 특별법」 제11조[129]에 의하여 보증계약은 무효이다.

설사 보증채무가 인정된다 하더라도 피신청인은 내규상 보증한도를 20백만 원으로 제한하는 「여신업무취급세칙」을 위반한 것이다. 당시 위 보증한도 제한을 고지받았더라면 당연히 그 한도액에 따라 보증계약을 체결하였을 것이므로, 본건 보증책임은 최소한 위 보증한도 20백만 원으로 제한되어야 한다.

2) 피신청인

본건 보증계약 체결 당시 채무자의 신용정보 제공절차를 이행하지는 않았으나 그 이유만으로 보증계약 자체가 무효로 되는 것은 아니며, 신청인은 차주사 대표이 사로부터 보증입보의 부탁을 받고 본건 대출의 내용 및 차주사의 사정에 대하여 충 분히 설명을 듣고 스스로 "4억 45백만 원의 연대입보 의사결정"을 내린 상태에서 자발적으로 근보증서를 자필 작성하였으므로, 본건 보증계약은 신청인의 자유의사 에 따라 성립한 유효한 계약이다.

은행 내규인 「여신업무취급세칙」상 규정된 보증한도를 초과하여 보증을 취급한 것은 사실이나, 그 이유만으로 보증계약의 사법상 효력이 부인 내지 제한된다고 해석할 수는 없다.

다. 조정결정

「보증인 보호를 위한 특별법」 제8조와 제11조의 해석이 문제된다.

금융기관이 법 제8조 제1항 소정의 채무자의 채무 관련 신용정보 제공절차를 이행하지 않은 경우의 효과에 관하여, 위 법조는 3항과 4항에서 '직접적인 규정'을 두고 있으므로, 해석상 금융기관이 보증계약 체결 당시 채무자의 채무 관련 신용정보 제공절차를 이행하지 않았다 하여 바로 보증계약 자체의 효력이 "무효"가 되는 것

129) 「보증인 보호를 위한 특별법」 제11조 (편면적 강행규정) 이 법에 위반하는 약정으로서 보증인에게 불리한 것은 효력이 없다.

은 아니고, 다만 보증인은 금융기관에 위 신용정보를 제시할 것을 "요구"할 수 있으며, 금융기관이 7일 이내에 보증인의 요구에 응하지 않는 경우에 비로소 보증계약의 "해지를 통고"할 수 있을 뿐이라고 해석함이 타당하다.

이와 같은 법 제8조의 "직접적인 규정"을 전제로 제11조의 "편면적 강행규정"의 의미에 대하여 살펴보면, 제11조는 금융기관이 보증계약 체결 시 "보증인은 채무자의 채무 관련 신용정보의 제시를 요구할 권리를 포기한다"거나 "신용정보 제시요구를 받은 날로부터 7일을 경과하여도 보증인은 보증계약을 해지할 수 없다"는 식으로 약정하더라도 그러한 약정은 보증인에게 불리하여 무효로 된다는 취지라 할 것이다.[130)]

그렇다면, 본건에 있어서도 비록 피신청인이 법 제8조 제1항 소정의 절차를 이행하지 않은 것은 사실이나, 그로써 본건 보증계약 자체가 무효로 된다고 판단하기는 어려울 뿐만 아니라, 만일 본건 보증계약이 체결된 2009.3.17.에 피신청인이 신청인에게 "은행연합회로부터 제공받은 차주사의 신용정보"를 제시하였더라도, 당시에는 위에서 본 바와 같이 차주사의 '연체정보' 또는 '대위변제·대지급정보' 등 "채무자의 신용상태를 판단할 수 있는 항목"에 표시될 내용이 없었으므로, 위 서면의 제시 여부와 신청인의 본건 보증계약 체결의 의사결정과는 직접적인 연관이 있다고 보기 어렵다.

따라서 본건 보증계약은 유효하고 보증채무가 위 「여신업무취급세칙」 규정을 근거로 금 20백만 원으로 제한될 수 있는지 여부는 결국 "내규의 법적 효력 내지 대외적 구속력의 문제"로 귀결된다.

"내규"의 사전적 의미는 "어떤 개별 단체나 조직에서 그 실정에 따라 내부에서만 시행할 목적으로 만든 규정" 등으로 정의되고 있고, '금융기관 내규의 효력'에 관한

130) 당초 법무부가 입법예고한 법률안에는 금융기관이 보증계약을 체결할 때 채무자의 신용정보조회서를 보증인에게 제시하고 그 서면에 보증인의 기명날인이나 서명을 받지 않은 경우 "보증계약이 무효"가 되는 것으로 규정되어 있었으나, 법 제정 과정에서 삭제된 바 있다.

대법원 판례[131]를 종합하면, 피신청인의 동 세칙은 '피신청인 내부적으로 효력'을 갖는 것에 지나지 않고, '대외적 효력'을 갖는 규정이라고 보기는 어렵다.

그렇다면, 비록 본건 보증계약이 위 세칙규정에 위반된 것이라 하더라도 보증계약의 효력에는 영향을 미치지 않는다 할 것이다. 또한 신청인은 위 세칙규정으로 반사적 이익을 보는 지위에 있는 것에 불과하고 위 규정의 내용을 피신청인에 대하여 적극적으로 주장할 수 있는 것은 아니므로, 피신청인이 신청인에게 위 세칙규정의 내용을 고지해야 할 법적 의무가 있다거나 신청인이 피신청인에게 위 세칙규정을 근거로 본건 보증한도를 제한할 것을 요구할 권리를 갖는 것은 아니다.

따라서 신청인과 피신청인 간 보증계약은 유효하고, 신청인은 근보증서에 표시된 보증한도 내의 보증책임을 부담한다고 봄이 타당하다.

131) 일반적으로 금융기관의 업무규정이나 내규 등은 금융기관 내부의 직무수행지침에 불과하여 그것이 보통거래 약관으로 되었다는 사정이 나타나고 있지 않다면 금융기관이 제3자에 대하여 반드시 그 규정에 따라 업무를 처리할 의무를 부담하는 것은 아니다. 상호신용금고가 「업무운용준칙」 등 내규를 위반하여 약속어음을 할인함 으로써 이를 계기로 하여 어음발행자가 약속어음금채무를 부담하게 되는 손실을 입게 된 것이라 하더라도 특 별한 사정이 없는 한 상호신용금고의 규정위배행위와 어음발행자의 손실과의 사이에 상당인과관계가 있다고 볼 수 없다(대법원 1996.10.11. 선고 95다43679 판결 참조).

제2절 수신

1. 계좌개설

위조 신분증에 의한 명의도용 예금계좌 개설에 따른 책임 사례이다.

은행의 본인확인의무와 관련하여, 거래상대방의 주민등록증 소지 여부를 확인하는 것만으로는 부족하고 충분한 주의를 다하여 신분증의 진정 여부 등을 확인하여야 할 것이다. 사후에 실제 거래상대방이 신분증상의 명의인과 다른 사람임이 밝혀졌다면, 특별한 사정이 없는 한 본인확인의무를 다하지 못한 과실이 있는 것으로 사실상 추정된다(2005.9.13. 조정번호 제2005-61호).

가. 사실관계

2004.8.30. 신원 미상의 제3자(이하 "제3자")가 신청인 명의의 위조 공무원증[132]을 이용하여 ○○은행 지점에서 신청인 명의의 예금계좌를 개설하였다. 같은 날 제3자는 사전에 미리 알아낸 신청인 명의 △△카드사의 신용카드번호 및 비밀번호 등을 이용하여 동 카드사 자동음성응답시스템(ARS)을 통해 현금서비스 4백만 원을 신청하고, 동 금액을 상기 ○○은행 계좌에 입금하게 한 후 현금자동지급기에서 6회에 걸쳐 전액 인출하였다.

132) 공무원증 발급기관은 "○○시장"이어야 하나 본건의 경우 "◇◇구청장"으로 되어 있었다.

나. 당사자 주장

1) 신청인

신청인이 △△카드사에 4백만 원을 변제하게 된 것은 피신청인이 예금계좌 개설 시 본인확인을 소홀히 한 데 기인하므로 피신청인은 신청인이 입은 손해 4백만 원을 배상하여야 한다.

2) 피신청인

본건 계좌 개설 시 제3자로부터 제시받은 공무원증의 확인 결과 육안상 이상이 없다고 판단되었으며, 공무원증의 사진과 개설인의 얼굴이 동일하였으므로 신청인의 주장을 수용할 수 없다.

다. 조정결정

「민법」의 일반원칙상 은행은 예금주 본인 내지 대리인에게 지급하면 정당한 변제가 되어 예금채권은 지급범위 내에서 소멸된다고 볼 수 있으나, 본인 내지 대리인 등 정당한 권리자가 아닌 경우에도 변제자가 사회일반의 거래관념상 진실한 채권을 가진 자라고 믿을 만한 외관을 구비한 자에게 선의이며 과실 없이 변제한 경우에는 채권의 준점유자에 대한 변제로서 유효하다(「민법」 제470조).

한편, 자금이체나 예금지급이 기계에 의하여 순간적으로 이루어지는 거래에 관하여 금융기관이 채권의 준점유자에 대한 변제로서 금융기관에 대하여 요구되는 주의의무를 다하였는지 여부를 판단함에 있어서는 자금이체 시의 사정만을 고려할 것이 아니라 그 이전에 행하여진 제반사정을 총체적으로 고려하여야 하며, 금융기관이 거래상대방의 본인 여부를 확인할 필요가 있는 경우에 그 상대방이 거래 명의 인의 주민등록증을 소지하고 있는지 여부를 확인하는 것만으로는 부족하고 그 직무수행상 필요로 하는 충분한 주의를 다하여 신분증의 진정 여부 등을 확인하여야 할 것인 바, 만일 실제로 거래행위를 한 상대방이 신분증상의 본인과 다른 사람이었음이 사후에 밝혀졌다고 한다면, 특별한 사정이 없는 한 금융기관으로서는 위와 같은 본인 확인의무를 다하지 못한 과실이 있는 것으로 사실상 추정된다는 것이 대법원의 판례[133)]이다.

본건은 제3자에 의한 계좌 개설 후 제3자에 의한 인출이므로 예금주 본인 및 대리인에게 정당하게 예금이 지급되었다고 볼 수 없으므로 채권의 준점유자에 대한 변제로서 유효한지 살펴보건대, 아래와 같은 사유로 피신청인이 선의이며 과실 없이 예금을 지급하였다고 볼 수 없으므로 피신청인의 예금지급은 정당하지 아니한 것으로 판단된다.

① 본건 계좌의 경우 신청인이 아닌 제3자가 위조된 공무원증을 이용하여 개설되었음이 확인되므로, 피신청인은 동 공무원증의 진정 여부 등 본인확인의무를 다하지 못한 과실이 사실상 추정되고, 이에 대하여 피신청인이 충분한 주의의무를 다하였다고 인정할 만한 정황은 발견하기 어렵다.

② 예금계좌 신규개설 시 개설인이 주민등록증 이외의 신분증을 제시할 경우 금융기관은 재직증명서나 의료보험증 등 본인만이 소지할 수 있는 성격의 2차 증빙자료를 징구하여 본인 여부를 2중으로 확인하도록 한 금융감독원의 지침[134)]에 비추어 볼 때 본건 계좌 개설과 관련한 피신청인의 업무처리는 정당하다고 보기 어렵다.

따라서 피신청인은 제3자가 신청인의 신분증을 위조하여 예금계좌를 개설하였 음에도 이를 정확히 확인하지 않은 과실로 인하여 신청인이 입은 손해 4백만 원을 배상하여야 한다.

133) 대법원 1998.11.10. 선고 98다20059 판결 참조

134) "위조신분증 등에 의한 금융사고 예방대책 통보"(2003. 4. 8)

<비교 사례>

조합 명의의 예금계좌 개설 시 법인인감이 아니라 사용인감과 이사장의 서명이 함께 사용되었는데, 조합의 전무이사가 해당 예금과 관련하여 통장 분실신고를 하고 통장 재발급을 받음에 있어 법인인감증명서, 전무이사 본인의 신분증을 제출하여 재발급된 통장에 사용인감을 날인하였고, 이후 전무이사가 재발급된 통장과 사용인감을 이용하여 2.5억 원의 조합 예금을 인출해간 사안에서, 은행은 적절한 방법으로 대표자에게 확인을 하여 부정행위의 발생을 방지할 주의의무가 있음에도 이를 태만히 하여 신청인에게 손해를 입혔으므로 손해배상책임이 있으나, 조합으로서는 전무이사에 대하여 사용자로서 지휘·감독을 하지 못한 과실(70%)이 인정되므로 은행은 조합에게 75백만 원(2.5억 원×30%)을 배상하여야 한다(2006.4.11. 조정번호 제2006-19호).

2. 예금의 지급

일부 상속자의 동의만으로 상속예금을 지급한 경우의 사례이다.

예금주가 사망하여 상속예금을 지급한 사안에서, 은행이 상속인 전부의 동의를 받지 않고 예금 전액을 지급한 것은 잘못이므로 신청인의 법정상속지분인 5.5분의 1에 대하여는 신청인에게 반환하여야 한다(1999.6.22. 조정번호 제1999-18호).

가. 사실관계

1995.2.21. 신청인의 부친인 A씨는 ○○은행 지점에 월 복리 ◇◇신탁계좌를 개설(거치기간 12개월, 이하 “본건 예금”이라 함)하고 10백만 원을 입금하였다.

1997.9.8. A씨가 사망하자, 은행은 1998.3.4. A씨의 사망사실 및 상속인 자격을 확인하고 신청인을 제외한 상속인 전원[135]으로부터 호적등본, 상속예금지급·명의 변경의뢰서, 인감변경·통장재발행의뢰서, 계좌해약청구서, 각자의 인감증명서, 본건 예금 전액을 B씨(A씨의 아들)에게 지급하여도 이의를 제기하지 않겠다는 동의서를 제출받아 본건 예금 원리금 13,714,252원을 B씨에게 지급하였다.

135) A씨의 상속인은 A씨의 처, 신청인과 B씨(A씨의 아들) 등 A씨의 자녀 4명으로 총 5명이었다.

나. 당사자 주장

1) 신청인

은행이 신청인을 제외한 나머지 상속인들의 동의만을 근거로 본건 예금을 지급하였는바 이는 부당하다. 본건 예금의 실제 예금주는 신청인의 할머니이며, 할머니의 사후 장례비로 사용하기 위해 A씨에게 관리시킨 것이므로 실제 예금주가 사용할 수 있도록 예금 전액을 환급해야 한다.

2) 피신청인

본건 예금은 「금융실명거래 및 비밀보장에 관한 긴급재정경제명령」(이하 "금융실명제") 시행(1993.8.12.) 이후에 예금주에 대한 실명확인을 거쳐 개설하였으므로 실제 예금주가 신청인의 할머니라는 주장은 옳지 않다.

상속예금은 상속인 전원의 청구를 받아 지급하여야 하나 당시 신청인은 행방불명으로 연락이 두절된 상태였으며 신청인의 가족들이 생활이 어렵다며 선처를 요청해왔기에, 부득이 신청인의 처와 나머지 상속인의 예금청구에 의해 본건 예금을 지급하였다.

다. 조정결정

금융실명제 시행 후 금융기관 예금계약의 예금주에 관하여 대법원은 "긴급명령이 시행된 후에는 금융기관에 예금을 하고자 하는 자는 원칙적으로 직접 주민등록증과 인감을 지참하고 금융기관에 나가 자기 이름으로 예금을 하여야 하고, 이 경우 금융기관으로서는 특별한 사정이 없는 한 주민등록증을 통하여 실명확인을 한 예금명의자를 「긴급명령」 제3조 제1항 소정의 거래자로 보아 그와 예금거래를 체 결할 의도라고 보아야 한다."고 판시하고 있는바, 본건의 경우 달리 본건 예금 반환 채권을 예금 명의인이 아닌 신청인의 할머니에게 귀속시키기로 하는 명시적 또는 묵시적 약정이 있다고 인정할 근거가 없으므로 본건 예금의 예금주는 예금 명의자인 A

씨로 보아야 한다.

비록 은행은 신청인이 행방불명된 상태에서 고객의 입장을 최대한 고려하여 예금을 지급하게 된 것이라고 하더라도 「민법」 제1006조에 의하면 상속인이 수인인 때에는 상속재산은 그 공유로 한다고 되어 있고, 피신청인의 '예금총칙'에도 상속예금 지급 시에는 공동상속인 전원의 명의로 예금청구서를 받아 지급하도록 되어있고 은행 역시 예금지급 절차상 하자가 있었음을 인정하고 있음에 비추어 은행이 신청인의 동의 없이 신청인에 대한 실종선고 등의 조치가 없는 상태에서 신청인의 지분을 포함한 본건 예금 전액을 지급한 것은 정당하다고 하기 어렵다.

따라서 은행이 상속예금 지급에 있어 상속인 전원의 의사를 확인하지 않은 과실로 인하여 신청인에게 입힌 손해에 상당하는 금액(A씨의 예금지급액에 대하여 신청인의 법정상속분에 해당하는 금액)을 배상할 의무가 있다.

<비교 사례>

신청인이 해외 체류 중인 상태에서 은행은 신청인 배우자의 요청에 의하여 신청인 명의의 예금을 지급하여주었으나, 신청인이 출국하면서 은행에 개설한 예금통장, 거래인감 및 신분증을 배우자에게 교부하여 배우자로 하여금 예금거래를 하도록 한 사실관계 등에 비추어 볼 때, 은행의 예금지급은 배우자에게 신청인을 대리할 권한이 있다고 믿음에 정당한 사유가 있는 것으로 볼 수 있다(1999.10.12. 조정번호 제1999-46호).

<참 고>

PB센터 거래, 상속예금의 지급 등과 관련하여 유사 분쟁이 다수 발생하는데, 예금의 실질적 출연자와 예금주가 상이하고 동 사실에 대하여 은행과 거래상대방 모두 알고 있다 하더라도, 특별한 사정77)이 없는 한 금융실명제에 의하여 예금주는 예금의 명의자로 해석되므로 예금의 해지 시에는 반드시 예금 명의자 본인의 의사표시를 확인할 필요가 있다.

3. 예금채권의 상계

상계처리의 적정성을 다툰 사례이다.

송금의뢰인이 착오송금 발생(일요일) 다음 날 은행 영업점을 방문하여 착오송금임을 알리고 회수절차에 대하여 안내받았고, 안내에 따라 법원에 채권가압류 신청과 지급명령을 신청하여 가압류 결정문이 은행에 송달되었는데, 은행은 착오송금 사실을 알고 있는 상태에서 가압류 결정문을 수령한 이후에 수취인의 대출채무와 착오송금된 예금채권을 상계처리하였고, 상계의 통지는 수취인에게 도달하지 못하였다. 이에 대하여 은행의 상계처리는 상계권의 남용으로 볼 수 있고 상계의 통지 가 수취인에게 도달되지 않아 그 효력이 발생하였다고 보기도 어려우므로, 은행은 신청인에게 착오송금된 금원을 반환하여야 한다(2013.2.19. 조정번호 제2013-1호).

가. 사실관계

신청인은 2012.4.22.(일요일) 남편에게 A씨 명의 계좌(○○은행)로 12백만 원을 송금하도록 부탁하였으나, 남편이 현금지급기를 통해 계좌이체를 하면서 실수로 B 씨 명의의 본건 계좌(◇◇은행)로 송금하였다. 신청인은 다음 날인 4.23. 이러한 착오송금 사실을 확인하고 수취은행인 ◇◇은행 지점을 방문하여 그 직원과 회수 절차에 대해 상담하였고, ◇◇은행 직원은 위 B씨 명의 계좌에 지급제한[136]이 걸려 있어 입금된 자금이 대출금 상환에 사용될 수 있으니 조속히 가압류 신청을 하라고 안내하였다.

신청인은 ◇◇은행 직원의 안내에 따라 2012.4.24. 법원에 채권가압류를 신청하여 동 가압류 결정문이 ◇◇은행에 2012.5.7 송달되었고, 2012.4.25. B씨를 상대로 한 지급명령을 신청하여 동 지급명령이 6.5. B씨에게 송달되었는데 B씨가 동 지급명령에 이의를 제기하지 않음에 따라 6.20. 확정되었다. 신청인은 지급명령 확정 후인 같은 해 7.11. 가압류를 본압류로 이전하는 압류 및 추심명령을 신청하였고, 동결정문이 7.23. 송달되었다.

---

136) B씨의 대출금(50백만 원)이 연체로 특수채권에 편입되어 예금계좌가 지급 제한되었다.

한편, ◇◇은행은 2012.5.7. 가압류 결정문을 수령한 후 2012.6.12. B씨 앞으로 예금상계 통지서를 발송하고, 동 일자로 B씨 계좌에 남아 있던 예금 12,026,900원 을 회수 처리하였으나, 동 상계 통지서는 2012.6.24. 주소불명으로 반송되어 B씨 에게 전달되지 않았다.

나. 당사자 주장

1) 신청인

신청인은 착오송금 신고 시 은행 담당자에게 B씨와 아는 사이(전 직장 동료)임을 밝혔음에도 피신청인은 가압류 절차만 안내하였을 뿐 수취인의 동의가 있다면 반환이 가능하다는 설명이나 수취인의 반환의사를 확인하는 등 기본적인 절차도 거치지 않았다. 신청인은 착오송금 직후 피신청인에게 찾아가 착오송금 사실을 고지하고 회수절차까지 안내받았음에도 피신청인이 착오송금된 금원에 대해 상계처리한 것은 부당하다.

2) 피신청인

착오송금 수취인 B씨의 대출 계좌는 연체로 인해 2011.6.28.부터 특수채권에 편입된 상태로서 관련 예금과 상계적상에 있었고, 관련 판례에 의하더라도 수취인이 착오송금 사실을 인정하거나 예금 반환을 승낙한 사실이 없으므로 본건 상계 처리는 적법하다.

다. 조정결정

착오송금 시 수취은행의 반환의무에 대한 판례[137]와 다음의 점을 종합적으로 고려 할 때, 신청인이 피신청인 안내에 따라 착오송금을 이유로 가압류를 신청하고 동 가압류 결정문이 피신청인에게 송달되어 착오송금 가능성을 알고 있었음에도 수취인 승낙 여부를 확인하지 않은 채 착오송금액과 임의로 상계하였고, 상계통지는 내용증명으로 하여야 함에도 규정과 달리 일반등기로 통지하였고 동 상계통지가 수취인에게 송달되지도 않는 등 신청인의 반환청구 이전에 상계의 효력이 발생하였다고 보기 어려워 피신청인의 상계처리는 부적절하다.

① 신청인은 2012.4.22. 수취인 계좌로 착오송금한 직후인 그 다음 날(4.23.) 피신청인 인천지점을 방문하여 회수절차에 대해 문의하였고 이에 피신청인 직원이 수취인 계좌에 지급정지가 걸려 있어 조속히 가압류를 신청하도록 안내하였다. 피신청인의 안내에 따라 2012.4.24. 착오송금을 이유로 수취인 계좌에 대해 채권가압류를 신청하여 2012.5.7. 동 가압류 결정문이 피신청인에게 도달된 점 등을 감안할 때 피신청인도 수취인 예금에 대한 상계(2012.6.12.) 이전에 해당 금원이 착오로 송금된 사실을 알고 있었다.

137) 「예금거래기본약관」에 따라 송금의뢰인이 수취인의 예금계좌에 자금이체를 하여 예금원장에 입금의 기록이 된 때에는 특별한 사정이 없는 한 수취인과 수취은행 사이에는 위 입금액 상당의 예금계약이 성립하고, 수취인이 수취은행에 대하여 위 입금액 상당의 예금채권을 취득하며, 수취은행이 수취인에 대한 대출채권 등을 자동채권으로 하여 수취인의 계좌에 입금된 금원 상당의 예금채권과 상계하는 것은 신의칙 위반이나 권리남용에 해당한다는 등의 특별한 사정이 없는 한 유효하나, 송금의뢰인이 착오송금임을 이유로 거래은행을 통하여 혹은 수취은행에 직접 송금액의 반환을 요청하고 수취인도 송금의뢰인의 착오송금에 의하여 수취인의 계좌에 금원이 입금된 사실을 인정하고 수취은행에 그 반환을 승낙하고 있는 경우, 수취은행이 수취인에 대한 대출채권 등을 자동채권으로 하여 수취인의 계좌에 착오로 입금된 금원 상당의 예금채권과 상계하는 것은, 수취은행이 선의인 상태에서 수취인의 예금채권을 담보로 대출을 하여 그 자동채권을 취득한 것이라거나 그 예금채권이 이미 제3자에 의하여 압류되었다는 등의 특별한 사정이 없는 한, 공공성을 지닌 자금이체 시스템의 운영자가 그 이용자인 송금의뢰인의 실수를 기화로 그의 희생하에 당초 기대하지 않았던 채권회수의 이익을 취하는 행위로서 상계제도의 목적이나 기능을 일탈하고 법적으로 보호받을 만한 가치가 없으므로, 송금의뢰인에 대한 관계에서 신의칙에 반하거나 상계에 관한 권리를 남용하는 것으로 볼 수 있다(대법원 2010.5.27. 선고 2007다66088 판결 참조).

② 착오송금 사실을 알고 있는 피신청인으로서는 수취인 승낙 시 착오송금액을 반환해야 할 의무가 있으므로 적어도 신청인에게 수취인 승낙 등 착오송금액의 반환절차에 대해 안내하거나 신청인의 반환청구에 대한 수취인의 승낙 여부를 확인한 후 상계하여야 할 신의칙상 의무가 있다 할 것임에도 수취인 승낙 등 반환절차에 대한 설명이나 수취인 승낙의사에 대한 확인 등을 거치지 않은 채 수취인 계좌에 착오송금액이 입금되었음을 기화로 임의로 수취인에 대한 채권과 상계하였다.

③ 상계는 채권자와 채무자가 서로 동종의 채권·채무를 가지고 있는 경우 상대 방이 있는 의사표시로서 상대방에게 도달되어야 효력이 발생하는바(「민법」 제111조), 피신청인은 수취인에게 2012.6.12. 상계통지서를 발송함과 동시에 착오송금액이 입금된 예금에 대해 상계처리하였으나, 동 상계통지서가 주소 불명으로 반송되어 수취인에게 도달되지 않는 등 상계의 효력이 있다고 보기 어렵다.

따라서 피신청인이 착오송금액이 입금된 수취인 계좌의 예금을 수취인의 대출채무와 상계한 것은 부적절한 업무처리이므로, 신청인이 착오로 송금한 금원 12백만원을 반환하여야 한다.

제 3 절 펀드의 불완전판매

펀드의 불완전판매로 인한 책임을 다툰 사례이다.

은행이 판매한 파생상품펀드가 투자위험 5등급 중 1등급으로 매우 높은 수준의 위험성을 지닌 상품임에 반하여 가입자인 신청인은 고령의 성직자로 해당 펀드의 특성 및 위험성을 쉽게 이해하기 어렵고, 펀드 가입 시 '가입신청서' 등을 은행 직원 이 대필하였으며, 투자설명서도 교부하지 않는 등 파생상품펀드의 위험성에 대한 충분하고 명확한 설명 없이 신청인의 투자목적, 투자상황 등에 비추어 과대한 위험성을 수반하는 거래를 적극적으로 권유한 경우로 볼 수 있어 신청인이 입은 손해를 배상할 필요가 있다(2010.9.14. 조정번호 제2010-79호).

가. 사실관계

신청인은 수녀원 원장(1927년생)으로 1996.8.경부터 수녀회 공동자금을 자신 명의 예금으로 관리하여오던 중, 2007.6.26. ○○은행 담당 직원을 통해 "한국한전일본지수 3단위 파생상품 투자신탁 1호"[138](이하 "본건 펀드")에 가입하고 1억 원을 투자하였는데, 2010.7.2. 53,068,336원을 만기 상환받음으로써 원금 대비 46.9%의 투자손실을 입었다.

당시 신청인과 보좌수녀가 함께 피신청인 지점에 내점하여 가입하였으며, 신청인이 기가입한 펀드가 조기상환되어 동 상환자금을 가입자금으로 하였다. 담당 직원

138) 한국한전일본지수 3단위 파생상품 투자신탁 1호의 개요는 다음과 같다.① 기초자산: 한국전력 보통주 / 니케이 225지수 ② 투자기간 3년(매 6개월마다 조기상환기회 부여) ③ 자동상환조건: 매 6개월 평가일의 기초자산 주가(지수)가 모두 기준주가의 90% 이상인 경우 연 12.5%의 확정수익 지급 후 자동청산 ④ 만기상환조건: 투자기간 중 두 종목 모두 한 번도 기준주가 대비 35% 초과 하락한 적이 없는 경우 15%(연 5%)의 수익 지급, 한 종목이라도 기준주가 대비 35% 초과 하락한 적이 있는 경우 만기 시 하락률이 높은 종목의 주가기준으로 수익률 지급(원금손실)

은 본건 펀드 가입 이전에 자신이 수녀원을 직접 방문하여 상품설명을 하고 본건 펀드가입을 권유하였다고 진술하였다.

본건 펀드 가입 시 "가입신청서", "고객상담서", "투자설명서 교부 및 주요내용 설명확인서"의 기재는 담당직원이 모두 대필하고 대신 날인하였으며, 신청인은 다른 설명자료를 받지 못하였다고 주장하는 반면 담당직원은 투자설명서 전체를 교부하지는 않았지만 상품요약설명서를 교부하였고 펀드통장에 수익구조를 요약해서 첨부했다고 진술하였다.

나. 당사자 주장

1) 신청인

본건 펀드 가입 시 은행 직원으로부터 원금손실 가능성 등 상품의 위험성에 대한 설명을 듣지 못했다. 신청인은 그간 피신청인과 원금이 보장되는 예금거래를 해온 것으로 알고 있었으며, 본건 펀드가 원금손실 가능성이 있다는 설명을 들었다면 수녀회 자금으로 본건 펀드에 가입하지 않았을 것이다.

2) 피신청인

담당직원이 신청인뿐 아니라 함께 내점한 보좌수녀에게 본건 펀드의 특성과 원금손실 가능성 등 위험성에 대해 충분히 설명을 하였고 이에 따라 신청인의 자발적 의사에 따라 본건 펀드에 가입한 것이다.

신청인은 본건 펀드 가입 이전에 유사한 구조의 펀드에 2차례 가입한 경험이 있을 뿐 아니라 신청인에게 교부한 통장 등을 통하여 본건 상품이 예금이 아닌 펀드임을 알았다 할 것이므로 이를 예금으로 알았다는 신청인의 주장을 받아들이기 어렵다.

다. 조정결정

금융상품의 설명의무에 대한 판례[139]와 아래의 점을 종합하여 볼 때, 피신청인이 설명의무를 충실히 이행하였다고 보기 어렵다.

① 금융투자상품 권유 시 고객으로 하여금 거래 관련 서류를 직접 작성하게 해야 함에도 불구하고, "가입신청서", "고객상담서", "투자설명서 교부 및 주요내용 설명확인서"를 담당직원이 작성하고 날인하였으며, 투자설명서도 교부하지 않았다.

② 본건 펀드는 투자위험 5등급 중 1등급으로 매우 높은 수준의 투자위험을 지닌 상품으로 장외파생상품의 위험 및 손익구조를 잘 이해하는 투자자 및 3년 이상 장기투자자에게 적합한 상품임에 반하여, 신청인은 고령(가입 당시 80세)의 성직자로 본건과 같은 파생상품펀드의 특성 및 위험성을 쉽게 이해할 수 있다고 보기 어려워, 투자자에게 적합한 상품을 권유했다고 보기 어렵다.

③ 본건 펀드의 재원이 수녀회 공동자금인 점 등에 비추어 신청인이 원금손실 위험을 감수하면서까지 고수익을 바라며 본건 펀드와 같은 고위험 상품에 투자하는 성향 내지 투자목적을 가진다고 보기 어렵고, 담당직원도 해당 자금이 신청인 개인자금이 아닌 수녀회 공동자금이라는 것을 알고 있었음에도 불구 하고, 수녀원에까지 직접 찾아가 상품권유를 하는 등 본건 상품의 위험성에 대한 충분하고 명확한 설명 없이 신청인의 투자목적, 투자상황 등에 비추어 과대한 위험성을 수반하는 거래를 적극적으로 권유한 것으로 볼 수 있다.

139) 금융기관의 임직원이 고객에게 적극적으로 투자를 권유하였으나 투자 결과 손실을 본 경우에 투자가에 대한 불법행위책임이 성립되기 위하여는 이익보장 여부에 대한 적극적 기망행위의 존재까지 요구하는 것은 아니 라 하더라도, 적어도 거래경위와 거래방법, 고객의 투자상황(재산상태, 연령, 사회적 경험 정도 등), 거래의 위험도 및 이에 관한 설명의 정도 등을 종합적으로 고려한 후, 당해 권유행위가 경험이 부족한 일반 투자가에게 거래행위에 필연적으로 수반되는 위험성에 관한 올바른 인식형성을 방해하거나 또는 고객의 투자 상황에 비추어 과대한 위험성을 수반하는 거래를 적극적으로 권유한 경우에 해당하여, 결국 고객에 대한 보호의무를 저버려 위법성을 띤 행위인 것으로 평가될 수 있는 경우라야 하며, 또한 금융기관의 임직원이 고객에게 금융투자상품 매입을 권유할 때에는 그 투자에 따르는 위험을 포함하여 당해 상품의 특성과 주요 내용을 설명함으로써 고객이 그 정보를 바탕으로 합리적인 투자판단을 할 수 있도록 고객을 보호하여야 할 주의의무가 있다(대법원 2003.7.25. 선고 2001다10458 판결 참조).

④ 신청인이 담당직원의 권유로 본건과 유사한 구조의 펀드에 2차례 가입한 사실은 있으나 위 펀드 가입으로 손실을 본 경험이 없고 달리 원금손실 위험이 높은 상품에 투자한 경험이 없으며, ELF 상품은 상환조건이 충족되는 경우 확정수익이 지급되므로 담당직원의 명확한 설명이 없는 경우 오히려 신청인이 이를 확정금리가 지급되는 예금상품으로 오해할 가능성도 배제할 수 없다.

⑤ 담당직원은 본건 상품 가입 시 신청인과 같이 내점한 보좌수녀 모두에게 충분한 설명을 하였다고 주장하나, 보좌수녀를 신청인의 대리인으로 보거나 동 자금을 관리하는 자라고 보기도 어렵고, 신청인은 상품(특정금전신탁) 가입 후 다른 수녀들에게 그 내용을 설명하거나 통장을 보여주지 않았다고 진술하고 있으며, 보좌수녀 또한 담당직원으로부터 원금손실 가능성에 대한 설명을 들은 사실이 없다고 주장하는 등, 달리 설명의무 이행 사실을 입증할 객관적인 증빙이 없다.

따라서 피신청인은 고위험의 펀드를 부당권유하고 그 위험성에 대한 충분한 설명을 하지 않는 등 고객보호의무를 위반하였다고 볼 수 있으므로 그로 인하여 신청인이 입은 손해를 배상할 의무가 있다. 다만, 본질적으로 투자자는 자기책임의 원 칙 아래 투자상품의 위험성 등에 과한 내용을 정확히 파악하여 신중히 검토한 다음 투자하여야 함에도 이를 게을리한 점 등을 고려하여 신청인의 과실비율을 50%로 보고 피신청인의 책임을 나머지 50%로 제한한다.

<비교 사례>

은행이 ◎◎ 파워인컴 파생상품 투자신탁을 판매하면서 무디스의 등급이 언제라도 변경될 수 있다는 사실을 알았거나 알 수 있었음에도 불구하고 해당 투자신탁에 대한 당시 무디스의 평가등급(A3)을 과대포장하여 "대한민국 국가신용등급으로 국고채금리+1.2%의 수익추구" 등의 문구가 기재된 상품 안내장을 사용하는 등 판매상품의 위험성에 비하여 수익성과 안정성을 과대포장하여 경험이 부족한 투자자에게 투자위험에 대한 올바른 인식형성을 방해하였으므로 투자자의 투자손실을 배상할 책임(책임비율은 50%로 제한)이 있다. (2008.11.11. 조정번호 제2008-83호)

<참 고>

은행은 수백개의 지점을 보유하고 있어 다른 금융권역에 비해 고객접근도가 월등하므로 펀드, 보험 등 다양한 금융상품들이 은행 창구를 통해 판매되는 비중은 계속 확대되고 있는 반면, 불완전판매로 인한 분쟁도 급증하고 있다. 불완전판매로 인한 배상책임의 판단에 있어 투자자의 연령, 직업, 과거 투자경험, 자금의 용처 및 투자목적 등 투자자의 특성 뿐 아니라 판매되는 상품의 위험성도 은행의 설명의무 수준을 판단하는데 고려사항이 되고 있다.

한편, 은행은 금융투자상품을 특정금전신탁의 형태로 판매하는 경우도 많은데 동 신탁계약을 권유하는 경우 다수의 판매직원이 실적배당형이며 원본손실 가능성이 있다는 것을 고지하는 것만으로 위험성 설명을 다한 것으로 인식하는 경우나 많으나, 판례에 의해 확립된 법리상 투자상품의 내용 및 위험의 현실화 조건 등에 대하여 설명할 것을 요하고 있으므로 이러한 내용을 숙지 후 판매권유할 수 있도록 주의하여야 한다.

또한 상기 파워인컴펀드의 사례나 저축은행 후순위채의 경우 상품안내장 등에 위험성에 비하여 수익성이나 안전성을 과대포장한 경우도 설명의무 위반을 판단하는 한 요소가 되고 있으므로, 상품을 기획하는 부서의 경우 판매광고 등 설명자료 기획시 투자자의 합리적인 투자판단을 그르칠 수 있는 요소가 없는지 주의할 필요가 있다.

제 4 절 신용카드

1. 제3자에 의한 부정사용

제3자에 의한 신용카드 부정사용에 따른 책임 사례이다.

신청인 또는 신청인의 배우자가 가족카드의 갱신발급을 신청한 사실이 없음에도 카드사가 가족카드를 갱신발급하였으므로, 가족카드 이용계약은 성립되지 않은 것으로 판단되고 해당 카드에 의한 부정사용금액에 대하여 신청인에게 청구할 수 없다(2008.4.15. 조정번호 제2008-21호).

가. 사실관계

신청인은 1990.2.7. 신청인 명의의 계좌에서 결제가 이루어지는 ○○카드의 본인카드와 배우자 A씨 명의의 가족카드(이하 "본건 가족카드")를 발급받아 사용해 왔다.

2007.11.22. ○○카드는 갱신발급 예정일로부터 과거 6개월 이상 사용하지 않아 갱신발급 대상[140)]이 아닌 본건 가족카드와 신청인 명의의 신용카드를 갱신발급하여 2007.12.3. 서울시 광진구 소재 신청인의 사무실에 근무하는 직원에게 교부하였고, 동 직원은 신청인에게 본건 가족카드를 전달하였다.

신청인이 자신의 사무실 서랍 속에 본건 가족카드를 보관하던 중 2007.12.8.경 제3자가 동 가족카드 등을 절취하여 도주하였고, 같은 날 20:19:01 ◇◇은행 영업부 현금지급기에서 현금서비스로 50만 원, 그 다음 날 15:14:32 ◇◇은행 지점 현금 지급기에서 현금서비스로 70만 원 및 15:15:46 같은 현금지급기에서 현금서비스로 70

140) 「여신전문금융업법」 제14조 및 동 시행령 제6조의6 그리고 「○○카드 회원약관」 제4조 제2항 및 제3항은 본인 및 가족회원의 갱신발급과 관련하여 갱신발급 예정일로부터 이전 6개월간 카드사용 실적이 없는 회원에 대해서는 회원의 서면동의가 있는 경우에 한하여 갱신할 수 있도록 정하고 있다.

만 원, 같은 날 15:32:17 △△은행 지점 현금지급기에서 현금서비스로 60만 원 등 총 250만 원을 인출하였고, 신청인은 같은 날 22:46:01 신용카드 분실신고를 하고 관할 경찰서에 도난신고를 하였다.

나. 당사자 주장

1) 신청인

가족카드 갱신발급에 대하여 서면 동의하지 않았으므로, 피신청인이 임의 발급한 가족카드의 부정사용에 따른 책임을 부담할 수 없다.

2) 피신청인

임의 발급된 신용카드를 반송하거나 폐기하지 않고 1주일 동안 사무실 서랍 속에 두었으므로 본건 신용카드 이용계약을 추인한 것으로 볼 수 있다. 단 한 번의 비밀번호 입력 오류 없이 현금서비스 금액이 인출된 것은 신용카드 관리에 대하여 신청인에게 과실이 있음을 입증하므로, 「○○카드 개인회원 약관」에 따라 신청인에게도 책임이 있다.

다. 조정결정

신청인 또는 가족회원인 신청인의 배우자 A씨가 본건 가족카드 갱신발급을 신청한 사실이 없으며, 갱신발급 예정일로부터 이전 6개월간 사용하지 않았음에도 피신청인이 본건 가족카드를 발급하였는바, 이는 「여신전문금융업법」 제14조 제1항,[141)]

141) 「여신전문금융업법」 제14조(신용카드·직불카드의 발급) ① 신용카드업자는 발급신청이 있는 경우에 한하여 신용카드 또는 직불카드를 발급할 수 있다. 다만 이미 발급한 신용카드 또는 직불카드의 갱신 또는 대체발급에 대하여 대통령령이 정하는 바에 따라 신용카드회원 또는 직불카드회원의 동의를 받은 경우에는 그러하지 아니하다.

동 법 시행령 제6조의6,[142] 「○○카드 개인회원약관」 제4조 제2항 및 제3항에 반하므로 본건 가족카드 이용계약은 성립되지 않은 것으로 판단되며, 다음과 같은 점을 고려해 볼 때 신청인에게 본건 가족카드의 부정사용대금에 대하여 책임이 있다고 할 수 없다.

① 추인의 의사표시는 명시적 또는 묵시적으로도 가능한 것이나, 신청인이 갱신발급된 본건 가족카드를 사용한 사실도 없고 단지 1주일간 해당 카드를 보관한 사실으로는 추인의 의사표시라 볼 수 없다.

② 피신청인은 「○○카드 개인회원약관」 제19조제2항 및 제9조제5항[143]에 의거 신 청인에게도 책임이 있다고 주장하나, 앞서 본 바와 같이 본건 가족카드 이용계약은 무효이므로, 동 신용카드 이용계약의 약관을 적용하여 신청인의 비밀번호 관리에 대한 고의·과실을 다툴 수 없다.

③ 또한 본건 가족카드가 임의발급되었음은 물론 신용카드 회원이 사용자등록을

142) 「여신전문금융업법시행령」 제6조의6(신용카드·직불카드의 갱신 또는 대체발급) 법 제14조제1항 단서의 규정에 의하여 신용카드업자는 다음 각 호의 1에 해당하는 경우 신용카드·직불카드를 갱신 또는 대체 발급할 수 있다.

1. 갱신 또는 대체발급 예정일 전 6월 이내에 사용된 적이 없는 신용카드·직불카드는 당해 신용카드·직불 카드 회원으로부터 갱신 또는 대체발급에 대하여 서면동의(「전자서명법」 제2조제1호의 규정에 의한 전자 문서로서 동법 제2조제3호의 규정에 의한 공인전자서명이 있는 전자문서에 의한 동의를 포함한다)를 얻은 경우
2. 갱신 또는 대체발급 예정일 전 6월 이내에 사용된 적이 있는 신용카드·직불카드는 갱신 또는 대체 발급 예정일부터 1월 이전에 당해 신용카드·직불카드 회원에게 발급 예정사실을 통보한 후 20일 이내에 당해 신용카드·직불카드 회원으로부터 이의제기가 없는 경우

143) 제9조(현금서비스 및 현금지급기의 이용) ⑤ 현금인출을 하거나 현금서비스 이용 시 비밀번호 취급부주의에 따른 모든 책임은 회원에게 귀속됩니다. 단, 현금서비스 이용 시 저항할 수 없는 폭력이나 자기 또는 친족의 생명, 신체에 대한 위해로 인하여 비밀번호를 누설한 경우 신용카드 회원의 고의 또는 과실이 없는 경우에는 그러하지 아니합니다.

제19조(카드의 분실·도난신고와 보상) ② 제1항의 절차를 이행한 경우 회원은 분실·도난신고 접수일로부 터 60일 전 이후(현금인출, 현금서비스 및 제6조제2항에서 정한 거래의 경우는 신고 시점 이후)에 발생한 제 3자의 카드 부정사용금액에 대하여는 다음 각 호에서 정한 회원의 과실사유를 제외하고 은행으로부터 보상을 받을 수 있습니다. 단, 회원은 은행 및 ○○카드(주)가 정한 양식에 의해 보상신청을 접수하여야 하고 카드 1매당 최고 2만 원의 부정사용조사수수료를 부담하여야 합니다.

6. 카드비밀번호 유출로 인한 부정사용의 경우 동 약관 제9조제5항에 따릅니다.

하지 않아도 바로 사용할 수 있도록 발급되는 등 피신청인이 부정사용에 대한 개연성을 크게 하였는바, 신청인이 단순히 가족회원 신용카드를 1주일간 보관했다는 사실만으로 피신청인의 책임을 제한하기는 곤란하다.

따라서 본건 가족카드의 부정사용대금 250만 원에 대하여 신청인의 지급책임이 없다.

<비교 사례>

신청인이 01:30경 만취상태에서 택시에 승차한 후 신용카드(은행계 카드사가 발급한 현금카드 겸용 신용카드)를 강취당하였는데, 02:48에서 02:55 사이의 시각에 ARS에 연결한 강도혐의자에 의하여 2번, 신청인의 배우자에 의하여 1번, 총 3차례의 비밀번호 입력 오류가 발생하였다. 강도혐의자가 ATM기를 통하여 03:41경 481만 원의 마이너스통장대출금을 인출하여 발생한 부정사용대금과 관련한 분쟁에서, 제3자에 의한 부정사용임이 확인되고 은행 내부 기준상 비밀번호 입력오류 3회 연속 발생 시 거래정지 조치를 취하도록 되어 있음에도 거래정지가 이루어지지 않아 부정사용이 발생한 점 등을 고려하면 신청인의 손해에 대하여 80%의 책임이 인정된다(2009.1.6. 조정번호 제2009-03호).

2. 위·변조 신용카드로 인한 부정사용

위조 신용카드의 부정사용에 따른 책임 사례이다.

위·변조된 신용카드의 부정사용으로 인한 책임은 「여신전문금융업법」에 따라 신용카드업자가 부담하고, 신용카드 회원의 고의 또는 중과실로 비밀번호를 누설한 경우 그 책임은 일부 감면될 수 있으나 그 입증책임은 신용카드업자가 지므로, 그러한 내용이 입증되지 않는 경우 위·변조된 신용카드의 부정사용대금은 신용카드업자의 책임이다(2006.11.7. 조정번호 제2006-69호).

가. 사실관계

신청인은 2006.2.15. ○○은행 지점을 통하여 신청인 명의의 은행 계좌에서 결제가 이루어지는 신용카드를 발급받았다. 신청인이 위 신용카드를 계속 소지하고 있던 중, 2006.7.16. ○○은행의 홈페이지를 통하여 신청인의 휴대폰 번호가 변경 등록된 후, CD기1에서 2,103,600원, CD기2에서 2,244,800원 등 총 4,348,400원의 현 금이 카드를 통하여 신청인의 예금계좌에서 인출되었는데, 인출 시 비밀번호 입력 오류는 없었다. CD기에 찍힌 카드실물의 사진에 따르면, 인출에 사용된 카드는 ◇◇ 은행 체크카드를 통하여 신청인의 위 신용카드로 위조된 카드였다.

신청인은 2006.6. 말 인터넷 쇼핑몰에서 건강식품을 주문하였는데, 같은 달 28일 판매자가 신청인의 직장을 방문하여 쇼핑몰 판매수수료가 너무 높아 직거래로 저렴하게 판매하기 위해 방문하였다며 휴대용 신용카드 조회기를 통한 결제요청을 하였고, 2회에 걸쳐 카드승인(swipe)을 시도하였으나 "삑" 소리가 나며 승인이 되지 않았고, 결국 현금으로 입금을 한 사실이 있었다. 경찰 수사 결과 신청인을 포함하여 11건의 동일 범죄가 발생된 것으로 조사되었으며, 범인 중 1명이 검거되어 물품대금 결제를 위한 카드조회기 승인 시도 시 피해자 카드의 정보를 복제하여 카드를 위조한 사실이 확인되었다. 그러나 비밀번호 누출경위는 확인되지 않았는데, 동 수사에서 범인들에게 비밀번호를 알려주었다는 피해자는 1인에 불과하였고, 나머지 피해자들은 비밀번호를 알려준 사실이 없다고 진술하였다.

나. 당사자 주장

1) 신청인

신청인이 카드를 분실하거나 도난당한 사실이 없고 계속 소지하고 있는 상태에서 비밀번호를 유출한 사실도 없는데, 타인이 위조카드를 사용하여 예금을 부당인출하였으므로, 이에 대하여는 피신청인(○○은행)이 책임을 져야 한다.

2) 피신청인

「은행예금거래약관」 제16조제2항은 "전산통신기기등의 이용과 관련하여 은행이 책임질 수 없는 사유로 계좌번호, 비밀번호 등의 금융정보가 새어나가 거래처에 손해가 생겨도 은행은 그 책임을 지지 않는다."고 규정하고 있으며, 「현금카드이용약정서」 제3조제2항은 "당행에 책임이 없는 카드의 위조, 변조, 도용으로 인하여 발생한 사고나 손해에 대하여 당행은 책임을 지지 아니한다."고 규정하고 있는바, 본건은 당행의 책임 없는 사유로 발생한 사고이므로 피신청인은 아무런 책임이 없다.

다. 조정결정

피신청인은 본건 사고가 신용카드를 이용한 것이더라도 예금이 인출된 것이므로 「예금거래기본약관」과 「현금카드이용약정서」가 적용되어야 한다고 주장하므로 위 조 신용카드에 의한 예금의 부당인출과 관련하여 카드소유자인 신청인과 은행간 어떤 약관을 적용할 것인지가 문제된다.

「예금거래기본약관」이 모든 예금에 적용되는 것은 분명하나, 본건 신용카드 발급 시 적용된 「신용카드 개인회원규약」 제8조는 "은행계좌를 카드결제계좌로 지정하 신 회원의 경우 현금카드 기능을 부여하여 드리며, 이 경우 회원은 카드로 현금자 동지급기를 이용하여 제7조의 현금서비스 외에 결제계좌로부터 예금을 인출할 수 있습니다."라고 규정하여 신용카드의 기능 중 하나로 예금인출 기능을 부여하고 있 고, 동 규약 제26조의 "이 규약에서 정하지 아니한 사항과 이 규약의 해석에 관하여 는 「은행여신거래기본약관」 및 관계 법령 또는 상관례에 따릅니다."라는 규정에 비 추어, 신용카드의 사용과 관련하여 발생된 예금인출에 대하여는 일반규정의 의미 를 갖는 「예금거래기본약관」보다 특별규정의 의미를 갖는 「신용카드 개인회원규약」이 우선하여 적용된다고 봄이 타당하고, 「현금카드이용약정서」의 내용은 본건 신용카드 이용계약의 내용으로 편입되었다고 보기 어렵다.

「신용카드 개인회원규약」 제8조[144]는 정상카드를 이용한 예금인출에 대한 규정이므로, 위조된 카드의 부정사용과 관련한 본건의 경우는 제19조[145]가 적용된다 할 것인데, 인출 당시 현금자동지급기에 압인된 카드전표와 수사결과에 따르면, 제3자 가 신청인 명의의 카드를 위조하여 사용한 사실은 인정되므로 제19조 본문에 의하 여 부정사용에 따른 책임은 피신청인에게 있다.

「여신전문금융업법」 제16조제5항 및 제6항[146]의 취지 및 「개인회원규약」 제19조의 규정상 은행이 위조카드의 사용으로 인한 책임을 면하기 위해서는 회원의 고의 또 는 중대한 과실에 의하여 비밀번호가 누설되었음을 은행이 입증하여야 할 것인데, 비밀번호가 누설된 사실은 있으나 이것이 신청인의 고의 또는 중대한 과실에 의한 것인지 입증되지 않는 상황이므로 은행의 책임을 감면하기 어렵다.

따라서 위조카드로 인한 부정사용에 따른 책임은 전부 피신청인에게 있다고 할 것이므로, 피신청인은 신청인의 손해 4,348,400원을 배상할 책임이 있다.

<비교 사례>

신청인이 직불카드를 은행으로부터 발급받아 동 카드를 우편으로 미국에 체류 중인 자녀에게 송부하였는데, 신청인의 직불카드가 태국에서 부정사용된 사안에서, 해당 직불카드가 위·변조되어 부정사용이 발생한 사실이 확인되나 신청인이 카드를 자녀에게 양도한 과실(40%)이 인정되므로 은행은 부정사용금액의 60%를 배상할 책임이 있다(2008.6.10. 조정번호 제2008-48호).

---

144) 제8조(현금자동지급기의 이용) ⑤ 지급기를 이용하여 예금인출을 하거나 현금서비스를 받은 경우 비밀번호 누설에 따른 모든 책임은 회원에게 귀속됩니다.

145) 제19조(위·변조 카드에 대한 책임) 위·변조된 카드로 인한 부정사용에 따른 책임은 은행에 있습니다. 다만, 다음 각 호의 1의 사항에 해당되는 부정사용에 따른 모든 책임은 회원이 부담합니다.
1. 고의 또는 중대한 과실에 의한 비밀번호 누설
2. 카드의 양도 또는 담보목적으로의 제공

146) 제16조 (신용카드회원등에 대한 책임) ⑤ 신용카드업자는 신용카드회원등에 대하여 위조 또는 변조된 신용카드 등의 사용으로 인한 책임을 진다. ⑥ 제5항의 규정에 불구하고 신용카드업자가 신용카드등의 위조 또는 변조에 대하여 그 신용카드회원등의 고의 또는 중대한 과실을 입증하는 경우 그 책임의 전부 또는 일부를 신용카드회원등의 부담으로 할 수 있다는 취지의 계약을 신용카드회원등과 체결한 때에는 당해 신용카드회원등에 대하여 그 계약내용에 따른 책임을 부담하게 할 수 있다.

참고문헌

- 강성주 外(2009), Privacy Frontline: 리더들이 말하는 대한민국 프라이버시, 서울: 한국CPO포럼.
- 구기성(2012.9),「금융소비자보호에 관한 법률안(정부제출) 검토보고서」.
- 구태언(2013), 현행 개인정보보호 법제상 '개인정보' 정의의 문제점, 개인정보보호법제 개선을 위한 정책연구보고서, 35-46.
- 국회의원 정호준 등 11인(2013.3.11),「금융소비자보호법」안, 의안번호 4023.
- 금융감독원(2010),「금융소비자보호 업무백서」.
- 금융감독원(2011), 금융소비자보호 백서, 서울: 금융감독원.
- 금융감독원(2013.5),「금융소비자보호 모범규준」.
- 금융감독원(2013), 금융회사의 개인정보 처리시 유의사항.
- 금융결제연구소(2011.11),「금융소비자보호에 관한 법률 제정이 은행권 및 우리원에 미치는 영향」.
- 금융분쟁조정위원회 조정결정서, Retrieved from http://www.fcsc.kr/D/fu_d_03.jsp.
- 금융위원회(2012.7.6),「금융소비자보호에 관한 법률」안, 의안번호 573.
- 김기창(2013), 개인정보 주체의 '동의': 동의의 허구성과 해결방향, 개인정보보호 법제 개선을 위한 정책연구보고서, 61-71.
- 관계부처 합동(2014), 금융분야 개인정보 유출 재발방지 종합대책.
- 관계부처 합동(2014), 개인정보보호 정상화 대책.
- 민병조 외 3(2011),「영업점 컴플라이언스 오피서(공통편)」제3판, 한국금융연수원.
- 백주선(2012.12.27), 금융소비자 피해 사례와 규제입법의 방향, 국회 입법조사처 토론회 발표자료.
- 안전행정부(2011), 개인정보보호법령 및 지침·고시 해설서, 서울: 안전행정부.

- 안전행정부·금융위원회·금융감독원(2013), 금융분야 개인정보보호 가이드라인, 서울: 안전행정부·금융위원회·금융감독원.
- 이강신 外(2009), 개인정보보호 기초와 활용, 서울: 인포더북스.
- 이용진(2013), 금융권 개인정보 수탁사업자 안전성 강화방안(개인정보보호 실천가이드), 서울: 보안뉴스.
- 전국은행연합회 외 5인(2013. 7), 「개정 금융소비자보호 모범규준 운용 가이드라인」.
- 전국은행연합회(2010), 금융실명거래 업무해설, 서울: 전국은행연합회.
- 한국개발연구원(KDI)(2010.7), 「금융소비자보호 강화」.
- 행정안전부(2020), 개인정보 보호법령 및 지침·고시 해설서.
- 행정안전부(2016), 민간분야 영상정보처리기기 설치·운영 가이드라인.
- IBK경제연구소(2012), 「금융소비자보호 강화에 따른 대응과제」.
- 금융위원회(2015), 보도참고자료(신용정보의 이용 및 보호에 관한 법률 일부법률개정안 국회 본회의 통과)
- 금융위원회 등(2016), 「개정 금융분야 개인정보보호 가이드라인」
- 금융위원회(2020), 보도참고자료(데이터 경제 활성화를 위한 「신용정보법」 개정안이 '20.7월부터 시행됩니다)

<저자 소개>

안수현

- 이화여자대학교 대학원(상사법 석사)
- 서울대학교 대학원(상사법 박사)
- (현) 한국외국어대학교 법학전문대학원 정교수
- (전) 은행법학회 회장
- (현) 수출입은행 경영자문위원
- (전) 충북대학교 교수
- (전) 금융감독원 분쟁조정 위원

김민섭

- 숭실대학교 및 동 대학원 법학과 졸업(법학박사)
- (현) 국가인권위원회 행정사무관
- 한국인터넷진흥원 수석연구위원
- 행정안전부 개인정보보호 전문강사
- 행정안전부 개인정보보호 추진단

김진근

- 성균관대학교 법학과 졸업
- (현) 한국스탠다드차타드은행 법무총괄부 이사
- 한국금융연수원 자문교수
- SC제일은행 준법감시부 등 근무
- 『은행텔러(상)』(한국금융연수원, 공저: 2004~2016년)

김성현

- 연세대학교 법학과 졸업
- University of Iowa College of Law J.D.
- 미국 아이오와 대학교 로스쿨 졸업(JD)
- 미국변호사(미네소타주, 뉴욕주)
- (전) 금융감독원 선임조사역(소비자보호총괄국, 제재심의국 등 근무)
- (현) 한국IMC증권 감사실장

<감수자 소개>

김용우

- 서강대학교 수학과 졸업
- 서강대학교 MBA(경영학석사)
- (전) 금융감독원 소비자보호총괄국 선임국장
- 재정경제원 금융정책실 보험제도과 사무관
- 금융감독원 분쟁조정국장 등 근무

Financial
Consumer
Protection

금융
소비자
보호

초판 1쇄 2014년 2월 28일
9판 1쇄 2025년 7월 10일
저자 안수현·김민섭·김진근·김성현
발행인 이준수
발행처 한국금융연수원 출판사업부
주소 03053 서울특별시 종로구 삼청로 118
전화 02)3700-1500
팩스 02)3700-1530
홈페이지 www.kbi.or.kr
등록 1990년 4월 20일(제1-1040호)
정가 20,000원
ISBN 978-89-287-8272-7

한국금융연수원 자격검정시험 안내

•「국가공인자격」은 자격기본법에서 정한 기준과 절차에 따라 국가가 공인한 자격으로 신용분석사, 여신심사역, 국제금융역, 자산관리사(FP), 신용위험분석사(CRA), 외환전문역 I종, 외환전문역 II종 등 7개의 자격이 있습니다.

•「자체인증자격」은 우리 원이 인정, 수여하는 자격으로 공개시험형 자체자격인 프라이빗 뱅커(CPB), 은행텔러, 영업점 컴플라이언스 오피서(은행)(보험)(증권), KBI 금융DT 테스트, 자금세탁방지 업무능력 검정시험 등 7개 자격이 있습니다.

구분	자격명 (공인/등록번호)	응시료	자격소개
국가공인자격	신용분석사 (제2024-1호) (2008-0438)	전과목 : 66,000원 1부 : 28,000원 2부 : 39,000원	금융회사의 여신관련 부서에서 기업에 대한 회계 및 비회계자료 분석을 통하여 종합적인 신용상황을 판단하고 신용등급을 결정하는 등 기업신용 평가업무를 담당하는 금융전문가
	여신심사역 (제2024-2호) (2008-0439)	전과목 : 66,000원 1부 : 28,000원 2부 : 39,000원	금융회사의 여신심사 담당자로서 경제상황과 기업의 재무, 비재무상태 등을 분석, 파악하여 적정한 대출심사 의견서 작성, 대출이율 및 대출기간 결정 등 대출실행 여부를 판단하고 자금의 효율적 운용, 대손 방지를 위한 제반조치, 여신의 법률적 검토, 사후관리업무 등 여신업무와 관련한 종합적인 업무를 수행하는 금융전문가
	국제금융역 (제2021-1호) (2008-0440)	전과목 : 66,000원 1부 : 33,000원 2부 : 33,000원	금융회사의 국제금융 관련 부서에서 국제금융시장의 동향파악, 분석 및 예측 등을 통하여 외화자금의 효율적 조달과 운용업무를 담당하고 이에 따른 리스크관리 등 국제금융 관련 업무를 수행하는 금융전문가
	신용위험분석사(CRA) (제2023-2호) (2008-0442)	1차 : 77,000원 2차 : 88,000원	금융회사 및 기업신용평가기관 등에서 개인과 기업에 대한 신용상태를 조사평가하고 신용위험을 측정 · 관리하는 여신전문가
	자산관리사(FP) (제2020-1호) (2008-0441)	전과목 : 55,000원 1부 : 28,000원 2부 : 28,000원	금융회사 영업부서의 PB(Private Banking) 팀에서 고객의 수입과 지출, 자산 및 부채현황, 가족상황 등 고객에 대한 각종 자료를 수집, 분석하여 고객이 원하는 Life Plan 상의 재무목표를 달성할 수 있도록 종합적인 자산설계에 대한 상담과 실행을 지원하는 금융전문가
	외환전문역 I종 (제2020-1호) (2008-0436)	전과목 : 55,000원	금융회사의 외환업무 중 외국환 거래 법규 및 외환거래실무를 이해하고 고객의 외화 자산에 노출되는 각종 외환 리스크를 최소화시키는 등 주로 개인 외환과 관련된 직무를 담당
	외환전문역II종 (제2020-1호) (2008-0436)	전과목 : 55,000원	금융회사의 외환업무 중 수출입업무 및 이와 관련된 국제무역규칙을 이해하고 외환과 관련된 여신 업무를 수행하는 등 주로 기업 외환과 관련된 직무를 담당
자체인증자격	은행텔러 (2008-0437)	전과목 : 55,000원	창구에서 일어나는 제반업무에 대해 신속하고 친절한 업무수행과 정확한 업무처리로 고객에게 도움을 주고 상담을 통해 문제해결을 하도록 도와주는 금융전문가
	영업점 컴플라이언스 오피서(은행) (2010-0118) (보험, 증권) (2013-0702,0703)	전과목 : 각 44,000원	금융회사의 영업점에서 준법관련 법규와 감독기관의 감독규정이 정한 내용과 취지를 충분히 이해하고 업무 수행과정에서 이를 준수하며, 영업점에서 발생 가능한 금융사고 및 민원사항이 발생하지 않도록 사전적 예방 차원에서 그 준수사항의 이행을 점검하는 금융전문가(은행, 보험, 증권 분야별로 자격이 구분됨)
	프라이빗뱅커 (CPB) (2018-004091)	1차 : 110,000원 2차 : 342,000원 (실무교육)	개인고액자산가의 자산 및 수익증대를 실현하기 위해 금융분야 전반에 걸쳐 종합적인 금융상담과 실행을 지원할 수 있는 최고급 수준의 금융자산설계전문가
	KBI 금융DT 테스트 (2021-001872)	전과목 : 44,000원	금융인 및 예비금융인을 대상으로 디지털금융 전반에 대한 기본지식과 업무활용능력 등 금융DT 관련 기본역량 평가
	자금세탁방지 업무능력 검정시험 (2023-004792)	전과목 : 66,000원	금융시스템을 이용한 자금세탁행위와 공중협박자금조달행위를 적발 및 예방할 수 있는 전문적인 업무역량 평가

소비자 알림사항

•상기 "프라이빗뱅커(CPB)", "영업점컴플라이언스 오피서(은행)(보험)(증권)", "KBI 금융DT 테스트", "은행텔러", "자금세탁방지 업무능력 검정시험" 자격은 자격기본법 규정에 따라 등록한 민간자격으로, 국가로부터 인정받은 공인자격이 아닙니다.

•민간자격 등록 및 공인 제도에 대한 상세내용은 민간자격정보서비스 (www.pqi.or.kr)의 '민간자격 소개'란을 참고하여 주십시오.

기타

•응시료 환불 규정 : 접수기간 중 100%, 접수기간 종료 후 시험일 5일전 18시까지 50% 환불/이후 환불 불가

•자격 공인번호는 재공인시점에 따라 변경될 수 있으며, 응시료, 환불규정 등은 응시 시점에 따라 변경될 수 있으니 자격시험 응시 전 반드시 한국금융연수원 홈페이지에서 응시하고자 하는 자격시험에 관한 최신 정보를 확인하시기 바랍니다. 자격시험에 관한 자세한 사항은 한국금융연수원 홈페이지를 참조하시기 바랍니다.

•주소 : 서울특별시 종로구 삼청로 118 / TEL : 02-3700-1500 / 홈페이지 : www.kbi.or.kr